# Oldenbourgs Lehr- und Handbücher der Wirtschafts- und Sozialwissenschaften

Bisher erschienene Werke:

*Altrogge*, Investition, 4. A.
*Bamberg · Baur*, Statistik, 11. A.
*von Böventer · Illing*, Einführung in die Mikroökonomie, 9. A.
*Bohnet*, Finanzwissenschaft: Grundlagen staatlicher Verteilungspolitik, 2. A.
*Brümmerhoff*, Finanzwissenschaft, 8. A.
*Bühner*, Betriebswirtschaftliche Organisationslehre, 9. A.
*Cezanne*, Grundzüge der Makroökonomik, 7. A.
*Cezanne · Franke*, Volkswirtschaftslehre, 7. A.
*Domschke*, Logistik: Transport, 4. A.
*Domschke*, Logistik: Rundreisen und Touren, 4. A.
*Domschke · Drexl*, Logistik: Standorte, 4. A.
*Frerich*, Sozialpolitik, 3. A.
*Gehrels*, Außenwirtschaftstheorie, 2. A.
*Hammer*, Unternehmensplanung, 7. A.
*Hanssmann*, Einführung in die Systemforschung, 4. A.
*Hanssmann*, Quantitative Betriebswirtschaftslehre, 4. A.
*Hauptmann*, Mathematik für Betriebs- und Volkswirte, 3. A.
*Holub · Schnabl*, Input-Output-Rechnung: Input-Output-Analyse
*Holub · Schnabl*, Input-Output-Rechnung: Input-Output-Tabellen, 3. A.
*Krug · Nourney · Schmidt*, Wirtschafts- und Sozialstatistik, 6. A.
*May*, Ökonomie für Pädagogen, 11. A.
*Meyer · Müller-Siebers · Ströbele*, Wachstumstheorie, 2. A.
*Oberhofer*, Wahrscheinlichkeitstheorie, 3. A.
*Oechsler*, Personal und Arbeit – Einführung in die Personalwirtschaft, 7. A.
*Peters · Brühl · Stelling*, Betriebswirtschaftslehre, 10. A.
*Schertler*, Unternehmensorganisation, 7. A.
*Schneider*, Allgemeine Betriebswirtschaftslehre, 3. A.
*Tiede*, Beschreiben mit Statistik – Verstehen
*Tiede · Voß*, Schließen mit Statistik – Verstehen

# Ökonomie für Pädagogen

Von

Dr. Hermann May

Professor für Wirtschaftswissenschaft
und ökonomische Bildung

11., völlig überarbeitete, aktualisierte und erweiterte Auflage

R. Oldenbourg Verlag München Wien

**Die Deutsche Bibliothek - CIP-Einheitsaufnahme**

May, Hermann:
Ökonomie für Pädagogen / von Hermann May. – 11., völlig überarb.,
aktualisierte und erw. Aufl.. – München ; Wien : Oldenbourg, 2002
  (Oldenbourgs Lehr- und Handbücher der Wirtschafts- und Sozialwissenschaften)
  ISBN 3-486-25926-1

© 2002 Oldenbourg Wissenschaftsverlag GmbH
Rosenheimer Straße 145, D-81671 München
Telefon: (089) 45051-0
www.oldenbourg-verlag.de

Das Werk einschließlich aller Abbildungen ist urheberrechtlich geschützt. Jede Verwertung außerhalb der Grenzen des Urheberrechtsgesetzes ist ohne Zustimmung des Verlages unzulässig und strafbar. Das gilt insbesondere für Vervielfältigungen, Übersetzungen, Mikroverfilmungen und die Einspeicherung und Bearbeitung in elektronischen Systemen.

Gedruckt auf säure- und chlorfreiem Papier
Druck: R. Oldenbourg Graphische Betriebe Druckerei GmbH

ISBN 3-486-25926-1

# Inhaltsübersicht

| | | |
|---|---|---|
| **1** | **Einführung in den Problembereich Wirtschaft** | 1 |
| 1.0 | Leitziel | 3 |
| 1.1 | Ökonomische Grundbegriffe und Grundtatbestände | 3 |
| 1.1.1 | Bedürfnisse – Bedarf – Nachfrage | 3 |
| 1.1.2 | Güter | 5 |
| 1.1.3 | Knappheit – Wert | 5 |
| 1.1.4 | Wirtschaftliches Handeln – ökonomisches Prinzip | 6 |
| 1.1.5 | Produktion | 8 |
| 1.1.5.1 | Die Produktionsfaktoren | 8 |
| 1.1.5.2 | Kombination und Substitution der Produktionsfaktoren | 9 |
| 1.1.5.3 | Das Gesetz der Massenproduktion | 10 |
| 1.1.6 | Arbeitsteilung | 11 |
| 1.1.7 | Der Wirtschaftskreislauf | 12 |
| 1.2 | Ökonomische Grundkategorien | 18 |
| 1.3 | Gegenstand und Aufgabe der Wirtschaftslehre | 20 |
| 1.4 | Kontrollfragen zu 1 | 21 |
| 1.5 | Literaturhinweise zu 1 | 22 |
| | | |
| **2** | **Konsumökonomie** | 23 |
| 2.1 | Die Nachfrage der privaten Haushalte | 25 |
| 2.1.0 | Leitziel | 25 |
| 2.1.1 | Der private Haushalt | 25 |
| 2.1.2 | Nutzen und Nutzenschätzung | 25 |
| 2.1.3 | Substitution und Komplementarität von Gütern | 27 |
| 2.1.4 | Einkommen und Preis | 29 |
| 2.1.5 | Die Nachfragefunktion | 31 |
| 2.1.6 | Kontrollfragen zu 2.1 | 32 |
| 2.1.7 | Literaturhinweise zu 2.1 | 33 |
| 2.2 | Das Angebot der Unternehmen | 33 |
| 2.2.0 | Leitziel | 33 |
| 2.2.1 | Kosten und Erlös | 33 |
| 2.2.2 | Die Angebotsfunktion | 34 |
| 2.2.3 | Kontrollfragen zu 2.2 | 35 |
| 2.2.4 | Literaturhinweise zu 2.2 | 35 |
| 2.3 | Markt und Preis | 35 |
| 2.3.0 | Leitziel | 35 |
| 2.3.1 | Marktformen | 35 |
| 2.3.2 | Marktmodelle | 36 |
| 2.3.2.1 | Preisbildung bei vollständiger Konkurrenz | 36 |
| 2.3.2.2 | Preisbildung beim Angebotsmonopol | 36 |
| 2.3.2.3 | Preisbildung im Oligopol | 38 |
| 2.3.3 | Marktrealität | 39 |
| 2.3.4 | Wettbewerbsbeschränkungen | 40 |
| 2.3.5 | Wirtschaftliche Aspekte der Konzentration | 41 |
| 2.3.6 | Konzentration und Wettbewerbspolitik | 42 |
| 2.3.7 | Staatliche Preispolitik | 44 |
| 2.3.8 | Kontrollfragen zu 2.3 | 46 |

| | | |
|---|---|---|
| 2.3.9 | Literaturhinweise zu 2.3 | 46 |
| 2.4 | Verbraucherpolitik | 46 |
| 2.4.0 | Leitziel | 46 |
| 2.4.1 | Leitbild: Konsumentensouveränität | 46 |
| 2.4.2 | Grundzüge der Verbraucherpolitik in der Bundesrepublik Deutschland | 49 |
| 2.4.2.1 | Ziele der Verbraucherpolitik | 49 |
| 2.4.2.2 | Träger der Verbraucherpolitik | 50 |
| 2.4.2.3 | Instrumente der Verbraucherpolitik | 51 |
| 2.4.3 | Kontrollfragen zu 2.4 | 54 |
| 2.4.4 | Literaturhinweise zu 2.4 | 54 |
| 2.5 | Rechtliche Grundlagen verbraucherwirtschaftlichen Handelns (gekürzte Darstellung) – Verbraucherrecht – | 55 |
| 2.5.0 | Leitziel | 55 |
| 2.5.1 | Allgemeine Grundlagen | 55 |
| 2.5.2 | Spezielle Grundlagen – Rechtsgeschäfte des wirtschaftlichen Alltags – | 56 |
| 2.5.2.1 | Vertragsfreiheit und Allgemeine Geschäftsbedingungen | 56 |
| 2.5.2.2 | Kaufvertrag | 57 |
| 2.5.2.3 | Besondere Formen des Kaufes | 62 |
| 2.5.2.3.1 | Haustürgeschäfte | 62 |
| 2.5.2.3.2 | Fernabsatzverträge | 62 |
| 2.5.2.3.3 | Ratenlieferungsverträge | 64 |
| 2.5.2.3.4 | Teilzahlungsgeschäfte | 64 |
| 2.5.2.4 | Werkvertrag | 65 |
| 2.5.2.5 | Mietvertrag | 68 |
| 2.5.2.6 | Darlehen | 70 |
| 2.5.2.6.1 | Sachdarlehen | 70 |
| 2.5.2.6.2 | Verbraucherdarlehen | 70 |
| 2.5.2.7 | Bürgschaft | 72 |
| 2.5.2.8 | Sicherungsübereignung | 73 |
| 2.5.2.9 | Grundpfandrechte | 73 |
| 2.5.3 | Kontrollfragen zu 2.5 | 75 |
| 2.5.4 | Literaturhinweise zu 2.5 | 75 |
| | | |
| **3** | **Arbeitsökonomie** | 77 |
| 3.1 | Arbeit und Produktion | 79 |
| 3.1.0 | Leitziel | 79 |
| 3.1.1 | Information und Entscheidung | 79 |
| 3.1.2 | Planung und Organisation | 80 |
| 3.1.3 | Rationalisierung des Produktionsprozesses | 81 |
| 3.1.4 | Der Kombinationsprozeß | 83 |
| 3.1.4.1 | Die Minimalkostenkombination | 83 |
| 3.1.4.2 | Produktionsfunktionen | 83 |
| 3.1.4.2.1 | Die Produktionsfunktion vom Typ A | 84 |
| 3.1.4.2.2 | Die Produktionsfunktion vom Typ B | 85 |
| 3.1.4.3 | Produktionskosten | 85 |
| 3.1.4.3.1 | Die Ableitung der Kostenfunktion aus der Produktionsfunktion vom Typ A | 85 |

| | | |
|---|---|---|
| 3.1.4.3.2 | Die Ableitung der Kostenfunktion aus der Produktionsfunktion vom Typ B | 88 |
| 3.1.5 | Kontrollfragen zu 3.1 | 90 |
| 3.1.6 | Literaturhinweise zu 3.1 | 90 |
| 3.2 | Die Entlohnung der Arbeit | 91 |
| 3.2.0 | Leitziel | 91 |
| 3.2.1 | Verteilungstheoretische Grundlagen | 91 |
| 3.2.2 | Lohnfindung als Verhandlungsprozeß | 94 |
| 3.2.3 | Die Theorie der Kollektivverhandlung von J. R. Hicks | 95 |
| 3.2.4 | Entlohnungsformen | 97 |
| 3.2.5 | Staatliche Maßnahmen zur Förderung des Arbeitsmarktausgleichs | 99 |
| 3.2.6 | Kontrollfragen zu 3.2 | 101 |
| 3.2.7 | Literaturhinweise zu 3.2 | 101 |
| 3.3 | Die Mitbestimmung der Arbeitnehmer | 101 |
| 3.3.0 | Leitziel | 101 |
| 3.3.1 | Begründung und Übersicht | 102 |
| 3.3.2 | Das Betriebsverfassungsgesetz | 102 |
| 3.3.3 | Das Montanmitbestimmungsgesetz | 105 |
| 3.3.4 | Das Mitbestimmungsgesetz | 106 |
| 3.3.5 | Anmerkungen | 107 |
| 3.3.6 | Europäische Betriebsräte | 107 |
| 3.3.7 | Kontrollfragen zu 3.3 | 108 |
| 3.3.8 | Literaturhinweise zu 3.3 | 108 |
| 3.4 | Der Schutz des Arbeitnehmers | 109 |
| 3.4.0 | Leitziel | 109 |
| 3.4.1 | Begründung und Übersicht | 109 |
| 3.4.2 | Der Gefahrenschutz | 109 |
| 3.4.3 | Der Arbeitszeitschutz | 110 |
| 3.4.4 | Der Schutz des Arbeitsverhältnisses | 111 |
| 3.4.5 | Kontrollfragen zu 3.4 | 113 |
| 3.4.6 | Literaturhinweise zu 3.4 | 113 |
| 3.5 | Die soziale Sicherung des Arbeitnehmers | 113 |
| 3.5.0 | Leitziel | 113 |
| 3.5.1 | Begründung und Übersicht | 113 |
| 3.5.2 | Die Krankenversicherung | 114 |
| 3.5.3 | Die Unfallversicherung | 115 |
| 3.5.4 | Die Rentenversicherung | 116 |
| 3.5.5 | Die Arbeitslosenversicherung | 117 |
| 3.5.6 | Pflegeversicherung | 118 |
| 3.5.7 | Gefahren und Chancen der sozialen Sicherung | 118 |
| 3.5.8 | Kontrollfragen zu 3.5 | 119 |
| 3.5.9 | Literaturhinweise zu 3.5 | 119 |
| 3.6 | Vermögensbildung in Arbeitnehmerhand | 120 |
| 3.6.0 | Leitziel | 120 |
| 3.6.1 | Begründung und Zielvorstellung | 120 |
| 3.6.2 | Maßnahmen | 121 |
| 3.6.2.1 | Die staatliche Sparförderung | 121 |
| 3.6.2.2 | Der Investivlohn | 122 |

| | | |
|---|---|---|
| 3.6.2.3 | Die Gewinnbeteiligung | 123 |
| 3.6.3 | Kontrollfragen zu 3.6 | 124 |
| 3.6.4 | Literaturhinweise zu 3.6 | 124 |
| 3.7 | Technischer Wandel und Qualifikation | 125 |
| 3.7.0 | Leitziel | 125 |
| 3.7.1 | Technischer Wandel | 125 |
| 3.7.2 | Qualifikation | 125 |
| 3.7.3 | Kontrollfragen zu 3.7 | 127 |
| 3.7.4 | Literaturhinweise zu 3.7 | 128 |
| 3.8 | Humanisierung der Arbeit | 128 |
| 3.8.0 | Leitziel | 128 |
| 3.8.1 | Industriearbeit und Humanität | 128 |
| 3.8.2 | Schwerpunkte im Aktionsbereich „Humanisierung der Arbeit" | 129 |
| 3.8.2.1 | Betriebliche Maßnahmen | 129 |
| 3.8.2.1.1 | Arbeitsbedingungen | 130 |
| 3.8.2.1.2 | Arbeitsstrukturierung | 130 |
| 3.8.2.1.2.1 | Job Rotation | 131 |
| 3.8.2.1.2.2 | Job Enlargement | 131 |
| 3.8.2.1.2.3 | Job Enrichment | 132 |
| 3.8.2.1.2.4 | (Teil-)autonome Arbeitsgruppen | 132 |
| 3.8.2.1.2.5 | Lean Production | 133 |
| 3.8.2.2 | Tarifpolitische Forderungen | 133 |
| 3.8.2.2.1 | Die Position der Gewerkschaften | 133 |
| 3.8.2.2.2 | Die Position der Unternehmer | 134 |
| 3.8.2.3 | Staatliche Forschungspolitik | 135 |
| 3.8.3 | Humanität und Produktivität | 136 |
| 3.8.4 | Möglichkeiten und Grenzen humaner Arbeitsgestaltung | 136 |
| 3.8.5 | Kontrollfragen zu 3.8 | 137 |
| 3.8.6 | Literaturhinweise zu 3.8 | 137 |
| 3.9 | Arbeit und Freizeit | 138 |
| 3.9.0 | Leitziel | 138 |
| 3.9.1 | Von der Arbeits- zur Freizeitgesellschaft | 138 |
| 3.9.2 | Der freizeitpädagogische Auftrag unserer Gesellschaft | 140 |
| 3.9.3 | Kontrollfragen zu 3.9 | 142 |
| 3.9.4 | Literaturhinweise zu 3.9 | 142 |
| 3.10 | Berufswahlvorbereitung | 142 |
| 3.10.0 | Leitziel | 142 |
| 3.10.1 | Berufswahlvorbereitung als bildungsökonomische und bildungspolitische Aufgabe | 142 |
| 3.10.2 | Aktivitätsbereiche der Berufswahlvorbereitung | 144 |
| 3.10.2.1 | Berufsaufklärung | 144 |
| 3.10.2.2 | Berufswahlunterricht | 145 |
| 3.10.3 | Kontrollfragen zu 3.10 | 147 |
| 3.10.4 | Literaturhinweise zu 3.10 | 147 |
| 3.11 | Rechtliche Grundlagen der Arbeit (gekürzte Darstellung) – Arbeitsrecht – | 148 |
| 3.11.0 | Leitziel | 148 |
| 3.11.1 | Aufgaben, Inhalt, Geltungsbereich | 148 |
| 3.11.2 | Individuelles Arbeitsrecht (Arbeitsvertragsrecht) | 151 |

| | | |
|---|---|---|
| 3.11.2.1 | Pflichten des Arbeitnehmers aus dem Arbeitsvertrag | 152 |
| 3.11.2.2 | Verletzung der Arbeitnehmerpflichten | 158 |
| 3.11.2.3 | Pflichten des Arbeitgebers aus dem Arbeitsvertrag | 161 |
| 3.11.2.4 | Verletzung der Arbeitgeberpflichten | 171 |
| 3.11.2.5 | Beendigung des Arbeitsverhältnisses | 171 |
| 3.11.2.5.1 | Aufhebungsvertrag | 172 |
| 3.11.2.5.2 | Kündigung | 172 |
| 3.11.3 | Kollektives Arbeitsrecht | 175 |
| 3.11.3.1 | Tarifverträge | 175 |
| 3.11.3.1.1 | Schlichtungsrecht | 179 |
| 3.11.3.1.2 | Arbeitskampfrecht | 180 |
| 3.11.3.1.2.1 | Streik | 180 |
| 3.11.3.1.2.2 | Aussperrung | 182 |
| 3.11.3.2 | Betriebsverfassung | 182 |
| 3.11.4 | Kontrollfragen zu 3.11 | 183 |
| 3.11.5 | Literaturhinweise zu 3.11 | 183 |
| **4** | **Gesellschaftsökonomie** | **185** |
| 4.1 | Die Ordnung der Wirtschaft | 187 |
| 4.1.0 | Leitziel | 187 |
| 4.1.1 | Wirtschaft und Gesellschaft | 187 |
| 4.1.2 | Wirtschaftssysteme | 188 |
| 4.1.2.1 | Allgemeine Strukturelemente eines Wirtschaftssystems | 188 |
| 4.1.2.2 | Das marktwirtschaftliche System | 189 |
| 4.1.2.3 | Das zentralverwaltungswirtschaftliche System | 192 |
| 4.1.3 | Wirtschaftsordnungen | 194 |
| 4.1.3.1 | Die Soziale Marktwirtschaft der Bundesrepublik Deutschland | 196 |
| 4.1.3.1.1 | Ursprünge und Konzeption | 196 |
| 4.1.3.1.2 | Aufbau und Entwicklung seit 1948 | 198 |
| 4.1.3.1.3 | Die handelspolitische Integration der Bundesrepublik Deutschland | 208 |
| 4.1.3.1.4 | Rück- und Ausblick | 212 |
| 4.1.3.1.5 | Wirtschaft im Verständnis der bundesdeutschen Parteien und Verbände (Exkurs) | 215 |
| 4.1.3.2 | Die sozialistische Planwirtschaft der ehemaligen Deutschen Demokratischen Republik | 224 |
| 4.1.3.2.1 | Ausgangslage und konzeptionelle Grundlagen | 224 |
| 4.1.3.2.2 | Aufbau und Entwicklung seit 1952 | 225 |
| 4.1.3.2.3 | Die außenwirtschaftliche Integration der DDR | 229 |
| 4.1.3.2.4 | Rückblick | 231 |
| 4.1.3.3 | Vergleichende Darstellung wirtschaftlicher Entwicklungen und Strukturen in den beiden deutschen Staaten | 233 |
| 4.1.4 | Die Konvergenzthese – ein Irrtum! | 245 |
| 4.1.5 | Kontrollfragen zu 4.1 | 247 |
| 4.1.6 | Literaturhinweise zu 4.1 | 250 |
| 4.2 | Wirtschaftspolitik in der Sozialen Marktwirtschaft der Bundesrepublik Deutschland | 250 |
| 4.2.0 | Leitziel | 250 |
| 4.2.1 | Definitorische und begriffliche Grundlegungen | 250 |

| | | |
|---|---|---|
| 4.2.2 | Ziele der Wirtschaftspolitik | 253 |
| 4.2.3 | Träger der Wirtschaftspolitik | 257 |
| 4.2.4 | Instrumente der Wirtschaftspolitik | 259 |
| 4.2.5 | Kontrollfragen zu 4.2.1–4.2.4 | 259 |
| 4.2.6 | Literaturhinweise zu 4.2.1–4.2.4 | 260 |
| 4.2.7 | Traditionelle Instrumente der Wirtschaftspolitik | 260 |
| 4.2.7.1 | Wettbewerbspolitik | 260 |
| 4.2.7.1.0 | Leitziel | 260 |
| 4.2.7.1.1 | Allgemeine und konzeptionelle Grundlagen der Wettbewerbspolitik | 260 |
| 4.2.7.1.2 | Gesetzliche Grundlagen der Wettbewerbspolitik | 262 |
| 4.2.7.1.3 | Träger der Wettbewerbspolitik | 264 |
| 4.2.7.1.4 | Instrumente der Wettbewerbspolitik | 265 |
| 4.2.7.1.5 | Ungelöste Probleme der Wettbewerbspolitik | 268 |
| 4.2.7.1.6 | Kontrollfragen zu 4.2.7.1 | 269 |
| 4.2.7.1.7 | Literaturhinweise zu 4.2.7.1 | 269 |
| 4.2.7.2 | Stabilitätspolitik | 270 |
| 4.2.7.2.0 | Leitziel | 270 |
| 4.2.7.2.1 | Stabilitätspolitik als wirtschaftspolitische Aufgabe der Sozialen Marktwirtschaft | 270 |
| 4.2.7.2.2 | Konzepte der Stabilitätspolitik | 271 |
| 4.2.7.2.2.1 | Die Konzeption der nachfrageorientierten Stabilitätspolitik | 271 |
| 4.2.7.2.2.2 | Die Konzeption der angebotsorientierten Stabilitätspolitik | 273 |
| 4.2.7.2.3 | Die Stabilitätspolitik in der Bundesrepublik Deutschland | 275 |
| 4.2.7.2.4 | Chancen und Risiken der bundesdeutschen Stabilitätspolitik | 283 |
| 4.2.7.2.5 | Kontrollfragen zu 4.2.7.2 | 284 |
| 4.2.7.2.6 | Literaturhinweise zu 4.2.7.2 | 284 |
| 4.2.7.3 | Sozialpolitik | 285 |
| 4.2.7.3.0 | Leitziel | 285 |
| 4.2.7.3.1 | Sozialpolitik als Systemelement der Sozialen Marktwirtschaft | 285 |
| 4.2.7.3.2 | Ziele, Bereiche und Maßnahmen staatlicher Sozialpolitik | 286 |
| 4.2.7.3.3 | Sozialpolitik als Umverteilungspolitik | 288 |
| 4.2.7.3.4 | Träger der Sozialpolitik | 289 |
| 4.2.7.3.5 | Grenzen staatlicher Sozialpolitik | 289 |
| 4.2.7.3.6 | Kontrollfragen zu 4.2.7.3 | 291 |
| 4.2.7.3.7 | Literaturhinweise zu 4.2.7.3 | 292 |
| 4.2.7.4 | Außenwirtschaftspolitik | 292 |
| 4.2.7.4.0 | Leitziel | 292 |
| 4.2.7.4.1 | Begriff, Ziele, Bereiche | 292 |
| 4.2.7.4.2 | Handelspolitik | 293 |
| 4.2.7.4.3 | Währungspolitik | 296 |
| 4.2.7.4.4 | Entwicklungspolitik | 298 |
| 4.2.7.4.5 | Kontrollfragen zu 4.2.7.4 | 304 |
| 4.2.7.4.6 | Literaturhinweise zu 4.2.7.4 | 305 |
| 4.2.8 | Neuere Instrumente der Wirtschaftspolitik | 305 |
| 4.2.8.1 | Sektorale Strukturpolitik | 305 |
| 4.2.8.1.0 | Leitziel | 305 |
| 4.2.8.1.1 | Strukturwandel und Strukturprobleme in der Bundesrepublik Deutschland | 305 |

| | | |
|---|---|---|
| 4.2.8.1.2 | Ziele, Instrumente und Träger sektoraler Strukturpolitik | 307 |
| 4.2.8.1.3 | Bisherige Erkenntnisse und Schlußfolgerungen | 309 |
| 4.2.8.1.4 | Kontrollfragen zu 4.2.8.1 | 310 |
| 4.2.8.1.5 | Literaturhinweise zu 4.2.8.1 | 311 |
| 4.2.8.2 | Umweltpolitik | 311 |
| 4.2.8.2.0 | Leitziel | 311 |
| 4.2.8.2.1 | Umweltschutz als wirtschaftspolitische Aufgabe | 311 |
| 4.2.8.2.2 | Ziele und Instrumente der Umweltpolitik | 312 |
| 4.2.8.2.3 | Umwelterziehung | 314 |
| 4.2.8.2.4 | Ökonomie und Ökologie | 315 |
| 4.2.8.2.5 | Bilanz und Schlußfolgerungen | 316 |
| 4.2.8.2.6 | Kontrollfragen zu 4.2.8.2 | 319 |
| 4.2.8.2.7 | Literaturhinweise zu 4.2.8.2 | 319 |
| 4.2.8.3 | Bildungspolitik | 320 |
| 4.2.8.3.0 | Leitziel | 320 |
| 4.2.8.3.1 | Bildungspolitik und Bildungsökonomie | 320 |
| 4.2.8.3.2 | Berufliche Bildung als Schwerpunkt der Bildungspolitik | 322 |
| 4.2.8.3.3 | Die marktwirtschaftliche Herausforderung in der Weiterbildung | 325 |
| 4.2.8.3.4 | Kontrollfragen zu 4.2.8.3 | 326 |
| 4.2.8.3.5 | Literaturhinweise zu 4.2.8.3 | 326 |

**Stichwortverzeichnis** ... 327

# Vorwort zur ersten Auflage

Das Angebot an wirtschaftswissenschaftlichen Lehrbüchern ist noch immer fast ausnahmslos an den Qualifikationsprofilen von Volks- und Betriebswirten orientiert. Der ökonomischen Ausbildung in Lehramtsstudiengängen für allgemeinbildende Schulen wurde bislang allenfalls ansatzweise Rechnung getragen.

Sehen wir ökonomische Bildung als die Qualifikation, das Wirtschaftsgeschehen in seinen den persönlichen Handlungsspielraum tatsächlich oder voraussichtlich tangierenden Teilbereichen zu verstehen und diesem Verständnis gemäß zu handeln[1], dann kann diesem pädagogischen Anliegen in den allgemeinbildenden Schulen nur durch eine dementsprechende aufgabenspezifische Ausbildung ihrer Lehrer entsprochen werden. Dieser ökonomische Qualifizierungsprozeß sollte im wesentlichen aus den Stoff- und Problembezügen dreier, die Schüler in ihrer gegenwärtigen und zukünftigen wirtschaftlichen Betroffenheit direkt angehenden Handlungsbereiche gespeist werden: dem **Konsum**, der **Arbeit** und der **gesellschaftlichen Wirtschaft.**

Mit ökonomischen Problemen des Konsums sieht sich der Jugendliche schon in frühen Jahren konfrontiert und zur Auseinandersetzung gezwungen. Über den Konsum vollzieht sich sein Einstieg ins Wirtschaftsleben. Ihm folgt nach geraumer Zeit die arbeitsweltliche Integration. Über sie eröffnet sich dem jungen Menschen die Möglichkeit der eigenverantwortlichen materiellen Existenzsicherung und darüber hinaus der persönlichen Bewährung. Als Konsument und Arbeitender entdeckt sich schließlich der Heranreifende als Glied einer größeren Einheit, unserer Wirtschaftsgesellschaft. In ihre Ordnung ist er gestellt und zu ihrer Mitgestaltung ist er als demokratischer Staatsbürger aufgerufen.

Den aus diesen – den jungen Menschen gleich konzentrischen Kreisen umfassenden und sukzessiv einfordernden – Handlungsbereichen erwachsenden Ansprüchen haben die wirtschaftskundlichen Schulcurricula zu entsprechen. Und an diesen Lehrplänen haben sich schließlich die Studienordnungen der Lehramtsstudiengänge „Ökonomie" auszurichten. „Ökonomie für Pädagogen" wird damit zu einem didaktisch orientierten Fachstudium, das im Hinblick auf das schulische Tätigkeitsfeld des Lehrers konzipiert ist und demzufolge dessen Befähigung anstrebt, Schüler für die Bewältigung wirtschaftlicher Lebenssituationen zu rüsten. Ein unter dieser Zielsetzung ausgerichtetes Ökonomie-Studium hat nun aber keineswegs nur den gegenwärtigen Anforderungen der Schulcurricula zu genügen, sondern muß versuchen, auch in der (näheren) Zukunft liegende, pädagogisch bedeutsame ökonomische Entwicklungen zu antizipieren, sie zu thematisieren und in ihrer unterrichtlichen Relevanz zu gewichten.

Unabhängig von der Konstruktion des Studienfaches „Ökonomie" (sei es nun vereint mit Politik, Soziologie, Technik oder aber eigenständig) muß unseres Erachtens für alle Lehramtsstudenten, die in der späteren allgemeinbildenden Schulpraxis wirtschaftliche Unterrichtsstoffe (auch wenn diese integrierten Unterrichtsfächern wie Sozialkunde, Gemeinschaftskunde, Politik, Arbeitslehre u. a. zugewiesen sind) behandeln, ein Minimum solcher fachdidaktisch gerechtfertigter Studieninhalte ver-

---
[1] Vgl. Groth, G., Krafft, D., Ökonomische Bildung in Schule und Lehrerbildung, Analyse und Forderungen, Vorträge, Berichte, Texte, hrsgg. von der Bundesarbeitsgemeinschaft Schule/Wirtschaft, Heft 16, Köln 1979, S. 5 u. 8.

langt werden. Dieses fachwissenschaftliche „must" für Lehramtsstudiengänge mit ökonomischem Fachbezug soll in diesem Lehrbuch strukturiert, problematisiert und aufbereitet werden und damit den Studierenden als Grundlage ihrer einschlägigen Befassung dienen.

Darüber hinaus möge dieses Buch all jenen Lehrern in der schulischen Praxis, die heute „Wirtschaft" unterrichten (oder aber auch unterrichten müssen!), ohne jemals die wünschenswerte studienmäßige Unterweisung erfahren zu haben, eine Hilfe zum Selbststudium sein.

Die hier vorliegende Studienhilfe ist im Zusammenwirken vieler entstanden. Ihnen allen gilt mein Dank: Meinen Hörern, die mir den Anstoß gaben, meinen Kollegen, die mich in meinem Vorhaben bestärkten, meinem Mitarbeiter, Herrn Dr. Andreas Cser, der sich immer wieder um die einschlägige Literatur bemühte, Frau Ursula Keller und Fräulein Dorothea Klein, die sich der druckfertigen Gestaltung meines Manuskripts annahmen und last not least meiner Frau, Dipl.-Hdl. Ulla May-Boljahn, die mir nicht nur in langen Gesprächen viele wertvolle Anregungen gab, sondern auch das Manuskript einer kritischen Endkontrolle unterzog.

*Hermann May*

## Vorwort zur zweiten Auflage

Das hier in einer vollständig überarbeiteten und erweiterten Auflage präsentierte Lehrbuch trägt vor allem zwei Umständen Rechnung. Zum einen der mit der Wiedervereinigung Deutschlands veränderten politischen Situation und den daraus resultierenden ökonomischen Bedingtheiten. So wurden die Darlegungen über die Staatswirtschaft der ehemaligen DDR gekürzt, ohne sie allerdings ganz entfallen zu lassen. Als Ausweis eines verfehlten Denkens verdichten sie sich im Konzeptionellen und im durchlaufenen Entwicklungsprozeß und gipfeln – quasi in einer Art Konkursbilanz – in einer vergleichenden Gegenüberstellung mit der Sozialen Marktwirtschaft der Bundesrepublik. Das dabei sich dokumentierende Unvermögen einer zentralverwalteten Wirtschaft soll als abschreckendes Beispiel in die Zukunft wirken.

Die neue wirtschaftliche Situation, in die sich das wiedervereinte Deutschland gestellt findet, verlangt auch eine entsprechende Berücksichtigung in dieser Neuauflage.

Der zweite Umstand, der diese Auflage prägend mitbestimmte, war die bislang fehlende rechtliche Fundierung des Kapitels „Arbeitsökonomie" durch eine gedrängte Darstellung des Arbeitsvertragsrechts. Seine Behandlung verdeutlicht die formale Einbindung der Arbeit in die Gesellschaft.

Trotz einer Vielzahl weiterer Ergänzungen und Aktualisierungen (so insbesondere hinsichtlich der Europäischen Wirtschafts- und Währungsunion nach dem Vertrag von Maastricht) bleiben auch in dieser Auflage immer noch (Angrenzungs-)Themen offen, zu deren Befassung ich auf das von mir ebenfalls im Oldenbourg-Verlag, München, herausgegebene „Handbuch zur ökonomischen Bildung" verweise.

*Hermann May*

## Vorwort zur fünften Auflage

Eine Vielzahl von Änderungen und Neuerungen, insbesondere im sozialen und wirtschaftspolitischen Bereich, wie auch erkannte Defizite in der bisherigen Fassung erforderten eine Überarbeitung und Aktualisierung dieses Lehrbuches. Die unvermindert starke Nachfrage nach diesem kam der raschen Berücksichtigung dieser Erfordernisse entgegen.

*Hermann May*

## Vorwort zur sechsten Auflage

Nach der Überarbeitung zur fünften Auflage und nach dem raschen Absatz derselben konnte ich mich bei der vorliegenden Neuauflage darauf beschränken, den gesamten Text kritisch durchzusehen.

*Hermann May*

## Vorwort zur neunten Auflage

Die mit der Verwirklichung der Europäischen Wirtschafts- und Währungsunion eintretenden Neuerungen sowie eine Reihe anderer Veränderungen erforderten eine erneute Überarbeitung und Aktualisierung meines Lehrbuches.

*Hermann May*

## Vorwort zur elften Auflage

Die Änderung einer Vielzahl wirtschaftspolitischer und (wirtschafts-)rechtlicher Rahmenbedingungen erforderten eine erneute Überarbeitung und Aktualisierung dieses Lehrbuches. Diese partielle Revision ermöglichte mir auch, auf eine Reihe wertvoller Anregungen einzugehen, die mir mein geschätzter Kollege, Professor Dr. Klaus-Peter Kruber, Universität zu Kiel, über Jahre in freundschaftlicher Verbundenheit zuteil werden ließ. Ihm sei an dieser Stelle herzlich gedankt!

*Hermann May*

# 1 EINFÜHRUNG IN DEN PROBLEMBEREICH WIRTSCHAFT

# 1.0 Leitziel

Erfassung ökonomischer Grundbegriffe und Grundtatbestände und die Fähigkeit ihrer anschaulichen Vermittlung.

## 1.1 Ökonomische Grundbegriffe und Grundtatbestände

### 1.1.1 Bedürfnisse – Bedarf – Nachfrage

Ausgangsbasis und Beweggrund allen wirtschaftlichen Handelns ist ein hochdifferenziertes **Mangelempfinden** des Menschen und sein Bestreben, dies zu befriedigen. Das Gefühl des Mangels bezeichnen wir als **Bedürfnis**. Ist ein Bedürfnis seinem Träger bewußt, so sprechen wir von einem **manifesten** Bedürfnis, ist es ihm (noch) nicht bewußt, von einem **latenten**.

Bedürfnisse treten in unterschiedlicher Intensität in Erscheinung. In Anlehnung an den amerikanischen Psychologen Abraham H. Maslow[1] lassen sie sich wie folgt (siehe Übersicht 1.1) hierarchisieren:

**Übersicht 1.1**

Mit der höchsten Dringlichkeit drängen die **physiologischen,** auf Selbsterhaltung abzielenden **Bedürfnisse** nach Befriedigung. Diese genetisch präformierten, physiologisch bedingten, unerlernten Bedürfnisse können auch als **primäre** oder **Grund-Bedürfnisse** bezeichnet werden. Sie umfassen das elementare Verlangen nach Nahrung, Kleidung, Wohnung, Schlaf, Sexualität.

Den primären Bedürfnissen nachgeordnet sind die **sekundären Bedürfnisse,** deren Befriedigungsweise der Mensch erst über einen Lernprozeß internalisiert. Diese Bedürfnisse entstehen in folgender Rangfolge: Zunächst verlangen die

---

[1] Vgl. Maslow, A. H., Motivation and Personality, 2. Aufl., New York–Evanston–London 1970, insbes. S. 35–38.

**Sicherheitsbedürfnisse** nach Schutz in wirtschaftlicher (z. B. Sicherung des Einkommens, des Arbeitsplatzes, der Altersversorgung, Schutz bei Krankheit und Invalidität) und politischer (z. B. militärischer und vertraglicher Schutz vor fremdstaatlichen Übergriffen) Hinsicht. Diesen Sicherheitsbedürfnissen folgen die **sozialen Bedürfnisse.** Sie richten sich auf die Herstellung zwischenmenschlicher Beziehungen, wie Gemeinschaft, Geselligkeit, Zuneigung, Freundschaft. Diesen Bedürfnissen schließen sich solche nach **Selbstachtung** und **gesellschaftlicher Wertschätzung** an. So verlangt der Mensch auf mehr oder minder hohem Anspruchsniveau nach persönlichem Erfolg als Beweis seiner Fähigkeiten und damit als Voraussetzung seiner Selbstachtung; andererseits verlangt er gleichzeitig nach Aufmerksamkeit, Achtung, Wertschätzung und Bewunderung durch seine Mitmenschen. Streben nach Prestige, Macht, sozialem Ansehen folgen aus diesem Verlangen.

Die Spitze der Hierarchie der menschlichen Bedürfnisse bildet das Verlangen nach **Selbstverwirklichung,** d. h. nach dem, was man nach seinen individuellen Anlagen sein könnte oder aber glaubt, sein zu können.

Die aufgezeigte Strukturierung des menschlichen Mangelempfindens läßt deutlich werden, daß Bedürfnisse höherer Ordnung erst dann verhaltenswirksam werden, wenn die Bedürfnisse niederer Ordnung hinreichend befriedigt sind, und daß somit alles menschliche Handeln als Versuch zu sehen ist, dem jeweils vordringlichsten, d. h. dem relativ stärksten Mangelempfinden Befriedigung zu verschaffen. Die Einschätzung der (relativen) Vordringlichkeit unterliegt hierbei der subjektiven Wertung. Diese ist in Abhängigkeit zu sehen von sozialen Normvorgaben, denen der einzelne unterliegt; sie tritt besonders deutlich bei den **Kultur-** und **Luxusbedürfnissen** (z. B. Verlangen nach verfeinerter Nahrung bis hin zu ausgefallenen Delikatessen, nach modischer Kleidung bis hin zu teuerster Maßarbeit, nach einfachem Schmuck bis hin zu kostbarem Geschmeide u. a.) und deren Abgrenzung zu den Grundbedürfnissen in Erscheinung.

Die Unterscheidung von **Individual-** und **Kollektivbedürfnissen** hebt auf die Möglichkeit der Bedürfnisbefriedigung ab. Während Individualbedürfnisse (z. B. Wunsch nach eigener Wohnung, Wohnungseinrichtung, PKW, Ferienreise) in der Regel vom Bedürfnisträger selbst befriedigt werden müssen beziehungsweise können, ist dies bei Kollektivbedürfnissen (z. B. Verlangen nach Krankenhaus, Straßen, Theater, Bildungseinrichtungen, innerer und äußerer Sicherheit) im allgemeinen nur kollektiv, d. h. durch den Staat möglich.

Soweit die Befriedigung von Bedürfnissen über Güter erfolgt, die der Bewirtschaftung unterliegen, setzt sie **Kaufkraft** (Zahlungsmittel) voraus. Ist der Bedürfnisträger Mensch bereit, für eine bestimmte Bedürfnisbefriedigung Kaufkraft aufzuwenden, entsteht **Bedarf.** Bedarf subsumiert demnach mit Kaufkraft ausgestattete Bedürfnisse.

Der Bedarf wird zur **Nachfrage,** wenn er auf dem Markt in Erscheinung tritt, das heißt, wenn der Bedarfsträger das Gewünschte vom Anbieter respektive der Anbieterschaft (zu kaufen) verlangt.

Hieraus kann geschlossen werden, daß die Anbieter am Markt primär am Bedarf interessiert sind und weniger an den teilweise mangels Kaufkraft (noch!) nicht zu befriedigenden Bedürfnissen. Hinsichtlich mittel- und langfristiger Produktions-

und Absatzstrategien haben jedoch auch diese (Bedürfnisse) für die Anbieter maßgebliche Bedeutung.

### 1.1.2 Güter

Die der menschlichen Bedürfnisbefriedigung dienenden Mittel heißen **Güter**.

Nur wenige Güter stellt uns die Natur in solchem Überfluß – wie Luft zum Atmen, Wasser im Meer, Sand in der Wüste – zur Verfügung, so daß sie jeder (in verantwortungsvoller Weise!) in Anspruch nehmen kann. Wir nennen sie **freie Güter**. Alle anderen Güter sind nicht in dem Ausmaß verfügbar, in dem sie zur Bedürfnisbefriedigung verlangt werden. Sie sind somit mehr oder weniger knapp (**knappe Güter**) und müssen deshalb bewirtschaftet werden (**wirtschaftliche Güter**).

Die wirtschaftlichen Güter umfassen **Sachgüter** (Konsum- und Investitionsgüter) und **Dienstleistungen** sowie **Rechte** (Patente, Lizenzen, Nutzungsrechte wie Miete, Pacht).

**Konsumgüter** werden von den privaten Haushalten nachgefragt, sei es nun zur einmaligen Bedürfnisbefriedigung (**Verbrauchsgüter** wie Nahrungsmittel, Wasser, Strom) oder zur mehrmaligen Nutzung (**Gebrauchsgüter** wie Waschmaschine, PKW, Mobiliar).

**Investitionsgüter,** auch **Produktionsgüter** (oder Kapitalgüter) genannt, werden von den Unternehmen nachgefragt, und zwar zum Zwecke der Herstellung anderer Güter. Auch für sie gilt die Unterscheidung zwischen **Verbrauchsgütern** (wie Fertigungsmaterialien) und **Gebrauchsgütern** (wie Werkzeuge, Maschinen, Werkhallen).

Es gilt zu beachten, daß ein Gut zugleich Konsum- und Produktionsgut sein kann, je nachdem welcher Verwendung/Nutzung es zugeführt wird. So ist der in einem Privathaushalt genutzte Kühlschrank ein Konsumgut, dagegen der in einer Restaurantküche eingesetzte ein Produktionsgut.

**Dienstleistungen** werden von den privaten Haushalten wie auch den Unternehmen nachgefragt. Im privaten Haushalt werden dabei außer den Dienstleistungen seiner Mitglieder – so insbesondere der Hausfrau – auch solche gewerblicher Unternehmen (wie Banken, Versicherungen, Speditionen, Handel) und freier Berufe (wie Arzt, Anwalt, Musiklehrer) konsumiert. Von den Unternehmen werden neben der Arbeit von Arbeitern und Angestellten gleichfalls die Dienste gewerblicher Unternehmen (wie Banken, Versicherungen, Frachtführer, Handel) und freier Berufe (wie Unternehmensberater, Anwalt, Steuerberater, Vertreter) als Dienstleistungen nachgefragt.

**Öffentliche Güter (Kollektivgüter)** sollen Kollektivbedürfnisse befriedigen. Im Gegensatz zu den **privaten Gütern (Individualgütern),** die der einzelne selbst erwirbt, werden diese vom Staat erworben und angeboten (z. B. innere und äußere Sicherheit, Bildung, Verkehrsmittel, Kultur- und Freizeiteinrichtungen, Rechtsschutz).

### 1.1.3 Knappheit – Wert

Die Knappheit der Güter, das heißt ihre im Verhältnis zum Begehr beschränkte Menge, offenbart sich zum einen dort, wo nur ein begrenzter, nicht vermehrbarer Vorrat gegeben ist, wie bei den natürlichen Ressourcen (Bodenfläche, Bodenschätze, Wasserkräfte), zum anderen aber auch bei den vermehrbaren Gütern, die erst produziert werden müssen. In beiden Fällen handelt es sich um eine **relative Knappheit** in der Beziehung Mensch–Gut und nicht um eine absolute Knappheit.

Die relative Knappheit der Güter hat folgende Konsequenz: Die knappen Güter werden zu Objekten wirtschaftlichen Handelns und unterliegen damit der **Bewertung**. In ihr werden die relativen Knappheiten der Güter beziehungsweise der zu ihrer Herstellung benötigten Arbeit und sonstigen Ressourcen (so insbesondere Materialien, Maschinen, Räumlichkeiten) durch den Preis zum Ausdruck gebracht.

Damit läßt sich die Knappheit eines Gutes an seinem Preis, das ist sein Tauschwert, ablesen. Ein teures Produkt spiegelt in seinem Preis einen höheren **Knappheitsgrad** wider als ein billiges. Nur freie Güter haben keinen Preis. Auf ihrer Annahme basiert die Fiktion vom Schlaraffenland. In ihm sind wirtschaftliche Anstrengungen nicht nötig, da alles im Überfluß vorhanden ist und somit die Bedürfnisbefriedigung keine Kaufkraft erfordert. Das Schlaraffenland entzieht sich mit seiner Annahme bewußt der wirtschaftlichen Realität.

### 1.1.4 Wirtschaftliches Handeln – ökonomisches Prinzip

Die Tatsache, daß die menschlichen Bedürfnisse umfangreicher sind als ihre Befriedigungsmöglichkeiten, das heißt als die zur Bedürfnisbefriedigung zur Verfügung stehenden Gütermengen, schafft ein Spannungsverhältnis, in dem eine Vielzahl von Wünschen (Bedürfnissen) um ihre Befriedigung konkurrieren.

Der Bedürfnisträger Mensch versucht sich aus dieser Konfliktsituation in der Regel dadurch zu lösen, daß er die verschiedenen (Wahl-)Möglichkeiten vergleicht und sich danach für die aus seiner Sicht günstigste entscheidet.

*Beispiele:*

1) Im privaten Haushalt sieht sich die Hausfrau mit einer Vielzahl von Bedürfnissen konfrontiert, zu deren umfassender Befriedigung das begrenzte Haushaltsbudget nicht ausreicht. Sie muß deshalb die Bedürfnisse auf ihre Dringlichkeit untersuchen, Prioritäten setzen und schließlich sich für bestimmte Bedürfnisse und deren Befriedigung über Kaufakte entscheiden.

2) Im Produktionsbereich wird sich der Unternehmer im Rahmen der gegebenen Finanzierungsmöglichkeiten aus einer diese in ihrer Kostenhöhe übersteigenden Reihe von Investitionsvorhaben für die seiner Einschätzung nach wichtigsten entscheiden.

3) Ähnlich auf staatlicher Ebene (Bund, Länder, Gemeinden). Hier haben die zuständigen Personen und Gremien über die Verwendung der verfügbaren Mittel zu entscheiden, indem sie aus der Vielzahl der Investitionsprojekte die auswählen, die ihnen am vordringlichsten erscheinen.

Die vorausgegangenen Darlegungen lassen deutlich werden, daß die Lösung des Bedürfnis-Mittel-Konflikts vom jeweils damit Befaßten die günstigste Verteilung der vorhandenen Mittel, das heißt den optimalen Mitteleinsatz verlangt. Ein solches Handeln nennen wir **Wirtschaften.**

Wirtschaften folgt dem aus dem Rationalprinzip abgeleiteten **ökonomischen Prinzip**, das sich in zwei Handlungsmaximen ausdrücken läßt:

1. als **Minimierungsaufgabe:** Ein angestrebter Erfolg soll mit einem Minimum an Aufwand (Mitteln) erreicht werden.

*Beispiele:*

1) Eine Hausfrau soll mit möglichst wenig Geld ihrer Familie ein gutes und reichliches Mittagessen auf den Tisch bringen.
2) Ein Unternehmer soll eine bestimmte Menge von Gütern mit möglichst wenig Arbeits- und Maschinenstunden produzieren.
3) Eine Gemeinde soll ein Hallenbad bestimmter Größe und Ausstattung zu einem möglichst niedrigen Preis bauen.

2. als **Maximierungsaufgabe:** Mit gegebenen Mitteln soll ein maximaler Erfolg erreicht werden.

*Beispiele:*

1) Eine Hausfrau ist bestrebt, mit ihrem Haushaltsgeld möglichst viele Bedürfnisse ihrer Familienmitglieder zu befriedigen.
2) Ein Unternehmer ist bestrebt, mit einer bestimmten Anzahl von Maschinen- und Arbeitsstunden möglichst viele Gütereinheiten zu produzieren.
3) Die Bundesregierung ist bestrebt, mit einem bestimmten Sozialbudget möglichst vielen Ansprüchen gerecht zu werden.

Unter Beachtung der aufgezeigten Maximen wird Wirtschaften zu rationalem Handeln.

Wirtschaften als nutzen- respektive gewinnmaximierendes Handeln ist immer als ein individueller Aktionsprozeß zu verstehen, dessen Effizienz mit durch das Leistungsvermögen des Handelnden bestimmt ist.

Solches individuelles und damit per se ungleiches Handeln führt zwangsläufig zu ungleichen Handlungsergebnissen und damit zu ökonomischer **Ungleichheit** schlechthin, aus der sich wirtschaftliche Abhängigkeit und Macht entwickeln können. Mit anderen Worten: Überdurchschnittliche Leistungen im Wirtschaftsprozeß bedingen in der Regel überdurchschnittliche Markteinkommen und begründen damit potentiell wirtschaftliche Macht.

Es gilt jedoch zu beachten, daß die strikte Einhaltung des ökonomischen Prinzips im wirtschaftlichen Alltag keineswegs immer unterstellt werden kann. So finden sich bei den Handelnden (Wirtschaftssubjekten) einerseits häufig nicht rationalisierte traditionelle, habitualisierte oder aber auch spontane, ja selbst irrationale Verhaltensweisen. Andererseits ist zu sehen, daß die Entscheidungsträger (Entscheidungseinheiten) in ihrer Zielverfolgung durch Unkenntnis bedeutsamer Größen oder Unsicherheit über die möglichen Lösungswege beeinträchtigt sind. Subjektiv als sinnvoll empfundene Entscheidungen/Wahlakte erweisen sich demzufolge objektiv – unter Einbezug der nicht erfaßten (weil nicht verfügbar oder zu teuer!) Daten – als falsch oder weniger günstig. So ist davon auszugehen, daß alle Entscheidungen risikobehaftet sind, das heißt der Gefahr ausgesetzt sind, nicht die bestmögliche Mittelverwendung zu realisieren. Diese Feststellung führt zwangsläufig zu der Erkenntnis, daß wirtschaftliches Handeln immer individuellen Charakter trägt und somit zwangsläufig zu unterschiedlichen Ergebnissen führen muß. Unterschiedliche

Handlungsergebnisse als Folge unterschiedlichen individuellen Geschickes sind aber auch der Grund für die ungleiche Bildung und Mehrung von (wirtschaftlichem) Vermögen unter den Wirtschaftenden. Diese **Ungleichheit** ist für viele Menschen ein Ansporn, selbst mehr zu erlangen und dadurch dem begehrten Status der Besserverdienenden und Mehrbesitzenden näherzukommen. Ungleichheit wirkt damit als **Leistungsantrieb.**

### 1.1.5 Produktion

Die Herstellung der für die Bedürfnisbefriedigung notwendigen (knappen) Güter, das sind Sachgüter und Dienstleistungen, vollzieht sich – in Betrieben organisiert – im Wege der **Produktion.** In ihr realisiert sich im Rahmen eines technischen Prozesses die **Transformation** der **Produktionsfaktoren** in Produkte.

Unter **Produktionsfaktoren** verstehen wir die in die Produkte eingehenden elementaren Bestandteile. Es sind dies nach der herkömmlichen Einteilung: Boden, Arbeit und Kapital.

*1.1.5.1 Die Produktionsfaktoren*

Der **Boden** ist ein **originärer,** das heißt ursprünglicher Produktionsfaktor. Als solcher subsumiert er alle aus der Natur stammenden sachlichen Einbringungen zur Produktion. So steht der ökonomische Begriff „Boden" zum einen für die unvermehrbaren vielfältigen Bodenschätze **(Abbauboden),** zum anderen für die periodisch reproduzierbaren Güter, vor allem die in der Land- und Forstwirtschaft kultivierten Nahrungsmittel und pflanzlichen Rohstoffe **(Anbauboden).** Schließlich ist der Boden auch **Standort,** das heißt Bau- und Stellfläche für Betriebe und wirtschaftliche Anlagen.

Die **Arbeit** ist der zweite **originäre** Produktionsfaktor. Sie umfaßt die auf Einkommenserzielung gerichtete menschliche Tätigkeit, **körperliche** wie **geistige.** Arbeit steht damit ihrer materiellen Zielvorgabe nach in deutlichem Gegensatz zu der in der Regel mehr ideell orientierten Freizeitbeschäftigung.

Das **Kapital** ist ein abgeleiteter, **derivativer** Produktionsfaktor. Dies besagt, daß es nicht ursprünglich (originär) vorhanden ist, sondern immer erst hergestellt werden muß. Diesem Produktionsfaktor ist die Gesamtheit der **produzierten Produktionsmittel,** das sind alle Werkzeuge, Maschinen, maschinelle Anlagen und Bauten, die der Herstellung von Gütern dienen, zu subsumieren. Erst dieses Kapital – wir nennen es auch Produktivkapital, Realkapital, Sachkapital, Betriebsmittel – ermöglicht das Einschlagen von Produktionsumwegen mit höheren Erträgen als die Produktion ohne Kapitaleinsatz. Diese Feststellung soll anhand des sogenannten **Robinson-Beispiels** verdeutlicht werden.

Robinson Crusoe, die Titelfigur des gleichnamigen Romans von Daniel Defoe, wird – wie wir etwas abweichend von der literarischen Schilderung annehmen wollen – ohne jegliches Realkapital auf eine Insel verschlagen. Unterstellen wir des weiteren, daß Robinson nicht länger als 14 Stunden am Tag arbeiten kann. – Verwendet Robinson diese 14 Stunden voll auf die Beschaffung von Lebensmitteln (Früchte, Fische), so verbleibt ihm keine Zeit und Kraft mehr für die Herstellung eines Produktionsgutes (sprich: Werkzeuges) zur Erhöhung seiner Arbeitsproduk-

1 Einführung in den Problembereich Wirtschaft    9

tivität. Konkret formuliert: Robinson ist unter diesen Bedingungen nicht in der Lage, eine Angel oder ein Netz zu basteln, um seine Fischbeute zu vergrößern.

Legt nun aber Robinson von den einzelnen Tageserträgen jeweils etwas zurück, so kann er zu gegebener Zeit seinen Unterhalt vom gebildeten Vorrat bestreiten und seine Arbeitskraft zur Herstellung eines Produktivgutes (z. B. einer Angel) einsetzen. Mit Hilfe dieses Produktivgutes wäre Robinson in der Lage, sich in kürzerer Zeit als bisher den benötigten Tagesbedarf an Fischen zu verschaffen.

Diesen höheren Versorgungsgrad in der Zukunft auf dem **Umweg** über die Produktion eines Kapitalgutes kann unser Romanheld nur bei entsprechendem **Konsumverzicht** in der Gegenwart erreichen. Das Kapitalgut (die Angel) und mittels ihm die höhere Ergiebigkeit der Produktion (des Fischfangs) in der Zukunft läßt sich nur um den Preis des Verzichts auf eine bessere Versorgungslage in der Gegenwart erreichen. Kurz: Robinson muß bei Zeiten sparen, um sein Kapitalgut herstellen zu können. Oder allgemeiner: Kapitalbildung setzt entsprechendes Sparen voraus.

Im Gegensatz zur modellhaft angenommenen 1-Mann-Wirtschaft des Robinson Crusoe fallen in der modernen arbeitsteiligen Volkswirtschaft Spar- und Produktionsakte in der Regel nicht mehr in einer Person zusammen, sondern werden von verschiedenen Wirtschaftseinheiten vorgenommen. Hier werden die weitverzweigten Geldersparnisse der privaten Haushalte und Unternehmen im Bankensystem gesammelt und den Investoren zugeleitet.

In Ergänzung zu den klassischen Produktionsfaktoren Boden, Arbeit und Kapital werden in der ökonomischen Literatur häufig weitere Produktionsfaktoren genannt, so der **dispositive Faktor,** der **technische Fortschritt** und die **Bildung.**

Unter **dispositivem Faktor** versteht insbesondere die Betriebswirtschaftslehre denjenigen Produktionsfaktor, der die Elementarfaktoren menschliche Arbeitskraft, Betriebsmittel und Werkstoffe kombiniert. Das ist die **Geschäftsführung,** die sich ihrerseits der **Planung** und der **Organisation** bedient. Der dispositive Faktor umfaßt somit: Geschäftsführung, Planung und Organisation.

Der **technische Fortschritt** äußert sich in der Erzeugung neuer und verbesserter Produkte sowie in der Einführung neuer und Verbesserung bestehender Produktionsverfahren. Im Zusammenwirken mit den Produktionsfaktoren Arbeit und Kapital erhöht er deren Produktivität.

Die Produktion einer Wirtschaft wird auch in Abhängigkeit vom geistigen Leistungspotential seiner Arbeitskräfte gesehen. Dieses geistige Vermögen, auch **Human Capital** genannt, wird über entsprechende Bildungsinvestitionen erzielt.

*1.1.5.2 Kombination und Substitution der Produktionsfaktoren*

Die Transformation der Produktionsfaktoren in Güter unterliegt dem ökonomischen Prinzip. In seiner Verfolgung wird der Unternehmer versuchen, die Produktionsfaktoren so zu kombinieren und zu substituieren, daß sich ein möglichst großer, den Aufwand übersteigender Ertrag ergibt, das heißt, daß die positive Differenz zwischen Output (Wert der Ausbringung) und Input (Wert des Faktoreinsatzes) ein Maximum erreicht. Ob und in welchem Umfang solche Substitutionen möglich sind, hängt davon ab, ob das Verhältnis der Produktionsfaktoren durch technisch-verfahrensmäßige Bedingungen festlegt – wir sprechen in diesem Zusammenhang von

**limitationalen** Produktionsfaktoren – oder ob unterschiedliche Mengenrelationen der einzelnen Faktoren möglich, das heißt dieselben untereinander mehr oder weniger begrenzt austauschbar, sprich: **substituierbar,** sind. – So können beispielsweise Maschinen menschliche Arbeitskraft ersetzen, das heißt Kapital Arbeit substituieren. Wird Arbeit völlig gegen Kapital ausgetauscht, wie dies bei der Automatisierung von Arbeitsprozessen der Fall ist, liegt alternative Substitution vor.

Der Unternehmer wird in der Regel diejenige Faktorkombination anstreben, die die von ihm beabsichtigte Ausbringung bei gegebenem Qualitätsstandard zu den geringsten Kosten ermöglicht. Solange er durch Variation der Faktoreinsatzverhältnisse insgesamt Kosten einsparen kann, hat er noch nicht die günstigste Faktorkombination erreicht. Erst wenn dies nicht mehr der Fall ist, ist die günstigste Kombination der Produktionsfaktoren gegeben und das ökonomische Prinzip verwirklicht.

### 1.1.5.3 Das Gesetz der Massenproduktion

Fragen wir nach den Voraussetzungen kostengünstiger **industrieller Produktion,** so stoßen wir auf die Erkenntnisse von **Karl Bücher** (1847–1930). Sie lassen sich wie folgt fassen: Die nur mit der Herstellung eines Produktes verbundenen Kosten sind teils **fix,** teils **variabel.** Als **fixe Kosten** gilt der Teil der Gesamtkosten, dessen Höhe unabhängig ist von der Ausbringungsmenge und damit vom Auslastungsgrad des Betriebes. So zum Beispiel: Mieten, Hypothekenzinsen, Abschreibung für Maschinen, Entwicklungskosten. Den **variablen Kosten** zugerechnet werden all jene, deren Höhe von der Ausbringungsmenge abhängt, so insbesondere die Kosten für Fertigungsmaterial und Fertigungslöhne. Aus dieser differenzierenden Aufteilung der Gesamtkosten läßt sich zweierlei ableiten. 1. Der auf das gefertigte Einzelprodukt entfallende Fixkostenanteil sinkt mit wachsender Ausbringungsmenge und ist damit degressiv variabel. 2. Die variablen Kosten steigen proportional mit der Ausbringungsmenge und sind demnach bezogen auf das gefertigte Einzelstück konstant. Das bedeutet: Die durchschnittlichen Kosten für das Einzelstück (Stückkosten) fallen mit der Zunahme der Ausbringungsmenge.

Die hier getroffenen Feststellungen hat Bücher im **Gesetz der Massenproduktion** formelhaft verkürzt dargestellt:

$$k = \frac{K_f}{m} + k_v$$

k = Stückkosten
$k_v$ = variable Stückkosten
$K_f$ = fixe Kosten insgesamt
m = Ausbringungsmenge

Ein praktisches Beispiel mag das aufgezeigte Phänomen verdeutlichen: Die Herstellung eines Buches verursache fixe Kosten für den Satz im Umfang von Euro 5000,– und variable Kosten für Papier, Druck und Einband von Euro 3,– pro Stück. Bei einer Auflage von 500 Stück betrügen dann die Stückkosten Euro 13,–, bei einer Auflage von 1000 Stück Euro 8,– und bei einer Auflage von 10 000 Stück schließlich noch Euro 3,50.

Voraussetzung für die Haltbarkeit des Gesetzes der Massenproduktion ist allerdings, daß die variablen Kosten je Stück gleichbleiben. Dies kann jedoch nicht immer unterstellt werden. So zum Beispiel, wenn bei Ausdehnung der Produktion über ein bestimmtes Maß die Kosten für die weitere Beschaffung von Rohmaterialien steigen, der Verschleiß an den Maschinen verstärkt zunimmt oder Überstunden höhere Lohnkosten verursachen. – Andererseits können die variablen Kosten je Stück bei höheren Bezugsmengen (durch Preiszugeständnisse, Mengenrabatte) mehr oder weniger stark fallen.

Sicherlich ist Büchers Feststellung als Tendenzaussage zutreffend, daß nämlich Güter in Massenfertigung kostengünstiger produziert werden können als in kleineren Produktionsauflagen. Die in jüngster Zeit rapid gefallenen Preise für Videogeräte, Heimcomputer, Compact-Displays und anderes mehr geben dafür beredtes Beispiel.

### 1.1.6 Arbeitsteilung

Das Bestreben des Menschen, die Knappheit der Arbeit zu mildern und ihren Wirkungsgrad zu erhöhen, führte nicht nur zum Einsatz von Realkapital, insbesondere Werkzeuge und Maschinen, sondern auch zu verschiedenen **Formen der Arbeitsorganisation**.

Ausgehend von der Arbeitsteilung zwischen Mann und Frau kommt es schon in früher Zeit wirtschaftlicher Entwicklung zur Ausgliederung einzelner Funktionen aus dem Haushalt und deren Verselbständigung. Es bilden sich die ersten Berufe (**Berufsbildung**). Diese erweisen sich jedoch schon bald als zu komplex (z. B. Schmied) und spalten sich auf in enger gefaßte Tätigkeitsbereiche (so z. B. den Beruf des Nagelschmiedes, des Hufschmiedes, des Kesselschmiedes usw.). Diese bereits im Mittelalter ihren Ausgang nehmende **Berufsspaltung** setzt sich in Form der beruflichen Spezialisierung bis in unsere Tage hinein fort.

Die wohl spektakulärste Erhöhung ihres Wirkungsgrades erfuhr die menschliche Arbeit mit der bereits zu Anfang des 18. Jahrhunderts in den Manufakturen beginnenden Zerlegung von Produktionsprozessen in mehrere jeweils auf eine Person oder Personengruppe entfallende Teilprozesse (**Arbeitszerlegung**). Adam Smith (1723–1790) hat diesen Effizienzgewinn durch Arbeitszerlegung bereits in seinem 1776 erschienenen Werk „Wealth of Nations" am sogenannten **„Stecknadelbeispiel"** veranschaulicht: Wenn ein Arbeiter bei der Herstellung von Stecknadeln sämtliche Arbeitsvorgänge selbst besorgt, kann er täglich höchstenfalls 2 Nadeln herstellen. Durch Teilung des umfassenden Produktionsvorganges in mehrere unselbständige Einzelprozesse und deren Übertragung auf verschiedene Personen läßt sich die Produktivität der Arbeit jedoch dermaßen steigern, daß 10 Arbeiter an einem Tag 48 000 Nadeln produzieren, was einem Pro-Kopf-Anteil von 4800 Nadeln entspricht.

Die betriebliche Umsetzung dieser Erkenntnis, das heißt die Zerlegung der Arbeit in Teilprozesse, leitete auch die Überantwortung von Teilverrichtungen an Maschinen ein, eine Entwicklung, die heute vielfach ganze Produktionsgänge erfaßt hat und noch lange nicht abgeschlossen ist.

Die Zerlegung von Arbeitsprozessen in Teilverrichtungen zwingt die beteiligten Personen beziehungsweise Betriebe in wechselseitige funktionelle Abhängigkeit.

Die Arbeitsteilung integriert somit die in ihr Befaßten in ein komplexes Geflecht wirtschaftlicher **Interdependenzen** und löst damit einen Prozeß der Vergesellschaftung aus.

Die aus der Arbeitsteilung resultierende Vergesellschaftung des Wirtschaftsprozesses erfordert eine Interessenabstimmung zwischen den interdependenten Produzenten einerseits und den Produzenten und Abnehmern andererseits. Die Arbeitsteilung verlangt demnach eine auf Interessenausgleich abzielende **Kommunikation** der Wirtschaftssubjekte. Einen solcherart notwendigen kommunikativen **Koordinations**mechanismus bietet in den Marktwirtschaften mit gewissen Einschränkungen der Markt.

### 1.1.7 Der Wirtschaftskreislauf

Die Vielfalt der nach Befriedigung drängenden menschlichen Bedürfnisse erfordert eine permanente Produktion von Gütern. Gleichzeitig sind die Hersteller von Wirtschaftsgütern selbst bestrebt, durch die Produktion vor allem neuartiger Erzeugnisse neue und zusätzliche Bedürfnisse bei den Konsumenten zu wecken und diese zur Nachfrage zu veranlassen.

Es bestehen somit gewisse Wechselwirkungen zwischen Bedürfnis und Produktion, die jedoch in unserer heutigen arbeitsteiligen Wirtschaft so komplex sind, daß sie nicht annähernd überschaut werden können.

Um nun dieses Beziehungsgefüge wirtschaftlicher Wirklichkeit transparenter zu machen, müssen wir uns auf das Elementare des wirtschaftlichen Ablaufprozesses konzentrieren. So betrachtet, stellt sich uns dieser als ein **Kreislauf** dar, in dem sich menschliche Bedürfnisbefriedigung als das wirtschaftliche Handeln schlechthin immer neu gebiert (siehe Schaubild 1.2).

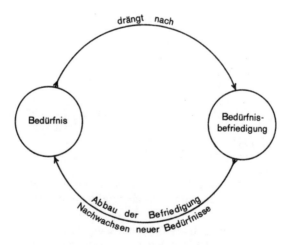

**Schaubild 1.2**

Denn die menschlichen Bedürfnisse drängen nach Befriedigung, um danach entweder als Mangelempfinden zu verschwinden (so zum Beispiel bei langlebigen Gebrauchsgütern) und damit dem Nachwachsen neuer Bedürfnisse Raum zu geben oder aber durch sukzessiven Abbau der Befriedigung sich zunehmend neu zu manifestieren (so zum Beispiel bei Hunger und Durst).

Als Träger von Bedürfnissen ist nun der Mensch in der Regel gezwungen, sich durch den Verkauf seiner Arbeitskraft (und/oder anderer Faktorleistungen) die Güter zu beschaffen, die er begehrt und auch benötigt, um die im Arbeitsprozeß aufgewandten Energien zu regenerieren und dadurch weiterhin seine Arbeitskraft als wirtschaftliche Grundlage seiner Existenz einsetzen und verwerten zu können (siehe Schaubild 1.3).

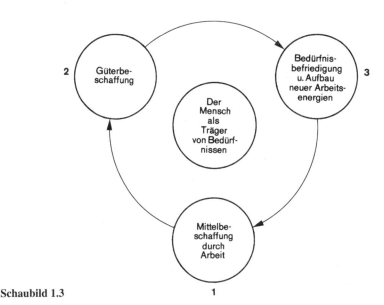

**Schaubild 1.3**

Diesen Kreislauf können wir als typisch und elementar für den privaten Haushalt bezeichnen.

Ähnlich läßt sich das betriebliche Geschehen elementarisieren. Mit – je nach Unternehmensrechtsform – einzeln oder gemeinschaftlich aufgebrachten (Finanzierungs-)Mitteln beschafft sich der Unternehmer die zur Leistungserstellung erforderlichen Produktionsfaktoren, die nach ihrer Transformation zum gewünschten Produkt zum Zwecke der Gewinnerzielung am Markt angeboten und verkauft werden. Der als Überschuß der Erträge über die Aufwendungen angestrebte Gewinn wird für den Fall seiner Realisation zur finanziellen Grundlage der weiteren Produktion und induziert damit jeweils quasi eine neue Produktionsrunde im Kreislauf (siehe Schaubild 1.4).

Unter Abstraktion von der betrieblichen Transformationsphase und den beiden bei Sachgütern möglichen Lagerphasen kann der aufgezeigte betriebliche Kreislaufprozeß sogar auf die Beziehung Geld–Ware–Geld verkürzt werden (siehe Schaubild 1.5).

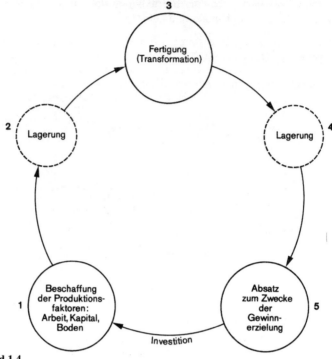

**Schaubild 1.4**

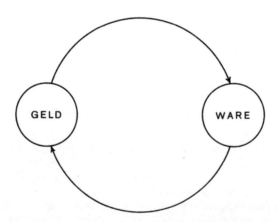

**Schaubild 1.5**

Auch die gesamtwirtschaftlichen Wechselbeziehungen lassen sich elementarisieren und auf einen Kreislaufprozeß reduzieren. Diese Darstellung macht es dann erforderlich, daß die am Wirtschaftsprozeß beteiligten Wirtschaftssubjekte – die Haushaltungen und Unternehmen, der Staat, die Banken und das Ausland – je nach dem Grad der Vereinfachung, als mehr oder weniger viele **Pole** erscheinen, von denen mindestens ein Güter- oder Geldstrom wegführt und zu denen mindestens ein solcher hinfließt und damit alle Pole direkt oder indirekt miteinander verbindet.

# 1 Einführung in den Problembereich Wirtschaft

Eine derartig vereinfachende Darstellung zirkulatorischer wirtschaftlicher Abläufe erlaubt uns, diejenigen Zusammenhänge einsichtig zu machen, die zwischen einzelnen für den Ablauf wirtschaftlichen Geschehens maßgeblichen Handlungs- und diesen vorgelagerten Entscheidungsprozessen bestehen. Solche Entscheidungen erstrecken sich hauptsächlich auf: Konsum, Sparen, Investition, Güterproduktion, Steuern und Staatsausgaben, Im- und Exporte.

### Modell 1: Der volkswirtschaftliche Güterkreislauf

Die gedankliche Zusammenfassung aller produzierenden Wirtschaftseinheiten einer Volkswirtschaft zu einem Sektor **Unternehmen** (U) und aller konsumierenden Wirtschaftssubjekte zu einem Sektor **Haushalte** (H) ermöglicht uns, die zwischen diesen beiden Sektoren bestehenden güter- und leistungsmäßigen Beziehungen in einem einfachen Kreislaufschema zu veranschaulichen (siehe Schaubild 1.6).

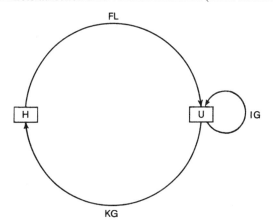

**Schaubild 1.6**

U = Unternehmen; H = Haushalte; FL = Faktorleistungen; KG = Konsumgüter; IG = Investitionsgüter

So fließt nämlich ein fortwährender Strom von Faktorleistungen (FL) von den privaten Haushalten zu den Unternehmen, die diese Faktorleistungen einerseits zur Herstellung der von ihnen benötigten Investitionsgüter (IG) und andererseits zur Erzeugung der den privaten Haushalten im Ausgleich zu den erbrachten Leistungen zu liefernden Konsumgüter (KG) verwenden.

### Modell 2: Der volkswirtschaftliche Güter- und Geldkreislauf

Beziehen wir in unsere Betrachtung mit ein, daß die privaten Haushalte als Entgelt für die erbrachten Faktorleistungen von den Unternehmen Einkommen (FE) beziehen und sie dieses Einkommen über den Kauf von Konsumgütern (KK) den Unternehmern wieder zuleiten[2], so erweitert sich unser Kreislaufschema um einen Geldstrom mit den Teilabschnitten Einkommensentstehung (FE) und Einkommensverwendung (KK) (siehe Schaubild 1.7).

---

[2] Hier wird vereinfachend unterstellt, daß die Haushalte ihr gesamtes Einkommen in den Konsum fließen lassen.

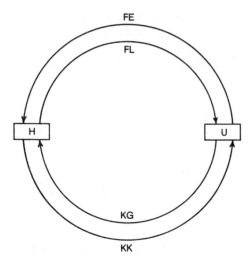

**Schaubild 1.7**

H = Haushalte; U = Unternehmen; FE = Einkommen aus Faktorleistungen; FL = Faktorleistungen; KG = Konsumgüter; KK = Kauf von Konsumgütern

## Modell 3: **Der Staat im Wirtschaftskreislauf**

Erweitern wir die Darstellung dieser zirkulären gesamtwirtschaftlichen Wechselbeziehungen um die Aktivitäten des Staates (ST), so gilt es einerseits die Mittelabflüsse des Staates für Transferzahlungen (TZ), für die von den privaten Haushalten erbrachten Faktorleistungen (FE) und für die von den Unternehmen gelieferten Güter (GK) zu erfassen, andererseits die Mittelzuflüsse des Staates von den privaten Haushalten und Unternehmen aus der Erhebung der Steuern (siehe Schaubild 1.8).

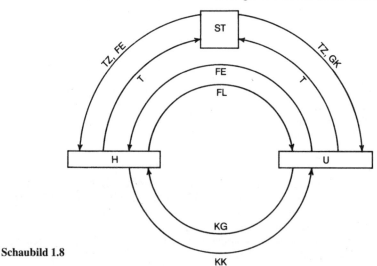

**Schaubild 1.8**

H = Haushalt; U = Unternehmen; ST = Staat; FE = Einkommen aus Faktorleistungen; FL = Faktorleistungen; KG = Konsumgüter; KK = Kauf von Konsumgütern; TZ = Transferzahlungen; GK = Zahlungen für Güterkäufe; T = Steuern

1 Einführung in den Problembereich Wirtschaft      17

Modell 4: **Staat und Bankensystem im Wirtschaftskreislauf**

Das für die privaten Haushalte charakteristische Verhalten, einen Teil ihres Einkommens nicht in den Konsum einzuschließen, sondern als Spareinlagen (S) dem Bankensystem zuzuleiten, läßt sich in seinem gesamtwirtschaftlichen Wirkungszusammenhang gleichfalls im Kreislauf elementarisieren; ebenso die monetären Beziehungen zwischen Bankensystem und Staat, so insbesondere die Staatsverschuldung (SV) (siehe Schaubild 1.9).

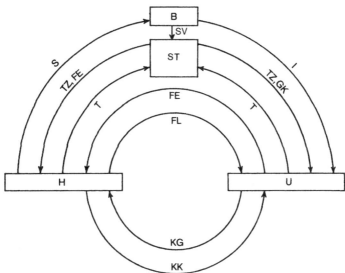

**Schaubild 1.9**

H = Haushalte; U = Unternehmen; ST = Staat; B = Banken; FE = Einkommen aus Faktorleistungen; FL = Faktorleistungen; KG = Konsumgüter; KK = Kauf von Konsumgütern; TZ = Transferzahlungen; GK = Zahlungen für Güterkäufe; T = Steuern; S = Spareinlagen; I = Investitionen; SV = Staatsverschuldung.

Die im Wege des freiwilligen Konsumverzichts (Sparens) der privaten Haushalte den Banken zur Verfügung gestellten Mittel können von diesen den Unternehmen kreditiert werden und gewinnen damit Einfluß auf Produktion und über diese mittelbar auf Einkommensentstehung und -verwendung usf..

Modell 5: **Staat, Bankensystem und Ausland im Wirtschaftskreislauf**

Schließlich läßt sich die kreislaufmäßige Betrachtung des gesamtwirtschaftlichen Aktionsprozesses durch Einbezug der unternehmerwirtschaftlichen Auslandsbeziehungen – Importe (IM) und Exporte (EX) – und deren zahlungsmäßige Abwicklung (Z) über das Bankensystem ergänzen (siehe Schaubild 1.10).

Aus den vorausgegangenen Darlegungen darf nun aber nicht geschlossen werden, daß irgendwo in der wirtschaftlichen Wirklichkeit ein Kreislauf existiere, den es realiter offenzulegen gelte. Bei den wirtschaftlichen Kreislaufbildern handelt es

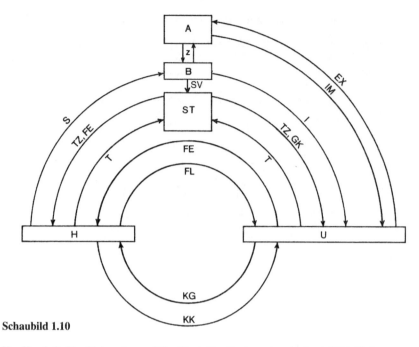

**Schaubild 1.10**

H = Haushalt; U = Unternehmen; ST = Staat; B = Banken; A = Ausland; FE = Einkommen aus Faktorleistungen; FL = Faktorleistungen; KG = Konsumgüter; KK = Kauf von Konsumgütern; TZ = Transferzahlungen; GK = Zahlungen für Güterkäufe; T = Steuern; S = Spareinlagen; I = Investition; SV = Staatsverschuldung; Z = Zahlungsverkehr; IM = Import; EX = Export

sich immer nur um abstrakte Schemata, die als Vehikel benutzt werden, gewisse Phänomene der wirtschaftlichen Realität (leichter) einsichtig zu machen.

Es ist deshalb bei der Suche nach empirischen Entsprechungen von Kreislaufströmen – oder bei der Konzeption von Kreislaufbildern überhaupt – zu bedenken, „daß viele realökonomische Strömungserscheinungen keinen zirkulären Charakter haben, wie andererseits Kreislaufströme in plausibel interpretierbaren Kreislaufschemata zuweilen keine realökonomische Entsprechung aufweisen" (H. Reichardt).

## 1.2 Ökonomische Grundkategorien

Der Stoffkomplex „Wirtschaft" begegnet uns in den Lehrplänen der allgemeinbildenden Schulen noch weitgehend unstrukturiert. Es fehlt den einschlägigen Unterrichtsfächern in ihren Auslassungen noch immer eine hinlängliche Reduktion ihres Bildungsgutes auf das Stoffallgemeine, das heißt auf Einsichten in die Grundstrukturen, die diesen Lehrgegenstand skelettartig durchziehen und zusammenhalten.

## 1 Einführung in den Problembereich Wirtschaft

Lassen wir uns nun aber von der Erkenntnis leiten, daß es unmöglich ist, die wirtschaftliche Wirklichkeit – in ihren Grundlagen, Abläufen, Wirkungen und Erfordernissen – objektiv als Ganzes zu erfassen, so scheinen uns solche Grundeinsichten erforderlich, um die Komplexität wirtschaftlicher Erscheinungen (die ökonomische Realität) systematisierbar und damit in gewisser Weise durchschaubar machen zu können. Diese als theoretische Kategorien[3] zu verstehenden Grundeinsichten sollen nämlich das Sachallgemeine des wirtschaftlichen Stoffes erfassen und damit Gerüstgleiches (Gerüsteinsichten) wie auch stoffliche Prinzipien offenlegen. Die wirtschaftliche Stoffvielfalt soll auf diese Weise so struktureinsichtig gemacht werden, „daß an einem inhaltlichen oder methodischen Element ... der ganze Stoff oder große Teile von ihm repräsentativ erschaut werden können"[4]. Mit einer solchen Einsicht wird dem Schüler aber nicht nur das Lernen erleichtert weil ja faßlicher[5], sondern gleichzeitig auch die gedächtnismäßige Speicherung des Gelernten begünstigt. Denn, folgen wir den lernpsychologischen Erkenntnissen, so werden eben „Einzelheiten schnell wieder vergessen, wenn sie nicht in eine strukturierte Form gebracht worden sind" (Bruner, J. S., ebenda).

Für die unterrichtliche Praxis ergibt sich hieraus die Forderung, die (fachwissenschaftlichen) Stoffstrukturen an immer neuen Stoffsituationen herauszuarbeiten und zu verifizieren und damit den Schülern zur Einsicht zu verhelfen, daß es sich bei den speziellen wirtschaftlichen Erscheinungsbildern nicht um (zeit- oder umstandsbedingte) Zufälligkeiten handelt, sondern um etwas Typisches. Damit vollzieht sich ein Brückenschlag zwischen Stoff- und Bildungskategorie. „Bildend sind (nämlich, H. M.) nicht die besonderen Sachverhalte als solche, sondern die an ihnen oder in ihnen zu gewinnenden Struktureinsichten oder Gesetzeskenntnisse, die erfaßten Prinzipien oder die erfahrenen Motive, die beherrschten Methoden oder die verstandenen Fragerichtungen, die angesprochenen Grundformen oder Kategorien."[6]

Aus dem für das Fach Wirtschaftslehre relevanten wirtschaftswissenschaftlichen Stoffbereich lassen sich vorrangig folgende therotischen Grundkategorien (Stoffkategorien) herausstellen:

(1) Menschliches Handeln ist bedürfnisgetrieben,
(2) die Knappheit der Güter zwingt den Menschen zu wirtschaftlichem Handeln,
(3) wirtschaftliches Handeln ist konfliktgeprägt,

---

[3] Theoretische Kategorien (**Stoffkategorien**) sind deutlich zu unterscheiden von den pädagogischen Kategorien (Bildungskategorien) als „die in den Sachgehalten (Wissenschaften) vorausgesetzten bereichsspezifischen Normstrukturen oder Sollensgehalte, die sich das Selbst (der Schüler, H. M.) im Bildungsgespräch erarbeitet ...". Derbolav, Josef, Versuch einer wissenschaftstheoretischen Grundlegung der Didaktik, in: Zeitschrift für Pädagogik, 2. Beiheft, 1960, S. 27.
[4] Dauenhauer, Erich, Kategoriale Didaktik, Rinteln – München 1969, S. 196; siehe hierzu auch: Kruber, Hans-Peter, Wirtschaftspolitisches Denken lernen an und in Modellen, in: Handlungsorientierung und ökonomische Bildung, hrsgg. von Albers, Hans-Jürgen, Bergisch Gladbach 1995, insbesondere S. 109 ff.
[5] Siehe hierzu insbesondere Bruner, Jerome S., Die Bedeutung der Struktur im Lernprozeß, in: Holtmann, Antonius (Hrsg.), Das sozialwissenschaftliche Curriculum in der Schule, Opladen 1976, S. 83, daneben: Herder-Dorneich, Philipp, Vernetzte Strukturen: das Denken in Ordnungen, Baden-Baden 1992.
[6] Klafki, Wolfgang, Das Problem der Didaktik, in: Zeitschrift für Pädagogik, 3. Beiheft, 1963, S. 58.

(4) wirtschaftliches Handeln ist entscheidungsbestimmt,
(5) wirtschaftliches Handeln ist risikobehaftet,
(6) wirtschaftliches Handeln ist nutzen- respektive gewinnorientiert,
(7) wirtschaftliches Handeln impliziert Arbeitsteilung,
(8) wirtschaftliches Handeln schafft Interdependenz,
(9) wirtschaftliches Handeln bedarf der Koordination,
   (a) Markt bedeutet Wettbewerb,
   (b) Wettbewerb dient dem Gemeinwohl,
   (c) Wettbewerb wird durch das menschliche Machtstreben ständig bedroht,
(10) wirtschaftliches Handeln führt zu Ungleichheit,
(11) Ungleichheit induziert Leistungsstreben, Fortschritt und Wohlstand,
(12) Wohlstand fundiert Freiheit und Macht,
(13) jeder ist sein eigener Unternehmer,
(14) wirtschaftliches Geschehen vollzieht sich in Kreislaufprozessen.[7]

Der hier angestellte Versuch einer Kategorisierung des wirtschaftslehrerelevanten wirtschaftswissenschaftlichen Stoffkomplexes erhebt keinen Anspruch auf Vollständigkeit. Der Verfasser ist vielmehr der Auffassung und gibt der Hoffnung Ausdruck, daß die fachwissenschaftliche und fachdidaktische Forschung weitere Grundeinsichten dieses Unterrichtsfaches aufdeckt, um mit einer solchen Strukturalisierung des Objektes neben den bereits aufgezeigten lernpsychologischen Effekten eine phänomenologische Reduktion des sich ständig ausweitenden Faktenwissens zu erreichen. – Diesem Anliegen entspricht auch die hier vorgenommene Kategorienbildung in einem offenen System, das jederzeit die Aufnahme weiterer Grundeinsichten erlaubt.

## 1.3 Gegenstand und Aufgabe der Wirtschaftslehre

Die Knappheit der verfügbaren Mittel zwingt den Bedürfnisträger Mensch zu wirtschaften. Als wirtschaftendes Wesen ist er ins Wirtschaftsleben eingebunden. Er erfährt die Wirtschaft als teilnehmendes Subjekt, differenzierend, vergleichend, abwägend, entscheidend, so unter anderem als Käufer und Verkäufer, als Mieter und Vermieter, als Arbeitnehmer und Arbeitgeber, als Steuerzahler und Empfänger staatlicher Leistungen, als Konsument und Investor. Wirtschaftliches Erfahrungswissen stellt sich für ihn ein. Leider erweist sich dieses infolge seines ausschnitthaften Bezugs und seiner subjektiven Einfärbung nur allzu oft in starkem Maße mit Vorurteilen belastet. Die Wirtschaftslehre versucht solchen Mißdeutungen und Fehleinschätzungen zu begegnen, indem sie die wirtschaftlich Handelnden distanziert beobachtet, ihre Entscheidungs- und Handlungsabläufe analysiert und Antwort sucht auf die Frage, warum und wie fortlaufend Entscheidungen über wirtschaftliche Güter getroffen werden. Die Entscheidungen und Handlungen der wirtschaftenden Individuen und Gruppen von Individuen in ihrer interdependenten Bezogenheit werden so zum **Erfahrungsobjekt** der Wirtschaftslehre oder, wie wir auch sagen

---

[7] Eine ausführliche Interpretation der hier aufgeführten Stoffkategorien und eine Vielzahl unterrichtsrelevanter Situationen zu ihrer Überleitung in Bildungskategorien findet sich bei: May, H., Didaktik der ökonomischen Bildung, 3. Aufl., München-Wien 2001, S. 5–50.

können, der Ökonomie. Diese präsentiert sich damit nicht nur als **Erfahrungswissenschaft**, sondern als **Sozialwissenschaft**. Ihr Ziel ist es, wirtschaftliche Erscheinungen in ihren Zusammenhängen zu erklären und Voraussagen über die Wirkungen wirtschaftlich relevanter Handlungen zu machen.

Hierfür bedient sich die Ökonomie der **theoretischen Analyse** und der **empirischen Forschung**. Die theoretische Analyse abstrahiert modellhaft von der komplexen Wirklichkeit durch Beschränkung auf Teilaspekte und Teilzusammenhänge. Das **Modell** soll möglichst einfach sein und auf alle für den angestrebten Erkenntnisgewinn nicht notwendigen Einflußfaktoren verzichten. Es erweist sich damit als ein gedankliches Konstrukt, das die Wirklichkeit zwar nur verkürzt, dafür aber leichter faßbar wiedergibt. Im Modell wird das Erfahrungsobjekt zum **Erkenntnisobjekt** reduziert.

Die Theorie bedient sich des abstrakten **deduktiven** Verfahrens. Die empirische Forschung dagegen geht **induktiv** vor. Beide Wissenschaftszweige ergänzen sich. Die Theorie stellt der empirischen Forschung die Fragen und diese wiederum der Theorie das Datenmaterial zur Überprüfung deren Annahmen und Schlußfolgerungen.

## 1.4 Kontrollfragen zu 1

1. Welche Beziehung besteht zwischen Bedürfnis und Wirtschaften?
2. Welche Konsequenzen ergeben sich aus der Knappheit der Güter?
3. Welche Verhaltensmuster kennzeichnen wirtschaftliches Handeln?
4. Inwiefern läßt sich der Produktionsvorgang als ein Transformationsprozeß deuten?
5. Weshalb erfordert die Herstellung von Kapitalgütern Konsumverzicht?
6. Welche Beziehung besteht zwischen technischem Fortschritt und wirtschaftlicher Produktion?
7. Warum führt Massenproduktion in der Regel zu niedrigeren Stückkosten?
8. Wie kann durch Arbeitsteilung der Wirkungsgrad der Arbeit erhöht werden?
9. Inwiefern verläuft wirtschaftliches Geschehen in Kreislaufprozessen?
10. Welche Absicht verfolgt die Didaktik der Wirtschaftslehre mit der Bildung von ökonomischen Grundkategorien?
11. Wie gelangt die Wirtschaftslehre vom Erfahrungsobjekt zum Erkenntnisobjekt?
12. Wie unterscheiden sich ökonomische Theorie und Empirie hinsichtlich ihres methodischen Vorgehens?

## 1.5 Literaturhinweise zu 1

**Fachwissenschaftliche Literatur**

*Baßeler, U., Heinrich, J., Koch, W.,* Grundlagen und Probleme der Volkswirtschaft, 15. Aufl., Köln 1999.
*Fischbach, R.,* Volkswirtschaftslehre I, Einführung und Grundlagen, 11. Aufl., München 2000.
*Herder-Dorneich, Ph.,* Vernetzte Strukturen: das Denken in Ordnungen, Baden-Baden 1992.
*Schneider, E.,* Die Wirtschaft im Unterricht, Würzburg 1968.

**Fachdidaktische Literatur**

*Albers, H.-J.* (Hrsg.), Handlungsorientierung und ökonomische Bildung, Bergisch Gladbach 1995.
*Kruber, K.-P.* (Hrsg.), Didaktik der ökonomischen Bildung, Baltmannsweiler 1994.
*May, H.,* Didaktik der ökonomischen Bildung, 3. Aufl., München–Wien 2001.
*Steinmann, B.,* Der Wirtschaftskreislauf im Unterricht, Köln 1975.

# 2
KONSUMÖKONOMIE

# 2.1 Die Nachfrage der privaten Haushalte

## 2.1.0 Leitziel

Theoretisches Verständnis des Nachfrageverhaltens der privaten Haushalte in Abhängigkeit von Nutzenschätzung, Einkommen und Güterpreisen.

## 2.1.1 Der private Haushalt

Unter den wirtschaftlichen Planungs- und Entscheidungseinheiten, den privaten Haushalten, Unternehmen, Unternehmungszusammenschlüssen, Verbänden, Gewerkschaften und öffentlicher Hand, kommt den privaten Haushalten wohl das allgemeinste Interesse zu. Einem privaten Haushalt gehört praktisch jeder an, ob Arbeitnehmer oder Unternehmer, ob Kind oder Greis, alle erleben ihn in der Regel in eigener Betroffenheit. Die ökonomischen Probleme des privaten Haushaltes gehen somit jedermann direkt an. Sie zu erfassen und ihnen mit den zu ihrer rationalen Bewältigung erforderlichen Kenntnissen zu begegnen, darf deshalb allgemein als erstrebenswert angesehen werden.

Der private Haushalt begegnet uns in seiner ökonomischen Betrachtung als eine **Wirtschaftseinheit des Verbrauchs.** Seine typische Handlung ist **Konsum** und diesem vorgelagert die **Nachfrage** von Konsumgütern.

## 2.1.2 Nutzen und Nutzenschätzung

Auf dem Hintergrund dieser Feststellung interessiert sich die ökonomische Theorie für das **typische** Nachfrageverhalten der privaten Haushalte. Hierbei unterstellt sie dreierlei:

1. daß sich der Wert eines Konsumgutes nicht nach seinen Kosten bemißt, sondern nach seiner Bedeutung für die Bedürfnisbefriedigung des jeweiligen Nachfragers;
2. daß der Wert eines Gutes von seiner verfügbaren Menge abhängt und damit der Nutzen eines Gutes die Funktion seiner Menge ist; und,
3. daß sich der private Haushalt in seinem Nachfrageverhalten vom ökonomischen Prinzip leiten läßt und dementsprechend sein verfügbares Einkommen so auf den Kauf von Konsumgütern verwendet, daß er ein Maximum an persönlichem Nutzen erzielt.

Diese Annahmen führen uns zunächst zu einer von **Gossen** (1810–1859) erstmals im sogenannten **Ersten Gossenschen Gesetz** beschriebenen Gesetzmäßigkeit, wonach jede zusätzlich konsumierte Einheit eines homogenen Gütervorrats dem Verbraucher einen geringeren Nutzenzuwachs beschert als die vorausgegangene Einheit.

Diese Feststellung läßt sich anhand eines Zahlenbeispiels folgendermaßen veranschaulichen. Ein durstiger Wanderer bezieht an seinem Zielort aus dem ersten Glas Bier einen Nutzen (Lustgewinn) im Umfang von 10 Nutzen-Einheiten, vom zweiten Glas einen solchen von 6 und so weiter, wie die nachfolgende Tabelle ausweist:

| Bier/Glas | 1. | 2. | 3. | 4. | 5. | 6. |
|---|---|---|---|---|---|---|
| Nutzen | 10 | 6 | 3 | 1 | 0,4 | 0 |

Bezeichnen wir den Nutzenzuwachs zum Gesamtnutzen, der sich aus dem Konsum einer weiteren Einheit des Gutes (1 Glas Bier) ergibt, als **Grenznutzen** (U'), so läßt sich die Gossensche Erkenntnis in die Aussage kleiden, daß der Grenznutzen des Gutes mit wachsendem Konsum abnimmt.

Übertragen ins Koordinatensystem (siehe Schaubild 2.1) erhalten wir so die für den Konsum der privaten Haushalte typische Grenznutzenkurve, die von links oben nach rechts unten verläuft und schließlich in einem bestimmten Punkt (in unserem Beispiel bei 6 Einheiten) die Abszisse schneidet. In diesem Punkt (Sättigungspunkt) kann kein zusätzlicher Nutzenzuwachs realisiert werden und ein darüber hinaus praktizierter Konsum zieht allein Widerwille nach sich. Das heißt: Über den Sättigungspunkt hinausreichender Konsum ist ökonomisch widersinnig.

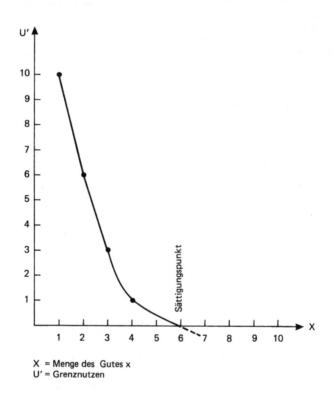

X = Menge des Gutes x
U' = Grenznutzen

**Schaubild 2.1**

Der private Haushalt als ständiger Nachfrager einer Vielzahl von Konsumgütern wird – will er seinen Nutzen maximieren – seine verfügbaren Mittel nicht zur ausschließlichen Befriedigung eines einzigen Bedürfnisses verwenden, sondern wird sie auf die Befriedigung verschiedener Bedürfnisse so verteilen, daß die Bedürfnisse, bei denen Teilbefriedigungen vorgenommen wurden, nach der Befriedigung gleiche Intensitäten aufweisen und damit die Grenznutzen jeder letzten Gütereinheit gleich groß sind.

Diese Feststellung, die das **Zweite Gossensche Gesetz** (Genußausgleichsgesetz) wiedergibt, läßt sich auf die Aussage verkürzen:

$$U'_1 = U'_2 = U'_3 = U'_n.$$

Folgendes Modellbeispiel möge diesen Aussagegehalt verdeutlichen: In einem Haushalt drängen vier verschiedene Bedürfnisse (I, II, III, IV) nach Befriedigung. Ihre (unterschiedlichen) Intensitäten verhielten sich zueinander wie folgt:

| I | II | III | IV |
|---|----|-----|----|
| 10 | | | |
| 9 | 9 | | |
| 8 | 8 | 8 | |
| 7 | 7 | 7 | 7 |

Dies besagt: Die erste Guteinheit zur Teilbefriedigung des Bedürfnisses I wird mit einer Intensität von 10 Einheiten begehrt; die zweite Guteinheit zur Befriedigung des Bedürfnisses I wird nur noch mit einer Intensität von 9 begehrt, ebenso wie die erste Guteinheit zur Befriedigung des Bedürfnisses II usw. Unterstellen wir nun vereinfachend, daß die jeweiligen Güter zur Befriedigung der verschiedenen Bedürfnisse I, II, III und IV allesamt den gleichen Preis von Euro 10,– je Einheit hätten, dann wird der Haushalt bei einem verfügbaren Mittelbestand von Euro 30,– sein Nutzenmaximum unter der Bedingung realisieren, daß er zwei Guteinheiten zur Befriedigung des Bedürfnisses I und eine Guteinheit zur Befriedigung des Bedürfnisses II verwendet. Würde der Haushalt über Euro 60,– verfügen, so wäre das Nutzenmaximum für den Fall erreicht, daß er alle Bedürfnisse bis zur Intensität 8 einschließlich befriedigen würde. Jede andere Mittelverwendung müßte zu einem geringeren Grad der Bedürfnisbefriedigung führen.

### 2.1.3 Substitution und Komplementarität von Gütern

Im Gegensatz zur vereinfachenden Annahme der Grenznutzenschule, daß der Nutzen eines Gutes lediglich die Funktion **seiner** verfügbaren Menge sei, unterstellt die moderne ökonomische Theorie, daß der Nutzen eines Gutes nicht nur von seiner verfügbaren Menge abhänge, sondern auch von den verfügbaren Mengen aller übrigen, der Bedürfnisbefriedigung des betreffenden Individuums oder Haushalts dienenden Güter. Sie geht hierbei von der plausiblen Feststellung aus, daß die der Bedürfnisbefriedigung dienenden Güter untereinander in einem mehr oder weniger strengen **substitutiven** oder **komplementären Verhältnis** stünden, was besagt, daß sie sich untereinander – wenn auch in unterschiedlichem Ausmaß – ersetzen oder ergänzen können. So wird etwa unter einer bestimmten Bedingungskonstellation Butter durch Margarine, Fleisch durch Fisch, Leder durch Kunststoff etc. ersetzt oder aber ein PKW durch Kraftstoff, Obst durch Zucker, Kaffee durch Sahne etc. ergänzt.

Vermindert sich bei substitutiven Gütern durch die Vermehrung des einen Gutes der Grenznutzen des anderen, so nimmt bei komplementären Gütern mit der Vermehrung des einen Gutes der Grenznutzen des anderen Gutes zu.

Diese ökonomische Erkenntnis soll wiederum anhand eines Zahlenbeispiels veranschaulicht werden. Ein Haushalt, dessen Nachfrage sich einfachheitshalber auf zwei Güter – Milch und Brot – beschränke, schätze diese in folgenden Mengenzuordnungen gleich wertvoll ein:

| Brot (in Scheiben) | 20 | 16 | 12 | 10 | 8 | 6 |
|---|---|---|---|---|---|---|
| Milch (in Gläser) | 4 | 5 | 8 | 10 | 13 | 20 |

Diese Güterkombinationen – auch **Versorgungslagen** genannt – werden vom Haushalt als gleichwertig eingeschätzt, sie stiften ihm den gleichen Nutzen, sie siedeln auf demselben **Nutzenniveau.** Der Haushalt sieht keinen Grund, eine dieser Kombinationen einer anderen vorzuziehen; er ist ihnen gegenüber **indifferent.**

Ins Koordinatensystem übertragen (siehe Schaubild 2.2) lassen sich die einzelnen Versorgungslagen zu einer sogenannten **Indifferenzkurve** ($I_0$) verbinden.

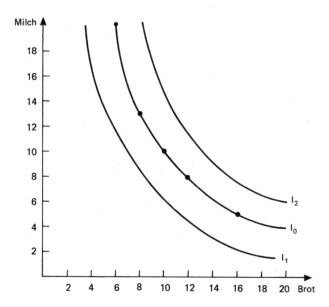

**Schaubild 2.2**

Es darf nun aber angenommen werden, daß die privaten Haushalte jeweils nicht nur über **eine** Indifferenzkurve verfügen, sondern über eine Vielzahl solcher auf niedrigerem (beispielsweise $I_1$) oder höherem (beispielsweise $I_2$) Niveau, deren Güterkombinationen sie gegenüber denen auf $I_0$ weniger ($I_1$) beziehungsweise mehr ($I_2$) schätzen, da sie einen niedrigeren beziehungsweise höheren Gesamtnutzen repräsentieren. Je weiter eine Indifferenzkurve vom Ursprung entfernt ist, desto höher ist das durch sie zum Ausdruck gebrachte Versorgungsniveau. Die Gestalt einer Indifferenzkurvenschar verdeutlicht die individuelle Bedürfnisstruktur eines Haushalts.

## 2.1.4 Einkommen und Preis

Dem Streben des privaten Haushalts nach einem möglichst hohen Versorgungsniveau sind in der wirtschaftlichen Realität durch sein Einkommen einerseits und die Konsumgüterpreise andererseits Grenzen gesetzt. Für den privaten Haushalt liegen alle Güterkombinationen, die er im Rahmen seines Einkommens gerade noch realisieren kann, auf einer Geraden. Diese **Budgetgerade**, auch Bilanzgerade genannt, läßt sich grafisch wie folgt (siehe Schaubild 2.3) ermitteln: Betrage das Einkommen eines Haushalts Euro 1000,– und koste das Gut 1 Euro 25,– und das Gut 2 Euro 20,– je Einheit, dann erhalten wir für die Fälle, daß einmal das gesamte Einkommen für den Kauf des Gutes 1 und das andere Mal für den Kauf des Gutes 2 aufgewendet wird, zwei Punkte dieser Geraden, nämlich den Punkt A für 40 Einheiten des Gutes 1 auf der Abszisse und den Punkt B für 50 Einheiten des Gutes 2 auf der Ordinate. Aus der Verbindung dieser beiden Punkte ergibt sich die Budgetgerade. Auf ihr liegen alle Güterkombinationen, die der Haushalt bei gegebenen Güterpreisen mit seinem (gesamten) Einkommen erwerben kann.

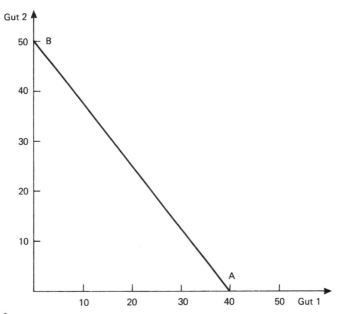

**Schaubild 2.3**

Diese Budgetgerade ist mathematisch wie folgt definiert:

$$c = p_1 \cdot x_1 + p_2 \cdot x_2$$

$c$ = Budget  $p_1$ = Preis des Gutes 1  $x_1$ = Menge des Gutes 1
$p_2$ = Preis des Gutes 2  $x_2$ = Menge des Gutes 2

Bei gegebener Bedürfnisstruktur ist für den privaten Haushalt die günstigste Versorgung (Nutzenmaximum) dort erreicht (siehe Schaubild 2.4), wo die Budgetgerade eine Indifferenzkurve gerade noch tangiert (Punkt P).

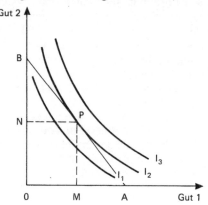

**Schaubild 2.4**

Hier wird der Haushalt 0M Einheiten des Gutes 1 und 0N Einheiten des Gutes 2 erwerben.

In den vorausgegangenen Darlegungen zum Konsumverhalten der privaten Haushalte gingen wir einfachheitshalber von der Annahme aus, daß die Haushaltseinkommen und die Marktpreise der Konsumgüter konstant seien. Von diesen beiden Prämissen wollen wir nunmehr wechselweise abrücken und die sich daraus für das Nachfrageverhalten ergebenden Konsequenzen betrachten.

Erhöht sich das Einkommen des privaten Haushalts, so kann er dadurch größere Mengen der beiden Güter kaufen. Die Budgetgerade verschiebt sich parallel zu ihrer ursprünglichen Lage nach rechts auf $A_1B_1$ (siehe Schaubild 2.5). Im Tangentialpunkt $P_1$ der Indifferenzkurve $I_3$ erreicht der Haushalt sein neues Nutzenmaximum.

Sinkt hingegen das Haushaltseinkommen, dann verschiebt sich die Budgetgerade nach links auf $A_2B_2$. Die günstigste Versorgung wird nunmehr auf niedrigerem Niveau im Punkte $P_2$ realisiert.

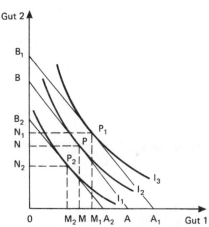

**Schaubild 2.5**

Ähnlich den Einkommensänderungen lassen auch Preisänderungen typische Nachfragereaktionen der privaten Haushalte erwarten (siehe Schaubild 2.6). Erhöht sich beispielsweise der Preis des Gutes 1, so wird der Haushalt bei gegebenem Einkommen von diesem Gut in der Regel nur noch eine entsprechend geringere Menge erstehen, nämlich $0A_1$. Seine Budgetgerade verkürzt sich damit auf die Strecke $BA_1$ und nimmt einen steileren Verlauf. Die optimale Nachfrage nach den beiden Gütern wird jetzt im Tangentialpunkt $P_1$ der neuen Budgetgeraden mit der höchsten von ihr erreichbaren Indifferenzkurve ($I_1$) realisiert. In ihm ersteht der Haushalt die Menge $0M_1$ des Gutes 1 und die Menge $0N_1$ des Gutes 2. Dies bedeutet, daß die geringere Nachfrage nach dem teurer gewordenen Gut 1 durch eine verstärkte Nachfrage nach Gut 2 kompensiert wird. Anders ausgedrückt: das verteuerte Gut 1 wird teilweise durch Gut 2 substituiert. Über den Grad dieser Substitution lassen sich allerdings keine verbindlichen Aussagen machen. Es wäre auch denkbar, daß die Preiserhöhung durch einen gleichzeitigen Rückgang der Nachfrage nach Gut 1 und Gut 2 bewältigt würde.

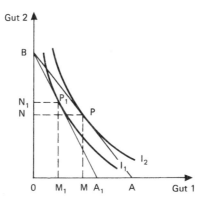

**Schaubild 2.6**

Von einer Senkung des Preises für das Gut 1 (oder/und Gut 2) sind analoge Nachfragewirkungen zu erwarten. Das preislich reduzierte Gut könnte bei gleichem Einkommen verstärkt nachgefragt werden. Die Bilanzgerade würde einen flacheren Verlauf nehmen und einen neuen Berührungspunkt an einer höheren Indifferenzkurve finden.

### 2.1.5 Die Nachfragefunktion

Die obigen Darlegungen lassen die verallgemeinernde Feststellung zu, daß die Nachfrage der privaten Haushalte nach einem Gut **typischerweise** mit sinkendem Preis zunimmt und mit steigendem Preis abnimmt.

Ein Zahlenbeispiel möge diese Feststellung verdeutlichen: Zum Kauf eines bestimmten Gutes sind verschiedene Käufer zu verschiedenen Preisen bereit. Ein Käufer ist bereit, Euro 7,– zu zahlen, ein anderer höchstens Euro 6,–, wieder ein anderer Euro 5,–, usw. Der Käufer, der einen Preis von Euro 7,– zu zahlen bereit ist, wird sicherlich auch zu jedem Preis unter Euro 7,– bereit sein, das begehrte Gut zu erwerben. Analoges Verhalten darf wohl auch für die übrigen Kaufwilligen unterstellt werden, für die die obengenannten Preise die Obergrenzen ihrer Kaufbereitschaft markieren. Daraus folgt, daß insgesamt zwei Kaufwillige zu einem Preis von Euro 6,–, drei zu einem Preis von Euro 5,– usw. bereit sind zu kaufen.

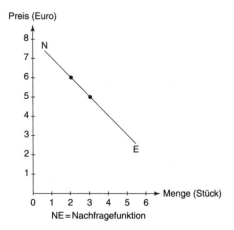

**Schaubild 2.7**

Dieser Zusammenhang läßt sich grafisch veranschaulichen, indem wir im ersten Quadranten des Koordninatensystems die nachgefragten Mengen auf der Abszisse und die korrespondierenden Preise auf der Ordinate abtragen. Ordnen wir den jeweiligen Preisen die nachgefragten Gutsmengen zu, so erhalten wir die sogenannte **Nachfragekurve** (Nachfragefunktion). Sie verläuft von links oben nach rechts unten. (Siehe Schaubild 2.7).

Die Nachfragekurve muß nicht immer eine Gerade sein, sie kann steiler oder flacher verlaufen. Ein sehr steiler Kurvenverlauf bedeutet, daß eine bestimmte Preisänderung die nachgefragte Menge nur gering beeinflußt; eine relativ flach verlaufende Kurve dagegen läßt erkennen, daß eine gleich große Preisänderung zu verhältnismäßig größeren Mengenänderungen führt. Die Steigung der Nachfragekurve ist somit Ausdruck für die **Preisempfindlichkeit** der Nachfrage.

**Untypisches** Nachfrageverhalten, wie es sich beispielsweise bei medikamentenabhängigen Kranken (z. B. Insulin) oder Drogenabhängigen äußert, aber auch in bezug auf kaum verzichtbare Grundnahrungsmittel (Milch, Brot, Kartoffel) oder nur schwer ersetzbare Gewürze (Salz), führt zu anderen Kurvenverläufen, die hier nicht explizit betrachtet werden sollen.

### 2.1.6 Kontrollfragen zu 2.1

1. Durch welche ökonomischen Merkmale ist der private Haushalt charakterisiert?
2. Was ist unter dem Begriff „Grenznutzen" zu verstehen?
3. Was besagt das 1. Gossensche Gesetz?
4. Wann wird der weitere Konsum eines bestimmten Gutes ökonomisch widersinnig?

5. Was besagt das 2. Gossensche Gesetz?
6. Wann sind Güter zueinander substitutiv, wann komplementär?
7. Inwiefern hängt der Nutzen eines Gutes auch von den Mengen aller anderen der Bedürfnisbefriedigung des betreffenden Individuums oder Haushalts dienenden Güter ab?
8. Was ist eine Indifferenzkurve?
9. Welche Beziehung besteht zwischen der Höhe des durch eine Indifferenzkurve zum Ausdruck gebrachten Versorgungsniveaus und der Lage der Indifferenzkurve im Koordinatensystem?
10. Wie läßt sich die Budgetgerade eines Haushalts konstruieren?
11. Wo realisiert der Haushalt seine günstigste Versorgung?
12. Wie läßt sich der Verlauf der Nachfragekurve begründen?

## 2.1.7 Literaturhinweise zu 2.1

*Baßeler, U., Heinrich, J., Koch, W.*, Grundlagen und Probleme der Volkswirtschaft, 15. Aufl., Köln 1999.
*Müller, J. H., Peters, H.*, Einführung in die Volkswirtschaftslehre, 12. Aufl., Herne–Berlin 1991.
*Samuelson, P. A., Nordhaus, W. D.*, Volkswirtschaftslehre, Wien–Frankfurt 1998.
*Woll, A.*, Allgemeine Volkswirtschaftslehre, 13. Aufl., München 2000.

## 2.2 Das Angebot der Unternehmen

### 2.2.0 Leitziel

Theoretisches Verständnis des Angebotsverhaltens der Unternehmen in Abhängigkeit von Produktionskosten und angestrebtem Gewinn.

### 2.2.1 Kosten und Erlös

Ähnlich den privaten Haushalten versuchen die Unternehmen, ihren wirtschaftlichen Erfolg zu maximieren. Ist im privaten Haushalt die zu maximierende Größe der Nutzen, so ist es im Unternehmen der Gewinn. Im Haushalt wird die Maximierung des Nutzens über die (möglichst) rationale Mittelverwendung auf den Kauf von Konsumgütern angestrebt; im Unternehmen führt der Weg zum maximalen Gewinn über zwei Stufen:
1. eine kostenminimierende Produktion (Faktorkombination) und
2. einen maximalen Verkaufserlös.

Die positive Differenz zwischen den Produktionskosten und dem Verkaufserlös ist der Unternehmensgewinn. Jedes Unternehmen wird bestrebt sein, diese positive Differenz möglichst groß zu halten.

## 2.2.2 Die Angebotsfunktion

Betrachten wir die Marktangebote der Unternehmen, so läßt sich leicht feststellen, daß die Menge der angebotenen Güter mit deren Preisen wächst. Diese Feststellung soll wiederum durch ein Zahlenbeispiel verdeutlicht werden.

Ein Unternehmen ist bereit, sein Produkt zu einem Preis von Euro 3,- zu verkaufen. Ein anderes bietet das gleiche Produkt zum Preis von Euro 4,- an; wieder ein anderes Unternehmen zum Preis von Euro 5,- usw. Wir können unterstellen, daß das einzelne Unternehmen auch bereit sein wird zu einem höheren Preis zu verkaufen als zunächst beabsichtigt. Somit sind zu einem Preis von Euro 4,- zwei Unternehmen, von Euro 5,-, drei Unternehmen usw. bereit zu verkaufen.

Dieser Zusammenhang läßt sich grafisch veranschaulichen. Tragen wir im ersten Quadranten des Koordinatensystems die angebotenen Mengen auf der Abszisse und die korrespondierenden Preise auf der Ordinate ab, so erhalten wir die sogenannte **Angebotskurve** (Angebotsfunktion). Sie verläuft von links unten nach rechts oben. (Siehe Schaubild 2.8).

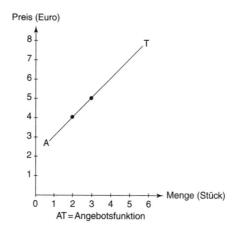

**Schaubild 2.8**

Die Angebotskurve muß nicht immer gerade verlaufen; ihr Anstieg ist je nach Unternehmen und Produkt recht unterschiedlich. Je steiler der Kurvenverlauf, desto geringer die Beeinflussung der angebotenen Menge durch Preisänderungen; je flacher dagegen die Kurve verläuft, desto größer ist die Abhängigkeit der angebotenen Menge von der Höhe des Preises.

**Anomales** Angebotsverhalten, wie es zu beobachten ist, wenn Unternehmen bei steigenden Preisen ihr Angebot drosseln, weil weitere Preissteigerungen erwartet werden oder aber bei fallenden Preisen ihr Angebot erhöhen, da sie weitere Preissenkungen fürchten, führen zu abweichenden Kurvenverläufen, die hier nicht explizit betrachtet werden sollen.

2 Konsumökonomie

### 2.2.3 Kontrollfragen zu 2.2

1. Durch welche ökonomischen Merkmale ist das (marktwirtschaftliche) Unternehmen charakterisiert?
2. Welche Voraussetzungen sind an die Realisierung eines maximalen Unternehmensgewinns geknüpft?
3. Wie läßt sich der Verlauf der (typischen) Angebotskurve begründen?

### 2.2.4 Literaturhinweise zu 2.2

*Hillebrand, K. A.*, Elementare Mikroökonomik, 2. Aufl., München–Wien 1998.
*Samuelson, P. A., Nordhaus, W. D.*, Volkswirtschaftslehre, Wien–Frankfurt 1998.
*Stocker, F.*, Spaß mit Mikro, Einführung in die Mikroökonomie, 5. Aufl., München–Wien 1998.

## 2.3 Markt und Preis

### 2.3.0 Leitziel

Einblick in den marktwirtschaftlichen Preisbildungsprozeß bei unterschiedlichen Marktformen.

### 2.3.1 Marktformen

Angebot und Nachfrage können einander in unterschiedlichen Konstellationen begegnen. Sie können sich aus vielen einzelnen Anbietern und Nachfragern rekrutieren, aus einigen wenigen oder aus je einem. Je nach Anzahl der Anbieter und Nachfrager sprechen wir von einer anderen Markt**form**. Heinrich von Stackelberg[*] ordnet die verschiedenen Möglichkeiten wie folgt (siehe Übersicht 2.9):

**Übersicht 2.9**

| Angebot \ Nachfrage | viele | wenige | einer |
|---|---|---|---|
| viele | 1. Vollständige Konkurrenz | 2. Nachfrageoligopol | 3. Nachfragemonopol |
| wenige | 4. Angebotsoligopol | 5. Zweiseitiges (bilaterales) Oligopol | 6. Beschränktes Nachfragemonopol |
| einer | 7. Angebotsmonopol | 8. Beschränktes Angebotsmonopol | 9. Zweiseitiges (bilaterales) Monopol |

---

[*] Vgl. Stackelberg, H. von, Grundlage der theoretischen Volkswirtschaftslehre, 2. Aufl., Bern 1951, S. 235.

Die Preisbildung am Markt wird einerseits durch die Form der beiden jeweiligen Marktparteien, nämlich Angebot und Nachfrage, andererseits durch deren Verhandeln bestimmt. So können sich beispielsweise eine Vielzahl von Anbietern in einem Kartell zusammenschließen und monopolistisch den Markt beherrschen.

### 2.3.2 Marktmodelle

Da die realen Marktbeziehungen im allgemeinen sehr komplex und in ihren vielfältigen Abhängigkeiten nur schwer erfaßbar sind, erscheint es sinnvoll, den Zugang zu diesem Problem dadurch zu erleichtern, daß man ein vereinfachtes Abbild der Wirklichkeit konstruiert. Diese idealtypische Reduktion der Realität auf eine leicht überschaubare Anzahl wesentlicher Marktbeziehungen nennen wir **Marktmodell**.

*2.3.2.1 Preisbildung bei vollständiger Konkurrenz*

Der marktwirtschaftliche Preisbildungsprozeß sei idealtypisch an der Marktform der vollständigen Konkurrenz aufgezeigt. Hier steht einer Vielzahl von Nachfragern – angenommen privater Haushalte – eine Vielzahl von Anbietern – angenommen kleiner Produzenten – gegenüber. Jeder Marktteilnehmer der beiden Parteien sei hinsichtlich seiner Größe so unbedeutend, daß er den Marktpreis über die von ihm angebotene oder nachgefragte Menge aus eigener Kraft nicht zu beeinflussen vermag (**Unabhängigkeit des Preises**). Es sei weiter unterstellt, daß Anbieter und Nachfrager über alle für sie bedeutsamen Faktoren des Marktgeschehens – so insbesondere das Gut und seine Eigenschaften, die angebotene und nachgefragte Menge sowie die Güterpreise – **informiert** seien. Die **Anpassungsfähigkeit** der Marktteilnehmer sei **unendlich schnell**, so wie dies näherungsweise an der Börse der Fall ist. – Treffen unter diesen Annahmen Angebot und Nachfrage aufeinander, dann bildet sich ein Preis heraus, bei dem beide (Angebot und Nachfrage) einander gleich sind. Dieser Preis, den wir als **Gleichgewichtspreis** bezeichnen, läßt sich grafisch bestimmen, indem wir die unter 2.1.5 und 2.2.2 entwickelten Gesamtnachfrage- und Gesamtangebotskurven in einer Zusammenschau zum Schnitt bringen (siehe Schaubild 2.10).

Angebots- und Nachfragekurve schneiden sich beim Preis von Euro 5,– (Gleichgewichtspreis).

Der Gleichgewichtspreis $P_G$ **„räumt den Markt"**, d. h., die zu diesem Preis angebotene Menge wird restlos gekauft. Bei jedem anderen Preis ergäbe sich eine Differenz zwischen angebotener und nachgefragter Menge. So würde beispielsweise bei einem Preis von $P_1$ die Menge $0M_1$ angeboten, aber die Menge $0M_2$ nachgefragt. Sowohl der Nachfrageüberschuß beziehungsweise die Angebotslücke $M_1M_2$ beim Preis $P_1$ wie auch der Angebotsüberschuß beziehungsweise die Nachfragelücke $M_3M_4$ beim Preis $P_2$ wären als Marktkräfte zu sehen, die auf eine Änderung des jeweiligen Preises in Richtung auf $P_G$ hinwirken und erst zur Ruhe kommen, wenn dieser erreicht ist und damit ein **stabiles Gleichgewicht** hergestellt ist.

*2.3.2.2 Preisbildung beim Angebotsmonopol*

Die Konträrsituation zur vollständigen Konkurrenz, nämlich die Konkurrenzlosigkeit, begegnet uns in der Marktform des Monopols, bei dem ein Anbieter (Ange-

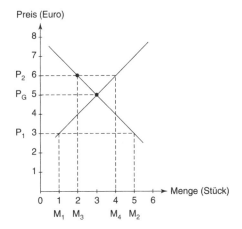

**Schaubild 2.10**

botsmonopol) oder ein Nachfrager (Nachfragemonopol) den Markt beherrscht. Für sie ist der Preis nicht mehr gegeben, sondern eine variable Größe.

Nehmen wir das Angebotsmonopol. Der Anbieter hat keine Mitkonkurrenten, er kann selbst den Preis bestimmen. Der von ihm festgelegte Preis ist für den Nachfrager – genauso wie unter Konkurrenzbedingungen – ein Datum. Der Nachfrager kann lediglich darüber befinden, welche Menge er zu dem vom Anbieter festgelegten Preis abnimmt. Damit aber formuliert er seine Nachfrage(-kurve), die ihrerseits wiederum für den Anbieter zum Datum wird. Für den Anbieter werden Preis oder Menge zur strategischen Größe. Setzt er den Preis, dann antwortet der Markt mit einer entsprechenden Nachfrage; setzt er die Menge, so bildet er (der Markt) den entsprechenden Preis.

Das folgende Zahlenbeispiel (siehe Tabelle 2.11) macht deutlich, inwieweit der Monopolist in seiner Preisfixierung durch die gegebene Nachfrage beschränkt wird.

**Tabelle 2.11**

| Absatzmenge (x) | Preis (Euro) (P) | Umsatz (U = P · x) | Gesamtkosten (GK) | Gewinn (G) bzw. Verlust (U−GK) | Kritische Punkte |
|---|---|---|---|---|---|
| 0 | 4000 | – | 1500 | −1500 | |
| 1 | 3500 | 3500 | 2500 | 1000 | Gewinnschwelle |
| 2 | 3000 | 6000 | 3500 | 2500 | |
| 3 | 2500 | 7500 | 4500 | 3000 | Gewinnmaximum |
| 4 | 2000 | 8000 | 5500 | 2500 | |
| 5 | 1500 | 7500 | 6500 | 1000 | Gewinngrenze |
| 6 | 1000 | 6000 | 7500 | −1500 | |
| 7 | 500 | 3500 | 8500 | −5000 | |
| 8 | – | – | 9500 | −9500 | |

Die Absatzmengen der ersten Spalte und die sich auf diese beziehenden Preise der zweiten Spalte beschreiben das Nachfrageverhalten der Käufer am Markt. Ihm versucht der Anbieter optimal zu entsprechen.

Falls der Anbieter den höchstmöglichen Gewinn anstrebt, wird dies bei **dem** Preis und der diesem entsprechenden Absatzmenge der Fall sein, bei dem die positive Differenz (Gewinn) zwischen Gesamterlös (Umsatz) und Gesamtkosten am größten ist (siehe Schaubild 2.12). Dies ist im vorliegenden Beispiel bei einem Preis von Euro 2500,- der Fall; hier realisiert der Anbieter bei einem Absatz von 3 Einheiten einen Gewinn von Euro 3000,-. Bei allen anderen Preis-Mengen-Relationen würde sich der Monopolist schlechter stellen.

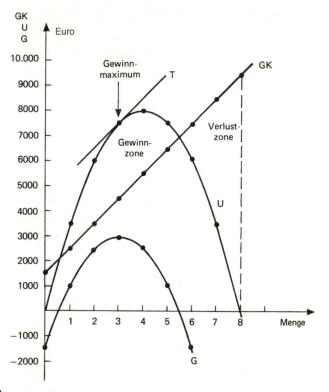

**Schaubild 2.12**

Das Gewinnmaximum ist dort realisiert, wo die Parallele (T) zur Gesamtkostenkurve (GK) gerade die Umsatzkurve (U) tangiert. Hier ist der Abstand zwischen Umsatzkurve und Gesamtkostenkurve am größten.

*2.3.2.3 Preisbildung im Oligopol*

Die Marktform des Oligopols ist dadurch gekennzeichnet, daß sich nur wenige Wettbewerber den Markt teilen. Für diese wenigen Wettbewerber ist der Preis wohl nicht mehr Datum, aber auch nicht frei setzbar, da sie starke Mitkonkurrenten haben. So sehen sich beispielsweise die Anbieter eines gleichen (**homogenen**) Gutes im Angebotsoligopol einer gemeinsamen Nachfragekurve gegenüber. Diese läßt für den einzelnen Anbieter sowohl Mengen- als auch Preispolitik zu, wobei er allerdings das tatsächliche oder mutmaßliche Verhalten seiner Mitanbieter zu berücksichtigen hat.

Wird die Menge zur strategischen Größe erhoben, also Mengenpolitik betrieben, so erfolgt ihre Festlegung unter Berücksichtigung des von den Mitkonkurrenten zu erwartenden Marktangebots und der vom eigenen Angebot ausgehenden Preiswirkung.

Wird der Preis zur strategischen Größe erhoben und somit Preispolitik betrieben, so werden die einzelnen Anbieter – orientiert an ihren eigenen Produktionskosten – zu Preisvorstellungen gelangen, die sie im Hinblick auf die Offerten der Konkurrenz nach oben oder unten korrigieren. Wenn es sich – wie unterstellt – um homogene Güter handelt, haben die Mitanbieter keine andere Wahl, als sich der billigsten Offerte anzuschließen, da die Nachfrage typischerweise zum günstigsten Angebot drängt. (Weshalb sollte man auch das gleiche Gut teurer bezahlen?) Dies bedeutet: Der billigste Anbieter wird zum **Preisführer**.

Auf Märkten mit ungleichen (**heterogenen**) Gütern dient neben der Mengen- und Preispolitik insbesondere die Produktqualität und die Werbung als Mittel der wettbewerblichen Auseinandersetzung. Es bilden sich hier unterschiedliche Präferenzen und Preise.

Nicht immer erfolgt auf oligopolistischen Märkten die wettbewerbliche Auseinandersetzung mit friedlichen Mitteln. So werden zuweilen auch Kampfmaßnahmen ergriffen, um die Mitkonkurrenten in wirtschaftliche Abhängigkeit zu zwingen oder gar vom Markt zu verdrängen.

### 2.3.3 Marktrealität

Im Gegensatz zum modellhaft skizzierten, idealtypisch reduzierten Marktgeschehen präsentiert sich uns die Marktrealität in einer verwirrenden Vielgestaltigkeit. Anstelle **eines** Marktes mit **einem** bestimmten Preis begegnen wir einer Vielzahl von Märkten mit differenziertem Warenangebot und ebensolchen Preisen. Statt Markttransparenz herrscht häufig Unübersichtlichkeit, die nicht selten durch verzerrende Werbung wie auch subjektive Fehleinschätzung von Produkten und Produktqualitäten verstärkt wird. So kann beispielsweise bei Fehlen der im Modell unterstellten Markttransparenz auch der Monopolist Preisdifferenzierung betreiben und daraus entsprechende Gewinnmitnahmen realisieren, die den theoretischen Monopolgewinn übersteigen.

Auch lassen sich Märkte mit homogenen Gütern allenfalls näherungsweise feststellen, so bei Oligopolen der Grundstoffindustrien, wie beispielsweise im Steinkohlebergbau, der eisenschaffenden Industrie und der Zementfabrikation oder auch der Chemischen Industrie. Hier werden zumindest in qualitativer Hinsicht weitgehend homogene Produkte angeboten. Die räumlichen, zeitlichen und persönlichen Präferenzen dieser Angebote sind allenfalls von untergeordneter Bedeutung.

Dem Idealtyp der „vollständigen Konkurrenz" ähneln mit gewissen Einschränkungen bestimmte Agrarmärkte, auf denen zahlreiche Anbieter aus Entwicklungsländern mit physisch ziemlich gleichartigen landwirtschaftlichen (Kaffee, Tee, Kakao u. a.) oder industriellen (Kupfer, Zinn u. a.) Rohprodukten der großteils ungebündelten Weltnachfrage begegnen.

Monopole, in denen ein Anbieter den Markt beherrscht, begegnen uns in der Marktrealität großteils als **Gebietsmonopole,** so beispielsweise als versorgungswirtschaftliche Elektrizitätsunternehmen. Doch auch hier hat die einschlägige Rechtsprechung der Konkurrenz durch Freigabe der Verteilernetze das Tor zum Makt geöffnet. Ähnliches vollzog sich in einer höchst nachfragedienlichen Weise durch Privatisierung (Aufgabe des Staatsmonopols) und Marktöffnung auf dem Gebiet des Fernmeldewesens wie auch (weniger spektakulär) bei der Paketbeförderung. (Das Briefmonopol der Deutschen Post AG ist bis zum Jahr 2007 verlängert worden!) Auch die Wasserwirtschaft muß sich einer Liberalisierung öffnen!

Insgesamt gesehen bleiben **private Monopole** die Ausnahme. Sie bilden sich in der Regel dort heraus, wo auf Grund einer eng begrenzten Nachfrage die Aufteilung der Marktbedienung auf mehrere Anbieter betriebswirtschaftlich uninteressant ist oder aber die Produktionstechnik und das Know-how so hochwertig sind, daß – unter Berücksichtigung der relativ niedrigen Produktpreise – der Aufbau von Konkurrenzpositionen wenig attraktiv ist.

### 2.3.4 Wettbewerbsbeschränkungen

Zur Sicherung oder Verbesserung ihrer Gewinnsituation bei Vermeidung von wettbewerblichen Auseinandersetzungen und der durch diese bedingten Anpassungen, Veränderungen und Innovationen nehmen Unternehmen nicht selten Zuflucht zu Wettbewerbsbeschränkungen. Diese kommen im wesentlichen über vertragliche Vereinbarungen (**Kartelle**)**,** stillschweigende Abstimmungen, einseitige oder gegenseitige Kapitalbeteiligungen (**Konzerne**) und **Fusionen** zustande.

**Kartelle** sind vertragliche Zusammenschlüsse zwischen rechtlich und weitgehend auch wirtschaftlich selbständig bleibenden Unternehmen der gleichen (**horizontalen**) Wirtschaftsstufe. Die Partner unterwerfen sich für die Dauer des Vertrages bestimmten Regelungen, so hinsichtlich der Preise (**Preiskartell**)**,** der regionalen Marktaufteilung (**Gebietskartell**)**,** der Zuteilung von Produktions- und Absatzquoten (**Quotenkartell**) mit möglicherweise zentralen Verkaufsstellen (**Syndikate**)**,** der zu gewährenden Konditionen (**Konditionenkartell**)**,** der in Anwendung zu bringenden Kalkulationsregeln (**Kalkulationskartell**)**,** der gemeinsamen Rationalisierungsmaßnahmen (**Rationalisierungskartell**)**.** Die Einhaltung der vereinbarten Regelungen wird häufig durch Konventionalstrafen zu sichern versucht.

Der Wettbewerb zwischen den Kartellunternehmen bleibt in all jenen Bereichen bestehen, in denen er nicht im Kartellvertrag ausgeschlossen oder eingeschränkt ist.

Da Kartelle immer in der Absicht gebildet werden, den Wettbewerb zu beschränken, sind sie nach dem **Gesetz gegen Wettbewerbsbeschränkung** (GWB), auch Kartellgesetz genannt, grundsätzlich verboten. Von diesem allgemeinen Verbot gibt es jedoch Ausnahmen. Die Ausnahmeerteilung läßt sich leiten von der Stärke der tatäschlichen Wettbewerbsbeschränkung und gesamtwirtschaftlichen Erwägungen.

In Fällen, in denen das Kartellverbot einer vertraglichen Abmachung entgegensteht, werden häufig **stillschweigende Verhaltensabstimmungen** (Frühstücks- oder Zwinkerkartelle) gewählt. Sie haben die Außenwirkung eines Kartells, ohne dessen rechtlich gesicherte Bindung im Innenverhältnis.

**Konzerne** sind Zusammenschlüsse rechtlich selbständig bleibender, jedoch wirtschaftlich unselbständig werdender Unternehmen unter einer einheitlichen wirtschaftlichen Leitung. Die einzelnen Konzernunternehmen delegieren Entscheidungsbefugnisse an die Konzernleitung.

Die Konzernbildung erfolgt durch einseitige oder gegenseitige **Kapitalbeteiligung** auf **horizontaler** (Unternehmen der gleichen Produktionsstufe), **vertikaler** (Unternehmen unterschiedlicher Produktionsstufen) oder völlig unterschiedlicher (Mischkonzerne) **Ebene,** wobei im allgemeinen Mehrheitsbeteiligungen von mehr als fünfzig Prozent vorliegen. Damit entsteht in der Regel ein gegenseitiges Beherrschungs- und Abhängigkeitsverhältnis.

Im Falle der **Fusion** schließlich geht die rechtliche Selbständigkeit des (der) in einer neuen rechtlichen und wirtschaftlichen Einheit aufgehenden Unternehmen(s) verloren.

All den angesprochenen Fällen von Wettbewerbsbeschränkung – der Kartellisierung, der Konzernierung oder der Fusionierung – liegt die Absicht zugrunde, über eine Erhöhung des „Monopolgrades", das heißt der Marktmacht, die erreichte Gewinnsituation zu stabilisieren oder zu verbessern.

### 2.3.5 Wirtschaftliche Aspekte der Konzentration

Daß es den Mißbrauch wirtschaftlicher Macht zu verhindern gilt, dürfte wohl von niemandem ernstlich bestritten werden. Daß allerdings wirtschaftliche Konzentration in einem kontrollierten Umfang ökonomisch sinnvoll und durchaus förderungswürdig ist, wird häufig nicht gesehen. Es seien deshalb hier die wichtigsten Teilaspekte dieser Behauptung beleuchtet.

**Wettbewerbswirkungen:** Dynamischer Wettbewerb auf nationaler und internationaler Ebene kann häufig erst zwischen Unternehmen handlungsfähiger Größenordnung praktiziert werden. Kleinunternehmen sind in der Regel kaum fähig, untereinander einen wirksamen, **„funktionsfähigen"** Wettbewerb zu führen; sie neigen eher zur „Schlafmützenkonkurrenz" (F. A. Lutz).

**Finanzierungswirkungen:** Großunternehmen, die in der Regel in der Rechtsform der Aktiengesellschaft geführt werden, können sich im Gegensatz zu Klein- und Mittelbetrieben im Wege der Emission von Aktien und/oder Schuldverschreibungen über den Kapitalmarkt finanzieren.

**Kostenwirkungen:** Der Zusammenschluß von Unternehmen auf der gleichen Produktionsstufe begünstigt nicht nur den Einsatz neuerer, günstigerer Produktionsverfahren, sondern auch den verstärkten Durchschlag des Gesetzes der Massenproduktion. Damit ergeben sich Spielräume für Preissenkungen, die vielfach schon deswegen genutzt werden (müssen), um sich gegenüber in- und ausländischer Konkurrenz durchsetzen zu können. Daneben und/oder darüber hinaus sich öffnende Spielräume für höhere Gewinnmitnahmen ermöglichen zusätzlich die Nutzung des technischen Fortschritts (Prozeßinnovation) und führen damit zu weiteren Wettbewerbsvorteilen.

**Neuerungsfähigkeit:** Großunternehmen haben im allgemeinen auf Grund ihrer höheren Gewinne und den daraus resultierenden Selbstfinanzierungsmöglichkeiten eher die finanzielle Basis, aufwendige Forschung zu finanzieren und sie in marktfähige Produkte umzusetzen.

Diese Feststellung übersieht keineswegs, daß viele bedeutsame Neuerungen aus kleinen Unternehmen kamen und daß zwischen Neuerungstätigkeit und Unternehmensgröße keine eindeutige Beziehung besteht.

**Beschäftigungswirkungen:** Konjunkturelle Einbrüche führen erfahrungsgemäß bei Großunternehmen weniger schnell zu Entlassungen als bei kleinen und mittleren, da sie bei breiteren Produktionssortimenten partielle Umsatzeinbußen leichter verkraften können und hier außerdem den Lohnkosten im Vergleich zu denen des Kapitals (Kapitalkosten) oft weniger existentielle Bedeutung zukommt.

### 2.3.6 Konzentration und Wettbewerbspolitik

Die Erkenntnis, daß der marktwirtschaftliche Wettbewerb als wesentlicher Bestandteil der Konzeption der Sozialen Marktwirtschaft durch Unternehmenskonzentration gefährdet werden kann, führte in der Bundesrepublik Deutschland schon in den fünfziger Jahren zu einer staatlichen Wettbewerbspolitik. Sie war und ist heute noch im wesentlichen von folgenden Zielvorstellungen bestimmt:

- Der Wettbewerb soll die Produktionsfaktoren an den Ort ihrer günstigsten und damit rentabelsten Verwendung lenken;

- der Wettbewerb soll die Einführung neuer, besserer Produkte sowie neuer und besserer Produktionsverfahren initiieren;

- der Wettbewerb soll wirtschaftliche Macht begrenzen;

- der Wettbewerb soll die bestmögliche Versorgung der Verbraucher bewirken.

Die Grundlage der an diesen Zielsetzungen orientierten Wettbewerbspolitik ist das **Gesetz gegen Wettbewerbsbeschränkungen (GWB)**. Es wurde als **„Grundgesetz der Wirtschaft"** (Ludwig Erhard) 1957 verabschiedet und erlebte zwischenzeitlich fünf zum Teil recht einschneidende Novellierungen (zuletzt 1998).

Das neue wettbewerbspolitische Leitbild des **„funktionsfähigen Wettbewerbs"** erkennt im sogenannten **„weiten"** Oligopol eine optimale Marktform. In ihm sollen wenige relativ große Anbieter bei mäßiger Differenzierung der Produkte einen **dynamischen** Wettbewerb um Produktqualität, kostengünstige Produktionsverfahren und für den Nachfrager vorteilhafte Preise entwickeln.

Diese Marktform gilt es vor einem Abdriften ins **„enge"** Oligopol mit der Tendenz zur Ausschaltung des Preiswettbewerbs, zu Absprachen und einvernehmlichen Wettbewerbsbeschränkungen zu bewahren. Diesem wettbewerbspolitischen Anliegen fügen sich eine Reihe neuerer wettbewerbsrechtlicher Bestimmungen.

So erweiterte die GWB-Novelle von 1973 das grundsätzliche Kartellverbot durch ein Verbot von **„aufeinander abgestimmten Verhaltensweisen"**, das auf Preiserhöhung gerichtetes koordiniertes Vorgehen ohne vertragliche Grundlage erfaßt. Dieses Verbot erstreckt sich allerdings nicht auf **„gleichförmiges (paralleles) Preisverhalten"** (wie es beispielsweise am Kraftstoffmarkt anzutreffen ist!). Ein solches Verhalten wird nicht als Absprache gesehen, sondern vielmehr als Folge einer starken wechselseitigen Abhängigkeit der oligopolistischen Anbieter und deren Absicht, eine über den Preis geführte Auseinandersetzung um Marktanteile möglichst zu vermeiden.

Besondere Beachtung genießt die GWB-Novelle von 1973 auch hinsichtlich der Kontrolle von Unternehmenszusammenschlüssen, der sogenannten **Fusionkontrolle**. Die einschlägigen Bestimmungen sehen die **Anzeigepflicht** bei Zusammenschlüssen von Unternehmen einer bestimmten Größenordnung (Aufgreifkriterium ist u. a. ein Mindestumsatz der beteiligten Unternehmen von 500 Millionen Euro.) und die präventive **Anmeldepflicht** bei Mammutunternehmen (sogenannten „Elefantenhochzeiten") vor. Das Bundeskartellamt kann solche Zusammenschlüsse verbieten, wenn die Entstehung oder Verstärkung einer **marktbeherrschenden Stellung** vermutet wird. (Nach der wenig befriedigenden Legaldefinition ist Marktbeherrschung dann gegeben, wenn entweder „kein wesentlicher Wettbewerb" oder eine „überragende Marktstellung" vorliegt.) Gelingt den betroffenen Unternehmen der Gegenbeweis, das heißt der Nachweis, daß durch den Zusammenschluß auch eine Verbesserung der Wettbewerbssituation eintritt und damit die Nachteile der Marktbeherrschung überkompensiert werden, darf das Kartellamt den Zusammenschluß nicht verbieten.

Schließlich kann der Bundesminister für Wirtschaft gegen die Auffassung des Bundeskartellamtes und der Gerichte Anträgen auf Zusammenschluß dann stattgeben (**Ministererlaubnis**), wenn die gesamtwirtschaftlichen Vorteile die Wettbewerbsbeschränkungen aufwiegen oder der Zusammenschluß durch ein überragendes Interesse der Allgemeinheit gerechtfertigt ist.

Die Zulassung marktbeherrschender Unternehmen durch das GWB macht eine **Mißbrauchsaufsicht** erforderlich. Ihre Aufgabe ist allerdings recht problematisch, denn es obliegt ihr im jeweiligen Fall die **Beweislast,** das heißt, sie muß den Nachweis eines mißbräuchlich überhöhten Preises führen. Hierzu bedarf es jedoch eines Vergleichsmarktes, auf dem unter sonst gleichen Bedingungen aber intensiverem Wettbewerb ein niedrigerer Preis gilt.

Verstöße gegen das Kartellgesetz sind **Ordnungswidrigkeiten** und können mit Bußgeldern geahndet werden.

Die deutsche Wettbewerbspolitik ist in das Wettbewerbsrecht der Europäischen Union eingebunden. Die Art. 81 und 82 EG-Vertrag (in der Fassung vom 2. 10. 1997) verbieten Kartelle und die mißbräuchliche Ausnutzung von Marktmacht, soweit sie zu einer Beeinträchtigung des zwischenstaatlichen Handels im Europäischen Binnenmarkt führen. Mit der Verordnung 4064/89 über die Kontrolle von Unternehmenszusammenschlüssen (v. 21. 12. 1989) wurde eine europäische Fusionskontrolle für grenzüberschreitende Zusammenschlüsse von Großunternehmen (Aufgreifkriterium 5 Mrd. Euro Gesamtumsatz der beteiligten Unternehmen) eingeführt. „Elefantenhochzeiten" unterliegen seither einer auf den gemeinsamen Markt der EU bezogenen supranationalen Wettbewerbskontrolle.

Das gemeinschaftliche Wettbewerbsrecht hat grundsätzlich Vorrang vor dem nationalen.

## 2.3.7 Staatliche Preispolitik

Ökonomische wie auch außerökonomische Überlegungen können den Staat veranlassen, preisbeeinflussend in den Marktprozeß einzugreifen. Er kann dabei **Höchstpreise, Mindestpreise, Festpreise** und **Richtpreise** festlegen.

Die staatliche Vorgabe von **Höchstpreisen** entspringt meist der von sozialer Verantwortung getragenen Absicht, die Nachfrage vor höheren Kaufpreisbelastungen zu schützen. Der Staat entscheidet sich damit für ein Preisniveau **unterhalb** des Preises, der sich bei freier Preisentwicklung ergeben würde, das heißt, für einen Preis **unterhalb** des Gleichgewichtspreises ($P_G$).

Die Grafik (siehe Schaubild 2.13) macht deutlich, daß beim staatlich festgelegten Höchstpreis ($P_H$) die nachgefragte Menge $0M_2$ das Angebot $0M_1$ im Umfang von $M_1M_2$ übersteigt. Es herrscht Mangel! – Um die Bildung **„Schwarzer Märkte"** zu vermeiden, muß der Staat auf eine Erhöhung des Angebots (Produktionsauflagen, Produktionsprämien, steuerliche Produktionsanreize) und/oder auf eine Einschränkung der Nachfrage (Rationierung) hinwirken.

Mit der Festsetzung von **Mindestpreisen** schützt der Staat das Angebot. Sie liegen **über** dem Preis, der sich bei freier Preisentwicklung ergeben würde.

Wie die grafische Darstellung (siehe Schaubild 2.14) dieser preispolitischen Maßnahme des Staates zeigt, ergibt sich ihrzufolge eine Nachfragelücke, da der zum Mindestpreis angebotenen Menge $0M_2$ lediglich eine Nachfrage von $0M_1$ gegenübersteht. Erfolgen nunmehr keine weiteren Staatseingriffe, die eine Reduktion des Angebots durch Produktionsbeschränkungen oder eine Stärkung der Nachfrage

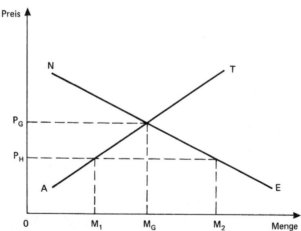

**Schaubild 2.13**

$P_H$ = Höchstpreis   A – T = Angebotsfunktion   N – E = Nachfragefunktion

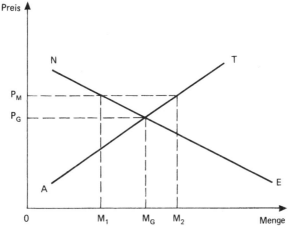

**Schaubild 2.14**

$P_M$ = Mindestpreis    A – T = Angebotsfunktion    N – E = Nachfragefunktion

mittels Abnahmezwang bewirken, drückt die überschüssige Angebotsmenge auf den Preis und konterkariert damit die staatliche Mindestpreispolitik.

In den Staaten der Europäischen Union gelten Mindestpreise für eine Vielzahl agrarwirtschaftlicher Produkte. Sie dienen hier der Sicherung/Verbesserung der landwirtschaftlichen Einkommensverhältnisse und sind deshalb über dem Niveau der Weltmarktpreise und Erzeugerkosten fixiert. Vom Staat zusätzlich erbrachte Abnahmegarantien (Aufkauf und Einlagerung) führen häufig zu volkswirtschaftlich bedenklichen Überangeboten (Butterberg, Schweinefleischberg, Rindfleischberg etc.), denen dann zum Teil wieder durch staatliche Gegenmaßnahmen (Stillegungsprämien, Abschlachtprämien) begegnet werden muß.

**Festpreise** können **unter** oder **über** dem Gleichgewichtspreis (Normalpreis) liegen. Liegen Sie **unter** dem Gleichgewichtspreis, wirken sie wie Höchstpreise, liegen sie **darüber,** wirken sie wie Mindestpreise.

**Richtpreise** sind staatlich festgesetzte Preise, von denen in begrenztem Umfang nach oben oder nach unten Abweichungen erlaubt sind. Je nachdem haben sie dann den Charakter von Höchst- oder Mindestpreisen, allerdings in der Regel nicht mit dem gleichen Verbindlichkeitsanspruch. Verstöße gegen Richtpreise sind nicht ohne weiteres strafbar.

## 2.3.8 Kontrollfragen zu 2.3

1. Welche Einflußfaktoren bestimmen den Marktpreis?
2. Weshalb werden Preisbildungsprozesse vorzugsweise über Marktmodelle erklärt?
3. Interpretieren Sie die modelltheoretische Annahme der vollständigen Konkurrenz: Unabhängigkeit des Preises!
4. Was besagt die Feststellung: Der Gleichgewichtspreis räumt den Markt?
5. Inwiefern ist der Monopolist in seiner Preisfixierung durch die gegebene Nachfrage beschränkt?
6. Welche Maßnahmen kennzeichnen die Mengen-/Preispolitik im Oligopol?
7. Nennen Sie die Absichten, die Unternehmenszusammenschlüssen zugrunde liegen können!
8. Welche wirtschaftlichen Argumente lassen sich für eine kontrollierte Konzentration anführen?
9. Welches sind die Aufgaben des Wettbewerbs?
10. Was verstehen Sie unter „dynamischem Wettbewerb"?
11. Welche Absichten können den Staat veranlassen, selbst Preise festzusetzen?

## 2.3.9 Literaturhinweise zu 2.3

*Baßeler, U., Heinrich, J., Koch, W.*, Grundlagen und Probleme der Volkswirtschaft, 15. Aufl., Köln 1999.
*Müller, J.H., Peters, H.*, Einführung in die Volkswirtschaftslehre, 12. Aufl., Herne–Berlin 1991.
*Samuelson, P.A., Nordhaus, W.D.*, Volkswirtschaftslehre, Wien–Frankfurt 1998.
*Woll, A.*, Allgemeine Volkswirtschaftslehre, 13. Aufl., München 2000.

## 2.4 Verbraucherpolitik

### 2.4.0 Leitziel

Kenntnis von Zielen, Trägern und Maßnahmen einer am Leitbild der Konsumentensouveränität orientierten Verbraucherpolitik.

### 2.4.1 Leitbild: Konsumentensouveränität

In der Theorie der Marktwirtschaft gilt der Konsument als die treibende Kraft. Er bestimmt durch seine Nachfrage Art und Umfang der Produktion. „Nicht der Staat hat darüber zu entscheiden, wer am Markt obsiegen soll, aber auch nicht eine unternehmerische Organisation wie ein Kartell, sondern ausschließlich der Verbraucher" (Ludwig Erhard). – Diese Annahme unterstellt, daß die Kaufentscheidungen der Konsumenten souverän erfolgen, somit Ausdruck ihrer eigenen Bedürfnisse sind. – In der Praxis der Marktwirtschaft stößt diese Annahme nicht selten auf Zweifel.

In der Tat ist der Verbraucher kein gesellschaftlich isoliertes Wirtschaftssubjekt mit einer vorgegebenen Präferenzskala. Seine Bedürfnisse sind auch sozial und kulturell determiniert. Dabei nimmt auch die Werbung Einfluß auf das individuelle Verhalten des Nachfragers. „Die Verbraucher sind in der Marktwirtschaft gezielter Beeinflussung ihrer Wünsche und Präferenzen von seiten der Anbieter ausgesetzt. Für die Verbraucher entsteht dadurch das Problem, Maßnahmen der gezielten Beeinflussung von Verbraucherwünschen wertend zu beurteilen."[1] Diese Feststellung rechtfertigt unseres Erachtens jedoch keinesfalls die häufig vertretene These, daß der Konsument durch die Werbung einem Konsumdiktat unterworfen wäre und somit in seinen Kaufentscheidungen manipuliert sei. Nach René König ist eine solche Behauptung empirisch widerlegt. Für ihn weiß der Konsument sehr wohl auszuwählen: „Nur das wird vom Angebot akzeptiert, wozu der einzelne irgendwie ‚prädisponiert' ist. ... Jedes Angebot der Wirtschaft hat sich vor dem Bollwerk dieser verschiedenen kulturellen und sozialen Schranken, die dem Konsum gesetzt sind, zu bewähren, bevor es akzeptiert wird."[2] Dies besagt, daß in einer marktwirtschaftlichen Ordnung die Verbraucher nicht einfach durch bestimmte Werbeeinflüsse zu ganz bestimmten Ausgaben für ganz bestimmte Produkte veranlaßt werden können, sondern solche Reize durch das Filter ihrer eigenen Appetenz kontrollieren. „In der Möglichkeit, Konsumwünsche in einer für den einzelnen Verbraucher zuweilen nicht erkennbaren Weise zu beeinflussen, kann nicht generell eine Beeinträchtigung seiner Wahlfreiheit gesehen und damit die Rolle des Verbrauchers einseitig passiv ausgedeutet werden; kein Mensch ist völlig ‚autonom', in seinen Entscheidungen, sondern von gruppenspezifischen Normen und Gewohnheiten geprägt."[3] Diese Tatsache hindert den Verbraucher nicht, sich in seinen Konsumentscheidungen kritisch zu verhalten und damit souverän zu handeln.

Die hier zum Verbraucherverhalten auf Wettbewerbsmärkten angestellten Überlegungen gelten mit gewissen Abstrichen auch für Märkte mit Wettbewerbsbeschränkungen, so für Angebotsoligopole und -monopole. Solange ein Monopolgut durch ein anderes Gut ersetzt werden kann, unterliegt jeder Monopolist der Gefahr, daß sich die Konsumenten seines Produkts ab einem bestimmten Preis dem Substitut zuwenden und damit sein Absatz entsprechend zurückgeht. – Gleiches gilt in weit stärkerem Maße für Angebotsoligopole. Bei beiden Marktformen bleibt dem Konsumenten die Freiheit der Einkommensverwendung und somit der Kaufentscheidung – wenn auch nur in eingeschränktem Umfang – erhalten. Auch Monopolisten und Oligopolisten müssen sich an den Käuferwünschen orientieren und können diese nicht in selbstherrlicher Weise ignorieren.

Die Konsumentensouveränität findet ihre Begrenzung durch bestimmte staatliche Eingriffe. Sie werden in der Regel dort anerkannt, wo die Gefahr ernsthaf-

---

[1] Kommission für wirtschaftlichen und sozialen Wandel, Wirtschaftlicher und sozialer Wandel in der Bundesrepublik Deutschland (Gutachten), Göttingen 1977, S. 405.
[2] König, R., Soziologische Orientierungen, Vorträge und Aufsätze, Köln und Berlin 1965, S. 469.
[3] Kommission für wirtschaftlichen und sozialen Wandel, Wirtschaftlicher und sozialer Wandel in der Bundesrepublik Deutschland, a. a. O., S. 405.

ter **Selbstschädigung** der Verbraucher beziehungsweise der **Schädigung Dritter** oder aber die Notwendigkeit **öffentlicher Güter** auftritt. So ist eine Schädigung Dritter, verursacht durch negative **externe Effekte** der Produktion, etwa bei gefährlicher Umweltbelastung zu sehen, während sich die Notwendigkeit öffentlicher Güter beispielsweise in der Gesetzgebung, Verwaltung, Rechtspflege, Landesverteidigung, im Straßenbau, bei bestimmten Bildungseinrichtungen etc. ergibt.

Die häufig erhobene Behauptung, daß die Großindustrie die erforderliche Konsumnachfrage über eine intensiv geführte Werbung selbst induziere, läßt sich bei sachlicher Betrachtung kaum aufrechterhalten. Hierzu lassen sich immer wieder überzeugende Gegenbeweise anführen, wonach es großen Industrieunternehmen trotz beachtlicher Werbeanstrengungen nicht gelang, die Konsumenten zum Kauf ihrer neuen Produkte zu bewegen.

Sicherlich soll der potentielle Konsument über die **informativen** wie auch **suggestiven** Effekte der Werbung in seiner Kaufentscheidung beeinflußt werden, und sicherlich gelingt dies der Werbung auch zum Teil. Es gilt aber auch zu sehen, daß heute ein Großteil der traditionellen Konsumgütermärkte weitgehend gesättigt ist (Zigaretten, Waschmittel, Bier, Limonaden, PKW, Skier u. a.), so daß es für die Anbieter lediglich noch darum gehen kann, ihren Marktanteil zu halten oder aber auf Kosten der Konkurrenz zu vergrößern. In einer solchen Situation ist Werbung in erster Linie ein Wettbewerbsinstrument, ein gegen den Mitbewerber gerichtetes Kampfmittel um Marktpositionen.

Dem Konsumenten ist heute im allgemeinen – insbesondere, wenn es sich für ihn um teurere Produkte handelt – eine kritische Haltung zu unterstellen. Was dieser Kritik nicht standhält, wird nicht oder nicht mehr gekauft. Eine „Verführung" durch die Werbung kann normalerweise – wenn überhaupt – nur für den erstmaligen Kauf eines Produkts gelten. Nur wenn der Konsument damit zufrieden ist und ihm in der Folgezeit kein attraktiveres gleichartiges Angebot begegnet, wird er sich auch in der Zukunft möglicherweise für dieses Produkt entscheiden. Der „Konsumtrottel", der sich dem Werbebombardement der Medien unterwirft, der sich „diktieren" und „terrorisieren" läßt, ist allenfalls eine beklagenswerte Ausnahmeerscheinung, keinesfalls aber eine marktwirtschaftliche Symbolfigur.

Daß das kritische Abwägen und Prüfen von vielfältigen Konsumwünschen, Kaufanstößen und (substitutiven) Produkten nicht bei jedem Konsumenten mit dem wünschenswerten Sachverstand, der gebotenen Sorgfalt und der erforderlichen Konsequenz erfolgt beziehungsweise erfolgen kann, erscheint einsichtig. Kritisches Verbraucherverhalten ist nämlich an bestimmte Voraussetzungen geknüpft: Die **Bereitschaft** zu entsprechendem Verhalten, ein zureichender Marktüberblick (**Markttransparenz**) und **Kenntnisse** zur Beurteilung des Marktangebotes. Die Bereitschaft des Verbrauchers zu kritischem Konsumverhalten muß in Abhängigkeit von seinen diesbezüglichen psychischen und intellektuellen Dispositionen wie auch sozialen Prägungen, insbesondere seiner familialen und schulischen, gesehen werden.

Mangelnde Markttransparenz wird heute häufig beklagt. Ein zureichender Überblick über die für die Kaufentscheidung relevanten Produkte, ihre Qualitäts- und Preisunterschiede wird dabei in Abrede gestellt. Mehr Verbraucherinformation und -beratung wird gefordert.

## 2 Konsumökonomie

Die Verbesserung des Kenntnisstandes zur Beurteilung des Marktangebotes und damit zur relativen Optimierung der Kaufentscheidung fällt sicherlich zunächst in die persönliche Zuständigkeit des Konsumenten selbst und ist von diesem als Kostenfaktor (Informationsbeschaffung ist in der Regel mit entsprechenden Aufwendungen verbunden!) zu sehen. Flankierende Dienste werden jedoch von staatlichen und nichtstaatlichen Institutionen als **Verbraucherinformation, Verbraucheraufklärung** sowie **Verbrauchererziehung** angeboten. Sie bilden Aktivitätsbereiche der Verbraucherpolitik. Ihr obliegt die **Hilfe zur Selbsthilfe** und damit die Aufgabe, dem Verbraucher zur eigenverantwortlichen Wahrnehmung der ihm in der marktwirtschaftlichen Ordnung zugedachten Rolle zu verhelfen.

### 2.4.2 Grundzüge der Verbraucherpolitik in der Bundesrepublik Deutschland

Vergleichen wir die bundesdeutsche Wirtschaft mit dem Idealbild der Marktwirtschaft, so stoßen wir auf eine Reihe von Abweichungen – Störungen des Wettbewerbs, mangelnde Markttransparenz, unzulängliche und teilweise irreführende Information der Konsumenten –, die die Marktposition des Konsumenten nicht unerheblich schwächen. Darüber hinaus konstatieren wir nicht selten eine Bedrohung hochwertiger Rechtsgüter, so insbesondere Leben und Gesundheit.

Dieser Problemverhalt veranlaßte die Bundesregierung bereits in den siebziger Jahren zu betonen, daß sie im Gesamtrahmen ihrer Wirtschafts- und Gesellschaftspolitik eine Verbraucherpolitik als notwendig erachte[4]. Sie brachte zudem klar zum Ausdruck, daß für sie der Wettbewerb das entscheidende Ordnungsprinzip sei, das die günstigsten Voraussetzungen für die bestmögliche Versorgung der Verbraucher schaffe[5]. Die Verbraucherpolitik wird somit als Teil der Wirtschaftspolitik gesehen und aus dem der Sozialen Marktwirtschaft zugrundeliegenden Ordnungsprinzip abgeleitet. Diese Feststellung verkennt nicht, daß die Verbraucherpolitik durch verschiedene Politikbereiche gestaltet wird, so unter anderen auch durch die Bildungspolitik.

#### 2.4.2.1 Ziele der Verbraucherpolitik

Die Verbraucherpolitik in der Bundesrepublik ist nicht einfach am Leitbild der Konsumentensouveränität orientiert. Wie der letzte (!) Bericht der Bundesregierung zur Verbraucherpolitik von 1975 erkennen läßt, verbindet sie Elemente des **Wettbewerbs-**, des **Schutz-** und des **Gegenmachtprinzips**. Als „unsystematischer" Zielkatalog wird genannt:

– Stärkung der Marktstellung des Verbrauchers durch Förderung des Wettbewerbs zwischen den Unternehmen,
– Information und Beratung des Verbrauchers über grundlegende wirtschaftliche Zusammenhänge, aktuelles Marktgeschehen, richtiges Marktverhalten und rationelle Haushaltsführung,
– Verbesserung der Rechtsposition des Verbrauchers und Schutz vor Irreführung, unlauteren Verkaufspraktiken und benachteiligenden Vertragsbedingungen,

---
[4] Deutscher Bundestag (Hrsg.), Bericht zur Verbraucherpolitik, BT-Drs. 6/2724 vom 18. November 1971, Kap. I Abs. 1 (Seite 2).
[5] Ders. (Hrsg.), Zweiter Bericht der Bundesregierung zur Verbraucherpolitik, BT-Drs. 7/4181 vom 20. Oktober 1975, Kap. I Abs. 2 (Seite 5).

- Sicherung eines nach Quantität und Qualität optimalen Nahrungsmittelangebots zu angemessenen Preisen,

- umfassender Schutz des Verbrauchers vor gesundheitlichen Gefahren und umweltfreundlichere Gestaltung von Produktion und Produkten,

- bestmögliche Versorgung der Verbraucher mit öffentlichen Leistungen,

- Sicherung des Angebots an wirtschaftlichen Wohnungen,

- Stärkung und Straffung der verbraucherpolitischen Interessenvertretung.

Zusammenfassend ließe sich sagen, daß die Bundesregierung eine Stärkung der Verbraucherposition anstrebt. Folgen wir der von der Bundesregierung im Jahre 1971 berufenen Kommission für wirtschaftlichen und sozialen Wandel in ihrem Schlußgutachten zur Verbraucherpolitik, so kann und darf die Verbraucherpolitik allerdings das Verbraucherinteresse immer nur insoweit zu wahren versuchen, als es zum Schaden der Gesellschaft benachteiligt ist. Ihr Ziel muß es sein, zwischen Konsumenten und Produzenten ein Marktgleichgewicht herbeizuführen, das es den Konsumenten ermöglicht, ihre Interessen in die Entscheidungsprozesse über die Produktion von Konsumgütern einzubringen[6].

### 2.4.2.2 Träger der Verbraucherpolitik

Als **allgemeine Träger** der Verbraucherpolitik gelten bei uns die Parlamente des Bundes und der Länder, die Kommunen, die politischen Parteien, die Arbeitsmarktparteien (Gewerkschaften, Arbeitgeberverbände), Wirtschaftsverbände (Vereinigungen von Unternehmen des gleichen Wirtschaftszweiges zur Wahrung gemeinsamer wirtschaftlicher Interessen) sowie zum Teil auch Selbstverwaltungseinrichtungen der Wirtschaft mit freiwilligen Selbstkontrollorganen bezüglich Werbe- und Marketingpraktiken (z. B. Deutscher Werberat, Zentralausschuß der Werbewirtschaft e.V.), mit produktbegleitenden Informationen und Gütesicherung (z.B. Ausschuß für Lieferbedingungen und Gütesicherung [RAL], das Deutsche Institut für Normung [DIN], Verband Deutsche Elektrotechniker [VDE]), mit Aktivitäten aussergerichtlicher Streitbeilegung durch Schieds- und Schlichtungsstellen sowie mit Beratungsaktivitäten (z. B. Zentralstelle für rationelles Haushalten).

Auf Bundesebene wurde dem Verbraucherschutz durch die Gründung des **Bundesministeriums für Verbraucherschutz, Ernährung und Landwirtschaft** im Jahr 2001 explizit Rechnung getragen. Damit wurden bislang auf mehrere Ministerien verteilte verbraucherpolitische Zuständigkeiten gebündelt. – Weitere verbraucherpolitische Aufgaben auf Bundesebene übernehmen das Bundesgesundheitsamt, das Umweltbundesamt, das Bundeskartellamt und das Bundesamt für gesundheitliche Aufklärung. Die Schaffung eines Bundesamtes für Verbraucherschutz und Lebensmittelsicherheit wird angestrebt.

Auf supranationaler Ebene soll sich ab dem Jahr 2002 die **EU-Lebensmittelbehörde** bestimmter Verbraucherinteressen annehmen. Die Behörde soll bei der Risikobewertung von Lebens- und Futtermitteln als unabhängige wissenschaftliche

---

[6] Vgl. Scherhorn, G., u. a., Verbraucherinteresse und Verbraucherpolitik, Schriften der Kommission für wirtschaftlichen und sozialen Wandel, Bd. 17, Göttingen 1975, S. 121 f.

Autorität dienen und dabei das reibungslose Funktionieren des Binnenmarktes unterstützen.

Die **speziellen Träger** verbraucherpolitischer Aktivitäten lassen sich in zwei Gruppen zusammenfassen: **Verbraucherfremdorganisationen** und **Verbraucherselbstorganisationen.**

**Verbraucherfremdorganisationen** gehen in aller Regel nicht aus Verbraucherinitiativen hervor, sondern aus solchen anderer Interessengruppen oder Organisationen, denen an einer Stärkung der Verbraucherposition gelegen ist. Die heute wohl bedeutendste bundesdeutsche Verbraucherfremdorganisation ist der zum 1. 11. 2000 gegründete „Bundesverband der Verbraucherzentralen und Verbraucherverbände e. V.", mit dem 2001 die bis dahin wohl bekannteste deutsche Verbraucherfremdorganisation, die „Arbeitsgemeinschaft der Verbraucher e. V. (AgV), der „Verbraucherschutzverein e. V." sowie die „Stiftung Verbraucherinstitut" verschmolzen. Der „Bundesverband der Verbraucherzentralen und Verbraucherverbände e. V." sowie die 1964 durch die Bundesregierung gegründete „Stiftung Warentest" (mit ihren Zeitschriften „test" und „FINANZtest") sind nunmehr die beiden einzigen öffentlich geförderten Verbraucherfreundorganisationen. Ihr Hauptanliegen ist eine Verbesserung der **Markttransparenz** sowie die Bildung eines stärkeren Verbraucherbewußtseins.

Die **Verbraucherselbstorganisationen** gehen aus Initiativen von Verbrauchern zu gemeinsam verbundenem Handeln hervor. Auch sie unterliegen der Absicht, die Marktposition des Verbrauchers durch Interessenbündelung zu verbessern. Neben einer Vielzahl in der Rechtsform des eingetragenen Vereins bestehender örtlicher Verbraucherinitiativen – vorrangig zur Vertretung spezieller Verbraucherinteressen, wie zum Beispiel der Deutsche Mieterbund oder die Automobilverbände ADAC und AvD – bilden sich gelegentlich auch Spontanzusammenschlüsse von Verbrauchern zur Boykottierung bestimmter Waren, Preise und/oder Produzenten beziehungsweise Händler mit der Absicht, den Anbieter zu einer Änderung seines Marktverhaltens zu veranlassen.

### 2.4.2.3 Instrumente der Verbraucherpolitik

Die Instrumente der bundesdeutschen Verbraucherpolitik lassen sich im wesentlichen in drei Bündeln zusammenfassen:

- **Verbraucherinformation,**
- **Verbraucherschutz,**
- **Verbrauchererziehung** und **Verbraucheraufklärung.**

**Verbraucherinformation** intendiert eine Erhöhung der **Markttransparenz.** Das bedeutet, der Verbraucher soll einen besseren „Durchblick" hinsichtlich der für seine Kaufentscheidungen relevanten Daten erhalten. Diese Daten beziehen sich im wesentlichen auf die für die Bedarfsdeckung prinzipiell in Frage kommenden Sachgüter und Dienstleistungen (**Gütertransparenz**), die Eigenschaftsmerkmale der angebotenen Sachgüter und Dienstleistungen (**Nutzen- und Gebrauchswerttransparenz**), die Preise der in Frage kommenden Güter und ihre finanziellen Folgebelastungen (**Preis- und Kostentransparenz**) sowie die bedeutsamen Bezugsquellen der jeweiligen Güter (**Bezugsquellentransparenz**). – Um mehr Preis- und Bezugsquellentransparenz bemüht sich das vom Bundesverband der Verbraucherzentralen und Verbraucherverbände e. V. beauftragte Institut für angewandte Verbraucherforschung. In zeitpunktbezogenen Preisvergleichsaktionen auf regionalen Märkten ermittelt es immer wieder für bestimmte Produktgruppen die in verschiedenen Geschäften geforderten unterschiedlichen Preise. Die Stiftung Warentest sieht sich bisher hauptsächlich der Nutzen- und Gebrauchswerttransparenz sowie seit 1985 auch Angaben zur Umweltverträglichkeit von Konsumgütern verpflichtet. Durch Publikation ihrer durch unabhängige Prüfinstitute ermittelten Testergebnisse in der monatlich erscheinenden Zeitschrift „test" sowie in dem von verschiedenen Medien abgedruckten „test-Kompaß" erreicht sie beachtliche Kreise der Nachfragerschaft. Mit der ebenfalls monatlich erscheinenden Zeitschrift „FINANZtest" leistet die Stiftung Warentest auch einen bedeutsamen Beitrag zur Transparenz von Finanzdienst- und Versicherungsleistungen.

Die von Produzenten und Verbraucherorganisationen gemeinsam initiierten **Produktinformationen,** die den Waren als eine Art Steckbrief beigegeben werden und Auskunft über wichtige Produkteigenschaften geben, erfreuen sich bei den Verbrauchern zunehmender Wertschätzung.

Eine Bereicherung der informationspolitischen Möglichkeiten beinhalten die neuen Kommunikationstechnologien, die es den Verbrauchern erlauben, kaufentscheidungsrelevante Produktdaten jederzeit abzurufen.

**Der rechtliche Schutz des Verbrauchers** hat sich in der Praxis unserer Sozialen Marktwirtschaft zu einem beachtlichen Komplex entwickelt. Ihm sind als Teilaspekte zuzuordnen: **Schutz der Gesundheit** und **Schutz der Marktstellung.** Dem **Schutz der Gesundheit** dienen eine Vielzahl von Rechtsvorschriften, die sich einerseits auf Produkte (Lebensmittelgesetz, Arzneimittelgesetz etc.), andererseits auf Produktionsverfahren (Bundesimmissionsschutzgesetz, Abwasserbeseitigungsgesetz etc.) beziehen. Auch die von den Verbraucherverbänden seit langem geforderte sogenannte Produzentenhaftung (verschuldensunabhängige Schadenshaftung des Produzenten bei fehlerhaften Produkten) kann diesem Bereich zugeordnet werden. Dem **Schutz der Marktstellung** dienen insbesondere rechtliche Vorschriften zur Erhöhung der Markttransparenz (Gesetz gegen unlauteren Wettbewerb, Fertigpackungsverordnung, Textilkennzeichnungsverordnung, Handelsklassengesetz, Preisauszeichnungsverordnung, Verbot der Preisbindung etc.) wie auch zur Stärkung der Rechtsposition des Verbrauchers gegenüber dem Anbieter (so bei Ratenzahlungsverträgen, Haustürkäufen, Reisen, Mietverhältnissen, Fernunterricht, Gesetz zur Regelung der allgemeinen Geschäftsbedingungen etc.).

Die heute selbst für den Fachmann nur noch schwer überschaubare Verbraucherrechtsmaterie läßt die Bundesregierung beim Erlaß neuer Rechtsvorschriften äußerste Zurückhaltung üben. Denn auch zahlreiche den Ruf nach dem Staat auslösende Vorkommnisse ließen sich bei effektiver Kontrolle und strikter Verfolgung von Verstößen gegen bestehende Normen vermeiden.

Zuweilen kann das Bestehen auf Rechtspositionen weniger sinnvoll sein. Hier läßt sich einer Verständigung der Marktpartner möglicherweise durch die Anrufung von Schlichtungs- und Schiedsstellen (so beispielsweise bei den Industrie- und Handelskammern oder Handwerkskammern) erreichen. Überhaupt sollte die nicht unbedeutende Gefahr der Überforderung des Konsumenten durch zu viele oder zu komplizierte Normen sowohl materiell-rechtlicher als auch prozeduraler Art gesehen werden. Rechtliche Regelungen, deren Pfade der Durchschnittsverbraucher nur mit Hilfe eines Rechtsbeistandes und/oder der Inkaufnahme eines beängstigenden Prozeßrisikos begehen kann, scheinen zumindest teilweise ihren Sinn verfehlt zu haben. – Andererseits paßt es auch nicht zu einer marktwirtschaftlichen Ordnung, den Verbraucher durch einen umfassenden rechtlichen Schutz total seiner Marktrisiken zu entheben. Ein solches Unterfangen trüge nicht nur Merkmale der Entmündigung, sondern würde gleichzeitig die Anbieterseite spürbar benachteiligen. Ihre Innovationsfreudigkeit dürfte dadurch beeinträchtigt und ihre Produktkosten erhöht werden.

Die fruchtbare Aufnahme respektive Verwertung von Verbraucherinformationen setzt seitens der Verbraucher eine entsprechende Bereitschaft voraus. Diese Bereitschaft darf nicht allgemein als gegeben vorausgesetzt werden; sie muß normalerweise vom einzelnen durch Hilfe von außen entwickelt werden. Diese Hilfe von außen leisten so bewährte Sozialisationsinstanzen wie **Familie** und **Schule,** daneben aber auch Einrichtungen der **Erwachsenenbildung** und **Medien.** Sie versuchen durch **(Verbraucher-)Aufklärung** (Familie), **(Verbraucher-)Erziehung** (Familie und Schule) und **Verbraucherbildung** (Erwachsenenbildung) den jeweiligen Adressaten grundlegende Motivationen und Fähigkeiten für das Erkennen und Verfolgen ihrer eigenen (Verbraucher-)Interessen zu vermitteln.

Für die **Schule** lautet die über die Verbrauchererziehung verfolgte pädagogische Absicht: Hinführung des Jugendlichen zu einem selbstverantwortlichen, rationalen Konsumentenverhalten. Sie wird im wesentlichen mit folgenden unterrichtlichen Zielvorgaben verbunden:

– Bereitschaft zur Beschaffung und Nutzung von Verbraucherinformationen,
– kennen und anwenden effizienter Einkaufstechniken,
– Planung der Haushaltsausgaben unter Berücksichtigung und Abwägung der anstehenden Bedürfnisse,
– Bereitschaft zur Bedarfsverlagerung im Falle von Selbst- und Fremdschädigung durch den Ge- oder Verbrauch bestimmter Güter,
– Bereitschaft zur individuellen und kollektiven Verfolgung von Verbraucherinteressen (Mobilisierung und Solidarisierung),
– Kenntnis der Interessenkonflikte zwischen Produzenten und Konsumenten und der Möglichkeiten ihrer Begegnung[7].

Mit derlei grundsätzlich marktwirtschaftlich orientierten Lernzielen konkurrieren nicht selten – je nach politischem Standort der Kultusverwaltung und gesellschaftspolitischer Position der Autoren – solche mit sogenanntem kritisch-emanzipatorischem Erkenntnisinteresse. Sie gehen von der Annahme eines der Anbieterseite mehr oder weniger hilflos ausgelieferten Konsumenten aus, dem es seine Situation bewußt zu machen und durch Entwicklung von Haltungen und Strategien zu einer kämpferischen Auseinandersetzung mit dieser zu befähigen gilt. Solche Lernziele müssen als manipulativ und dem Leitbild der Konsumentensouveränität widersprechend eingestuft werden.

---

[7] Vgl. hierzu auch Krol, G. J., Grundlagen der Verbraucherpolitik, in: Verbrauchererziehung und wirtschaftliche Bildung, Heft 4/1984, insbesondere S. 20f.

### 2.4.3 Kontrollfragen zu 2.4

1. Unter welchen Annahmen handelt ein Konsument „souverän"?
2. Welche Gegebenheiten können eine freie Konsumentscheidung behindern?
3. Unter welchen Voraussetzungen ist eine Begrenzung der Konsumentensouveränität durch den Staat zu rechtfertigen?
4. Wie läßt sich die Notwendigkeit einer Verbraucherpolitik in der Bundesrepublik Deutschland begründen?
5. Welche Prinzipien prägen die bundesdeutsche Verbraucherpolitik?
6. Welche verbraucherpolitischen Ziele verfolgt die Bundesregierung?
7. Wer betreibt bei uns Verbraucherpolitik?
8. Was soll durch eine Erhöhung der Markttransparenz bewirkt werden, und wie läßt sich eine solche erreichen?
9. Auf welche Teilbereiche erstreckt sich der rechtliche Schutz des Verbrauchers?
10. Welche Überlegungen rechtfertigen eine Verbrauchererziehung?
11. Von welchen Zielsetzungen läßt sich die Verbrauchererziehung leiten?

### 2.4.4 Literaturhinweise zu 2.4

**Fachwissenschaftliche Literatur**

*Biervert, B.,* u. a., Grundlagen der Verbraucherpolitik, Reinbek b. Hamburg 1977.
*Fischer, W. Chr.,* Verbraucherpolitik, in: *May, H.* (Hrsg.), Lexikon der ökonomischen Bildung, 4. Aufl., München–Wien 2001.
*Krol, G. J.,* Grundlagen der Verbraucherpolitik, in: Verbrauchererziehung und wirtschaftliche Bildung, Heft 4/1984, S. 17–24.
*Kroeber-Riel, W., Weinberg, P.,* Konsumentenverhalten, 7. Aufl., München 1999.
*Kuhlmann, E.,* Verbraucherpolitik, München 1990.
*May, H.* (Hrsg.), Handbuch zur ökonomischen Bildung, 6. Aufl., München–Wien 2001, Kapitel 2: Konsumökonomie.
*Meier, B.,* Verbraucherpolitik in der Bundesrepublik Deutschland, Frankfurt a. M. 1984.
*Scherhorn, G.,* u. a., Verbraucherinteresse und Verbraucherpolitik, Schriften der Kommission für wirtschaftlichen und sozialen Wandel, Bd. 17, Göttingen 1975.
*Wiswede, G.,* Der Mythos vom manipulierten Verbraucher. Eine gesellschaftskritische These im Lichte sozialwissenschaftlicher Verhaltenstheorie, in: Jahrbuch der Absatz- und Verbraucherforschung, 18 (1972).

**Fachdidaktische Literatur**

*Dauenhauer, E.,* Verbraucherkunde und ihre Didaktik, Paderborn 1978.
*Pleiß, U.,* Konsumentenerziehung, in: *May, H.* (Hrsg.), Handbuch zur ökonomischen Bildung, 6. Aufl., München–Wien 2001.

## 2.5 Rechtliche Grundlagen verbraucherwirtschaftlichen Handelns (gekürzte Darstellung) – Verbraucherrecht –

### 2.5.0 Leitziel

Kenntnis der Rechtsgeschäfte des Verbraucher-Alltags.

### 2.5.1 Allgemeine Grundlagen

Das wirtschaftliche Handeln der Verbraucher außerhalb ihres Haushalts ist in der Regel durch rechtliche Bestimmungen normiert. Sie legen zunächst fest, wem überhaupt das Recht zugestanden wird, **selbständig** und **rechtswirksam Rechtsgeschäfte** (das sind Geschäfte, aus denen sich Rechtsfolgen ergeben) abzuschließen. So unterscheidet das **Bürgerliche Gesetzbuch (BGB)** §§ 104 ff.:

**Geschäftsunfähige**

– wer das 7. Lebensjahr nicht vollendet hat und
– wer dauernd geistesgestört ist.

Geschäftsunfähige können keinerlei Rechtsgeschäfte abschließen; für sie handelt stellvertretend der gesetzliche Vertreter, das sind die Eltern oder der Vormund.

**Beschränkt Geschäftsfähige**

– Minderjährige, die das 7. Lebensjahr vollendet haben, und
– wer unter vorläufige Vormundschaft gestellt wurde.

Ein Minderjähriger bedarf zum rechtsgültigen Abschluß eines Geschäftes der Einwilligung seines gesetzlichen Vertreters (§ 107 BGB). Schließt er ein Rechtsgeschäft ohne dessen Einwilligung ab, so bleibt dies **schwebend unwirksam** bis die nachträgliche Genehmigung des gesetzlichen Vertreters erfolgt (§ 108 BGB). Ohne die Zustimmung des gesetzlichen Vertreters kann ein Minderjähriger nur solche Rechtsgeschäfte abschließen, die

– ihm lediglich einen rechtlichen Vorteil erbringen (§ 107 BGB),
– er im Rahmen seines Taschengeldes eingeht (§ 110 BGB),
– im Rahmen des mit Zustimmung des gesetzlichen Vertreters geschlossenen Arbeitsvertrages anfallen (§ 113 BGB).

**Vollgeschäftsfähige,** wer das 18. Lebensjahr vollendet hat.

Rechtsgeschäfte kommen durch entsprechende Willenserklärungen zustande. Diese Erklärungen können in der Regel wahlweise mündlich, schriftlich oder stillschweigend (durch schlüssiges Handeln) erfolgen. Bei manchen Rechtsgeschäften (z. B. Grundstückskauf) ist eine bestimmte Form der Willenserklärung (z. B. schriftlich) vorgeschrieben.

Je nachdem, ob Rechtsgeschäfte durch die Willenserklärung einer Person (z. B. Kündigung, Testament) oder durch inhaltlich übereinstimmende Willenserklärungen von zwei oder mehreren Personen (Parteien) zustande kommen, sprechen wir von **einseitigen** und **zwei-** oder **mehrseitigen** Rechtsgeschäften. Die zwei- und mehrseitigen Rechtsgeschäfte bezeichnet man auch als Verträge.

Unter bestimmten Voraussetzungen können Willenserklärungen für **nichtig** erklärt oder **angefochten** werden, was diese **rückwirkend** nichtig werden läßt.

**Gründe**, die die **Nichtigkeit** von Rechtsgeschäften bedingen, sind unter anderem:

- Willenserklärungen, die zum Schein abgegeben wurden (§ 117 BGB);
- Rechtsgeschäfte, die gegen ein gesetzliches Verbot verstoßen (§ 134 BGB);
- Rechtsgeschäfte, die gegen die guten Sitten verstoßen (§ 138 BGB);
- Rechtsgeschäfte, die gegen die gesetzlichen oder rechtsgeschäftlichen Formvorschriften verstoßen (§ 125 BGB).

**Anfechtungsgründe** sind:

- Irrtum (§ 119 BGB),
- arglistische Täuschung (§ 123 BGB) und
- widerrechtliche Drohung (§ 123 BGB).

### 2.5.2 Spezielle Grundlagen – Rechtsgeschäfte des wirtschaftlichen Alltags –

Das wirtschaftliche Handeln der Verbraucher außerhalb ihres Haushalts ist größtenteils durch Rechtsgeschäfte fundiert. Die wichtigsten sollen nachfolgend kurz skizziert und hinsichtlich ihrer verbraucherspezifischen Problemgehalte beleuchtet werden.

#### 2.5.2.1 Vertragsfreiheit und Allgemeine Geschäftsbedingungen

Hervorstechendes Merkmal unserer freiheitlich-demokratischen marktwirtschaftlichen Ordnung ist der in Artikel 2 Grundgesetz verankerte Grundsatz der **Vertragsfreiheit**. Sie läßt sich in dreifacher Hinsicht interpretieren, als:

- **Abschlußfreiheit** (jeder kann mit jedem nach Belieben Verträge abschließen);
- **Gestaltungsfreiheit** (die Vertragspartner können den Inhalt ihres Vertrages frei bestimmen) und
- **Formfreiheit** (Verträge können **im allgemeinen** in jeder beliebigen Form, d.h. schriftlich\*, mündlich oder stillschweigend abgeschlossen werden).

Der Vertragsfreiheit sind nur dort Grenzen gesetzt, wo ihr **zwingende Vorschriften** entgegenstehen, so zum Beispiel Formvorschriften (Schriftform, gerichtliche oder notarielle Beurkundung), gesetzliche Verbote (z.B. Rauschgifthandel), kein Verstoß gegen die guten Sitten oder wo ein **Abschlußzwang** (z.B. bei Post, Eisenbahn, öffentlichen Versorgungsunternehmen) besteht.

Die Möglichkeit, Verträge frei zu gestalten, wurde in den letzten vierzig Jahren zunehmend durch **Allgemeine Geschäftsbedingungen** (AGB) eingeschränkt. Es

---

\* Nach dem Gesetz zur Anpassung der Formvorschriften des Privatrechts und anderer Vorschriften an den modernen Rechtsgeschäftsverkehr vom 13. Juli 2001, Artikel 1 Ziffer 2, kann die schriftliche Form durch die elektronische Form ersetzt werden, wenn sich aus dem Gesetz nicht ein anderes ergibt.

handelt sich bei diesen um einseitig vom Verkäufer oder dessen Branchenverband getroffene Festlegungen (vorformulierte Vertragsbedingungen), die den Verträgen meist stillschweigend (auf Angebots-, Bestell-, Vertragsformularen oder einem besonderem Blatt), das heißt ohne von den (Vertrags-)Parteien im einzelnen ausgehandelt zu sein, angeschlossen werden. Für den Verkäufer bringen solche Allgemeinen Geschäftsbedingungen eine Vereinfachung bei seinen Vertragsabschlüssen mit sich. Für die im allgemeinen wirtschaftlich und rechtlich weniger bewanderten Konsumenten bringen solche einseitigen Festlegungen jedoch nicht selten Benachteiligungen, deren sie sich oft zu spät bewußt werden, sei es, daß sie diese einfach nicht gebührend beachten (so insbesondere, wenn nur kleingedruckt auf der Rückseite eines entsprechenden Formblattes) oder überhaupt nicht in ihrer Bedeutung verstehen.

Das **Gesetz zur Regelung des Rechts der Allgemeinen Geschäftsbedingungen** vom 9.12.1976 mit verschiedenen nachfolgenden Änderungen wurde mit der Schuldrechtsmodernisierung zum 1.1.2002 modifiziert und mit den §§ 305–310 in das BGB integriert. Das modernisierte Recht versucht der Benachteiligung des wirtschaftlich Schwächeren (d.h. des Verbrauchers) durch vorformulierte Vertragsbedingungen zu begegnen. § 307 Abs. 1 BGB n.F. besagt deshalb, daß Bestimmungen in Allgemeinen Geschäftsbedingungen **unwirksam** sind, wenn sie den Vertragspartner des Verwenders (d.i. der Kunde) entgegen den Geboten von **Treu und Glauben** (§ 242 BGB) **unangemessen** benachteiligen. (Eine unangemessene Benachteiligung kann sich auch daraus ergeben, daß die Bestimmung nicht klar und verständlich ist!) Eine unangemessene Benachteiligung ist nach § 307 Abs. 2 BGB n.F. im Zweifel anzunehmen, wenn eine Bestimmung

– mit wesentlichen Grundgedanken der gesetzlichen Regelung, von der abgewichen wird, nicht zu vereinbaren ist oder

– wesentliche Rechte oder Pflichten, die sich aus der Natur des Vertrages ergeben, so einschränkt, daß die Erreichung des Vertragszweckes gefährdet ist.

Die §§ 308 und 309 BGB n.F. nennen eine Reihe von typischen in Allgemeinen Geschäftsbedingungen mitunter anzutreffenden Bestimmungen (Klauseln), die allsamt in **Verbraucherverträgen** (d.s. Verträge zwischen einem Unternehmer und einem Verbraucher) unwirksam sind.

## 2.5.2.2. Kaufvertrag

Die beiden den Kaufvertrag (§§ 433 ff. BGB; beachte die Änderungen durch die Schuldrechtsreform [Schuldrechtsmodernisierungsgesetz] zum 1.1.2002) begründenden Willenserklärungen sind:

– entweder das **Angebot** des Verkäufers und die **Bestellung** des Käufers

– oder die **Bestellung** des Käufers und die **Bestellungsannahme** des Verkäufers.

Von wem – dem Verkäufer oder dem Käufer – der Anstoß zum Abschluß des Kaufvertrages ausgeht ist unerheblich. Entscheidend für das Zustandekommen eines Kaufvertrages ist allein, daß sich **zwei inhaltlich übereinstimmende Willenserklärungen** treffen.

Durch die Abgabe ihrer Willenserklärungen verpflichten sich die Vertragspartner, ihre Vertragspflichten zu erfüllen (§ 242 BGB). Diese **Pflichten** umfassen:

Für den **Verkäufer:**

- die rechtzeitige **Übergabe** des **von Sach- und Rechtsmängeln freien** Kaufgegenstandes an den Käufer,
- die **Übereignung** des Kaufgegenstandes und
- die **Annahme des Kaufpreises;**

für den **Käufer:**

- die **rechtzeitige Zahlung** des vereinbarten Kaufpreises und
- die **Abnahme des Kaufgegenstandes.**

Das durch den Abschluß des Kaufvertrages (**Verpflichtungsgeschäft**) begründete Schuldverhältnis erlischt, wenn die geschuldeten Leistungen erfüllt sind (**Erfüllungsgeschäft**).

Die Erfüllung des Kaufvertrags ist leider häufig gestört. Es können dabei folgende **Störungen** auftreten:

- Der Verkäufer liefert mangelhaft (**Sachmängel und Rechtsmängel**),
- der Verkäufer liefert schuldhaft nicht oder nicht rechtzeitig (**Lieferungsverzug**),
- der Käufer nimmt die gelieferte Ware nicht oder nicht rechtzeitig an (**Annahmeverzug**) und
- der Käufer bezahlt den vereinbarten Kaufpreis nicht oder nicht rechtzeitig (**Zahlungsverzug**).

**Sachmängel** können sich auf verschiedene Tatbestände beziehen. Es können **Qualitätsmängel** (Fehler der Sache, verdorbene Sache, technische Fehler, Bruchschäden, Fehlen einer zugesicherten Eigenschaft: kochfest, lichtecht, wasserdicht, stoß- und bruchsicher u. ä.), **Quantitätsmängel** (Abweichung von der vertraglich vereinbarten Menge) oder **Gattungsmängel** (Lieferung einer anderen als der vereinbarten Sache, z.B. Pils statt Exportbier) sein. Nicht immer sind diese Mängel sofort bei Empfang (Übergabe) der Ware erkennbar, je nachdem, ob es **offene Mängel** (bei Inaugenscheinnahme der Ware klar erkennbar: Webfehler, Farbfehler u. ä.), **versteckte Mängel** (zunächst nicht erkennbar: nicht lichtecht, nicht wasserdicht, nicht stoßfest u. ä.) oder aber sogar **arglistig verschwiegene Mängel** (vom Lieferer absichtlich verheimlichte Mängel: ein Unfallwagen wird wider besseres Wissen als „unfallfrei" verkauft u. ä.) sind.

Nach § 434 Abs. 1 BGB n. F. ist eine Sache frei von Sachmängeln, wenn sie bei Gefahrenübergang die vereinbarte Beschaffenheit hat. Soweit die Beschaffenheit nicht vereinbart ist, ist die Sache frei von Sachmängeln, wenn sie sich

- für die nach dem Vertrag vorausgesetzte Verwendung eignet, sonst
- für die gewöhnliche Verwendung eignet und eine Beschaffenheit aufweist, die bei Sachen der gleichen Art üblich ist und die der Käufer nach der Art der Sache erwarten kann. Dazu gehört auch, daß die Sache den Anforderungen genügt, die der Käufer nach den öffentlichen Äußerungen des Verkäufers oder Herstellers

insbesondere aus deren Werbung für dieselbe oder der Etikettierung derselben erwarten kann (§ 434 Abs. 1 Satz 3 BGB n. F.).

Ein Sachmangel ist nach § 434 Abs. 2 BGB n. F. auch dann gegeben, wenn die vereinbarte Montage durch den Verkäufer oder dessen Erfüllungsgehilfen unsachgemäß durchgeführt worden ist. Ein Sachmangel liegt bei einer zur Montage bestimmten Sache ferner vor, wenn die Montageanleitung mangelhaft ist, es sei denn, die Sache ist fehlerfrei montiert worden.

Die Sache ist nach § 435 BGB n. F. frei von **Rechtsmängeln**, wenn Dritte in Bezug auf die Sache keine oder nur die im Kaufvertrag übernommenen Rechte gegen den Käufer geltend machen können. Einem Rechtsmangel steht es gleich, wenn im Grundbuch ein Recht eingetragen ist, das nicht besteht.

**Gewährleistungsansprüche:** Ist die gekaufte Sache mangelhaft, kann der Käufer nach § 437 BGB n. F., wenn die Voraussetzungen der folgenden Vorschriften vorliegen und soweit nicht anderes bestimmt ist,

- nach § 439 BGB n. F. Nacherfüllung verlangen,
- nach §§ 440, 323 und 326 Abs. 5 BGB n. F. von dem Vertrag zurücktreten oder nach § 441 BGB n. F. den Kaufpreis mindern und
- nach den §§ 440, 280, 281, 283 und 311a BGB n. F. Schadensersatz oder nach § 284 BGB n. F. Ersatz vergeblicher Aufwendungen verlangen.

**Nacherfüllung:** Der Käufer kann als Nacherfüllung nach seiner Wahl die Beseitigung des Mangels oder die Lieferung einer mangelfreien Sache verlangen. Der Verkäufer hat die zum Zwecke der Nacherfüllung erforderlichen Aufwendungen, insbesondere Transport-, Wege-, Arbeits- und Materialkosten zu tragen.

**Rücktritt:** Der Rücktritt des Käufers vom Vertrag setzt voraus, daß er dem Verkäufer erfolglos eine angemessene Frist zur Leistung oder Nacherfüllung gesetzt hat. Die Fristsetzung ist entbehrlich, wenn

- der Verkäufer die Leistung ernsthaft und endgültig verweigert,
- der Verkäufer die Leistung zu einem im Vertrag bestimmten Termin oder innerhalb einer bestimmten Frist nicht bewirkt und der Käufer im Vertrag den Fortbestand seines Leistungsinteresses an die Rechtzeitigkeit der Leistung gebunden hat oder
- besondere Umstände vorliegen, die unter Abwägung der beiderseitigen Interessen den sofortigen Rücktritt rechtfertigen.

Kommt nach der Art der Pflichtverletzung eine Fristsetzung nicht in Betracht, so tritt an deren Stelle eine **Abmahnung**.

**Minderung:** Statt zurückzutreten, kann der Käufer den Kaufpreis durch Erklärung gegenüber dem Verkäufer mindern. Bei der Minderung ist der Kaufpreis in dem Verhältnis herabzusetzen, in welchem zur Zeit des Vertragsabschlusses der Wert der Sache in mangelfreiem Zustand zu dem wirklichen Wert gestanden haben würde. Die Minderung ist, soweit erforderlich, durch Schätzung zu ermitteln.

**Schadensersatz:** Soweit der Verkäufer die fällige Leistung nicht oder nicht wie geschuldet erbringt und diesen Umstand zu vertreten hat (§ 276 BGB n. F.), kann der Käufer unter den Voraussetzungen des § 280 Abs. 1 BGB n. F. Schadensersatz statt der Leistung verlangen, wenn er dem Verkäufer erfolglos eine angemessene Frist zur Leistung oder Nacherfüllung gesetzt hat. Die Fristsetzung ist entbehrlich, wenn der Verkäufer die Leistung ernsthaft und endgültig verweigert oder besondere Umstände vorliegen, die unter Abwägung der beiderseitigen Interessen die sofortige Geltendmachung des Schadensersatzanspruchs rechtfertigen. Kommt nach der Art der Pflichtverletzung eine Fristsetzung nicht in Betracht, so tritt an deren Stelle eine **Abmahnung**.

Anstelle des Schadensersatzes statt der Leistung kann der Käufer nach § 284 BGB n. F. Ersatz der Aufwendungen verlangen, die er im Vertrauen auf den Erhalt der Leistung gemacht hat und billigerweise machen durfte, es sei denn, deren Zweck wäre auch ohne die Pflichtverletzung des Verkäufers nicht erreicht worden.

Die **Verjährung** der in § 437 Nr. 1 und 3 BGB n. F. bezeichneten **Mängelansprüche** aus Kaufvertrag erfolgt nach § 438 BGB n. F.

in **dreißig Jahren**, wenn der Mangel

- in einem dinglichen Recht eines Dritten, auf Grund dessen Herausgabe der Kaufsache verlangt werden kann, oder

- in einem sonstigen Recht, das im Grundbuch eingetragen ist,

besteht,

in **fünf Jahren**

- bei einem Bauwerk und

- bei einer Sache, die entsprechend ihrer üblichen Verwendungsweise für ein Bauwerk verwendet worden ist und dessen Mangelhaftigkeit verursacht hat, und

im übrigen in **zwei Jahren**.

Die Verjährung beginnt bei Grundstücken mit der Übergabe, im übrigen mit der Ablieferung der Sache.

Hat der Verkäufer den Mangel arglistig verschwiegen, so ändern sich die vorgenannten Verjährungsfristen gemäß § 438 Abs. 3 BGB n. F. (regelmäßige Verjährungsfrist von drei Jahren, § 195 BGB n. F.).

Die Vorschriften des Kaufrechts gelten **generell** für alle Kaufverträge ohne Rücksicht darauf, ob der Käufer Verbraucher ist oder nicht. **Spezielle** Vorschriften nur für Verbraucher finden sich

- über die Transparenz bei Garantien (§ 477 BGB n. F.),

- hinsichtlich der Beweislastregelung für den Zeitpunkt eines nachgewiesenen Mangels (§ 476 BGB n. F.) sowie

- die Einschränkung von abweichenden Vereinbarungen (§ 475 BGB n. F.) betreffend.

**Beschaffenheits- und Haltbarkeitsgarantie:** Übernimmt der Verkäufer oder ein Dritter eine Garantie für die Beschaffenheit der Sache oder dafür, daß die Sache für eine bestimmte Dauer eine bestimmte Beschaffenheit behält (Haltbarkeitsgarantie), so stehen dem Käufer nach § 443 BGB n. F. unbeschadet der gesetzlichen Ansprüche die Rechte aus der Garantie zu den in der Garantieerklärung und der einschlägigen Werbung angegebenen Bedingungen gegenüber demjenigen zu, der die Garantie eingeräumt hat.

Der **Lieferungsverzug** tritt nach § 286 BGB n. F. ein, wenn der Schuldner (Verkäufer) auf eine nach Eintritt der Fälligkeit der Leistung erfolgte Mahnung des Gläubigers (Käufer) nicht liefert. Der Mahnung stehen die Erhebung der Klage auf Leistung sowie die Zustellung eines Mahnbescheides im Mahnverfahren gleich. – Der Mahnung bedarf es nicht, wenn

– für die Leistung eine Zeit nach dem Kalender bestimmt ist,
– der Leistung ein Ereignis vorauszugehen hat und eine angemessene Zeit für die Leistung in der Weise bestimmt ist, daß sie sich von dem Ereignis an nach dem Kalender berechnen läßt,
– der Schuldner die Leistung ernsthaft und endgültig verweigert,
– aus besonderen Gründen unter Abwägung der beiderseitigen Interessen der sofortige Eintritt des Verzugs gerechtfertigt ist.

Der Schuldner kommt nicht in Verzug, solange die Leistung infolge eines Umstandes unterbleibt, den er nicht zu vertreten hat.

Leistet der Verkäufer im Falle des Lieferungsverzuges nach erfolglosem Ablauf einer angemessenen Frist (soweit Fristsetzung nach §§ 323 Abs. 2 oder 281 Abs. 2 BGB n. F. nicht entbehrlich) nicht (Nichtleistung), stehen dem Käufer folgende Rechte (**Lieferungsverzugsrechte**) zu:

– Rücktritt wegen nicht oder nicht vertragsgemäß erbrachter Leistung (§ 323 Abs. 1 BGB n. F.),
– Schadensersatz und Rücktritt (§ 325 BGB n. F.),
– Schadensersatz wegen Pflichtverletzung (§ 280 Abs. 1 u. 3 BGB n. F.) oder
– Schadensersatz statt der Leistung wegen nicht oder nicht wie geschuldet erbrachter Leistung (§ 281 BGB n. F.).

Der **Annahmeverzug** setzt voraus, daß

– die Leistung **fällig** ist (§ 286 BGB) und
– sie **tatsächlich** angeboten wird (§ 294 BGB).

Gleichgültig aus welchen Gründen der Käufer die Warenannahme verweigert, sein (Annahme-)Verzug läßt die **Gefahr** des zufälligen Untergangs der Ware auf ihn übergehen (§ 300 (2) BGB) und die **Haftung** des Verkäufers auf grobe Fahrlässigkeit und Vorsatz zurückgehen.

Dem Verkäufer stehen im Falle des Annahmeverzugs folgende Rechte (**Annahmeverzugsrechte**) zu:

– die Ware **zurückzunehmen** und anderweitig zu verkaufen,
– die Ware in eigene Verwahrung zu nehmen oder auf Rechnung und Gefahr des Kunden einzulagern (§ 373 (1) HGB) und **auf Abnahme zu klagen,**
– die Ware **öffentlich versteigern zu lassen** (Hinterlegungsverkauf §§ 372, 383, 385 BGB; Selbsthilfeverkauf § 373 (2)–(5) HGB); ein Mindererlös geht zu Lasten des Käufers.

Die öffentliche Versteigerung ist mit Fristsetzung für die Abnahme der Ware (die Fristsetzung entfällt bei leicht verderblichen Waren, Notverkauf) dem Käufer anzudrohen. Ort und Zeit der Versteigerung sind dem Käufer mitzuteilen. Käufer und Verkäufer können mitbieten. Das Ergebnis der durchgeführten Versteigerung ist dem Käufer bekanntzugeben.

Der **Zahlungsverzug** wird in § 286 insbes. Abs. 3 BGB n.F. neu geregelt. Der Schuldner einer Geldforderung kommt danach spätestens in Verzug, wenn er nicht innerhalb von 30 Tagen nach Fälligkeit und Zugang einer Rechnung oder gleichwertigen Zahlungsaufstellung leistet; dies gilt gegenüber einem Schuldner, der Verbraucher ist, nur, wenn auf diese Folgen in der Rechnung oder Zahlungsaufstellung besonders hingewiesen worden ist. Wenn der Zeitpunkt des Zugangs der Rechnung oder Zahlungsaufstellung unsicher ist, kommt der Schuldner, der nicht Verbraucher ist, spätestens 30 Tage nach Fälligkeit und Empfang der Gegenleistung in Verzug. – Der Schuldner kommt nicht in Verzug, solange die Leistung infolge eines Umstandes unterbleibt, den er nicht zu vertreten hat.

Kommt der Käufer in Zahlungsverzug, kann der Verkäufer wahlweise verlangen:

– **Zahlung** der Kaufpreissumme,

– **Zahlung** der Kaufpreissumme **und Schadensersatz** (Verzugszinsen, § 288 BGB n.F.),

– **Schadensersatz statt der Leistung** (Rücknahme der Ware bei Inrechnungstellung der Rücknahmekosten, Verzugszinsen und eines eventuellen Mindererlöses bei Weiterverkauf).

Die beiden letztgenannten Rechte (Rücktritt vom Vertrag und Schadensersatz wegen Nichterfüllung) kann der Verkäufer erst dann geltend machen, wenn er dem Schuldner (Käufer) eine angemessene **Nachfrist** gesetzt und kundgetan hat, daß er nach Ablauf der Frist entweder vom Vertrag zurücktritt **oder** Schadensersatz wegen Nichterfüllung verlangt.

**Auf einen Vertrag, der die Lieferung herzustellender oder zu erzeugender beweglicher Sachen zum Gegenstand hat, finden die Vorschriften über den Kauf (Kaufvertrag) Anwendung (§ 651 BGB n.F.) Die Vorschriften über den Kaufvertrag finden auch Anwendung soweit Vertragsgegenstand nicht vertretbare Sachen (d.s. nach individuellen Merkmalen zu bestimmende Sachen, wie z.B. Gemälde, handgefertigter Schmuck [Unikate]) sind.**

*2.5.2.3 Besondere Formen des Kaufes*

2.5.2.3.1 Haustürgeschäfte

Als Haustürgeschäfte gelten nach § 312 BGB n.F. Verträge zwischen einem Unternehmer und einem Verbraucher, die eine entgeltliche Leistung zum Gegenstand haben, und zu deren Abschluß der Verbraucher

– durch mündliche Verhandlungen an seinem Arbeitsplatz oder im Bereich einer Privatwohnung,

– anläßlich einer vom Unternehmer oder von einem Dritten zumindest auch im Interesse des Unternehmers durchgeführte Freizeitveranstaltung oder

– im Anschluß an ein überraschendes Ansprechen in Verkehrsmitteln oder im Bereich öffentlicher Verkehrsflächen

bestimmt worden ist.

Bei Haustürgeschäften steht dem Verbraucher ein Widerrufsrecht nach § 355 BGB n. F. zu. Der Widerruf muß keine Begründung enthalten und ist in Textform oder durch Rücksendung der Sache innerhalb von zwei Wochen gegenüber dem Unternehmer zu erklären. Zur Fristwahrung genügt die rechtzeitige Absendung. Die Frist beginnt mit dem Zeitpunkt, zu dem dem Verbraucher eine deutlich gestaltete Belehrung über sein Widerrufsrecht in Textform mitgeteilt worden ist. Ist der Vertrag schriftlich abzuschließen, so beginnt die Frist nicht zu laufen, bevor dem Verbraucher auch eine Vertragsurkunde, sein schriftlicher Antrag oder eine Abschrift der Vertragsurkunde oder des Antrags zur Verfügung gestellt werden. Bei der Lieferung von Waren beginnt die Frist nicht vor dem Tag ihres Eingangs beim Empfänger. Das Widerrufsrecht erlischt spätestens sechs Monate nach Vertragsabschluß.

Dem Verbraucher kann anstelle des Widerrufsrechts ein Rückgaberecht nach § 356 BGB n. F. eingeräumt werden.

### 2.5.2.3.2 Fernabsatzverträge

Fernabsatzverträge sind nach § 312b BGB n. F. Verträge über die Lieferung von Waren oder die Erbringung von Dienstleistungen, die zwischen einem Unternehmer und einem Verbraucher unter ausschließlicher Verwendung von Fernkommunikationsmitteln abgeschlossen werden. Fernkommunikationsmittel sind Kommunikationsmittel, die zur Anbahnung oder zum Abschluß eines Vertrages zwischen einem Verbraucher und einem Unternehmer ohne gleichzeitige körperliche Anwesenheit der Vertragsparteien eingesetzt werden können, insbesondere Briefe, Kataloge, Telefonanrufe, Telekopien, E-Mails sowie Rundfunk, Tele- und Mediendienste.

Bei Fernabsatzverträgen hat der Unternehmer nach § 312c BGB n. F. den Verbraucher rechtzeitig vor Abschluß eines Vertrages in einer dem eingesetzten Fernkommunikationsmittel entsprechender Weise klar und verständlich zu informieren über

– die Einzelheiten des Vertrages und
– den geschäftlichen Zweck desselben.

Bei Telefongesprächen muß der Unternehmer seine Identität und den geschäftlichern Zweck des Vertrages bereits zu Beginn des Gespräches ausdrücklich offenlegen.

Dem Verbraucher steht nach § 312d BGB n. F. bei einem Fernabsatzvertrag ein Widerrufsrecht zu. Anstelle des Widerrufsrechts kann dem Verbraucher bei Verträgen über die Lieferung von Waren ein Rückgaberecht nach § 356 BGB n. F. eingeräumt werden.

Die Widerrufsfrist beginnt nicht vor Erfüllung der Informationspflichten, bei der Lieferung von Waren nicht vor dem Tag ihres Eingangs beim Empfänger, bei der wiederkehrenden Lieferung gleichartiger Waren nicht vor dem Tag des Eingangs der ersten Teillieferung und bei Dienstleistungen nicht vor dem Tag des Vertragsabschlusses.

Das Widerrufsrecht besteht nach § 312d BGB n. F. nicht bei Fernabsatzverträgen

- zur Lieferung von Waren, die nach Kundenspezifikation angefertigt werden oder eindeutig auf die persönlichen Bedürfnisse zugeschnitten sind oder auf Grund ihrer Beschaffenheit nicht für eine Rücksendung geeignet sind oder schnell verderben können oder deren Verfalldatum überschritten würde,

- zur Lieferung von Audio- oder Videoaufzeichnungen oder von Software, sofern die gelieferten Datenträger vom Verbraucher entsiegelt worden sind,

- zur Lieferung von Zeitungen, Zeitschriften und Illustrierten,

- zur Erbringung von Wett- und Lotterie-Dienstleistungen oder

- die in Form von Versteigerungen (§ 156 BGB) geschlossen werden.

Die Vorschriften über Fernabsatzverträge finden nach § 312 b BGB n. F. keine Anwendung auf Verträge

- über Fernunterricht,

- über Teilzeitnutzung von Wohngebäuden,

- über Finanzgeschäfte,

- über die Veräußerung von Grundstücken und grundstücksgleichen Rechten, die Begründung, Veräußerung und Aufhebung von dinglichen Rechten an Grundstücken und grundstücksgleichen Rechten sowie über die Errichtung von Bauwerken,

- über die Lieferung von Lebensmitteln, Getränken oder sonstigen Haushaltsgegenständen des täglichen Bedarfs, die am Wohnsitz, am Aufenthaltsort oder am Arbeitsplatz eines Verbrauchers von Unternehmern im Rahmen häufiger und regelmäßiger Fahrten geliefert werden,

- über die Erbringung von Dienstleistungen in den Bereichen Unterbringung, Beförderung, Lieferung von Speisen und Getränken sowie Freizeitgestaltung,

- die geschlossen werden

  - unter Verwendung von Warenautomaten oder automatischen Geschäftsräumen oder

  - mit Betreibern von Telekommunikationsmitteln auf Grund der Benutzung von öffentlichen Fernsprechern, soweit sie deren Benutzung zum Gegenstand haben.

### 2.5.2.3.3 Ratenlieferungsverträge

Ratenlieferungsverträge sind nach § 505 BGB n. F. Verträge zwischen einem Verbraucher und einem Unternehmer, bei denen die Willenserklärung des Verbrauchers auf den Abschluß eines Vertrages gerichtet ist, der

- die Lieferung mehrerer als zusammengehörend verkaufter Sachen in Teilleistungen zum Gegenstand hat und bei dem das Entgelt für die Gesamtheit der Sachen in Teilzahlungen zu entrichten ist, oder

- die regelmäßige Lieferung von Sachen gleicher Art zum Gegenstand hat, oder

- die Verpflichtung zum wiederkehrenden Erwerb oder Bezug von Sachen zum Gegenstand hat.

Ratenlieferungsverträge bedürfen der schriftlichen Form, es sei denn, daß dem Verbraucher die Möglichkeit verschafft wird, die Vertragsbestimmungen einschließlich der Allgemeinen Geschäftsbedingungen bei Vertragsabschluß abzurufen und in wiedergabefähiger Form zu speichern. Der Unternmehmer hat dem Verbraucher den Vertragsinhalt in Textform mitzuteilen.

Dem Verbraucher steht bei einem Ratenlieferungsvertrag gemäß § 355 BGB n. F. ein Widerrufsrecht zu. Der Widerruf muß keine Begründung enthalten und ist in Textform oder durch Rücksendung der Sache innerhalb von zwei Wochen gegenüber dem Unternehmer zu erklären; zur Fristwahrung genügt die rechtzeitige Absendung.

Die Widerrufsfrist beginnt mit dem Zeitpunkt, zu dem dem Verbraucher eine deutlich gestaltete Belehrung über sein Widerrufsrecht in Textform mitgeteilt worden ist. Ist der Vertrag schriftlich abzuschließen, so beginnt die Frist nicht zu laufen, bevor dem Verbraucher auch eine Vertragsurkunde, der schriftliche Antrag des Verbrauchers oder eine Abschrift der Vertragsurkunde oder des Antrags zur Verfügung gestellt werden.

Das Widerrufsrecht erlischt spätestens sechs Monate nach Vertragsabschluß. Bei der Lieferung von Waren beginnt die Frist nicht vor dem Tag ihres Eingangs beim Empfänger.

### 2.5.2.3.4 Teilzahlungsgeschäfte

Teilzahlungsgeschäfte (d. s. Geschäfte zwischen einem Unternehmer und einem Verbraucher, bei denen die Kaufpreissumme in Teilbeträgen beglichen wird) haben nach § 502 BGB n. F. bestimmten Formvorschriften zu genügen. Die vom Verbraucher zu unterzeichnende Vertragserklärung muß angeben:

– den Barzahlungspreis;

– den Teilzahlungspreis (Gesamtbetrag von Anzahlung und allen vom Verbraucher zu entrichtenden Teilzahlungen einschließlich Zinsen und sonstigen Kosten);

– Betrag, Anzahl und Fälligkeit der einzelnen Teilzahlungen;

– den effektiven Jahreszins;

– die Kosten einer Versicherung, die im Zusammenhang mit dem Teilzahlungsgeschäft abgeschlossen wird;

– die Vereinbarung eines Eigentumsvorbehalts oder einer anderen zu bestellenden Sicherheit.

Der Angabe eines Barzahlungspreises und eines effektiven Jahreszinses bedarf es nicht, wenn der Unternehmer **nur** gegen Teilzahlungen Sachen liefert oder Leistungen erbringt.

Das Teilzahlungsgeschäft ist **nichtig**, wenn die Schriftform nicht eingehalten ist oder wenn eine der vorgenannten Angaben fehlt.

Dem Verbraucher steht nach § 355 BGB n. F. ein Widerrufsrecht zu. Der Widerruf muß keine Begründung enthalten und ist in Textform oder durch Rücksendung der Sache innerhalb von zwei Wochen gegenüber dem Unternehmer zu erklären; zur Fristwahrung genügt die rechtzeitige Absendung.

Die Widerrufsfrist beginnt mit dem Zeitpunkt, zu dem dem Verbraucher eine deutlich gestaltete Belehrung über sein Widerrufsrecht in Textform mitgeteilt worden ist. Bei Lieferung von Waren beginnt die Frist nicht vor dem Tag ihres Eingangs beim Empfänger. Das Widerrufsrecht erlischt spätestens sechs Monate nach Vertragsabschluß.

Anstelle des Widerrufsrechts kann dem Verbraucher nach § 356 BGB n.F. ein Rückgaberecht eingeräumt werden.

Der Unternehmer kann von einem Teilzahlungsgeschäft wegen Zahlungsverzuges des Verbrauchers nach § 503 Abs. 2 BGB n.F. nur dann zurücktreten, wenn

- der Verbraucher mit mindestens zwei aufeinanderfolgenden Teilzahlungen ganz oder teilweise rückständig ist und

- der Unternehmer dem Verbraucher erfolglos eine zweiwöchige Frist zur Zahlung des rückständigen Betrages mit der Erklärung gesetzt hat, daß er bei Nichtzahlung innerhalb der Frist die gesamte Restschuld verlange.

Erfüllt der Verbraucher seine Verbindlichkeiten aus dem Teilzahlungsgeschäft vorzeitig, so vermindert sich der Teilzahlungspreis um die Zinsen und sonstigen laufzeitabhängigen Kosten, die bei gestaffelter Berechnung auf die Zeit nach der vorzeitigen Erfüllung entfallen.

### 2.5.2.4 Werkvertrag

Im Gegensatz zum Kaufvertrag, bei dem eine fertige Sache zu liefern ist, sind Werk- und Werklieferungsverträge auf die **Herstellung** einer Sache (eines Werkes) oder anders ausgedrückt: auf die Herstellung eines gewissen (Arbeits-)Erfolges gerichtet.

Der **Werkvertrag** (§§ 631 ff. BGB; beachte die Änderungen durch die Schuldrechtsreform [Schuldrechtsmodernisierungsgesetz] zum 1. 1. 2002) ist die typische Vertragsform, die Handwerker als Unternehmer mit ihren Kunden als Besteller abschließen. Durch den Werkvertrag verpflichtet sich der Unternehmer (Auftragnehmer), aus vom Besteller (Auftraggeber) zu lieferndem Stoff eine bestimmte Sache (Werk) herzustellen oder eine solche zu verändern (Beispiel: Ein Schneider fertigt aus einem vom Kunden gelieferten Stoff einen Maßanzug). Der Unternehmer verpflichtet sich, die Sache so herzustellen, daß sie die **zugesicherten Eigenschaften** hat und nicht mit Fehlern behaftet ist, die den Wert oder die Tauglichkeit zu dem gewöhnlichen oder dem nach dem Vertrag vorausgesetzten Gebrauch aufheben oder mindern (§ 633 BGB). Die Leistung des Unternehmers besteht aus der fachkundig eingebrachten Arbeit nebst stofflichen Zutaten zum Werk (so liefert der Schneider als Zutaten: Knöpfe, Faden, Futterstoff). Der Unternehmer hat nach § 633 BGB n.F. dem Besteller das Werk frei von Sach- und Rechtsmängeln zu verschaffen. Das Werk ist frei von **Sachmängeln**, wenn es die vereinbarte Beschaffenheit hat. Soweit die Beschaffenheit nicht vereinbart ist, ist das Werk frei von Sachmängeln,

- wenn es sich für die nach dem Vertrag vorausgesetzte, sonst

- für die gewöhnliche Verwendung eignet und eine Beschaffenheit aufweist, die bei Werken der gleichen Art üblich ist und die der Besteller nach der Art des Werkes erwarten kann.

## 2 Konsumökonomie

Einem Sachmangel steht es gleich, wenn der Unternehmer ein anderes als das bestellte Werk oder das Werk in zu geringer Menge herstellt.

Das Werk ist frei von **Rechtsmängeln**, wenn Dritte in Bezug auf das Werk keine oder nur die im Vertrag übernommenen Rechte gegen den Besteller geltend machen können.

Der Besteller (Auftraggeber) verpflichtet sich zur Entrichtung der vereinbarten Vergütung.

Ist das Werk mangelhaft, kann der Besteller nach § 634 BGB n. F., wenn die Voraussetzungen der folgenden Vorschriften erfüllt sind und soweit nicht ein anderes bestimmt ist,

- nach § 635 BGB n. F. Nacherfüllung verlangen,
- nach § 637 BGB n. F. den Mangel selbst beseitigen und Ersatz der erforderlichen Auslagen verlangen,
- nach den §§ 636, 323 und 326 Abs. 5 BGB n. F. von dem Vertrag zurücktreten oder nach § 638 BGB n. F. die Vergütung mindern und
- nach den §§ 636, 280, 281, 283 und 311 a BGB n. F. Schadensersatz oder nach § 284 BGB n. F. Ersatz vergeblicher Aufwendungen verlangen.

**Nacherfüllung:** Verlangt der Besteller Nacherfüllung, so kann der Unternehmer nach seiner Wahl den Mangel beseitigen oder ein neues Werk herstellen. Der Unternehmer hat die zum Zweck der Nacherfüllung erforderlichen Aufwendungen, insbesondere Transport-, Wege-, Arbeits- und Materialkosten zu tragen.

**Selbstvornahme:** Nach erfolglosem Ablauf einer vom Besteller zur Nacherfüllung bestimmten angemessenen Frist kann dieser den Mangel selbst beseitigen und Ersatz der erforderlichen Aufwendungen verlangen. Die Fristsetzung ist entbehrlich, wenn

- der Unternehmer die Leistung ernsthaft und endgültig verweigert,
- der Unternehmer die Leistung zu einem im Vertrag bestimmten Termin oder innerhalb einer bestimmten Frist nicht bewirkt und der Besteller im Vertrag den Fortbestand seines Leistungsinteresses an die Rechtzeitigkeit der Leistung gebunden hat oder
- besondere Umstände vorliegen, die unter Abwägung der beiderseitigen Interessen den sofortigen Rücktritt rechtfertigen.

Der Bestimmung einer Frist bedarf es auch dann nicht, wenn die Nacherfüllung fehlgeschlagen oder dem Besteller unzumutbar ist.

Kommt nach der Art der Pflichtverletzung eine Fristsetzung nicht in Betracht, so tritt an deren Stelle eine **Abmahnung**.

**Rücktritt:** Erbringt der Unternehmer seine fällige Leistung nicht oder nicht vertragsgemäß, so kann der Besteller, wenn er diesem erfolglos eine angemessene Frist zur Leistung oder Nacherfüllung bestimmt hat, vom Vertrag zurücktreten. Unter den Voraussetzungen des § 323 Abs. 2 BGB n. F. ist eine Fristsetzung entbehrlich, wenn der Unternehmer die Nacherfüllung ernsthaft und endgültig verweigert oder wenn die Nacherfüllung fehlgeschlagen oder dem Besteller unzumutbar ist. Kommt nach der Art der Pflichtverletzung eine Fristsetzung nicht in Betracht, tritt an deren Stelle eine **Abmahnung**.

**Minderung:** Statt zurückzutreten, kann der Besteller die Vergütung durch Erklärung gegenüber dem Unternehmer mindern. Bei der Minderung ist die Vergütung in dem Verhältnis herabzusetzen, in welchem zur Zeit des Vertragsabschlusses der Wert des Werks in mangelfreiem Zustand zu dem wirklichen Wert gestanden hätte. Die Minderung ist, soweit erforderlich, durch Schätzung zu ermitteln.

**Schadensersatz:** Soweit der Unternehmer die fällige Leistung nicht oder nicht wie geschuldet erbringt und diesen Umstand zu vertreten hat (§ 276 BGB n.F.), kann der Besteller unter den Voraussetzungen des § 280 Abs. 1 BGB n.F. Schadensersatz statt der Leistung verlangen, wenn er dem Unternehmer erfolglos eine angemessene Frist zur Leistung oder Nacherfüllung gesetzt hat. Die Fristsetzung ist entbehrlich, wenn der Unternehmer die Leistung ernsthaft und endgültig verweigert oder besondere Umstände vorliegen, die unter Abwägung der beiderseitigen Interessen die sofortige Geltendmachung des Schadensersatzanspruches rechtfertigen. Kommt nach Art der Pflichtverletzung eine Fristsetzung nicht in Betracht, so tritt an deren Stelle eine **Abmahnung**.

Anstelle des Schadensersatzes statt der Leistung kann der Besteller nach § 284 BGB n.F. Ersatz der Aufwendungen verlangen, die er im Vertrauen auf den Erhalt der Leistung gemacht hat und billigerweise machen durfte, es sei denn, deren Zweck wäre auch ohne die Pflichtverletzung des Unternehmers nicht erreicht worden.

Die **Verjährung** der in § 634 BGB n.F. bezeichneten **Mängelansprüche** aus Werkvertrag erfolgt nach § 634a BGB n.F.

- vorbehaltlich der fünfjährigen Verjährungsfrist in **zwei Jahren** bei einem Werk, dessen Erfolg in der Herstellung, Wartung oder Veränderung einer Sache oder in der Erbringung von Planungs- oder Überwachungsleistungen hierfür besteht,
- in **fünf Jahren** bei einem Bauwerk und einem Werk, dessen Erfolg in der Erbringung von Planungs- und Überwachungsleistungen hierfür besteht und
- im übrigen in der regelmäßigen Verjährungsfrist von 3 Jahren (§ 195 BGB n.F.).

Hat der Unternehmer den Mangel arglistig verschwiegen, so verjähren die Ansprüche ihm gegenüber erst nach drei Jahren (§ 195 BGB n.F.).

Die zwei- und die fünfjährige Verjährungsfrist beginnen mit der Übernahme des Werkes.

Die regelmäßige, dreijährige Verjährungsfrist beginnt mit Ablauf des Jahres, in dem der Besteller Kenntnis von den anspruchsbegründenden Umständen erlangt oder ohne grobe Fahrlässigkeit erlangen müßte (§ 199 Abs. 1 BGB n.F.).

Bevor das Werk mangelfrei hergestellt ist, besteht für den Besteller keine Abnahmepflicht. Nach der Abnahme ist der Besteller für eventuelle Mängel beweispflichtig. Die Vergütung wird erst mit der Abnahmepflicht fällig.

Zur Sicherstellung seiner Forderungen hat der Unternehmer an beweglichen Sachen ein gesetzliches Pfandrecht und bei Bauwerken einen Anspruch auf Eintragung einer Sicherungshypothek auf das Grundstück.

Die Gefahr des zufälligen Untergangs der hergestellten Sache trägt grundsätzlich der Unternehmer. (Bezüglich des selbstgelieferten Stoffes trägt jedoch der Auftraggeber die Gefahr.) Mit der Abnahme des Werkes geht die Gefahr auf den Besteller über; wenn er in Annahmeverzug gerät, schon vorher.

### 2.5.2.5 Mietvertrag

Die Miete (§§ 535–580b BGB n.F.; beachte die Änderungen durch die Mietrechtsreform vom 1.9.2001 unter besonderer Berücksichtigung der Wohnraummiete §§ 549ff. BGB n.F.) ist ein zweiseitiges Rechtsgeschäft (Vertrag), das die zeitweise Überlassung und Gewährung des Gebrauches einer Sache gegen Entgelt (Mietzins) zum Gegenstand hat. Sie begründet damit ein Schuldverhältnis zwischen Mieter und Vermieter. Die Miete kann sich auf bewegliche Sachen (beispielsweise PKW, Computer, Frack) und auf Grundstücke beziehen. Auch Sach**teile** sind vermietbar, zum Beispiel Wohnungen und einzelne Räume.

Der Abschluß eines Mietvertrages ist im allgemeinen **formfrei;** er kann also auch mündlich abgeschlossen werden. Ausnahmen bilden Mietverträge über Grundstücke, Wohn- und andere Räume, die für länger als ein Jahr abgeschlossen werden; sie bedürfen der **Schriftform.** Bei Formmangel gilt der Vertrag für unbestimmte Zeit. Für die Miete von Wohnungen wird gewöhnlich der Einheitsmietvertrag oder andere Vordrucke benutzt. Die Vertragsfreiheit wird durch die gesetzlichen Bestimmungen zum Kündigungsschutz (§ 568ff. BGB n.F.) beschränkt.

Der **Vermieter** muß dem Mieter die vermietete Sache samt allem Zubehör überlassen und sie in einem für den vertragsmäßigen Gebrauch geeigneten Zustand erhalten. Sogenannte Schönheitsreparaturen werden vertraglich häufig dem Mieter angelastet. Hat die vermietete Sache einen Mangel oder fehlt ihr eine zugesicherte Eigenschaft, so daß sie zu dem vereinbarten Zweck nicht zu gebrauchen ist, braucht der Mieter keinen Mietzins zu bezahlen. Wenn der Gebrauch nur zum Teil möglich ist, kann der Mietzins entsprechend gekürzt werden. Falls der Vermieter mit der Beseitigung des Mangels in Verzug gerät, kann der Mieter in solchen Fällen auch Schadensersatz verlangen. Er kann auch den Mangel auf seine Kosten beseitigen lassen und diese dem Vermieter in Rechnung stellen.

Hat der Mieter selbst den Schaden verursacht, so entfällt die Haftung des Vermieters.

Der Vermieter eines Grundstücks erwirbt an den eingebrachten pfändbaren Sachen des Mieters ein **Vermieterpfandrecht.** Dies gilt aber nur für Sachen, die dem Mieter selbst gehören (beispielsweise nicht für persönliches Eigentum der Ehefrau, wenn diese den Mietvertrag nicht mitabgeschlossen hat). Wenn der Mieter durch vertragswidrigen Gebrauch die Mietsache beschädigt oder einen Mangel der Sache (z.B. eine undichte Wasserleitung) dem Vermieter nicht rechtzeitig meldet, so daß sich der Schaden ausweitet, erwirbt der Vermieter Schadensersatzansprüche gegenüber dem Mieter.

Die Hauptpflicht des **Mieters** besteht in der Zahlung des Mietzinses. Dieser kann – soweit nicht Mietpreisrecht eingreift – frei vereinbart werden. Der Mietzins ist gesetzlich nachträglich (nach Ablauf der Mietzeit bzw. nach Ablauf der Zeitabschnitte), vertraglich aber meist im voraus zu bezahlen. Der Mieter darf die Mietsache nur zu dem vertraglich vereinbarten Gebrauch benutzen. So darf er beispielsweise gemietete Wohnräume nicht als Gewerberäume nutzen. Auch Untervermietung ist nur mit der Erlaubnis des Vermieters zulässig. Veränderungen und Verschlechterungen der Mietsache, die durch deren vertragsgemäßen Gebrauch entstehen, gehen nicht zu Lasten des Mieters. Er muß sich aber solche Veränderungen und Verschlechterungen der Mietsache anrechnen lassen, die durch einen vertragswidrigen Gebrauch entstanden sind. Nach Ablauf der Mietzeit hat der Mieter den Mietgegenstand dem Vermieter pünktlich und in ordnungsgemäßem Zustand zurückzugeben. Widrigenfalls kann der Vermieter weitere Mietzahlung und gegebenenfalls Schadenersatz verlangen.

Das Mietverhältnis endet durch Zeitablauf oder Kündigung, soweit nicht Vorschriften bezüglich Mieterschutz oder das soziale Mietrecht entgegenstehen.

Unter bestimmten Voraussetzungen haben Vermieter wie auch Mieter das Recht, fristlos zu kündigen.

Dem **Vermieter** steht dieses Recht zu, wenn der Mieter:
- trotz Mahnung die Mietsache vertragswidrig gebraucht oder
- die Miete nicht zahlt.

Gegen die Kündigung hat der Mieter ein Widerspruchsrecht nach § 556a BGB.

Der **Mieter** kann seinerseits fristlos kündigen, wenn:
- der Vermieter ihm den Gebrauch der gemieteten Sache nicht gewährt oder wieder entzieht oder
- der gemietete Wohnraum erheblich gesundheitsgefährdend ist.

Die Veräußerung der Mietsache berührt das Mietverhältnis nicht. Der Erwerber eines bebauten Grundstückes (Hauses) tritt in die Rechte und Pflichten des bisherigen Vermieters ein. Es gilt der Grundsatz: Kauf bricht nicht Miete.

*2.5.2.6 Darlehen*

2.5.2.6.1 Sachdarlehen

Als Sachdarlehen (§§ 607–609 BGB n. F.) bezeichnet man die Überlassung von vertretbaren Sachen (zum Verbrauch). Es kommt durch die Hingabe der Darlehenssache an den Darlehensnehmer oder durch Umwandlung einer schon bestehenden Schuld in eine Darlehensschuld zustande. Der Darlehensnehmer ist zur Zahlung eines Darlehensentgelts und bei Fälligkeit zur Rückerstattung von Sachen in gleicher Art, Güte und Menge verpflichtet. Ist für die Rückerstattung der überlassenen Sache keine Zeit bestimmt, hängt die Fälligkeit davon ab, daß der Darlehensgeber oder Darlehensnehmer kündigt. Ein auf unbestimmte Zeit abgeschlossener Sachdarlehensvertrag kann, soweit nicht ein anderes vereinbart ist, jederzeit vom Darlehensgeber oder Darlehensnehmer ganz oder teilweise gekündigt werden.

Ein Entgelt hat der Darlehensnehmer spätestens bei Rückerstattung der überlassenen Sache zu bezahlen.

2.5.2.6.2 Verbraucherdarlehen

Durch den Darlehensvertrag (§ 488 BGB n. F.) wird der Darlehensgeber verpflichtet, dem Darlehensnehmer einen Geldbetrag in der vereinbarten Höhe zur Verfü-

## 2 Konsumökonomie

gung zu stellen. Der Darlehensnehmer ist verpflichtet, einen geschuldeten Zins zu zahlen und bei Fälligkeit das zur Verfügung gestellte Darlehen zurückzuerstatten.

Entgeltliche Darlehensverträge zwischen einem Unternehmer als Darlehensgeber und einem Verbraucher als Darlehensnehmer (Verbraucherdarlehensverträge) sind nach § 492 BGB n. F., soweit nicht eine strengere Form vorgeschrieben ist, schriftlich abzuschließen. Die vom Darlehensnehmer zu unterzeichnende Vertragserklärung muß angeben:

– den Nettobetrag, gegebenenfalls die Höchstgrenze des Darlehens;

– den Gesamtbetrag aller vom Darlehensnehmer zur Tilgung des Darlehens sowie zur Zahlung der Zinsen und sonstigen Kosten zu entrichtenden Teilzahlungen;

– die Art und Weise der Rückzahlung des Darlehens;

– den Zinssatz und alle sonstigen Kosten des Darlehens;

– den effektiven Jahreszins;

– die Kosten einer Restschuld- oder sonstigen Versicherung, die im Zusammenhang mit dem Verbraucherdarlehensvertrag abgeschlossen wird;

– zu bestellende Sicherheiten.

Der Darlehensgeber hat dem Darlehensnehmer eine Abschrift der Vertragserklärungen zur Verfügung zu stellen.

Die vorgenannten Bestimmungen gelten nach § 491 BGB n. F. **nicht** für Verbraucherdarlehensverträge,

– bei denen das auszuzahlende Darlehen (Nettodarlehen) 200 Euro nicht übersteigt;

– die ein Arbeitgeber mit seinem Arbeitnehmer zu Zinsen abschließt, die unter den marktüblichen Zinsen liegen;

– die im Rahmen der Förderung des Wohnungswesens und des Städtebaus zu Zinssätzen abgeschlossen werden, die unter den marktüblichen Sätzen liegen;

– die der Finanzierung des Erwerbs von Wertpapieren, Devisen, Derivaten oder Edelmetallen dienen;

– bei denen ein Kreditinstitut einem Darlehensnehmer das Recht einräumt, sein laufendes Konto in bestimmter Höhe zu überziehen (d. h. für Überziehungskredite).

Dem Darlehensnehmer steht beim Verbraucherdarlehensvertrag ein Widerrufsrecht nach § 355 BGB n. F. zu. Der Widerruf muß keine Begründung enthalten und ist innerhalb von zwei Wochen in Textform gegenüber dem Darlehensgeber zu erklären; zur Fristwahrung genügt die rechtzeitige Absendung. Die Frist beginnt mit dem Zeitpunkt, zu dem dem Darlehensnehmer eine deutlich gestaltete Belehrung über sein Widerrufsrecht in Textform mitgeteilt worden ist. Die Frist beginnt nicht zu laufen, bevor dem Darlehensnehmer auch eine Vertragsurkunde, sein schriftlicher Antrag oder eine Abschrift der Vertragsurkunde oder seines Antrags zur Verfügung gestellt werden. Das Widerrufsrecht erlischt spätestens sechs Monate nach Vertragsabschluß.

Der Darlehensnehmer kann nach § 489 BGB n. F. den Darlehensvertrag ganz oder teilweise kündigen,

- wenn die Zinsbindung vor der für die Rückzahlung bestimmten Zeit endet und keine neue Vereinbarung über den Zinssatz getroffen ist, unter Einhaltung einer Kündigungsfrist von einem Monat, frühestens für den Ablauf des Tages, an dem die Zinsbindung endet;
- wenn das Darlehen nicht durch ein Grundpfandrecht gesichert ist, nach Ablauf von sechs Monaten nach dem vollständigen Empfang unter Einhaltung einer Kündigungsfrist von drei Monaten;
- in jedem Fall nach Ablauf von zehn Jahren nach dem vollständigen Empfang unter Einhaltung einer Kündigungsfrist von sechs Monaten.

Der Darlehensnehmer kann einen Darlehensvertrag mit veränderlichem Zinssatz jederzeit unter Einhaltung einer Kündigungsfrist von drei Monaten kündigen.

Der Darlehensnehmer kann nach § 490 Abs. 2 BGB n. f. einen Darlehensvertrag, bei dem für einen bestimmten Zeitraum ein fester Zinssatz vereinbart und das Darlehen durch ein Grundpfandrecht gesichert ist, unter Einhaltung der Kündigungsfristen des § 489 Abs. 1 Nr. 2 BGB n. F. vorzeitig kündigen, wenn seine berechtigten Interessen dies gebieten.

Der Darlehensgeber kann nach § 490 Abs. 1 BGB n. F. den Darlehensvertrag vor Auszahlung des Darlehens im Zweifel stets, nach Auszahlung nur in der Regel fristlos kündigen, wenn in den Vermögensverhältnissen des Darlehensnehmers oder in der Werthaltigkeit einer für das Darlehen gestellten Sicherheit eine wesentliche Verschlechterung eintritt oder einzutreten droht und dadurch die Rückerstattung des Darlehens gefährdet wird.

### 2.5.2.7 Bürgschaft

Eine der Möglichkeiten, ein Darlehen (einen Kredit) abzusichern, besteht darin, einen zahlungskräftigen Bürgen zu finden. Durch den Bürgschaftsvertrag (§§ 765–778 BGB) verpflichtet sich der Bürge gegenüber dem Gläubiger eines Dritten, für die Erfüllung der Verbindlichkeit des Dritten einzustehen. Es handelt sich somit um ein vertragliches Einstehen für eine fremde Schuld. Die Bürgschaft kann für eine gegenwärtige wie auch für eine zukünftige oder eine bedingte Verbindlichkeit übernommen werden (§ 765 BGB). Die Sicherung geschieht in der Weise, daß sich der Bürge dem Gläubiger gegenüber verpflichtet, für die Erfüllung der Schuld des Schuldners einzustehen, und zwar persönlich mit seinem gesamten Vermögen. Der Bürge wird dann neben dem Hauptschuldner selbst zum Schuldner. Seine Schuld ist abhängig von der Hauptschuld, zu deren Sicherung sie dient. Sie entfällt, sofern die Hauptschuld nicht entsteht oder erlischt. Einwendungen, die der Hauptschuldner gegen die Schuld hat (z.B. sie sei gar nicht entstanden; sie sei bereits beglichen; der Gläubiger hätte sie ihm erlassen; sie sei verjährt) stehen auch dem Bürgen zu.

Die Verpflichtung des Bürgen geschieht durch Vertrag zwischen dem Bürgen und dem Gläubiger (Kreditgeber). Die Zustimmung des Hauptschuldners ist nicht erforderlich. Die Bürgschaftserklärung des Bürgen muß **schriftlich** erfolgen (§ 766 BGB). Die Bürgschaftsurkunde muß dem Gläubiger ausgehändigt werden.

Es sind zwei Formen der Bürgschaft zu unterscheiden: die gewöhnliche und die selbstschuldnerische Bürgschaft.

Bei der **gewöhnlichen Bürgschaft** steht dem Bürgen die **Einrede der Vorausklage** nach § 771 BGB zu, das heißt, er kann verlangen, daß der Gläubiger ihn erst dann in Anspruch nimmt, wenn er den Schuldner auf Leistung verklagt hat und fruchtlos bei ihm vollstrecken ließ.

Bei der **selbstschuldnerischen Bürgschaft** hat der Bürge vertraglich (§ 773 BGB) auf die Einrede der Vorausklage verzichtet. Er kann infolgedessen vom Gläubiger unmittelbar, das heißt, ohne daß dieser seine Forderung gegenüber dem Hauptschuldner zu realisieren versucht, in Anspruch genommen werden.

Hat der Bürge den Gläubiger befriedigt, so geht die Forderung gegenüber dem Hauptschuldner (Kreditnehmer) auf ihn über (gesetzlicher Forderungsübergang). Dies gilt auch für die mit der Forderung verbundenen Nebenrechte, zum Beispiel eine Hypothek oder eine sonstige Sicherheit.

Eine Bürgschaft kann grundsätzlich nicht gekündigt werden. Eine Befreiung aus ihr durch den Hauptschuldner ist nur in den nach § 775 BGB vorgesehenen Fällen möglich. Praktisch ist dieser Befreiungsanspruch des Bürgen gegen den Hauptschuldner jedoch ohne große Bedeutung, da der Gläubiger ohne gleichwertige (Ausgleichs-)Sicherheit den Bürgen nicht aus der Haftung entlassen wird.

Treten mehrere Personen gleichzeitig als Bürgen für eine Forderung ein, so haften sie **gesamtschuldnerisch,** das heißt, der Gläubiger kann sich im Ernstfall aussuchen, an wen er sich halten will (§ 769 BGB).

Die Bürgschaft endet nicht mit dem Tod des Bürgen. Sie geht auf die Erben des Bürgen über.

### 2.5.2.8 Sicherungsübereignung

Die Sicherungsübereignung ist ein gesetzlich nicht geregelter, aber in der Praxis entwickelter und in der Rechtsprechung anerkannter Vertrag, durch den der Schuldner dem Gläubiger zur Sicherung seiner Schuld das Eigentum an einer beweglichen Sache (oder an einer Sachgesamtheit) überträgt, diese (Sache) selbst aber im Besitz hält. Um die nach § 929 BGB zur Übereignung erforderliche Übergabe der Sache zu vermeiden, wird im allgemeinen ein Leih- oder Verwahrungsvertrag geschlossen. Der Sicherungsgeber (Kreditnehmer) leiht vom Sicherungsnehmer (das ist i.d.R. ein Kreditinstitut) die übereignete Sache oder verwahrt dieselbe für diesen. Durch dieses **Besitzmittlungsverhältnis** (Besitzkonstitut) zwischen Kreditnehmer und Kreditgeber wird erreicht, daß der Kreditnehmer weiterhin Besitzer der Sache bleibt, das Kreditinstitut jedoch Eigentümer nach § 930 BGB wird. Zwischen Schuldner und Gläubiger wird die Abrede getroffen, daß sich zwar der Gläubiger bei nicht rechtzeitiger Begleichung der Schuld aus der übereigneten Sache befriedigen kann, nach ordnungsgemäßer Erfüllung seiner Forderung jedoch das Eigentum auf den Schuldner zurückübertragen muß. Die Sicherungsübereignung verschafft dem Gläubiger **treuhänderisches Eigentum.**

Der Sicherungsübereignung kommt im konsumökonomischen Bereich insbesondere bei der Finanzierung von Personenkraftwagen mit Ratenkrediten Bedeutung zu. Die genaue Kennzeichnung des Fahrzeugs erfolgt durch die Angabe von Kraftfahrzeugart, Fabrikat, polizeiliches Kennzeichen und Fahrgestellnummer im Sicherungsübereignungsvertrag. Aus Sicherheitsgründen verlangt das Kreditinstitut die Übergabe des Kraftfahrzeugbriefes. Das Kreditinsitut entscheidet von Fall zu Fall, ob die Kraftfahrzeugzulassungsstelle von der Sicherungsübereignung in Kenntnis gesetzt wird. Bejahendenfalls hat dies den Zweck, die Ausstellung eines Ersatzbriefes ohne Zustimmung des Kreditinstitutes zu verhindern.

### 2.5.2.9 Grundpfandrechte

Zur Sicherung von größeren Ansprüchen, insbesondere bei der Finanzierung im Wohnungsbau, werden bevorzugt Grundstücke belastet, das heißt als Pfand herangezogen. Die Einräumung eines solchen Grundpfandrechtes erfolgt durch Einigung von Schuldner (Kreditnehmer) und Gläubiger (Kreditgeber) über die Pfandbestellung und die Eintragung derselben ins Grundbuch. Für die Verwertung des Pfandrechtes ist die Rangfolge dieser Eintragung von Bedeutung, da bei einer Versteigerung des Grundstücks die Pfandrechte an diesem in der Rangfolge ihrer Eintragung befriedigt werden.

Die aus konsumökonomischer Sicht bedeutendsten Grundpfandrechte sind: die Hypothek und die Grundschuld.

Eine **Hypothek** (§§ 1113–1190 BGB) ist die Belastung eines Grundstückes zur Sicherung einer Forderung (§ 1113 BGB), derzufolge der Gläubiger – falls die Forderung nicht erfüllt wird – die Zwangsvollstreckung in das Grundstück verlangen und sich daraus befriedigen kann. In der Regel ist der Grundstückseigentümer gleichzeitig der Schuldner. Es ist aber auch möglich, daß ein Dritter sein Grundstück als Sicherheit für die Schuld eines anderen zur Verfügung stellt und hypothekarisch belasten läßt.

Die allgemein übliche Form der Hypothek ist die **Verkehrshypothek.** Sie dient normalerweise der Baufinanzierung. Bei ihr braucht der Gläubiger zur Geltendmachung seiner Hypothek die Entstehung seiner Forderung **nicht** nachzuweisen. Die Verkehrshypothek kann als Brief- oder Buchhypothek gestaltet werden. Bei der **Briefhypothek** wird über das Grundpfandrecht ein Hypothekenbrief ausgestellt, das ist eine amtliche Urkunde über die Eintragung der Hypothek im Grundbuch. Erst mit der Übergabe dieses Briefes erwirbt der Gläubiger das Grundpfandrecht. Der Hypothekenbrief hat die Funktion, das Grundpfandrecht verkehrsfähig (mobil) zu machen. Seine weitere Übertragung braucht nicht mehr ins Grundbuch eingetragen zu werden; sie erfolgt in der Regel durch Übergabe des Hypothekenbriefes mit schriftlicher Abtretungserklärung (am besten mit öffentlicher Beglaubigung!).

Bei der **Buchhypothek** wird kein Brief ausgestellt, was durch Vermerk im Grundbuch festgestellt wird.

Weniger gebräuchlich ist die **Sicherungshypothek** (die als solche im Grundbuch bezeichnet werden muß). Bei ihr muß der Hypothekengläubiger zur Geltendmachung seines Grundpfandrechtes das Bestehen einer persönlichen Forderung nachweisen. Die Sicherungshypothek ist immer Buchhypothek.

Eine **Grundschuld** (Fremdgrundschuld, §§ 1191-1198 BGB) ist die Belastung eines Grundstückes (durch Grundbucheintrag) in der Weise, daß an den Begünstigten eine bestimmte Geldsumme aus dem Grundstück zu zahlen ist. Im Gegensatz zur Hypothek setzt die Grundschuld keine Forderung voraus; dies ist für den Begünstigten als vorteilhaft zu werten, da sein Anspruch – dem in der Regel eine Forderung zugrunde liegt – auch dann noch bestehen würde, wenn diese Forderung aus irgendeinem Grunde nichtig wäre. Die Grundschuld dient hauptsächlich zur Finanzierung von Grundstücks- und Gebäudekäufen. Sie sichert langfristige Kredite und hat beim Bankkredit die Hypothek weitgehend verdrängt. Eine Grundschuld kann jederzeit in eine Hypothek umgewandelt werden; es bedarf nicht der Zustimmung der im Range gleich- oder nachstehenden Berechtigten.

Der Eigentümer kann auch für sich selbst eine Grundschuld an seinem Grundstück bestellen (§ 1196 BGB). Eine solche **Eigentümergrundschuld** kann später auf einen Dritten übertragen und damit in eine Fremdgrundschuld umgewandelt werden.

Wie die Hypothek kann auch die Grundschuld als Brief- oder Buchgrundschuld bestellt werden.

### 2.5.3 Kontrollfragen zu 2.5

1. Welche Rechtsgeschäfte kann ein Minderjähriger selbständig abschließen?
2. Welche Gründe führen zur Nichtigkeit von Rechtsgeschäften?
3. Welche Gründe lassen die Anfechtung von Rechtsgeschäften zu?
4. Was beinhaltet die Vertragsfreiheit?
5. Was besagt die Generalklausel des AGB-G?
6. Wie kommt ein Kaufvertrag zustande?
7. Welche Pflichten ergeben sich für Verkäufer und Käufer aus dem Kaufvertrag?
8. Welche Störungen können bei Erfüllung des Kaufvertrages entstehen?
9. Welche Gewährleistungsansprüche hat der Käufer bei mangelhafter Lieferung?
10. Unter welchen Voraussetzungen gerät der Verkäufer in Lieferungsverzug?
11. Welche Rechte stehen dem Käufer bei Lieferungsverzug zu?
12. Welche Absichten verbindet der Gesetzgeber mit dem AbzG?
13. Was beinhaltet das Recht der Einrede der Vorausklage bei der Bürgschaft?
14. Welche Rechtskonstruktion liegt der Sicherungsübereignung zugrunde?
15. Wie unterscheiden sich Hypothek und Grundschuld?

## 2.5.4 Literaturhinweise zu 2.5

*Dörner, H., Staudinger, A.,* Schuldrechtsmodernisierung, Baden-Baden 2002.
*Fries, H.-P.,* Wirtschaftsprivatrecht, 2. Aufl., München–Wien 1998.
*May, H.,* Wirtschaftsbürger-Taschenbuch, 5. Aufl., München–Wien 2001, Kapitel: II, 3 Verbraucherrecht.
*Medicus, D.,* Schuldrecht 1, Allgemeiner Teil, 12. Aufl., München 2000.
ders., Schuldrecht 2, Besonderer Teil, 10. Aufl., München 2000.
*Palandt, D.,* Bürgerliches Gesetzbuch (BGB), Beck'sche Kurzkommentare, Bd. 7, 58. Aufl., München 1999.
*Schmidt-Räntsch,* Das neue Schuldrecht, Köln 2002.

# 3
# ARBEITSÖKONOMIE

3 Arbeitsökonomie

## 3.1 Arbeit und Produktion

### 3.1.0 Leitziel

Kenntnis der Strukturen betrieblicher Produktion unter besonderer Berücksichtigung des Faktors Arbeit.

### 3.1.1 Information und Entscheidung

Um sich die für seinen Lebensunterhalt notwendigen Mittel (Subsistenzmittel) zu verschaffen, muß der Mensch in der Regel arbeiten, am weitaus häufigsten als Arbeitnehmer (in der Bundesrepublik beträgt der Anteil der Arbeitnehmer an der erwerbstätigen Bevölkerung rund 90%). Arbeit impliziert für ihn den Einsatz geistiger, körperlicher und seelischer Kräfte zur Erfüllung des Betriebszweckes. Betriebszweck ist jeweils die Erstellung einer bestimmten Leistung, einer Sach- oder Dienstleistung. Sie vollzieht sich im Zusammenwirken der menschlichen Arbeitskraft mit den sachlichen Mitteln der Produktion (**Betriebsmittel:** Grundstücke, Bauten, Maschinen, Werkzeuge, Betriebsstoffe, Energie; **Werkstoffe:** Rohstoffe, Halb- und Fertigfabrikate, Hilfsstoffe). Die Produktion ist somit ein **Kombinationsprozeß**. Was produziert wird und wie die Produktionsfaktoren kombiniert werden, muß der Unternehmer entscheiden. Entscheiden bedeutet für ihn **zielbewußtes Wählen zwischen verschiedenen Handlungsmöglichkeiten.** Konkret heißt dies, daß verschiedene Eingangs**informationen** aufgenommen und zu einer neuen, inhaltlich selbständigen Ausgangs**information** verarbeitet werden. Die (Eingangs-)Information kann unterschiedlich gehaltvoll sein: umfassend (**vollkommene Information** bezüglich Vergangenheit, Gegenwart, Zukunft), lückenhaft (**unvollkommene Information**) und wertlos (**keine Information**). Je nach dem Gehalt der Information eröffnen sich dem Entscheidungssubjekt (hier: dem Unternehmer) unterschiedliche Entscheidungssituationen:

- **Entscheidung unter Sicherheit,**
- **Entscheidung unter Risiko** (z.B. hinsichtlich einer gewissen Wahrscheinlichkeit für eine bestimmte Nachfrage),
- **Entscheidung unter Unsicherheit** (z.B. keinerlei Information hinsichtlich einer möglichen Nachfrage).

Von **Entscheidung unter Sicherheit** sprechen wir dann, wenn die Information vollkommen und somit das Ergebnis eines bestimmten Handelns eindeutig erkennbar ist. Die gehegten **Erwartungen** treten mit Sicherheit ein; sie sind **einwertig.** Eine derartige Situation ist für einen Unternehmer nur äußerst selten gegeben, weil die entscheidungsrelevaten Daten neben der Vergangenheit und Gegenwart vielfach auch die Zukunft betreffen, so beispielsweise hinsichtlich Kaufkraft, Kaufverhalten, Verhalten der Wettbewerber, Konjunkturverlauf, Kundengeschmack, Nachfrage, Rohstoffpreise, Lohnentwicklung etc.

Der Wirtschaftende ist in der Regel gezwungen, seine **Entscheidungen unter** unvollkommener Information zu treffen und somit **Risiko** – das ist die negative Abweichung zwischen geplanten und tatsächlichen Größen – einzugehen. In derartigen Entscheidungssituationen sind die Handlungsfolgen nicht eindeutig vorhersehbar. Sie können jedoch häufig durch **Eintrittswahrscheinlichkeiten** eingegrenzt werden. Solche Eintrittswahrscheinlichkeiten lassen sich durch entsprechende (Geschäfts-)Erfahrungen ausmachen. Sie gelten deshalb – da in gewissem Umfang berechenbar – als **quasi einwertig.**

Bei **Entscheidung unter Unsicherheit** fehlen dem Entscheidungsträger alle entscheidungsrelevanten Daten einschließlich solche über Eintrittswahrscheinlichkeiten. Seine Handlungsfolgen sind unbestimmt. Er kann allenfalls hoffen, daß sich eine bestimmte Handlungsfolge einstellt. Tatsächlich aber kann sein Handeln zu den unterschiedlichsten Ergebnissen führen. So kann beispielsweise sein Produkt bei der Käuferschaft auf Ablehnung stoßen, es kann reißenden Absatz finden oder aber auch nur gerade „so gehen". Die **Erwartungen** eines Unternehmers in einer solchen (Entscheidungs-)Situation sind **mehrwertig.**

Ob der jeweilige Entscheidungsträger die Möglichkeit hat respektive gewillt ist, seinen Informationsstand zu verbessern, hängt von der Verfügbarkeit (Beschaffbarkeit) der gewünschten Informationen ab beziehungsweise von deren Preis. Auf Informationen, die nicht verfügbar/beschaffbar sind (beispielsweise über das Wetter im nächsten Sommer), muß logischerweise verzichtet werden. Anders gestaltet sich die Situation bei beschaffbaren Informationen. Hier muß der durch zusätzliche Informationen zu erwartende Sicherheitszuwachs bei der Entscheidungsfindung und die damit angestrebte Risikominderung den mit der Informationsbeschaffung verbundenen finanziellen Aufwand rechtfertigen. Auch die Informationsbeschaffung des Entscheidungssubjekts fügt sich dem ökonomischen Kalkül.

Die Entscheidungsspielräume, die dem Unternehmer verbleiben, sind regelmäßig durch (betriebs-)interne wie auch externe (in- wie ausländische) Rahmenbedingungen begrenzt. Es sind dies kurzfristig nicht beeinflußbare Gegebenheiten, wie zum Beispiel verfügbare Finanzierungsmittel, Gesetze, Kundengeschmack, Kaufkraft etc.. Ihnen hat eine realistische Entscheidung gebührend Rechnung zu tragen.

### 3.1.2 Planung und Organisation

Damit die unternehmerische Entscheidung nicht unbedacht oder übereilt erfolgt, ist es sinnvoll, diese in eine Phase der **Planung** einzubetten. In ihr wird versucht, die jeweils entscheidungsrelevanten Entwicklungsmöglichkeiten, so insbesondere Einflußfaktoren, Handlungsmöglichkeiten und deren Folgen, zu antizipieren. Planung wird damit zur notwendigen gedanklichen Vorbereitung des wirtschaftlichen Tuns. Sie umfaßt die Reflexion über die anzustrebenden Ziele sowie die Mittel und Wege zu ihrer Erreichung. Dabei werden die Bedingungen der jeweiligen Vorgehensweise wie auch die für die jeweilige Zeilerreichung bedeutsamen, in der Zukunft liegenden Situationen, Schwierigkeiten, Risiken, Chancen, Einflußfaktoren möglichst umfassend zu erfassen versucht, beurteilt und gegebenenfalls Strategien ihrer Begegnung entwickelt. Es erscheint einleuchtend, daß die Planung bei diesem Unterfangen auf Schätzungen, Erwartungen, Extrapolationen und Prognosen angewiesen ist. Vom Geschick des verantwortlichen Planungssubjekts hängt zwangsläufig die Qualität der unternehmerischen Entscheidung ab. Denn durch die Planung wird die Entscheidung fundiert, aus der dann schließlich der **Plan** (Produktionsplan, Absatzplan, Investitionsplan etc.) erwächst. Er gibt dann beispielsweise vor, wieviel zu welchen Kosten produziert und zu welchem Preis angeboten werden soll. Mittels solcher **Vorgabegrößen (Sollwerte)** wird der Betrieb bei der **Durchführung (Realisation)** seines Plans – so bei der Produktion, dem Vertrieb, der Investition etc. – gelenkt. Nach Abschluß der Realisationsphase werden dann im Rahmen einer **Kontrolle** die tatsächlich erreichten Werte **(Istwerte)** mit den angestrebten **Sollwerten** verglichen. Eventuell auftretende Abweichungen werden auf ihre Ursachen (zum

3 Arbeitsökonomie

Beispiel Planungsfehler, Fehlinformationen, Ausführungsfehler, technische Fehler etc.) hin untersucht und führen gegebenenfalls zu entsprechenden Plankorrekturen. Diese betriebliche Vorgehensweise entspricht einem **Regelkreis,** der sich wie folgt darstellen läßt (siehe Übersicht 3.1):

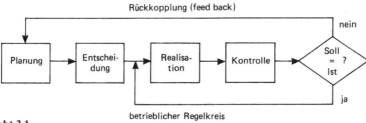

Übersicht 3.1    betrieblicher Regelkreis

Planung ist in allen betrieblichen Bereichen nötig. Grundsätzlich genießt kein Bereich Priorität. Es ist jedoch jeweils vom schwächsten Teilbereich – dem **Engpaßsektor** – auszugehen. An ihm haben sich die anderen Bereiche in ihrer Planung – zumindest kurzfristig – auszurichten (**Ausgleichsgesetz der Planung** von Erich Gutenberg). Mittel- bis langfristig wird der Unternehmer versuchen, den Engpaßsektor den übrigen Bereichen anzupassen.

Obgleich jeder Unternehmer bestrebt sein wird, Ungewißheit und Risiko des betrieblichen Handelns durch planende Vorausschau möglichst gering zu halten, werden immer wieder unvorhergesehene Entscheidungen notwendig, die er dann unverzüglich treffen muß. Solche außerplanmäßigen Entscheidungen werden **Improvisationen** genannt. Da bei Improvisationen das Risiko in der Regel größer ist als bei geplanten Entscheidungen, wird der Unternehmer bestrebt sein, diese möglichst gering zu halten. Die **Organisation** dient ihm dabei als Instrument. Mit ihr versucht er, ein **System von dauerhaften Regelungen** zu schaffen, das möglichst viele Entscheidungen in die Planung einbezieht. Die Organisation steht damit im Dienste der Planung. Ihr Ziel ist die Herstellung einer strukturierten Ordnung, die die Vielzahl unterschiedlicher Betriebsaufgaben zu einer funktionsfähigen Einheit verbindet. So werden einerseits im Rahmen der betrieblichen **Aufbauorganisation** die Beiträge der einzelnen Aufgabenträger zur Realisierung des Betriebszieles klar umrissen und herausgestellt, während andererseits in der **Ablauforganisation** die räumliche und zeitliche Ordnung der Arbeitsabläufe erfolgt. Voraussetzung für solche Dauerregelungen ist jedoch immer, daß es sich bei den zu organisierenden Vorgängen um **gleichartige** und **wiederkehrende** handelt.

### 3.1.3 Rationalisierung des Produktionsprozesses

Um die Effizienz des Produktionsprozesses zu heben, das heißt seinen Output zu steigern, zu verbilligen und zu verbessern, versucht man ihn durch die Einbringung wissenschaftlicher Erkenntnisse und den Einsatz technischer wie auch organisatorischer Mittel möglichst „vernünftig" zu gestalten. Diese Rationalisierung der Leistungserstellung hat zwei Ansatzpunkte: das **Arbeitsverfahren** und den **Fertigungsgegenstand.**

Die Komplexität industrieller Produktionsprozesse einerseits und die beschränkte Leistungsfähigkeit der menschlichen Arbeitskraft andererseits machen es notwendig, diese Prozesse in Partialaufgaben zu gliedern (**Arbeitsteilung**) und diese nach ihrer Erfüllung wieder zusammenzufassen. Bei der **artmäßigen Arbeitsteilung** (Artteilung) wird eine komplexe Arbeitsaufgabe in mehrere **verschiedenartige**, meist zeitlich voneinander abhängige und deshalb nacheinander durchzuführende Teilarbeiten segmentiert. Dabei lassen sich verschiedene Arbeitsstufen oder aber auch verschiedene Teilarbeiten innerhalb derselben Stufe abgrenzen. Die entscheidenden Anstöße dieses auf den englischen Philosophen und Nationalökonomen **Adam Smith** (1723–1790) zurückreichenden Prinzips gab der amerikanische Ingenieur **F. W. Taylor** (1856–1915) im Konzept des **Scientific Management**.

Von der **mengenmäßigen Arbeitsteilung** (Mengenteilung) spricht man dann, wenn **gleichartige** Teilarbeiten derselben Arbeitsstufe gleichzeitig von mehreren Personen durchgeführt werden. Durch sie sollen Staus bei Vor- und Leerlauf auf nachgeordneten Arbeitsstufen vermieden werden. Die in ihr befaßten Arbeitskräfte sind parallel geschaltet. Mengen- und artmäßige Arbeitsteilung müssen stets so angelegt sein, daß die Teilarbeiten räumlich und zeitlich zusammengefaßt werden können.

Mit der Ausbreitung und Intensivierung der Arbeitsteilung bis hin zur Auflösung von Arbeitsaufgaben in Griffelemente verlief in weiten Bereichen der Industrie eine vielfach beklagte Dequalifizierung der Arbeitskräfte. Heute werden repetitive Partialverrichtungen zunehmend von Maschinen und Aggregatsystemen übernommen, so daß der Qualifikationsanspruch an die Arbeitskräfte wieder steigt.

Auf der Stufe des Fertigungsgegenstandes vollzieht sich die Rationalisierung des Produktionsprozesses durch Normung und Typung der Erzeugnisse sowie durch Spezialisierung der Betriebe. **Normung** umfaßt die Vereinheitlichung von Maßen, Formen, Bestandteilen, Herstellungsverfahren, Begriffen, Arten, Bezeichnungen u. a. bei Werkstoffen sowie Halb- und Fertigfabrikaten. **Typung** beinhaltet die Vereinheitlichung und damit die Beschränkung der Gestaltungsformen von zusammengesetzten, mehrteiligen Produkten. **Spezialisierung** schließlich meint die Beschränkung des betrieblichen Fertigungsprogrammes auf eine geringe Anzahl von Produkten oder ein einziges Erzeugnis. Sie begünstigt die Ausweitung der Arbeitsteilung zwischen den Betrieben und führt häufig zu (kapitalmäßigen) Verflechtungen (Konzernbildung).

Das Konzept der tayloristischen Massenfertigung wird zu Beginn der neunziger Jahre (des 20. Jh.) durch die aus der japanischen Automobilindustrie kommende und sich über die USA und Mitteleuropa rasch ausbreitende **Lean Production (schlanke Produktion)** in Frage gestellt und auf breiter Front abgelöst. Lean Production ist ein Arbeitsstrukturierungskonzept, nach dem kleine verantwortliche Teams in einer Mischung von handwerklicher Fertigung und Fließbandarbeit produzieren. Vom Handwerk bleiben Flexibilität und Qualität, von der Fließbandfertigung die Schnelligkeit und die niedrigen Stückkosten. Die „schlanke Produktion" setzt auf Motivation und persönliches Engagement der Arbeitskräfte.

## 3.1.4 Der Kombinationsprozeß

### 3.1.4.1 Die Minimalkostenkombination

Wie bereits dargestellt, erfolgt die Herstellung von Gütern allgemein über die **Kombination** der Produktionsfaktoren Arbeit, Kapital und Boden unter Einbezug des technischen Fortschritts. Der Ort der Produktion ist der Betrieb. Da die Produktionsfaktoren knapp sind, wird der dem ökonomischen Prinzip folgende Unternehmer bestrebt sein, diese wirtschaftlich einzusetzen. Dies bedeutet, daß er eine bestimmte Produktmenge mit den geringstmöglichen Kosten beziehungsweise mit einer bestimmten Kostensumme die größtmögliche Produktmenge zu realisieren sucht.

Diese Feststellung sei durch ein einfaches Zahlenbeispiel verdeutlicht. Zur Herstellung von 100 Hemden könnten Hand- und Maschinenarbeit in unterschiedlicher Weise kombiniert werden, und zwar:

|  | Handarbeit in Std. | Maschinenstd. |
|---|---|---|
| Herstellungsverfahren 1 | 10 | 7,5 |
| Herstellungsverfahren 2 | 12,5 | 6,25 |
| Herstellungsverfahren 3 | 10 | 5 |

Setzen wir die Arbeitsstunde mit Euro 25,– und die Maschinenstunde mit Euro 40,– an, so lassen sich die Produktionskosten der 3 Herstellungsverfahren wie folgt ermitteln:

Herstellungsverfahren 1   Euro 10  × 25 + Euro 7,5  × 40 = Euro 550,–
Herstellungsverfahren 2   Euro 12,5× 25 + Euro 6,25× 40 = Euro 562,50
Herstellungsverfahren 3   Euro 15  × 25 + Euro 5    × 40 = Euro 575,–

Das Herstellungsverfahren 1 erweist sich am kostengünstigsten, das heißt, es realisiert die sogenannte **Minimalkostenkombination**. Für seinen Einsatz hätte sich der Unternehmer zu entscheiden.

Die hier auf der Basis **substitutiver** Produktionsfaktoren gewonnene Erkenntnis läßt sich anhand der **Produktionsfunktion vom Typ A** veranschaulichen.

In der wohl größeren Zahl der Fälle lassen sich die am Produktionsprozeß beteiligten (Produktions-)Faktoren nicht oder nur sehr schwer untereinander austauschen (substituieren). Es handelt sich dann um **limitationale** Produktionsfaktoren. Über solche (limitationale Produktionsfaktoren) sich vollziehende Produktionsprozesse lassen sich anhand der **Produktionsfunktion vom Typ B** verdeutlichen.

### 3.1.4.2 Produktionsfunktionen

Produktionsfunktionen repräsentieren die funktionale Beziehung zwischen der Produktionsmenge (Ertrag, Output) und den Einsatzmengen der Produktionsfaktoren (Input). Dieser quantitative Zusammenhang zwischen Output und Input soll nachfolgend beispielhaft analysiert werden.

### 3.1.4.2.1 Die Produktionsfunktion vom Typ A

Die Produktionsfunktion vom Typ A, auch **Ertragsgesetz** genannt, läßt sich besonders anschaulich am Beispiel der landwirtschaftlichen Gütererzeugung erklären: Angenommen ein Landwirt besitzt 10 Morgen Land, auf dem er Kartoffeln anbaut. Seine Anbaufläche (Produktionsfaktor Boden) läge damit fest (konstant) und kann somit – zumindest kurzfristig – nicht erweitert werden. Auch der Produktionsfaktor Kapital, der hier die landwirtschaftlichen Maschinen und die Düngemittel umfasse, sei in seinem Einsatz konstant gehalten. Variabel sei lediglich der Produktionsfaktor Arbeit, der hier als Jäten und Hacken zum Tragen käme. Verändert nun der Landwirt bei Konstanthaltung der beiden Faktoren Boden und Kapital die auf den Kartoffelanbau verwendete Arbeit, so variieren die anfallenden Erträge typischerweise wie folgt (siehe Tabelle 3.2):

**Tabelle 3.2**

| Arbeitseinsatz in Zeiteinheiten (AE) | (Gesamt-)Ertrag in Mengeneinheiten (ME) | Ertragszuwachs in ME je 1 AE (Grenzertrag) |
|---|---|---|
| – | – | 5 |
| 1 | 5 | 9 |
| 2 | 14 | 11 |
| 3 | 25 | 9 |
| 4 | 34 | 6 |
| 5 | 40 | 3 |
| 6 | 43 | 2 |
| 7 | 41 | |

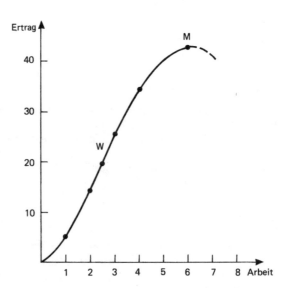

**Schaubild 3.3**

Tabelle und S-förmiger Kurvenverlauf geben zu erkennen (siehe Schaubild 3.3), daß zunehmender Arbeitseinsatz zunächst zu **progressiv,** dann zu **degressiv** steigenden Erträgen führt. Ab einem Arbeitseinsatz von sechs Zeiteinheiten nimmt der Gesamtertrag absolut ab. Die Ertragszuwächse (Grenzerträge) steigen zunächst bis zum Wendepunkt (W) der Gesamtertragskurve an, um dann bis zum Maximum (M) dieser Kurve abzunehmen. Nach diesem Punkt nimmt der Gesamtertrag ab, die Grenzerträge werden negativ; die Produktion ist ökonomisch nicht mehr sinnvoll. Diese Feststellungen reflektieren das **sogenannte Ertragsgesetz (Gesetz vom abnehmenden Bodenertrag).** Es besagt, daß bei konstanter Anbaufläche und steigendem Arbeitseinsatz die Ertragszuwächse ab einer gewissen Grenze abnehmen.

### 3.1.4.2.2 Die Produktionsfunktion vom Typ B

Die für die Produktionsfunktion vom Typ A unterstellte begrenzte Substituierbarkeit von Produktionsfaktoren muß – zwar nicht generell, aber doch für weite Bereiche der Wirtschaft – negiert werden. So ist insbesondere die industrielle Produktion zum weitaus größten Teil durch feste, das heißt limitationale oder komplementäre Faktoreinsatzverhältnisse gekennzeichnet. Die Produktionsfaktoren Arbeit, Kapital und Boden (Werkstoffe) stehen hier meist in einem technisch genau bestimmten Verhältnis zueinander.

Dieser produktionstechnische Zusammenhang sei wiederum anhand eines Zahlenbeispiels verdeutlicht: Ein Arbeiter befördere mit einem Gabelstapler pro Arbeitstag 200 Paletten. Sollen mehr Paletten befördert werden, müssen (wir unterstellen, daß keine Überstunden geleistet werden!) in entsprechender Anzahl zusätzliche Gabelstapler und Fahrer zum Einsatz kommen. Fahrer und Gabelstapler stehen zueinander in einem komplementären Verhältnis. Die funktionale Beziehung zwischen Input (eingesetzte Gabelstapler/Fahrer) und Output (Anzahl der beförderten Paletten) ließe sich für diesen Produktionszusammenhang wie folgt beziffern (siehe Tabelle 3.4).

Tabelle und graphischer Verlauf (siehe Schaubild 3.5) der Produktionsfunktion lassen klar erkennen, daß der Output (Ertrag) bei fortlaufender Erhöhung des Einsatzes an Arbeitskräften und Fahrzeugen proportional ansteigt. Die Grenzerträge bleiben gleich. Die Produktionsfunktion vom Typ B hat einen **linearen** Verlauf.

*3.1.4.3 Produktionskosten*

Verstehen wir unter **Kosten** die mit ihren Preisen bewerteten (Produktions-)Faktoreinsatzmengen, so lassen sich aus den im vorangegangenen Abschnitt entwickelten Produktionsfunktionen leicht die entsprechenden Kostenfunktionen ableiten.

3.1.4.3.1 Ableitung der Kostenfunktion aus der Produktionsfunktion vom Typ A

Die Aussage des Ertragsgesetzes, daß ab einer bestimmten Einsatzmenge weitere Faktoreinsätze (z. B. Arbeit) zu sinkenden Ertragszuwächsen führen, impliziert die Erkenntnis, daß die Produktion zusätzlicher Gutseinheiten ab einer bestimmten Ausbringungsmenge zunehmende Einsatzmengen des variablen (Produktions-)Faktors bedingt. Damit zeigen sich die variablen Kosten in ihrem Verlauf als Spiegelbild (Inverse) der Ertragskurve.

**Tabelle 3.4**

| Anzahl der eingesetzten Gabelstapler/ Fahrer (Input) | Anzahl der beförderten Paletten (Output) | Grenzertrag |
|---|---|---|
| – | – | 200 |
| 1/1 | 200 | 200 |
| 2/2 | 400 | 200 |
| 3/3 | 600 | 200 |
| 4/4 | 800 | 200 |
| 5/5 | 1000 | |

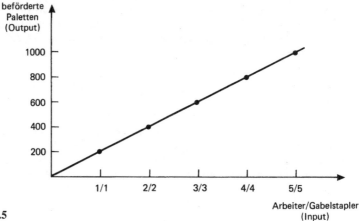

**Schaubild 3.5**

Erweitern wir das unter 3.1.4.2.1 zur Veranschaulichung der Produktionsfunktion vom Typ A gewählte Zahlenbeispiel um die Kosten von 100 Geldeinheiten (GE) je Arbeitseinheit, dann können wir den verschiedenen Ausbringungsmengen die Kosten des variablen Faktors Arbeit, die sogenannten **variablen Kosten,** zuordnen und erhalten folgende Tabelle (siehe Tabelle 3.6):

**Tabelle 3.6**

| (Gesamt-)Ertrag in Mengeneinheiten (Ausbringungsmenge) | 0 | 5 | 14 | 25 | 34 | 40 | 43 |
|---|---|---|---|---|---|---|---|
| Kosten des variablen Faktors Arbeit in GE | 0 | 100 | 200 | 300 | 400 | 500 | 600 |

Die in einer Gesamtschau mit der Ertragskurve ausgewiesene Grafik (siehe Schaubild 3.7) läßt deutlich werden, daß die variablen Kosten mit zunehmender Ausbringung zunächst **degressiv,** danach **progressiv** steigen.

Ziehen wir in unsere Betrachtung neben den **variablen Kosten** auch die **fixen,** das sind die von der Ausbringungsmenge unabhängigen **Kosten,** ein, verschiebt

3 Arbeitsökonomie

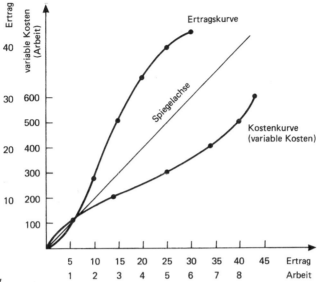

**Schaubild 3.7**

sich die Kurve der variablen Kosten um den Betrag der fixen Kosten nach oben und wird damit zur **Gesamtkostenkurve**.

Für unser Beispiel sei angenommen, daß die fixen Kosten in der Pacht bestünden und mit 200 GE zu veranschlagen seien. Die Kostenkurve ändert sich dann wie folgt (siehe Schaubild 3.8):

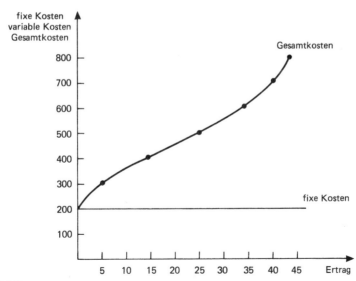

**Schaubild 3.8**

### 3.1.4.3.2 Ableitung der Kostenfunktion aus der Produktionsfunktion vom Typ B

Das unter 3.1.4.2.2 zur Demonstration der Produktionsfunktion vom Typ B gewählte Zahlenbeispiel soll nunmehr durch die für die mechanisierte Arbeit (Gabelstapler/Fahrer) anfallenden Kosten ergänzt werden. Diese mögen sich pro Arbeitstag wie folgt zusammensetzen:

| | |
|---|---|
| Lohnkosten für Fahrer | 160 GE |
| Abschreibungen für Gabelstapler | 200 GE |
| Sonstige Kosten (Energie, Reparaturen etc.) | 40 GE |
| | 400 GE |

Beziehen wir die so ermittelten **variablen** Tages**kosten** je Gabelstapler/Fahrer auf die mit unterschiedlicher Personal-/Maschinenausstattung erbrachten Tagesleistungen (beförderte Paletten), so ergeben sich folgende Tabelle (siehe Tabelle 3.9) und Grafik (siehe Schaubild 3.10):

**Tabelle 3.9**

| | | | | | | |
|---|---|---|---|---|---|---|
| Anzahl der beförderten Paletten (Output) | 0 | 200 | 400 | 600 | 800 | 1000 |
| Kosten der eingesetzten Gabelstapler/Fahrer (Input) in GE | 0 | 400 | 800 | 1200 | 1600 | 2000 |

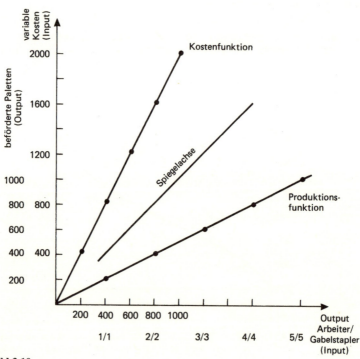

**Schaubild 3.10**

Die Übertragung dieser Werte in die Grafik der korrespondierenden Produktionsfunktion läßt wiederum deutlich werden, daß sich die **Kostenfunktion** als deren Inverse gestaltet.

Auch hier ergeben sich die **Gesamtkosten** aus der Addition der **fixen** und **variablen Kosten.** Unterstellen wir für das gewählte Zahlenbeispiel fixe Kosten (zum Beispiel für Raummiete) in Höhe von 200 GE, dann verschiebt sich die Kurve der variablen Kosten wiederum um den Betrag der fixen Kosten nach oben und wird damit zur **Gesamtkostenkurve** (siehe Schaubild 3.11):

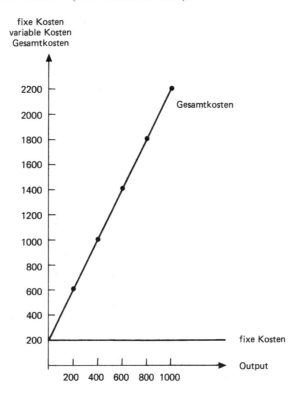

**Schaubild 3.11**

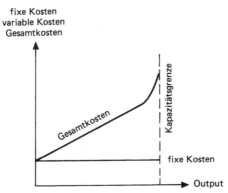

**Schaubild 3.12**

Der lineare Gesamtkostenkurvenverlauf gilt als typisch für die industrielle Produktion. Es läßt sich jedoch feststellen, daß die Gesamtkosten regelmäßig dann überproportional ansteigen, wenn der Betrieb an seine **Kapazitätsgrenze** vorstößt. In dieser Situation werden nämlich die Produktionsfaktoren häufig überbeansprucht, was beispielsweise zu verstärktem Maschinenverschleiß und erhöhtem Krankenstand führen kann. Grafisch läßt sich dies wie folgt veranschaulichen (siehe Schaubild 3.12).

### 3.1.5 Kontrollfragen zu 3.1

1. Weshalb und worüber hat der Unternehmer zu entscheiden?
2. Welche Bedeutung kommt der Information im unternehmerischen Entscheidungsprozeß zu?
3. Was bezweckt die Planung?
4. Welcher Ablauf kennzeichnet den betrieblichen Regelkreis?
5. Was bezweckt die betriebliche Organisation?
6. Nennen Sie die Ansatzpunkte der Rationalisierung im Produktionsprozeß!
7. Wie ist die Minimalkostenkombination charakterisiert?
8. Welche Aussage beinhaltet das Ertragsgesetz?
9. Welche Annahmen bestimmen den linearen Verlauf der Produktionsfunktion vom Typ B?
10. Wie lassen sich die Kostenfunktionen aus den Produktionsfunktionen ableiten?
11. Welche Entwicklungen lassen die Gesamtkosten bei Annäherung der Produktion an die Kapazitätsgrenze überproportional ansteigen?

### 3.1.6 Literaturhinweise zu 3.1

*Bamberg, G., Coenenberg, A. G.*, Betriebswirtschaftliche Entscheidungslehre, 9. Aufl., München 1996.
*Bronner, R.*, Planung und Entscheidung, 3. Aufl., München–Wien 1999.
*Fischbach, R.*, Volkswirtschaftslehre I, Einführung und Grundlagen, 11. Aufl., München–Wien 2000.
*Samuelson, P. A., Nordhaus, W. D.*, Volkswirtschaftslehre, Wien–Frankfurt 1998.
*Schertler, W.*, Unternehmensorganisation, 7. Aufl., München–Wien 1998.

3 Arbeitsökonomie

## 3.2 Die Entlohnung der Arbeit

### 3.2.0 Leitziel

Einblick in die theoretischen und praktischen Zusammenhänge der Einkommensverteilung.

### 3.2.1 Verteilungstheoretische Grundlagen

Die in den Produktionsprozeß eingehenen (Produktions-)Faktoren – die ja immer Personen oder Personengruppen zuzuordnen sind – erwerben für ihren betrieblichen Leistungsbeitrag einen Anspruch auf Entgelt. So erwirbt der Produktionsfaktor Arbeit, der Arbeitnehmer wie der Unternehmer, einen **Lohn**anspruch (**Arbeitslohn** beziehungsweise **Unternehmerlohn**), der Produktionsfaktor Kapital einen **Zins**anspruch und der Produktionsfaktor Boden einen Anspruch auf **Grundrente**. Der für den Produktionsprozeß verantwortliche Unternehmer schließlich erhebt – neben dem Unternehmerlohn – Anspruch auf den **Gewinn,** das heißt den Überschuß des gesamten Ertrags über die Entgelte der Produktionsfaktoren. Da nun aber in unseren hochentwickelten Volkswirtschaften häufig mehrere Produktionsfaktoren von ein und derselben Person gehalten und angeboten werden, führt dies dazu, daß solche Personen auch Entgelte (Einkommen) für verschiedene Faktorleistungen beziehen. So dürfte ein Unternehmer normalerweise außer dem Unternehmergewinn Grundrente für den eingebrachten Boden, Zinsen für das eingesetzte Kapital sowie Unternehmerlohn für seine geleistete Arbeit beziehen. Auch immer mehr Arbeitnehmer sind heute auf Grund gebildeten Vermögens in der glücklichen Lage, neben ihrem Lohn Kapitaleinkommen aus Vermietung und Verpachtung und/oder Zinseinkommen aus Geld- und/oder Wertpapierguthaben zu realisieren.

In den modernen arbeitsteiligen Marktwirtschaften werden die Produktionsfaktoren von ihren Inhabern meist nicht in einem eigenen Betrieb verwertet, sondern über den Markt fremden Wirtschaftseinheiten angeboten und von diesen zum Einsatz gebracht. Wie der Einsatz der Produktionsfaktoren über den Markt, so erfolgt auch deren Vergütung über denselben. Lohn, Grundrente und Zins sind somit als **Markteinkommen** zu sehen, die sich nach der jeweils herrschenden Marktform und dem in ihr wirksam werdenden Preisbildungsprozeß bestimmen.

Der Markt, auf dem der Produktionsfaktor Arbeit zur Disposition steht, der sogenannte **Arbeitsmarkt**, ist durch eine Reihe von Besonderheiten charakterisiert. So wird hier zum einen ein Gut gehandelt, das untrennbar mit seinem Träger Mensch und dessen Würde verbunden ist. Zum anderen begegnet uns hier ein infolge vielfältiger sachlicher, räumlicher und persönlicher Präferenzen besonders unvollkommener Markt. Hinzu kommt, daß der Lohn aus der Sicht des **einzelnen** Unternehmers einen Kostenfaktor darstellt, den es zu minimieren gilt, aus der Sicht der Unternehmer**schaft** insgesamt aber Konsumeinkommen und damit Nachfragepotential repräsentiert, das es möglichst zu maximieren gilt.

Auch für den Preis der Arbeit, den **Lohnsatz,** gilt zunächst die Faustregel: Angebot und Nachfrage bestimmen den Preis. Das Angebot an Arbeit geht von den privaten Haushalten aus, die Nachfrage nach Arbeit von den Unternehmen.

Die **Nachfrage** der Unternehmen **nach Arbeitskräften** richtet sich in der Regel nach dem durch deren Einsatz zu erwartenden Gewinn. Der Unternehmer wird den Arbeitseinsatz so lange steigern, wie der Wert des durch die zuletzt eingestellte Arbeitskraft erzeugten Gutes höher ist als der für diese zu zahlende Lohn. Oder anders ausgedrückt: Der Unternehmer wird so lange Arbeitskräfte einstellen, wie es sich für ihn lohnt.

Geht man von einer ertragsgesetzlichen Produktionsfunktion (siehe unter 3.1.4.2.1) aus, führt bei Konstanz der übrigen Produktionsfaktoren eine Erhöhung des Arbeitskräfteeinsatzes ab einer bestimmten Grenze zu sinkenden Ertragszuwächsen. Deshalb wird nur ein fallender (Stunden-)Lohn (**Lohnsatz**) die Einstellung weiterer Arbeitskräfte als lohnend erscheinen lassen. Umgekehrt läßt sich schließlich folgern, daß mit steigendem Lohnsatz die Arbeitsnachfrage der Unternehmen sinkt. Dieser Zusammenhang zwischen Arbeitsnachfrage und Lohnsatz (**Arbeitsnachfragefunktion**) läßt sich wie folgt (siehe Schaubild 3.13) ins Bild umsetzen:

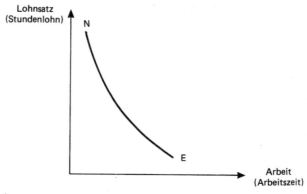

**Schaubild 3.13**

Auch wenn wir diesen Kurvenverlauf als typisch für das Nachfrageverhalten der Unternehmen nach Arbeitskräften ansehen dürfen, gilt zu berücksichtigen, daß ihm vereinfachende Annahmen zugrunde liegen. So dürfte insbesondere die mit der Konstanthaltung der übrigen Produktionsfaktoren implizierte gleichbleibende Technik nicht dem Erscheinungsbild moderner Industriegesellschaften entsprechen.

Auch das **Arbeitsangebot** orientiert sich im wesentlichen an dem für die Arbeitsleistung gebotenen Preis, das heißt dem Lohnsatz. In der Regel nimmt mit steigendem Lohnsatz die Arbeitsbereitschaft und damit auch das Arbeitsangebot zu (siehe Schaubild 3.14).

Es sind jedoch auch wechselnde Verhaltensweisen im Arbeitsangebot plausibel. So könnte ab einer bestimmten Lohnhöhe zusätzliche Arbeit an Attraktivität einbüßen und die Freizeit an Wertschätzung gewinnen oder aber mit sinkendem Lohnsatz die Notwendigkeit zur Mehrarbeit (wie auch der Arbeitsaufnahme bisher nicht verdienender Familienmitglieder) zunehmen und damit das Arbeitsangebot steigen.

3 Arbeitsökonomie 93

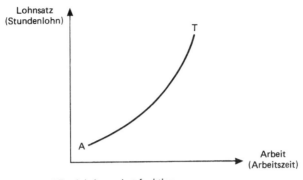

**Schaubild 3.14**

AT = Arbeitsangebotsfunktion

Durch Zusammenfassung der individuellen Nachfrage nach Arbeit erhält man die volkswirtschaftliche Arbeitsnachfragekurve. Bringt man diese volkswirtschaftliche Arbeitsnachfragekurve nun mit der (auf die gleiche Weise ermittelten) volkswirtschaftlichen Arbeitsangebotskurve zum Schnitt (siehe Schaubild 3.15), so erhält man den Lohnsatz, bei dem **Marktgleichgewicht** (MG) herrscht.

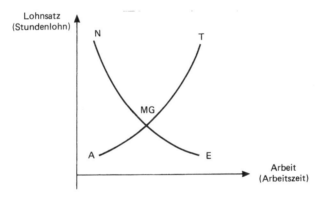

**Schaubild 3.15**

Ein solches Gleichgewicht, bei dem weder Anbieter noch Nachfrager Interesse haben, ihre Pläne zu ändern, darf allenfalls als ein gedanklicher Idealfall gelten. In der Realität sind die Einflußgrößen von Angebot und Nachfrage so vielfältig und unbeständig, daß eine Gleichgewichtssituation – falls sie näherungsweise erreicht werden sollte – immer nur vorübergehend bestehen könnte. Die modernen Arbeitsmärkte sind deshalb in der Regel durch Ungleichgewichte gekennzeichnet. Die aufgezeigten Überlegungen zum Gleichgewicht auf dem Arbeitsmarkt gelten allein für die Marktform der **vollständigen Konkurrenz**. Liegen andere Marktformen vor, insbesondere Monopole oder Oligopole, so bestimmen sich die jeweiligen Lohnhöhen nach deren Marktgesetzen. Auch gilt es zu beachten, daß der Arbeitsmarkt typischerweise **unvollkommen** (d. h. uneinheitlich) ist, was besonders deutlich bei den persönlichen Dienstleistungen (wie beispielsweise bei Beratungsdiensten) in Erscheinung tritt.

### 3.2.2 Lohnfindung als Verhandlungsprozeß

In den entwickelten Volkswirtschaften werden **die Lohntarife** in der Regel durch die organisierten Arbeitsmarktparteien, das heißt durch **Arbeitgeberverbände** und **Gewerkschaften,** ausgehandelt. Allerdings weisen diese **Marktverbände** von Land zu Land erhebliche institutionelle Unterschiede auf. In der Bundesrepublik Deutschland läßt sich die durch sie gebildete Marktform als **bilaterales Monopol** bezeichnen. Doch erscheint diese morphologische Klassifikation für die Erklärung des Arbeitsmarktgeschehens nur wenig hilfreich. Dieses ist nämlich durch eine bestimmte (Arbeits-)**Marktordnung** bestimmt, die im wesentlichen auf folgenden rechtlichen Grundlagen basiert:

– dem Grundgesetz,

– dem Tarifvertragsgesetz und

– dem Gesetz über die Festlegung von Mindestarbeitsbedingungen.

Das **Grundgesetz** normiert den Arbeitsmarkt vor allem durch seine Feststellungen zur **Koalitionsfreiheit** (Art. 9 GG), zur **Freizügigkeit** (Art. 11 GG) sowie zur **freien Berufs- und Arbeitsplatzwahl** (Art. 12 GG). Art. 9 Abs. 3 GG gewährleistet für jedermann und alle Berufe, Vereinigungen mit dem Zwecke zu bilden, die Arbeits- und Wirtschaftsbedingungen zu wahren und zu fördern. Der Wahrung und Förderung der Arbeits- und Wirtschaftsbedingungen dient vor allem der Abschluß von **Tarifverträgen.** In ihnen werden die Rechte und Pflichten der Vertragsparteien geregelt. An die Einhaltung dieser Abmachungen sind die Tarifpartner und ihre Mitglieder gebunden. Die Inhalte der Tarifverträge gelten für sie unmittelbar und zwingend. Für die im jeweiligen Wirtschaftsbereich den Tarifvertragsparteien nicht angehörenden Arbeitgeber und -nehmer sind diese Vertragsbestimmungen nicht bindend. Der Bundesminister für Arbeit und Sozialordnung kann jedoch auf Antrag einer der beiden Tarifvertragsparteien und im Einvernehmen mit einem Ausschuß, dem je drei Vertreter der beiden Marktverbände angehören, Tarifverträge für **allgemeinverbindlich** erklären, wenn die durch diese gebundenen Arbeitgeber mindestens 50 Prozent jener Arbeitskräfte beschäftigen, die im Geltungsbereich arbeiten, und wenn die Allgemeinverbindlichkeit im öffentlichen Interesse liegt oder zur Behebung eines sozialen Notstandes geboten erscheint. Durch eine solche **Allgemeinverbindlichkeitserklärung** werden auch diejenigen Arbeitgeber und -nehmer den Bestimmungen des Tarifvertrages unterstellt, die bis dahin nicht tarifgebunden waren. Die allgemeine und insbesondere lohnpolitische Konsequenz solcher Tarifverträge ist, daß ihre Festlegungen als **Mindestnormen** für alle Einzelarbeitsverträge gelten. So können demnach keine Löhne vereinbart werden, die unter dem festgesetzten Tariflohn liegen. Ein Unterbietungswettbewerb unter Arbeitsuchenden wird damit ausgeschlossen.

Das Zustandekommen eines Tarifabschlusses ist häufig ein langwieriger Prozeß, in dem Vertragsinhalte erbittert umkämpft werden. Prinzipiell ist die Verhandlungstaktik der Tarifpartner von der Absicht bestimmt, den jeweiligen Kontrahenten von der Berechtigung der eigenen Forderung zu überzeugen und ihm gleichzeitig die Argumente zur Begründung seiner Forderungen zu widerlegen und damit diese selbst als ungerechtfertigt zu dekuvrieren. Können notwendige Einigungen nicht erzielt werden und scheitern demzufolge Verhandlungen über den Neuabschluß oder die Änderung eines Tarifvertrages, kann ein Kompromiß im Wege der **Schlichtung** angestrebt werden. Falls dieser Einigungsversuch mißlingt, kann es zum **Arbeitskampf** und damit zum Einsatz der Kampfmittel **Streik** und **Aussperrung** kommen. Beide kollektiven Kampfinstrumente sind allerdings weder im Grundgesetz noch im Tarifvertragsgesetz ausdrücklich geregelt.

Die Tatsache, daß die bundesdeutschen Arbeitsmärkte die Mindestarbeitsbedingungen in Verhandlungsprozessen festlegen, kann nicht verhindern, daß sich gleichzeitig Wettbewerbsprozesse um die Arbeit entwickeln. Sie finden ihren sichtbaren Ausdruck in der sogenannten **Lohndrift,** das ist die Abweichung der **Effektivlöhne** von den **Tariflöhnen.**

### 3.2.3 Die Theorie der Kollektivverhandlung von J. R. Hicks

Der Lohnverhandlungsprozeß der Tarifpartner läßt sich in Anlehnung an J. R. Hicks und B. Külp in anschaulicher Weise theoretisch verdichten. Das Tarifergebnis als Kompromiß der Tarifpartner zwischen den gewerkschaftlichen Lohnforderungen einerseits und den unternehmerischen Lohnangeboten andererseits hängt für J. R. Hicks im wesentlichen von der gewerkschaftlichen **Streikdrohung** und der im Streikfall zu **erwartenden Streikdauer** ab. Wie überzeugender die Streikdrohung und wie länger die im Streikfall zu erwartende Streikdauer, desto größer die Bereitschaft der Arbeitgeber zu Lohnzugeständnissen. Für Hicks nimmt diese Bereitschaft **unterproportional** mit der erwarteten Streikdauer zu. Sie (die **Bereitschaft zu Lohnerhöhungen**) stößt dort an ihre **Obergrenze,** wo das Unternehmen keinen Gewinn mehr erzielt und damit seine Existenzgrundlage verliert.

Die Stärke der gewerkschaftlichen Verhandlungsposition hängt von der **Streikbereitschaft** der Gewerkschaftsmitglieder ab. Sie korreliert mit dem Lohnangebot der Arbeitgeber. Je niedriger das Lohnangebot, um so größer die Streikbereitschaft der Arbeitnehmer und um so länger die zu erwartende Streikdauer. Die **Untergrenze** des gewerkschaftlichen Widerstandes, konkret: die maximale Streikdauer, sieht Hicks durch die finanziellen Möglichkeiten der gewerkschaftlichen Streikkasse einerseits und die stimmungsmäßigen Gegebenheiten unter den Gewerkschaftsmitgliedern (wie zum Beispiel mangelnde Solidarität, Streikunlust u. ä.) andererseits bestimmt.

Das **collective-bargaining-Modell** von J. R. Hicks verdeutlicht diese Zusammenhänge anhand der **Konzessionskurve der Arbeitgeber** (employers concession curve) und der **Widerstandskurve der Gewerkschaften** (unions resistance curve) (siehe Schaubild 3.16).

Der Lohn ist Gegenstand der Verhandlung zweier konträrer Interessengruppen. Ihr Verhandlungsgleichgewicht reflektiert die beiderseits gerade noch akzeptable Beziehung zwischen Lohnhöhe und Streikdauer. Die von links nach rechts ansteigende **Konzessionskurve** der Arbeitgeber bringt die Relationen zwischen erwarteter Streikdauer und dem über diese erkämpften Lohnsatz zum Ausdruck, den die Arbeitgeber im äußersten Fall zu zahlen bereit sind. Gewerkschaftliche Lohnforderungen, die über der Konzessionskurve liegen, sind für die Arbeitgeber nicht verhandlungsfähig, weil in diesen Fällen die drohenden Streiks billiger wären. Zu Lohnzugeständnissen gegenüber den Gewerkschaften sind die Arbeitgeber allenfalls bis zu der durch Punkt A markierten **Obergrenze** bereit.

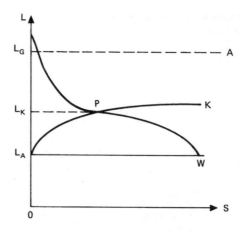

Schaubild 3.16  K = Konzessionskurve der Arbeitgeber
W = Widerstandskurve der Gewerkschaften

Die **Widerstandskurve** spiegelt in ihrem flach verlaufenden mittleren Teil die von den Gewerkschaften als vollauf berechtigt angesehene und deshalb hart umkämpfte Lohnhöhe. Der danach bis auf die Höhe von $L_A$ stark abfallende Kurvenverlauf erklärt sich aus der Beschränkung der Streikdauer durch die finanziellen Mittel der Gewerkschaften (Streikkasse).

Der **Schnittpunkt** P von **Konzessions-** und **Widerstandskurve** indiziert den möglichen **Kompromißlohn** ($L_K$).

Der Wert des Modells von **J. R. Hicks** liegt vor allem in der Sichtbarmachung der Machtstrukturen eines durch die kollektiven Interessenverbände – Gewerkschaften und Arbeitgeberverbände – geprägten Arbeitsmarktes. Folgen wir H. G. Schachtschabel, so ist die **Macht** dieser Arbeitsmarktparteien im wesentlichen durch folgende Sachverhalte bestimmt:

Die **Macht der Gewerkschaften** gründet sich vornehmlich auf ihren **Organisationsgrad** (Anteil der gewerkschaftlich organisierten Arbeitnehmer an der Gesamtheit der Arbeitnehmer; in der Bundesrepublik Deutschland beträgt der Organisationsgrad 2002 etwa 30 Prozent), ihre **Organisationsstruktur** (Zusammensetzung der Gewerkschaftsmitglieder nach ihrer beruflichen Stellung, wie z. B. Hilfs-, Facharbeiter, kaufmännische, technische Angestellte und ihrer regionalen, d. h. tarifbereichlichen Herkunft), den **Grad der Kampf-** beziehungsweise **Streikbereitschaft** ihrer Mitglieder in Verbindung mit deren durch die gewerkschaftliche Streikkasse fundierten Streikstärke, die **Streikbeurteilung** in der öffentlichen Meinung (die Einschätzung des Streiks als berechtigt oder unberechtigt), die **Lage auf dem Arbeitsmarkt** (Vollbeschäftigung oder Unterbeschäftigung).

Die **Macht der Arbeitgeberverbände** ist zunächst ebenfalls durch ihren **Organisationsgrad** und ihre **Organisationsstruktur** bestimmt. Beide verlieren jedoch weitgehend an Bedeutung, wenn sie nicht auf eine verläßliche **Solidarität** gründen. Ähnlich den Gewerkschaften müssen die Unternehmerverbände hinsichtlich ihres Taktierens die öffentliche Meinung berücksichtigen. Diese zeigt sich insbesondere gegenüber der Aussperrung als äußerst sensibel, so daß dieses Kampfinstrument – wenn überhaupt – nur äußerst zurückhaltend eingesetzt werden kann. Die machtpolitische Position der Arbeitgeberverbände ist darüber hinaus in beachtlichem Maße durch die **Lage auf dem Arbeitsmarkt** und **den Gütermärkten** bestimmt. So erweist sich Unterbeschäftigung und Substitutionsfähigkeit von Arbeit durch Kapital als stärkend für die Verhandlungsposition der Unternehmer, während Arbeitskräftemangel die Position der Gewerkschaften begünstigt. Von den Gütermärkten her wirken die jeweiligen Beschaffungs- und Absatzverhältnisse, der Auftragsbestand wie auch die Zukunftserwartungen auf die Unternehmerstrategie. Es können beispielsweise Lohnzugeständnisse in der Absicht gemacht werden, die Konsumgüternachfrage zu beleben.

Neben den Gewerkschaften und Arbeitgeberverbänden nimmt auch der **Staat** als öffentlicher Arbeitgeber an kollektiven Verhandlungsprozessen teil. Seine Interessen als Tarifpartner der Gewerkschaften des öffentlichen Dienstes weichen dabei nicht selten deutlich von denen der Arbeitgeberverbände ab und verhindern die machtpolitisch bedeutsame Geschlossenheit der Arbeitgeberseite.

### 3.2.4 Entlohnungsformen

Die innerbetriebliche Berechnung des Lohnes kann sich nach verschiedenen Formen gestalten. Die wichtigsten Entlohnungsformen sind: Zeitlohn, Stücklohn, Prämienlohn.

Das Entgelt für eine Zeiteinheit (Stunde) oder eine Mengeneinheit (Stück) ist der **Lohnsatz (Zeitlohnsatz, Stücklohnsatz).** Maßstab für die Höhe des Lohnsatzes ist der Wert der zu leistenden Arbeit (Arbeitswert).

Beim **Zeitlohn** ist der Maßstab für die Berechnung des Lohnes die im Betrieb verbrachte Zeit.

**Beispiel:**

| Lohnsatz je Zeiteinheit (Stundenlohnsatz) | × | Anzahl der geleisteten Zeiteinheiten | = | Bruttoverdienst |
|---|---|---|---|---|
| 23,– Euro | × | 38 Stunden | = | 874,– Euro |

Je nach dem Berechnungszeitraum des Zeitlohnes lassen sich Stunden-, Tages-, Wochen- und Monatslöhne unterscheiden. Die Zeitlöhne der Arbeiter werden in der Regel nach Stunden oder Wochen, die Gehälter der Angestellten und Beamten nach Monaten berechnet.

Der Zeitlohn empfiehlt sich überall dort, wo es in erster Linie auf die Qualität der Arbeitsleistung ankommt, wo das Arbeitstempo durch den Arbeitsgang bestimmt wird (z.B. Fließband), wo der Beschäftigte sich erst einarbeiten muß, wo eine Entlohnung nach Leistungseinheiten schwierig oder nicht möglich ist (z.B. bei Lager-, Entwicklungs-, Reparatur-, Kontroll- und Büroarbeiten).

Als Nachteil des Zeitlohnes muß der mangelnde Anreiz zur Beschleunigung des Arbeitstempos gesehen werden; individuelle Abweichungen von der Durchschnittsnorm finden keinen lohnmäßigen Niederschlag.

Beim **Stücklohn** sind der Maßstab für die Berechnung der Lohnhöhe die geleisteten Mengeneinheiten (Stück, m, kg etc.). Ausgangspunkt der Lohnberechnung ist auch hier ein Stundenlohnsatz. Der Stundenlohnsatz wird in einen Lohnsatz je

Mengeneinheit umgerechnet, den sogenannten **Akkordsatz**. Wird dieser in einem Geldbetrag je Mengeneinheit festgelegt, so spricht man vom **Stückgeldakkord**; wird er in einer Auftragszeit je Mengeneinheit festgelegt, so spricht man vom **Stückzeitakkord**. Der Akkordsatz wird durch Arbeitszeitstudien, die die Norm- oder Soll-Arbeitszeit je Stück ermitteln, errechnet.

**Beispiel:**

Stundenlohn 23,- Euro, Normalleistung je Stunde 20 Stück, wöchentliche Arbeitszeit 38 Stunden.

**Stückgeldakkordsatz:** 23,- Euro : 20 = 1,15 Euro je Stück

**Stückzeitakkordsatz:** 100-Minutenstunde : 20 = 5 Dezimalminuten je Stück

Berechnung des Bruttoverdienstes bei einer Arbeitsleistung von 800 Stück

**Stückgeldakkord:**
Stückgeldakkordsatz × Stückzahl = Bruttoverdienst
1,15 Euro × 800 = 920,- Euro

**Stückzeitakkord:**
Stückzeitakkordzahl × Stückzahl × Dezimalminutenfaktor = Bruttoverdienst

$$\underbrace{5 \text{ Dezimalminuten} \times 800 \text{ Stück} \times}_{\text{Auftragszeit}} \frac{23,- \text{ Euro}}{100} = 920,- \text{ Euro}$$

Um den Akkordarbeiter durch Produktionsengpässe oder andere unverschuldete (kurzfristige) betriebliche Störungen nicht unzumutbar gegenüber dem Zeitlohnempfänger zu benachteiligen, sind die tariflichen Stundenlohnsätze für Akkordarbeiter in der Regel um 10–30 Prozent über dem Stundenlohnsatz für Zeitlohn festgesetzt.

Der Anreiz des Akkordlohnes ist darin zu sehen, daß er dem Beschäftigten die Möglichkeit bietet, durch überdurchschnittliche Leistungen sein Einkommen zu erhöhen.

Da der Stücklohn bei Überschreiten der allgemeinen Zeitvorgabe entsprechend absinkt, wird er in vielen Tarifverträgen mit einem **garantierten Mindestlohn** (Zeitlohn) gekoppelt.

Beim **Gruppenakkord** wird der Akkordsatz für eine Arbeitsgruppe festgelegt und der Anteil des einzelnen Gruppenmitgliedes mittels eines Verteilungsschlüssels (der seinerseits an Leistungsbestimmungsfaktoren gebunden ist) bestimmt. Teamgeist und leistungsmäßige Ausgewogenheit der Arbeitsgruppe sind beim Gruppenakkord von besonderer Bedeutung.

Um unter dem Anreiz des Mehrverdienstes beim Akkord nicht der Gefahr der Überforderung der eigenen Kräfte zu erliegen, sollte der Beschäftigte sein arbeitsabhängiges körperliches und seelisches Wohlbefinden nicht aus den Augen verlieren!

Der **Prämienlohn** kann ergänzend zum Zeit- wie auch zum Akkordlohn (Zeitprämienlohn, Quantitäts- und Qualitätsprämie) gezahlt werden. Die hauptsächlichen Gründe seiner Gewährung sind: Mengen- und Zeitersparnis, überdurchschnittlicher

3 Arbeitsökonomie 99

Nutzungsgrad von Maschinen, geringe Ausschußmenge. Der Prämienlohn kann Einzelpersonen wie auch (Arbeits-)Gruppen (Gruppenprämie) gewährt werden.

Über den Lohn hinaus kann der Arbeitnehmer vertraglich am Gewinn des Unternehmens beteiligt werden (**Gewinnbeteiligung**).

Erfindungen, die ein Arbeitnehmer in Ausführung seiner Arbeitsverpflichtung macht (**Arbeitnehmererfindungen**), muß er dem Arbeitgeber zur Verfügung stellen; er hat dafür in der Regel einen Anspruch auf angemessene Vergütung (Gesetz über Arbeitnehmererfindungen vom 25.7.1957 mit letzter Änderung vom 15.8.1986). Hinsichtlich **freier Erfindungen** (d. h. außerhalb der Arbeitsverpflichtung gemachte Erfindungen) trifft den Arbeitnehmer eine Mitteilungs- und Anbietungspflicht. Falls die Erfindung in Arbeitsbereiche des Arbeitnehmers fällt, hat der Arbeitgeber innerhalb von 3 Monaten ein Vorrecht auf Verwertung zu angemessenen Bedingungen (Vergütung).

Auch für verwertete technische Verbesserungsvorschläge ist vom Arbeitgeber eine angemessene Vergütung zu bezahlen.

### 3.2.5 Staatliche Maßnahmen zur Förderung des Arbeitsmarktausgleichs

Ob der Anbieter von Arbeit ein Arbeitsverhältnis findet, hängt von den jeweiligen Beschäftigungsmöglichkeiten und -bedingungen des Arbeitsmarktes ab. Aus dieser Feststellung leitet der Staat die Aufgabe ab, den Arbeitsmarkt dahingehend zu beeinflussen, daß möglichst alle Arbeitsfähigen und Arbeitswilligen eine dauerhafte, ihren Neigungen und Fähigkeiten entsprechende Beschäftigung zu bestmöglichen Bedingungen erhalten können. Damit soll nicht nur der ökonomischen Forderung nach **bestmöglicher Verwendung** und damit auch nach **bestmöglicher Entlohnung** des Produktionsfaktors Arbeit Rechnung getragen werden; es soll auch der sozialpolitischen Vorstellung entsprochen werden, strukturelle Ungleichheiten am Arbeitsmarkt zu beseitigen und damit einen Marktausgleich herbeizuführen. Die von der Bundesanstalt für Arbeit getragene **Arbeitsmarktausgleichspolitik** bedient sich bei dieser Zielverfolgung folgender im Dritten Buch des Sozialgesetzbuches (**SGB III**) – Arbeitsförderung – normierter Maßnahmen:

- Arbeitsvermittlung,
- Arbeitsberatung und Berufsberatung,
- Ausbildungsförderung,
- Mobilitätsförderung,
- Arbeitsplatzerhaltung,
- Arbeitsplatzbeschaffung und
- Förderung der Wiedereingliederung von Problemgruppen.

Mit der institutionalisierten **Arbeitsvermittlung** (Bundesanstalt für Arbeit, 10 Landesarbeitsämter und 181 Arbeitsämter) versucht der Staat gemäß § 35 SGB III der Unübersichtlichkeit des Arbeitsmarktes zu begegnen und Arbeitsangebot und -nachfrage zusammenzuführen. Durch ergänzende Beratungsdienste – **Arbeitsberatung** und **Berufsberatung** (§§ 29 ff. SGB III) – sollen Arbeitsuchende nicht nur wichtige Informationen über Bildungs- und Ausbildungswege, Berufs- und Förderungsmöglichkeiten erhalten, sondern auch Aufschluß erlangen über persönliche

Eignung/Nichteignung und Fähigkeiten sowie gegenwärtige Berufslagen und zu erwartende Entwicklungen am Arbeitsmarkt. Berufsrelevante Entscheidungen sollen so rational fundiert und damit weniger emotional gesteuert werden.

Die staatliche **Ausbildungsförderung** ist von der Absicht bestimmt, das volkswirtschaftliche Arbeitskräftepotential an den mit dem technischen Fortschritt zunehmenden Qualifikationsanspruch der Wirtschaft wie auch an deren strukturelle Veränderungen anzupassen und Arbeitsmarktungleichgewichte, sprich: Arbeitslosigkeit, zu vermeiden oder aber abzubauen. Sie erstreckt sich auf berufliche Ausbildung (§ 59 ff. SGB III), berufliche Weiterbildung (§§ 77 ff. SGB III) sowie berufliche Umschulung (§ 87 SGB III) und umfaßt unter anderem die Gewährung von Unterhaltsgeld (§ 77 ff. SGB III), die Übernahme der Kosten für Lehrgänge, Lernmittel, Fahrt, Unterkunft und Verpflegung (§ 81 ff. SGB III). Diese Maßnahmen zur **Förderung der beruflichen Flexibilität** werden ergänzt durch solche zur **Förderung der regionalen Mobilität**. Sie beinhalten unter anderem: Förderung der Arbeitsaufnahme durch Zuschüsse zu den Bewerbungskosten, den Reise- und Umzugskosten, den Kosten der Arbeitsausrüstung wie auch die Gewährung von Trennungsbeihilfe (§ 53 f. SGB III).

Als vorbeugende Maßnahme zur Verhinderung beziehungsweise Verringerung von Arbeitsmarktungleichgewichten sind die Leistungen zur **Erhaltung** und **Schaffung von Arbeitsplätzen** zu verstehen. Es sind dies im wesentlichen die Zahlung von Kurzarbeitergeld (§§ 169 ff. SGB III), die Förderung der ganzjährigen Beschäftigung in der Bauwirtschaft (§§ 209 ff. SGB III), die Gewährung von Zuschüssen von Arbeiten, die im öffentlichen Interesse liegen (§§ 260 ff. SGB III), wie auch die Gewährung von Zuschüssen zu den Lohnkosten älterer Arbeitnehmer, wenn diese damit vor Arbeitslosigkeit bewahrt werden können (§§ 217 ff. SGB III).

Eine besonders schwierige Aufgabe stellt sich der Arbeitsmarktausgleichspolitik mit der **Wiedereingliederung sogenannter Problemgruppen in den Arbeitsprozeß**. Zu diesen Problemgruppen zählen: Behinderte, Schwerbeschädigte, ältere Arbeitnehmer, Jugendliche ohne abgeschlossene Berufausbildung, Suchtgefährdete, Straffällige. Die Maßnahmem der Bundesanstalt für Arbeit richten sich auf die Erhaltung, Besserung und Wiederherstellung der Erwerbsfähigkeit dieser Bevölkerungsteile. Sie sehen folgende Einzelleistungen vor: Berufsförderung (berufliche Ausbildung, Fortbildung), Förderung der Arbeitsaufnahme, Übernahme von Kosten (Unterkunft, Verpflegung, Fahrt u. a.) (§ 97 SGB III). Daneben sind zu nennen: Ausbildungszuschüsse an Betriebe (§ 236 SGB III), finanzielle Förderung von Werkstätten für Behinderte (§§ 248 SGB III), Zahlung von Zuschüssen zu den Lohnkosten älterer Arbeitnehmer sowie finanzielle Förderung von Betrieben, die die Beschäftigung älterer Arbeitnehmer beabsichtigen (§ 217 ff. SGB III).

Zusammenfassend läßt sich feststellen, daß die staatlichen Maßnahmen zur Förderung des Arbeitsmarktausgleichs darauf ausgerichtet sind, „... daß ein hoher Beschäftigungsstand erzielt und aufrechterhalten, die Beschäftigungsstruktur ständig verbessert und damit das Wachstum der Wirtschaft gefördert wird" (§ 1 SGB III).

3 Arbeitsökonomie

## 3.2.6 Kontrollfragen zu 3.2

1. Welche Entgelte beziehen die an der Produktion beteiligten (Produktions-)Faktoren?
2. Was verstehen Sie unter Markteinkommmen?
3. Wie gestaltet sich die Nachfrage der Unternehmer nach Arbeit?
4. Welchen Einflußgrößen unterliegt das Arbeitsangebotsverhalten?
5. Warum ist der Arbeitsmarkt typischerweise unvolkommen?
6. Weshalb läßt sich der Arbeitsmarkt als ein bilaterales Monopol bezeichnen?
7. Durch welche rechtlichen Grundlagen ist die Arbeitsmarktordnung im wesentlichen bestimmt?
8. Was besagt die Theorie der Kollektivverhandlung von J. R. Hicks?
9. Welche Sachverhalte bestimmen die Machtposition der Arbeitsmarktparteien?
10. Welche sind die wichtigsten Entlohnungsformen und wie unterscheiden sie sich?
11. Welches Ziel verfolgt die staatliche Arbeitsmarktausgleichspolitik und welcher Maßnahmen bedient sie sich?

## 3.2.7 Literaturhinweise zu 3.2

*Baßeler, U., Heinrich, J., Koch, W.,* Grundlagen und Probleme der Volkswirtschaft, 15. Aufl., Köln 1999.
*Frerich, J.,* Sozialpolitik, 3. Aufl., München–Wien 1996.
*Hicks, J. R.,* The Theory of Wages, 2. Aufl., London 1963.
*Külp, B.,* Lohnbildung im Wechselspiel zwischen politischen und wirtschaftlichen Kräften, Berlin 1965.
*Mertens, D.,* Der Arbeitsmarkt als System von Angebot und Nachfrage, in: Mitteilungen aus der Arbeitsmarkt- und Berufsforschung, Heft 3/1973.
*Müller, J. H., Peters, H.,* Einführung in die Volkswirtschaftslehre, 12. Aufl., Herne–Berlin 1991.
*Zerche, J., Schönig, W., Klingenberger, D.,* Arbeitsmarktpolitik und -theorie, München–Wien 2000.

## 3.3 Die Mitbestimmung der Arbeitnehmer

### 3.3.0 Leitziel

Kenntnis der gesetzlichen Regelungen zur Mitbestimmung und der über sie verfolgten Absichten.

### 3.3.1 Begründung und Übersicht

Die Zusammenarbeit von Arbeitnehmern und Arbeitgebern im betrieblichen Produktionsprozeß ist wirtschaftlich bestimmt. Sie ist dem Betriebsziel – der Herstellung eines bestimmten Gutes – verpflichtet und hat sich den diesem dienlichen Zweckmäßigkeiten unterzuordnen. Das betriebliche Arbeitsverhältnis wird damit weitgehend **versachlicht** und läuft Gefahr, die **persönlichen Ansprüche** an die Arbeit, insbesondere die der Arbeitnehmer, unberücksichtigt zu lassen. Dieser Erkenntnis erwuchs die Forderung und nachfolgende Einführung von betrieblichen Mitspracherechten der Arbeitnehmer, konkret: die rechtliche Normierung der Mitbestimmung der Arbeitnehmer im arbeitgebenden Unternehmen. Der allgemeine Wesensgehalt dieser Mitbestimmung liegt wohl darin, „daß Herrschafts- und Leitungsbefugnisse nicht streng einseitig ausgeübt werden, sondern unter Mitwirkung der Betroffenen" (W. Zöllner). Eine solche Mitbestimmung durch Einbezug der Arbeitnehmer in die betriebliche Entscheidungsfindung wird in der Bundesrepublik Deutschland durch folgende Gesetze geregelt:

- das **Betriebsverfassungsgesetz** (BVG) von 1952 und 1972, letzte Änderung vom 22. 6. 2001;

- das **Montanmitbestimmungsgesetz** (MoMitbestG) von 1951, letzte Änderung vom 9. 6. 1998 und

- das **Mitbestimmungsgesetz** (MitbestG) von 1976, letzte Änderung vom 28. 10. 1994.

### 3.3.2 Das Betriebsverfassungsgesetz

Das Betriebsverfassungsgesetz ist vom Gedanken des Schutzes der betrieblichen Demokratie und Partnerschaft getragen. Es gilt für **alle** Privatbetriebe ab einer Personalstärke von 5 Arbeitnehmern über 18 Jahren. In ihnen sind in geheimer und unmittelbarer Wahl **Betriebsräte** zu wählen, deren Anzahl sich nach der Betriebsgröße richtet. In Betrieben mit mindestens 5 Jugendlichen werden von den Arbeitnehmern unter 18 Jahren besondere Jugendvertreter (**Jugend- und Auszubildendenvertretung,** § 60 Abs. 1 BVG) gewählt. Die Betriebsräte genießen einen besonderen Schutz: Sie sind zur Wahrnehmung ihrer Funktionen wie auch zur Teilnahme an Bildungs- und Schulungsveranstaltungen von ihrer Arbeit freizustellen, ohne dafür Lohneinbußen in Kauf nehmen zu müssen; ihre Kündbarkeit ist eingeschränkt (§§ 37 und 123 BVG).

Der Betriebsrat ist grundsätzlich unabhängig von den **Gewerkschaften** (§ 2 Abs. 1 BVG). Er kann jedoch auf Antrag von einem Viertel der Mitglieder oder der Mehrheit einer Gruppe des Betriebsrates einen Beauftragten einer im Betrieberat vertretenen Gewerkschaft als Berater zu seinen Sitzungen hinzuziehen (§§ 29 Abs. 4 und 31 BVG). Der Arbeitgeber darf nur an solchen Betriebsratssitzungen teilnehmen, die entweder auf sein Verlangen anberaumt wurden oder zu denen er ausdrücklich eingeladen wurde. Auch er darf einen Vertreter seiner **Arbeitgebervereinigung** in Beratungsfunktion zuziehen. Dies gilt auch für Betriebsversammlungen mit Tätigkeitsbericht des Betriebsrates (§ 46 BVG), zu denen der Arbeitgeber unter Mitteilung der Tagesordnung einzuladen ist. Diese Regelungen machen deutlich, daß den Gewerkschaften wie auch den Arbeitgebervereinigungen im betrieblichen Dialog von Arbeitgebern und Arbeitnehmern **Hilfs- und Schutzfunktionen** zugedacht sind.

## 3 Arbeitsökonomie

Grundsätzlich bestimmt sich die Zusammenarbeit von Arbeitgeber und Betriebsrat nach § 2 Abs. 1 BVG: „Arbeitgeber und Betriebsrat arbeiten unter Beachtung der geltenden Tarifverträge vertrauensvoll und im Zusammenwirken mit den im Betrieb vertretenen Gewerkschaften und Arbeitgebervereinigungen zum Wohl der Arbeitnehmer und des Betriebes zusammen." Diese Generalklausel wird durch § 74 BVG ergänzt: „Arbeitgeber und Betriebsrat sollen mindestens einmal im Monat zu einer Besprechung zusammentreten. Sie haben über strittige Fragen mit dem ernsten Willen zur Einigung zu verhandeln und Vorschläge für die Beilegung von Meinungsverschiedenheiten zu machen." Beide Parteien haben bei ihren Bemühungen „Betätigungen zu unterlassen, durch die der Arbeitsablauf oder der Frieden des Betriebes beeinträchtigt werden".

Die im Betriebsverfassungsgesetz normierten Arbeitnehmerrechte lassen sich folgenden Komplexen zuordnen:

- Rechte des **einzelnen** Arbeitnehmers,
- Mitwirkungs- und Mitbestimmungsrechte des Betriebsrates bei der **Berufsbildung** und
- Mitbestimmungsrechte des Betriebsrates in **sozialen, personellen** und **wirtschaftlichen Angelegenheiten**.

Die §§ 81–86 BVG garantieren jedem **einzelnen** Arbeitnehmer folgende **Mitwirkungs- und Beschwerderechte**:

- das Recht auf **Unterrichtung** durch den Arbeitgeber über seine Aufgabe und Verantwortung, über die Art seiner Tätigkeit und die mit ihr verbundenen Unfall- und Gesundheitsgefahren sowie die zu ihrer Abwendung geeigneten Maßnahmen;
- das Recht auf **Anhörung** in betrieblichen Angelegenheiten, die seine Person betreffen, das Recht auf **Stellungnahme** zu den betreffenden Maßnahmen des Arbeitgebers sowie das Recht auf eigene **Vorschläge** für die Gestaltung des Arbeitsplatzes und des Arbeitsablaufes;
- das Recht auf **Erläuterung** der Berechnung und Zusammensetzung seines Arbeitsentgeltes sowie auf **Erörterung** seiner Leistungsbeurteilung wie auch der Möglichkeiten seiner beruflichen Entwicklung im Betrieb;
- das Recht auf **Beschwerde** für den Fall, daß er sich vom Arbeitgeber oder von Arbeitnehmern des Betriebs benachteiligt oder ungerecht behandelt und in sonstiger Weise beeinträchtigt fühlt.

Auch § 90 BVG dient der Wahrung der Rechte einzelner Arbeitnehmer. Ihm zufolge hat der Arbeitgeber den Betriebsrat über die Planung von Neu-, Um- und Erweiterungsbauten, von technischen Anlagen, von Arbeitsverfahren, Arbeitsabläufen und Arbeitsplätzen rechtzeitig zu **unterrichten** und mit ihm hinsichtlich der erwarteten Auswirkungen und eventuell zu ergreifender Maßnahmen zu **beraten**.

Arbeitgeber und Betriebsrat haben nach § 96 BVG im Rahmen der betrieblichen Personalplanung die **Berufsausbildung** der Arbeitnehmer zu **fördern** und gemeinsam über die Errichtung und Ausstattung betrieblicher Einrichtungen zur Berufsausbildung, die Einführung betrieblicher Bildungsmaßnahmen und die Teilnahme an außerbetrieblichen Bildungsmaßnahmen zu **beraten** (§ 97 BVG). § 98 BVG schließlich zuerkennt dem Betriebsrat ein **Widerspruchsrecht** hinsichtlich der Bestellung von mit der Durchführung der betrieblichen Berufsausbildung zu betrauenden Personen.

Das **Mitbestimmungsrecht** des Betriebsrates in **sozialen Angelegenheiten** regelt sich nach § 87 BVG. Danach umfaßt es:

- Fragen der Ordnung des Betriebes und des Verhaltens der Arbeitnehmer im Betrieb;
- Festlegung der täglichen Arbeitszeit und ihre Verteilung auf die einzelnen Wochentage;
- vorübergehende Verkürzung oder Verlängerung der betriebsüblichen Arbeitszeit;
- Zeit, Ort und Art der Auszahlung der Arbeitsentgelte;
- Aufstellung allgemeiner Urlaubsgrundsätze und des Urlaubsplans;
- Einführung und Anwendung technischer Einrichtungen zur Arbeitsüberwachung;
- Regelungen über die Verhütung von Arbeitsunfällen und Berufskrankheiten;
- Form, Ausgestaltung und Verwaltung von Sozialeinrichtungen;
- Zuweisung und Kündigung von Werkswohnungen;
- Fragen der betrieblichen Lohngestaltung;
- Festsetzung der Akkord- und Prämiensätze;
- Grundsätze über das betriebliche Vorschlagswesen.

Die **Mitbestimmungsrechte** des Betriebsrates in **personellen Angelegenheiten** erstrecken sich auf **allgemeine personelle Angelegenheiten** und **personelle Einzelmaßnahmen**. So kann der Betriebsrat nach den Bestimmungen der §§ 92–98 BVG über **allgemeine personelle Angelegenheiten** vom Arbeitgeber rechtzeitig und umfassende Unterrichtung verlangen über die Personalplanung, insbesondere über den gegenwärtigen und künftigen Personalbedarf, sowie über die sich daraus ergebenden Maßnahmen einschließlich solcher der Berufsbildung. Der Betriebsrat hat das Recht, mit dem Arbeitgeber über Art und Umfang der erforderlichen Maßnahmen zu beraten, insbesondere über die Vermeidung von Härten. Hinsichtlich der Einführung einer Personalplanung und ihrer Durchführung hat der Betriebsrat ein Vorschlagsrecht. Er kann außerdem verlangen, daß neu zu besetzende Arbeitsplätze innerhalb des Betriebes ausgeschrieben werden. Richtlinien über die Personalauswahl bei Einstellungen, Versetzungen, Umgruppierungen und Kündigungen bedürfen seiner Zustimmung. Der Betriebsrat hat ein Mitbestimmungsrecht über Weiterbildungsmaßnahmen, falls durch vom Arbeitgeber veranlaßte Maßnahmen die Qualifikation der Beschäftigten zu sinken droht.

Bei **personellen Einzelmaßnahmen** ergeben sich die Mitbestimmungsrechte des Betriebsrates aus den §§ 99–103 BVG. Sie gelten für Betriebe mit mehr als 20 Arbeitnehmern. In ihnen hat der Arbeitgeber den Betriebsrat vor jeder Einstellung, Eingruppierung, Umgruppierung und Versetzung zu unterrichten, ihm die Bewerbungsunterlagen vorzulegen, Auskunft über die betreffenden Personen und die Auswirkungen der angestrebten Maßnahmen zu geben und seine Zustimmung dazu einzuholen. In bestimmten Fällen (§ 99 (1) BVG) kann der Betriebsrat seine Zustimmung verweigern. Auch ist der Betriebsrat vor jeder Kündigung zu hören. Dabei

3 Arbeitsökonomie

sind die Gründe der Kündigung offenzulegen. Der Betriebsrat kann unter bestimmten Voraussetzungen einer ordentlichen Kündigung widersprechen (§ 102 (3) BVG).

Die §§ 106–113 BVG regeln die **Mitbestimmungsrechte** in **wirtschaftlichen Angelegenheiten**. Sie gelten für Unternehmen mit mehr als 100 Arbeitnehmern. In ihnen stehen einem vom Betriebsrat aus Betriebsangehörigen gebildeten **Wirtschaftsausschuß** umfassende **Informations- und Beratungsrechte** über wirtschaftliche Angelegenheiten des Unternehmens zu. Zu diesen wirtschaftlichen Angelegenheiten gehören insbesondere:

– die wirtschaftliche und finanzielle Lage des Unternehmens,
– die Produktions- und Absatzlage,
– das Produktions- und Investitionsprogramm,
– Rationalisierungsvorhaben,
– Fabrikations- und Arbeitsmethoden, insbesondere die Einführung neuer Arbeitsmethoden,
– die Einschränkung oder Stillegung von Betrieben oder Betriebsteilen,
– die Verlegung von Betrieben oder Betriebsteilen,
– der Zusammenschluß von Unternehmen,
– die Änderung der Betriebsorganisation oder des Betriebszweckes,
– sonstige Vorgänge und Vorhaben, welche die Interessen der Arbeitnehmer des Unternehmens wesentlich berühren können.

Der **Wirtschaftsausschuß** soll nach § 108 BVG monatlich einmal zusammentreten. An seinen Sitzungen hat der Unternehmer oder sein Vertreter teilzunehmen. Wird eine Auskunft über wirtschaftliche Angelegenheiten des Unternehmens im Sinne des § 106 BVG entgegen dem Verlangen des Wirtschaftsausschusses nicht, nicht rechtzeitig oder nur ungenügend erteilt und kommt hierüber zwischen Unternehmer und Betriebsrat keine Einigung zustande, so entscheidet die **Einigungsstelle**. Sie gilt gemäß § 76 BVG generell als Einrichtung zur Beilegung der in Anwendung des Betriebsverfassungsgesetzes auftretenden Meinungsverschiedenheiten zwischen Arbeitgeber und Betriebsrat. Durch Betriebsvereinbarung kann eine ständige Einigungsstelle eingerichtet werden.

Dem Betriebsverfassungsgesetz entsprechen im Bereich des öffentlichen Dienstes **das Bundespersonalvertretungsgesetz** von 1974 (zuletzt geändert 1980) und die **Personalvertretungsgesetze der Länder**.

### 3.3.3 Das Montanmitbestimmungsgesetz

Das Montanmitbestimmungsgesetz sieht für Kapitalgesellschaften (Aktiengesellschaften und Gesellschaften mit beschränkter Haftung) des Bergbaus und der eisen- und stahlerzeugenden Industrie mit mehr als 1000 Arbeitnehmern eine **paritätische Besetzung der Aufsichtsräte** vor. Dies bedeutet: Von den in der Regel 11 Aufsichtsratsmitgliedern müssen 5 Arbeitnehmervertreter sein; weitere 5 Mitglieder des Aufsichtsrates sind Vertreter der Anteilseigner, während das elfte, „neutrale" Mitglied mit der Mehrheit der Aufsichtsratsstimmen vorgeschlagen werden muß. Von den 5 Arbeitnehmervertretern – unter denen sich 1 Arbeiter und 1 Angestellter aus einem Betrieb des Unternehmens befinden müssen – werden 2 von den Betriebsräten des Unternehmens, die anderen 3 von den im Unternehmen vertretenen **Gewerkschaften** vorgeschlagen (§ 6 MoMitbestG). Damit erhalten die Gewerkschaften eine legale Einflußmöglichkeit auf die Besetzung der Aufsichtsräte und darüber hinaus über den Aufsichtsrat auf den Vorstand. Denn der aus 3 Mitgliedern bestehende Vorstand des Unternehmens wird vom Aufsichtsrat bestellt. Eines dieser gleichberechtigten Vorstandsmitglieder ist der **Arbeitsdirektor**. Er kann nicht gegen die Stimmen der Arbeitnehmervertreter im Aufsichtsrat bestellt oder abberufen werden (§ 13 MoMitbestG). Als Vertrauensmann der Arbeitnehmer ist er in der Regel für Personal- und Sozialangelegenheiten zuständig.

Die durch das Betriebsverfassungsgesetz gesicherten Rechte der betrieblichen Mitbestimmung gelten auch in den dem Montanmitbestimmungsgesetz unterliegenden Unternehmen.

### 3.3.4 Das Mitbestimmungsgesetz

Das Mitbestimmungsgesetz gilt – abgesehen von den der Montanmitbestimmung unterliegenden Unternehmen und den sogenannten Tendenzunternehmen[1] für alle Unternehmen mit eigener Rechtspersönlichkeit (d.s. Aktiengesellschaften, Kommanditgesellschaften auf Aktien, Gesellschaften mit beschränkter Haftung und Genossenschaften), die in der Regel mehr als 2000 Arbeitnehmer beschäftigen. Die **Aufsichtsräte** dieser Unternehmen werden **paritätisch** mit Vertretern der Anteilseigner und der Arbeitnehmer – das sind je nach Unternehmensgröße 6, 8 oder 10 Vertreter – **besetzt**. Je nach Größe des Aufsichtsrates müssen 4, 6 oder 7 Sitze mit Arbeitnehmern des Unternehmens besetzt werden (§ 7 MitbestG), wobei Arbeiter, Angestellte und leitende Angestellte im Verhältnis ihres zahlenmäßigen Anteils an der Gesamtbelegschaft, mindestens jedoch mit jeweils 1 Sitz (Minderheitenschutz § 15 Abs. 2 MitbestG) zu berücksichtigen sind. Die restlichen Aufsichtsratssitze der Arbeitnehmer sind für die im Unternehmen beziehungsweise Konzern vertretenen **Gewerkschaften** bestimmt (§ 7 MitbestG).

Trotz der zahlenmäßigen Parität von Arbeitgeber- und Arbeitnehmervertretern im Aufsichtsrat führt das meist arbeitgeberorientierte Abstimmungsverhalten des/der leitenden Angestellten zu einer faktischen Stärkung der Arbeitgeberseite. „Dieses wahrscheinliche faktische Ungleichgewicht" (H. Lampert) wird dadurch noch verstärkt, daß der Aufsichtsratsvorsitzende, der – falls er nicht im ersten Wahlgang durch eine 2/3 Mehrheit der Aufsichtsratsmitglieder der Anteilseigner bestimmt wird (§ 27(2) MitbestG), bei Abstimmungen mit Stimmengleichheit zwei Stimmen hat (§ 29 (3) MitbestG) und damit den Ausschlag gibt. Diese Regelung wird damit begründet, daß eine absolute Parität im Aufsichtsrat allzu leicht wichtige unternehmerische Entscheidungen blockieren und damit die Funktionsfähigkeit des Unternehmens gefährden könnte. Wie Lampert betont, dürfte dem rechtlichen Übergewicht der Anteilseigner jedoch realiter weniger Bedeutung zukommen, weil sich in der Regel beide Parteien, Arbeitgeber wie Arbeitnehmer, an einer gemeinsam getragenen Entscheidung interessiert zeigen.

---

[1] Tendenzunternehmen im Sinne des § 118 Betriebsverfassungsgesetz von 1972 sind solche Unternehmen, die politischen, konfessionellen, karitativen, erzieherischen, wissenschaftlichen oder künstlerischen Bestimmungen oder Zwecken der Berichterstattung oder Meinungsäußerungen dienen.

3 Arbeitsökonomie　　　　　　　　　　　　　　　　　　　　　　　　107

Auch nach dem Mitbestimmungsgesetz wird vom Aufsichtsrat mit $^2/_3$ Mehrheit ein **Arbeitsdirektor** als gleichberechtigtes Mitglied in den Vorstand gewählt. Diese Wahl kann auch gegen die Mehrheit der Arbeitnehmerstimmen im Aufsichtsrat erfolgen, obwohl auch hier im allgemeinen ein gemeinsam getragener Beschluß gesucht wird. Dem Arbeitsdirektor obliegen in erster Linie die Personal- und Sozialangelegenheiten des Unternehmens.

### 3.3.5 Anmerkungen

Die in der Bundesrepublik Deutschland praktizierte Mitbestimmung der Arbeitnehmer ist die weitestreichende in marktwirtschaftlichen Ordnungen. Diese Tatsache ist sicherlich mit ein Grund dafür, daß unserer Wirtschaft bislang größere soziale Unruhen erspart blieben. Dennoch, wenn auch das Recht auf Mitbestimmung heute allgemein anerkannt wird, darf nicht übersehen werden, daß **Art und Umfang** ihrer Gestaltung recht kontrovers diskutiert werden. So vor allem:

- die Frage der Vereinbarkeit der Mitbestimmung mit der Eigentumsgarantie des Art. 14 GG;

- die Frage des Einbezugs unternehmensfremder Gewerkschaftsvertreter in die betrieblichen Mitbestimmungsorgane;

- die Auswirkungen der Mitbestimmung auf den marktwirtschaftlichen Steuerungsmechanismus;

- die Frage der Vereinbarkeit von Mitbestimmung und Tarifautonomie, und

- die Bedeutung von Mitbestimmung für den (Wirtschafts-)Standort Deutschland.

### 3.3.6 Europäische Betriebsräte

Die EU-Richtlinie über Europäische Betriebsräte von 1994, die Ende 1996 in deutsches Recht umgesetzt wurde, schuf den Arbeitnehmern unter bestimmten Voraussetzungen das Recht, ihre Interessen auf europäischer Ebene zu artikulieren. Die Richtlinie bezieht sich auf **europaweit tätige Unternehmen** oder Unternehmensgruppen, die im Europäischen Wirtschaftsraum – das heißt in den 15 EU-Ländern sowie in Island, Liechtenstein und Norwegen – insgesamt mindestens 1000 Arbeitnehmer beschäftigen und davon in zwei Staaten mindestens 150. Sie bezieht sich auch auf Konzerne mit Stammsitz in den USA, in Japan oder der Schweiz, soweit die vorgenannten Kriterien auf sie zutreffen. In diesen Unternehmen sind Europäische Betriebsräte oder andere Verfahren zur grenzübergreifenden Unterrichtung und Anhörung der Arbeitnehmer einzurichten. Dabei bleibt den beteiligten Parteien Spielraum für freiwillige Vereinbarungen u. a. über Zuständigkeit und Aufgaben, Zusammensetzung und Finanzierung des Europäischen Betriebsrates und die Einbeziehung von Betrieben außerhalb des Europäischen Wirtschaftsraumes. Vereinbarungen können zwischen einem repräsentativ zusammengesetzten Verhandlungsgremium der Arbeitnehmer und der zentralen Leitung des Unternehmens ausgehandelt werden. Nur wenn keine Verhandlungslösung zustande kommt, wird ein Europäischer Betriebsrat nach den gesetzlichen Standardvorschriften gebildet. Dieser („gesetzliche") Europäische Betriebsrat besteht aus mindestens 3 gewählten Mitgliedern, wobei jedes Land, in dem sich eine Niederlassung des Unternehmens befindet, durch mindestens einen Vertreter repräsentiert sein muß. Die Unternehmensleitung muß den Europäischen Betriebsrat u. a. über die Struktur und die Situation des Unternehmens, über die Beschäftigungslage, die Investitionen, über grundlegende Änderungen der Organisation, die Einführung neuer Arbeits- und Fertigungsverfahren, Produktionsverlagerungen, Fusionen, Betriebsschließungen und Massenentlassungen unterrichten.

### 3.3.7 Kontrollfragen zu 3.3

1. Wie läßt sich das Recht auf Mitbestimmung der Arbeitnehmer am arbeitgebenden Unternehmen begründen?
2. Welche Gesetze regeln die Mitbestimmung der Arbeitnehmer und für welche Unternehmen gelten sie?
3. Welche Überlegungen rechtfertigen die Hinzuziehung von Gewerkschaftsvertretern zu Betriebsratssitzungen?
4. Zu welchen Komplexen lassen sich die im Betriebsverfassungsgesetz normierten Arbeitnehmerrechte zusammenfassen?
5. Welche Rechte und Aufgaben obliegen dem Wirtschaftsausschuß?
6. Wie gestaltet sich die paritätische Mitbestimmung nach dem Montanmitbestimmungsgesetz?
7. Welche strategische Bedeutung kommt den leitenden Angestellten in den nach dem Mitbestimmungsgesetz gebildeten Aufsichtsräten zu?
8. Welche Bedeutung zuerkennt das Mitbestimmungsgesetz dem Arbeitsdirektor?
9. In welchen herausragenden Fragestellungen wird die Mitbestimmung kontrovers diskutiert?

### 3.3.8 Literaturhinweise zu 3.3

*Bundesministerium für Arbeit und Sozialordnung,* (Hrsg.) Übersicht über das Arbeitsrecht, 8., neubearbeitete u. erweiterte Aufl., München–Wien 2000.
*Lampert, H.,* Die Wirtschafts- und Sozialordnung der Bundesrepublik Deutschland, 14. Aufl., München 2001.
*May, H.,* Wirtschaftsbürger-Taschenbuch, 5. Aufl., München–Wien 2001, Kapitel 5.3.2.3: Mitwirkung und Mitbestimmung der Arbeitnehmer.

## 3.4 Der Schutz des Arbeitnehmers

### 3.4.0 Leitziel

Kenntnis der wichtigsten gesetzlichen Regelungen zum Schutze des Arbeitnehmers vor betrieblichen Schädigungen und Gefahren, zeitlicher Überbeanspruchung sowie ungerechtfertigter und kurzfristiger Kündigung des Arbeitsverhältnisses.

### 3.4.1 Begründung und Übersicht

Um den Arbeitnehmer vor betrieblichen Schädigungen und Gefahren, zeitlicher Überbeanspruchung sowie ungerechtfertigter und kurzfristiger Kündigung seines Arbeitsverhältnisses zu bewahren, wurde – durch die ständigen arbeitsweltlichen Erfahrungen und das zunehmende Selbstbewußtsein der Arbeitnehmer und ihrer Gewerkschaften gespeist – in einem vor 150 Jahren[1] seinen Ausgang nehmenden und bis heute anhaltenden Entwicklungsprozeß ein **Arbeitsschutzrecht** geschaffen, das in seinem sozialpolitischen Standard hohes internationales Ansehen genießt. Die Bestimmungen dieses **Arbeitnehmerschutzes** lassen sich drei Komplexen zuordnen:

- **Gefahrenschutz,**
- **Arbeitszeitschutz** und
- **Schutz des Arbeitsverhältnisses.**

### 3.4.2 Der Gefahrenschutz

Der Gefahrenschutz richtet sich auf die Vermeidung beziehungsweise die Abwendung von betrieblichen Situationen und Sachverhalten, aus denen dem Arbeitnehmer Unfälle, Krankheiten wie auch physische und psychische Belastungen erwachsen können. Er hat seine allgemeine Rechtsgrundlage im § 618 Bürgerliches Gesetzbuch (BGB), der den Arbeitgeber verpflichtet,

> Räume und Vorrichtungen oder Gerätschaften so einzurichten und die Arbeitsleistungen so zu veranlassen, daß der Arbeitnehmer gegen Gefahr für Leib und Leben soweit geschützt ist, als es die Natur der zu verrichtenden Arbeitsleistung gestattet.

Die **Gewerbeordnung** (GewO) von 1869 in der Fassung von 1978 mit späteren Änderungen nimmt diese Vorschrift in § 120 a Abs. 1 ebenfalls auf, um sie dann in Abs. 2 und 3 wie folgt zu präzisieren:

> „(2) Insbesondere ist für genügend Licht, ausreichenden Luftraum und Luftwechsel, Beseitigung des bei dem Betrieb entstehenden Staubes, der dabei entwickelten Dünste und Gase sowie der dabei entstehenden Abfälle Sorge zu tragen.

> „(3) Ebenso sind diejenigen Vorrichtungen herzustellen, welche zum Schutze der Arbeitnehmer gegen gefährliche Berührungen mit Maschinen oder Maschinenteilen oder gegen andere in der Natur der Betriebsstätte oder des Betrie-

---

[1] Als erstes deutsches Arbeitnehmerschutzgesetz muß das am 9. März 1839 erlassene preußische „Regulativ über die Beschäftigung jugendlicher Arbeiter in Fabriken" gesehen werden.

bes liegende Gefahren, namentlich auch gegen die Gefahren, welche aus Fabrikbränden erwachsen können, erforderlich sind."

Die dem Arbeitgeber obliegende Pflicht zur Wahrung von Sitte und Anstand und damit zur Abwendung sittlicher Gefahren normiert § 120 b Abs. 1 GewO:

„Die Gewerbeunternehmer sind verpflichtet, diejenigen Einrichtungen zu treffen und zu unterhalten und diejenigen Vorschriften über das Verhalten der Arbeiter im Betriebe zu erlassen, welche erforderlich sind, um die Aufrechterhaltung der guten Sitten und des Anstandes zu sichern."

§ 120e GewO schließlich sieht vor, daß das Bundesministerium für Arbeit und Sozialordnung mit Zustimmung des Bundesrates beziehungsweise der obersten Landesbehörden den spezifischen Erfordernissen bestimmter Produktionszweige (beispielsweise Bergwerke, chemische Industrie) sowie den besonderen Schutzbedürfnissen bestimmter Personengruppen (beispielsweise Jugendliche, Frauen) durch Rechtsverordnung Rechnung tragen kann.

Neben den Vorschriften der Gewerbeordnung normieren eine Reihe weiterer Rechtsquellen den betrieblichen Gefahrenschutz. So § 708 **Reichsversicherungsordnung** (RVO) von 1911, die den Berufsgenossenschaften als Träger der Unfallversicherung vorschreibt, für die Betriebe der verschiedenen Wirtschaftsbereiche Unfallverhütungsvorschriften zu erlassen, die Aufschluß geben über geeignete Maßnahmen zur Vermeidung oder Einschränkung von Schaden durch Unfälle oder Berufskrankheiten; die **Erste Verordnung über den Schutz vor Schäden durch Strahlen radioaktiver Stoffe** von 1965; das **Maschinenschutzgesetz** von 1968, das nur unfallgeschützte Arbeitsmittel zum Handel zuläßt; die **Verordnung über gefährliche Arbeitsstoffe** von 1971; das **Arbeitssicherheitsgesetz** von 1973, das die Arbeitgeber in Zusammenarbeit mit den Betriebsräten verpflichtet, Betriebsärzte und Fachkräfte für Arbeitssicherheit zu bestellen; die **Lärmschutzrichtlinien** von 1974; die **Arbeitsstättenverordnung** von 1975, welche die an betriebliche Räume, Verkehrswege und Einrichtungen zu stellenden Anforderungen definiert.

### 3.4.3 Der Arbeitszeitschutz

Der Arbeitszeitschutz umfaßt die Regelungen zur (täglichen, wöchentlichen und jährlichen) Arbeitszeit und strebt damit die Bewahrung der Arbeitnehmer vor physischer und psychischer Überforderung wie auch die Sicherung einer für die Regeneration ihrer Arbeitskraft und ihre persönliche Entfaltung ausreichende Freizeit an. Seine Rechtsgrundlagen sind im wesentlichen durch folgende Gesetze bestimmt: Die **Gewerbeordnung**, das **Arbeitszeitgesetz** (ArbZG) von 1994, das **Ladenschlußgesetz** von 1956 in der Fassung von 1996, das **Bundesurlaubsgesetz** (BundUrlG) von 1963 (zuletzt geändert durch Gesetz von 1974), das **Gesetz zum Schutz der erwerbstätigen Mutter** (MuSchG) in der Fassung von 1968 (zuletzt geändert durch Gesetz von 1983) und das **Gesetz zum Schutz der arbeitenden Jugend** (Jugendarbeitsschutzgesetz, JArbSchG) von 1976 (zuletzt geändert 1997).

Die uns hier am bedeutsamsten erscheinenden Aussagen dieser Gesetze sind:

– Kinderarbeit ist grundsätzlich verboten (§ 5 JArbSchG);

– an Sonn- und Feiertagen darf im allgemeinen nicht gearbeitet werden (§ 105b GewO), wirtschaftlich und technisch begründete Ausnahmen sind zugelassen (§ 105 c bis i GewO);

3 Arbeitsökonomie    111

- für Jugendliche ist Nacht-, Sonn- und Feiertagsarbeit grundsätzlich verboten (§§ 14, 17, 18 JArbSchG);
- Jugendliche dürfen nicht beschäftigt werden mit Arbeiten, die
  ihre Leistungsfähigkeit übersteigen,
  sie sittlichen Gefahren aussetzen,
  mit Unfallgefahren verbunden sind, die sie wahrscheinlich nicht erkennen oder abwenden können,
  ihre Gesundheit durch außergewöhnliche Hitze, Kälte oder Nässe bedrohen,
  sie schädlichen Einwirkungen von Lärm, Erschütterungen, Strahlen oder giftigen, ätzenden oder reizenden Stoffen aussetzen (§ 22 JArbSchG);
- Jugendliche dürfen nicht mit Akkordarbeit befaßt werden (§ 23 JArbSchG);
- Jugendlichen steht ein Mindesturlaub von 25 Tagen zu (§ 19 JArbSchG);
- auch für werdende Mütter ist Nacht-, Sonn- und Feiertagsarbeit verboten (§ 8 MuSchG), sie dürfen auch nicht in den letzten 6 Wochen vor und in den ersten 8 Wochen nach der Geburt beschäftigt werden (§§ 3 und 6 MuSchG);
- die regelmäßige werktägliche Arbeitszeit darf die Dauer von 8 Stunden nicht überschreiten. Sie kann auf bis zu 10 Stunden nur verlängert werden, wenn innerhalb von 6 Kalendermonaten oder innerhalb von 24 Wochen im Durchschnitt 8 Stunden werktäglich nicht überschritten werden (§ 3 ArbZG).
- zwischen den (täglichen) Arbeitszeiten sind bestimmte Mindestruhezeiten und während der Arbeitszeit bestimmte Mindestruhepausen einzuhalten (§§ 4 und 5 ArbZG);
- erwachsene Arbeitnehmer haben einen bezahlten Mindesturlaub von 18 Werktagen (§ 3 BundUrlG).

### 3.4.4 Der Schutz des Arbeitsverhältnisses

Das Arbeitsverhältnis ist in der Regel die Existenzgrundlage des Arbeitnehmers. Als solches verlangt es nach einer gewissen zeitlichen Gesichertheit, nicht zuletzt deshalb, damit der Arbeitnehmer die wirtschaftlichen Dispositionen seines Haushalts verantwortungsvoll treffen kann. Dieser Erkenntnis trägt der Staat dadurch Rechnung, daß er den Bestand des Arbeitsverhältnisses unter seinen rechtlichen Schutz stellt. Neben der Gesamtheit der Arbeitnehmer finden hierbei Mütter, Wehrpflichtige, Schwerbeschädigte und Betriebsräte seine besondere Beachtung.

Das herausragende Instrument zum Schutze des Arbeitsverhältnisses ist das **Kündigungsschutzgesetz** (KSchG) von 1951 in der Fassung von 1969 (zuletzt geändert durch Gesetz von 2000). Ihm liegt die Absicht zugrunde, den Arbeitnehmer vor ungerechtfertigter und kurzfristiger Kündigung zu bewahren.

Die wichtigsten Rechtsvorschriften der Gesetze zum Schutze des Arbeitsverhältnisses lassen sich wie folgt darstellen:

**Allgemeinen Schutz vor sozial ungerechtfertigter Kündigung** genießen alle Arbeitnehmer, die ohne Unterbrechung länger als 6 Monate in demselben Betrieb beschäftigt sind (§ 1 Abs. 1 KSchG). Eine Kündigung ist unter diesen Voraussetzungen nur dann möglich, wenn sie durch Gründe bedingt ist, die in der Person respektive dem Verhalten des Arbeitnehmers (beispielsweise geringe Leistungsfähigkeit, abweisendes Verhalten gegenüber der Kundschaft, fachliche Unfähigkeit) liegen oder aber durch dringende betriebliche Erfordernisse (beispielsweise Änderung der Produktion, Rationalisierung, Auftragsrückgang) veranlaßt ist (§ 1 Abs. 2 KSchG). Hält ein Arbeitnehmer eine Kündigung für sozial ungerechtfertigt, so kann er innerhalb einer Woche beim Betriebsrat Einspruch einlegen oder innerhalb 3 Wochen beim Arbeitsgericht Klage erheben (§ 2 KSchG). Entspricht das Arbeitsgericht der Klage, so gilt die Kündigung als von Anfang an unwirksam; ist jedoch dem Arbeitnehmer die Fortsetzung des Arbeitsverhältnisses nicht mehr zumutbar, so kann das Arbeitsgericht den Arbeitgeber zu einer einmaligen Abfindung von bis zu 18 Monatsverdiensten verurteilen (§ 9 KSchG). Für Vorstandsmitglieder, Geschäftsführer und Betriebsleiter gilt dieser allgemeine Kündigungsschutz nicht (§ 14 KSchG).

**Besonderen Kündigungsschutz** genießen:

- **Betriebsratsmitglieder** und **Mitglieder der Jugendvertretung** während ihrer Amtszeit und bis zu einem Jahr danach. Mit dieser Sonderbehandlung soll den Betriebsräten und Jugendvertretern die für die Ausübung ihres Amtes notwendige Unabhängigkeit gesichert und gleichzeitig die Gefahr gebannt werden, als unbequeme Belegschaftsmitglieder entlassen zu werden (§ 15 KSchG).

- **Werdende Mütter** während der Schwangerschaft und 4 Monate nach der Entbindung (§ 9 MuSchG).

- **Schwerbehinderte.** Ihnen kann nur mit Zustimmung der Fürsorgestelle gekündigt werden (§ 12 f. Schwerbehindertengesetz).

- **Auszubildende.** Ihnen kann nach Ablauf der Probezeit nicht mehr gekündigt werden (§ 15 Berufsbildungsgesetz von 1969).

- **Wehrdienstleistende** für die Dauer des Grundwehrdienstes und der Wehrübungen (§ 2 Arbeitsplatzschutzgesetz in der Fassung von 1980) und **Zivildienstleistende** (§ 78 Zivildienstgesetz in der Fassung von 1973).

- **Langjährige Angestellte** (§ 2 Gesetz über die Fristen für die Kündigung von Angestellten von 1926).

- **Betroffene von Massenkündigungen** (§ 17 KSchG). Der Arbeitgeber ist verpflichtet, dem Arbeitsamt unter Beifügung der Stellungnahme des Betriebsrates schriftlich Anzeige zu erstatten, bevor er

  - in Betrieben mit in der Regel mehr als 20 und weniger als 50 Arbeitnehmern mehr als 5 Arbeitnehmer,

  - in Betrieben mit in der Regel mindestens 50 und weniger als 500 Arbeitnehmern 10 vom Hundert der im Betrieb regelmäßig beschäftigten Arbeitnehmer oder aber mehr als 25 Arbeitnehmer,

  - in Betrieben mit in der Regel mindestens 500 Arbeitnehmern mindestens 50 Arbeitnehmer

  innerhalb von 4 Wochen entläßt. Solche Massenentlassungen werden vor Ablauf eines Monats nach Eingang der Anzeige beim Arbeitsamt nur mit Zustimmung des Landesarbeitsamtes wirksam (§ 18 Abs. 1 KSchG). Das Landesarbeitsamt kann im Einzelfall bestimmen, daß die Entlassungen nicht vor Ablauf von längstens 2 Monaten wirksam werden.

Das Recht des Arbeitgebers zur **fristlosen Kündigung aus triftigem Grund** (so beispielsweise wegen grober Pflichtverletzung, Tätlichkeit, Diebstahl, Unterschlagung) wird durch die Regelungen zum Schutz des Arbeitsverhältnisses nicht berührt.

### 3.4.5 Kontrollfragen zu 3.4

1. Inwiefern ist der Arbeitnehmer schutzbedürftig?
2. Vor welchen Gefahrenkomplexen wird der Arbeitnehmer geschützt?
3. Welches sind die zentralen Instrumente zum Schutze des Arbeitnehmers?
4. Welche Arbeitnehmergruppen genießen ein besonderes staatliches Schutzinteresse?

### 3.4.6 Literaturhinweise zu 3.4

*Bundesministerium für Arbeit und Sozialordnung* (Hrsg.), Übersicht über das Arbeitsrecht, 8., neubearbeitete u. erweiterte Aufl., München–Wien 2000.
*Frerich, J.*, Sozialpolitik, 3. Aufl., München–Wien 1996.
*May, H.*, Wirtschaftsbürger-Taschenbuch, 5. Aufl., München–Wien 2001, Kapitel 5.2.5.4: Kündigungsschutz (der Arbeitnehmer).

## 3.5 Die soziale Sicherung des Arbeitnehmers

### 3.5.0 Leitziel

Kenntnis der gesetzlichen Regelungen zur Sicherung des Arbeitnehmers gegenüber den Wechselfällen des Arbeitslebens.

### 3.5.1 Begründung und Übersicht

Um die Arbeitnehmer und gegebenenfalls ihre von ihnen als Ernährer abhängigen Angehörigen vor wirtschaftlicher Not als Folge von Krankheit, Unfall, Invalidität, Arbeitslosigkeit wie auch Alter zu schützen, wurde ein umfassendes **System sozialer Sicherung** geschaffen. Die Arbeit an diesem System nahm ihren Anfang vor über hundert Jahren. Sie wurde am 17.11.1881 durch die kaiserliche Botschaft Wilhelm II. angekündigt und zeigte ihre ersten Niederschläge in der **Bismarckschen Sozialgesetzgebung.** 1883 wurde die **Krankenversicherung,** 1884 die **Unfallversicherung** und 1889 die **Invaliditäts- und Altersversicherung** (Arbeiterrentenversicherung) gesetzlich geregelt. Im Jahre 1911 wurden diese Regelungen in der heute noch gültigen **Reichsversicherungsordnung** (RVO) zusammengefaßt. Im selben Jahr wurde auch die **Angestelltenversicherung** (Angestelltenrentenversicherung) gesetzlich verankert. 1927 folgte die **Arbeitslosenversicherung** und 1995 die **Pflegeversicherung.**

Nach dem Zweiten Weltkrieg wurde 1957 die Rentenversicherung reformiert. Eine Vielzahl sozialversicherungsrechtlicher Neuerungen folgte. So wurden unter anderem die Lohnfortzahlung für Arbeiter im Krankheitsfall (1969), die Gleichstellung der Arbeiter mit den Angestellten in der Krankenversicherung (1970), wie auch die flexible Altersgrenze für die Rentenberechtigung (1972) eingeführt.

Unser System der sozialen Sicherung wird heute von fünf Säulen getragen:
- der Krankenversicherung,
- der Unfallversicherung,
- der Rentenversicherung,
- der Arbeitslosenversicherung und
- der Pflegeversicherung.

Die einzelnen **Sozialversicherungen** unterliegen dem **Solidaritätsprinzip,** das heißt, die Versicherten tragen die verschiedenen Risiken weitgehend als **Selbsthilfeorganisation.** Da für den Großteil der Arbeitnehmer der Beitritt zu den einzelnen Versicherungen gesetzliche **Pflicht** ist, sind sie für diese **Zwangsversicherungen.** Ihre Finanzierung erfolgt über die Pflichtbeiträge der Arbeitnehmer und Arbeitgeber sowie über erhebliche staatliche Zuschüsse.

Die Sozialversicherungen sind **Körperschaften des öffentlichen Rechts,** die sich selbst verwalten. Ihre Selbstverwaltung offenbart sich darin, daß ihre Organe – die Vertreterversammlungen und die Vorstände – mit Vertretern der versicherten Arbeitnehmer und der beitragspflichtigen Arbeitgeber – in der Regel – paritätisch besetzt sind.

Die **erzwungene Selbstvorsorge** gilt nicht für alle Gruppen unserer Wirtschaftsgesellschaft. So sind Beamte und Selbständige nicht sozialversicherungspflichtig. Während den Beamten die Vorsorge gegen die Wechselfälle des Lebens zumindest zum Teil (durch Beihilfe, weitgehende Arbeitsplatzsicherung, Pension) durch den Staat abgenommen wird **(Versorgungsprinzip),** bleibt es jedem Selbständigen selbst überlassen, seine Lebensrisiken durch eine **freiwillige Selbstvorsorge** abzusichern **(Individualprinzip).**

### 3.5.2 Die Krankenversicherung

Die Krankenversicherung hat ihre gesetzlichen Grundlagen hauptsächlich im 5. Buch des Sozialgesetzbuches (SGB V), das 1989 das 2. Buch der RVO abgelöst hat. Darüber hinaus gelten das 1. und das 10. Buch des SGB. Danach unterliegen der Versicherungspflicht: Arbeiter und Angestellte bis zu einem bestimmten Verdienst (Versicherungspflichtgrenze 2002: 3375 Euro monatlich/40500 Euro jährlich), Rentner, Arbeitslose, Wehrdienst- und Zivildienstleistende sowie Auszubildende. Beschäftigte, deren Verdienst über der Pflichtgrenze liegt, und Personen, die nicht mehr versicherungspflichtig sind – so beispielsweise Beschäftigte, die sich selbständig machten –, können sich weiterversichern lassen.

Die Träger der Krankenversicherung sind die Krankenkassen (Ortskrankenkassen, Knappschaftskassen, Betriebskrankenkassen, Ersatzkrankenkassen wie beispielsweise Deutsche Angestellten-Krankenkasse, Barmer u. a.). Die von ihnen zu erbringenden Leistungen erstrecken sich auf:
- Vorsorgeuntersuchungen und Vorsorgekuren,
- Krankenhilfe (ärztliche und zahnärztliche Behandlung, Versorgung mit Arznei-, Verbands-, Heilmitteln und Brillen, Körperersatzstücke, orthopädische und andere Hilfsmittel, Zuschüsse zu den Kosten für Zahnersatz und Zahnkronen, häus-

3 Arbeitsökonomie 115

liche Krankenpflege, Belastungserprobung und Arbeitstherapie, Zahlung von Krankengeld, das sind nach Beendigung der Lohnfortzahlung von der 7. Woche an 80 vom Hundert des Bruttolohnes plus Familienzuschläge),
- Mutterschaftshilfe (ärztliche und finanzielle Hilfe während und nach der Schwangerschaft),
- Familienhilfe für Ehegatten und Kinder des Versicherten (Vorsorgemaßnahmen, ärztliche Betreuung, Krankenpflege, Krankenhauspflege, Sterbegeld, Familienmutterschaftshilfe),
- Haushaltshilfe.

Die Krankenkassen finanzieren sich aus Beiträgen, die je zur Hälfte von den versicherten Arbeitnehmern und ihren Arbeitgebern zu erbringen sind. Die Beiträge werden in einem Prozentsatz vom Bruttoverdienst erhoben (2002: durchschnittlich 14,1%); freiwillig Weiterversicherte zahlen im allgemeinen etwas mehr. Für die Bruttoverdienste gilt eine sogenannte **Beitragsbemessungsgrenze**[1] (2002: 3375 Euro monatlich/40500 Euro jährlich). Die Krankenkassenbeiträge für versicherte Rentner werden von den Rentenversicherungen, die für Arbeitslose von der Bundesanstalt für Arbeit geleistet.

### 3.5.3 Die Unfallversicherung

Die Unfallversicherung wird durch die Bestimmungen des siebten Buches des SGB und der §§ 537–895 RVO (zuletzt geändert durch Gesetz vom 27.6.1984) geregelt. Ihnen zufolge unterliegen dem Versicherungszwang alle gegen Entgelt beschäftigten Arbeitnehmer ohne Rücksicht auf die Höhe ihres Einkommens sowie Auszubildende und Arbeitslose. Beamte unterliegen gesonderten beamtenrechtlichen Unfallfürsorgevorschriften.

Die Träger der Unfallversicherung sind für die in privaten Unternehmen beschäftigten Arbeitnehmer die nach Berufsgruppen gegliederten Berufsgenossenschaften, für Arbeitslose die Bundesanstalt für Arbeit und für die im öffentlichen Dienst Stehenden Bund, Länder und Gemeinden. Ihre Leistungen folgen der Rangordnung: Unfallverhütung – Rehabilitation – Schadenersatz. Sie erstrecken sich im einzelnen auf:
- Unfallverhütung und -aufklärung,
- Erste Hilfe und Heilbehandlung sowie Krankengeld während deren Verlauf,
- berufsfördernde Leistungen, damit der Verletzte seinen früheren Beruf wieder ausüben beziehungsweise einen neuen Beruf oder einen neuen Arbeitsplatz finden kann,
- Verletztenrente nach Beendigung der Heilbehandlung bei mindestens 20% Erwerbsminderung,
- Hinterbliebenenrente,
- Kapitalabfindung statt Verletzten- oder Hinterbliebenenrente,
- Sterbegeld.

Die Geldleistungen werden in der Regel nach dem Jahresverdienst des Geschä-

---
[1] Maximale Verdiensthöhe, aus der der zu zahlende Beitrag berechnet wird. Auch bei höher Verdienenden wird lediglich dieser Beitrag der Beitragsberechnung zugrunde gelegt.

digten vor Unfalleintritt berechnet. Sie sind durch Gesetz an die allgemeine Lohnentwicklung angepaßt (**dynamisiert**).

Die Unfallversicherungen werden von den Arbeitgebern durch Beiträge finanziert. Ihre Höhe richtet sich zum einen nach den Verdiensten der versicherten Arbeitnehmer, zum anderen nach der Unfallgefahrenklasse, der der einzelne Betrieb entsprechend den in ihm herrschenden Unfall- und Berufskrankheitsgefahren zugeordnet wird.

### 3.5.4 Die Rentenversicherung

Gesetzliche Grundlagen der Rentenversicherung für Arbeiter und Angestellte sind das Sechste Buch des Sozialgesetzbuches (SGB VI), insbesondere folgende Teile desselben: Gesetz zur Neuregelung des Rechts der Rentenversicherung der Arbeiter von 1957, das Gesetz zur Neuregelung der Rentenversicherung der Angestellten von 1957 sowie das Reichsknappschaftsgesetz in der Fassung des Knappschaftsversicherungsneuregelungsgesetzes von 1957, neu gefaßt im Gesetz zur Errichtung der Bundesknappschaft von 1969. Danach unterliegen alle gegen Entgelt beschäftigten Arbeiter und Angestellten wie auch Auszubildende und Wehr- und Zivildienstleistende der Versicherungspflicht. Ab 1992 sind auch Bezieher von Lohnersatzleistungen (wie z.B. Krankengeld, Arbeitslosengeld etc.) sowie Bezieher von Vorruhestandsgeld versicherungspflichtig. Auch Personen, für die eine Kindererziehungszeit anzurechnen ist, unterliegen der Versicherungspflicht. Eine weitere rechtliche Grundlage bildet das Gesetz zur Reform der gesetzlichen Rentenversicherung von 1999, das vor allem die Zeit der Kindererziehung verbessert berücksichtigt, sowie das Gesetz zur Reform der Renten wegen verminderter Erwerbsfähigkeit von 2001.

Träger der Rentenversicherung für Arbeiter sind die Landesversicherungsanstalten, die Bundesbahnversicherungsanstalt und die Seekasse; Träger der Rentenversicherung für Angestellte ist die Bundesversicherungsanstalt für Angestellte. Ihre Leistungen umfassen:

- Heilbehandlung (Maßnahmen zur Wiederherstellung der Erwerbsfähigkeit),
- Berufsförderung und Umschulungsmaßnahmen zur Wiedererlangung eines Arbeitsplatzes,
- ergänzende Leistungen (soziale Betreuung und Zahlung von Überbrückungsgeldern während der Heilbehandlung und Berufsförderung),
- Rentenzahlungen
  - **Altersrente** (Altersruhegeld). Das Regelaltersruhegeld wird nach einer Mindestwartezeit (Mindestversicherungszeit) von 5 Jahren ab Vollendung des 65. Lebensjahres für Männer und Frauen gezahlt. Für Frauen wird die Altersgrenze von 60 Jahren ab dem Jahrgang 1940 stufenweise bis 65 Jahre angehoben; für Arbeitslose und Altersteilzeitbeschäftigte wird die Altersgrenze von 60 Jahren ab dem Jahrgang 1937 bis auf 65 Jahre stufenweise angehoben. Für Schwerbehinderte und Erwerbsgeminderte wird die Altersgrenze von 60 Jahren ab Jahrgang 1941 auf 63 Jahre angehoben. Für langjährig Versicherte wird die Altersgrenze von 63 Jahren ab dem Jahrgang 1937 schrittweise auf 65 angehoben.
  - **Berufsunfähigkeitsrente.** Nach dem Gesetz zur Reform der Renten wegen verminderter Erwerbsfähigkeit haben Berufsunfähige, die das 40. Lebensjahr noch

3 Arbeitsökonomie 117

nicht erreicht haben, ab 2001 keinen Anspruch mehr auf Berufsunfähigkeitsrente. Für sie wird diese Leistung ersatzlos gestrichen. Versicherte, die bei Inkrafttreten der Reform das 40. Lebensjahr vollendet hatten, behalten einen Anspruch auf Teilrente wegen Berufsunfähigkeit. Anstelle der Berufsunfähigkeitsrente tritt unter gewissen Voraussetzungen die **Erwerbsminderungsrente**.

- **Erwerbsminderungsrente** (entweder als Teilrente oder als Vollrente),
- **Hinterbliebenenrente** an Witwen, Witwer und Waisen.

Die laufenden Renten werden regelmäßig – teils automatisch, teils gesetzlich – an die Entwicklung des Lohn- und Preisniveaus angepaßt (**dynamisiert**).

Die Rentenversicherungen finanzieren sich zum einen aus den je zur Hälfte von Arbeitgebern und Arbeitnehmern aufzubringenden Beiträgen (2002: 19,1% des Bruttoverdienstes bis zur Beitragsbemessungsgrenze von 4500 Euro monatlich/ 54000 Euro jährlich in den alten Bundesländern bzw. 3750 Euro monatlich/45000 Euro jährlich in den neuen Bundesländern), zum anderen aus Bundeszuschüssen.

### 3.5.5 Die Arbeitslosenversicherung

Die Arbeitslosenversicherung findet ihre gesetzliche Regelung im dritten Buch des Sozialgesetzbuches (SGB III – Arbeitsförderung) (Arbeitsförderungs-Reformgesetz). Ihm zufolge ist jeder gegen Entgelt beschäftigte Arbeitnehmer (Arbeiter und Angestellte), unabhängig von der Höhe seines Einkommens, wie auch Auszubildende versicherungspflichtig. Beamte unterliegen nicht der Versicherungspflicht.

Träger der Arbeitslosenversicherung ist die Bundesanstalt für Arbeit in Nürnberg mit ihren Landesarbeitsämtern und örtlichen Arbeitsämtern. Ihre Leistungen erstrecken sich auf:

- **Arbeitslosengeld** für unfreiwillig Arbeitslose, die arbeitsfähig und arbeitswillig sind, für die Höchstdauer von 32 Monate; für Arbeitslose mit mindestens 1 Kind 67%, für solche ohne Kind 60% vom durchschnittlichen Nettoverdienst bis zu einem wöchentlichen Höchstbetrag (2002: mit Kind(ern) 437,50 Euro, ohne Kind 391,79 Euro). Die Mindestanwartschaft zum Bezug von Arbeitslosengeld beträgt 12 Monate. Anspruch auf Arbeitslosengeld haben nur solche Arbeitnehmer, die vor Eintritt der Arbeitslosigkeit innerhalb der letzten 3 Jahre mindestens 360 Kalendertage beitragspflichtig beschäftigt waren (§§ 123, 124 SGB III);

- **Arbeitslosenhilfe,** wenn kein Anspruch mehr auf Arbeitslosengeld besteht, jedoch Arbeitsfähigkeit, Arbeitswilligkeit und Bedürftigkeit vorliegen (§§ 190– 192 SGB III). Weitere Voraussetzung ist, daß der Arbeitslose den Anspruch auf Arbeitslosengeld ausgeschöpft hat oder mindestens 150 Kalendertage beitragspflichtig gearbeitet hat. Für Arbeitslose mit mindestens 1 Kind beträgt die Arbeitslosenhilfe 57%, für Arbeitslose ohne Kind 53% vom durchschnittlichen Nettoverdienst bis zu einem wöchentlichen Höchstbetrag von 372,19 Euro bzw. 346,08 Euro (2002).

- **Winterausfallgeld** für witterungsbedingten Arbeitsausfall;

- **Insolvenzgeld** für die letzten 3 Monate vor Insolvenz des arbeitgebenden Unternehmens.

Die Mittel der Arbeitslosenversicherung werden durch Beiträge aufgebracht, die hälftig vom Arbeitgeber und Arbeitnehmer bezahlt werden (2002: 6,5% vom Bruttoverdienst bis zur Beitragsbemessungsgrenze von 4500 Euro monatlich/ 54000 Euro jährlich in den alten Bundesländern bzw. 3750 Euro monatlich/45000 Euro jährlich in den neuen Bundesländern). Die Finanzierung der Arbeitslosenhilfe erfolgt ausschließlich durch den Bund.

### 3.5.6 Pflegeversicherung

Seit dem 1. Januar 1995 gibt es eine Pflegeversicherung unter dem Dach der Krankenversicherung. Die gesetzliche Grundlage für diese Versicherung ist das Pflegeversicherungsgesetz (in vollem Wortlaut: Gesetz zur sozialen Absicherung des Risikos des Pflegebedürftigkeit – PflegeVG), das 1995/96 als elftes Buch in das Sozialgesetzbuch (SGB XI) eingebracht wurde. Ihm zufolge unterliegen alle Personen, die krankenversichert sind, der Versicherungspflicht in der Pflegeversicherung. Dabei ist es ohne Bedeutung, ob der Krankenversicherungsschutz bei einem gesetzlichen Krankenversicherungsträger oder einem privaten Versicherungsunternehmen besteht. Neben jeder Krankenkasse ist eine Pflegekasse eingerichtet. Wie bei der Krankenversicherung gibt es eine gesetzliche Lösung, die sogenannte soziale Pflegeversicherung, und eine private Lösung, die sogenannte private Pflegeversicherung. Der **Beitrag** zur Pflegeversicherung wird prozentual von dem Arbeitsentgelt erhoben, das auch der Berechnung des Krankenversicherungsbeitrages unterliegt; dies gilt auch hinsichtlich der Beitragsbemessungsgrenze (2002: 3375 Euro monatlich/40500 Euro jährlich). Der Beitragssatz beträgt 1,7%. Der Beitrag wird je zur Hälfte vom Arbeitgeber und vom Arbeitnehmer getragen. Als Ausgleich für den finanziellen Aufwand der Arbeitgeber wird ein Feiertag gestrichen. In Bundesländern, in denen eine solche Streichung nicht erfolgt, ist der Beitrag in voller Höhe vom Arbeitnehmer zu tragen. – Basis für die Beiträge der Selbständigen ist deren monatliches Gesamteinkommen (bis zur Beitragsbemessungsgrenze); sie tragen den Beitrag allein. Die **Leistungen** der Pflegeversicherung umfassen die **häusliche Pflege** (geregelt nach Pflegestufen I–III und besonderen Härtefällen) bis zu bestimmten Höchstsätzen wie auch **stationäre Pflege** bis zu einem bestimmten Höchstsatz.

### 3.5.7 Gefahren und Chancen der sozialen Sicherung

Die erzwungene Solidarität unseres gegenwärtigen Systems sozialer Sicherung ist als eine historisch bedingte Notwendigkeit zu verstehen, die heute ihre Rechtfertigung zum Teil verloren hat. Bei unserer im Nachkriegsdeutschland mehrheitlich wirtschaftlich mündig gewordenen Arbeitnehmerschaft stößt ein solches System umfassender Zwangsversicherung auf wachsenden Unwillen. Gleichzeitig läßt sich feststellen, daß die hohen Beitragsbelastungen der Versicherten ihre Kompensation nicht selten in einem Nutzenstreben suchen, das sich in der Formel verdichtet, zumindest das wieder als Leistung aus der Versicherung herauszuholen, was man unfreiwillig einbezahlt hat. Ein solches Verhalten verstößt nicht nur gegen den Grundsatz der Solidarität, es öffnet auch dem Mißbrauch der Sozialversicherungen Tür und Tor. Tatsächlich ist in Ländern, in denen Krankheit durch eine geringere soziale Absicherung weniger attraktiv ist (Schweiz, Japan, USA), der Krankenstand auffallend niedriger als bei uns in Deutschland. Ebenso tritt freiwillige Arbeitslosigkeit in auffälliger Weise dort verstärkt in Erscheinung, wo verlockende Versicherungsleistungen die Entscheidung gegen die Arbeit und damit gegen die persönliche Leistung erleichtern.

Eine solche Ausbeutung der Versichertengemeinschaft durch eine nicht unerhebliche Anzahl von Versicherten drängt auf Abhilfe. Sie wäre unseres Erachtens in einer Reduktion der umfassenden Zwangsversicherungen auf obligatorische Mindestsicherungen zu suchen, die durch differenzierte freiwillige Selbstvorsorge ergänzt werden könnte. Das würde bedeuten: Ermäßigte Tarife bei den gesetzlichen Sozialversicherungen für alle diejenigen, die bereit sind, Teile des Risikos selbst zu tragen und demzufolge eine freiwillige Selbstvorsorge anstreben. Damit würde der privaten Eigenverantwortung der ihr gebührende Raum geöffnet und der für viele verlockende – weil Mißbrauch begünstigende – Zwangsverband zum Teil gesprengt.

### 3.5.8 Kontrollfragen zu 3.5

1. Wie läßt sich der „Zwang" im System der sozialen Sicherung begründen?
2. Was besagt das Solidaritätsprinzip, was das Individualprinzip im Bereich der sozialen Sicherung?
3. Welches sind die „Säulen"der sozialen Sicherung?
4. Welches sind die wesentlichen Leistungen der Kranken-, Unfall-, Renten-, Arbeitslosen- und Pflegeversicherung?
5. Was spricht für einen Abbau der Zwangsversicherung und eine Ausweitung der privaten Selbstvorsorge?

### 3.5.9 Literaturhinweise zu 3.5

*Bundesministerium für Arbeit und Soziales* (Hrsg.) Übersicht über das Sozialrecht, 6., neubearbeitete u. erweiterte Aufl., Bonn 2000.
*Frankfurter Institut* (Hrsg.), Arbeitszeiten und soziale Sicherung flexibler gestalten, Bad Homburg 1999.
*Frerich, J.,* Sozialpolitik, 3. Aufl., München–Wien 1996.
*May, H.,* Wirtschaftsbürger-Taschenbuch, 5. Aufl., München–Wien 2001, Kapitel 6: Die soziale Sicherung des Arbeitnehmers.
*Schmähl, W., und Ulrich, V.,* (Hrsg.), Soziale Sicherungssysteme und demographische Herausforderungen, Tübingen 2001.
*Lampert, H.,* Die Wirtschafts- und Sozialordnung der Bundesrepublik Deutschland, 14. Aufl., München 2001.
*Lampert, H.,* Lehrbuch der Sozialpolitik, 6. Aufl., Berlin 2001.

## 3.6 Vermögensbildung in Arbeitnehmerhand

### 3.6.0 Leitziel

Kenntnis der sozio-ökonomischen Begründung von Vermögensbildung in Arbeitnehmerhand sowie der Instrumente zu deren Anstrebung.

### 3.6.1 Begründung und Zielvorstellung

Neben allgemeinen **gesellschaftspolitischen** Überlegungen, die letztlich in der Absicht gipfelten, ein Bollwerk gegen den Sozialismus zu errichten, waren es **in der Vergangenheit** vor allem **sozialpolitische** Erwägungen, die zur Begründung der Forderung nach Vermögensbildung in Arbeitnehmerhand angestellt wurden. Den weitgehend vermögenslosen Arbeitnehmern sollte über den Erwerb von **Vermögen**[1] eine zusätzliche Einkommensquelle eröffnet werden (Ertragsfunktion). Mit der Erhöhung ihres Einkommens durch den Bezug von Zinsen und/oder Dividenden sollte ihr wirtschaftlicher Rückhalt und damit ihre Stellung in der lohnpolitischen Auseinandersetzung verbessert werden. Schließlich sollte das zu erwerbende Vermögen seinem Inhaber eine zusätzliche Sicherheit in Notfällen vermitteln (Sekuritätsfunktion) sowie eine unabhängigere und durch mehr Selbstverantwortung charakterisierte Lebensgestaltung ermöglichen. Der Wunsch nach Überwindung des Nur-Lohnarbeit-Verhältnisses und nach Abbau der Gegensätze zwischen Kapital und Arbeit verbindet diese Teilziele.

Das mit der Forderung nach Vermögensbildung in Arbeitnehmerhand nicht selten verfolgte Nebenziel, den Arbeitnehmern wirtschaftliche Macht zu verschaffen, respektive eine Dekonzentration derselben herbeizuführen, wurde recht bald als wenig realistisch erkannt, da – zumindest für den Bereich der Publikumsgesellschaften[2] – eine breitere Streuung der Anteilsrechte viel eher eine Stärkung des Managements erwarten läßt.

Die in **jüngerer** Zeit mit der Forderung nach Vermögensbildung in Arbeitnehmerhand vertretene **vermögenspolitische** Absicht zielt eindeutig auf eine Beteiligung der Arbeitnehmer am **Produktivvermögen.** Dies geschieht weniger aus gesellschafts- und sozialpolitischen Erwägungen als vielmehr aus der wirtschaftspolitischen Notwendigkeit, der bedrohlich unterkapitalisierten bundesdeutschen Wirtschaft verstärkt Eigenkapital zuzuführen, ihre Liquidität zu begünstigen und damit die Voraussetzungen für Wirtschaftswachstum und Beschäftigung zu verbessern.

Diese mit der Forderung nach Vermögensbildung in Arbeitnehmerhand verbundene **gewandelte Zielvorstellung** resultiert nicht allein aus der anhaltend schlechten Finanzstruktur der bundesdeutschen Unternehmen, sie ist auch Reflex einer ver-

---

[1] Gemeint ist **Erwerbsvermögen.** Im Gegensatz zum Gebrauchsvermögen (Konsumvermögen) wirft es in der Regel einen Geldertrag ab. Das Erwerbsvermögen umfaßt das Produktivvermögen und das Geldvermögen. Das **Produktivvermögen** erstreckt sich vom Mietshaus über gewerblich genutzte Grundstücke und Gebäude, Fertigungseinrichtungen, Vorräte an Roh- und Hilfsstoffen, Halb- und Fertigerzeugnissen bis hin zur Aktie und zum Investmentzertifikat. Das ertragbringende **Geldvermögen** subsumiert Sparguthaben, Obligationen und alle durch Rechtsanspruch gesicherten Forderungen auf Geld.

[2] Kapitalgesellschaften, insbesondere Aktiengesellschaften, deren Anteile an der Börse gehandelt werden.

geänderten Vermögenssituation der privaten Haushalte. Während sich in den Aufbaujahren bis zum Ende der fünfziger Jahre die Vermögensbildung im wesentlichen bei den Unternehmen und dem Staat vollzog, konnten die Privaten und mit ihnen die Arbeitnehmer ihren aus diesem Zeitraum resultierenden Rückstand in der Vermögensbildung während der sechziger und siebziger Jahre nicht nur ausgleichen, sondern darüber hinaus die Neuvermögensbildung zu ihren Gunsten verändern. Belief sich der Anteil der privaten Haushalte an der gesamtwirtschaftlichen Vermögensbildung im fünften Jahrzehnt des vorigen Jahrhunderts noch auf einen bescheidenen Anteil von 23 Prozent, so wuchs dieser im sechsten auf 37 und im siebten auf 60 von Hundert, während der Unternehmensbereich auf knapp 32 und die öffentliche Hand auf zirka 8 Prozent absank. In den achtziger und neunziger Jahren schließlich konnten die privaten Haushalte knapp mehr als die Hälfte der gesamtwirtschaftlichen Vermögensbildung auf sich vereinigen. Der Unternehmensbereich realisierte in diesem Zeitraum die andere Hälfte, während sich die öffentliche Hand zunehmend verschuldete.[3] Diese durchaus wünschenswerte Zunahme von Sparfähigkeit und Sparbereitschaft kann jedoch aus vermögenspolitischer Sicht so lange nicht zufriedenstellen, als sich die daraus entwickelnde private Vermögensbildung zum weitaus größten Teil in Spareinlagen realisiert.

### 3.6.2 Maßnahmen

Die Maßnahmen zur Förderung der Vermögensbildung in Arbeitnehmerhand konzentrieren sich bei uns heute im wesentlichen auf drei Bereiche:
- die staatliche Sparförderung,
- den Investivlohn und
- die Gewinnbeteiligung.

#### 3.6.2.1 Die staatliche Sparförderung

Im Wege der Sparförderung versucht der Staat, die Sparbereitschaft der Bezieher mittlerer und niedriger Einkommen (Einkommensobergrenze) durch die Gewährung von finanziellen Vergünstigungen – Steuernachlässe und Sparprämien – anzuregen und entsprechende Sparakte zu veranlassen. Durch die Bindung dieser Vergünstigungen an eine bestimmte Mindestanlagedauer ist der Sparer zu möglichst langfristiger Vermögensbildung angehalten.

Was die diesbezüglichen Effekte der bisherigen Sparförderung angeht, kann sicherlich nicht von einem durchschlagenden Erfolg gesprochen werden. Es ist viel eher davon auszugehen, daß sich die Sparquote der Arbeitnehmer durch sie nicht signifikant erhöhte, da wohl ein Großteil der unter Inanspruchnahme der Sparförderung realisierten Ersparnisse aus Einkommensteilen besteht, die auch ohne Vergünstigungen gespart worden wären (**Mitnahmeeffekt**). Die zu beobachtende verstärkte Anlage in den vom (Vermögensbildungs-)Gesetz begünstigten Formen ist mit hoher Wahrscheinlichkeit zu einem beachtlichen Teil durch die Umschichtung von Ersparnissen – besonders in den höheren Einkommensklassen – aus weniger attraktiven, weil nicht geförderten Anlageformen (**Umschichtungseffekt**) respektive

---

[3] Quelle: Sonderdruck der Deutschen Bundesbank, Zahlenübersicht und methodische Erläuterungen zur gesamtwirtschaftlichen Finanzierungsrechnung der Deutschen Bundesbank 1950–1974, S. 28 ff. sowie Monatsberichte der Deutschen Bundesbank, Mai 1978, S. 28 ff., Mai 1983, S. 17 ff., Mai 1984–87, jeweils S. 13 ff., Mai 1995, S. 17 ff. und Mai 1998, S. 27 ff.

die Umlenkung ohnehin geplanter Ersparnisse (**Umlenkungseffekt**) zu erklären. – Angesicht der bisher weitgehend verfehlten Anstrengungen zur Sparförderung und des erhöhten Sparzwanges der öffentlichen Hand ist zu fragen, ob es weiterhin sinnvoll ist, das private Sparen zu begünstigen und damit letztlich nur noch den Interessen der Banken, Spar- und Bausparkassen zu entsprechen.

### 3.6.2.2 Der Investivlohn

Der Investivlohn ist ein – aufgrund **tarifvertraglicher** Vereinbarung oder **gesetzlicher** Regelung – **zusätzlich** zum laufenden Lohn gewährter Lohnanteil, der dem Arbeitnehmer nicht bar ausgezahlt, sondern für eine bestimmte Mindestzeit **vermögenswirksam** angelegt wird. Der Investivlohn erhöht somit die Sparfähigkeit der Arbeitnehmer und verstärkt – in dem Umfang, in dem diese ihr freiwilliges Sparen nicht einschränken – auch deren tatsächliche Spartätigkeit. Die Weichen für die Durchsetzung dieses Konzepts des „Sparens ohne Konsumverzicht" (O. v. Nell-Breuning) stellte bisher der Staat durch einschlägige Gesetzgebung („Gesetze zur Förderung der Vermögensbildung der Arbeitnehmer"). Sie begünstigte die investive Lohnbindung zunächst (**Erstes Vermögensbildungsgesetz von 1961, 312-DM-Gesetz**) in Einzelverträgen und Betriebsvereinbarungen, später (**Zweites Vermögensbildungsgesetz von 1965** und **Drittes Vermögensbildungsgesetz von 1970, 624-DM-Gesetz**) auch in Tarifverträgen. Durch die mit dem Dritten Vermögensbildungsgesetz vollzogene Abkehr vom Prinzip der Steuerbegünstigung für Arbeitnehmer und die Einführung von Prämien, die diese auf allen gesetzlich in die Vermögensbildung einbezogenen Einkommensstufen gleichermaßen begünstigte, verstärkte sich die Anlagebereitschaft weiterhin, so daß sich tatsächlich weite Bevölkerungskreise am volkswirtschaftlichen Vermögenszuwachs beteiligten.

Mit der Weiterentwicklung des Dritten Vermögensbildungsgesetzes im **Vierten (936-DM-Gesetz von 1984)** und **Fünften (von 1987)** trug die Bundesregierung der betriebswirtschaftlichen Notwendigkeit Rechnung, daß auch kleineren und mittleren Unternehmen die von ihnen zu erbringenden zusätzlichen Lohnteile (Investivlöhne) – falls gewünscht – als Finanzierungsmittel zur Verfügung stehen. Mit der Aufstockung des Förderungsbetrages auf jährlich 936,– DM und der Erweiterung des Anlagenkataloges, insbesondere auf typische stille Beteiligungen, wurde die Möglichkeit der Rückleitung investiver Lohnteile in die sie erbringenden Unternehmen geschaffen. Die Handlungsmöglichkeiten der Tarifpartner und Unternehmen im Bereich der Vermögenspolitik wurden damit erheblich verbessert. Tatsächlich hat sich in der Zeit von Inkrafttreten des Vierten Vermögensbildungsgesetzes (1.1.1984) bis 1986 der Zuwachs an betrieblichen Mitarbeiterbeteiligungen gegenüber dem Durchschnitt der Jahre 1977–83 vervierfacht. Dabei vollzog sich die Mitarbeiterbeteiligung (1986 besaßen 1,1 Millionen Arbeitnehmer betriebliches Eigenkapital) zu einem beachtlichen Teil im Bereich der kleinen und mittleren Unternehmen. Das Produktivkapital in Arbeitnehmerhand hat sich in diesem Zeitraum von 5,5 Milliarden (1983) auf 14,2 Milliarden DM (1986) erhöht[4]. Mit dem Fünften Vermögensbildungsgesetz versucht die Bundesregierung die eingeleitete Entwicklung dadurch zu verstärken, daß sie die Möglichkeiten der Arbeitnehmer zur Kapitalbeteiligung erweitert und erleichtert: Erhöhung des Lohnsteuer-Freibetrages für

---

[4] Vgl. Guski, H. G., Schneider, H. J., Betriebliche Vermögensbeteiligung, Bestandsaufnahme 1986, in: Beiträge zur Wirtschafts- und Sozialpolitik, hrsgg. v. Institut der deutschen Wirtschaft, Heft 145, Köln 1986, S. 7.

Vermögensbeteiligungen nach § 19 a Einkommensteuergesetz; Zulassung von Beteiligungssondervermögen im Investmentgesetz, die außer Wertpapieren auch stille Beteiligungen an nicht börsennotierten Unternehmen aufnehmen können; Erwerb von Vermögensbeteiligungen und einfachere Förderungsvorschriften, wonach nunmehr die Arbeitnehmer mit vermögenswirksamen Leistungen verbriefte Vermögensbeteiligungen unmittelbar vom Arbeitgeber erwerben können, ohne daß ein Vertrag mit einem Kreditinstitut erforderlich ist.

Das in der **Neufassung des Fünften Vermögensbildungsgesetzes (1990)** aus dem Förderungskatalog gestrichene Konten- und Versicherungssparen intendiert eine weitere Konzentration der Sparleistungen auf das neu zuwachsende Produktivvermögen.

Das am 1.1.1999 in Kraft getretene **Dritte Vermögensbeteiligungsgesetz** verfolgt die Absicht, Arbeitnehmer verstärkt am Produktivkapital der Unternehmen zu beteiligen. Dazu sind im einzelnen folgende Regelungen vorgesehen: Die für die Förderung über die Sparzulage maßgeblichen Einkommensgrenzen beziffern sich auf 17 900 Euro (früher 35 000 DM) für Alleinstehende und 35 800 Euro (früher 70 000 DM). Die Höhe der Förderung hängt davon ab, ob die Anlage in Unternehmensbeteiligungen oder anderen geförderten Anlageformen – vor allem dem Bausparen – erfolgt. Bausparen wird wie bisher bis zu einem Höchstbetrag von 480 Euro (früher 936 DM) im Jahr mit einer Zulage von 10 Prozent gefördert. Für die Anlage in Aktien und Aktienfonds gibt es nunmehr einen zusätzlichen jährlichen Förderbetrag von 408 Euro (früher 800 DM), der mit einer Zulage von 20 Prozent in den alten und 25 Prozent in den neuen Bundesländern begünstigt wird. Das Privileg für die neuen Bundesländer läuft Ende 2004 aus. Mit dieser Neuregelung können nunmehr 13 Millionen statt bisher 10 Millionen Arbeitnehmer in den Genuß der Vermögensbildung gelangen. – Nach Berechnungen des Bundesarbeitsministeriums kann ein Arbeitnehmer, der die neuen Möglichkeiten zur Vermögensbildung voll ausschöpft, am Ende eines dreißigjährigen Erwerbslebens zusätzlich rund 40 000 Euro gespart haben. Damit lasse sich die Rente monatlich um 200 Euro aufbessern.

*3.6.2.3 Die Gewinnbeteiligung*

Unter Gewinnbeteiligung verstehen wir die Partizipation der Arbeitnehmer an den Unternehmenserträgen. Werden derartige Gewinnanteile nicht zur konsumtiven Verwendung freigegeben, sondern der **investiven Bindung** unterworfen, so sprechen wir von investiver Gewinnbeteiligung. Sie stellt die Gewinnbeteiligung im engeren, vermögenspolitischen Sinne dar.

Die **investive Gewinnbeteiligung** der Arbeitnehmer ist in vielfältiger Ausgestaltung denkbar. Sie könnte **tarifvertraglich** oder **gesetzlich** fundiert sein oder aber auf **freiwilliger** Basis praktiziert werden. Darüber hinaus könnte sie **betrieblich** wie auch **überbetrieblich** organisiert sein. Als vermögenspolitisches Instrument hat sie in der Bundesrepublik Deutschland bisher lediglich als betriebsbezogene Beteiligung der Arbeitnehmer am Unternehmenskapital Berücksichtigung gefunden. Dennoch kommt gerade ihr in jüngster Zeit erhöhte Aufmerksamkeit zu.

Wie die Ausgestaltung der investiven Gewinnbeteiligung im Einzelfall auch immer geartet sein mag, trägt sie für das gewährende Unternehmen – gleichermaßen wie der Investivlohn – kostenähnlichen Charakter, so daß dieses in der Regel bestrebt sein dürfte, die Gewinnbeteiligung in seinen Produktpreisen zu überwälzen.

Die Notwendigkeit zur Überwälzung dürfte für finanzschwache Unternehmen im allgemeinen erst dann entfallen, wenn – wie dies auch für den Investivlohn gilt – die vermögenswirksamen Leistungen als Kapitalanlage oder Darlehen im aufbringenden Unternehmen verbleiben oder in dasselbe zurückgeleitet werden und damit ihren kostenähnlichen Charakter verlieren und den von Selbstfinanzierungsmitteln annehmen. Nur für diesen Fall scheint die Annahme einer Umverteilung des Vermögenszuwachses realistisch; dies allerdings nur in dem Umfang wie der Umverteilungseffekt der investiven Gewinnbeteiligung nicht durch Entsparungsvorgänge oder entsprechende Sparzurückhaltung konterkariert wird.

### 3.6.3 Kontrollfragen zu 3.6

1. Welche Zielvorstellungen stehen hinter der Forderung nach Vermögensbildung in Arbeitnehmerhand?
2. Was versteht man unter Erwerbsvermögen?
3. Inwiefern kann die Beteiligung der Arbeitnehmer am Produktivvermögen die Kapitalausstattung der Unternehmen verbessern?
4. Welcher Instrumente bedient sich die Vermögenspolitik?
5. Was spricht gegen die Sparförderung?
6. Wie unterscheiden sich Konsum- und Investivlohn?
7. Was heißt „Sparen ohne Konsumverzicht"?
8. Warum sollte das vermögenswirksame Leistungen erbringende Unternehmen Anspruch auf Rückfluß derselben haben?

### 3.6.4 Literaturhinweise zu 3.6

*Ludwig-Erhard-Stiftung (Hrsg.)*, Vermögenspolitik in der Sozialen Marktwirtschaft, Stuttgart–New York 1987.
*May, H.*, Stichwort: Vermögenspolitik, in: Staatslexikon, hrsgg. von der Görres-Gesellschaft, Bd. 5, 7. Aufl., Freiburg i.Brsg. 1989, Sp. 690–697.

## 3.7 Technischer Wandel und Qualifikation

### 3.7.0 Leitziel

Einblick in den Zusammenhang von technischem Wandel und qualifikatorischen Erfordernissen.

### 3.7.1 Technischer Wandel

Die Wirtschaft der Jahrtausendwende ist durch einen unübersehbaren, tiefgreifenden Wandel ihrer Technologie gekennzeichnet. Neuartige Fertigungsanlagen im Zusammenspiel mit ebensolchen Informations- und Kommunikationssystemen ermöglichen veränderte Produktionsweisen und damit die Herstellung neuer oder wesentlich verbesserter Güter. Produktionskonzepte mit „flexiblen" Fertigungstechniken erlauben den steigenden, mehr und mehr individualisierten Ansprüchen des Marktes an Produktqualität und Produktheterogenität in weitaus umfassenderer Weise gerecht zu werden, als die bis in die siebziger Jahre des zwanzigsten Jahrhunderts reichenden des zwanzigsten Jahrhunderts „starren" Systeme. Dieser technische Wandel verlangt im Umfang seiner Durchsetzung nach Arbeitskräften, die in der Lage sind, seinen Ansprüchen zu genügen. Seine auf Flexibilität angelegte Produktionsstruktur verlangt nach ebenso flexiblem Personal. Zur Führung flexibel organisierter Fertigungsanlagen genügen nun aber nicht mehr einfache Bedienungskenntnisse, es ist vielmehr ein umfassendes Verständnis für technisch-organisatorische Zusammenhänge erforderlich. Gefragt ist der geschickte, diagnosefähige und verhaltenssichere Facharbeiter, der nicht nur das technische Detail, sondern auch den gesamten technischen Komplex erfaßt. Im Gegensatz zur tayloristischen Arbeitsgestaltung, die den Arbeiter nur ausschnitthaft im Detailvollzug beanspruchte, setzen die neuen Produktionskonzepte auf die Erfahrung und Intelligenz der Arbeiter in einem breiten Spektrum. Sie induzieren damit einen grundlegenden Wandel in der Nutzung der Arbeitskräfte. Einige Beispiele mögen diese Feststellung verdeutlichen: 1. Der Werkzeugmacher, bislang vorwiegend manuell in Anspruch genommen, überwacht nunmehr seine zum Teil selbst programmierte, automatische Werkzeugmaschine und wartet sie auch. 2. Der Konstrukteur, traditionell vorzugsweise am Reißbrett arbeitend, sitzt heute über lange Zeitstrecken am Bildschirm, wo er über eine zentrale Datenbank gespeicherte Zeichnungen in verschiedenen Variationen abrufen und hinsichtlich der gesuchten Lösung durchspielen kann; ein Großteil der bisher von technischen Sachbearbeitern, Zeichnern und Detailkonstrukteuren erledigten Routinearbeiten entfallen. 3. Der Schweißer im Karosserie-Rohbau, herkömmlich in harter körperlicher Arbeit ausschließlich mit Schweißarbeiten betraut, ist mittlerweile Straßenführer oder Anlagen-/Roboterbetreuer und arbeitet in Fertigungsteams, denen früher nicht gekannte Verantwortung obliegt und Entscheidungsspielräume offenstehen; auch diese betriebliche Aufgabe impliziert Steuerungs-, Überwachungs- und Wartungstätigkeiten, die hohe technische Sensibilität, Umsicht und Reaktionsvermögen erfordern.

### 3.7.2 Qualifikation

Das Durchsetzungstempo der den technischen Wandel ausdrückenden Prozeß- und Produktionsvariationen ist somit an entsprechend qualifizierte Arbeitskräfte gebunden. Ob diese in ausreichendem Maße zur Verfügung stehen, hängt unter anderem davon ab, inwieweit es der Bildungspolitik und den Arbeitskräften selbst gelingt, den Bildungsanforderungen einer sich wandelnden Wirtschaft in den Bereichen der Allgemein-, Berufsaus- und -weiterbildung im erforderlichen Umfang Rechnung zu tragen. Da der technische Fortschritt selbst nicht aufzuhalten ist, werden die Arbeitskräfte, die seinen Anforderungen nicht entsprechen (können), früher oder später keine Beschäftigung mehr finden.

Die Qualifikationsanforderungen, die der technische Wandel an die Arbeitskräfte stellt, sind vor dem Hintergrund folgender Erkenntnisse zu sehen[1]:

1. Das Veraltenstempo von Bildungsinhalten korreliert positiv mit ihrer Praxisnähe und negativ mit ihrem Abstraktionsniveau;

2. die Vermittlung spezialisierter Fertigkeiten hat gegenüber übergeordneten Gemeinsamkeiten zurückzutreten;

3. das enumerativ-additive Bildungsverständnis (Fakten- und Instrumentenwissen) ist durch ein instrumentelles Bildungsverständnis (Zugriffswissen, Know how to know!) abzulösen.

Hinsichtlich des zentralen qualifikatorischen Anspruchs einer sich wandelnden Arbeitswelt scheinen sich alle daran maßgeblich Interessierten – Gewerkschaften, Unternehmerverbände, Parteien, Bundesanstalt für Arbeit – einig: Erhöhung der **Flexibilität**. Diese **Generalqualifikation** hebt im wesentlichen auf zwei Fähigkeiten ab, „zum einen auf die **Kompetenz,** sich unterschiedlichen, wechselnden Anforderungen zu stellen, neue technologische Entwicklungen zu meistern, umzulernen etc., zum anderen auf die **Bereitschaft,** sich Restriktionen auf dem Arbeitsmarkt anzupassen, auch wenn dies mit der Aufgabe von Berechtigungen und Ansprüchen verbunden ist"[2].

Mit der Vermittlung von sogenannten **Schlüsselqualifikationen** soll dem qualifikatorischen Anspruch entsprochen werden. Als Schlüsselqualifikationen gelten solche Kenntnisse, Fähigkeiten und Fertigkeiten, die nicht die unmittelbare Bewältigung einer bestimmten praktischen Tätigkeit anstreben, sondern vielmehr Zugang vermitteln zu einer Vielzahl von arbeitsweltlichen Funktionen und Positionen wie auch zu wechselndem Spezialwissen. Im einzelnen werden in der Literatur genannt: Logisches Denken, analytisches Vorgehen, kritisches Denken, strukturierendes Denken, kooperatives Vorgehen, konzeptionelles Denken, interdisziplinäres Denken und Vorgehen, dezisionistisches Denken, kreatives Denken, kontextuelles Denken, Fähigkeit und Bereitschaft zum Wechsel sozialer Rollen, Distanzierung durch Theoretisierung und Relativierung, Dekodierungsfähigkeit, Fähigkeit und Bereitschaft zur Kommunikation sowie Fähigkeit und Bereitschaft zu lebenslangem Lernen. Diese Qualifikationen sollen wirkungsvoll durch ein breitangelegtes Zugriffswissen ergänzt werden, das heißt durch Informiertheit über Informationen (welche Art von Informationen sind mir dienlich, wie und wo kann ich solche erhalten, wie sind sie zu verwerten?).

Neben Planungs-, Entscheidungs- und Methodenkompetenz fordert die moderne Arbeitswelt von den in ihr Befaßten auch die Kenntnis des betrieblichen Produkti-

---

[1] Vgl. Mertens, D., Schlüsselqualifikationen, Thesen zur Schulung für eine moderne Gesellschaft, in: Lange, E., Büschges, G., Aspekte der Berufswahl in der modernen Gesellschaft, Frankfurt a. M. 1975, S. 403 ff.
[2] Brandes, H., Flexibilität und Qualifikation, Darmstadt 1980, S. 1.

onsablaufs und die Übernahme von Verantwortung in diesem. Dies verlangt vom einzelnen unter anderem:

- Verständnis der Funktionsweisen technischer Anlagen und Prozesse,
- Fähigkeit, Verantwortung zu übernehmen,
- Fähigkeit zu kooperieren,
- Fähigkeit, komplizierte Zusammenhänge einfach darzustellen, zu vermitteln und gegebenenfalls in Computerprogramme zu übersetzen,
- Fähigkeit, Problemlösungen eigenverantwortlich zu suchen,
- Fähigkeit, sich von Routineprozessen zu entlasten, diese nach Möglichkeit computergesteuerten Anlagen zu überlassen und damit für höherwertige Aufgaben frei zu werden,
- Kenntnis und Beherrschung der relevanten Meß- und Wartungstechniken.

Das auf Mertens[3] zurückreichende Schlüsselqualifikationskonzept soll und darf nicht als abschließender Beitrag zur qualifikationsstrategischen Zielfindung verstanden werden. Es ist vielmehr als – der bislang gehaltvollste – Versuch zu verstehen, die Diskussion über Qualifikationsziele zu einem Zeitpunkt befruchtet zu haben, in dem „Bildungs- und Arbeitsmarktforscher in ihrer Ausgangsposition unsicher geworden sind und Hilfe im jeweiligen Forschungsgebiet des anderen suchen"[4].

Ob es dem Bildungssystem gelingt, die teilweise doch recht vagen Vorgaben curricular zu fassen, bleibt abzuwarten. Diesbezügliche Beobachtungen stimmen hoffnungsvoll. So findet beispielsweise im allgemeinbildenden Schulwesen eine informationstechnische Grundbildung (Informatik) zunehmend Eingang. Auch die von der Bundesanstalt für Arbeit gestartete „Qualifizierungsoffensive" stimmt zuversichtlich.

### 3.7.3 Kontrollfragen zu 3.7

1. Welche Auswirkungen hat der technische Wandel auf die Produktionstechnik?
2. Welche qualifikatorischen Anforderungen ergeben sich aus der veränderten Produktionstechnik?
3. Welche Fähigkeiten impliziert die Generalqualifikation „Flexibilität"?
4. Welche pädagogische Absicht unterliegt der Vermittlung von Schlüsselqualifikationen?

---

[3] D. Mertens, 1967–1987 Direktor des Instituts für Arbeitsmarkt und Berufsforschung der Bundesanstalt für Arbeit, Nürnberg.
[4] Grünewald, U., Qualifikationsforschung und berufliche Bildung, Tagungen und Expertengespräche zur beruflichen Bildung, Heft 2, hrsgg. v. Bundesinstitut für Berufsbildung, Berlin 1979, S. 136.

## 3.7.4 Literaturhinweise zu 3.7

*Brandes, H.*, Flexibilität und Qualifikationen, Darmstadt 1980.
*Gmelch, A.*, Qualifikationsforschung, in: *May, H.* (Hrsg.), Lexikon der ökonomischen Bildung, 4. Aufl., München–Wien 2001.
*Mertens, D.*, Schlüsselqualifikationen, Thesen zur Schulung für eine moderne Gesellschaft, in: Lange, E., Büschges, G., Aspekte der Berufswahl in der modernen Gesellschaft, Frankfurt a. M. 1975, S. 403–429.
*Schlösser, H. J.*, Die Zukunft der Arbeit, in: *May, H.* (Hrsg.), Handbuch zur ökonomischen Bildung, 6. Aufl., München–Wien 2001.

## 3.8 Humanisierung der Arbeit

### 3.8.0 Leitziel

Einblick in die Grundprobleme der Humanisierung der Arbeit.

### 3.8.1 Industriearbeit und Humanität

So alt wie die Industriearbeit, so alt ist auch die Forderung nach Humanisierung derselben. Die Forderung nach Humanisierung der Arbeit richtete sich im Anfang insbesondere auf körperliche Entlastung durch Erleichterung und Verringerung der Arbeit sowie auf eine höhere Entlohnung derselben. Dieser Forderung wurde im Zuge der Rationalisierung des Arbeitsprozesses und der damit einhergehenden Arbeitsproduktivitätszunahme in sukzessiver Weise entsprochen. Den entscheidenden Anstoß zur Weiterentwicklung der ja bereits von Adam Smith aufgezeigten Produktivitätssteigerung durch Arbeitsteilung gaben die amerikanischen Ingenieure **Frederick Winslow Taylor** (1856–1915) und **Frank Bunker Gilbreth** (1863–1924) mit ihrer Theorie der **„wissenschaftlichen Betriebsführung"** (Scientific Management). Die dem Taylorismus innewohnende technizistische Sicht der Arbeitswelt sowie seine einseitige Auffassung von der (ausschließlich) lohnbedingten Arbeitsmotivation erwiesen sich bald als unzureichend und deshalb ergänzungsbedürftig. Es war schließlich der amerikanische Psychologe und Ökonom **Elton Mayo** (1880–1955), der aufgrund seiner in den Jahren 1928–32 in den Hawthorne-Werken der Western Electric Company in Chicago durchgeführten arbeitswissenschaftlichen Studien nachwies, daß die Arbeitsleistung der Industriearbeiter in hohem Maße vom Grad der Erfüllung ihrer sozio-emotionalen Bedürfnisse abhängt. So beeinflußten seiner Beobachtung zufolge ihre betriebliche Gruppenzugehörigkeit ihre Arbeitsmotivation, Arbeitsfreude und damit auch Arbeitsleistung mehr als Lohnanreize, Pausen- und Arbeitszeitregelungen. Seine Erkenntnisse gipfelten in der Feststellung, daß der Betrieb ein kooperatives System sein müsse, das nicht auf Gewalt und Zwang, sondern auf dem Verständnis und Willen zur Zusammenarbeit beruhe. Bei vielen Unternehmern führte diese Verkündung zu einem Umdenken, zu mehr Aufmerksamkeit und Aufgeschlossenheit gegenüber den persönlichen und sozialen Bedürfnissen ihrer Mitarbeiter in der Betriebsgemeinschaft. Relativ rasch stellte sich die sogenannte **Human-Relations-Bewegung** ein[1]. Sie propagierte und prakti-

---

[1] In den USA ab Ende der zwanziger Jahre, in Europa nach dem 2. Weltkrieg.

3 Arbeitsökonomie 129

zierte die „**soziale Betriebsführung**" (Social Management) und bewirkte damit eine beachtliche Entschärfung des **Taylorismus** und der in ihm wirksamen sozialen betrieblichen Konfliktpotentiale. Die damit zunächst besänftigten Humanisierungsbestrebungen erhielten in den späten fünfziger Jahren erneuten Auftrieb. Die amerikanischen Psychologen **Abraham Harold Maslow, Douglas McGregor** und **Frederick Herzberg** glaubten für die menschliche Bedürfnisstruktur nachweisen zu können, daß nach Befriedigung der vordringlichen, auf Einkommen, Sicherheit, zwischenmenschliche Beziehungen, Selbstachtung und soziale Wertschätzung gerichteten Bedürfnisse² die Selbstverwirklichungsbedürfnisse zutage träten. Diesem Bedürfniskomplex entspräche im wesentlichen das Streben des Menschen, gestaltend und Einfluß nehmend in seine Umwelt einzugreifen (**gestaltende Partizipation**). Diese Feststellung bildete fortan den zentralen Bezugspunkt in der Humanisierungsdiskussion.

In der Bundesrepublik Deutschland versuchte bereits in den sechziger Jahren der Nationökonom **Alfred Müller-Armack**, diesem menschlichen Streben nach Selbstverwirklichung Anerkennung zu verschaffen, als er für die „zweite Phase" der Sozialen Marktwirtschaft mehr Selbständigkeit für die Beschäftigten und damit mehr Freiheit in der Arbeit forderte. Wörtlich führte er aus: „Von nicht minderer Dringlichkeit (als die Förderung der Selbständigen, d. Verf.) ist es jedoch, in einer freien Gesellschaftsform den Betätigungsmöglichkeiten der formal unselbständigen Angestellten in einer Großwirtschaft jenen Spielraum zu geben, der sie zu wirklichen Teilnehmern an einer freien Gesellschaft macht. Das ist bei den vielen Angestellten und Leitern unserer großen Industrieunternehmen sicher schon weitgehend der Fall. Aber unausgesprochen sind noch jene Möglichkeiten innerhalb der Betriebe selbst, durch eine sinnvolle Untergliederung der Arbeit für Angestellte wie Arbeiter Gruppierungen und Verantwortung zu schaffen, durch die der einzelne zu einer natürlichen, im Rahmen des Betriebsganzen zu sehenden, relativen Selbständigkeit gelangt"³. In der Zwischenzeit haben Staat, Parteien, Kirchen, Gewerkschaften, Arbeitgeberverbände, Wissenschaftler wie auch Unternehmer diese Vorstellung von mehr Lebensqualität im allgemeinen und mehr Arbeitsqualität im besonderen aufgegriffen, diskutiert und in ihrer jeweils (gruppen-)spezifischen Akzentuierung in einer Vielzahl von Programmen, Rechtsvorschriften, Kollektivvereinbarungen und betrieblichen Regelungen zum Ausdruck gebracht.

### 3.8.2 Schwerpunkte im Aktionsbereich „Humanisierung der Arbeit"

*3.8.2.1 Betriebliche Maßnahmen*

Humanisierung als menschengerechtere Gestaltung der Arbeit beinhaltet in der betrieblichen Praxis im wesentlichen zwei Gestaltungskomplexe:

– Arbeitsbedingungen und

– Arbeitsstrukturierung.

---
[2] Vgl. hierzu die Ausführungen unter Punkt 1.1.1.
[3] Müller-Armack, A., Die zweite Phase der Sozialen Marktwirtschaft, in: ders. (Hrsg.), Wirtschaftsordnung und Wirtschaftspolitik, Freiburg i. Brsg. 1966, S. 277.

### 3.8.2.1.1 Arbeitsbedingungen

Die Gestaltung der betrieblichen Arbeitsbedingungen richtet sich auf den Arbeitsplatz selbst (Arbeitsplatzgestaltung), auf die Arbeitsumgebung wie auch auf die Arbeitszeit (Arbeitszeitregelung).

Die **Arbeitsplatzgestaltung** konzentriert sich auf die optimale Zuordnung der Arbeitsmittel zum Arbeitenden. Dabei versucht sie dessen anatomische, biologische, physische und psychische Grundbedürfnisse möglichst umfassend zu berücksichtigen. Dies geschieht durch Anpassung der technischen Arbeitsmittel an die körperlichen Gegebenheiten der mit ihnen Befaßten (**anthropometrische Gestaltung**), durch optimale Gestaltung des Arbeitsablaufes hinsichtlich seiner physischen Rückwirkungen auf den Arbeitenden (**physiologische Gestaltung**) wie auch durch rationelle Gestaltung der manuellen Arbeitstechnik selbst (**bewegungstechnische Gestaltung**). Die Erkenntnisse der **Ergonomie** (Wissenschaft von der Anpassung der Arbeit an den Menschen) finden hier ihre praktische Anwendung.

Die **Gestaltung der Arbeitsumgebung** befaßt sich mit Maßnahmen zur Minderung und Beseitigung nachteiliger, insbesondere gesundheitsgefährdender Einflüsse und Unfallgefahren aus der Umgebung des Arbeitsplatzes. Als besondere Gefahrenquellen gelten hierbei: Lärm, Beleuchtung, Erschütterungen, Staub, Klima, Lüftung, Strahlung.

Die Maßnahmen im Rahmen der **Arbeitszeitregelung** richten sich im wesentlichen auf folgende Problemkreise: Erholungszeiten (Pausen), Zeiten für persönliche Bedürfnisse, Nacht-, Schicht- und Sonntagsarbeit, gleitende Arbeitszeit und Teilzeitarbeit, Länge des Arbeitstages, Zahl und Lage der Arbeitstage pro Woche sowie Dauer des Erholungsurlaubes.

### 3.8.2.1.2 Arbeitsstrukturierung

Der Terminus Arbeitsstrukturierung oder auch Job Design bezeichnet einen organisatorischen Vorgang, bei dem der Arbeitsinhalt so angeordnet wird, daß die zu erbringende Leistung möglichst den Fähigkeiten und Bedürfnissen des Ausführenden entspricht. Der Arbeitsinhalt ist dabei durch folgende Elemente bestimmt:

„– Grad der Arbeitsteilung bei der Bearbeitung eines Werkstückes,
– Anzahl der verschiedenen Bewegungsarten an einem Arbeitsplatz,
– Anzahl der zu bearbeitenden verschiedenen Werkstücke innerhalb einer bestimmten Zeitperiode,
– durchschnittlicher Zeitbedarf pro Arbeitsgang"[4].

Die Grundformen der Arbeitsstrukturierung sind:

– Job Rotation (systematischer Arbeitsplatzwechsel),
– Job Enlargement (Arbeits- bzw. Aufgabenerweiterung),
– Job Enrichment (Arbeits- bzw. Aufgabenbereicherung),
– (teil-)autonome Arbeitsgruppen,
– Lean Production.

---

[4] Vogel, K., Arn, E., Die planerischen Voraussetzungen zur Einführung der neuen Arbeitsformen, in: Industrielle Organisation, 43 (1974), Nr. 1, S. 15 f.

Während Job Rotation und Job Enlargement Erweiterungen des Tätigkeitsspielraumes darstellen, handelt es sich bei Job Enrichment und (teil-)autonomen Arbeitsgruppen um Vergrößerungen der Entscheidungs- und Kontrollbefugnisse. Alle vier Grundformen der Neuorganisation von Arbeit stellen Modelle dar, die in ihrer reinen Konzeption wohl kaum umgesetzt werden. Die betriebliche Praxis bedient sich ihrer in der Regel nur in modifizierter, gemischter oder in mit anderen organisatorischen Elementen angereicherter Form.

### 3.8.2.1.2.1 Job Rotation

Job Rotation (systematischer Arbeitsplatzwechsel) wird häufig als erster Schritt zur Humanisierung der Arbeitsorganisation bezeichnet. Man versteht darunter den planmäßigen – vorgeschriebenen oder vom Arbeitenden selbstgewählten – Wechsel von Arbeitsplätzen und Arbeitsaufgaben auf derselben Qualifikationsebene. Es sollen damit Ermüdungs-, Monotonie- und Sättigungsphänomene abgebaut sowie einseitige Belastung verringert und gleichzeitig die universelle Einsetzbarkeit des Arbeitenden und damit die Möglichkeit seines beruflichen Aufstiegs erhöht werden. Tatsächlich nehmen im Umfang des Arbeitsplatzwechsels die Kommunikationschancen und die Möglichkeiten der Beschäftigten zu sozialen Kontakten untereinander zu, obwohl es auch zu sehen gilt, daß gleichzeitig auch alte, vielfach als wertvoll empfundene Sozialkontakte rigoros abgebrochen und gleichwertige neue nicht oder nur schwer wieder hergestellt werden können.

### 3.8.2.1.2.2 Job Enlargement

Job Enlargement (Arbeits- bzw. Aufgabenerweiterung) besteht im wesentlichen darin, daß der ursprünglichen Tätigkeit weitere, strukturell gleichartige oder ähnliche, zumeist vor- oder nachgelagerte Verrichtungen angegliedert und damit zu einem sinnvollen Aufgabenpaket verbunden werden. Hierdurch wird der Arbeitsumfang in horizontaler Weise ausgedehnt. Was bei Job Rotation durch Arbeitsplatzwechsel erreicht wurde, gelingt hier durch Schaffung eines neuen, verschiedene Tätigkeiten umfassenden Arbeitsplatzes. Eine qualitative Veränderung der Arbeitstätigkeit findet nicht statt.

Auch dem Job Enlargement unterliegt die Absicht, Ermüdungs-, Monotonie- und Sättigungsphänomene abzubauen. Darüber hinaus soll durch die Erweiterung des Arbeitsinhalts das Interesse des Beschäftigten an der eigenen Arbeit erhöht und ihm die Möglichkeit zu einer Identifikation mit derselben eröffnet werden. Der dem Beschäftigten aus der Integration von verschiedenen Teilaufgaben erwachsende größere Überblick über den Produktionszusammenhang soll ihm außerdem die Bedeutung seiner eigenen Tätigkeit für das Betriebsganze vermitteln.

Ob und inwieweit es gelingt, die mit dem Job Enlargement verbundenen Absichten zu verwirklichen, hängt sicherlich auch von den jeweils praktizierten Formen der Aufgabenerweiterung ab. Es muß jedoch bezweifelt werden, ob eine rein quantitative Aufgabenerweiterung auf Dauer Monotoniephänomene vermeiden hilft. Nachdem nämlich innerhalb des neuen Arbeitsorganisationsrahmens der Reiz des (partiell) Neuen vorbei ist, kann auch hier ein Sichwiedereinstellen von Monotonie nicht ausgeschlossen werden. Die Möglichkeit, durch Job Enlargement die Gefahr einseitiger Arbeitsbelastung zu mindern, scheint hingegen gegeben.

### 3.8.2.1.2.3 Job Enrichment

Beim Job Enrichment (Aufgabenbereicherung) werden strukturell verschiedenartige Arbeitselemente (beispielsweise Planungs-, Fertigungs- und Kontrollaufgaben) an die bisherige Tätigkeit angelagert und zu einem neuen Arbeitskomplex zusammengefaßt. Die neuen Tätigkeiten erfordern dabei entweder eine erhöhte Qualifikation oder aber stehen auf einer anderen Stufe der betrieblichen Anordnungshierarchie[5]. Die Aufgabenbereicherung trägt damit qualitative Züge; sie kann die horizontale wie auch die vertikale Dimension der Arbeit betreffen und impliziert meist eine Erweiterung des individuellen Dispositionsspielraumes. Mit einer derartigen Zusammenfassung von Arbeitsvorbereitungs-, Planungs-, Organisations- und möglicherweise auch Kontrolltätigkeiten zu **einem** Arbeitsplatz, werden von den jeweils dort Arbeitenden Tätigkeiten ausgeübt, die bis dahin – zumindest teilweise – von übergeordneten Mitarbeitern erledigt wurden.

Erklärtes Ziel dieser Arbeitsstrukturierung ist es, neben dem Abbau von Monotonie, Sättigungs- und Ermüdungserscheinungen entgegenzuwirken, die Arbeitsaufgaben sinnvoller zu gestalten, ihre schöpferischen Inhalte zu erschließen und darüber die Arbeitsfreude zu heben. Durch Steigerung der qualifikatorischen Anforderungen am Arbeitsplatz soll ein Wachsen des persönlichen Selbstwertgefühls erreicht werden, das wiederum das eigene Verantwortungsgefühl heben sowie Leistungsbereitschaft und Arbeitsmoral stimulieren soll. Über das gesteigerte Interesse an der eigenen Tätigkeit hinaus, soll der Blick für das Betriebsganze geöffnet werden. Dem Job Enrichment unterliegen in dieser Ausrichtung deutlich motivierende und integrierende Absichten.

In welchem Umfang die mit dem Job Enrichment verfolgten Humanisierungsziele tatsächlich erreicht werden können, hängt wohl davon ab, inwieweit es sich bei den Aufgabenbereicherungen um echte Qualifikationserweiterungen handelt, die geeignet wären, die gewünschten Effekte zu bewirken.

### 3.8.2.1.2.4 (Teil-)autonome Arbeitsgruppen

Die teilautonomen beziehungsweise autonomen Arbeitsgruppen werden häufig als die fortschrittlichste Art der Arbeitsstrukturierung bezeichnet, in der die oben skizzierten übrigen Formen, Job Rotation, Job Enlargement und Job Enrichment in Anwendung kommen können. Als (teil-)autonome Arbeitsgruppen werden Personenmehrheiten mit einer Stärke von 3 bis 10 Leuten bezeichnet, denen eine komplexe Arbeitsaufgabe mit strukturell gleich- und verschiedenartigen Arbeitselementen in weitgehend eigener Verantwortung übertragen wird. Nach den weitestreichenden Modellen treffen die Gruppenmitglieder die für den Vollzug dieser Aufgabe notwendigen Entscheidungen – soweit sie nicht übergeordnete Produktions- oder Investitionsprobleme angehen – selbständig in eigener Verantwortung. Dies kann betreffen: die Einrichtung der Arbeitsplätze, die Planung des Materialflusses, die Reihenfolge der Bearbeitung des Objektes, die Arbeitsmethode, das Arbeitstempo, die Arbeitsverteilung und Leistungsüberwachung, die Qualitätskontrolle, die Gestaltung der Kooperation unter den Gruppenmitgliedern und die Regelung von Konflikten

---

[5] Siehe hierzu und zum folgenden u.a. auch Wachter, G., Humanisierung der Arbeit und Industriesoziologie, Stuttgart – Berlin – Köln – Mainz 1979, S. 134.

### 3 Arbeitsökonomie

sowie die Einarbeitung neuer Mitglieder[6]. Der Autonomiegrad der einzelnen Arbeitsgruppen kann unterschiedlich hoch sein. Zuweilen kann lediglich über die Verteilung der Arbeitsaufgaben oder einen systematischen Arbeitswechsel entschieden werden. Je nach Ausprägung des Autonomiegrades sprechen wir von teilautonomen oder autonomen Gruppen.

Die Zielsetzungen, die mit dieser Organisationsform von Arbeit verfolgt werden, lassen sich wie folgt umschreiben: Entwicklung kommunikativer Selbstbestimmung, Selbstverwirklichung und Entfaltung der Persönlichkeit, Interessenvertretung jedes einzelnen, kooperative Problemlösungen, Diskussion zwischenmenschlicher Probleme, Aufklärung und Information über wichtige Sachverhalte, Möglichkeit diskutieren zu lernen[7]. Die besondere Qualität der (teil-)autonomen Gruppen wird in ihrem integrativen Potential gesehen. Der einzelne Mitarbeiter wird zum **Glied** einer selbstverantwortlichen Gruppe, mit ihr kann er sich identifizieren, mit ihr wird er zu einem wesentlichen Teil des Betriebs. Diese gruppenorientierte Bewußtseinsprägung wird häufig noch begünstigt durch einen Abbau betrieblicher Anordnungsbefugnisse auf unteren und mittleren Befehlsebenen und durch die Übernahme derselben durch die Gruppen beziehungsweise deren Führer. Ob damit allerdings immer nur Konfliktpotential abgebaut oder aber auch in die Gruppen hineingetragen wird, kann sicher nicht pauschal beantwortet werden.

3.8.2.1.2.5 Lean Production (siehe unter 3.1.3)

*3.8.2.2 Tarifpolitische Forderungen*

3.8.2.2.1 Die Position der Gewerkschaften

Neben der Beschäftigungspolitik bildet heute das Aktionsfeld „Humanisierung der Arbeit" den zweiten Schwerpunktbereich gewerkschaftlicher Tarifpolitik.

Die gewerkschaftliche Position in der gesellschaftlichen Auseinandersetzung um die Humanisierung der Arbeit ist durch eine Reihe wichtiger Meilensteine gekennzeichnet. Den ersten stellt der **Lohnrahmentarifvertrag II** (LRTV II) der Metallindustrie von Nordwürttemberg/Nordbaden vom 1.11.1973 dar. Er regelte unter anderem: die Erholungs- und Bedürfniszeiten, das Verbot kürzerer Arbeitstakte, Aufgabenerweiterung und -bereicherung bei der Gestaltung der Arbeitsplätze, die kollektive Vereinbarung der Bedingungen bei Gruppenarbeit. Die bahnbrechende Bedeutung dieses Tarifabschlusses lag nicht nur im Inhalt seiner Vereinbarungen, sondern auch in der Tatsache, daß erstmals der Tarifvertrag als Mittel gewerkschaftlicher Humanisierungspolitik eingesetzt wurde.

Einen ersten Umriß seiner Position zur Humanisierung der Arbeit formulierte der Deutsche Gewerkschaftsbund (DGB) 1975 auf seinem 10. Ordentlichen Bundeskongreß in Hamburg. Dort forderte er wirksame Regelungen über Umfang und Verteilung der Arbeitszeit, des Arbeitsinhaltes, der Art des Arbeitseinsatzes und der zumutbaren Arbeitsintensität sowie das volle Mitbestimmungsrecht der Betriebs- und

---

[6] Vgl. Girschner, W., Girschner-Woldt, I., Arbeitsorganisation und -strukturen, in: Handbuch zur Humanisierung der Arbeit, hrsgg. von der Bundesanstalt für Arbeitsschutz, Bd. I, Dortmund 1985, S. 133.

[7] Vgl. Gaugler, E., Kolb, M., Ling, B., Humanisierung der Arbeitswelt und Produktivität, 2. Aufl., Ludwigshafen (Rhein) 1977, S. 156.

Personalräte in allen Fragen der Arbeitsorganisation. 1978 auf dem 11. Ordentlichen Bundeskongreß des DGB in Hamburg gewann die gewerkschaftliche Humanisierungspolitik die programmatische Gestalt, die sie im wesentlichen bis heute beibehielt. Die Notwendigkeit von Produktivitätsfortschritten im Vollzug des technischen Wandels wird anerkannt, jedoch ein umfassender Schutz der Arbeitnehmer vor dessen unsozialen Gefahren gefordert. Unter anderem werden folgende Vorstellungen formuliert: Entwicklung von Maßstäben für Leistungsintensität zur Vermeidung physischer und psychischer Unter-/Überforderung; Abbau und Beseitigung eintöniger, inhaltsleerer, extrem arbeitsteiliger und unqualifizierter Tätigkeiten; die Arbeitsorganisation soll ein Mindestmaß an geistigen und körperlichen Anforderungen, an sozialen Kontaktmöglichkeiten, an Arbeitsabwechslung und an eigenen Gestaltungs- und Entscheidungsmöglichkeiten gewährleisten. Diesen Vorstellungen versuchen die Gewerkschaften seither durch ihre Tarifpolitik Eingang in die betriebliche Praxis zu verschaffen.

### 3.8.2.2.2 Die Position der Unternehmer

Die in der Bundesvereinigung der Deutschen Arbeitgeberverbände (BDA) organisierten Unternehmer artikulierten ihre Grundauffassung zur Gestaltung menschengerechter Arbeit in einer 1974 abgegebenen Erklärung. Darin heißt es: „Die Mitarbeiter sollten in der Arbeit nicht nur ihre Einkommens- und Sicherheitswünsche befriedigen können, sondern soweit wie möglich auch ihre weitergehenden Bedürfnisse, so vor allem den Wunsch nach Entfaltung der eigenen Fähigkeiten, nach persönlicher Anerkennung und sozialem Kontakt."[8] Vor dem Hintergrund dieser bis heute gültigen globalen Programmaussage nennt die BDA im darauffolgenden Jahr folgende für sie vordringlichen Humanisierungsaufgaben: Weitere Verbesserung der Arbeitssicherheit und des Gesundheitsschutzes, menschengerechtere Arbeitsplatzgestaltung, menschengerechtere Arbeitsinhalte, zeitgemäßes Führungsverhalten, flexible Arbeitszeitgestaltung, eignungsgerechte personelle Auswahl, wechselseitige Information zwischen Mitarbeitern und Unternehmensleitung, partnerschaftliche Zusammenarbeit zwischen Unternehmensleitung und Betriebsräten[9]. Diese Humanisierungsaufgaben können jedoch nach Auffassung der BDA nicht generell und unterschiedslos der Unternehmerschaft vorgegeben werden, sondern verlangen **betriebsindividuelle Lösungen,** die sich mit der erforderlichen Wirtschaftlichkeit des einzelnen Unternehmens vereinbaren lassen. Denn nicht alles, was die Humanisierung der Arbeit fördere, sei auch wirtschaftlich vertretbar. Es sei deshalb notwendigerweise eine möglichst optimale Abstimmung zwischen den materiellen und ideellen betrieblichen Zielvorgaben anzustreben, wobei Humanität und Rentabilität als gleichrangig anzusehen seien.

Die fachliche Beratung der Arbeitgeberverbände in diesen differenzierten Bemühungen um die Humanisierung der Arbeit erfolgt unter anderem durch das von den Landesverbänden der metallindustriellen Arbeitgeberverbänden getragene Institut für angewandte Arbeitswissenschaften e.V., das sich neben den betriebswirtschaftlichen auch den arbeitspsychologischen, -soziologischen und -pädagogischen Gesichtspunkten dieses Problemkomplexes annimmt. Von Unternehmern der Automo-

---

[8] Bundesvereinigung der Deutschen Arbeitgeberverbände (Hrsg.), Erklärung zu gesellschaftspolitischen Grundsatzfragen, Köln 1974.
[9] Vgl. dies., Humanisierung der Arbeitswelt, Hinweise für die Praxis, Köln 1975.

bilindustrie wurde in den frühen siebziger Jahren der Arbeitskreis „Neue Arbeitsstrukturen der deutschen Automobilindustrie" gegründet, in den die Firmen Audi, BMW, Bosch, Daimler-Benz, Ford, Opel und VW entsprechende Aktivitäten einbrachten und bis heute aufrechterhalten.

### 3.8.2.3 Staatliche Forschungspolitik

Im Jahre 1974 wurde vom Bundesministerium für Arbeit und Sozialordnung und dem Bundesministerium für Forschung und Technologie das Aktionsprogramm „Forschung zur Humanisierung des Arbeitslebens" initiiert und in Gang gesetzt. Dieses Programm war im wesentlichen an folgenden Zielen orientiert: Erarbeitung von Schutzdaten, Richtwerten, Mindestanforderungen an Maschinen, Anlagen und Arbeitsstätten; Entwicklung menschengerechter Arbeitstechnologien; Erarbeitung beispielhafter Vorschläge und Modelle für die Arbeitsorganisation (Arbeitsstrukturierung) und die Gestaltung von Arbeitsplätzen; Verbreitung und Anwendung arbeitswissenschaftlicher Erkenntnisse und Betriebserfahrungen[10]. Die Gewinnung solcher Erkenntnisse und Erfahrungen wurde über Betriebsprojekte mit wissenschaftlicher Begleitforschung angeregt, die von der Geschäftsleitung und/oder dem Betriebsrat interessierter Unternehmen initiiert werden konnten. Wesentliches Kriterium für die Förderung solcher Projekte war die Aussicht auf betrieblich verwertbare Ergebnisse im Sinne einer menschengerechten Arbeitsgestaltung. Allgemeine Schwerpunkte der Förderung waren: Maßnahmen zur Erweiterung der Handlungs- und Dispositionsspielräume von Arbeitnehmern mit dem Ziel der Höherqualifizierung; Maßnahmen zur Beseitigung extrem einseitiger Belastungen im Bereich repetitiver, kurzzyklischer Teilarbeit; Maßnahmen zur Verminderung kombinierter physischer, psychischer und sozialer Belastungen und Beanspruchungen; Untersuchungen über hemmende und fördernde Bedingungen für das Aktionsprogramm; Entwicklung und Bereitstellung von Umsetzhilfen für arbeitsweltliche Humanisierungsmaßnahmen[11]. Als spezielle Schwerpunkte kamen später unter anderem hinzu: Menschengerechte Anwendung neuer Technologien in Büro, Verwaltung und Produktion; menschengerechte Gestaltung der Arbeitsbedingungen in der Gießereiindustrie, der Schmiedeindustrie, im Straßengüterverkehr und im Steinkohlebergbau[12]. Ab dem Jahr 1989 bis Ende 2000 wurde dieses Programm unter dem Titel „Arbeit und Technik" weitergeführt. Das 2001 angelaufene Nachfolgeprogramm „Innovative Arbeitsgestaltung – Zukunft der Arbeit" liegt nunmehr in der Verantwortung des Bundesministeriums für Bildung und Forschung.

Mit der Durchführung dieser Programme war und ist die Deutsche Forschungs- und Versuchsanstalt für Luft- und Raumfahrt (DFVLR) als Projektträger beauftragt. Sie wurde/wird von einem Gutachterausschuß beraten, dem Vertreter der Tarifparteien und wissenschaftliche Institute angehören.

---

[10] Vgl. Der Bundesminister für Forschung und Technologie (Hrsg.), Programm „Forschung zur Humanisierung des Arbeitslebens", 2. Aufl., Bonn 1977, S. 7 f.
[11] Vgl. Deutsche Forschungs- und Versuchsanstalt für Luft- und Raumfahrt (Hrsg.), Jahresbericht zum Aktionsprogramm Humanisierung des Arbeitslebens (HdA) 1976, Bonn 1977, S. 14 f.
[12] Vgl. Der Bundesminister für Forschung und Technologie, der Bundesminister für Arbeit und Sozialordnung (Hrsg.), Forschung zur Humanisierung des Arbeitslebens, Dokumentation 1987, Bonn 1987, S. 45 f.

### 3.8.3 Humanität und Produktivität

Bestrebungen zur Humanisierung der Arbeit sehen sich immer wieder mit der Frage konfrontiert, ob und inwieweit sich aus betriebswirtschaftlicher Sicht das Ziel der Humanität mit dem der Produktivität vertrage. Die in diesem Zusammenhang gerne zitierte Kurzformel: erhöhte Arbeitszufriedenheit = gesteigerte Arbeitsmotivation = erhöhte Arbeitsproduktivität = niedrigere Kosten = verbesserte Kapitalrentabilität, ist wohl zu pauschal, um der Differenziertheit der Produktivitätsproblematik gerecht zu werden. Wie Gaugler überzeugend darlegte, ist grundsätzlich davon auszugehen, daß sich betriebliche Humanisierungsmaßnahmen zu diesen beiden Zielen **komplementär, indifferent** oder **konfliktär** verhalten können[13]. Sie **können,** müssen aber nicht, die betriebliche Produktivität begünstigen. Begünstigende Effekte können sich zum einen daraus ergeben, daß der Einbezug der Beschäftigten in die betriebliche Willensbildung bei diesen bisher brachliegende Leistungspotentiale freisetzt und darüber zu einer Intensivierung ihrer Arbeit führt, zum anderen aus einer Zunahme der Arbeitsbereitschaft überhaupt. Tatsächlich lassen sich zahlreiche Beispiele dafür finden, daß neue Formen der Arbeitsorganisation zu einem Rückgang offener und/oder verdeckter Arbeitsverweigerung (Absentismus, Fluktuation, Streik, „Bremsen" etc.) führten[14]. Wird die Produktivität im ersten Argumentationszusammenhang direkt durch Leistungssteigerungen erhöht, so geschieht dies im zweiten durch die Reduktion von Produktionsausfällen.

Ein weiterer bedeutsamer Aspekt des betrieblichen Produktivitätszieles zeigt sich in der durch den technischen Fortschritt bedingten wachsenden Komplexität und Differenziertheit des Produktionsprozesses. Dieser baut mit wachsendem Anspruch auf Kooperation und Kommunikation, auf Arbeitselemente, denen durch die rigiden Formen der traditionellen, hierarchischen Arbeitsorganisation nicht entsprochen werden kann. Ihre Inflexibilität steht der Herausbildung jener extrafunktionalen Kompetenzen (Schlüsselfunktionen) im Wege, die zur Beherrschung der sich schnell verändernden Produktionssituationen gefordert werden. Die in den neuen Formen der Arbeitsorganisation angelegte Arbeitsflexibilität impliziert ein Produktivitätspotential, auf das unsere im Wandel begriffene Produktionstechnik wohl kaum verzichten kann.

Die vorgenannten Argumente können jedoch nicht den Einwand entkräften, daß die Ausschöpfung der Produktivitätspotentiale neuer menschengerechterer Arbeitsstrukturen nur den Unternehmen offensteht, die in der Lage sind, die damit verbundenen (Humanisierungs-)Kosten zu übernehmen. Die Humanisierung der Arbeit hat immer auch einen Finanzierungsaspekt.

### 3.8.4 Möglichkeiten und Grenzen humaner Arbeitsgestaltung

Maßnahmen zur Humanisierung der Arbeit unterliegen generell einer doppelten Rechtfertigung. Sie haben sich einerseits gegenüber der ökonomisch-technischen Rationalität des Produktionsprozesses, andererseits gegenüber den menschlichen und sozialen Bedürfnissen der Beschäftigten auszuweisen. Es wäre sicherlich verfehlt anzunehmen, daß sich beide Kriterien in einem unvereinbaren Gegensatz be-

---

[13] Vgl. Gaugler, E., Kolb, M., Ling, B., Humanisierung der Arbeitswelt und Produktivität, a.a.O., S. 222 ff.
[14] Vgl. Wachtler, G., Humanisierung der Arbeit und Industriesoziologie, a.a.O., S. 145.

fänden. Tatsache ist jedoch, daß sie unter bestimmten Voraussetzungen harmonieren. Dieser Harmoniebereich, der zugleich die Möglichkeiten wie auch die Grenzen entsprechender Aktivitäten abdeckt, sollte allerdings nicht vorschnell durch ideologische Vorurteile eingeschränkt werden. Es scheint viel eher Zuversicht angebracht, „daß der Bereich gemeinsamer Interessen größer sein kann als in manchen Konfliktstrategien angenommen, und daß er sich im Verlauf der Neugestaltung von Arbeitssystemen als Ergebnis von Lernerfahrungen der Arbeitenden und des Managements noch vergrößern kann"[15]. Die Chancen für die Durchsetzung bestimmter Humanisierungsmaßnahmen versprechen in dem Maße zu wachsen, als dieselben Aussicht geben auf Hebung der Arbeitsmotivation und Arbeitsfreude und über diese auf höhere Leistung/Produktivität. Auch politischer Druck kann nur dort eine Entwicklung zu menschengerechterer Gestaltung der Arbeitsverhältnisse initiieren oder beschleunigen, wo die finanziellen Voraussetzungen vorhanden sind oder aber die durch neue Arbeitsformen zu erwartenden Produktivitätssteigerungen entsprechende Kreditfinanzierungen rechtfertigen.

## 3.8.5 Kontrollfragen zu 3.8

1. Welche Sichtweisen von Arbeit kennzeichnen die industrielle Entwicklung?
2. Wann gilt Arbeit als „human"?
3. Was soll über eine menschengerechtere Gestaltung der Arbeit erreicht werden?
4. Welche sind die hauptsächlichen betrieblichen Ansatzpunkte einer Humanisierung der Arbeit?
5. Welche sind die Grundformen der Arbeitsstrukturierung und wodurch sind sie charakterisiert?
6. Worin unterscheiden sich DGB und BDA in ihren Positionen zur Humanisierung der Arbeit?
7. Welche Beziehungen bestehen zwischen Humanität und Produktivität?

## 3.8.6 Literaturhinweise zu 3.8

*Bundesanstalt für Arbeitsschutz (Hrsg.)*, Handbuch zur Humanisierung der Arbeit, 2 Bde., Dortmund 1985.
*Gaugler, E., Kolb, M., Ling, B.*, Humanisierung der Arbeitswelt und Produktivität, 2. Aufl., Ludwigshafen (Rhein) 1977.
*Hendricks, W.*, Humanisierung des Arbeitslebens, in: *May, H.* (Hrsg.), Lexikon der ökonomischen Bildung, 4. Aufl., München–Wien 2001.
*Wachtler, G.*, Humanisierung der Arbeit und Industriesoziologie, Stuttgart – Berlin – Köln – Mainz 1979.

---

[15] Fricke, E., Fricke, W., Industriesoziologie und Humanisierung der Arbeit, in: Soziale Welt, 18. Jg. (1977), Heft 1/2, S. 103.

## 3.9 Arbeit und Freizeit

### 3.9.0 Leitziel

Erfassen des Zusammenhangs zwischen wachsender Freizeit und Bildung.

### 3.9.1 Von der Arbeits- zur Freizeitgesellschaft

Karl Marx hatte sich gründlich geirrt, als er um die Mitte des vorigen Jahrhunderts dem Industriearbeiter eine rückläufige Lebenserwartung voraussagte. Tatsächlich hat sich dieselbe in der Zwischenzeit mehr als verdoppelt. Mit dem Anstieg des Lebensalters nahm gleichzeitig die Länge des Arbeitslebens ab. Das Leben öffnete sich zunehmend der Freizeit. So sank der Anteil des Arbeitslebens an der Gesamtlebenszeit von 70 Prozent im Jahre 1871 auf 42 Prozent im Jahre 2000 (siehe Schaubild 3.17).

Lag das Eintrittsalter in das Berufsleben bis in die fünfziger Jahre in der Regel bei 14, so liegt es heute zwischen 19 und 20 Jahren. Die Dauer des durchschnittlichen Arbeitslebens beläuft sich gegenwärtig auf 37 Jahre.

Die schrumpfende Arbeitszeit ermöglichte eine Ausdehnung der täglichen, wöchentlichen und jährlichen Freizeit. Zwischen 1951 und 2000 nahm die tägliche Freizeit um 76 Prozent, die wöchentliche um 33 Prozent und die jährliche um 344 Prozent zu (siehe Schaubild 3.18).

Noch ist kein Ende dieser Entwicklung abzusehen. Die Freizeit wird weiter zunehmen. Bereits im Jahre 1990 war die jährliche Freizeit größer als die jährliche Arbeitszeit. 2100 Stunden Freizeit standen nur mehr 2000 Arbeitsstunden gegenüber. Für das Jahr 2010 wird sogar eine Freizeit-Arbeit-Relation von 2300:1660 prognostiziert[5] (siehe Schaubild 3.19).

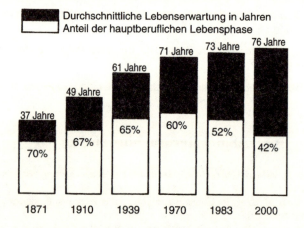

Schaubild 3.17

Quelle: B.A.T. Freizeitforschungsinstitut (Hrsg.), Zukunftsfaktor Freizeit, Dokumentation zur Lage und Entwicklung der Freizeit, Hamburg 1986, und eigene Recherchen.

---

[5] Vgl. Projektstudie des B.A.T. Freizeitforschungsinstituts (Hrsg.), Wie leben wir nach dem Jahr 2000?, Hamburg 1987. Siehe hierzu auch Opaschowski, H. W., Deutschland 2010, Hamburg 1997.

3 Arbeitsökonomie

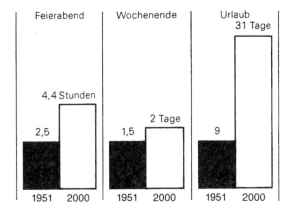

**Schaubild 3.18**

Quelle: B.A.T. Freizeitforschungsinstitut (Hrsg.), Zukunftsfaktor Freizeit, Dokumentation zur Lage und Entwicklung der Freizeit, Hamburg 1986, dass. (Hrsg.), Herausforderung Freizeit, Bd. 10 der Schriftenreihe zur Freizeitforschung, Hamburg 1990, und eigene Recherchen.

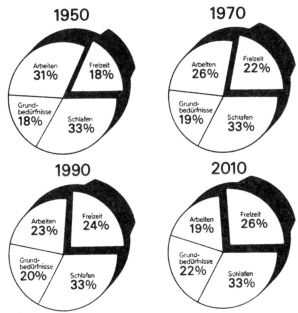

**Schaubild 3.19**

Quelle: B.A.T. Freizeitforschungsinstitut (Hrsg.), Der Freizeitbrief, Ausgabe 57/8. Jg., 1987, S. 5; Statistisches Bundesamt (1998).

Unter Zugrundelegung zunehmender Lebenszeit lassen sich den einzelnen Aktivitäten retro- und prospektiv folgende Quantitäten zuordnen (siehe Schaubild 3.20).

Die Tatsache, daß die Freizeit sich zunehmend ausdehnen konnte, ist eindeutig ökonomisch bedingt. Die Nutzung des technischen Fortschritts und die aus diesem erwachsende Produktivitätszunahme der menschlichen Arbeit führten zu ständig wachsender Leistung (Output). Hinzu kam eine kontinuierliche Substitution von Arbeit durch Kapital. Dennoch, auch wenn sich das Verhältnis zwischen Arbeit und Freizeit weiterhin zugunsten letzterer verändern sollte, so bleiben doch beide zueinander in einem **komplementären Verhältnis**. Freizeit bleibt auf Arbeit angewiesen als Quelle von Einkommen und damit als Instrument zur Finanzierung der zur Befriedigung der Lebensbedürfnisse erforderlichen Güter; Arbeit dagegen bleibt auf Freizeit angewiesen zur Regeneration und (fortlaufenden) Qualifikation.

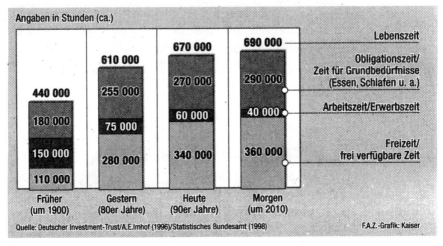

Schaubild 3.20

### 3.9.2 Der freizeitpädagogische Auftrag unserer Gesellschaft

Die mit dem technischen Fortschritt ständig aufs neue erforderliche Qualifizierung der Arbeit muß sich zwangsläufig auch in den Freizeitbereich erstrecken. Berufliche Weiterbildung in der Freizeit ist bereits heute und noch mehr in der Zukunft ein unverzichtbarer Akt zur Anpassung des persönlichen Arbeitsangebots an die Erfordernisse des Arbeitsmarktes.

Darüber hinaus bietet die Freizeit aber auch die Möglichkeit, jene menschlichen Entfaltungsmöglichkeiten zu kompensieren, die die technisch-ökonomische Rationalität moderner Produktions- und Dienstleistungssysteme potentiell in sich birgt. Die in diesen angelegte spezialisierende Vertiefung ins Detail könnte ihre ergänzende Entsprechung in einer freizeitlichen Befassung mit dem Generellen, in einem Bemühen um die Erfassung von Zusammenhängen finden. Die bislang durch die pragmatische Bewertung der speziellen Aufgaben verdrängte Allgemeinbildung könnte so ihren Wiedereinbezug ins menschliche Erfahren erwirken. Die mit der einseitigen Spezialisierung verbundenen **„Erfahrungsverluste"** (Hermann Lübbe)

## 3 Arbeitsökonomie

könnten auf diese Weise ausgeglichen und damit möglicherweise aus ihnen resultierenden Entfremdungserscheinungen begegnet werden. Die Antwort auf Erfahrungsverluste hieße demnach Allgemeinbildung. „Je intensiver die Facharbeit, um so weitgespannter muß der Blick größere Zusammenhänge umfassen, je weiter aber der Überblick ist, um so zielgerechter läßt sich am speziellen ansetzen"[6]. Spezialisierung und Allgemeinbildung besagen Beruf und genutzte Freizeit. Beide Aktivitäten sind notwendigerweise aufeinander angewiesen. Die sie fundierenden Interessen stehen in einem Lebens- und Erlebenszusammenhang.

Die bildungspolitische Umsetzung dieser Erkenntnis zu einer **Strategie der Erfahrungsverlust-Begegnung** würde die Revision unserer – weitgehend am Kriterium der praktischen Verwertbarkeit orientierten – institutionalisierten Erziehungs- und Bildungsziele erfordern. Der schulische Unterricht müßte aus seiner pragmatischen, anwendungsbezogenen Bildung befreit werden. Die Schule hätte bei ihren Schülern das Bedürfnis nach Allgemeinbildung als Zusammenhang- und Sinnerschließung zu wecken. Lernfähigkeit und Lernbereitschaft im Freizeitbereich wären als Erziehungsziele anzustreben. Die Bildungsbemühungen des einzelnen als die erwünschten Früchte derlei pädagogischen Bemühens müßten jedoch verständlicherweise recht unterschiedlich ausfallen, erwüchsen sie doch aus den unterschiedlichsten persönlichen Interessen. Diese individuelle Präferenzlage sollte immer respektiert werden. Sie verböte eine allgemeine Organisation und/oder Normierung der Freizeit.

Aus den getroffenen Darlegungen darf nun keineswegs die Schlußfolgerung gezogen werden, Bildungsstreben würde zum ausschließlichen Inhalt der Freizeit erhoben. Dies hieße die vorausgegangene Argumentation in unzulässiger Weise verkürzen. Soll über die spezielle, berufliche (Weiter-)Bildung die Arbeit den qualifikatorischen Erfordernissen des technischen Wandels angepaßt werden, so läßt sich der Erwerb allgemeiner Bildung von der Absicht leiten, zum einen die Arbeit erfüllter, weil verständlicher werden zu lassen, und zum anderen zusätzliche Grundlagen für eine kreative und erfüllende Gestaltung der über das Bildungsbemühen hinaus verbleibenden Freizeit zu vermitteln. Der **Homo studiosus** stellt sich somit in fundierende Beziehung zum **Homo laborans** wie auch zum **Homo ludens**[7].

Der Freizeitgestaltung als Homo studiosus kommt jedoch noch eine weitere Bedeutung zu. Die mit der zeitlichen Reduktion der Arbeit in dieser schwindende Möglichkeit der Lebenssinnverwirklichung kann und soll im freizeitlich-geistigen Bemühen kompensiert werden. Dem Ersatz von Arbeit durch Freizeit soll die Zuweisung von Lebenssinn in die Freizeit entsprechen. Dem in weiten Bereichen aus der Arbeit verdrängten Lebenssinn soll in Freizeit ein neuer Ort der Entfaltung erschlossen werden. Beschäftigung außerhalb der Arbeit, das heißt sinnvolles Tun in der Freizeit, soll zu einem neuen Medium der Realisation von Lebenssinn werden.

---

[6] Sachsse, H., Mensch – Technik: Zwiespalt oder Einheit? in: Sachsse, H., Siemens, P. v., Technik für die Zukunft, Beiträge zur Gesellschafts- u. Bildungspolitik, hrsgg. vom Institut der deutschen Wirtschaft, Heft 61/1981, S. 49.
[7] Siehe hierzu Schaff, A., Beschäftigung kontra Arbeit, in: Friedrichs, G., Schaff, A. (Hrsg.), Auf Gedeih und Verderb, Mikroelektronik und Gesellschaft, Bericht an den Club of Rome, Wien 1982, S. 363.

### 3.9.3 Kontrollfragen zu 3.9

1. Wie hat sich das zeitliche Verhältnis von Arbeit und Freizeit im Verlauf der letzten hundert Jahre verändert?
2. Inwiefern stehen Arbeit und Freizeit in einem komplementären Verhältnis?
3. Inwiefern kann hohe Spezialisierung zu Erfahrungsverlusten führen?
3. Inwiefern kann Allgemeinbildung zur Kompensation von Erfahrungsverlusten führen?
5. Worin besteht der freizeitpädagogische Auftrag unserer Gesellschaft?

### 3.9.4 Literaturhinweise zu 3.9

*Andreae, C. A.*, Ökonomik der Freizeit. Zur Wirtschaftstheorie der modernen Arbeitswelt, Reinbek b. Hamburg 1970.
*Inglehart, R.*, The Silent Revolution, Princeton 1977.
*Kramer, W.*, Freizeitgestaltung, Aufgabe der Industriegesellschaft, Beiträge zur Gesellschafts- und Bildungspolitik, hrsgg. vom Institut der deutschen Wirtschaft, Heft 11/1976.
*Külp, B.*, Freizeitökonomie, München 1983.
*Küng, E.*, Arbeit und Freizeit in der nachindustriellen Gesellschaft, Tübingen 1971.
*Opaschowski, H. W.*, Freizeitökonomie, in: May, H. (Hrsg.), Lexikon der ökonomischen Bildung, 4. Aufl., München–Wien 2001.

## 3.10 Berufswahlvorbereitung

### 3.10.0 Leitziel

Einblick in die Notwendigkeit der Rationalisierung der Berufswahl und Kenntnis der Maßnahmen ihrer Entsprechung.

### 3.10.1 Berufswahlvorbereitung als bildungsökonomische und bildungspolitische Aufgabe

Die wirtschaftliche Verwendung des Produktionsfaktors Arbeit setzt voraus, daß dieser von seinem Anbieter bestmöglich eingesetzt wird. Sehen wir den **Beruf** als sozioökonomisches Wirkungsfeld, in dem die Arbeit ihren Einsatz und ihre Verwirklichung findet, so wird uns der bedeutsame Zusammenhang zwischen der individuellen Arbeit und dem zu ihrer Verwertung geeigneten Beruf deutlich. Die Effizienz der (individuellen) Arbeit hängt nämlich in hohem Maße von dem zu ihrer Aufnahme geeigneten Beruf ab. Der Beruf fungiert somit quasi als Umsetzungsinstanz individueller Arbeit in wirtschaftliche Güter. Um bildungsökonomische Fehlinvestitionen zu vermeiden, sollte sich die Wahl des Berufes deshalb an den spezifischen Eigenarten der individuellen Arbeit, das heißt an den persönlichen Fähigkeiten und Fertigkeiten des jeweiligen Anbieters von Arbeit orientieren, und diesen damit die für ihre Umsetzung bedeutsamen Möglichkeiten bieten. Die Berufswahl avanciert damit zu einem persönlichen wie auch volkswirtschaftlich wichtigen Problemkomplex.

**Berufswahl** als Entscheidungsprozeß ist nun aber nicht als ein einmaliger Akt zu verstehen, sondern als ein **langfristiger,** verschiedene den individuellen Berufs- und Lebensweg begleitende Wahlsituationen umfassender **Vorgang.** Diese Wahlsituationen verlangen im wesentlichen folgende berufliche Entscheidungen:

– Entscheidung für eine bestimmte, der Grundschule nachgeordnete schulische Allgemeinbildung (Hauptschule, Realschule, diverse Gymnasien; mittlere Reife, Abitur),

– Entscheidung für oder gegen eine berufliche Erstausbildung,

– Entscheidung für einen bestimmten Arbeitsplatz zur (ersten) beruflichen Spezialisierung,

– Entscheidung für einen neuen gleich- oder andersartigen Arbeitsplatz bei Verlust oder Aufgabe des alten,

– Entscheidung für (oder gegen) eine Weiterbildung oder Umschulung zur Erweiterung der Fachkompetenz und zum Erwerb neuer beruflicher Qualifikationen.[8]

Die Vorbereitung des Anbieters von Arbeit auf diese Berufswahlsituationen, die **Berufswahlvorbereitung,** ist von der zentralen Absicht bestimmt, die **Berufswahlkompetenz** zu fördern. „Berufswahlkompetenz ist die Bereitschaft und Fähigkeit, die in bestimmten beruflichen Entscheidungsphasen gestellten **Berufswahlaufgaben wahrzunehmen, ihren Problemgehalt zu analysieren,** dabei die in ihnen liegenden **Chancen zur Selbstbestimmung zu entdecken** und **zu Handlungsmöglichkeiten aufzuarbeiten, diese zu entscheiden** und mit persönlichen und sozialen Bindungsfolgen zu versehen, das heißt zu verantworten, und sie in ein situationsgerechtes Verwirklichungshandeln einzubringen"[9] (Hervorhebungen durch d. Verf.). Eine solchermaßen definierte Berufswahlkompetenz kann sich nur allmählich über die sukzessive Bewältigung von Berufswahlaufgaben entwickeln. Überragender Aufgabenkomplex ist dabei die **primäre Berufswahl.** Sie bedeutet nicht nur Weichenstellung für die Berufslaufbahn schlechthin, sie bestimmt gleichzeitig über die Übernahme sozialer Rollen in der Gesellschaft, so insbesondere in Familie, Betrieb, Freizeit und öffentlichem Leben. Die primäre Berufswahl ist nun aber keineswegs als eine isolierte Phase auf dem Lebens- und Berufsweg eines Heranwachsenden zu sehen; sie ist vielmehr mit dessen persönlicher Vergangenheit und den aus dieser genährten Zukunftserwartungen verbunden und gleichzeitig in das sozioökonomische Bedingungsfeld der Gegenwart gestellt. Aus der Vergangenheit rühren bestimmte, meist aus persönlichen – den Sozialisations- und Prägeeinflüssen von Elternhaus, Verwandtschaft, Schule etc. unterliegenden – Einschätzungen geborene Berufsvorstellungen. Sie können einen rationalen Berufswahlprozeß begünstigen aber auch behindern. Das sozioökonomische Bedingungsfeld schließlich schafft Fakten – so insbesondere Bildungs-, Ausbildungs- und Berufsmöglichkeiten –, die der Wählende respektieren muß. Diesem Erkenntniskomplex hat die

---

[8] Vgl. hierzu Chaberny, A., Schober-Gottwald, K., Risiko und Chance bei der Ausbildungs- und Berufswahl, in: Mitteilungen aus der Arbeitsmarkt- und Berufsforschung, 9. Jg., Heft 1/1976, S. 22.
[9] Bußhoff, L., Berufswahlvorbereitung, in: Handbuch zur Berufswahlvorbereitung, hrsgg. von der Bundesanstalt für Arbeit, Nürnberg, Mannheim 1987, S. 6.

Berufswahlvorbereitung entsprechend Rechnung zu tragen. Sie sollte deshalb im Rahmen ihrer Aktivitäten auch darauf hinwirken, daß der Berufswähler

- sich der Bedeutung seiner Entscheidung für seine persönliche Zukunft bewußt wird,
- seine vorläufigen Berufsvorstellungen kritisch auf ihre Realitätsnähe zu prüfen bereit ist, insbesondere hinsichtlich seiner persönlichen Begabungen, Fähigkeiten und Fertigkeiten sowie der gegenwärtigen und zukünftigen Aussichten am Arbeitsmarkt,
- einen hinreichenden Überblick über die Vielfalt der beruflichen Möglichkeiten und die hiervon möglicherweise für ihn geeigneten erhält,
- erkennt, daß die Berufswahl auch bei gewissenhafter Vorbereitung das Risiko des Scheiterns einschließt.

Berufswahlvorbereitung kann allerdings immer nur Entscheidungshilfe bedeuten. Als solche hat sie die persönliche Entscheidungsfreiheit und die mit dieser verbundene Selbstverantwortung des Berufswählers zu respektieren aber auch diesem bewußt zu machen. Keinesfalls darf Berufswahlvorbereitung zu einer Beschränkung oder gar Abnahme der persönlichen Berufsentscheidung führen.

Die Vorbereitung auf die Berufswahl ist nach § 33 SGB III der Berufsberatung der Bundesanstalt für Arbeit zugewiesen. Daneben wird sie jedoch heute allgemein auch als Aufgabe der allgemeinbildenden Schulen gesehen, wenn ihr auch hier in der Sekundarstufe I und II sowie in den einzelnen Bundesländern recht unterschiedliche Aufmerksamkeit zukommt. Um eine für den Berufswähler möglichst effiziente Abstimmung der Aktivitäten dieser beiden öffentlichen Institutionen zu erwirken, wurde von der Bundesanstalt für Arbeit und der Ständigen Konferenz der Kultusminister der Länder am 12. Februar 1971 ein Übereinkommen getroffen, das eine Rahmenvereinbarung über die Zusammenarbeit von Schule und Berufsberatung einschließt. Danach wirken beide Einrichtungen bei der Schullaufbahnberatung wie auch bei berufsaufklärenden Maßnahmen zusammen und unterstützen sich gegenseitig bei der Aus- und Weiterbildung der Lehrer und Berufsberater. Pauschalisierend lassen sich die beiden institutionellen Aktivitätsbereiche als **Berufsaufklärung** (Bundesanstalt für Arbeit, Berufsberatung) und **Berufswahlunterricht** (Schule) klassifizieren.

### 3.10.2 Aktivitätsbereiche der Berufswahlvorbereitung

*3.10.2.1 Berufsaufklärung*

Die Berufsaufklärung wird durch die örtlichen Arbeitsämter als **eigenständiger** Aufgabenbereich wahrgenommen. Sie konzentriert sich auf Informationsvermittlung über Berufe, deren Anforderungen und Entwicklungen auf dem Arbeitsmarkt wie auch über die Möglichkeiten der Förderung beruflicher Bildung. Im einzelnen umfaßt dieses Programm folgende Maßnahmen:

- Berufskundliche Ausstellungen;
- Einrichtung von Berufsinformationszentren;
- Berufsaufklärung der Öffentlichkeit über Massenmedien, durch Kontaktaufnahme mit den privaten und öffentlichen Trägern der Berufsausbildung wie auch mit den Einrichtungen der Jugendpflege und den Trägern der Jugendsozialarbeit;

- mittelbare Berufsaufklärung: darunter fallen all diejenigen Tätigkeiten, durch die berufsorientierende Bemühungen anderer Institutionen – insbesondere schulischer und wirtschaftlicher – genutzt oder unterstützt werden;
- Elternversammlungen;
- Vortragsveranstaltungen;
- Gruppeninformationen gegenüber Jugendlichen, die ohne Berufsausbildung geblieben oder in den Möglichkeiten ihrer beruflichen Entwicklung gestört sind: in Klassen für Jungarbeiter, Fürsorgeheimen, Heimen der Jugendverbände und in Jugendstrafanstalten.

Ergänzend zu diesen Veranstaltungen bietet die Bundesanstalt für Arbeit nach unterschiedlichen Zielen und Adressaten strukturierte berufsorientierende Schriften, berufs- und studienkundliche Materialien sowie berufswahlvorbereitende Selbsterkundungsprogramme an. Diese Programme (so insbesondere MACH'S RICHTIG[10]) werden auch in Zusammenarbeit mit der Schule eingesetzt.

### 3.10.2.2 Berufswahlunterricht

Der Berufswahlunterricht versteht sich als **kooperativer** Aufgabenbereich der Bundesanstalt für Arbeit, vertreten durch die örtlichen Arbeitsämter, und der Schule. Er ist in der Regel in den Fächern Wirtschaftslehre, Arbeitslehre oder Gemeinschaftskunde integriert. Hier sehen sich beide Institutionen vor die gemeinsame Aufgabe gestellt, dem Jugendlichen die erforderliche **Berufswahlreife** zu vermitteln. Diese Qualifizierung „zur Durchführung einer ersten Berufs- und Ausbildungsentscheidung unter der Perspektive einer langfristigen individuellen Berufswegplanung"[11] verlangt beim Jugendlichen die möglichst umfassende Bewußtwerdung all der objektiven und subjektiven Chancen und Benachteiligungen, die für diese Entscheidung relevant sind. Der Jugendliche muß den Konfliktcharakter der Berufswahl und die diesen bedingenden subjektiven (Werthaltungen, Fähigkeiten, Dispositionen, Neigungen) wie auch objektiven sozioökonomischen Determinanten erkennen und sich der Notwendigkeit seiner rationalen Entscheidung bewußt werden (Konflikt- und Entscheidungscharakter der Berufswahl!). Diesem Anspruch versuchen neuere Konzeptionen der Berufsorientierung durch Einbezug verhaltenswissenschaftlicher Forschungsansätze zu entsprechen. Unter ihrer Berücksichtigung hätte die curriculare Fassung des Berufswahlunterrichts im wesentlichen folgender Themenspur zu folgen:

- Breitangelegte Information über die allgemeine Wirtschaftslage, die regionale Wirtschaftsstruktur, die Struktur der Berufe, Arbeitsmarktlage, Verdienstmöglichkeiten, Ausbildungsstellensituation, wirtschaftliche, insbesondere berufliche Entwicklungstrends, soziokulturelle und soziostrukturelle Determinanten der Berufswahl **(allokationstheoretischer Aspekt);**
- Anleitung und Hilfe bei der Aufdeckung der individuellen Schülerbiographien als Einflußgrößen der Berufswahl; Beratung und Unterstützung bei der Ent-

---

[10] Medienkombination zur Berufsaufklärung für Schüler der Sekundarstufe I, hrsgg. von der Bundesanstalt für Arbeit
[11] Dibbern, H., Kaiser, F. J., Kell, A., Berufswahlunterricht in der vorberuflichen Bildung, Bad Heilbrunn, 1974, S. 74.

wicklung individueller Berufslaufbahnkonzepte (**entwicklungstheoretischer Aspekt**);

- Verdeutlichung der relativen Abhängigkeit der Schüler in ihren Berufsvorstellungen, Wertmaßstäben und Entscheidungskriterien von ihren Interaktionspartnern (vorrangig Eltern, Freunde, Lehrer, Geschwister, Berufsberater usw. (**interaktionstheoretischer Aspekt**);

- Evozierung der Erkenntnis, daß die Berufswahl ein mehrstufiger Entscheidungsprozeß ist, und der Bereitschaft, sich diesem zu stellen (**entscheidungstheoretischer Aspekt**).

Der Erkenntnis, daß die Berufswahl einen mehrstufigen Entscheidungsprozeß darstellt, entspricht die (didaktische) Absicht, den Berufswahlunterricht ebenfalls als solchen (mehrstufigen Entscheidungsprozeß) zu organisieren. Seine dergestaltige Realisation verlangt ein Methodenkonzept, das die berufsspezifische Entscheidungs- und Handlungsfähigkeit der Jugendlichen erhöht. Es umfaßt neben den sogenannten Realitätsbegegnungen, **Betriebserkundung** und **Betriebspraktikum**, spezielle Übungsformen der Entscheidungsfindung wie **Rollenspiel, Planspiel, Fallstudie**. Durch letztere werden die Schüler über entsprechende Problemvorgaben in berufswahlspezifische Techniken, wie Situationsanalyse, Zieldefiniton, Konsequenzanalyse, eingeführt und darin geschult.

**Betriebserkundungen,** insbesondere berufsspezifische Aspekterkundungen (**Berufserkundungen**) erlangen für den Berufswahlunterricht fundierende Bedeutung. Über sie erlangen die Schüler durch Fragen und Beobachtungen konkrete Einblicke in berufliche Anforderungen, Tätigkeitsprofile, betriebliche Arbeits- und Ausbildungsbedingungen, Aufstiegsmöglichkeiten u. a. m..

Das **Betriebspraktikum** ermöglicht einerseits die Erfahrungen von Betriebserkundungen auf breiterer Basis, zum anderen den Betrieb als arbeitsweltlichen Ausschnitt, als Produktionseinheit und Sozialgebilde zu erleben und daraus Schlußfolgerungen für den eigenen Ausbildungs- und Berufsweg abzuleiten.

Die betriebliche Eigenerfahrung ist aus berufskundlicher Sicht durch nichts zu ersetzen. Sie sollte ein unverzichtbarer Bestandteil einer jeden Berufswahlvorbereitung sein.

Der kooperative Beitrag der Bundesanstalt für Arbeit zum Berufswahlunterricht ist weitgehend curricular integriert, das heißt im Lehrplan der entsprechenden Klassen verankert. Er umfaßt:

- Schulbesprechungen,
- Elternversammlungen,
- Vortragsveranstaltungen,
- praxisnahe Informationen.

**Schulbesprechungen** in den Oberstufen der allgemeinbildenden Schulen gelten als die vorrangige Form der Berufsaufklärung. Sie stellen in der Regel den ersten Kontakt zwischen Schüler und Berufsberater her. Sie machen die Schüler überblickartig bekannt mit der Bedeutung der Berufswahl, ihren Chancen und Risiken, mit der zweckmäßigen Nutzung der Informationsangebote wie auch mit den regionalen und überregionalen Ausbildungsmöglichkeiten.

**Elternversammlungen** tragen der Erkenntnis Rechnung, daß der Einfluß der

Eltern auf die Berufswahlentscheidung immer noch von großer Bedeutung ist. In klassen- oder schulgebundenen Zusammenkünften werden diese mit Lehrern und Berufsberatern, zuweilen im Beisein der Schüler, zusammengeführt und mit berufswahlspezifischen Informationen versorgt und ebensolchen Fragestellungen vertraut gemacht.

Im Rahmen von **Vortragsveranstaltungen** sollen die vor der Berufswahl stehenden Schüler mit berufsorientierenden beziehungsweise studienkundlichen Informationen aus erster Hand versorgt werden. Es referieren Berufspraktiker, Wissenschaftler, Personalfachleute über berufsfeldbezogene oder thematisch angrenzende Probleme, meist im Rahmen mehrtägiger (Vortrags-)Reihen. Die Besonderheit dieser Veranstaltungen ist die unmittelbare Aussage von Fachleuten.

Die **praxisnahen Informationen** betreffen die Mitwirkung der Berufsberatung bei berufskundlichen Betriebserkundungen und -praktika, inbesondere bei der Vorbereitung, Organisation und Auswertung derselben.

## 3.10.3 Kontrollfragen zu 3.10

1. Warum ist die „richtige" Berufswahl sowohl volkswirtschaftlich als auch persönlich von großer Bedeutung?
2. Inwiefern ist die Berufswahl als ein langfristiger Vorgang zu sehen?
3. Welche zentrale Absicht unterliegt der Berufswahlvorbereitung?
4. Welchen (offenkundigen) Einflußfaktoren unterliegt der Berufswähler in seiner Entscheidung?
5. Inwiefern trägt die Berufswahlsituation Konfliktcharakter?
6. Weshalb soll sich der Berufswähler des Konfliktcharakters der Berufswahlsituation bewußt sein?
7. Welche Bedeutung erlangen Betriebserkundung und Betriebspraktikum im Rahmen des Berufswahlunterrichts?

## 3.10.4 Literaturhinweise zu 3.10

*Bußhoff, L.,* Berufswahlvorbereitung, Eine Einführung, in: Handbuch zur Berufswahlvorbereitung, hrsgg. von der Bundesanstalt für Arbeit, Mannheim 1987, S. 4–13.
*Dibbern, H., Kaiser, F. J., Kell, A.,* Berufswahlunterricht in der vorberuflichen Bildung, Bad Heilbrunn 1974.
*Dibbern, H.,* Berufsorientierung, in: *May, H.* (Hrsg.), Lexikon der ökonomischen Bildung, 4. Aufl., München–Wien 2001.
*Fürstenberg, F.,* Die Berufswahl: Ideologie und Wirklichkeit, in: ders., Wirtschaftsbürger in der Berufsgesellschaft?, Zürich 1997, S. 32–61.
*Steffens, H.,* Berufswahl und Berufswahlvorbereitung, Ravensburg 1975.
*Tenfelde, W.,* Berufliche Orientierung durch Berufswahlunterricht, Bad Heilbrunn 1978.

## 3.11 Rechtliche Grundlagen der Arbeit (gekürzte Darstellung) – Arbeitsrecht –

### 3.11.0 Leitziel

Kenntnis der rechtlichen Grundlagen der Arbeit.

### 3.11.1 Aufgaben, Inhalt, Geltungsbereich

Die Beziehungen zwischen Arbeitgebern und Arbeitnehmern sowie die rechtlichen Rahmenbedingungen von Arbeitsleistungen werden über das Arbeitsrecht zu regeln versucht. Das Arbeitsrecht soll insbesondere die Arbeitnehmer vor Beeinträchtigungen ihrer Persönlichkeit, vor wirtschaftlichen Nachteilen und vor gesundheitlichen Gefahren **schützen** und darüber hinaus das Arbeitsleben **ordnen**.

Das Recht der Arbeit umfaßt **staatliche Vorschriften** (Gesetze und Verordnungen) sowie **vertragliche Regelungen** (Arbeitsverträge, Betriebsvereinbarungen, Tarifverträge). Damit treten neben dem Staat insbesondere die Tarifvertragsparteien, die Betriebspartner (Betriebsrat und Arbeitgeber) sowie Arbeitgeber und Arbeitnehmer als Parteien des Arbeitsvertrages rechtsgestaltend in Erscheinung.

Das Recht der Arbeit läßt sich im wesentlichen in folgende Komplexe gliedern:

- **individuelles Arbeitsrecht** (Arbeitsvertragsrecht),
- **kollektives Arbeitsrecht** (Tarifvertragsrecht, Arbeitskampfrecht, Schlichtungsrecht, Betriebsverfassungsrecht, Mitbestimmungsrecht, Personalvertretungsrecht) und
- **Arbeitsschutzrecht**.

Ein ergänzendes Gebiet des Arbeitsrechts ist das Recht der **Arbeitsgerichtsbarkeit**.

Das Arbeitsrecht ist als Schutzrecht für Arbeitnehmer (**Arbeitnehmerschutzrecht**) zu verstehen und gilt deshalb vorzugsweise für diese. Als **Arbeitnehmer** im Sinne des Arbeitsrechts gelten Personen, die einer anderen Person haupt- oder nebenberuflich auf Grund eines (privatrechtlichen) Vertrages für eine gewisse Dauer zur Arbeitsleistung gegen Zahlung eines Entgeltes verpflichtet sind. Eine nur einmalig geschuldete Arbeitsleistung begründet in der Regel kein **Arbeitsverhältnis**. Entscheidend für die Begründung des Arbeitnehmer-Status ist die **tatsächliche Gestaltung** des (privatrechtlichen) Vertrages, nicht dagegen, ob die Parteien ihre gegenseitigen Beziehungen als Arbeitsverhältnis oder – um dem Arbeitsrecht zu entgehen – als **selbständiges Dienstverhältnis** bezeichnen. Ausschlaggebend dafür, ob ein abhängiges Arbeitsverhältnis vorliegt oder ein selbständiges (unabhängiges) Dienstverhältnis, ist der Grad der **persönlichen Abhängigkeit,** in der sich der zur Arbeitsleistung Verpflichtete befindet. Kriterien hierfür sind insbesondere: die Weisungsgebundenheit des zur Arbeitsleistung Verpflichteten hinsichtlich Zeit, Dauer und Ort der Erbringung der Leistung, seine Eingliederung in den Betrieb des Dienstberechtigten, die Notwendigkeit einer ständigen engen Zusammenarbeit mit anderen im Dienste des Berechtigten stehenden Personen und die Unterordnung unter solche Personen.

Nach ihrem Tätigkeitsfeld lassen sich die Arbeitnehmer wie folgt einteilen:

- **gewerbliche Arbeitnehmer** (für sie gilt vor allem die Gewerbeordnung),
- **kaufmännische Arbeitnehmer** (für sie gilt vor allem das Handelsgesetzbuch),
- **Seeleute** (für sie gilt vor allem das Seemannsgesetz) und
- **sonstige Arbeitnehmer,** z. B. Rechtsanwaltsgehilfen oder Hausangestellte (für sie gilt das Bürgerliche Gesetzbuch).

Eine weitere Unterscheidung betrifft den Status **Arbeiter** oder **Angestellter.** Als maßgebendes Unterscheidungsmerkmal für die jeweilige Stellung gilt, ob überwiegend körperliche oder geistige Arbeit gefordert wird. Dieses Abgrenzungskriterium erweist sich jedoch in der modernen Arbeitswelt – in der rein körperliche Arbeiten zunehmend von Maschinen übernommen und Facharbeiter immer mehr mit geistigen Anforderungen konfrontiert werden – weitgehend als untauglich. Die Zuordnung eines Arbeitnehmers zur Gruppe der Arbeiter oder Angestellten gestaltet sich deshalb in erster Linie nach der Bewertung seiner Arbeit durch die Berufsvereinigungen (wie Innungen, Handelskammern, Landwirtschaftskammern, Handwerkskammern, Arbeitgeberverbände, Gewerkschaften). Ist durch diese eine eindeutige Zuordnung nicht vorgenommen, so ist nach allgemeiner Auffassung in der Regel derjenige Angestellter, der kaufmännische oder büromäßige Arbeiten leistet oder gehobene Tätigkeiten ausübt. Als Arbeiter hat zu gelten, wer ausführend mechanisch tätig ist. Wo auch diese Richtschnur versagt, sollte danach entschieden werden, ob nach dem Gesamtbild der vom Arbeitnehmer zu erbringenden Tätigkeiten die gedanklich-geistige Leistung oder die körperliche Arbeit im Vordergrund steht.

Als Arbeiter gelten im allgemeinen: Handwerksgehilfen, Hausgehilfen, Kellner, Kraftfahrer, Facharbeiter wie Lageristen, Mechaniker und Dreher, Straßenbahnschaffner, Fabrikfeuerwehrleute, Ableser von Gas-, Strom- und Wasserzählern, Zeitungsverkäufer in Kiosken oder Hilfskräfte in der Annahmestelle einer chemischen Reinigung. Als Angestellte gelten neben den Bürokräften unter anderem zum Beispiel Filialleiter, Kassierer in Selbstbedienungsläden, Krankenschwestern, staatlich geprüfte Masseure, Verkaufsfahrer mit reichhaltigem Warensortiment, Musiker, Schaufensterdekorateure und Mannequins.

Entgegen einer weitverbreiteten irrigen Annahme können Arbeiter **nicht** durch Vereinbarung mit dem Arbeitgeber zu Angestellten werden, insbesondere auch nicht im Rahmen der Sozialversicherung. Werden solche Vereinbarungen getroffen (dies ist häufig bei Arbeitern mit längerer Betriebszugehörigkeit der Fall!), dann können diese die Arbeiter **lediglich** hinsichtlich der **betrieblichen** Rechte mit den Angestellten gleichstellen.

Unter den Angestellten nehmen die **leitenden Angestellten** eine besondere Stellung ein. Als leitender Angestellter gilt im allgemeinen, wer **Arbeitgeberfunktionen** in einer Schlüsselstellung ausübt und damit selbständig und verantwortlich den Betrieb, einen bedeutenden Betriebsteil oder einen wesentlichen Aufgabenbereich leitet. Außer dieser sogenannten **Tatgruppe** gehört zu den leitenden Angestellten die sogenannte **Ratgruppe.** Ihr werden die Angestellten zugeordnet, die auf Grund eigener Entschlußkraft hochqualifizierte Stabsarbeit (in führender, prüfender, entwerfender, forschender oder werbender Art) leisten und demzufolge mit dem Unternehmer in einem besonderen persönlichen Vertrauensverhältnis stehen. Zunächst gilt es festzustellen: auch leitende Angestellte sind Arbeitnehmer. Auf Grund ihrer besonderen Funktionen gelten für sie jedoch einige Besonderheiten. So fallen leitende Angestellte nicht unter die Arbeitszeitordnung; sie gelten nicht als Arbeitnehmer im Sinne des Betriebsverfassungsgesetzes; es können für sie eigene Sprecherausschüsse zur Wahrnehmung ihrer Interessen gegenüber dem Arbeitgeber gebildet werden (Sprecherausschußgesetz v. 20. 12. 1988); sie sind innerhalb der Arbeitnehmer als selbständige Gruppe in den Aufsichtsräten der dem Mitbestimmungsgesetz unterliegenden Großunternehmen vertreten; sie können als ehrenamtliche Richter bei den Gerichten für Arbeitssachen auch auf der Arbeitgeberseite auftreten; ihr Arbeitsverhältnis kann ohne Kündigungsgrund leichter aufgelöst werden. Darüber hinaus zuerkennt die Rechtsprechung des Bundesarbeitsgerichtes dem leitenden Angestellten besondere Pflichten: Er hat die Interessen des Arbeitgebers erheblich weitreichender als andere Arbeitnehmer zu wahren; er hat eine Arbeitsleistung zu erbringen, die das normale Maß übersteigt (so daß im allgemeinen keine Überstunden verrechnet werden!).

Der Begriff des leitenden Angestellten deckt sich nicht mit dem des **außertariflichen Angestellten**. Als außertarifliche Angestellte gelten solche Angestellte, denen entweder die Tarifvertragsparteien oder die Arbeitsvertragsparteien auf Grund ihrer meist leitenden Stellung einen besonderen Status zuerkennen.

Eine familienrechtliche Beziehung schließt ein Arbeitsverhältnis (und damit die Begründung einer Arbeitnehmerstellung gegenüber einem als Arbeitgeber fungierenden Familienmitglied) grundsätzlich nicht aus. Soll ein solches Verhältnis eingegangen werden (**mithelfende Familienangehörige**), so muß dies deutlich vereinbart und auch die getroffenen Vereinbarungen in die Tat umgesetzt werden.

**Nicht zu den Arbeitnehmern** im **arbeitsrechtlichen** Sinne gehören im allgemeinen folgende Personengruppen (vgl. insbesondere § 5 Abs. 2 Betriebsverfassungsgesetz):

- Mitglieder des Organs einer juristischen Person, das zur Vertretung der juristischen Person berufen ist (so insbesondere Vorstandsmitglieder einer Aktiengesellschaft und Geschäftsführer von Gesellschaften mit beschränkter Haftung);

- Personen, die durch Gesetz, Satzung oder Gesellschaftsvertrag zur Vertretung einer Personengesamtheit, insbesondere einer offenen Handelsgesellschaft oder einer Kommanditgesellschaft berufen sind;

- Personen, die vorwiegend aus karitativen Beweggründen tätig sind (z. B. Ordensschwestern, Ordensbrüder);

- Personen, die vorwiegend aus medizinischen oder erzieherischen Gründen sowie zur sittlichen Besserung beschäftigt sind;

- Beschäftigte, die ein soziales Jahr ableisten, sowie Entwicklungshelfer im Sinne des Entwicklungshilfegesetzes;

- Beamte, Richter und Soldaten; sie stehen in einem besonderen öffentlich-rechtlichen Dienst- und Treueverhältnis.

Nicht zu den Arbeitnehmern im **eigentlichen** Sinn zählen Personen, die vorwiegend zum Zwecke ihrer beruflichen Bildung beschäftigt werden, so insbesondere **Auszubildende**. Auf das Berufsausbildungsverhältnis finden ergänzend zu den Sonderregelungen des Berufsbildungsgesetzes die Regelungen des Arbeitsverhältnisses Anwendung.

3 Arbeitsökonomie 151

Ebenfalls nicht zu den Arbeitnehmern im eigentlichen Sinn gehören die sogenannten **arbeitnehmerähnlichen Personen** (so insbesondere die **Heimarbeiter**) und die **freien Mitarbeiter**. Auf sie finden eine Reihe von arbeitsrechtlichen Regelungen Anwendung.

**Arbeitgeber** im Sinne des Arbeitsrechtes ist jeder, der einen anderen als Arbeitnehmer beschäftigt. Der Arbeitgeber kann eine natürliche Person oder eine juristische Person (z. B. Aktiengesellschaft) sein, eine Privatperson oder eine Person des öffentlichen Rechtes (z. B. eine Gemeinde).

### 3.11.2 Individuelles Arbeitsrecht (Arbeitsvertragsrecht)

Durch Abschluß eines **Arbeitsvertrages** begründet der einzelne Arbeitnehmer mit seinem Arbeitgeber ein **Arbeitsverhältnis**. Dieses Arbeitsverhältnis ist ein Rechtsverhältnis, durch das der Arbeitnehmer vor allem zur Leistung von Arbeit für den Arbeitgeber und der Arbeitgeber seinerseits vor allem zur Lohnzahlung verpflichtet wird. Neben diesen **Hauptpflichten** des Arbeitsverhältnisses treten bestimmte **Nebenpflichten**.

Der Arbeitsvertrag ist ein Dienstvertrag im Sinne der §§ 611–630 BGB.

Für den Abschluß eines Arbeitsvertrages gilt **grundsätzlich** das Prinzip der Vertragsfreiheit, das heißt, die Vertragspartner (Arbeitgeber und Arbeitnehmer) sind im Abschluß frei (Abschlußfreiheit) ebenso wie in der Gestaltung (Gestaltungsfreiheit) der Arbeitsbedingungen (Lohn, Urlaub, Arbeitszeit usw.). Die grundsätzliche Vertragsfreiheit wird jedoch zum Schutze des Arbeitnehmers in vielfältiger Weise durch Vorschriften des Arbeitsrechtes eingeschränkt, so insbesondere durch Gesetze, Tarifverträge und Betriebsvereinbarungen. Stehen diese Rechtsquellen zueinander in Widerspruch, so geht die höhere (Rechtsquelle) der niedrigeren und im allgemeinen die für den Arbeitnehmer günstigere der ungünstigeren vor. Dabei gilt das Gesetz als die im Verhältnis zu Tarifvertrag, Betriebsvereinbarung und Arbeitsvertrag höhere Rechtsquelle. Der Tarifvertrag gilt als die höhere Rechtsquelle gegenüber der Betriebsvereinbarung und dem Arbeitsvertrag; die Betriebsvereinbarung gilt als die höhere Rechtsquelle gegenüber dem Arbeitsvertrag.

Für den Arbeitsvertrag ist keine bestimmte **Form** vorgeschrieben. Im Gegensatz zu Berufsausbildungsverträgen (§ 4 Berufsbildungsgesetz) und Arbeitsverträgen im öffentlichen Dienst (§ 4 Bundes-Angestellten-Tarifvertrag) können deshalb alle Arbeitsverträge in der Privatwirtschaft grundsätzlich **formlos** abgeschlossen werden. Häufig wird aber durch Tarifvertrag die Schriftform vorgeschrieben. Im wirtschaftlichen Alltag werden die Arbeitsverträge aus Beweisgründen meistens schriftlich abgeschlossen.

Der Arbeitsvertrag wird **normalerweise** auf unbestimmte Zeit (**unbefristet**) abgeschlossen. Dieser sogenannte **Dauerarbeitsvertrag** kann nur durch (fristgemäße) oder fristlose) Kündigung beendet werden.

Ein **befristeter Arbeitsvertrag** endet demgegenüber durch Zeitablauf (bei kalendermäßiger Befristung) oder nach Zweckerreichung (z. B. Gesundung eines langfristig erkrankten Mitarbeiters, zu dessen Vertretung die Einstellung befristet erfolgte), ohne daß gekündigt werden muß. Um den Arbeitnehmer in diesem Zusammenhang vor einer Umgehung der zwingenden (d. h. durch Vereinbarungen der

Vertragsparteien nicht zu umgehenden) Kündigungsschutzbestimmungen zu bewahren, hat das Bundesarbeitsgericht entschieden, daß eine Befristung des Arbeitsvertrages dann nicht rechtswirksam ist, wenn bei Abschluß des Vertrages für die Befristung oder deren Dauer kein **sachlicher Grund** vorgelegen hat.

Da der gesetzliche Kündigungsschutz erst nach 6monatiger Betriebszugehörigkeit und nur in Betrieben mit mehr als fünf Arbeitnehmern gilt, bedürfen befristete Arbeitsverträge, die für weniger als 6 Monate abgeschlossen wurden sowie befristete Arbeitsverträge mit Kleinbetrieben (bis zu fünf Arbeitnehmern) keines sachlichen Grundes im Sinne der Rechtsprechung des Bundesarbeitsgerichtes. Ausnahme von dieser Regelung: Eines sachlichen Grundes für befristete Arbeitsverträge für weniger als 6 Monate und für Kleinbetriebe bedarf es allerdings dann, wenn der Einzustellende schon bei Abschluß des befristeten Arbeitsvertrages einen **besonderen Kündigungsschutz** hat (z. B. es wird eine schwangere Frau eingestellt!) oder wenn die gesetzlichen, tariflichen oder in Betriebsvereinbarungen festgelegten Mindestkündigungsfristen objektiv umgangen werden.

Werden mehrere befristete Arbeitsverträge so aneinander gereiht, daß mit Ablauf der jeweiligen Vertragsfrist das Arbeitsverhältnis ohne Kündigung endet, falls nicht ein neuer – wiederum befristeter – Arbeitsvertrag abgeschlossen ist, so liegt ein **Kettenarbeitsvertrag** vor. Kettenarbeitsverträge sind grundsätzlich zulässig.

Die Vereinbarung einer (in der Regel nicht länger als 6 Monate dauernden) **Probezeit (Probearbeitsvertrag)** soll beiden Vertragspartnern die Möglichkeit geben, sich gegenseitig zu erproben. Ein solches Probearbeitsverhältnis ist ein völlig gültiges Arbeitsverhältnis, auf das alle arbeitsrechtlichen Gesetze, Tarifverträge und Betriebsvereinbarungen anzuwenden sind. Das Arbeitsverhältnis ist hier von Anfang an **unbefristet.** Während der Probezeit kann allerdings von beiden Seiten mit der kürzest möglichen Kündigungsfrist gekündigt werden.

Zulässig ist auch der Abschluß eines Probearbeitsvertrages als befristeter Arbeitsvertrag, so daß dieser mit Ablauf der Probezeit automatisch endet.

Der **Aushilfsarbeitsvertrag** kann befristet oder unbefristet abgeschlossen werden.

Der **Praktikantenvertrag** ist nicht gesetzlich geregelt, aber durchaus zulässig. Er kann als (befristeter) Arbeitsvertrag oder als Vertrag eigener Art, seltener nach dem Muster eines Berufsausbildungsvertrages abgeschlossen werden.

### 3.11.2.1 Pflichten des Arbeitnehmers aus dem Arbeitsvertrag

Die **Hauptpflicht** des Arbeitnehmers aus dem Arbeitsvertrag, die **Arbeitspflicht,** schließt eine Reihe von Problemfragen ein, die nachfolgend beleuchtet werden sollen.

**Persönliche Verpflichtung:** Falls nicht ausnahmsweise mit dem Arbeitgeber etwas anderes vereinbart wurde, hat der Arbeitnehmer die Arbeit **persönlich** zu leisten (§ 613 BGB); das heißt, sie kann nicht durch Dritte geleistet werden.

**Grundsätzliche Unübertragbarkeit der Arbeitsleistung:** Falls nichts anderes zwischen Arbeitgeber und Arbeitnehmer vereinbart wurde, steht der Anspruch auf die Arbeitsleistung dem Arbeitgeber nur persönlich zu; das heißt, der Arbeitgeber kann diese Ansprüche nicht auf einen anderen Arbeitgeber übertragen. Die Aus-

## 3 Arbeitsökonomie

nahme hiervon: Beim Tod des Arbeitgebers geht der Anspruch auf die Arbeitsleistung auf den/die Erben des Arbeitgebers über.

Aus der grundsätzlichen Unübertragbarkeit der Arbeitsleistung folgt auch, daß die Eingehung eines sogenannten **Leiharbeitsverhältnisses** (Arbeitnehmerüberlassung) nur mit Zustimmung des Arbeitnehmers möglich ist.

**Art der zu leistenden Arbeit:** Welche Arbeitsleistung der Arbeitnehmer zu erbringen hat, bestimmt sich nach dem Arbeitsvertrag, der sich seinerseits nach den einschlägigen Gesetzen, Tarifverträgen und Betriebsvereinbarungen zu richten hat. Nur soweit im Arbeitsvertrag nichts Genaues vereinbart wurde, kann der Arbeitgeber kraft seines **Weisungs-** oder **Direktionsrechtes** bestimmen, was der Arbeitnehmer im einzelnen zu leisten hat. Ist ein Arbeitnehmer für eine bestimmte Tätigkeit (z. B. als Verkaufsfahrer) eingestellt worden, so ist diese Tätigkeit Gegenstand des Arbeitsvertrages. Der Arbeitnehmer kann vom Arbeitgeber nicht ohne sein Einverständnis in eine andere Tätigkeit (z. B. ins Lager) versetzt werden; dies käme einer Änderung des Arbeitsvertrages gleich, wozu der Arbeitgeber nicht einseitig berechtigt ist. Machen betriebliche Notwendigkeiten eine solche Versetzung erforderlich, so kann dies – falls der Arbeitnehmer nicht zustimmt – nur im Wege einer sogenannten **Änderungskündigung** (Kündigung des Arbeitsvertrages mit dem gleichzeitigen Angebot der Fortsetzung des Arbeitsverhältnisses zu geänderten Bedingungen; § 2 Kündigungsschutzgesetz) erfolgen, für die allerdings die Kündigungsschutzbestimmungen gelten.

Ist die Tätigkeit des Arbeitnehmers im Arbeitsvertrag **fachlich umschrieben** (beispielsweise kaufmännischer Angestellter, Elektriker), so können ihm vom Arbeitgeber all jene Arbeiten zugewiesen werden, die dem vereinbarten Berufsbild entsprechen. Ist dagegen die Tätigkeit nur **ganz allgemein umschrieben** (beispielsweise Bürohilfskraft, Hilfsarbeiter), so kann der Arbeitgeber vom Arbeitnehmer jede Arbeitsleistung verlangen, die billigem Ermessen entspricht und bei Vertragsabschluß voraussehbar war (Urteil des Bundesarbeitsgerichtes v. 27. 3. 1980).

Die Zuweisung einer anderen Tätigkeit ist – soweit dies nicht im Arbeitsvertrag vereinbart – grundsätzlich nur dann zulässig, wenn diese nicht niedriger bezahlt ist. Wurde eine derartige Vereinbarung nicht getroffen, kann eine solche Versetzung nur mit Zustimmung des Arbeitnehmers erfolgen. Versagt der Arbeitnehmer seine Zustimmung, so bleibt dem Arbeitgeber nur die Möglichkeit der Änderungskündigung, bezüglich deren sozialer Gerechtfertigtkeit das Arbeitsgericht angerufen werden kann.

In Betrieben mit mehr als 20 wahlberechtigten Arbeitnehmern muß der Arbeitgeber vor jeder Versetzung den **Betriebsrat** (falls ein solcher existiert!) unterrichten, ihm Auskunft über die Auswirkungen der jeweiligen Versetzung geben und seine Zustimmung einholen. Die Zustimmung des Betriebsrates kann jedoch die möglicherweise notwendige Zustimmung des Arbeitnehmers nicht ersetzen.

**Weisungs-/Direktionsrecht des Arbeitgebers:** Es greift in der Regel dort Platz, wo der genaue Inhalt der Arbeitspflicht des Arbeitnehmers sowie Ort und Zeit der Leistungserbringung durch Arbeitsvertrag, einschlägige Gesetze, Tarifverträge und Betriebsvereinbarungen nicht hinreichend bestimmt sind. Auch die Ordnung im Betrieb (z. B. Rauchverbote, Alkoholverbot, Torkontrolle) wird – soweit dem Betriebsrat keine entsprechenden Mitbestimmungsrechte zustehen – grundsätzlich einseitig vom Arbeitgeber im Rahmen seines Weisungsrechtes (Direktionsrechtes) festgelegt. Das Weisungsrecht des Arbeitgebers wird durch die einschlägigen Gesetze (so insbesondere auch durch Art. 1 GG und das darin geschützte Persönlichkeitsrecht des Arbeitnehmers), Tarifverträge und Betriebsvereinbarungen begrenzt.

**Umfang der zu leistenden Arbeit:** Die vom Arbeitnehmer in seiner (gesetzlich, tariflich, betrieblich und einzelvertraglich bestimmten) Arbeitszeit zu erbringende Leistung bestimmt sich nach Treu und Glauben (§ 242 BGB) mit Rücksicht auf die Verkehrssitte. Der Arbeitnehmer darf danach weder seine Arbeitskraft bewußt zurückhalten (d. h. seine Leistung absichtlich drosseln), noch muß er sich so verausgaben, daß er damit seine Gesundheit gefährdet. Er muß vielmehr unter angemessener Einbringung seiner Kräfte und Fähigkeiten arbeiten.

**Zulässigkeit von Nebenbeschäftigungen:** Der Arbeitnehmer darf grundsätzlich mit verschiedenen Arbeitgebern mehrere sich zeitlich nicht überschneidende Arbeitsverhältnisse **(Doppelarbeitsverhältnis)** eingehen oder auch zusätzlich eine selbständige Tätigkeit ausüben. Dabei hat er allerdings gewissen Erfordernissen zu genügen: Die Nebenbeschäftigung darf für seinen Arbeitgeber keine unlautere Konkurrenz sein; die Nebenbeschäftigung darf den Arbeitnehmer nicht so in Anspruch nehmen, daß seine eigentliche Arbeit darunter leidet; die Beschäftigungszeiten in allen Arbeitsverhältnissen dürfen nicht die in der Arbeitszeitordnung vorgeschriebenen Höchstarbeitszeiten überschreiten.

Eine arbeitsvertragliche Verpflichtung des Arbeitnehmers, jede nicht genehmigte Nebenbeschäftigung zu **unterlassen,** kann nach geltender Rechtsprechung (Urteil des Bundesarbeitsgerichtes vom 26. 8. 1976) nur so ausgelegt werden, daß lediglich solche Nebentätigkeiten untersagt sind, die dem Arbeitgeber Konkurrenz bedeuten oder die in ihrem Ausmaß die Arbeitskraft des Arbeitnehmers zum Nachteil des Arbeitgebers beanspruchen.

Bei zwei oder mehreren Arbeitsverhältnissen hat der Arbeitnehmer im Krankheitsfalle grundsätzlich gegen sämtliche Arbeitgeber einen Anspruch auf **Lohnfortzahlung.** Ebenso erwirbt der Arbeitnehmer in jedem Arbeitsverhältnis einen entsprechenden **Urlaubsanspruch.**

Nebenbeschäftigungen (auch geringeren Umfanges!) unterliegen ebenfalls dem Kündigungsschutzgesetz (Urteil des Bundesarbeitsgerichtes vom 13. 3. 1987).

**Ort der Arbeitsleistung:** Der Ort, an dem der Arbeitnehmer seine Leistung zu erbringen hat, ist in der Regel der Betrieb des Arbeitgebers. Ergibt sich aus dem Arbeitsvertrag die Möglichkeit anderer Arbeitsorte (z. B. bei Bau- oder Montagearbeiten), so hat der Arbeitgeber bei der **Zuweisung anderer Arbeitsorte** Rücksicht auf die Interessen des Arbeitnehmers zu nehmen. Ein Einsatz im Ausland muß im allgemeinen ausdrücklich vereinbart werden.

Die **Versetzung** von Arbeitnehmern an einen anderen Ort ist im allgemeinen nur zulässig, wenn eine solche Möglichkeit ausdrücklich oder stillschweigend vereinbart wurde oder wenn sich der Arbeitnehmer im Einzelfall damit einverstanden erklärt. Versetzungen erfordern die Zustimmung des Betriebsrates nach § 95 Betriebsverfassungsgesetz.

**Arbeitszeit:** Innerhalb des durch die Arbeitszeitschutzvorschriften (Arbeitszeitordnung, Jugendarbeitsschutzgesetz, Mutterschutzgesetz, Ladenschlußgesetz) bestimmten Rahmens regeln Tarifvertrag, Betriebsvereinbarung und Einzelarbeitsver-

## 3 Arbeitsökonomie

trag die Dauer der Arbeitszeit. Sagt der Arbeitsvertrag nichts über Dauer und Lage der Arbeitszeit aus, so gilt die betriebsübliche Arbeitszeit. Im Rahmen der vereinbarten oder betriebsüblichen Arbeitszeit kann – soweit nichts anderes vereinbart oder betriebsüblich ist – der Arbeitgeber kraft seines Weisungsrechtes einseitig die wöchentliche Arbeitszeit wie auch die Pausen festlegen. Dabei hat er jedoch gegebenenfalls die Mitbestimmungsrechte des Betriebsrates zu berücksichtigen. Die Weisungen des Arbeitgebers zur Arbeitszeit dürfen – nach billigem Ermessen – nicht unzumutbar sein.

Zu **Sonn- und Feiertags-, Nacht- und Schichtarbeit** ist der Arbeitnehmer nur verpflichtet, wenn darüber entsprechende Vereinbarungen getroffen wurden.

Ob der Arbeitgeber – außer in Notfällen oder besonderen Ausnahmesituationen – allein aufgrund seines Weisungsrechtes **Überstunden** anordnen kann, ist umstritten. Hochbezahlten leitenden Angestellten sind Überstunden zuzumuten (Urteil des Bundesarbeitsgerichtes vom 13.6.1967).

Die Pflicht des Arbeitnehmers zur Arbeitsleistung kann unter bestimmten Umständen entfallen, ohne daß er dadurch seinen Lohnanspruch verliert. Solche Umstände können sein: Kurzarbeit, schlechte Witterung, Annahmeverzug des Arbeitgebers, ein Zurückbehaltungsrecht des Arbeitnehmers.

**Kurzarbeit** (oder **Feierschichten**) infolge Auftragsmangels oder schlechten Wetters mit entsprechender Lohnminderung darf (dürfen) vom Arbeitgeber nur unter der Voraussetzung angeordnet werden, daß solche in einem Tarifvertrag oder in einer Betriebsvereinbarung unter bestimmten Voraussetzungen vorgesehen ist (sind) oder die betroffenen Arbeitnehmer solcher (solchen) zustimmen (Urteil des Bundesarbeitsgerichtes vom 25.11.1981). Darüber hinaus ist – falls tarifvertraglich nichts Abweichendes bestimmt ist – das Mitbestimmungsrecht des Betriebsrates zu wahren. Im Falle mangelnder Befugnis zur Einführung von Kurzarbeit (Feierschichten) verbleibt dem Arbeitgeber nur die Änderungskündigung. Wird (werden) die Kurzarbeit (Feierschichten) rechtzeitig beim Arbeitsamt angemeldet, so kann den betroffenen Arbeitnehmern **Kurzarbeitergeld** aus Mitteln der Bundesanstalt für Arbeit (je nach Familienstand von 60–67 Prozent des Netto-Arbeitsentgeltes, das der Arbeitnehmer in den ausgefallenen Arbeitsstunden verdient hätte) gewährt werden.

Auf der Grundlage des zum 1. November 1999 in Kraft getretenen Gesetzes zur Neuregelung der Förderung der ganzjährigen Beschäftigung in der Bauwirtschaft (SGB III §§ 209–216) in Verbindung mit einer tarifvertraglichen Vereinbarung zwischen der Bau-Gewerkschaft und den Bauarbeitgebern sind Bauarbeiter gehalten, im Sommer 30 (Über-)Stunden „anzusparen" und diese zusätzlich geleistete Arbeit im Winter bei schlechtem Wetter „abzuheben". Falls darüber hinaus keine Arbeitszeitguthaben bestehen, erhalten sie von der 31. bis zur 100. Stunde ein **Winterausfallgeld,** das durch eine Umlage von den Baubetrieben aufgebracht wird. Von der 101. Stunde an springt die Bundesanstalt für Arbeit mit einem aus Beiträgen finanzierten Winterausfallgeld ein. Damit die Bauarbeiter im Sommer über die anempfohlenen 30 Stunden hinaus Arbeitszeitguthaben erwerben, erhalten sie für jede zusätzlich „angesparte" Stunde einen Anreiz von 1,03 Euro **Wintergeld.**

Gerät der Arbeitgeber in **Annahmeverzug** (§ 615 BGB; Annahmeverzug liegt vor, wenn der Arbeitgeber die vom Arbeitnehmer zur rechten Zeit [d. h. während der Arbeitszeit] am rechten Ort [d. h. an der Arbeitsstätte] angebotene Arbeitsleistung nicht annimmt oder nicht abnehmen kann [weil beispielsweise keine Aufträge vorhanden sind]), dann braucht der Arbeitnehmer nicht zu arbeiten. Es ist in dieser Situation gleichgültig, ob den Arbeitgeber ein Verschulden trifft oder nicht. Dem Arbeitnehmer muß allerdings die Arbeitsleistung tatsächlich und rechtlich möglich sein. Ist dem Arbeitnehmer die Arbeit unmöglich (weil beispielsweise die Arbeitsstätte durch Brand zerstört ist), so wird er ebenfalls von seiner Verpflichtung zur Arbeitsleistung frei, verliert aber – falls der Arbeitgeber die Unmöglichkeit der Arbeitsleistung nicht zu vertreten hat (§ 323 BGB) – den Lohnanspruch.

Steht dem Arbeitnehmer aus seinem Arbeitsverhältnis gegenüber dem Arbeitgeber ein fälliger Anspruch zu, den dieser noch nicht erfüllt hat, so erwächst ihm daraus ein **Zurückbehaltungsrecht** an seiner Arbeit (§ 273 BGB) und er wird damit von der Verpflichtung zur Arbeitsleistung frei, ohne seinen Lohnanspruch zu verlieren. Es gilt allerdings zu beachten, daß der Arbeitnehmer von seinem Zurückbehaltungsrecht nur dann Gebrauch machen kann, wenn ein **entsprechender** Anspruch vorliegt (§ 242 BGB). Ein geringfügiger Zahlungsanspruch rechtfertigt keine Arbeitseinstellung.

Neben der **Hauptpflicht** des Arbeitnehmers, der Arbeitspflicht, obliegen diesem eine Reihe von **Nebenpflichten.** Sie sollen im folgenden dargelegt werden.

**Verschwiegenheitspflicht:** Die unbefugte Mitteilung von **Geschäfts- und Betriebsgeheimnissen** (als Geschäfts- und Betriebsgeheimnis gilt jede Tatsache, die im Zusammenhang mit dem Geschäftsbetrieb steht, nicht offenkundig ist und nach dem bekundeten Willen des Arbeitgebers geheimgehalten werden soll) Dritten gegenüber ist nach § 17 Gesetz gegen den unlauteren Wettbewerb mit Freiheitsstrafe bis zu 3 Jahren oder mit Geldstrafe bedroht. Arbeitnehmer, die dieser **strafrechtlichen Verschwiegenheitspflicht** zufolge Geheimnisse, die ihnen im Rahmen ihres Arbeitsverhältnisses anvertraut oder zugänglich gemacht wurden, **während der Dauer des Arbeitsverhältnisses** zu Zwecken des Wettbewerbes, aus Eigennutz, zugunsten eines Dritten oder in der Absicht, dem Arbeitgeber Schaden zuzufügen, weitergeben, unterliegen dieser Strafandrohung. Es gilt jedoch zu beachten, daß der Arbeitgeber **nicht** die Geheimhaltung von Tatsachen verlangen kann, wenn dafür kein berechtigtes Interesse besteht (Urteil des Bundesgerichtshofes vom 15.5. 1955).

Die **arbeitsrechtliche Verschwiegenheit** greift weiter. Sie umfaßt Tatsachen, die dem Arbeitnehmer im Rahmen seiner betrieblichen Tätigkeit wie auch privat zur Kenntnis gelangen; auch ist für die Verletzung dieser Pflicht nicht erforderlich, daß sie zum Zwecke des Wettbewerbs, zugunsten eines Dritten, aus Eigennutz oder um dem Arbeitgeber zu schaden, erfolgt. Es genügt die fahrlässige Verletzung dieser Verschwiegenheitspflicht, um sich schadensersatzpflichtig zu machen oder gegebenenfalls entlassen zu werden.

Mitglieder des Betriebsrates unterliegen nach § 79 Betriebsverfassungsgesetz hinsichtlich Betriebs- und Geschäftsgeheimnissen, die ihnen wegen ihrer Zugehörigkeit zum Betriebsrat bekannt geworden sind und vom Arbeitgeber ausdrücklich als geheimhaltungsbedürftig angesehen werden, der besonderen Verschwiegenheitspflicht **(Geheimhaltungspflicht).** Diese Verpflichtung reicht über das Ende des Arbeitsverhältnisses hinaus.

**Unterlassung ruf- und kreditschädigender Mitteilungen:** Der Arbeitnehmer ist verpflichtet, Mitteilungen an Dritte, die dem Ruf oder dem Kredit seines Arbeit-

## 3 Arbeitsökonomie

gebers schaden, zu unterlassen. Diese Verpflichtung gilt auch dann, wenn diese Mitteilungen nachweislich wahr sind.

**Verbot der Schmiergeldannahme:** Die Annahme von Geld, Sachgeschenken oder sonstigen Vorteilen, das/die in der Absicht gegeben wurde(n), den Arbeitnehmer zu einer pflichtwidrigen Handlung zu veranlassen oder für eine solche nachträglich zu belohnen, ist diesem verboten (**arbeitsrechtliches Verbot der Schmiergeldannahme**). Unter dieses Verbot fallen nicht die im Geschäftsverkehr üblichen Aufmerksamkeiten (wie beispielsweise Kalender, Kugelschreiber, Einladung zum Essen in angemessenem Rahmen, übliche Trinkgelder).

Im Gegensatz zum arbeitsrechtlichen Verbot der Schmiergeldannahme ist das **strafrechtliche Verbot der Schmiergeldannahme** enger gefaßt. Ihm zufolge machen sich Arbeitnehmer nur strafbar, wenn sie im geschäftlichen Verkehr einen Vorteil als Gegenleistung dafür fordern, sich versprechen lassen oder annehmen, daß sie einen Wettbewerber beim Bezug von Waren oder gewerblichen Leistungen in unlauterer Weise bevorzugen (§ 12 Gesetz gegen den unlauteren Wettbewerb).

Außer einer Strafe kommen als Rechtsfolgen bei Verstößen gegen das arbeitsrechtliche wie auch das strafrechtliche Verbot der Schmiergeldannahme in Frage: Kündigung, Schadensersatzverpflichtung, Pflicht zur Herausgabe des erlangten Vorteiles.

**Wettbewerbsverbot:** Der Arbeitnehmer darf, solange sein Arbeitsverhältnis währt, seinem Arbeitgeber keine Konkurrenz machen. Dieses ursprünglich nach § 60 HGB nur für kaufmännische Angestellte geltende **gesetzliche** Wettbewerbsverbot hat das Bundesarbeitsgericht mit seinem Urteil v. 17.10.1969 auf alle Arbeitnehmer ausgedehnt. Dieses Wettbewerbsverbot hindert den Arbeitnehmer jedoch nicht, Geschäfte in einem anderen Gewerbezweig als dem des Arbeitgebers zu tätigen. Verstößt der Arbeitnehmer gegen das Wettbewerbsverbot, so kann der Arbeitgeber je nach Lage des Falles das Arbeitsverhältnis kündigen oder Schadensersatz verlangen. Nach § 61 HGB kann der Arbeitgeber jedoch auch in die vom Arbeitnehmer eingegangenen Verträge eintreten (**Selbsteintrittsrecht**).

Das Wettbewerbsverbot des Arbeitnehmers gegenüber seinem Arbeitgeber endet grundsätzlich mit dem Arbeitsverhältnis. Soll es über die Beendigung des Arbeitsverhältnisses hinaus gelten, muß dies vereinbart werden (**vertragliches** Wettbewerbsverbot). Die Vereinbarung hat schriftlich zu erfolgen (Unterschrift von beiden Vertragspartnern) und ist überdies an die Aushändigung einer vom Arbeitgeber unterzeichneten Urkunde mit den vereinbarten Bestimmungen an den bisherigen Arbeitnehmer gebunden (§ 74 HGB). Einer solchen Vereinbarung sind jedoch durch Gesetz und Rechtsprechung enge Grenzen gesetzt.

Wichtigste Voraussetzung für die rechtswirksame Vereinbarung eines für die Zeit nach Beendigung des Arbeitsverhältnisses geltenden Wettbewerbsverbotes ist die Zahlung einer monatlichen Entschädigung (**Karenzentschädigung**) durch den früheren Arbeitgeber. Die Entschädigung muß mindestens die Hälfte des vom Arbeitnehmer zuletzt bezogenen Arbeitsentgeltes betragen (§ 74 Abs. 2 HGB). Der Arbeitnehmer muß sich jedoch auf diese Entschädigung das anrechnen lassen, was er bei einem anderen Arbeitgeber oder durch selbständige Arbeit verdient oder böswillig zu verdienen verabsäumt (§ 74 c HGB, beispielsweise durch Bequemlichkeit oder Trägheit). Die Anrechnung kann jedoch nur dann erfolgen, wenn Entschädigung und Verdienst beim neuen Arbeitgeber zusammen mehr als 110 Prozent des Arbeitsentgeltes beim alten Arbeitgeber übersteigen. Ist der Arbeitnehmer durch das Wettbewerbsverbot genötigt, seinen Wohnsitz zu verlegen, so gelten statt 110 Prozent 125 Prozent (§ 74c Abs. 1 HGB). Der Arbeitnehmer ist verpflichtet, dem Arbeitgeber auf Verlangen Auskunft über die Höhe seines Verdienstes zu geben (§ 74 Abs. 2 HGB).

Das Wettbewerbsverbot kann auf höchstens 2 Jahre über die Beendigung des Arbeitsverhältnisses hinaus ausgedehnt werden. Es ist nach § 74a HGB **unverbindlich**, soweit es nicht dem Schutze eines **berechtigten geschäftlichen Interesses** des Arbeitgebers dient und soweit es unter Berücksichtigung der gewährten Entschädigung nach Ort, Zeit oder Gegenstand eine **unbillige Erschwerung** des Fortkommens des Arbeitnehmers enthält.

Das Wettbewerbsverbot ist **nichtig**, soweit es Auszubildenden oder minderjährigen Arbeitnehmern gegenüber erwirkt oder auf Ehrenwort oder unter ähnlichen Versicherungen eingegangen wird (§ 74a Abs. 2 HGB).

Eine Wettbewerbsabrede, derzufolge der Arbeitgeber nach Beendigung des Arbeitsverhältnisses nur dann die Hälfte des zuletzt gewährten Leistungsentgeltes zu zahlen hat, wenn er die Einhaltung des Wettbewerbsverbotes beansprucht, oder derzufolge der Arbeitnehmer nur mit Zustimmung des Arbeitgebers in einem oder für ein Konkurrenzunternehmen tätig sein darf, ist **unverbindlich (bedingtes Wettbewerbsverbot)**. Solche bedingten Wettbewerbsverbote kämen nach Auffassung des Bundesarbeitsgerichtes (Urteil v. 4.6.1985) im Ergebnis einem entschädigungslos vereinbarten Wettbewerbsverbot gleich.

**Auskunfts-, Rechenschaftslegungs- und Herausgabepflichten:** Der Arbeitnehmer ist verpflichtet, dem Arbeitgeber auf Verlangen Auskunft über den Stand und Verlauf seiner Dienste zu geben und nach Abschluß derselben Rechenschaft darüber abzulegen (§§ 675, 666, 251 BGB). Darüber hinaus hat der Arbeitnehmer nach Abschluß seiner Dienste dem Arbeitgeber alles herauszugeben, was er von diesem zu ihrer Erbringung erhielt (§ 667 BGB).

**Pflicht zur Anzeige drohender Schäden:** Bemerkt der Arbeitnehmer im Vollzug seiner Dienste Störungen im Arbeitsablauf, die seine eigene Leistung betreffen, oder sieht er solche voraus, so hat er diese dem Arbeitgeber anzuzeigen.

**Treuepflicht:** Ihr zufolge hat der Arbeitnehmer seine Rechte und Pflichten aus dem Arbeitsvertrag in Abstimmung mit den Interessen des Arbeitgebers und der übrigen Mitarbeiter so wahrzunehmen beziehungsweise zu erfüllen, wie dies von ihm billigerweise (nach dem Grundsatz von Treu und Glauben, § 242 BGB) verlangt werden kann. Eine Zurückstellung der eigenen Interessen gegenüber denen des Arbeitgebers kann vom Arbeitnehmer jedoch nicht verlangt werden.

### 3.11.2.2 Verletzung der Arbeitnehmerpflichten

Verletzt ein Arbeitnehmer seine durch den Arbeitsvertrag eingegangenen Pflichten (Hauptpflicht/Nebenpflichten), kann dies für ihn zu entsprechenden Sanktionen führen: Lohnminderung, Kündigung, Schadensersatz, Betriebsbußen (Betriebsstrafen) und Vertragsstrafen.

**Lohnminderung:** Grundsätzlich steht es dem Arbeitgeber nicht zu, einem mangelhaften Arbeitsergebnis oder einer nicht ordnungsgemäßen Arbeitsleistung durch

3 Arbeitsökonomie 159

Lohnminderung zu begegnen. Dies selbst dann nicht, wenn der Arbeitnehmer schuldhaft (Fahrlässigkeit, Vorsatz) handelt. Kann dem Arbeitnehmer jedoch bewußte Langsamkeit oder Schlechtarbeit nachgewiesen werden, so kann ihm nach Auffassung des Bundesarbeitsgerichts (Urteil v. 17.7.1970) der Lohnanspruch wegen Rechtsmißbrauch versagt werden.

Bei Akkord- oder Prämienentlohnung wird häufig tarif- oder einzelvertraglich vereinbart, daß die Vergütung nur bei mängelfreier Arbeit gewährt wird. Eine solche Regelung ist laut Urteil des Bundesarbeitsgerichtes v. 15.3.1960 zumindest dann zulässig, wenn den Arbeitnehmer ein Verschulden an der mangelhaften Arbeitsleistung (**Schlechtleistung**) trifft.

**Kündigung:** Häufige oder andauernde Schlechtleistung wie auch die Verletzung arbeitsrechtlicher Nebenpflichten berechtigen den Arbeitgeber zu ordentlicher oder sogar außerordentlicher (fristloser) Kündigung.

**Schadensersatz:** Fügt der Arbeitnehmer dem Arbeitgeber durch schuldhafte Verletzung arbeitsvertraglicher Pflichten Schaden zu, so haftet er grundsätzlich dafür. Um jedoch den Arbeitnehmer vor unbilligen haftungsmäßigen Folgen kleiner Unachtsamkeiten im Verlauf eines langen Arbeitslebens zu schützen, hat die Rechtsprechung den Begriff der **schadens- oder gefahrgeneigten Arbeit** entwickelt. (Schadens- oder gefahrgeneigte Arbeit ist dadurch gekennzeichnet, daß in ihrem Vollzug dem Arbeitnehmer mit hoher Wahrscheinlichkeit – auch wenn er im allgemeinen Sorgfalt walten läßt – einmal ein Versehen unterläuft. Diese Schadens- oder Gefahrgeneigtheit kann zum Beispiel durch das bearbeitete Material, die Situation, die besondere Nervenanspannung, die Arbeitstechnik oder anderes bedingt sein.) Die Haftung des Arbeitnehmers bei schadens- oder gefahrgeneigter Arbeit entfällt danach bei fehlendem Verschulden und ist stets gegeben bei Vorsatz. In der Sphäre zwischen Nichtverschulden und Vorsatz wird wie folgt unterschieden:

– Bei **leichtester Fahrlässigkeit** haftet der Arbeitnehmer nicht;

– bei **leichter Fahrlässigkeit** wird – bei fehlender Vereinbarung über weitergehende Haftungserleichterungen – der Schaden in der Regel zwischen Arbeitgeber und Arbeitnehmer aufgeteilt, wobei bei der Abwägung von Schadensanlaß und Schadensfolgen die Grundsätze von Billigkeit und Zumutbarkeit zu beachten sind;

– bei **grober Fahrlässigkeit** (wenn also die Sorgfalt gröblich vernachlässigt wird, d. h. der Handelnde den Eintritt des Schadens in Kauf nimmt, wohl aber darauf vertraut, daß er nicht eintritt!) haftet der Arbeitnehmer in der Regel voll. (Es ist nach Auffassung des Bundesarbeitsgerichtes [Urteil v. 12.10.1989] allerdings im Einzelfall zu prüfen, ob nicht das vom Arbeitgeber zu tragende **Betriebsrisiko** [Wagnisse wegen möglicherweise technisch oder wirtschaftlich bedingter Betriebsstörungen] Raum greift; auch ein deutliches Mißverhältnis zwischen dem Lohn des Arbeitnehmers und dem Schadensrisiko seiner Tätigkeit kann für die Schadenshaftung bedeutsam sein.)

Schädigt der Arbeitnehmer im Rahmen seines Arbeitsverhältnisses einen Dritten (z. B. Kunden, Verkehrsteilnehmer), so hat er dafür nach den allgemeinen Grundsätzen des Haftungsrechtes voll einzustehen. Seinem Arbeitgeber gegenüber hat er einen **Anspruch auf Freistellung** von den diesbezüglichen Schadensersatzansprüchen, und zwar in der Höhe, in der für ihn (den Arbeitnehmer) bei Schädigung des

Arbeitgebers eine Haftungsminderung in Betracht käme. Leistet der Arbeitnehmer (ganz oder teilweise) selbst direkt an den Geschädigten, so kann er dafür von seinem Arbeitgeber entsprechenden Ausgleich verlangen.

**Haftung des Arbeitnehmers gegenüber Arbeitskollegen:** Schädigt der Arbeitnehmer Arbeitskollegen, so ist hinsichtlich der Haftung zwischen Körperschaden und Sachschaden zu unterscheiden. Bei **Körperschäden** haftet der Arbeitnehmer nach § 637 Reichsversicherungsordnung nur, wenn er den Schadensfall (Arbeitsunfall) in Ausübung seiner betrieblichen Tätigkeit vorsätzlich verursacht hat oder wenn dieser bei der Teilnahme am allgemeinen öffentlichen Straßenverkehr (also nicht auf dem Betriebsgelände) eingetreten ist. Bei **Sachschäden** haftet der Arbeitnehmer seinen Arbeitskollegen jedoch grundsätzlich in vollem Umfang, es sei denn, daß sich der Unfall im Rahmen einer schadens- oder gefahrgeneigten Arbeit zutrug, bei der dem Arbeitnehmer je nach dem Grade des Verschuldens ein Freistellungsanspruch zusteht.

Für ein Manko (Fehlbetrag, Fehlbestand, beispielsweise in der Kasse oder dem Warenlager) haftet der Arbeitnehmer – falls nichts anderes vereinbart wurde – nur bei Verschulden (**Manko-Haftung**). Ein mit der Leitung eines Betriebes betrauter Arbeitnehmer haftet – falls keine Manko-Haftung vereinbart wurde – für Kassen- und Lagerfehlbestände ohne Verursachungs- oder Verschuldensnachweis nur dann, wenn er den alleinigen Zugang zur Kasse beziehungsweise zum Lager hatte (Urteil des Bundesarbeitsgerichtes v. 27.2.1970). Die Vereinbarung einer Manko-Haftung ohne Verschuldensnachweis ist nach Auffassung des Bundesarbeitsgerichtes nur dann rechtswirksam, wenn dem erhöhten Haftungsrisiko des Arbeitnehmers ein angemessener wirtschaftlicher Ausgleich (beispielsweise ein entsprechender Gehaltszuschlag) zugeordnet wird.

In Fällen minderschwerer Pflichtverletzung, bei leichteren betrieblichen Ordnungsverstößen oder bei geringfügigen Straftaten sind Maßnahmen wie Kündigung oder Schadensersatz in der Regel zu hart, so daß hier **Betriebsbußen/Betriebsstrafen** (z.B. förmlicher Verweis, Geldbuße, Gehaltskürzung) angebrachter erscheinen. Solche Betriebsbußen können allerdings nur dann verhängt werden, wenn sie in einem Tarifvertrag oder einer Betriebsvereinbarung für entsprechende Fälle vorher bereits angekündigt wurden.

Nach dem Betriebsverfassungsgesetz kann eine **Bußordnung** nur durch Betriebsvereinbarung erlassen werden.

Die Verhängung von Betriebsbußen nach einer Bußordnung ist nach Auffassung des Bundesarbeitsgerichtes (grundlegendes Urteil v. 12.9.1967) nur unter folgenden Voraussetzungen rechtswirksam:

– Es muß eine rechtswirksame Bußordnung bestehen;

– Bußtatbestände sowie Art und Höhen der Bußen müssen in der Bußordnung festgelegt sein;

– die Bußverhängung muß rechtsstaatlichen Grundsätzen genügen;

– dem Beschuldigten muß rechtliches Gehör und eine Interessenvertretung zugelassen werden;

– dem Betriebsrat muß bei Verhängung der Bußen ein Mitbestimmungsrecht eingeräumt werden.

3 Arbeitsökonomie 161

Als Betriebsbußen sind nur Geldbußen, Rügen und Verwarnungen zulässig; Versetzungen oder Kündigungen sind unzulässig. Geldbußen müssen karitativen Zwecken zugeführt werden.

Zur Sicherung der arbeitsvertraglichen Pflichten des Arbeitnehmers, insbesondere dessen Arbeitsleistung, kann zwischen diesem und dem Arbeitgeber einzelvertraglich eine Strafe (**Vertragsstrafe**) vereinbart werden. Wie die Strafe im Arbeitsvertrag genannt wird, ist rechtlich ohne Bedeutung. Vertragsstrafen unterliegen nicht der Mitbestimmung des Betriebsrates.

Schriftliche **Abmahnungen** (auch Verweis, Verwarnung oder Mahnung genannt) des Arbeitgebers wegen Schlechterfüllung des Arbeitsvertrages oder sonstiger arbeitsrechtlicher Pflichten bedürfen keiner Verankerung im Tarifvertrag oder in einer Betriebsvereinbarung.

*3.11.2.3 Pflichten des Arbeitgebers aus dem Arbeitsvertrag*

Die **Hauptpflicht** des Arbeitgebers, die **Lohnzahlung,** wirft eine Reihe von Problemfragen auf, die nachfolgend beleuchtet werden sollen.

Sind Arbeitgeber und Arbeitnehmer Mitglieder des Arbeitgeberverbandes und der Gewerkschaft, das heißt der Tarifvertragsparteien, dann gilt der von diesen ausgehandelte Lohntarif unmittelbar und zwingend für die Arbeitsverträge in deren Betrieben; das heißt, beide Parteien sind **tarifgebunden** und es bedarf für sie keiner weiteren Lohnvereinbarung. Gleiches gilt, wenn der Lohntarifvertrag für **allgemeinverbindlich** erklärt wurde. Da jedoch die Tariflöhne immer nur **Mindestlöhne** anzeigen, bleibt es Arbeitgebern und Arbeitnehmern unbenommen, in Einzelarbeitsverträgen höhere Löhne als die Tariflöhne zu vereinbaren.

Sind dagegen Arbeitnehmer **oder** Arbeitgeber nicht organisiert und damit **nicht tarifgebunden,** so sind sie – falls der Tarifvertrag nicht für allgemeinverbindlich erklärt wurde – in ihrer Lohnvereinbarung frei. Sie können den einschlägigen Tarifvertrag ganz oder teilweise in ihre Einzelarbeitsverträge übernehmen oder aber völlig unabhängig von diesem individuelle Lohnvereinbarungen treffen. (Das Sozialsystem der Bundesrepublik Deutschland kennt keine **gesetzlichen Mindestlöhne.**) Dabei bleibt es den Vertragsparteien freigestellt, unterschiedlich hohe Löhne selbst bei gleicher Arbeit zu vereinbaren (Urteil des Bundesarbeitsgerichtes v. 9.11.1972). Der **arbeitsrechtliche Gleichbehandlungsgrundsatz** (Der Gleichbehandlungsgrundsatz gehört zu den tragenden Ordnungsprinzipien des Arbeitsrechtes. Er verbietet dem Arbeitgeber, einzelne Arbeitnehmer oder Gruppen von Arbeitnehmern ohne sachlichen Grund von allgemein begünstigenden Regelungen des Arbeitsverhältnisses auszunehmen und schlechter zu stellen als andere Arbeitnehmer in vergleichbarer Lage. Dies besagt jedoch nicht, daß es einem Arbeitgeber nicht gestattet wäre, von vergleichbaren Arbeitnehmern einzelne zu bevorzugen und ihnen Vergünstigungen einzuräumen. Dies kann ein Arbeitgeber sehr wohl [Urteil des Bundesarbeitsgerichtes v. 3.4.1957]. Der Arbeitnehmer kann auf die Einhaltung des arbeitsrechtlichen Gleichbehandlungsgrundsatzes verzichten.) steht dem nicht entgegen. Ein Verstoß gegen diesen Grundsatz läge dagegen dann vor, wenn der Arbeitgeber eine Lohnerhöhung vornehmen und einzelne Arbeitnehmer ohne sachlichen Grund davon ausschließen würde.

Nicht tarifgebundene Arbeitnehmer können sich nicht auf den Gleichbehandlungsgrundsatz berufen und den gleichen Tariflohn wie tarifgebundene Arbeitnehmer verlangen (Urteil des Bundesarbeitsgerichtes v. 20.7.1960).

Nach Art. 3 Abs. 2 Grundgesetz sind Männer und Frauen gleichberechtigt. Eine Differenzierung nach dem Geschlecht ist danach nur rechtswirksam, wenn dies aus physiologischen oder biologischen Gründen geboten ist. Aus diesem **Gleichberechtigungsgrundsatz** ist der **Grundsatz der Lohngleichheit** abgeleitet. (Dieser Grundsatz ist in Art. 119 EWG-Vertrag und in § 612 Abs. 3 BGB wiederholt.) Er besagt, daß in einem Arbeitsverhältnis für gleiche oder gleichwertige Arbeit nicht wegen des Geschlechtes des Arbeitnehmers eine geringere Vergütung vereinbart werden darf als bei einem Arbeitnehmer des anderen Geschlechtes. Es ist gleichgültig, ob eine solche Lohndiskriminierung in einem Tarifvertrag, einer Betriebsvereinbarung oder einem Einzelarbeitsvertrag festgeschrieben ist, ob sie unmittelbar erfolgt oder nur mittelbar (beispielsweise durch besondere Auftrags- oder Nachweispflichten bei Zulagen ausschließlich für verheiratete Frauen, nicht aber für verheiratete Männer!) bewirkt wird. Als Streitpunkt erweist sich in der Praxis immer wieder die Frage, ob im konkreten Fall tatsächlich eine gleiche oder gleichwertige Arbeit vorliegt.

Der Gleichberechtigungsgrundsatz ist unabdingbar. Auf seine Einhaltung kann auch nicht durch individuelle Absprache verzichtet werden. Falls eine solche Absprache getroffen wird, ist sie rechtsunwirksam.

Ist im Einzelarbeitsvertrag **keine Lohnvereinbarung** getroffen und hat der Arbeitnehmer mangels Tarifbindung keinen Anspruch auf Tariflohn, so gilt eine Entlohnung immer dann als stillschweigend vereinbart, wenn die Arbeit den Umständen nach nur gegen eine Vergütung zu erwarten ist (§ 612 Abs. 2 BGB). Ist die **Höhe** der Entlohnung nicht bestimmt, so ist der übliche Lohn als vereinbart anzusehen (§ 612 Abs. 2 BGB). Als üblich gilt der Lohn, der für gleiche oder ähnliche Tätigkeiten an dem betreffenden Ort unter Berücksichtigung der persönlichen Verhältnisse gezahlt wird. Besteht für die betreffende Tätigkeit ein Tariflohn, so gilt dieser im allgemeinen als ortsüblich. In all den Fällen, in denen ein Tariflohn nicht besteht und auch die Löhne nicht üblicherweise durch Tarifvertrag geregelt werden, steht dem Betriebsrat in den Grundsatzfragen der betrieblichen Lohngestaltung ein Mitbestimmungsrecht zu.

Obgleich der Arbeitsvertrag auf dem **Grundsatz der Gegenseitigkeit** (Leistung und Gegenleistung; Arbeit gegen Lohn) basiert, ist der Arbeitgeber aufgrund der sozialgesetzlichen Einbettung des Arbeitsverhältnisses verpflichtet, in bestimmten Situationen von diesem Grundsatz abzurücken und Lohn ohne Gegenleistung zu zahlen.

**Lohnfortzahlung im Krankheitsfall:** Bei unverschuldeter Arbeitsunfähigkeit infolge Krankheit hat jeder Arbeitnehmer für die Dauer von 6 Wochen einen gesetzlichen Anspruch auf Lohn- oder Gehaltsfortzahlung. Dieser Anspruch ist für alle Arbeitnehmer (Arbeiter, Angestellte sowie die zu ihrer Berufsausbildung Beschäftigten) einheitlich im Gesetz über die Zahlung des Arbeitsentgeltes im Krankheitsfall (Entgeltfortzahlungsgesetz, EntgFzG) §§ 1–9 in Verbindung mit Art. 7 Gesetz zu Korrekturen in der Sozialversicherung und zur Sicherung der Arbeitnehmerrechte (SozVersArbKorrektG) v. 1.1.1999 geregelt. **Arbeitsunfähigkeit** liegt dann vor, wenn der Arbeitnehmer nicht oder nur auf die Gefahr hin, seinen Befindenszustand

## 3 Arbeitsökonomie

zu verschlechtern, in der Lage ist, seiner Arbeitsverpflichtung zu entsprechen. Die Arbeitsunfähigkeit wird in der Regel durch ein ärztliches Attest belegt. Hat der Arbeitgeber trotz Vorliegens eines solchen Attests begründete Zweifel an der Arbeitsunfähigkeit eines Arbeitnehmers, so muß er – gegebenenfalls vor Gericht – die Umstände, die gegen die Arbeitsunfähigkeit sprechen, darlegen und beweisen. Der Arbeitgeber kann auch der Krankenkasse die Tatsachen mitteilen, die die Zweifel an der Arbeitsunfähigkeit begründen. Diese ist dann verpflichtet, eine gutachterliche Stellungnahme des **Medizinischen Dienstes** der Krankenversicherung einzuholen.

Das Erfordernis der **Unverschuldetheit** der Arbeitsunfähigkeit ist nur erfüllt, wenn diese auf keinen gröblichen Verstoß gegen das von einem verständigen Menschen im eigenen Interesse zu erwartende Verhalten zurückzuführen ist. Leichte Fahrlässigkeit, wie sie auch in gewissem Umfang mit dem Betreibensrisiko bestimmter Sportarten (zum Beispiel Fußball, Skilauf, Surfen u. a.) oder mit der Teilnahme am Straßenverkehr verbunden ist, führt deshalb nicht zum Verlust des Anspruches auf Lohnfortzahlung im Krankheitsfall. Wer allerdings beispielsweise im Sport seine persönliche Leistungsgrenze deutlich mißachtet oder im Straßenverkehr kraß gegen die Vorschriften verstößt (Trunkenheit, Wenden auf der Autobahn), handelt schuldhaft und verliert damit seinen Anspruch auf Lohnfortzahlung.

**Während der Zeit der Arbeitsunfähigkeit** infolge Krankheit hat sich der Arbeitnehmer so zu verhalten, daß er möglichst bald wieder gesund wird.

Hinsichtlich der **Krankmeldung** gilt folgendes: Nach dem am 1. 6. 1994 in Kraft getretenen Entgeltfortzahlungsgesetz (EntgFzG) sind die Anzeige und Nachweispflichten für alle Arbeitnehmer einheitlich geregelt. Arbeiter und Angestellte haben bei einer länger als drei Tage dauernden Erkrankung ihrem Arbeitgeber eine ärztliche Bescheinigung über die Arbeitsunfähigkeit und deren voraussichtliche Dauer vorzulegen. Der Krankheitsbefund (Art der Krankheit) ist dem Arbeitgeber nur in Ausnahmefällen (z. B. bei wiederkehrenden gleichartigen Erkrankungen) anzugeben. Der Arbeitgeber kann die Vorlage der ärztlichen Bescheinigung auch schon vom ersten Tag der Erkrankung an verlangen. Dauert die Arbeitsunfähigkeit länger als im Attest angegeben, so ist vom Arbeitnehmer ein weiteres nachzureichen. Solange der Arbeitnehmer die vorgeschriebene ärztliche Bescheinigung über die Arbeitsunfähigkeit nicht vorlegt, kann der Arbeitgeber die Lohnfortzahlung verweigern (§ 7 EntgFzG).

Erkrankt ein Arbeitnehmer im **Urlaub,** so ist er nach dem Entgeltfortzahlungsgesetz verpflichtet, hierüber den Arbeitgeber **sofort** (nicht erst nach der Rückkehr aus dem Urlaub!) in Kenntnis zu setzen. Das Unternehmen schreibt dann die Krankheitstage gut.

Sowohl bei Angestellten als auch bei Arbeitern **kann** der Arbeitgeber im Krankheitsfall die Hinterlegung des Sozialversicherungsausweises verlangen und, solange dieser Forderung von seiten des Arbeitnehmers schuldhaft nicht entsprochen wird, die Lohnfortzahlung verweigern. Dieses Leistungsverweigerungsrecht des Arbeitgebers ist zeitlich befristet. Der Anspruch des Arbeitnehmers auf Lohnfortzahlung im Krankheitsfall wird dadurch nicht berührt.

Die **Höhe der Lohnfortzahlung/Entgeltfortzahlung** richtet sich nach dem Arbeitsentgelt, das dem Arbeitnehmer bei der für ihn vorgeschriebenen regelmäßigen Arbeitszeit zusteht. **Nicht** in die Lohnfortzahlung einbezogen werden: Auslösungen, Schmutzzulagen und ähnliche Leistungen (§ 4 EntgFzG). Hat der Arbeitnehmer vor seiner Arbeitsunfähigkeit regelmäßig **Mehrarbeit** geleistet, so gehört diese Mehrarbeitszeit – sofern sie mutmaßlich während der Zeit der Arbeitsunfähigkeit in etwa gleichem Umfang geleistet worden wäre – zur regelmäßigen lohnfortzahlungsrelevanten Arbeitszeit. Bislang geleistete **Überstunden** sind nach Art. 7,1. b) SozVersArbKorrektG nicht mehr lohnfortzahlungsrelevant.

Die Ansprüche der Arbeiter und Angestellten auf Lohn-/Gehaltsfortzahlung im Krankheitsfall können grundsätzlich weder durch Tarifvertrag noch durch Einzelvereinbarung zu ihrem Nachteil abgeändert werden. Nach dem Entgeltfortzahlungsgesetz haben alle Arbeitnehmer – auch geringfügig und kurzzeitig Beschäftigte – bei krankheitsbedingter Arbeitsunfähigkeit einen Anspruch auf Fortzahlung des Arbeitsentgeltes gegen den Arbeitgeber für eine Dauer von bis zu 6 Wochen.

**Lohnfortzahlung/Entgeltfortzahlung bei Kuren und Heilverfahren:** Die Vorschriften bezüglich Lohnfortzahlung/Entgeltfortzahlung im Krankheitsfall gelten für alle Arbeitnehmer (§ 1 EntgFzG) entsprechend für die Arbeitsverhinderung infolge einer Maßnahme der medizinischen Vorsorge oder Rehabilitation (Kuren und Heilverfahren), die ein Träger der gesetzlichen Renten-, Kranken- oder Unfallversicherung, eine Verwaltungsbehörde der Kriegsopferversorgung oder ein sonstiger Sozialleistungsträger bewilligt hat und die in einer Einrichtung der medizinischen Vorsorge oder Rehabilitation stationär durchgeführt wird. Ist der Arbeitnehmer nicht Mitglied einer gesetzlichen Krankenkasse oder nicht in der gesetzlichen Rentenversicherung versichert, gelten die §§ 3, 4 und 6 bis 8 EntgFzG entsprechend, wenn eine Maßnahme der medizinischen Vorsorge oder Rehabilitation ärztlich verordnet worden ist und stationär in einer Einrichtung der medizinischen Vorsorge oder Rehabilitation oder einer vergleichbaren Einrichtung durchgeführt wird (§ 9 Abs. 1 EntgFzG). Der Arbeitnehmer ist verpflichtet, dem Arbeitgeber den Zeitpunkt des Antritts der entsprechenden Maßnahme sowie die voraussichtliche Dauer derselben wie auch deren Verlängerung mitzuteilen und ihm die einschlägigen Bescheinigungen unverzüglich vorzulegen (§ 9 Abs. 2 EntgFzG).

Soweit ein Anspruch auf Lohn- oder Gehaltsfortzahlung im Krankheitsfall besteht, dürfen bei Arbeitern wie bei Angestellten Kuren und Schonzeiten nicht auf den Urlaub angerechnet werden.

**Lohnfortzahlung bei sonstigen persönlichen Hinderungsgründen:** Der Anspruch auf Lohn- oder Gehaltsfortzahlung steht nach § 616 BGB jedem Arbeitnehmer für den Fall zu, daß er für eine **verhältnismäßig nicht erhebliche Zeit** durch einen **in seiner Person liegenden Grund ohne sein Verschulden** an der Arbeitsleistung verhindert wird. Solche in der Person des Arbeitnehmers liegende Gründe, die die Arbeit nicht unmöglich, aber (nach Treu und Glauben) nicht zumutbar machen, können sein: Sterbefall, Geburt oder Begräbnis in der Familie, eigene Hochzeit, eigene Silberhochzeit, goldene Hochzeit der Eltern, Arztbesuch ohne Arbeitsunfähigkeit, schwerwiegende Erkrankung von nahen Angehörigen. Nach Auffassung des Bundesarbeitsgerichtes (Urteil v. 19.4.1978) stellt die Erkrankung eines im Haushalt des Arbeitnehmers lebenden Kindes unter 8 Jahren ebenfalls einen solchen Grund dar. Falls eine Betreuung des Kindes durch den Arbeitnehmer (nach ärztlichem Zeugnis) erforderlich ist, weil eine andere im Haushalt lebende Person hierfür nicht zur Verfügung steht, hat dieser bis zu 5 Tagen Anspruch auf Lohnfortzahlung. Eine persönliche Verhinderung der aufgezeigten Art hat der Arbeitnehmer dem Arbeitgeber sobald wie möglich mitzuteilen. Ein Verstoß gegen diese Pflicht führt zwar nicht zum Verlust des Lohnanspruches, kann aber schadensersatzpflichtig machen und in besonders schweren Fällen zur Kündigung berechtigen.

Von der gesetzlichen Bestimmung zur Lohnfortzahlung bei sonstigen persönlichen Hinderungsgründen kann durch Tarifvertrag oder Einzelvereinbarung auch zum Nachteil des Arbeitnehmers abgewichen werden.

**Lohnzahlung bei Annahmeverzug des Arbeitgebers:** Auch bei Annahmeverzug des Arbeitgebers (dadurch, daß er beispielsweise dem Arbeitnehmer keine Arbeit zuweist oder kein Arbeitsmaterial zur Verfügung stellt) bleibt dieser weiterhin zur Lohnzahlung verpflichtet (§ 615 BGB). Dabei ist es unbedeutend, ob den Arbeitgeber ein Verschulden trifft oder nicht. Ein Ausschluß dieser Pflicht setzt eine eindeutige, vom Arbeitgeber zu beweisende Vereinbarung mit dem Arbeitnehmer voraus.

Neben der Hauptpflicht, der Lohnzahlung, obliegen dem Arbeitgeber eine Reihe von **Nebenpflichten,** die nachfolgend erläutert werden sollen.

**Beschäftigungspflicht:** Der Arbeitsvertrag verpflichtet den Arbeitnehmer nicht nur zur Arbeit, er berechtigt ihn auch dazu **(Beschäftigungsanspruch).** Der Arbeitgeber kann also nicht ohne weiteres dem Arbeitnehmer die ihm zustehende Arbeit vorenthalten. Eine Freistellung von der Arbeit bei Fortzahlung des Lohnes/Gehaltes ist ohne Zustimmung des Arbeitnehmers deshalb nur vorübergehend auf Grund (besonderer) schutzwürdiger Interessen (z. B. Betriebsstockung, Stillegung von Produktionen) des Arbeitgebers zulässig.

Der Beschäftigungsanspruch des Arbeitnehmers besteht grundsätzlich auch nach Ausspruch einer Kündigung, während der Kündigungsfrist. Nach § 102 Abs. 5 Betriebsverfassungsgesetz hat ein Arbeitnehmer einen **Weiterbeschäftigungsanspruch,** wenn

– der Arbeitgeber dem Arbeitnehmer eine ordentliche Kündigung ausgesprochen hat,

– der Betriebsrat der ordentlichen Kündigung frist- und ordnungsgemäß widersprochen hat,

– der Arbeitnehmer nach dem Kündigungsschutzgesetz Klage auf Feststellung erhoben hat, daß das Arbeitsverhältnis durch die Kündigung nicht aufgelöst worden ist,

– der Arbeitnehmer von seinem Arbeitgeber die Weiterbeschäftigung verlangt.

Der betriebsverfassungsrechtliche Weiterbeschäftigungsanspruch bezieht sich nur auf eine ordentliche Kündigung des Arbeitgebers, nicht jedoch auf eine außerordentliche Kündigung.

**Pflicht zum Schutz von Leben und Gesundheit des Arbeitnehmers (Fürsorgepflicht):** Nach § 618 BGB ist der Arbeitgeber verpflichtet, Arbeitsräume und Arbeitsmittel so einzuräumen und zu unterhalten sowie den Arbeitsablauf so zu regeln, daß der Arbeitnehmer gegen Gefahren für Leben und Gesundheit soweit geschützt ist (allgemeine Fürsorgepflicht), als die Natur des Betriebes und der Arbeit es gestattet (privatrechtliche Arbeitsschutzvorschriften). Neben dieser privatrechtlichen Bestimmung gibt es zahlreiche öffentlich-rechtliche Vorschriften zum Schutz gegen Gefahren für Leben und Gesundheit des Arbeitnehmers (öffentliche-rechtliche Arbeitsschutzvorschriften, **Arbeitsschutzrecht**). Bei Verstoß gegen diese privatrechtlichen oder öffentlich-rechtlichen Arbeitsschutzvorschriften hat der Arbeitnehmer das Recht, seine Arbeit zu verweigern.

**Pflicht zum Schutz von Persönlichkeitsrechten des Arbeitnehmers:** Jeder Arbeitnehmer hat das Recht auf Achtung seiner Person, ihrer sozialen Geltung und des ihr unmittelbar zugehörenden Daseinsbereich. Dieses Recht des Arbeitnehmers hat auch der Arbeitgeber mit der Eingehung eines Arbeitsvertrages zu wahren. Er ist deshalb verpflichtet, seine Arbeitnehmer vor einer Verletzung ihrer Persönlichkeitsrechte zu schützen. Gelingt ihm dies nicht (z.B. im Datenbereich), so erwachsen dem Arbeitnehmer daraus entsprechende Ansprüche:

- auf Unterlassung künftiger Verletzungen,

- auf Schadensersatz und Schmerzensgeld wegen Verletzung vertraglicher Pflichten und unerlaubter Handlungen.

Zur Wahrung der Persönlichkeitsrechte seiner Arbeitnehmer muß der Arbeitgeber insbesondere die **Personalakten** so aufbewahren, daß sie Dritten nicht zugänglich sind. Darüber hinaus hat er ärztliche Atteste und Unterlagen (Gesundheitsdaten) gesondert zu archivieren und damit der Möglichkeit einer allgemeinen Einsichtnahme in der Personalabteilung vorzubeugen. Das Persönlichkeitsrecht des Arbeitnehmers wird in diesem Bezug bereits dann verletzt, wenn der Arbeitgeber hinsichtlich der Personalakte die erforderlichen Schutzmaßnahmen unterläßt und nicht erst dann, wenn Unbefugte von ihrem Inhalt Kenntnis erlangen.

Nach §§ 22 ff. Bundesdatenschutzgesetz (BDSG) ist nichtöffentlichen Stellen und somit dem Arbeitgeber die Verarbeitung personenbezogener Daten untersagt **(betrieblicher Datenschutz),** soweit nicht ein gesetzlicher Erlaubnistatbestand vorliegt. Unter Datenverarbeitung wird verstanden: die Speicherung, Übermittlung oder Veränderung personenbezogener Angaben. Nach § 23 BDSG ist Datenverarbeitung nur erlaubt:

- im Rahmen der Zweckbestimmung des Arbeitsverhältnisses,

- im Rahmen der Zweckbestimmung eines vertragsähnlichen Verhältnisses (z. B. bei Begründung des Arbeitsverhältnisses),

- zur Wahrung berechtigter Interessen der speichernden Stelle, soweit schutzwürdige Belange des Betroffenen nicht beeinträchtigt werden,

- mit Daten aus allgemein zugänglichen Quellen.

Der Arbeitnehmer kann vom Arbeitgeber Offenlegung der über seine Person gespeicherten Daten verlangen. Falls Daten unrichtig gespeichert sind, kann er deren Berichtigung verlangen. Waren Daten unzulässigerweise gespeichert, kann er nach § 26 BDSG deren Löschung verlangen.

Das Recht auf **informationelle Selbstbestimmung** sichert grundsätzlich jedem Arbeitnehmer die Befugnis, selbst zu bestimmen, wann und innerhalb welcher Grenzen persönliche Daten offengelegt werden. Einschränkungen dieses Rechtes sind nur im überwiegenden Allgemeininteresse zulässig.

Eine **Erfassung von Telefondaten** (unter Speicherung von Datum, Uhrzeit, Dauer, Zielnummer) ist – soweit Privatgespräche auf Diensttelefonen geführt werden – nach dem Bundesdatenschutzgesetz zulässig. Eine Zustimmung des Arbeitnehmers ist nach §§ 3 und 23 BDSG nicht erforderlich.

Das heimliche innerbetriebliche **Abhören von privaten Telefongesprächen** ist ein Verstoß gegen die Persönlichkeitsrechte des Arbeitnehmers und deshalb unzulässig.

**Optische Überwachungseinrichtungen** gelten – soweit sie nach den Umständen nicht unumgänglich erforderlich sind – ebenfalls als ein Verstoß gegen die Persönlichkeitsrechte des Arbeitnehmers und deshalb als unzulässig.

Bei der Einführung von technischen Einrichtungen zur Überwachung des Verhaltens oder der Leistung des Arbeitnehmers hat der Betriebsrat stets ein Mitbestimmungsrecht.

Das **Fragerecht des Arbeitgebers** gegenüber dem Arbeitnehmer ist auf solche Auskünfte beschränkt, für die der Arbeitgeber im Hinblick auf das Arbeitsverhältnis ein berechtigtes Interesse hat und durch die keine schutzwürdigen Interessen des Arbeitnehmers verletzt werden. Was der Arbeitgeber bei einem Einstellungsgespräch über die Eignung des Bewerbers fragen darf, braucht sich nicht mit den Kenntnissen decken, die er später für den Arbeitseinsatz des Bewerbers benötigt.

Auch dem Arbeitgeber obliegt eine **Verschwiegenheitspflicht.** Sie gilt für solche Tatsachen, an deren Geheimhaltung der Arbeitnehmer ein berechtigtes Interesse hat (beispielsweise Gesundheitszustand, persönliche Verhältnisse, Zeugnisse, Einkommen). Diese Verschwiegenheitspflicht gilt gegenüber Mitarbeitern des Betriebes (ausgenommen Mitarbeiter oder Vorgesetzte, die in Wahrnehmung ihrer Funktion über diese Tatsachen Bescheid wissen müssen!) wie gegenüber sonstigen Dritten.

Das allgemeine **Persönlichkeitsrecht** des Arbeitnehmers und die allgemeine **Fürsorgepflicht** des Arbeitgebers verlangen von letzterem, den Arbeitnehmer vor ungerechter Behandlung durch Vorgesetzte, vor rechtswidrigen Handlungen von Arbeitskollegen (z. B. Hänseleien, Mobbing, Beleidigungen, Körperverletzungen) **in Schutz zu nehmen.**

**Pflicht zum Schutz des Eigentums des Arbeitnehmers:** Den Arbeitgeber trifft eine besondere **Fürsorgepflicht** für das vom Arbeitnehmer in den Betrieb eingebrachte beziehungsweise mitgebrachte Eigentum. Dieses betrifft insbesondere:

- persönlich unentbehrliche Gegenstände (wie: Straßenkleidung, Arbeitskleidung, Uhr, Geldbörse mit Papieren und angemessenem Geldbetrag),
- unmittelbar der Arbeit dienende Gegenstände (wie: Fachbücher, Taschenrechner, Taschencomputer, Werkzeuge),
- mittelbar der Arbeit dienende Gegenstände (wie: PKW, Motorrad, Fahrrad).

Der Arbeitgeber hat deshalb dem Arbeitnehmer zur Aufbewahrung der während der Arbeitszeit abgelegten Kleider und sonstigen (üblichen) Gegenstände sowie der nach Arbeitsschluß abgelegten Arbeitskleidung und Werkzeuge einen entsprechenden Raum, einen Schrank (Spind) oder ähnliches zur Verfügung zu stellen, soweit dies nach den konkreten beruflichen und betrieblichen Gegebenheiten zumutbar ist (Urteil des Bundesarbeitsgerichtes vom 1.7.1965). Die Beschaffung von Parkmöglichkeiten obliegt dem Arbeitgeber nur im Rahmen des Zumutbaren.

Soweit der Arbeitgeber dieser Fürsorgepflicht nicht entspricht, kann er sich im Einzelfall gegenüber dem Arbeitnehmer schadenersatzpflichtig machen.

Der Arbeitgeber haftet jedoch grundsätzlich nur für solche Gegenstände, die mit dem Arbeitsverhältnis in Verbindung stehen.

**Pflicht zur Urlaubsgewährung:** Jeder Arbeitnehmer hat nach dem Bundesurlaubsgesetz (BUrlG; für Seeleute gilt das Seemannsgesetz) in jedem Kalenderjahr **Anspruch auf Urlaub** unter Fortzahlung des Lohnes, der sich nach dem durchschnittlichen Arbeitsverdienst der letzten 13 Wochen vor Beginn des Urlaubes errechnet. Dieser Urlaub hat – ohne Rücksicht auf das Alter des Arbeitnehmers – eine gesetzliche Mindestdauer von 18 Werktagen (**gesetzlicher Mindesturlaub**). Als Werktage gelten alle Kalendertage außer Sonn- und Feiertage, also grundsätzlich auch die arbeitsfreien Samstage.

Die tarifvertraglichen Urlaubsregelungen (meist 6 Wochen) liegen heute weit über dem gesetzlichen Mindesturlaub.

Neben dem Mindesturlaub des Bundesurlaubsgesetzes gibt es noch den gesetzlichen oder tarifvertraglichen **Zusatzurlaub** bei schwerer und gesundheitsschädlicher Arbeit, bei Schichtarbeit und bei Schwerbehinderung.

Nach § 4 BUrlG wird der **volle** Urlaubsanspruch erst nach einer **Wartezeit** von 6 Monaten nach Beginn des Arbeitsverhältnisses erworben. Für die Entstehung des Urlaubsanspruches ist es unbedeutend, ob der Arbeitnehmer in dieser Zeit gearbeitet hat oder nicht. Er erwirbt diesen Anspruch auch, wenn er vom ersten Tag des Arbeitsverhältnisses an arbeitsunfähig erkrankt war.

Wird das Arbeitsverhältnis vor Ablauf der Wartezeit gelöst, so erwirbt der Arbeitnehmer einen anteiligen Urlaubsanspruch.

Der Anspruch auf Urlaub besteht nicht, soweit dem Arbeitnehmer für das laufende Kalenderjahr bereits von einem früheren Arbeitgeber Urlaub gewährt worden ist (§ 6 BUrlG). Der Arbeitgeber ist nach § 6 BUrlG verpflichtet, dem Arbeitnehmer bei Beendigung des Arbeitsverhältnisses eine Urlaubsbescheinigung auszustellen, aus der hervorgeht, ob und in welchem Umfang Urlaub für das laufende Kalenderjahr bereits gewährt wurde.

Nach § 7 Abs. 1 BUrlG ist der Arbeitgeber verpflichtet, bei der zeitlichen Festlegung des Urlaubes die Urlaubswünsche des Arbeitnehmers zu berücksichtigen. Die Verpflichtung besteht allerdings nur so lange, als nicht dringende betriebliche Belange oder Urlaubswünsche anderer Arbeitnehmer, die unter sozialen Gesichtspunkten Vorrang verdienen, berücksichtigt werden müssen.

Kann zwischen dem Arbeitgeber und einzelnen Arbeitnehmern keine Einigung über die zeitliche Anordnung des Urlaubes erreicht werden, so hat der Betriebsrat darüber mitzubestimmen. Kann auch dieser keine Einigung erzielen, entscheidet die Einigungsstelle. Besteht kein Betriebsrat, so darf der Arbeitnehmer nicht eigenmächtig entscheiden, sondern muß notfalls eine einstweilige Verfügung des Arbeitsgerichtes erwirken.

Der Arbeitgeber ist in der Regel berechtigt, für die Arbeitnehmer seines Unternehmens **Betriebsferien** anzuordnen. Dabei hat er allerdings deren Interessen angemessen zu berücksichtigen. Dem Betriebsrat steht bei der Festlegung der Betriebsferien ein Mitbestimmungsrecht (§ 87 Betriebsverfassungsgesetz) zu.

Da der Urlaub der Erholung des Arbeitnehmers dienen soll, soll er grundsätzlich – soweit nicht dringende betriebliche oder in der Person des Arbeitnehmers lie-

## 3 Arbeitsökonomie

gende Gründe seine Aufteilung erforderlich machen – nicht in Raten, sondern zusammenhängend gewährt werden. Kann der Urlaub in begründeten Fällen nicht zusammenhängend gewährt werden und hat der Arbeitnehmer Anspruch auf mehr als 12 Werktage, so muß einer der Urlaubsteile mindestens 12 aufeinanderfolgende Werktage umfassen (§ 7 BUrlG; **Stückelungsverbot**).

Nach § 5 Abs. 1 BUrlG hat ein Arbeitnehmer, der erst in der zweiten Hälfte eines Kalenderjahres in ein Arbeitsverhältnis eintritt, Anspruch auf Gewährung eines **Teilurlaubes,** da er in diesem Kalenderjahr nicht mehr die volle Wartezeit (6 Monate) erbringen kann.

**Teilurlaub** kann nach § 5 Abs. 1 BUrlG auch derjenige Arbeitnehmer beanspruchen, der vor erfüllter Wartezeit (d.h. vor Ablauf von 6 Monaten) sein Arbeitsverhältnis löst. – Derjenige Arbeitnehmer, der nach erfüllter Wartezeit in der ersten Hälfte eines Kalenderjahres sein Arbeitsverhältnis löst, hat ebenfalls einen Teilurlaubsanspruch.

Der Urlaub muß im laufenden Kalenderjahr gewährt und genommen werden. Eine Übertragung des Urlaubes auf die ersten drei Monate des nächsten Kalenderjahres ist nur statthaft, wenn dringende betriebliche oder in der Person des Arbeitnehmers liegende Gründe dies rechtfertigen. Ein Urlaubsanspruch, der bis zum 31.3. des Folgejahres nicht genommen ist, erlischt ersatzlos. (Der Übertragungszeitraum von 3 Monaten kann durch Tarifvertrag ausgedehnt werden.) Der Urlaubsanspruch erlischt auch dann am 31.3. des Folgejahres, wenn der Arbeitnehmer wegen Krankheit seinen Urlaub nicht nehmen konnte.

Der Urlaubsanspruch des Arbeitnehmers entsteht grundsätzlich auch bei **Teilzeitarbeit**. Es muß für Teilzeitarbeitnehmer lediglich der Urlaubsanspruch anteilmäßig umgerechnet werden.

Erkrankt ein Arbeitnehmer im Urlaub (**Erkrankung im Urlaub**), so dürfen die durch ein ärztliches Attest nachgewiesenen Tage der **Arbeitsunfähigkeit** vom Arbeitgeber nicht auf den Jahresurlaub angerechnet werden (§ 9 BUrlG). Der Arbeitnehmer darf jedoch nicht eigenmächtig seinen Urlaub um die Krankheitstage verlängern; die Festsetzung des noch ausstehenden Urlaubes hat vom Arbeitgeber zu erfolgen.

Erkrankt ein Arbeitnehmer vor Urlaubsbeginn, so muß der Urlaub verschoben und vom Arbeitgeber neu festgesetzt werden. Der Urlaub verfällt jedoch, wenn der Arbeitnehmer infolge langdauernder krankheitsbedingter Arbeitsunfähigkeit nicht in der Lage ist, den Urlaub vor Ablauf des Übertragungszeitraumes (d.h. bis zum 31.3. des Folgejahres) zu nehmen.

Nach § 8 BUrlG ist es dem Arbeitnehmer verboten, während des Urlaubes Erwerbstätigkeiten auszuüben (**Urlaubsarbeit**), wenn diese dem Urlaubszweck (d.h. der Erholung) zuwiderlaufen. Eine ausgeübte Erwerbstätigkeit läuft dem Urlaubszweck nicht zuwider, wenn sie der Erholung (d.h. dem körperlichen Ausgleich) des Arbeitnehmers dient. Verstößt der Arbeitnehmer gegen das Verbot der Urlaubsarbeit, so kann der Arbeitgeber das Urlaubsgeld wohl nicht zurückfordern (Urteil des Bundesarbeitsgerichts v. 25.2.1988), hat aber Anspruch auf Schadensersatz, auf Unterlassung der Urlaubsarbeit und kann eventuell kündigen.

Die Abgeltung von Urlaub durch Geld (**Urlaubsabgeltung**) ist grundsätzlich verboten. Nimmt der Arbeitnehmer seinen Urlaub nicht in Anspruch, so verfällt dieser. Eine Ausnahme von dieser Regelung sieht § 7 Abs. 4 BUrlG vor. Ihmzufolge kann eine

Urlaubsabgeltung dann erfolgen, wenn der Urlaub wegen Beendigung des Arbeitsverhältnisses ganz oder teilweise nicht mehr gewährt werden kann. Die Höhe der Abgeltung ergibt sich aus dem zuletzt bezogenen Arbeitseinkommen. Ein Urlaubsabgeltungsanspruch entsteht nicht, wenn ein Arbeitnehmer nach dauernder Arbeitsunfähigkeit aus seinem Arbeitsverhältnis ausscheidet, ohne die Arbeitsfähigkeit wiedererlangt zu haben (Urteil des Bundesarbeitsgerichts v. 18.1.1982).

Von den Mindestregelungen des BUrlG kann nach § 13 BUrlG zuungunsten des Arbeitnehmers nur in Tarifverträgen abgewichen werden. Der Arbeitnehmer kann somit nicht auf seinen Urlaub verzichten (**Unabdingbarkeit des Mindesturlaubes**). Besserstellungen der Arbeitnehmer durch Einzelarbeitsverträge oder Betriebsvereinbarungen sind zulässig.

Eine Verpflichtung des Arbeitgebers zur Zahlung von **Urlaubsgeld** sieht das Gesetz nicht vor, wird aber in zahlreichen Tarif- und Arbeitsverträgen vereinbart. Die Höhe des Urlaubsgeldes ist dabei recht unterschiedlich geregelt. Es gibt keine einheitlichen Grundsätze.

**Pflicht zur Gewährung von Bildungsurlaub:** Die bezahlte oder unbezahlte Freistellung des Arbeitnehmers von der Arbeit zum Zwecke der beruflichen oder der staatsbürgerlich-politischen (zuweilen auch der allgemeinen) (Weiter-)Bildung (Bildungsurlaub) ist bundesgesetzlich nicht geregelt. Eine bundeseinheitliche Regelung für Bildungsurlaub gibt es (abgesehen von Sonderregelungen für den öffentlichen Dienst) bislang nur für Mitglieder des Betriebsrates, der Jugend- und Auszubildendenvertretung, der Bordvertretung und des Seebetriebsrates in den §§ 37 u. 65 Betriebsverfassungsgesetz. Dagegen sehen mehrere Ländergesetze einen Anspruch der Arbeitnehmer auf bezahlten Bildungsurlaub vor. Auch in zahlreichen Tarifverträgen ist ein Recht auf – allerdings meist unbezahlten – Bildungsurlaub festgeschrieben.

**Pflicht zur Gewährung von Elternzeit (früher: Erziehungsurlaub):** Elternzeit wurde durch das Gesetz über die Gewährung von Erziehungsgeld und von Erziehungsurlaub (Bundeserziehungsgeldgesetz [BErzGG] in der Fassung v. 25.7.1989 mit späteren Änderungen, zuletzt zum 1.1.2001 durch das Dritte Gesetz zur Änderung des Bundeserziehungsgeldgesetzes eingeführt. Durch die Elternzeit soll die Betreuung und Erziehung von Neugeborenen im ersten Lebensabschnitt begünstigt werden. Das zur Elternzeit staatlich gewährte **Erziehungsgeld** soll es dem Erziehenden (Mutter oder Vater) ermöglichen, im Anschluß an die Mutterschutzfristen von 8 beziehungsweise 12 Wochen nach der Geburt auf die Erwerbstätigkeit zu verzichten.

Anspruchsberechtigt sind nach § 15 BErzGG Arbeitnehmer und nach § 20 Abs. 1 BErzGG die zur Berufsausbildung Beschäftigten; außerdem Heimarbeiter und die ihnen Gleichgestellten. Anspruch auf Elternzeit hat allerdings nur derjenige, der auch Anspruch auf Erziehungsgeld hat. Diesen hat, wer

– seinen Wohnsitz oder seinen gewöhnlichen Aufenthaltsort im Geltungsbereich des Gesetzes hat,

– mit seinem Kind, für das ihm die Sorge zusteht, in seinem Haushalt lebt,

– dieses Kind selbst betreut und erzieht und

– keine oder keine volle Erwerbstätigkeit ausübt.

3 Arbeitsökonomie    171

Während der Elternzeit sind die Hauptpflichten aus dem Arbeitsverhältnis (Arbeitsleistung u. Lohn-/Gehaltszahlung) ausgesetzt.

### 3.11.2.4 Verletzung der Arbeitgeberpflichten

Verletzt der Arbeitgeber seine ihm nach dem Arbeitsvertrag obliegenden Pflichten vorsätzlich oder fahrlässig, so hat der Arbeitnehmer – je nach Sachlage – folgende rechtlichen Möglichkeiten:
- Zurückbehaltung der Arbeitsleistung (**Zurückbehaltungsrecht**),
- außerordentliche Kündigung,
- Erfüllung verlangen (z. B. des Anspruches auf Lohn, Zeugniserteilung, Anbringung von Schutzvorrichtungen),
- Geltendmachung von Schadensersatzansprüchen.

Schadensersatzansprüche des Arbeitnehmers gegenüber dem Arbeitgeber können sich auf verschiedene Schadensarten beziehen: Körperschäden (Personenschäden), Sachschäden, Verletzungen des Persönlichkeitsrechtes.

**Haftung für Körperschäden:** Für Körperschäden, die durch einen **Arbeitsunfall** (im Sinne der Reichsversicherungsordnung) verursacht wurden, tritt unabhängig vom Verschulden des Arbeitgebers und einem eventuellen Mitverschulden des Arbeitnehmers die Unfallversicherung der zuständigen Berufsgenossenschaft ein. Der Arbeitgeber **selbst** haftet nach § 636 Reichsversicherungsordnung dem Arbeitnehmer, dessen Angehörigen oder Hinterbliebenen aus einem durch Arbeitsunfall verursachten Personenschaden nur dann, wenn er (der Arbeitgeber) den Arbeitsunfall **vorsätzlich** herbeigeführt hat oder wenn dieser bei der **Teilnahme am allgemeinen Verkehr** (d. h. nicht auf dem Betriebsgelände, sondern beispielsweise auf einer öffentlichen Straße) eingetreten ist. Nach § 636 Reichsversicherungsordnung steht dem Arbeitnehmer (abgesehen von den in der Vorschrift aufgeführten Ausnahmen) **kein Schmerzensgeldanspruch** zu.

**Haftung für Sachschäden:** Erleidet der Arbeitnehmer im Rahmen seines Arbeitsverhältnisses Sachschäden, so haftet der Arbeitgeber für Vorsatz und Fahrlässigkeit sowie für das Verschulden seiner Mitarbeiter (d. s. seine **Erfüllungsgehilfen, § 278 BGB**).

**Haftung für Verletzung des Persönlichkeitsrechtes:** Verletzt der Arbeitgeber das Persönlichkeitsrecht des Arbeitnehmers, so kann dieser – je nach Lage des Falles – Ansprüche auf Unterlassung, auf Schadensersatz oder auf Widerruf von nicht wahren ehrenrührigen Behauptungen erlangen. Einen Anspruch auf Schmerzensgeld kann der Arbeitnehmer nach einem Urteil des Bundesarbeitsgerichts v. 21. 2. 1979 allerdings dann erlangen, wenn es sich um einen schweren und schuldhaften Eingriff in sein Persönlichkeitsrecht handelt und die Schwere dieses Eingriffes eine Genugtuung erfordert und der Verletzung des Persönlichkeitsrechtes nicht in anderer Weise entsprochen werden kann.

### 3.11.2.5 Beendigung des Arbeitsverhältnisses

Das Arbeitsverhältnis endet durch einvernehmliche Aufhebung des Arbeitsvertrages (Aufhebungsvertrag), Kündigung, Zeitablauf (befristetes Arbeitsverhältnis), Tod des Arbeitnehmers. Keine Endigungsgründe (möglicherweise aber Kündigungsanlässe) sind: Arbeitsunfähigkeit des Arbeitnehmers, Tod des Arbeitgebers, Eröffnung des Insolvenzverfahrens über das Vermögen des Arbeitgebers, Übergang des Betriebes auf einen anderen Inhaber (§ 613a BGB).

#### 3.11.2.5.1 Aufhebungsvertrag

Arbeitgeber und Arbeitnehmer können jederzeit dahingehend übereinkommen, das bestehende Arbeitsverhältnis zu einem bestimmten Zeitpunkt zu beenden. Ein solcher Aufhebungsvertrag ist nicht formgebunden; er kann schriftlich, mündlich oder durch schlüssiges Verhalten abgeschlossen werden. Aus Beweisgründen empfiehlt sich jedoch die Schriftform. Aufhebungsverträge unterliegen weder dem Kündigungsschutz, noch greift für sie ein Mitwirkungsrecht des Betriebsrates.

Um zu verhindern, daß spontane Unmutsbekundungen der Arbeitsvertragsparteien (beispielsweise: „Hau ab!", „Ich hab' jetzt genug!") als einvernehmliche Aufhebung des Arbeitsverhältnisses ausgelegt werden, stellt die Rechtsprechung strenge Anforderungen an die Eindeutigkeit eines Aufhebungsvertrages. Es wird deshalb für das rechtsgültige Zustandekommen eines Aufhebungsvertrages neben den tatsächlichen Äußerungen immer auch der (rechtsgeschäftliche) Erklärungswille (d. h. das, was tatsächlich gemeint war) von Bedeutung sein.

Die Eingehung eines Aufhebungsvertrages hat für den Arbeitnehmer möglicherweise bedeutsame sozialversicherungsrechtliche Konsequenzen, insbesondere dann, wenn er eine **Abfindung** erhalten hat. Erhielt nämlich der Arbeitnehmer eine Abfindung, so hat – im Falle von anschließender Arbeitslosigkeit – das Arbeitsamt für die Gewährung von Arbeitslosengeld eine **Sperrzeit** von 12 Monaten zu verhängen, wenn der Arbeitslose das Arbeitsverhältnis gelöst und dadurch vorsätzlich oder grobfahrlässig die Arbeitslosigkeit herbeiführte, ohne dafür einen wichtigen Grund zu haben (§ 144 SGB III). Darüber hinaus wird die erhaltene Abfindung auf das Arbeitslosengeld angerechnet, wenn diese dafür bezahlt wurde, daß das Arbeitsverhältnis ohne Einhaltung einer der ordentlichen Kündigungsfrist des Arbeitgebers entsprechenden Frist beendet worden ist (§ 143 SGB III).

Falls die Parteien die im Aufhebungsvertrag getroffene Vereinbarung nachträglich neu fassen, ergänzen, abändern oder aufheben wollen, so kann dies jederzeit geschehen. Es steht ihnen frei, die Fortsetzung des Arbeitsverhältnisses zu vereinbaren.

#### 3.11.2.5.2 Kündigung

Die Kündigung ist der erklärte Wille einer der beiden (Arbeits-)Vertragsparteien (einseitige Willenserklärung), das Arbeitsverhältnis in der Zukunft zu beenden. Die Wirksamkeit dieser Willenserklärung erfordert nicht, daß die andere Vertragspartei mit der Beendigung des Arbeitsverhältnisses einverstanden ist; es genügt, daß sie die Erklärung empfängt. Das Recht der Kündigung steht beiden Arbeitsvertragsparteien, Arbeitgeber und Arbeitnehmer, unter bestimmten Voraussetzungen zu.

Gemäß Neufassung des § 623 BGB müssen ab 1. Mai 2000 Arbeitsverhältnisse ausnahmslos **schriftlich** gekündigt werden. Es ist unerheblich, ob es sich dabei um fristgemäße oder fristlose Kündigung handelt, ob die Kündigung vom Arbeitgeber oder Arbeitnehmer ausgeht.

## 3 Arbeitsökonomie

Der Kündigende muß grundsätzlich geschäftsfähig sein. Ist er in der Geschäftsfähigkeit beschränkt, so muß er sich durch einen gesetzlichen Vertreter vertreten lassen. Ausnahmen können für Minderjährige gelten. Möchte ein minderjähriger Arbeitnehmer sein Arbeitsverhältnis kündigen, so benötigt er hierfür die Einwilligung (d. h. die vorherige Zustimmung) seines gesetzlichen Vertreters. Eine Genehmigung (d. h. eine nachträgliche Zustimmung) genügt nicht. Nach § 113 BGB kann jedoch der gesetzliche Vertreter des Minderjährigen diesen ermächtigen, ein Dienst- oder Arbeitsverhältnis einzugehen. Ist dies geschehen, so ist der Minderjährige auch berechtigt, dieses Verhältnis selbständig wieder zu kündigen.

Die Kündigungserklärung muß inhaltlich eindeutig und unmißverständlich sein; sie muß jedoch nicht die Wörter „Kündigung" oder „kündigen" enthalten. Der Zeitpunkt, an dem das Arbeitsverhältnis enden soll, muß zweifelsfrei genannt werden. Ist der Zeitpunkt nicht genannt und aus den näheren Umständen nicht zu entnehmen, so ist von einer ordentlichen Kündigung zum nächstmöglichen Termin auszugehen.

Die Kündigung als **empfangsbedürftige** Willenserklärung gilt generell dann als empfangen, wenn sie dem Adressaten zugeht (§ 130 BGB, **Zugang der Kündigung**). Hinsichtlich dieses Erfordernisses ist zwischen Kündigung unter Anwesenden und Kündigung unter Abwesenden zu unterscheiden.

Einem **Anwesenden** gegenüber gilt eine Kündigung dann als zugegangen, wenn er diese (akustisch) vernehmen kann, das heißt zu Gehör bekommt. Eine telefonische Kündigung gilt als Kündigung unter Anwesenden.

Die Kündigung einem **Abwesenden** gegenüber erfolgt **schriftlich.** Eine schriftliche Kündigung gilt dann als zugegangen, wenn sie in den Machtbereich des Adressaten gelangt, so daß dieser von ihr unter normalen Umständen Kenntnis nehmen kann. Es ist nicht notwendig, daß der Adressat von ihr tatsächlich Kenntnis nimmt. **Zugegangen** ist eine Kündigung, wenn

– sie dem Empfänger ausgehändigt wurde;
– sie in den Briefkasten des Adressaten geworfen wurde und noch mit dessen Leerung zu rechnen ist;
– ein Einschreibebrief durch die Post ausgehändigt wurde;
– ein hinterlegter Einschreibebrief von der Post abgeholt wurde;
– sie mit Postzustellungsurkunde an den Adressaten oder bestimmte Ersatzpersonen ausgehändigt wurde;
– sie durch einen Boten beim Adressaten abgegeben wurde;
– sie durch Vermittlung eines Gerichtsvollziehers zugestellt wurde (§ 132 BGB).

Der für die Kündigung vorgeschriebenen Schriftform wird durch Telegramm, Telefax oder E-Mail nicht genügt.

Grundsätzlich gilt eine an den Wohnsitz des Adressaten gerichtete Kündigung auch dann als zugegangen, wenn dieser sich vorübergehend nicht dort aufhält (z. B. Urlaub, Krankenhaus).

Hat der Kündigungsadressat den Zugang einer Kündigung vereitelt oder verzögert, oder kommt es aus Gründen, die er zu vertreten hat, nicht zum rechtzeitigen

Empfang, so muß er sich so behandeln lassen, als ob die Kündigung rechtzeitig zugegangen wäre (Urteil des Bundesarbeitsgerichtes v. 18.2.1977).

Ist eine Kündigung zugegangen und damit wirksam geworden, kann sie einseitig nicht mehr zurückgenommen werden. Einigen sich jedoch der Gekündigte und der Kündigende dahingehend, daß die Kündigung zurückgenommen wird, dann schließen sie rechtlich gesehen einen (neuen) Vertrag über die Fortsetzung des (gekündigten) Arbeitsverhältnisses.

Sowohl bei der ordentlichen als auch bei der außerordentlichen (fristlosen) Kündigung ist gesetzlich die **Angabe** der **Kündigungsgründe** nicht vorgeschrieben. (Eine Ausnahme gilt allein für die außerordentliche Kündigung eines Berufsausbildungsverhältnisses [§ 15 Berufsausbildungsgesetz].) Bei der außerordentlichen Kündigung muß jedoch der Kündigende dem Adressaten der Kündigung **auf Verlangen** den Kündigungsgrund unverzüglich (d.h. ohne schuldhaftes Zögern) mitteilen (§ 626 BGB).

Die Angabe der Kündigungsgründe kann für die ordentliche wie für die außerordentliche Kündigung durch Tarifvertrag, Betriebsvereinbarung oder Einzelvertrag vorgeschrieben werden.

Beruft sich der Kündigende bei einer Kündigung, zu deren Wirksamkeit die Angabe von Kündigungsgründen nicht erforderlich ist, in einem nachfolgenden Arbeitsgerichtsprozeß auf Kündigungsgründe, die er vorher zulässigerweise nicht genannt hat **(Nachschieben von Kündigungsgründen)**, so ist dies möglich; es ist gleichgültig, ob diese Gründe dem Kündigenden vor oder nach Ausspruch der Kündigung bekannt geworden sind (Urteil des Bundesarbeitsgerichtes v. 11.4.1985). Allerdings müssen nachträglich zum Kündigungsgrund erhobene Fakten bereits bei Kündigungserklärung bestanden haben. In Betrieben mit Betriebsrat können grundsätzlich nur solche Kündigungsgründe nachgeschoben werden, zu denen der Betriebsrat ordnungsgemäß nach § 102 Betriebsverfassungsgesetz gehört wurde.

Eine Kündigung ist **nichtig,** wenn sie gegen ein gesetzliches Verbot oder gegen die **guten Sitten** (§ 138 BGB) verstößt.

Verstößt eine Kündigung gegen den Grundsatz von **Treu und Glauben** (§ 242 BGB), so kann dies zu ihrer Unwirksamkeit führen. Dies ist allerdings nur insoweit möglich, als das Kündigungsschutzgesetz nicht anwendbar ist oder falls die Kündigung aus Gründen erfolgt, die von § 1 Kündigungsschutzgesetz (KSchG) nicht erfaßt sind. Kündigungsgründe, die in der **Person** oder im **Verhalten** des Arbeitnehmers liegen oder als **dringende betriebliche Erfordernisse** (§ 1 KSchG) anzusehen sind, können durch Berufung auf den Grundsatz von Treu und Glauben nicht zur Unwirksamkeit der Kündigung führen.

Ist eine Kündigung infolge eines **Irrtums,** auf Grund einer **widerrechtlichen Drohung** oder einer **arglistigen Täuschung** erfolgt, so kann sie angefochten werden.

Zwischen Arbeitgeber und Arbeitnehmer können **vertragliche Kündigungsbeschränkungen** vereinbart werden. Ihre Verletzung kann – je nach Vereinbarung – die Nichtigkeit der Kündigung nach sich ziehen oder zum Schadensersatz verpflichten. Das Recht zur außerordentlichen (fristlosen) Kündigung kann vertraglich weder ausgeschlossen noch eingeschränkt oder erschwert werden.

Eine außerordentliche (fristlose) Kündigung, die mangels eines wichtigen Grundes unwirksam ist, kann durch den Kündigenden in eine ordentliche Kündigung zum nächstmöglichen Termin (errechnet vom Zeitpunkt der fristlosen Kündigung an) umgedeutet werden (**Umdeutung der Kündigung**).

### 3.11.3 Kollektives Arbeitsrecht

Der Einzelarbeitsvertrag ist meist in das kollektive Arbeitsrecht, das heißt in das aus Gesamtvereinbarungen im Rahmen von Tarifverträgen oder Betriebsvereinbarungen hervorgegangene Recht, gestellt.

*3.11.3.1 Tarifverträge*

Tarifverträge sind schriftlich abgeschlossene Verträge zwischen einem oder mehreren Arbeitgebern (**Firmen-, Werk-** oder **Haustarifverträge**) oder Arbeitgeberverbänden (**Verbandstarifverträge**) einerseits und einer oder mehreren Gewerkschaften andererseits zur Regelung von Rechten und Pflichten der Tarifvertragsparteien (schuldrechtlicher Teil) und zur Festlegung von Rechtsnormen der erfaßten Arbeitsverhältnisse (normativer Teil) (§ 1 Abs. 1 Tarifvertragsgesetz [TVG]).

**Schuldrechtlicher Teil:** Die Rechte und Pflichten der Tarifvertragsparteien beziehen sich auf den Abschluß und die Durchführung des Tarifvertrages. Besondere Bedeutung kommt hierbei der Friedenspflicht und der Einwirkungspflicht zu.

Die **Friedenspflicht** gebietet den Tarifvertragsparteien, während der Laufzeit der Tarifverträge den Arbeitsfrieden zu wahren, das heißt keine Arbeitskämpfe um die geregelten Pflichten zu führen. Sie schließt aber nicht aus, daß Kampfmaßnahmen ergriffen werden, um die tarifliche Vereinbarung solcher Arbeitsbedingungen zu erreichen, die bislang tarifvertraglich nicht geregelt waren. Soll während der Laufzeit des Tarifvertrages jegliche Kampfmaßnahme untersagt sein (absolute Friedenspflicht), so muß dies besonders vereinbart werden.

Die Friedenspflicht der Tarifvertragsparteien kann durch **Schlichtungsabkommen** erweitert werden. Sie sehen im allgemeinen vor, daß Kampfmaßnahmen erst dann ergriffen werden können, wenn ein eingeleitetes Schlichtungsverfahren vor einer Schlichtungsstelle ergebnislos verlief.

Die **Einwirkungspflicht** auferlegt den Tarifvertragsparteien, unter Einsatz ihrer verbandsrechtlichen Mittel, dafür Sorge zu tragen, daß ihre Mitglieder die getroffenen Vereinbarungen und damit die bestehende Tarifordnung respektieren.

**Normativer Teil:** Die Rechtsnormen des Tarifvertrages betreffen insbesondere dessen Inhalt (Inhaltsnormen) und Abschluß (Abschlußnormen) sowie betriebliche (betriebliche Normen) und betriebsverfassungsrechtliche (betriebsverfassungsrechtliche Normen) Fragen wie auch gemeinsame Einrichtungen der Tarifvertragsparteien.

Die **Inhaltsnormen** betreffen unter anderem Art und Höhe der Entlohnung, Sonderzuwendungen (wie beispielsweise Weihnachtsgratifikationen, vermögenswirksame Leistungen), vorübergehende Freistellung von der Arbeit, Urlaub, Dauer der Arbeitszeit, Kündigungsvoraussetzungen und Kündigungsfristen. Die tarifvertragliche Praxis erfaßt die Regelung von Löhnen und Gehältern in den **Lohntarifverträgen** mit einer Laufzeit von in der Regel einem Jahr und weist die allgemeinen Arbeitsbedingungen (Dauer der Arbeitszeit, des Urlaubes und der Kündigungsfristen,

Akkordbedingungen, Zulagenregelung, Entgeltfortzahlung bei Arbeitsverhinderung u. a.) in den längerfristigen **Manteltarifverträgen** aus. Soweit die Lohn-/Gehaltsgruppeneinteilung nicht in die Lohntarifverträge eingeht, wird sie in besonderen, ebenfalls für längere Zeiträume (meist 3 Jahre) abgeschlossenen **Rahmentarifverträgen** geregelt.

Arbeitsentgelte und sonstige Arbeitsbedingungen, die durch Tarifvertrag geregelt sind oder üblicherweise geregelt werden, können nicht Gegenstand einer Betriebsvereinbarung sein (§ 77 Abs. 3 Betriebsverfassungsgesetz [BetrVG]). Dies bedeutet, daß einschlägige Betriebsvereinbarungen auch dann unzulässig sind, wenn sie günstigere Bedingungen festlegen. Eine Ausnahme sieht das Gesetz (§ 77 Abs. 3 BetrVG) nur für den Fall vor, daß der Tarifvertrag den Abschluß ergänzender Betriebsvereinbarungen ausdrücklich zuläßt.

Die tarifvertraglichen Normen dürfen die Arbeitnehmer grundsätzlich nicht schlechter stellen als die gesetzlichen Regelungen. Eine tarifliche Vereinbarung zuungunsten der Arbeitnehmer ist ausnahmsweise nur dann zulässig, wenn diese gesetzlich vorgesehen ist (das heißt, wenn sogenannte **Öffnungsklauseln** vorliegen).

Die **Abschlußnormen** setzen Regeln für das Zustandekommen neuer Arbeitsverhältnisse, aber auch Abschlußgebote und Abschlußverbote (soweit diese dem Schutz und den Interessen der Arbeitnehmer dienen!).

**Betriebliche Normen**/Vorgaben betreffen vor allem den Arbeitsschutz, betriebliche Erholungs- und Wohlfahrtseinrichtungen, die betriebliche Ordnung (so insbesondere Rauchverbote, Anwesenheits- und Ausgangskontrollen, Betriebsbußen).

**Betriebsverfassungsrechtliche Normen** erstrecken sich auf die Rechtsstellung der Arbeitnehmerschaft und ihrer Organe. Die Möglichkeiten, die das Betriebsverfassungsgesetz hierbei den Tarifvertragsparteien beläßt (Öffnungsklauseln), sind allerdings sehr gering.

Eine besondere Art von Tarifnormen sind die **Normen über gemeinsame Einrichtungen der Tarifvertragsparteien** (z. B. über die Zusatzversorgungskasse im Baugewerbe). So kann beispielsweise vereinbart werden, daß der Arbeitgeber Beiträge zu den gemeinsamen Einrichtungen zu erbringen hat.

Die Rechtsnormen des Tarifvertrages gelten **unmittelbar** und **zwingend** zwischen den tarifgebundenen Arbeitgebern und Arbeitnehmern. Dies bedeutet, daß die tarifgebundenen Arbeitsverhältnisse zwangsläufig den tarifgemäßen Inhalt erhalten und die dem Tarif unterworfenen Parteien von den Bestimmungen des Tarifvertrages grundsätzlich **nicht zum Nachteil** des Arbeitnehmers abweichen können. Von den Bestimmungen des Tarifvertrages kann (in seltenen Fällen) **zum Nachteil** des Arbeitnehmers nur dann abgewichen werden, wenn die Tarifvertragsparteien den entsprechenden Tarifbestimmungen ihren zwingenden Charakter als Mindestarbeitsbedingungen genommen haben (§ 4 Abs. 3 TVG). Dagegen kann im Einzelarbeitsvertrag in unbeschränktem Umfang **zugunsten** des Arbeitnehmers von den Bestimmungen des Tarifvertrages abgewichen werden (§ 4 Abs. 3 TVG; **Günstigkeitsprinzip**).

Tarifverträge werden in erster Linie für Arbeitnehmer und Auszubildende abgeschlossen; daneben aber auch für Heimarbeiter und arbeitnehmerähnliche Personen.

Ausdrücklich ausgenommen von den tarifvertraglichen Regelungen sind Handelsvertreter (§ 12a TVG).

Der Tarifvertrag bedarf zu seiner Wirksamkeit einer von beiden Vertragsparteien eigenhändig unterschriebenen Vertragsurkunde (§ 1 Abs. 2 TVG). Abschluß, Änderung, Beendigung und Allgemeinverbindlichkeitserklärung von Tarifverträgen werden in einem beim Bundesminister für Arbeit und Sozialordnung geführten **Tarifregister** eingetragen (§ 6 TVG).

Die für einen Betrieb maßgebenden Tarifverträge müssen vom Arbeitgeber an geeigneter Stelle so ausgelegt werden, daß sie die Arbeitnehmer jederzeit einsehen können (§ 8 TVG).

Die den Tarifvertragsparteien aus dem Tarifvertrag erwachsenden Rechte und Pflichten **beginnen** mit Abschluß des Tarifvertrages; sie **enden (Laufzeit des Tarifvertrages)**

– mit Ablauf der Zeit, für die der Tarifvertrag abgeschlossen wurde,

– mit einer einverständlichen Aufhebung des Tarifvertrages durch die Parteien,

– mit einer unter Einhaltung der vereinbarten Kündigungsfrist ausgesprochenen ordentlichen Kündigung oder

– mit einer außerordentlichen Kündigung bei Vorliegen eines wichtigen Grundes.

Während die schuldrechtliche Bindung der Tarifvertragsparteien an die Laufzeit des Tarifvertrages geknüpft ist, wirken die Rechtsnormen des Tarifvertrages über diese hinaus, es sei denn, daß sie durch andere einzel-, betriebs- oder tarifvertragliche Regelungen ersetzt werden (§ 4 Abs. 5 TVG).

Während betriebliche, insbesondere betriebsverfassungsrechtliche Normen bereits dann gelten, wenn nur der Arbeitgeber tarifgebunden ist (§ 3 TVG), erfassen die tarifvertraglichen Regelungen, die sich auf den Inhalt, den Abschluß und die Beendigung der Arbeitsverhältnisse sowie die gemeinsamen Einrichtungen der Tarifvertragsparteien beziehen, mit unmittelbarer und zwingender Wirkung nur die tarifgebundenen Arbeitsverhältnisse, die unter den zeitlichen, räumlichen, betrieblich/fachlichen und persönlichen Geltungsbereich des Tarifvertrages fallen (Geltungsbereich der Tarifnormen).

Im **persönlichen Geltungsbereich** wird geregelt, für welche Arbeitnehmergruppen (z. B. Arbeiter, Angestellte, Auszubildende usw.) der Tarifvertrag zu gelten hat. Hierfür ist – abgesehen von der Allgemeinverbindlichkeitserklärung – die Zugehörigkeit zu den vertragsschließenden Verbänden entscheidend (§ 3 Abs. 1 TVG). Dies bedeutet, daß nur derjenige Arbeitnehmer, der Mitglied der vertragschließenden Gewerkschaft ist, bei gleichzeitiger Tarifgebundenheit seines Arbeitgebers, einen unmittelbaren Anspruch auf die tarifvertraglich vereinbarten Arbeitsbedingungen hat. Waren Arbeitgeber und Arbeitnehmer bei Wirksamwerden des Tarifvertrages tarifgebunden, so bleiben sie es bis der Tarifvertrag endet (§ 3 Abs. 3 TVG). (Ein Arbeitgeber kann sich deshalb beispielsweise nicht während der Laufzeit eines Tarifvertrages durch Austritt aus dem Arbeitgeberverband seiner tarifvertraglichen Pflichten entziehen!)

Der **betriebliche/fachliche Geltungsbereich** der Tarifnormen bestimmt sich nach dem von den (in der Regel nach dem **Industrieverbandsprinzip** organisierten) Tarifvertragsparteien erfaßten Wirtschaftszweig. Fällt beispielsweise ein Betrieb der Metallindustrie unter den Tarifvertrag der Metallindustrie eines bestimmten Bundeslandes (beziehungsweise einer Teilregion dieses Bundeslandes), so gilt der Tarifvertrag für alle Arbeitnehmer dieses Betriebes, auch für solche, die nicht im Metallbereich arbeiten, wie zum Beispiel ein Fahrer, Schreiner oder Anstreicher.

Der **zeitliche Geltungsbereich** entspricht im allgemeinen der Laufzeit des Tarifvertrages.

Hinsichtlich des räumlichen Geltungsbereiches wird festgelegt, in welchem Gebiet der Tarifvertrag gelten soll; ob er beispielsweise als Bundesrahmentarifvertrag für das gesamte Bundesgebiet Geltung haben soll, oder ob er sich auf ein bestimmtes Bundesland oder einen bestimmten Bezirk (z. B. Nordwürttemberg/Nordbaden) erstrecken soll.

Die Rechtsnormen des Tarifvertrages, die – wie oben dargelegt – grundsätzlich nur für die Mitglieder der Tarifvertragsparteien verbindlich sind, können durch eine staatliche **Allgemeinverbindlichkeitserklärung** auch auf nicht tarifgebundene Arbeitgeber und Arbeitnehmer Anwendung finden (§ 5 TVG).

Die Allgemeinverbindlichkeitserklärung kann vom Bundesminister für Arbeit und Sozialordnung oder – soweit von diesem im Einzelfall damit beauftragt – von der obersten Arbeitsbehörde eines Landes (Landesminister) auf Antrag einer der beiden Tarifvertragsparteien im Einvernehmen mit einem aus je drei Vertretern der Spitzenorganisationen von Arbeitgebern und Arbeitnehmern bestehenden Ausschuß abgegeben werden (§ 4 Abs. 1 TVG). Voraussetzung dafür ist allerdings, daß

– die tarifgebundenen Arbeitgeber mindestens 50 Prozent der unter den Geltungsbereich des Tarifvertrages fallenden Arbeitnehmer beschäftigen **und**

– die Allgemeinverbindlichkeitserklärung im öffentlichen Interesse geboten ist. (Dieses ist insbesondere dann der Fall, wenn die Arbeitsbedingungen in den vom Tarifvertrag nicht erfaßten Betrieben unter das sozial angemessene Niveau abzusinken drohen!)

Von den beiden Voraussetzungen kann abgesehen werden, wenn dies zur Bewältigung eines sozialen Notstandes geboten erscheint.

Die Rechtswirkungen der Allgemeinverbindlichkeitserklärung des Tarifvertrages beginnen grundsätzlich mit dem Stichtag, der in der Allgemeinverbindlichkeitserklärung angegeben wurde. Sie enden mit Ablauf des Tarifvertrages.

Damit schließlich tarifvertragliche Vereinbarungen nicht unterlaufen werden können, bestimmt § 4 Abs. 4 TVG, daß ein **Verzicht** auf tarifliche Rechte nur in einem von den Tarifvertragsparteien gebilligten Vergleich möglich ist und daß eine **Verwirkung** solcher Rechte ausgeschlossen ist.

**Tarifvertragsklauseln,** die im Interesse einer baldigen Klärung der Beziehungen zwischen Arbeitgeber und Arbeitnehmer vorsehen, daß die tarifvertraglichen Ansprüche innerhalb einer bestimmten angemessenen Frist geltend gemacht werden müssen **(tarifvertragliche Ausschlußfristen),** sind nach § 4 Abs. 4 TVG zulässig. Sie haben die Konsequenz, daß der tarifvertragliche Anspruch mit Ablauf der Ausschlußfrist untergeht und damit nicht mehr geltend gemacht werden kann. Die Ausschlußfrist kann sich allein auf tarifliche, allein auf vertragliche oder aber auf sämtliche Ansprüche des Arbeitsverhältnisses erstrecken.

Die Frist zur Geltendmachung eines Anspruches gegenüber dem Vertragspartner beträgt normalerweise 2 bis 3 Monate ab Fälligkeit beziehungsweise Kenntnis.

Sieht der Tarifvertrag keine Ausschlußfristen vor, so **verjähren** die tarifvertraglichen Ansprüche (wie arbeitsrechtliche Ansprüche allgemein) 2 Jahre nach Ende des Kalenderjahres, in dem sie entstanden sind.

Die unterschiedliche Behandlung von tarifgebundenen und nicht tarifgebundenen Arbeitnehmern verstößt nicht gegen den arbeitsrechtlichen oder verfassungsrechtlichen Gleichbehandlungsgrundsatz (Urteil des Bundesarbeitsgerichtes v. 20.7. 1960). Gleichwohl ist es heute weitgehend üblich, die tarifvertraglichen Regelungen auch für nicht tarifgebundene Arbeitsverhältnisse zu übernehmen.

### 3.11.3.1.1 Schlichtungsrecht

Können sich die Tarifvertragsparteien in ihren Verhandlungen um den Abschluß eines neuen Tarifvertrages nicht einigen, so wird häufig ein **Schlichtungsverfahren** in Gang gesetzt. Dieses Schlichtungsverfahren unterliegt der Absicht, bestehende Interessensgegensätze abzubauen und den Ausbruch eines Arbeitskampfes zu vermeiden. Sollte ein Arbeitskampf bereits ausgebrochen sein, so kann im Wege der Schlichtung versucht werden, den Arbeitsfrieden wiederherzustellen.

Es lassen sich zwei Schlichtungsverfahren unterscheiden: die vereinbarte Schlichtung und die staatliche Schlichtung.

Die **vereinbarte Schlichtung** basiert auf einer Musterschlichtungsvereinbarung, die der Deutsche Gewerkschaftsbund (DGB) und die Bundesvereinigung der deutschen Arbeitgeberverbände (BDA) ihren Mitgliedern empfohlen haben. Die Tarifvertragsparteien sind großteils in besonderen **Schlichtungsabkommen** (z. B. Schlichtungs- und Schiedsvereinbarung in der Metallindustrie) dahingehend übereingekommen, vor Beginn eines Arbeitskampfes eine Schlichtung durchzuführen. Die dafür einzurichtenden Schlichtungsstellen sind mit Vertretern der beteiligten Parteien und in der Regel mit einem oder zwei unparteiischen Vorsitzenden besetzt. Führt das Schlichtungsbemühen dieses Gremiums zu einer Einigung der Tarifvertragsparteien, so repräsentiert diese einen Tarifvertrag. Führt das Schlichtungsbemühen zu keiner Einigung oder wird der von der Schlichtungsstelle unterbreitete Einigungsvorschlag nicht von beiden Tarifvertragsparteien angenommen, ist die Schlichtung gescheitert. Die Friedenspflicht besteht dann nicht mehr und der Arbeitskampf kann beginnen.

Grundlage der **staatlichen Schlichtung** ist das Kontrollratsgesetz Nr. 35 v. 20.8. 1946 über das Ausgleichs- und Schiedsverfahren in Arbeitsstreitigkeiten (gilt nicht im Saarland!), zu dem einige Bundesländer Ausführungsvorschriften erlassen haben. Diese staatlichen Regelungen greifen jedoch nur dann Platz, wenn

- der Tarifvertrag keine Schlichtungsstelle vorsieht und sich einer oder beide Tarifpartner diesbezüglich an die oberste Landesarbeitsbehörde gewandt hat/haben oder

- das vereinbarte Schlichtungsverfahren ergebnislos verlief und die Tarifvertragsparteien sich daraufhin an die oberste Landesarbeitsbehörde gewandt haben.

Beim staatlichen Schlichtungsverfahren gilt es, das von der obersten Landesarbeitsbehörde (Landesschlichter) durchzuführende **Vermittlungsverfahren** und das eigentliche **Schiedsverfahren** zu unterscheiden. Das Schiedsverfahren kann immer erst dann eingeleitet werden, wenn entweder das (staatliche) Vermittlungsverfahren oder das (von den Tarifvertragsparteien) vereinbarte Schlichtungsverfahren scheiterte oder aber ein Schlichtungsverfahren gar nicht vereinbart wurde. Das (staatliche) Schiedsverfahren wird durch einen mit Zustimmung beider Parteien konstituierten **staatlichen Schiedsausschuß** (bestehend aus einem Vorsitzenden und Vertretern der Arbeitgeber und Arbeitnehmer) geführt. Der Schiedsspruch dieses (Schieds-)Ausschusses ist nur bindend, wenn ihn beide Tarifparteien annehmen.

### 3.11.3.1.2 Arbeitskampfrecht

Gelangen die Tarifvertragsparteien auch im Wege der Schlichtung **nicht** zu einer Einigung über die zu verhandelnden Arbeitsbedingungen, so können die Gewerkschaften versuchen, durch **Streik** ihren Forderungen Nachdruck zu verleihen. Sie eröffnen damit den Arbeitskampf, was die Arbeitgeber unter bestimmten Voraussetzungen berechtigt, mit **Aussperrung** zu antworten. Streik und Aussperrung werden somit als Kollektivkampfmittel eingesetzt. Beide Arbeitskampfmittel sind gesetzlich nicht geregelt. (Das Streik**recht** wird in einigen Länderverfassungen ausdrücklich garantiert; es wird jedoch nicht näher geregelt!) Die arbeitsrechtliche Ausgestaltung von Streik und Aussperrung stützt sich im wesentlichen auf die einschlägige Rechtsprechung. Der Arbeitskampf ist in Art. 9 Abs. 3 Satz 3 Grundgesetz institutionell und funktionell anerkannt.

Bei Ausbruch und Beendigung eines Arbeitskampfes sind die Arbeitgeber verpflichtet (und die Gewerkschaften berechtigt), dem für den Betrieb zuständigen Arbeitsamt Anzeige zu erstatten (§ 320 Abs. 5 SGB III).

### 3.11.3.1.2.1 Streik

Der Streik besteht in der gemeinsamen planmäßigen Niederlegung der Arbeit durch mehrere Arbeitnehmer mit dem Ziel, günstigere Arbeitsbedingungen in Form eines Tarifvertrages durchzusetzen und danach die Arbeit wieder aufzunehmen. Auch die teilweise Verweigerung oder Verzögerung/Verschleppung der Arbeit (**„Dienst nach Vorschrift", Bummelstreik**) fügt sich dieser Absicht und bedeutet Streik.

Der Streik unterliegt dem **Gebot der Verhältnismäßigkeit,** das heißt, er muß in seiner Zielsetzung wie auch in seiner Durchführung die wirtschaftlichen Möglichkeiten beachten und darf nicht dem Gemeinwohl schaden. Aus dieser Vorgabe erwachsen nach Auffassung des Bundesarbeitsgerichtes für jeden Streik drei wesentliche Konsequenzen:

- Der Streik darf nur als letzte Maßnahme nach Ausschöpfung aller sonstigen Möglichkeiten (**Ultima-ratio-Prinzip**) ergriffen werden;

- der Streik muß fair geführt werden und darf nicht die Vernichtung des Gegners bezwecken (**Vernichtungsstreik);**

- beide Tarifvertragsparteien müssen nach Beendigung des Streikes möglichst schnell den Arbeitsfrieden wiederherstellen.

Ein Streik ist grundsätzlich nur dann **rechtmäßig,** wenn er von einer Gewerkschaft nach dem Scheitern von Tarifverhandlungen eingeleitet und durchgeführt wird. Erfolgt die Arbeitsniederlegung ohne die vorherige Billigung der zuständigen Gewerkschaft und wird sie auch nicht nachträglich von dieser genehmigt und übernommen, so ist sie rechtswidrig (**Wilder Streik**).

## 3 Arbeitsökonomie

Ein Streik darf nicht gegen die tarifvertragliche Friedenspflicht verstoßen. Nach Ablauf der Friedenspflicht darf ein Streik nur dann eingeleitet und durchgeführt werden, wenn zuvor die zur Verhandlung anstehenden Forderungen genannt und über diese auch Tarifverhandlungen geführt wurden. Eine Ausnahme von dieser Regelung ist nur dann möglich, wenn der Arbeitgeber Verhandlungen über eine Forderung der Gewerkschaft von vornherein ablehnt.

Ein geregelter Streikverlauf folgt im allgemeinen folgendem Muster: (1) Beschluß der Gewerkschaft zur Einleitung des Streikes, (2) Beschluß der Gewerkschaft zur Durchführung einer Urabstimmung der Gewerkschaftsmitglieder (d.h. einer Abstimmung der Gewerkschaftsmitglieder darüber, ob gestreikt werden soll oder nicht), (3) Aufforderung der Gewerkschaftsmitglieder zur Urabstimmung, (4) Urabstimmung, (5) Genehmigung des Streikbeschlusses durch das zuständige Gewerkschaftsorgan, (6) Herausgabe des Streikbefehls an die Gewerkschaftsmitglieder und (7) tatsächliche Arbeitsniederlegung

Um eine geordnete Durchführung von Arbeitskämpfen zu erwirken, haben der Deutsche Gewerkschaftsbund (DGB) wie auch die Deutsche Angestellten Gewerkschaft (DAG) Richtlinien zur Führung von Arbeitskämpfen (**Arbeitskampfrichtlinien**) erlassen, in denen unter anderem Näheres über die Durchführung von Erhaltungs- und Notarbeiten in bestreikten Betrieben wie auch über die wegen ihrer lebenswichtigen Bedeutung für die Allgemeinheit von einer Bestreikung auszunehmenden Betriebe ausgeführt wird.

Je nach der mit einer Arbeitsniederlegung verbundenen Absicht, lassen sich verschiedene Streikarten unterscheiden:

**Vollstreik:** Es werden entweder alle Arbeitgeber eines Wirtschaftszweiges bestreikt oder alle Arbeitnehmer eines Betriebes streiken.

**Teil- oder Schwerpunktstreik:** Lediglich bestimmte Abteilungen eines Betriebes oder bestimmte Schlüsselbetriebe eines Wirtschaftszweiges werden bestreikt. (Schwerpunktstreiks bilden den Kern der gewerkschaftlichen Strategie der sogenannten „neuen Beweglichkeit".)

**Generalstreik:** Alle Arbeitnehmer legen die Arbeit nieder.

**Warnstreik:** Kurze, zeitlich befristete Arbeitsniederlegungen, die in sachlichem und zeitlichem Zusammenhang mit laufenden Tarifverhandlungen stehen. (Nach Urteil des Bundesarbeitsgerichtes v. 21.6.1988 unzulässig!)

**Sympathie- und Solidaritätsstreiks:** Streiks, die zur Unterstützung von streikenden Arbeitnehmern einer anderen Gewerkschaft geführt werden. (Nach Urteil des Bundesarbeitsgerichtes v. 12.1.1988 unzulässig!)

Bei einem unzulässigen (**rechtswidrigen**) Streik hat der Arbeitgeber einen Unterlassungsanspruch. Diesen kann er auch schon im Wege der einstweiligen Verfügung durchsetzen. Darüber hinaus ergeben sich für ihn Schadensersatzansprüche.

Arbeitnehmern – auch Betriebsratsmitgliedern –, die sich an rechtswidrigen Streiks beteiligen, kann der Arbeitgeber unter bestimmten Voraussetzungen außerordentlich kündigen. Diese Kündigungen bedürfen nicht der Zustimmung des Betriebsrates.

Für die Dauer des Streikes erhalten diejenigen Gewerkschaftsmitglieder, die mindestens 3 Monate ihrer Gewerkschaft angehören, eine Streikunterstützung (**Streikgeld**) von etwa zwei Drittel ihres Bruttoverdienstes.

Nichtorganisierte Arbeitnehmer, die unter den Streik fallen, erhalten vom Staat Sozialhilfe.

#### 3.11.3.1.2.2 Aussperrung

Die Aussperrung besteht in der von einem oder mehreren Arbeitgeber(n) planmäßig verhängten vorübergehenden Nichtzulassung von Arbeitnehmern zur Arbeit unter Aussetzung der Lohnzahlung. Aussperrung ist die kollektive Gegenmaßnahme zum Streik. Als solche kann sie sich gegen alle Arbeitnehmer eines Betriebes richten oder aber nur gegen diejenigen, die dem Streikbefehl der Gewerkschaft folgten, oder aber bestimmte Arbeitnehmergruppen (z. B. Facharbeiter oder Beschäftigte bestimmter Produktionszweige, die unter bestimmten betrieblichen Zielvorgaben benötigt werden) ausnehmen. Eine Aussperrung, die gezielt nur die Mitglieder einer streikenden Gewerkschaft erfaßt, ist nach Auffassung des Bundesarbeitsgerichtes rechtswidrig (Urteil v. 10.6.1980). Das herausragende Ziel, das die Arbeitgeber mit der Aussperrung verfolgen, ist es, die jeweilige Gewerkschaft (über die Zahlung von Streikgeld) finanziell zu belasten und dadurch schneller zum Einlenken und zu neuen Verhandlungen zu bewegen.

Die lange Zeit diskutierte Frage, ob die Aussperrung überhaupt zulässig sei, haben das Bundesarbeitsgericht (letztes Urteil v. 12.3.1985) und das Bundesverfassungsgericht (Beschluß v. 26.6.1991) dahingehend geklärt, daß Aussperrung (mit **suspendierender Wirkung,** d. h. ohne Kündigung des Arbeitsvertrages) in Abwehr von Teil- oder Schwerpunktstreiks (**Abwehraussperrung**) dem Grundsatz der „arbeitskampfrechtlichen Parität" entspricht und damit zulässig ist. (Aussperrungen mit einer das Arbeitsverhältnis **lösenden Wirkung** gelten nach herrschender Rechtsprechung als äußerst problematisch. Sie sind auf jeden Fall unzulässig bei besonders geschützten Personen, wie Schwangeren, Schwerbehinderten, Mitgliedern von Arbeitnehmervertretungen.)

Geht die Aussperrung einem Streik im entsprechenden Tarifbezirk voraus, so handelt es sich um eine **Angriffsaussperrung.** Sie ist in jedem Fall unzulässig.

Auch die zulässige Aussperrung darf nur als letztes mögliches Arbeitskampfmittel (Ultima-ratio-Prinzip) in Betracht kommen und hat bei ihrem Einsatz den Grundsatz der Verhältnismäßigkeit zu beachten. (Dieser Grundsatz würde beispielsweise verletzt, wenn die Arbeitgeber einen Bezirksstreit mit einer bundesweiten Aussperrung im gleichen Sektor beantworten würden.)

Nach Beendigung der Aussperrung müssen sich beide Tarifpartner um eine möglichst schnelle und umfassende Wiederherstellung des Arbeitsfriedens bemühen.

Ist eine Aussperrung **rechtswidrig,** so ergeben sich Unterlassungs- und Schadensersatzansprüche. Darüber hinaus erwirkt der Arbeitnehmer das Recht, sein Arbeitsverhältnis außerordentlich zu kündigen.

*3.11.3.2 Betriebsverfassung*

Die Betriebsverfassung ist die arbeitsrechtliche Grundordnung eines Betriebes. Sie regelt die betriebliche Zusammenarbeit zwischen dem Arbeitgeber und den Arbeitnehmern. Die Rechtsgrundlage der Betriebsverfassung ist das **Betriebsverfassungsgesetz** (BetrVG). Sein Grundanliegen ist es, die Arbeitnehmerschaft (Belegschaft) eines Betriebes durch einen von ihr zu wählenden **Betriebsrat** an betrieblichen Entscheidungsprozessen des Arbeitgebers zu beteiligen. Diese Entscheidungen betreffen nach dem Willen des Gesetzgebers in erster Linie das Wohl des Betriebes (§ 2 Abs. 1 BetrVG), **nicht** dagegen die wirtschaftlichen und unternehmerischen Probleme des Arbeitgebers (Unternehmers). Die Beteiligung des Betriebsrates an derartigen Entscheidungen ermöglicht das Betriebsverfassungsgesetz über entsprechende Mitbestimmungs- und Mitwirkungsrechte sowie im Wege freiwilliger Betriebsvereinbarungen.

## 3.11.4 Kontrollfragen zu 3.11

1. Welche Aufgaben hat das Arbeitsrecht?
2. Welche Rechtskomplexe umfaßt das Arbeitsrecht?
3. Welche Rechte und Pflichten erwachsen dem Arbeitnehmer/Arbeitgeber aus dem Arbeitsvertrag?
4. Zu welchen Konsequenzen kann die Verletzung von Arbeitnehmer-/Arbeitgeberpflichten führen?
5. Unter welchen Voraussetzungen endet ein Arbeitsverhältnis?
6. Welche Absichten verfolgen Tarifverträge/Betriebsvereinbarungen?
7. Was beinhalten: Lohntarifverträge, Manteltarifverträge, Rahmentarifverträge?
8. Was bezweckt eine Allgemeinverbindlichkeitserklärung von Tarifverträgen?
9. Welche Absicht verfolgt das Schlichtungsverfahren?
10. Welche Konsequenzen knüpft das Bundesarbeitsgericht an einen Streik?
11. Unter welchen Voraussetzungen ist eine Aussperrung zulässig?

## 3.11.5 Literaturhinweise zu 3.11

*Bundesministerium für Arbeit und Soziales* (Hrsg.), Übersicht über das Arbeitsrecht, 8., neubearbeitete u. erweiterte Aufl., Bonn 2000.
*Franz, W.,* Arbeitsmarktökonomik, 4. Aufl., Heidelberg 1999.
*May, H.,* Wirtschaftsbürger-Taschenbuch, 5. Aufl., München–Wien 2001, Kapitel III,5: Arbeitsrecht.
*Schaub, G., Rühle, H. G.,* Guter Rat im Arbeitsrecht, 2. Aufl., München 1998.

# 4
# GESELLSCHAFTS-
# ÖKONOMIE

# 4 Gesellschaftsökonomie

## 4.1 Die Ordnung der Wirtschaft

### 4.1.0 Leitziel

Einblick in den Zusammenhang zwischen gesellschaftlicher und wirtschaftlicher Ordnung; Erfassung wirtschaftlicher Ordnungsformen in modellhafter Abstraktion und wirklichkeitsentsprechender Ausprägung unter Offenlegung ihrer gemeinsamen und spezifischen Elemente.

### 4.1.1 Wirtschaft und Gesellschaft

Die moderne Wirtschaft ist durch hochgradige Arbeitsteilung gekennzeichnet. Produktion und Verteilung haben sich mehr und mehr spezialisiert. Die einstmals famliengebundene Eigenwirtschaft hat sich zur gesellschaftlichen Veranstaltung erweitert. Die Wirtschaft ist zu einem Teil der Gesellschaft geworden. Ungezählte Produktionsvorgänge, die zu einer unübersehbaren Vielzahl von Warenangeboten führen, verlangen nach Abstimmung untereinander und darüber hinaus mit den Wünschen der Verbraucher. Eine solche **Koordination** von Angebot und Nachfrage erfordert nun aber einen Organisationsrahmen, eine **Ordnung**, die nur der Staat kraft der ihm eigenen Autorität verbindlich vorgeben kann. Das Beziehungsgeflecht von Wirtschaft und Gesellschaft muß deshalb den Staat einbeziehen. Denn, eine **auf Dauer** ausgerichtete Ordnung kann, wie immer sie auch gestaltet sein mag – **freiheitlich** oder **totalitär** –, nicht auf die staatliche Autorität verzichten. Wirtschaft und Gesellschaft sind deshalb notwendigerweise staatlich zu organisieren.

Daß dem Staat konzeptionell die Koordination der individuellen Arbeitsteilung und deren Abstimmung mit den privaten Verbraucherwünschen obliegt, gilt als eine unverrückbare Tatsache. Sie ist **politisch neutral.** Erst die tatsächliche Ordnung dieser wirtschaftlichen Abläufe und Daten, ihre reale Koordination wird zum politischen Akt. Die Art und Weise nämlich, wie die Wirtschaft geordnet, organisiert wird, unterliegt weitgehend anthropologischen und sozialphilosophischen Prämissen. Als die beiden wohl bedeutsamsten gegensätzlichen Sichtweisen vom Menschen und der Gesellschaft gelten der **Individualismus** und der **Kollektivismus.** Im Mittelpunkt der individualistischen Sicht steht das **Individuum,** dessen Freiheit zum höchsten Gut aufsteigt und dessen Antrieb sich aus dem **Eigeninteresse** (Selbstinteresse, Eigennutz), das heißt dem (natürlichen) Streben, seine wirtschaftliche Lage zu verbessern, speist. Soziale Gebilde, wie Betrieb, Gemeinde, Staat, sind in dieser Sicht lediglich die Summe von **Einzelwesen.** Der Individualismus findet seinen politischen Ausdruck im **Liberalismus.** Dieser erkennt in seiner klassischen Ausprägung den Staat als reinen **Zweckverband,** in dem der einzelne seinen eigeninteressengeleiteten Strebungen entspricht. Dem Staat obliegt lediglich die Verwaltung, die Rechtsordnung, die innere und äußere Sicherheit sowie in elementarem Umfang das Verkehrs-, Bildungs- und Gesundheitswesen. Seine Funktion erschöpft sich damit im wesentlichen in der Überwachung der Einhaltung der marktwirtschaftlichen Spielregeln sowie in der Versorgung der Bevölkerung mit öffentlichen Gütern. Der marktwirtschaftliche **Wettbewerbsmechanismus** gilt als am besten geeignet, die Interessen der Produzenten mit denen der Konsumenten abzustimmen. Dieses am **Eigeninteresse** – in den Grenzen des Sittlichen – orientierte Verhalten dient nach Auffassung der klassischen Liberalen zwangsläufig dem Gesamtinteresse **(Gemeinwohl).** In der wettbewerblichen Auseinandersetzung am Markt kann sich nämlich ihrem Verständis zufolge auf die Dauer nur derjenige durchsetzen, der den Wünschen der Nachfrager entspricht. Indem sich die Anbieter dieser Einsicht fügen, ist den Nachfragern am ehesten gedient; das heißt: mit der Verfolgung ihres Eigeninteresses entsprechen die Produzenten den Wünschen der Konsumenten, dem Gemeinwohl, in höchstem Maße. Beide Interessenssphären, Selbstinteresse und Gemeinwohl, stehen somit zueinander in **natürlicher Harmonie**.

Für den Kollektivismus, der seine politische Fassung im **Sozialismus** mit seinen vielfältigen Erscheinungsformen findet, ist der Mensch primär ein **Sozialwesen**. Seine gesellschaftlichen Verbindungen, wie beispielsweise Familie, Betrieb, Gemeinde, Staat, repräsentieren für ihn (den Kollektivismus) mehr als die Summe von Individuen; sie erlangen gleichsam eine höherwertige, überindividuelle Eigenpersönlichkeit. Als solche gelten sie den Individuen gegenüber als vorrangig in der Befriedigung ihrer Bedürfnisse. Was dem Kollektiv nützt, hat Vorrang: **Gemeinnutz geht vor Eigennutz.** Die sich aus dieser Sicht ergebende wirtschaftspolitische Konsequenz ist die zentrale Planung des gesamten wirtschaftlichen Geschehens, der Produktion, der Verteilung und der Verwendung.

**4.1.2 Wirtschaftssysteme**

Die aus den beiden aufgezeigten Sichtweisen von Mensch und Gesellschaft, dem Individualismus und dem Kollektivismus, resultierenden Ordnungsvorstellungen von Wirtschaft lassen sich in zwei wirtschaftspolitischen **Ordnungsmodellen** verdichten, dem der **Marktwirtschaft** und dem der **Zentralverwaltungswirtschaft**. Beide Modelle vereinen allgemeine Strukturelemente mit idealtypischen Abbildungen wirtschaftlicher und wirtschaftspolitischer Wirklichkeit, indem sie sowohl die ordnungsbestimmenden anthropologischen und sozialphilosophischen Prämissen als auch die tatsächlich gestaltprägenden Faktoren aufnehmen. Derartige idealtypische Abbildungen (Idealtypen) ökonomischer Ordnungsvorstellungen werden im allgemeinen als **Wirtschaftssysteme** bezeichnet.

*4.1.2.1 Allgemeine Strukturelemente eines Wirtschaftssystems*

**Erstes** Strukturelement eines modernen Wirtschaftssystems ist die hochgradig **arbeitsteilige Produktion**. Sie schafft ein unüberschaubares Beziehungsgefüge, das – soll es nicht zusammenbrechen – eine Abstimmung der unterschiedlichen Einzelinteressen der beteiligten Wirtschaftssubjekte (Produzenten und Konsumenten) verlangt. Das hierfür notwendige **Koordinationssystem** ist für jedes Wirtschaftssystem unverzichtbar. Es ist das **zweite** Strukturelement. Ihm obliegt die Aufgabe, die Vielzahl der (Einzel-)Wirtschaftspläne aufeinander abzustimmen und damit festzulegen, **welche** Güterarten **in welchen Mengen** mit welchem Produktionsverfahren **(wie) für wen** hergestellt werden. Diese Aufgabe kann grundsätzlich auf zwei Wegen angegangen werden: durch **zentrale** oder **dezentrale Planung**. Bei der zentralen Planung trifft der Staat die erfoderlichen Entscheidungen, bei der dezentralen Planung entscheiden die Wirtschaftssubjekte selbst.

In Wahrnehmung der aufgezeigten Abstimmungsaufgabe ist nun aber jedes Koordinationssystem auf ein **Informationssystem** (drittes Strukturelement) angewiesen, das den Entscheidungsträgern die relative Knappheit der Güter signalisiert, den Anbietern die jeweilige Nachfrage und den Nachfragern das jeweilige Angebot. Auch hier können die benötigten Informationen wiederum auf unterschiedlichen

Wegen erfolgen: **zentral** oder **dezentral**. Zentral als Feststellung einer staatlichen Planungsbehörde, dezentral als Preissignale am Markt. So künden im marktwirtschaftlichen System – vereinfachend dargestellt – relativ niedrige Preise von relativ geringer Nachfrage und/oder relativ großem Angebot und relativ hohe Preise von relativ großer Nachfrage und/oder relativ geringem Angebot.

Die Abstimmung (Koordination) von Produktion und Konsumtion ist aber nicht schon allein durch ein funktionierendes Informationssystem gewährleistet. Daß sich die Produzenten tatsächlich nach den Wünschen ihrer potentiellen Abnehmer respektive den Direktiven der zentralen Planbehörde richten, erfordert ein **Sanktionssystem (viertes** Strukturelement), das ihnen durch „Belohnung" und „Strafe" die Angemessenheit/Unangemessenheit ihres Handelns „spürbar" bewußt werden läßt. Solche Sanktionen kennt der Markt als Gewinn und Verlust, die zentrale Planungsbehörde als Prämie oder Belobigung und Prämienentzug oder Tadel, je nachdem ob die Markterfordernisse respektive die Planungsdirektiven beachtet oder mißachtet wurden.

Als weitere allgemeine Strukturelemente eines Wirtschaftssystems lassen sich das **Entscheidungssystem (fünftes** Strukturelement) und das **Verteilungssystem (sechstes** Strukturelement) ausmachen. Das Entscheidungssystem bezieht seine Ausgestaltung aus der jeweiligen **Eigentumsverfassung,** insbesondere derjenigen für die Produktionsmittel. Ebenso wie diese grundsätzlich im **Privateigentum** oder **Gemeineigentum** (Gesellschafts-, Volks-, Staatseigentum) stehen können, können sich die wirtschaftlichen Entscheidungsbefugnisse **dezentral** aus dem breitgestreuten privaten Produktivvermögen oder **zentral** aus dem kollektiven Produktivvermögen ableiten.

Wer schließlich die produzierten Güter in welchen Mengen erhält, darüber befindet in der Ausführung das Verteilungssystem. Auch es kann analog der vorgenannten Systeme durch die dezentralen Instanzen des Marktes oder die zentrale Verteilungsagentur des Staates (mit beliebig vielen Filialen) repräsentiert sein. Am Markt entscheiden Produzenten und Konsumenten im freien Spiel der Kräfte, in der zentral verwaltungswirtschaftlichen Planungsbürokratie die Staatsfunktionäre, **wer was zu welchem Preis** erhält.

Die vorausgegangenen Darlegungen lassen deutlich werden, daß Wirtschaftssysteme über allgemeine Strukturelemente verfügen, die jedoch unter den verschiedenen Normvorgaben der jeweiligen Gesellschaftssysteme und den aus diesen abgeleiteten Subsystemen unterschiedlichen Regelungssystemen unterliegen. Diese Strukturelemente lassen sich in ihrer sozioökonomischen Eingebundenheit wie auf S. 184 (Übersicht 4.1) veranschaulichen.

*4.1.2.2 Das marktwirtschaftliche System*

Das marktwirtschaftliche Modell basiert auf den Vorstellungen des klassischen **Liberalismus.** Seine Hauptvertreter sind **Adam Smith** (1723–1790), **David Ricardo** (1772–1823), **Jean Baptiste Say** (1767–1832) und **John Stuart Mill** (1806–1873). In seinem 1776 erschienenen Hauptwerk „An Inquiry into the Nature and Causes of the Wealth of Nations" skizziert A. Smith das marktwirtschaftliche System als eine Ordnung, aus der sich der Staat weitgehend heraushält, indem er sich darauf beschränkt, die **Rahmenbedingungen,** das ist im wesentlichen die Rechtsverfassung, zu geben, ihre Beachtung zu überwachen sowie **jene kollektiven Bedürfnisse** zu

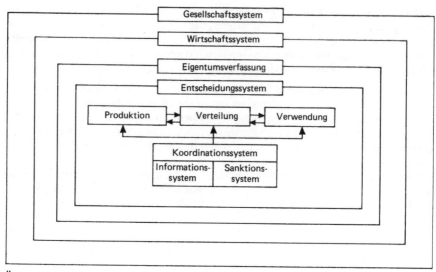

**Übersicht 4.1:** Allgemeine Strukturelemente eines Wirtschaftssystems

befriedigen, die am Markt keine angemessene Berücksichtigung finden: innere und äußere Sicherheit, Bildungs- und Gesundheitswesen sowie mit gewissen Einschränkungen das Verkehrswesen („Nachtwächterstaat"). Die Wirtschaft selbst ist durch eine Vielzahl selbstverantwortlicher Wirtschaftssubjekte – private Haushalte, Unternehmen, öffentliche Haushalte – repräsentiert, die alle vom persönlichen Gewinn- beziehungsweise Nutzenstreben geleitet, einen **individuellen,** autonomen **Wirtschaftsplan** aufstellen und zu verwirklichen suchen.

Grenzen wir aus Vereinfachungsgründen in der uns bereits bekannten Weise (vgl. Schaubild 1.7) diese Wirtschaftssubjekte auf die privaten Haushalte und Unternehmen ein und fassen diese in zwei Sektoren zusammen, so lassen sich deren wirtschaftliche Beziehungen wie folgt umschreiben: Die Unternehmen beziehen über die Faktormärkte von den privaten Haushalten Faktorleistungen (Arbeit, Geldkapital, Boden) gegen Entgelt; sie transformieren diese zu Konsumgütern und verkaufen diese wiederum über die Konsumgütermärkte an die privaten Haushalte. Der Ablauf des wirtschaftlichen Geschehens insgesamt wird somit über unzählige Einzelpläne initiiert und gesteuert. Der Koordinationsmechanismus für diese Einzelpläne ist der Markt. Auf ihm treten sich Anbieter und Nachfrager kommunikativ gegenüber (siehe Schaubild 4.2).

Damit der Koordinationsmechanismus Markt in uneingeschränkter Weise funktionieren kann, wird **vollständige Konkurrenz** (vgl. 2.3.2.1) unterstellt. Unter ihren Bedingungen bildet sich der **Gleichgewichtspreis** über die unendlich schnellen Angebots- und Nachfragereaktionen der Marktteilnehmer heraus und „**räumt den Markt**". Dieser Preismechanismus wird im marktwirtschaftlichen Modell für alle Güter- und Faktormärkte angenommen, also auch für Arbeitsleistungen und (Geld-)Kapital. Am Arbeitsmarkt ist der sich ergebende Lohnsatz der Gleichgewichtspreis, das Beschäftigungsniveau die Gleichgewichtsmenge. Am Kapitalmarkt ist der sich herausbildende Zinssatz der Gleichgewichtspreis. Auf all diesen

4 Gesellschaftsökonomie

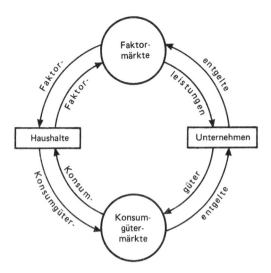

**Schaubild 4.2:** Funktionsweise des marktwirtschaftlichen Systems

Märkten gilt für den Verkäufer eine Preiserhöhung als eindeutiges Zeichen dafür, daß mehr Einheiten des betreffenden Gutes verlangt werden und damit als Aufforderung, sein Angebot entsprechend zu erhöhen. Umgekehrt bedeutet für den Käufer eine Preissenkung, daß das betreffende Gut verstärkt angeboten und/oder weniger nachgefragt wird. Der Marktpreis fungiert somit als **Knappheitsanzeiger**. Die Beachtung seiner Informationen durch den Anbieter wird quasi durch die Inaussichtstellung positiver oder negativer Sanktionen, das heißt Gewinne oder Verluste, erzwungen. So signalisiert eben eine Preiserhöhung dem Verkäufer nicht nur eine Nachfrageerhöhung und damit zusätzliche Verkaufsmöglichkeiten, sie verspricht ihm auch wachsende Stückerlöse und im Falle der Angebotsausdehnung eine Erhöhung seines Gesamterlöses. Umgekehrt kündet dem Verkäufer eine Preissenkung nicht nur eine Nachfrageminderung und/oder eine Angebotszunahme, sondern droht ihm für den Fall, daß er seine Angebotsmenge aufrechterhält, eine weitere Absenkung des Preises an und damit die Strafe finanzieller Einbußen.

Voraussetzung für das einwandfreie Funktionieren des marktwirtschaftlichen **Kommunikations-** und **Sanktionssystems** ist das zweckrationale Handeln der Wirtschaftssubjekte. Diese Feststellung beinhaltet, daß sich die Unternehmer als Gewinnmaximierer und die privaten Haushalte als Nutzenmaximierer verhalten. Nach klassisch-liberaler Auffassung ist solches Verhalten dem Menschen angeboren und deshalb als selbstverständlich vorauszusetzen.

Das angeborene Streben der Menschen nach höchstem Eigennutz erschöpft sich nun aber nicht in der Mehrung des persönlichen Vorteils, sondern führt – wie Adam Smith anschaulich darlegte – zwangsläufig auch zu einer Mehrung des Gemeinwohls. Streben nämlich die Unternehmer nach höchsten Gewinnen, dann werden sie ihre Investitionen dort treffen, wo sie die höchsten Renditen erwarten. Dies wird in aller Regel dort sein, wo aufgrund der hohen (Konsum-) Nachfrage das Preisniveau entsprechend hoch und damit die positive Differenz zwischen Kosten und

Erlös entsprechend attraktiv ist. Mit der Zunahme der Investitionen in solchen profitablen Produktionsbereichen und dem damit steigenden einschlägigen Güterangebot werden hier die Preise wieder fallen und mit ihnen auch die Gewinne. Die Konsequenz wird sein, daß ein Teil der Unternehmer „aussteigt" und ihre Produktionsfaktoren in anderen, „interessanteren" Bereichen zum Einsatz bringt. Dieses unternehmerische Verhaltensmuster führt dazu, daß die Produktionsfaktoren stets in jene Einsatzbereiche gelenkt werden, in denen sie den höchsten Nutzen stiften (optimale Allokation). Die Unternehmer orientieren sich damit in ihrem Investitions- und Produktionsverhalten (indirekt) an den Wünschen der Konsumenten und garantieren gleichzeitig die optimale Ausnutzung der volkswirtschaftlichen Ressourcen (**optimale Allokation der Ressourcen**).

Als notwendige Voraussetzung für die Aktivierung des Selbstinteresses erkennt die Theorie der Marktwirtschaft das **Privateigentum**. Gemeint ist Privateigentum an Konsumgütern wie auch ganz besonders Privateigentum an Produktionsmitteln. Denn, nur ein Unternehmer, der als Eigentümer seiner Produktionsmittel frei über deren Einsatz und über gegebenenfalls erwirtschaftete Gewinne verfügen kann, bietet nach Auffassung der Liberalen ausreichend Gewähr dafür, daß er die Signale des Marktes und damit die Käuferwünsche gebührend beachtet. Er wird sich im eigenen Interesse in „forschender" Weise um die Befriedigung der Konsumentenbedürfnisse bemühen und sich dieserhalb mit seinen Mitkonkurrenten auseinandersetzen (Wettbewerb als Entdeckungsverfahren, F. A. v. Hayek). Erfolg und Mißlingen dieses Bemühens stehen für Gewinn und Verlust. Dieser marktwirtschaftliche Gedanke, die Eigeninitiative durch Privateigentum zu stimulieren, findet seine Ergänzung in weiteren liberalen Rechtsnormen, so insbesondere der allgemeinen Vertragsfreiheit wie auch der Gewerbe- und Niederlassungsfreiheit.

Das in der vorgenannten Weise konzipierte marktwirtschaftliche System tendiert nach Auffassung seiner geistigen Väter zu einem **Gleichgewicht bei Vollbeschäftigung.** Krisen können allein durch außerökonomische Einflußgrößen verursacht werden.

### 4.1.2.3 Das zentralverwaltungswirtschaftliche System

Das zentralverwaltungswirtschaftliche Modell basiert auf den wirtschaftspolitischen Vorstellungen der **sozialistischen Gesellschaftstheorie,** insbesondere des **Marxismus-Leninismus.** Ihnen zufolge ist eine **herrschaftsfreie** und **gerechte** Gesellschafts- und Wirtschaftsordnung allein durch die Überführung der Produktionsmittel in **Gemeineigentum** zu erreichen. Ihr Einsatz hat einer **zentralen Planungsbehörde** zu unterstehen. Auf der Grundlage **gesellschaftlicher Zielsetzungen** (z. B. größtmögliches Wachstum, verstärkter Ausbau der Investitionsgüterindustrie) und Produktionsmöglichkeiten erstellt diese einen **zentralen Plan,** in dem die wirtschaftlichen Aktivitäten der produzierenden Unternehmen und der konsumierenden Haushalte abgestimmt und festgelegt werden. Dieser **Makroplanung** unterliegen neben der **Produktion** der Unternehmungen auch der **Konsum** und die Faktorleistungen (einschließlich der Berufswahl) der privaten Haushalte. Der Plan hat **Direktivcharakter,** er ist Gesetz. Die Betriebe sind somit Befehlsempfänger, sie haben ganz bestimmte Produktionsauflagen zu erfüllen, ihre individuellen Entscheidungsräume sind größtenteils aufgehoben und durch die zentrale Planungshoheit des Staates ersetzt (siehe Schaubild 4.3).

4 Gesellschaftsökonomie 193

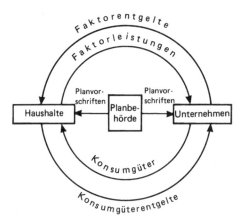

Schaubild 4.3: Funktionsweise des zentralverwaltungswirtschaftlichen Systems

Die zur Realisierung der jeweiligen Produktionsauflagen erforderlichen Rohstoffe, neuen Maschinen, Arbeitskräfte etc. werden von der zentralen Planungsbehörde ermittelt und den Betrieben zugeteilt. Die **Verteilung** der produzierten Güter erfolgt, vom Produktionsprozeß abgekoppelt, durch den Staat. Sie wird über ein **staatliches Rationierungssystem** auf der Grundlage politischer Ermessensakte abgewickelt.

Voraussetzung für eine solcherart zentralgeleitete Planwirtschaft ist die totale **Mengenplanung**. Sie basiert auf exakten **Informationen** über:
- sämtliche Produktionsmöglichkeiten der Unternehmen wie auch
- sämtliche Bedürfnisse und Nutzenvorstellungen der privaten Haushalte.

Falls die diesbezüglichen Daten nicht hinreichend zu ermitteln sind oder die zentrale Planungsbehörde diese nicht beachten „kann", wird sie kraft ihrer Amtsmacht autonom entscheiden und entsprechende Daten festlegen.

Auf diesem Datenstand kann die zentrale Planungsbehörde einerseits eine optimale Zuordnung der verfügbaren Produktionsfaktoren vornehmen; andererseits vermag sie aus Kenntnis oder in amtsautoritärer Einschätzung der privaten Bedürfnisse und Nutzenvorstellungen Produktionsstruktur und Vereilung genau festzulegen und damit zu bestimmen, **was in welchen Mengen für wen** produziert werden soll. Damit erübrigen sich Märkte und Preise. Preise werden zwar von der staatlichen Planungsinstanz festgesetzt, es kommt ihnen aber lediglich die Funktion allgemeiner Recheneinheiten zu, um verschiedene Güterarten zu globalen Planpositionen zusammenzufassen und betriebliche Kosten und Erlöse ermitteln zu können. Diese zentralverwaltungswirtschaftlichen Preise fungieren nicht als Knappheitsindikator.

Hervorragende Bedeutung im System der Mengenplanung hat die sogenannte **Bilanzierungsmethode.**[1] Ihr zufolge wird für jedes Gut eine **Bedarfs-** und eine **Produktionsbilanz** aufgestellt. Die Bedarfsbilanz erfaßt auf der Aufkommensseite

---

[1] Siehe hierzu und zum folgenden die einfache und übersichtliche Darstellung bei Hardes, H. D., Krol, G.-J., Rahmeyer, F., Schmid, A., Volkswirtschaftslehre – problemorientiert, 20. Aufl., Tübingen 1999, S. 59 f.

zunächst den vorhandenen Lagerbestand des betreffenden Gutes und stellt diesem auf der Verwendungsseite die Bedarfsmenge für die vorläufig geplanten verschiedenen Verwendungszwecke gegenüber. Um nun den in der Regel den Lagerbestand übersteigenden Bedarf zu decken, muß die Fehlmenge von den einschlägigen Produktionsbetrieben angefordert werden. Diese ihrerseits bringen diese Produktionsvorgaben (Soll) in eine Produktionsbilanz ein und stellen ihnen die für ihre Realisation benötigten Faktoreinsatzmengen gegenüber. Die benötigten Roh-, Hilfs-, Betriebsstoffe, Vormaterialien, Maschinen und Arbeitskräfte werden dann wiederum in gesonderte Bedarfsbilanzen (Arbeits-, Maschinen-, Materialbilanzen etc.) eingebracht. Auch hier werden durch Vergleich mit den jeweiligen Lagerbeständen die bestehenden Fehlmengen ermittelt, um dann als Produktionsvorgaben (Soll) an die zuständigen Zulieferbetriebe gemeldet zu werden. Hier gehen diese Daten ihrerseits wieder in entsprechende Produktionsbilanzen ein. Dieser Bilanzierungsprozeß wird von Produktionsstufe zu Produktionsstufe solange fortgesetzt, bis die für den Planungszeitraum in Ansatz gebrachten Faktoreinsatzmengen rechnerisch erschöpft sind. Die dann noch verbleibenden Fehlmengen in den Bedarfsbilanzen spiegeln den Knappheitsgrad der jeweiligen Produktionsfaktoren wider. Lassen sich diese Fehlmengen nicht durch Importe decken, werden die Planziele entsprechend **revidiert** und die Bedarfsmengen gekürzt. Diese bei den zuletzt erfaßten Produktionsfaktoren beginnenden Korrekturen werden rückwärtsschreitend von Stufe zu Stufe bis zu den Gütern des Endverbrauchs vorgenommen. Die zentrale Planung ist dann konsistent, wenn alle Bedarfsmengen (rechnerisch) gedeckt sind. Das endgültige Produktionsprogramm versucht der Absicht zu entsprechen, einen maximalen gesamtwirtschaftlichen Nutzen zu erwirken, d. h. die knappen Ressourcen dort einzusetzen, wo sie den größten Nutzen erbringen.

Das zentralverwaltungswirtschaftliche Modell kennt **keinen systemimmanenten Sanktionsmechanismus** wie das marktwirtschaftliche. Die Einhaltung der Plandirektiven kann lediglich durch Kontrollen überwacht werden. Positive Planabweichungen können mit Prämien, persönlichen Auszeichnungen, negative mit Prämienentzug, beruflicher Degradierung, öffentlicher (Selbst-)Kritik oder ähnlichem bedacht werden.

In der zentralen Planung des gesamtwirtschaftlichen Geschehens erkennt der Staat die Möglichkeit, die Entwicklung der einzelnen Wirtschaftszweige wie auch der Investition und der Konsumtion in den einzelnen Sektoren in abgestimmtem Verhältnis zueinander zu gestalten und damit Disproportionalitäten zu vermeiden. Der Wirtschaftsprozeß kann sich in dieser Einschätzung **krisenfrei** entwickeln.

### 4.1.3 Wirtschaftsordnungen

Im Gegensatz zur modellhaften Ordnung der Wirtschaft in Wirtschaftssystemen findet die reale Ordnung von Volkswirtschaften ihre Ausprägung in **Wirtschaftsordnungen**.[2] Sie repräsentieren die Gesamtheit der für den organisatorischen Aufbau und Ablauf konkreter Volkswirtschaften notwendigen

– rechtlichen Vorschriften,

---

[2] Die Einhaltung dieser begrifflichen Trennung ist in der Literatur nicht durchgängig. So werden die Bezeichnungen Wirtschaftssystem und Wirtschaftsordnung häufig auch synonym verwendet.

4 Gesellschaftsökonomie

- Koordinationsmechanismen,
- Zielsetzungen, Instrumente und Institutionen.

Diese **Realtypen** wirtschaftlicher Ordnung lassen sich in ihren vielfältigen Erscheinungsformen zwischen den beiden polaren **Idealtypen,** dem marktwirtschaftlichen und dem zentralverwaltungswirtschaftlichen System, einordnen. Die sich dabei eröffnenden Möglichkeiten veranschaulicht H. G. Schachtschabel[3] in Form einer Spannungsreihe zwischen **Individual-** und **Sozialprinzip**[4] (siehe Schaubild 4.4). So führt vom Individualprinzip eine Spannungslinie hinüber zum Sozialprin-

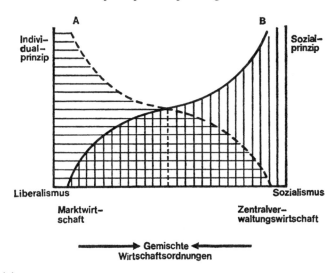

Schaubild 4.4

zip und umgekehrt vom Sozialprinzip eine solche hinüber zum Individualprinzip. Beide Extrempositionen sind somit durch Spannungslinien miteinander verbunden und deuten damit eine breite Skala möglicher Verbindungen beider Prinzipien an. Diese Darstellung reflektiert die Tatsache, daß in jede Wirtschaftsordnung sowohl individualistische als auch kollektivistische Elemente eingehen und sich ihre politische Einordnung nach der Dominanz des jeweiligen Prinzips bestimmt. Begegnen wir im Bereich liberaler Gesellschaften marktwirtschaftlichen Ordnungen, so treffen wir in sozialistischen Gesellschaften auf zentralverwaltungswirtschaftliche Ordnungen. In politisch uneinheitlichen Gesellschaften – und das sind heute wohl alle Staatswesen – finden wir konsequenterweise auch **gemischte Wirtschaftsordnungen** (mixed economies), die je nach politischer Akzentuierung sich mehr dem Individual- oder mehr dem Sozialprinzip verpflichtet zeigen.

---

[3] Vgl. Schachtschabel, H. G., Allgemeine Wirtschaftspolitik, Stuttgart 1975, S. 58 f.
[4] Das **Individualprinzip** entspricht dem Leitbild einer Leistungsgesellschaft, in der jeder die Freiheit haben soll, seine Lebensbedingungen selbst zu gestalten. Aus diesem Grundsatz folgt die **eigenverantwortliche Selbstvorsorge** (Sparen, Individualversicherung). Das **Sozialprinzip** verweist die Existenzsicherung der Bürger in die **Zuständigkeit des Staates** (soziale Sicherung).

Hervorragende Beispiele für die ordnungsbedingende Dominanz des Individualrespektive des Sozialprinzips bieten uns die bis 1990 nebeneinander existierenden Wirtschaftsordnungen in den beiden Teilen Deutschlands, die Soziale Marktwirtschaft der Bundesrepublik Deutschland und die Zentralverwaltungswirtschaft der DDR.

### 4.1.3.1 Die Soziale Marktwirtschaft der Bundesrepublik Deutschland

#### 4.1.3.1.1 Ursprünge und Konzeption

Die geistigen Wurzeln der Sozialen Marktwirtschaft reichen in die beiden der Tradition des klassischen Liberalismus verpflichteten ökonomischen Denkrichtungen, den **Ordoliberalismus** und den **Neoliberalismus**.

**Ordoliberalismus** steht im wesentlichen für die sogenannte **Freiburger Schule,** die neben ihrem Begründer, dem Nationalökonom **Walter Eucken** (1891–1950), unter anderen dessen Kollegen **Constantin von Dietze** (1891–1973), **Leonhard Miksch** (1901–1950) sowie die Wirtschaftsjuristen **Franz Böhm** (1895–1977) und **Hans Großmann-Dörth** (1894–1944) unter ihrer Fahne scharte. Ihr Sprachrohr war die 1937 eröffnete Schriftenreihe „**Ordnung der Wirtschaft**".

Dem **Neoliberalismus** sind vor allem Sozioökonomen wie **Alexander Rüstow** (1885–1963) und **Wilhelm Röpke** (1899–1966) zuzurechnen, die sich ebenfalls bereits in den dreißiger Jahren zusammenfanden.

Beiden **liberal-ökonomischen** Strömungen ist die Erkenntnis eigen, daß der weitgehend staatlich ungezügelte Wirtschaftsliberalismus des 19. Jahrhunderts nicht nur großes menschliches Leid verursachte, sondern auch zu einer Vermachtung der Wirtschaft selbst geführt hat, die den Wettbewerb der Marktkräfte nicht nur gefährdete, sondern teilweise aufhob. In Abkehr vom Laissez-faire des klassischen Liberalismus fordern sie deshalb einen starken Staat, der in einer neuen Ordnung Grenzen festlegt und überwacht, die der einzelne in seinem wirtschaftlichen Streben zu respektieren hat.

Neben den liberal-ökonomischen Elementen waren es solche der **christlichen Soziallehre,** die in diese Konzeption der Mischordnung „Soziale Marktwirtschaft" eingingen. Diese unterschiedlichen Elemente wurden vor allem von **Alfred Müller-Armack** (1901–1978)[5] aufgegriffen und zu einer pragmatischen, mehrheitsfähigen ordnungspolitischen Konzeption verschmolzen. Er war es auch, der dieser das Signum „Soziale Marktwirtschaft" gab. Müller-Armacks Absicht war es, in dieser Wirtschaftsordnung das Prinzip **Freiheit auf dem Markt** mit dem des **sozialen Ausgleichs** zu verbinden.

Als die aus dem Prinzip der **Freiheit auf dem Markt** abzuleitenden konkreten wirtschaftlichen Freiheiten werden gesehen:

– Die Freiheit der Mitglieder privater Haushalte, über ihre Einkommen nach eigenem Gutdünken zu verfügen (zu konsumieren und zu sparen) und Konsumgüter nach freier Wahl zu kaufen (Konsumfreiheit und Freiheit der Vermögensbildung);
– die Freiheit der Mitglieder privater Haushalte, ihre Arbeitskraft und gegebenenfalls Geldvermögen, Boden, Räume und Gebäude Unternehmen gegen Entgelt

---
[5] Nationalökonom, lehrte von 1938–50 in Münster, danach in Köln.

zur Verfügung zu stellen (freie Wahl des Berufes und des Arbeitsplatzes, Freiheit der Eigentumsnutzung, Freiheit der Kapitalbeteiligung);

- die Freiheit der Mitglieder privater Haushalte, sich unternehmerisch zu betätigen (Gewerbefreiheit, freie Wahl des Niederlassungsortes, Produktionsfreiheit, Handels- und Wettbewerbsfreiheit);

- die Freiheit der Mitglieder privater Haushalte zur Wahrung, Verbesserung und Förderung der Arbeits-, Konsum- und Wirtschaftsbedingungen, Vereinigungen zu bilden (Koalitionsfreiheit, Tarifautonomie, Arbeitskampffreiheit).

Das Prinzip des **sozialen Ausgleichs** verpflichtet die Wirtschaftssubjekte, die Freiheitsrechte anderer zu achten und soziale Mißstände zu vermeiden. Um dies zu gewährleisten, bedarf es einer **Wirtschaftsverfassung,** die einerseits die wirtschaftlichen Freiheitsrechte des einzelnen festschreibt, andererseits aber auch die rechtlichen Grenzen absteckt, die in Wahrnehmung dieser Freiheitsrechte nicht verletzt werden dürfen. Darüber hinaus steht dem Staat das Recht und die moralische Pflicht zu, dann die wirtschaftlichen Ergebnisse des Marktes zu korrigieren, wenn sie den sozialen Ausgleich bedrohen und verhindern. Aus dieser Feststellung lassen sich folgende staatlichen Aufgaben ableiten:

- **Sicherung eines funktionsfähigen Wettbewerbs** als ordnungspolitische Basis. (Leistungs-)Wettbewerb wird dabei primär als ein dynamischer Prozeß verstanden. Er gilt als konstitutives Element des sozialen Ausgleichs, da er die für den allgemeinen Wohlstand notwendige volkswirtschaftliche Produktivitätserhöhung sichert und laufend neu erzwingt (A. Müller-Armack). Durch eine entsprechende Wettbewerbspolitik des Staates sollen außerdem marktmachtbedingte Einkommen wermieden werden. Um Wettbewerbsbeschränkungen und unlauteren Wettbewerb zu verhindern, muß der Staat Wettbewerbsregeln aufstellen und ihre Einhaltung überwachen.

- **Sicherung der Leistungskraft der Wirtschaft** im Wege einer entsprechenden Antiinflations-, Wachstums- und Beschäftigungspolitik. Hierbei soll jedoch eine ausgesprochene Voll- oder gar Überbeschäftigung möglichst vermieden werden. Konjunkturschwankungen ist primär durch geldpolitische Maßnahmen zu begegnen. Die Leistungskraft der Wirtschaft gilt als Grundlage des angestrebten „Wohlstands für alle".

- **Einkommens- und Vermögensumverteilung** (Redistribution). (Markt-)Einkommen und Vermögen ab einer bestimmten Höhe sind mit öffentlichen Abgaben (Steuern, Gebühren, Beiträgen) zu belasten, um damit **Transferzahlungen** (Rentenzahlungen, Fürsorgeleistungen, Sozialhilfen, Unterstützungen, Wohnungsbauzuschüsse, Subventionen u.a.) an andere (bedürftige) Bevölkerungsgruppen, Unternehmen und Wirtschaftsbereiche vornehmen zu können.

- **Schaffung einer Arbeits- und Sozialordnung** zum Schutz des Arbeitnehmers am Arbeitsplatz (z.B. Mutterschutz, Jugendschutz, Kündigungsschutz) und zur sozialen Sicherheit in den Wechselfällen des Lebens (Unfall, Krankheit, Invalidität und Alter).

Alle mit der Durchsetzung der Prinzipien „Freiheit auf dem Markt" und „sozialer Ausgleich" ergriffenen Maßnahmen des Staates sollen nach den Vorstellungen der Vordenker der Sozialen Marktwirtschaft **marktkonform** erfolgen, das heißt, sie sollen die Marktprozesse, insbesondere die Preisbildung, möglichst wenig stören.

4 Gesellschaftsökonomie

Die Konzeption der Sozialen Marktwirtschaft galt für A. Müller-Armack als eine „offene", ausgestaltungsfähige und ausgestaltungsbedürftige wirtschaftspolitische Leitidee. Sie öffnet in seinem Verständnis weite Interpretationsspielräume, so daß in ihre tatsächliche Ausgestaltung der **Konflikt** zwischen liberaler und sozialer Akzentsetzung im voraus programmiert erscheint.

#### 4.1.3.1.2 Aufbau und Entwicklung seit 1948

Aufbau und Entwicklung der Sozialen Marktwirtschaft in der Bundesrepublik Deutschland lassen sich über vier Perioden verfolgen: die **Periode des Wiederaufbaus** der Wirtschaft nach dem Zusammenbruch des Deutschen Reiches und der Errichtung der Sozialen Marktwirtschaft 1948 bis 1958, die **Periode der Vollbeschäftigung** 1959 bis 1973, die **Periode hoher Arbeitslosigkeit** und **struktureller Veränderungen** 1974 bis 1990 und die **Periode von 1990 bis heute**.[6]

Nach Ende des Zweiten Weltkrieges lag die deutsche Wirtschaft buchstäblich am Boden. Etwa fünfzig Prozent der Produktionskapazität waren zerstört, das Sozialprodukt der vier Besatzungszonen bezifferte sich auf knapp die Hälfte des Wertes von 1938. In dieser Zeit der Niedergeschlagenheit, in der weite Kreise der Bevölkerung sich einen wirtschaftlichen **Wiederaufbau** allein in einer sozialistischen Wirtschaftsordnung mit verstaatlichten Schlüsselindustrien vorstellen konnten, traf **Ludwig Erhard** (1897–1977), damaliger Direktor der Wirtschaftsverwaltung der amerikanischen und englischen Besatzungszonen, mit der am 18. Juni 1948 verkündeten Währungsreform und der Aufhebung zahlreicher Bewirtschaftungsvorschriften am 24. Juni 1948 die politische Grundsatzentscheidung für eine marktwirtschaftliche Ordnung. Das am 23. Mai 1949 verabschiedete **Grundgesetz** lieferte mit der Verankerung bedeutsamer wirtschaftlicher Grundfreiheiten (Freiheit der Berufs- und Arbeitsplatzwahl, Freizügigkeit, Koalitionsfreiheit, Konsum-, Produktions-, Handels- und Wettbewerbsfreiheit entsprechend Art. 2) die verfassungsrechtliche Grundlage für dieses mit dem Namen „Soziale Marktwirtschaft" belegte wirtschaftliche Lenkungssystem.

Der sich nach einigen Startschwierigkeiten (Preisauftrieb 1948 und Zunahme der Arbeitslosigkeit 1949/50 auf 10,4 Prozent) in einem Prozeß wirtschaftlichen Wachstums abzeichnende Erfolg der Erhardschen Entscheidung, dem in euphorischer Begeisterung rasch der Mythos eines Wunders („Wirtschaftswunder") zugewiesen wurde, bezog seine stimulierenden Impulse außer aus der pragmatischen wirtschaftspolitischen Grundsatzentscheidung und der zu ihrer Umsetzung notwendigen Leistungsbereitschaft der Bevölkerung aus einer Reihe ordnungspolitischer Weichenstellungen. Der sukzessiven Liberalisierung des Außenwirtschaftsverkehrs und der Integration der bundesdeutschen Wirtschaft in die weltwirtschaftliche Arbeitsteilung kam dabei besonderes Gewicht zu. Letztere wurde maßgeblich fundiert durch den Beitritt der Bundesrepublik zur **Organisation für europäische und wirtschaftliche Zusammenarbeit** (OEEC = Organization for European Economic Cooperation) 1949, zum **Allgemeinen Zoll- und Handelsabkommen** (GATT = Genereal Agreement on Tariffs and Trade) 1951, zur **Montanunion** 1951 und zum **Internationalen Währungsfonds** (IWF) 1952. Die Mitbegründung der **Europäi-**

---

[6] Vgl. hierzu und zum folgenden Lampert, H., Die Soziale Marktwirtschaft in der Bundesrepublik Deutschland, Ursprung, Konzeption, Entwicklung und Probleme, in: Aus Politik und Zeitgeschichte, B 17/88, S. 7–14.

## 4 Gesellschaftsökonomie

schen Gemeinschaften (Europäische Wirtschaftsgemeinschaft [EWG] und Europäische Atomgemeinschaft [EURATOM]) im Jahre 1957 setzte diesen Integrationsprozeß fort. Wiederaufbau, Innovation und wirtschaftliches Wachstum wurden in diesen Jahren durch massive Staatshilfen gefördert: Steuervergünstigungen und Ausfuhrkredite für die Exportgüterindustrie, Investitionshilfen für Engpaßbereiche wie Kohle-, Eisen- und Stahlindustrie wie auch Steuerbegünstigung der Kapitalbildung und der Reinvestition von Gewinnen.

Nicht minder förderlich in dieser Phase wirtschaftlicher Entwicklung erwies sich die von den USA ab 1948 gewährte **Marshall-Plan-Hilfe** (ERP = European Recovery Programm). Sie beinhaltete nicht nur die Versorgung mit Nahrungsmitteln, sondern darüber hinaus in beachtlichem Umfang auch Rohstoff- und Maschinenlieferungen für den Aufbau einschlägiger Industrien.

Ihrer sozialen Verpflichtung entsprach die marktwirtschaftliche Ordnung der Bundesrepublik in dieser **ersten Periode** nicht nur durch den mit dem wirtschaftlichen Wachstum einhergehenden Abbau der Arbeitslosigkeit und einem raschen Anstieg der Masseneinkommen, sondern auch durch eine Vielzahl bedeutsamer sozialpolitischer Akte. Unter anderem wurde erwirkt:

- die Wiedereinführung der **Koalitionsfreiheit** und **Tarifautonomie**;
- die Errichtung der **Arbeits- und Sozialgerichtsbarkeit**;
- die Wiedereinführung der **Selbstverwaltung der Sozialversicherung** durch die Arbeitgeber und Arbeitnehmer;
- der Ausbau des Arbeitnehmerschutzes, inbesondere des **Kündigungsschutzes** (1951), des **Mutterschutzes** (1952) und des **Schwerbeschädigtenschutzes** (1953);
- die **Kriegsopferversorgung** auf der Grundlage des **Bundesversorgungsgesetzes** (1950) und des **Lastenausgleichsgesetzes** (1952);
- ein differenziertes Wohnungsbauprogramm auf der Grundlage spezieller **Wohnungsbaugesetze** (1950 u. Folgejahre) mit dem Ziel der privaten Vermögensbildung;
- die Einführung des **Kindergeldes** für das dritte und jedes weitere Kind (1954);
- die Einführung der **dynamischen** (an die Entwicklung der Arbeitseinkommen gekoppelten) **Rente** (1957).

Ein überragender Akt sozialpolitischen Handelns war in dieser Zeit des Wiederaufbaus sicherlich die wirtschaftliche und soziale Eingliederung der bis 1958 in die Bundesrepublik strömenden rund 10 Millionen Flüchtlinge und Vertriebenen. Es gilt jedoch auch zu sehen, daß dieser Zustrom aus dem Osten für uns in jener Zeit ein wertvolles Arbeitskräftepotential darstellte.

Als bedeutsame ordnungspolitische Vorgaben für die nachfolgenden Entwicklungsperioden der Sozialen Marktwirtschaft können gesehen werden:

- das **Gesetz über die Deutsche Bundesbank** (1957), das der Bundesrepublik eine weitgehend unabhängige Zentralnotenbank garantierte und
- das **Gesetz gegen Wettbewerbsbeschränkungen** (1957), das die freie Markt-Konkurrenz vor Beeinträchtigungen durch Unternehmenszusammenschlüsse und Mißbrauch von Marktmacht schützen soll.

Zusammenfassend läßt sich feststellen, daß in dieser ersten Periode der Sozialen Marktwirtschaft „die ordnungspolitischen Grundlagen freiheitlich-demokratischer Sozialpolitik und die Grundlagen des Sozialstaates geschaffen worden waren"[7].

Die **zweite** Entwicklungs**periode** der Sozialen Marktwirtschaft von 1959–1973 war durch **Vollbeschäftigung** gekennzeichnet. Die Arbeitslosenquote lag während dieses Zeitraumes stets unter 3 Prozent. Das wirtschaftliche Wachstum verlief weiterhin stark; mit ihm erhöhten sich die Arbeitseinkommen jahresdurchschnittlich um 4,6 Prozent.

In diesem Zeitraum wird der wirtschaftliche Ordnungsrahmen durch verschiedene Festlegungen weiter präzisiert, so unter anderem durch:

- das **Außenwirtschaftsgesetz,** das den Grundsatz der Außenhandelsfreiheit verankerte und die Möglichkeiten der Beschränkung dieses Grundsatzes definierte (1961);

- das **Kreditwesengesetz,** das die Kreditmärkte unter dem Aspekt der Sicherheit der Kapitalanlagen, der Sicherung der wirtschaftlichen Leistungsfähigkeit der Kreditinstitute und der Vermeidung von Mißständen im Kreditwesen ordnete (1961);

- die **Novellierung des Gesetzes gegen Wettbewerbsbeschränkungen** aus dem Jahre 1957 (1973); es führt unter anderem die **Fusionskontrolle** ein, die die **Mißbrauchsaufsicht über marktbeherrschende Unternehmen** verschärft, hebt die **Preisbindung der zweiten Hand** auf (mit Ausnahme von Verlagserzeugnissen) und untersagt **aufeinander abgestimmtes Verhalten** von (konkurrierenden) Unternehmen.

Eine ordnungspolitisch recht umstrittene Akzentuierung der wirtschaftspolitischen Konzeption „Soziale Marktwirtschaft" ergab sich durch das 1967 unter der Großen Koalition (CDU/CSU, SPD) verabschiedete **Gesetz zur Förderung der Stabilität und des Wachstums der Wirtschaft** (Stabilitätsgesetz), das verschiedene Instrumente der konjunkturpolitischen (Global-)Steuerung bereitstellte, die offensichtlich staatsdirigistischen Charakter trugen. Es sieht die Möglichkeit vor, gesamtwirtschaftliche Größen, wie Lohnsumme, Preisniveau, Staatsquote, der staatlichen Einflußnahme zu unterwerfen. Besonders umstritten war dabei die **„Konzertierte Aktion",** die ein „gleichzeitiges, aufeinander abgestimmtes Verhalten der Gebietskörperschaften, Gewerkschaften und Unternehmerverbände" (Stabilitätsgesetz § 3 (1)) zu den im Stabilitätsgesetz vorgegebenen wirtschaftspolitischen Zielen (stetiges, angemessenes Wachstum, Preisniveaustabilität, hoher Beschäftigungsstand und außenwirtschaftliches Gleichgewicht) vorsah. Rückblickend kann festgestellt werden, daß von den im Gesetz vorgesehenen Möglichkeiten bislang kaum Gebrauch gemacht wurde.

Die zweite Periode der Sozialen Marktwirtschaft ist durch eine sozialstaatliche Expansion gekennzeichnet. Sie brachte im wesentlichen folgende Neuerungen:

- Verbesserung des Arbeitsschutzes für Jugendliche (**Jugendarbeitsschutzgesetz** 1960);

---

[7] Ebenda S. 9.

## 4 Gesellschaftsökonomie

– Einführung eines Mindesturlaubs für alle Arbeitnehmer (**Mindesturlaubsgesetz** 1963);

– Verlängerung der Mutterschutzfrist (**Mutterschutzgesetz** 1965);

– Fortführung der Politik einer breiteren Streuung des Vermögens (**Erstes bis Drittes Vermögensbildungsgesetz** (1961, 1965, 1970) und der Reprivatisierung öffentlicher Unternehmen (Preußag 1959, VW-Werk 1961, VEBA 1965);

– Verstärkung der individuellen und institutionellen Förderung der beruflichen Ausbildung, Fortbildung und Umschulung (**Arbeitsförderungsgesetz** 1969); Vereinheitlichung der gesetzlichen Grundlagen der beruflichen Bildung (**Berufsbildungsgesetz** 1969); einkommensunabhängige finanzielle Förderung der Ausbildung an weiterführenden Schulen, Fachschulen und Hochschulen (**Bundesausbildungsförderungsgesetz** 1971);

– Neuordnung des Sozialhilferechts im **Sozialhilfegesetz** (1961);

– Ausweitung und Erhöhung der **Kindergeldzahlungen** (1961, 1964, 1970);

– Ausweitung und Erhöhung der Wohnbeihilfen für einkommensschwache Gruppen (**Wohnbeihilfegesetz** 1963, **Zweites Wohngeldgesetz** 1970);

– Weiterentwicklung des Systems der sozialen Sicherung durch Einführung der **Lohnfortzahlung für Arbeiter im Krankheitsfall** (1969), Einführung der **flexiblen Altersgrenze** für den Rentenbezug, Einführung der **Mindestrente** für bestimmte weibliche Arbeitnehmer sowie **Öffnung der gesetzlichen Rentenversicherung** für Hausfrauen und Selbständige (**Rentenreformgesetz** 1972).

Die mit dieser Ausweitung der staatlichen Sozialleistungen anwachsenden Sozialkosten ließen rasch die „Grenzen des Sozialstaates" deutlich und kritische Forderungen nach mehr Selbstverantwortung und „mehr Markt" laut werden. Die Sozialleistungen stiegen von 68,8 Milliarden DM im Jahre 1960 auf 262,7 Milliarden DM im Jahre 1973. Eine entsprechende Sozialabgaben- und Steuerbelastung der Einkommen war zwangsläufig. Sie stieg – bezogen auf die Lohnsumme je Arbeitnehmer – von 15,9 Prozent (1960) auf 26,1 Prozent (1973).

Die **dritte Periode** der Sozialen Marktwirtschaft erwies sich als eine Zeit anhaltend **hoher Arbeitslosigkeit** und **struktureller Umbrüche**. Von rund 800 000 im Jahre 1974 über 1 Million im darauffolgenden Jahr stieg die Zahl der Arbeitslosen bald auf über 2 Millionen (1983) und hielt sich – von geringen Schwankungen abgesehen – auf diesem Niveau (**Arbeitslosenquote** um 8 Prozent) bis zur Wiedervereinigung der beiden deutschen Staaten. Daß diese Arbeitslosigkeit mit den verfügbaren wirtschaftspolitischen Instrumenten nicht wirkungsvoll bekämpft werden konnte, liegt zum einen in den eingetretenen wirtschaftlichen Strukturveränderungen, zum anderen im Zusammenwirken einer Reihe nicht oder nur schwer beeinflußbarer Faktoren begründet. Als die bedeutendsten lassen sich nennen:

– die sprunghaft gestiegenen Erdölpreise (1973 u. 1978/79) verteuerten die Energiekosten bei Produzenten und Konsumenten und erhöhten so die (Güter-)Angebotspreise bei gleichzeitiger Belastung der Nachfragebudgets (im In- und Ausland);

– die starke Erhöhung der Arbeitskosten durch rascheren Anstieg der Lohn- und Lohnnebenkosten (Sozialzuschläge);

## 4 Gesellschaftsökonomie

- der zunehmende Einsatz arbeitskräftesparender Technologien;
- vermehrte Sättigungserscheinungen auf Märkten für langlebige Gebrauchsgüter;
- der weltweite Rückgang des wirtschaftlichen Wachstums;
- die finanzielle und rechtliche Erschwerung von arbeitsvertraglichen Kündigungen (durch Ausbau des Kündigungsschutzes!) führt zu Zurückhaltung bei – insbesondere zeitlich begrenzten – Neueinstellungen;
- die Zunahme des Arbeitskräfteangebots durch das Heranreifen geburtenstarker Jahrgänge, die steigende Erwerbsbereitschaft bei Frauen und der starke Zustrom von Asylanten, Übersiedlern und Spätaussiedlern (1978–1987 rund 520000, 1987 etwa 80000, 1988 345000 und 1989 820000);
- der Rückgang öffentlicher Aufträge.

Ein weiterer, beschleunigter Ausbau der sozialpolitischen Leistungen schlug sich in dieser dritten Entwicklungsphase in folgenden Gesetzen beziehungsweise Maßnahmen nieder:

- dem **Gesetz über Konkursausfallgeld** (1974), demzufolge den Arbeitnehmern Verluste an Lohn und Sozialabgaben bei Konkurs ihres arbeitgebenden Unternehmens ersetzt werden;
- der Einführung von **Kindergeld** auch **für das erste Kind** (1975), **Erhöhung des Kindergeldes** für das zweite und alle weiteren Kinder (1975), **weitere Kindergelderhöhungen** 1978, 1979 und 1981;
- dem **Mutterschaftsurlaubsgesetz** (1979), das erwerbstätigen Müttern die Möglichkeit bietet, zusätzlich zur Schutzfrist nach der Entbindung bis zu vier Monate Mutterschaftsurlaub zu verlangen und aus Bundesmitteln Mutterschaftsgeld in Höhe des Nettoarbeitsentgeltes bis maximal 750 DM pro Monat zu beziehen;
- der Einführung des **Erziehungsurlaubs,** eines **Erziehungsgeldes** sowie der rentenversicherungsrechtlichen Anerkennung eines **Erziehungsjahres** (1985), außerdem in **steuerlichen Entlastungen für Familien** mit Kindern (ab 1986);
- dem weiteren Ausbau der Vermögenspolitik (**Viertes Vermögensbildungsgesetz** 1984, **Fünftes Vermögensbildungsgesetz** 1987) bei Anhebung des Förderungsrahmens von 624 DM auf 936 DM pro Jahr;
- der **Steuerreform** (Stufe 1: 1986, Stufe 2: 1988, Stufe 3: 1990) mit den Hauptzielen: „spürbare und dauerhafte Entlastung" der Einkommen, Sicherung von „mehr Wachstum und Beschäftigung", Schaffung eines „gerechteren und einfacheren Steuersystems";
- dem **Strukturhilfegesetz** (1989) zur Verbesserung der Wirtschaftsstrukturen von benachteiligten Regionen durch Investitionsförderung in wachstumsrelevanten Bereichen, wie Umweltschutz einschließlich Entsorgung, Verkehr, Technologie und Forschung, Städtebau und Dorferneuerung;
- dem **Gesetz zur Änderung des Betriebsverfassungsgesetzes,** insbesondere hinsichtlich der Neuregelungen über die Sprecherausschüsse der leitenden Angestellten und zur Sicherung der Montanmitbestimmung (1989).

Dieser bis in die späten achtziger Jahre fortdauernde Ausbau des Sozialstaates ließ nicht nur die Staatsschulden bedrohlich ansteigen (von 125,9 Milliarden DM

## 4 Gesellschaftsökonomie

1970 über 370,8 Milliarden DM 1978 und 801,9 Milliarden DM 1986 auf 1048,7 Milliarden DM 1990), er erhöhte auch die **Staatsquote** (das ist der Anteil der Staatsausgaben einschließlich der Sozialabgaben am Bruttosozialprodukt) von 39 Prozent im Jahre 1969 auf Werte zwischen 45 und 50 Prozent von 1975 bis 1990. So konnte es nicht verwundern, daß immer mehr engagierte Marktwirtschaftler eine Lähmung der Leistungsbereitschaft durch soziale Vergünstigungen „zum Nulltarif" beklagten und vor einem Abdriften der Sozialen Marktwirtschaft in den „Wohltatenstaat" warnten. Die **Reform des Gesundheitswesens** (1989), die über Leistungsbeschränkungen und Selbstbeteiligung der Versicherten die gesetzliche Krankenversicherung zu entlasten versucht, kann als eine – von von Politikern der verschiedenen Parteien wie auch den Sozialpartnern recht kontrovers diskutierte – erste spektakuläre Resonanz auf solcherlei Warnungen gedeutet werden.

Ordnungspolitische Neuerungen erfolgten in dieser dritten Periode im wesentlichen auf zwei Gebieten, der Wettbewerbspolitik und der paritätischen Mitbestimmung.

Der verstärkten Konzentration im Unternehmerbereich begegnete der Gesetzgeber mit zwei **Novellierungen** (1976 und 1980) **des Gesetzes gegen Wettbewerbsbeschränkungen,** durch die insbesondere die **Fusionskontrolle** und die **Mißbrauchsaufsicht** über marktbeherrschende Unternehmen verbessert werden sollte.

Die **paritätische Mitbestimmung** wurde 1976 auf alle Kapitalunternehmen und Genossenschaften mit mehr als 2000 Beschäftigten ausgedehnt. Die dieserhalb von Arbeitgeberseite wegen Einschränkung der Verfügungsfreiheit der Kapitaleigner angestrengte Verfassungsklage wurde vom Bundesverfassungsgericht abgewiesen. Das Unbehagen in weiten Kreisen liberaler Unternehmer und Ökonomen gegenüber einer solchen Entfunktionalisierung von Eigentum bleibt allerdings bestehen.

Die **vierte Periode** der Sozialen Marktwirtschaft beginnt mit der Wiedervereinigung Deutschlands, genauer gesagt mit dem **Staatsvertrag** vom 18.5.1990 (als der Vorstufe der Wiedervereinigung) und dem **Beitritt** der DDR gemäß Beschluß der Volkskammer vom 23.8.1990 zur Bundesrepublik Deutschland gemäß Art. 23 Satz 2 Grundgesetz am 3.10.1990. (Die maßgebenden rechtlichen Fragen der Wiedervereinigung regelt der **Einigungsvertrag** vom 23.9.1990.)

Im Staatsvertrag einigten sich die Bundesrepublik Deutschland und die Deutsche Demokratische Republik über die Bildung einer **Währungs-, Wirtschafts- und Sozialunion** zum 1.7.1990. Mit der **Währungsunion** wird die Deutsche Mark zur gemeinsamen Währung und die Deutsche Bundesbank zur Währungs- und Notenbank dieses Währungsgebietes. Die Mark der DDR wird auf Deutsche Mark umgestellt, und zwar nach folgenden Kursen: 1:1 für Löhne und Gehälter, Stipendien, Renten, Mieten, Pachten sowie wiederkehrende Zahlungen; ebenfalls 1:1 Guthaben von natürlichen Personen mit Wohnsitz in der DDR bis zu bestimmten Höchstgrenzen; alle anderen auf Mark der DDR lautenden Forderungen und Verbindlichkeiten werden grundsätzlich im Verhältnis 2:1 auf Deutsche Mark umgestellt.

Grundlage der **Wirtschaftsunion** ist die Soziale Marktwirtschaft als gemeinsame Wirtschaftsordnung beider Vertragsparteien. Sie wird insbesondere bestimmt durch Privateigentum, Leistungswettbewerb, freie Preisbildung und grundsätzlich volle

Freizügigkeit von Arbeit, Kapital, Gütern und Dienstleistungen. Die DDR stellt sicher, daß ihre wirtschafts- und finanzpolitischen Maßnahmen mit der Sozialen Marktwirtschaft in Einklang stehen. Die Maßnahmen werden so getroffen, daß sie im Rahmen der marktwirtschaftlichen Ordnung gleichzeitig zur Stabilität des Preisniveaus, zu einem hohen Beschäftigungsgrad und zu außenwirtschaftlichem Gleichgewicht bei stetigem und angemessenem Wachstum beitragen. Darüber hinaus verpflichtet sich die DDR, die Rahmenbedingungen für die Entfaltung der Marktkräfte und der Privatinitiative zu schaffen, um den Strukturwandel, die Schaffung moderner Arbeitsplätze, eine breite Basis aus kleinen und mittleren Unternehmen sowie freien Berufen und den Schutz der Umwelt zu fördern. Die Unternehmensverfassung soll in der DDR so gestaltet werden, daß sie auf den Prinzipien der Sozialen Marktwirtschaft mit der freien Entscheidung der Unternehmen über Produkte, Mengen, Produktionsverfahren, Investitionen, Arbeitsverhältnisse, Preise und Gewinnverwendung beruht.

Mit der **Sozialunion** gelten in der DDR Koalitionsfreiheit, Tarifautonomie, Arbeitskampfrecht, Betriebsverfassung, Unternehmensmitbestimmung und Kündigungsschutz entsprechend dem Recht der Bundesrepublik Deutschland. Das System der sozialen Sicherung (Renten-, Kranken-, Unfall- und Arbeitslosenversicherung) wird nach bundesdeutschem Vorbild übernommen.

Zur Anschubfinanzierung der Sozialsysteme und zum Ausgleich des Staatshaushalts gewährt die Bundesrepublik der DDR aus ihrem **Fonds Deutsche Einheit** Zuweisungen in Höhe von 115 Milliarden DM.

Zur Unterstützung der Umgestaltung der DDR-Wirtschaft verabschiedet die Volkskammer der DDR am 18.6.1990 das Gesetz zur Privatisierung und Reorganisation des volkseigenen Vermögens (**Treuhandgesetz**). Diesem Gesetz zufolge sollen bis zum 1.7.1990 8000 Kombinate und volkseigene Betriebe in Kapitalgesellschaften umgewandelt und wettbewerblich strukturiert werden. Alleinige Gesellschafterin dieser Kapitalgesellschaften wird die staatliche **Treuhandgesellschaft** (eine Anstalt des öffentlichen Rechts), die das Eigentum am Volksvermögen sowie an Grund und Boden erhält. Das Treuhandgesetz sieht vor, daß diese Gesellschaften nach dem 1.7.1990 privatisiert werden sollen. (Wegen des Privatisierungsgebotes war vor Verabschiedung des Treuhandgesetzes eine Verfassungsänderung nötig, da Art. 10 DDR-Verfassung die Eigentumsformen auf das „sozialistische Eigentum" beschränkte. Diese Verfassungsänderung ermöglichte nun das „Privateigentum einschließlich des Erwerbs von Eigentum und eigentumsgleichen Rechten an Grund und Boden sowie an Produktionsmitteln".)

Mit dem Wirksamwerden des Einigungsvertrages trat auch das Gesetz zur Regelung offener Vermögensfragen (**Vermögensgesetz,** das die Umsetzung der Gemeinsamen Erklärung vom 15.6.1990 darstellt) in Kraft, das nach kurzer Zeit novelliert wurde (Fassung vom 18.4.1991). Dieses Gesetz regelt in erster Linie vermögensrechtliche Ansprüche auf Vermögenswerte, die in der ehemaligen DDR entschädigungslos enteignet und in Volkseigentum überführt oder unter staatliche Verwaltung gestellt wurden. (Aus der gesetzlichen Regelung ausgenommen sind die Enteignungsvorgänge auf besatzungsrechtlicher oder besatzungshoheitlicher Grundlage in der Zeit zwischen 1945 und 1949.) Es gilt dabei der Grundsatz „**Rückgabe vor Entschädigung**".

4 Gesellschaftsökonomie

Ebenfalls mit dem Wirksamwerden des Einigungsvertrages trat auch das Gesetz über besondere Investitionen in dem in Art. 3 Einigungsvertrag genannten Gebiet (**Investitionsgesetz**) in Kraft. Das nunmehr in der Fassung vom 22. 4. 1991 geltende Gesetz bestimmt, daß Grundstücke und Gebäude, die ehemals in Volkseigentum standen und Gegenstand von Rücküberweisungsansprüchen sind oder sein können, vom Verfügungsberechtigten auch bei Vorliegen eines Antrages nach der Anmeldeverordnung in Verbindung mit dem Gesetz zur Regelung offener Vermögensfragen veräußert werden können, wenn besondere Investitionszwecke gegeben sind, so insbesondere, wenn ein Vorhaben dringlich erforderlich und geeignet ist für die Sicherung oder Schaffung von Arbeitsplätzen.

Zur Unterstützung des wirtschaftlichen Aufschwungs in den neuen Bundesländern wurde in den Jahren 1990 und 1991 eine Vielzahl von Programmen aufgelegt, so unter anderem: **Gemeinschaftswerk Aufschwung Ost, ERP** (European Recovery Program)-**Kreditprogramm, KfW**(Kreditanstalt für Wiederaufbau)-**Investitionskreditprogramm, Eigenkapitalhilfeprogramm zur Förderung selbständiger Existenzen, Investitionskredite der Deutschen Ausgleichsbank für Existenzgründungen,** sonstige Kreditprogramme, Bürgschaftsprogramme, Abschreibungsvergünstigungen, Exportsubventionierung, Exportkreditversicherungen.

Das Vermögensgesetz und das Investitionsgesetz wurden durch das Gesetz zur Beseitigung von Hemmnissen der Privatisierung von Unternehmen und zur Förderung von Investitionen (**Hemmnisbeseitigungsgesetz**) vom 22. 3. 1991 geändert. Durch dieses Gesetz sollte die wirtschaftliche Entwicklung, insbesondere die Investitionstätigkeit in den neuen Bundesländern durch eine weitere Klärung vermögensrechtlicher Problemfragen gefördert werden. Es zeigte sich jedoch sehr rasch, daß auch damit dem vermögensrechtlichen Klärungsbedarf nicht in umfassender Weise entsprochen werden konnte. Endgültige Abhilfe sollte das **Zweite Vermögensrechtsänderungsgesetz** vom 22. 7. 1992 schaffen. Die erklärte Absicht dieses Gesetzes ist es, den für die Klärung von Vermögensfragen in den neuen Bundesländern geltenden Grundsatz „Rückgabe geht vor Entschädigung" weiter zu relativieren.

Leider konnten all die aufgezeigten Gesetze und Programme die mit der Wiedervereinigung genährte Hoffnung auf einen raschen wirtschaftlichen Aufschwung in den neuen Bundesländern nicht bestätigen. Die Abwanderung von qualifizierten Arbeitskräften in den Westen, ungeklärte und nur langwierig zu regelnde Eigentumsfragen, begleitet von verwaltungsrechtlichen Hindernissen, und vor allem eine überzogene Lohnpolitik reduzierten in hohem Maße die allseits erwartete Standortattraktivität für in- und ausländische Investoren. Eine sich in den alten Bundesländern bereits 1992 anbahnende und 1993 voll entfaltende Rezession verstärkte insbesondere die private (Investitions-)Zurückhaltung, die auch der mäßige, uneinheitliche Aufschwung („Wellblechkonjunktur") der Folgejahre (1994–2001) nicht in entscheidender Weise zu überwinden vermochte. Die Zahl der Arbeitslosen erhöhte sich von 2,6 Millionen im Jahr 1992 auf 3,7 Millionen 1994 und schließlich auf knapp 4,4 Millionen 1997, um sich bis Ende 2001 mit rund 3,8 Millionen wieder leicht zu erholen. Mit 19,1 Prozent ist die Arbeitslosenquote in den neuen Bundesländern zu diesem Zeitpunkt noch mehr als doppelt so hoch wie in den alten Bundesländern mit 8,4 Prozent. Die Staatsschulden stiegen weiterhin bedrohlich an: von 1,35 Billionen DM 1992 auf 1,67 Billionen DM 1994 und schließlich auf 2,22 Billionen 1997, um in der Folgezeit bis 2000 etwas verhaltener auf 2,38 Billionen DM anzuwachsen. Die **Staatsquote** pendelte von 1992–1999 wieder um die 50

Prozent. Der Rückgang derselben auf 45,6 Prozent im Jahr 2000 ließ erstmals wieder seit langem Hoffnung aufkommen auf staatliche Ausgabendisziplin. In dieser wirtschaftlichen Entwicklungsphase des wiedervereinigten Deutschland drängte bis Ende 1992 ein weiterhin wachsender Strom von Ausländern (1991: 221 995 Aussiedler und 256 112 Asylbewerber; 1992: 230 565 Aussiedler und 438 191 Asylbewerber) in die Bundesrepublik und belastete in nicht unerheblichem Umfang deren Sozialhaushalte. Dieser Zustrom ebbte in den nachfolgenden Jahren langsam ab.

Unter dem Schlagwort „**Solidarpakt**" (**Solidarpakt I**) wird Anfang März 1993 durch Vertreter von Bund, Ländern und Parteien der Rahmen für die Finanzierung der Deutschen Einheit **ab 1995** abgesteckt. Die wichtigsten Beschlüsse sind:

- Ab 1995 wird ein **Solidaritätszuschlag** von 7,5 danach ab 2001 von 5,5 Prozent auf die Lohn- und Einkommensteuer erhoben.

- Der **Länderfinanzausgleich** wird neu geordnet. Von den alten zu den neuen Bundesländern fließen ab 1995 jährlich rund 56 Milliarden DM (Bund: 51 Mrd. DM, Länder: knapp 5 Mrd. DM). Der Mehrwertsteueranteil der Länder wird zu Lasten des Bundes von 37 auf 44 Prozent erhöht.

- Die **Hilfen für den** mittel-/ostdeutschen **Wohnungsbau** werden aufgestockt. Das Programmvolumen der Kreditanstalt für Wiederaufbau wird von 30 auf 60 Milliarden DM erhöht. Die Altschulden der mittel-/ostdeutschen Wohnungsbaugesellschaften übernimmt im wesentlichen der Bund.

- Der **Fonds Deutsche Einheit** erhält 1993 einen Zuschuß von 3,7 Milliarden DM.

- Der Kreditrahmen der Treuhandanstalt zur Sicherung industrieller Kerne und Beseitigung ökologischer Altlasten wird erweitert.

- In Höhe von rund 9 Milliarden DM sollen Ausgaben gekürzt und Steuersubventionen gestrichen werden.

- Für **Arbeitsbeschaffungsmaßnahmen** (ABM) werden 1993 zusätzlich 2 Milliarden DM zur Verfügung gestellt. Sozialleistungen wie Arbeitslosengeld, Sozialhilfe oder aufgrund des BAföG werden nicht beschnitten.

Der (dem Solidarpakt I) 2001 nachgeschobene **Solidarpakt II** sieht für die Jahre 2005 bis 2019 Bundeshilfen für die neuen Länder in einem Gesamtumfang von 306 Mrd. DM vor. Die Mittelvergabe ist degressiv ausgestaltet und dient im wesentlichen der Finanzierung von Infrastrukturinvestitionen.

Neben den Anstrengungen zur ökonomischen Bewältigung der deutschen Wiedervereinigung versuchte die Bundesregierung durch eine Reihe von gesetzlichen Normierungen den sozialen Ausbau der Sozialen Marktwirtschaft weiterzuverfolgen. Als die bedeutendsten lassen sich nennen:

Im Bereich der **Familienpolitik**

- Erhöhung des **Kindergeldes** (1990, 1992, 1996, 1997, 1999, 2002),

- Anhebung des **Kinderfreibetrages** (1990, 1992, 1996, 1999, 2002),

- Ausdehnung des **Erziehungsurlaubes** (1992), ab 2001 **Elternzeit,**

- Erweiterung des Anspruches auf Arbeitsfreistellung und Zahlung von Krankengeld für gesetzlich krankenversicherte Eltern zur **Pflege kranker Kinder** (1992),

## 4 Gesellschaftsökonomie

- Verbesserung des **Unterhaltsvorschusses** für Alleinerziehende (1993),
- Verlängerung der Bezugsdauer von **Erziehungsgeld** (1993), Erhöhung des Erziehungsgeldes (2001),
- Verlängerung der **Kindererziehungszeiten im Rentenrecht** für Geburten ab 1992 (zuletzt geändert 2001),
- Erhöhung des **Baukindergeldes** für alle ab dem 1. 1. 1991 gestellten Bauanträge.

Im Bereich der **Beschäftigungspolitik** (Arbeitsförderungsgesetz; das Arbeitsförderungsgesetz wird zum 1.1.1998 durch das **Arbeitsförderungs-Reformgesetz** abgelöst und als drittes Buch in das **Sozialgesetzbuch** [SGB III] eingegliedert)

- bedürftigkeitsabhängige **Eingliederungsbeihilfe** für neu einreisende **Aussiedler** (1993),
- erweiterte **Arbeitsberatungen** unter Fortzahlung von Arbeitslosengeld beziehungsweise Arbeitslosenhilfe (1993),
- erweiterte Förderung zur Aufnahme einer selbständigen Tätigkeit (1993),
- neue Förderkombinationen bei **Arbeitsbeschaffungsmaßnahmen** (ABM, 1993),
- besondere **Arbeitsförderungsmaßnahmen** im Bereich der Umweltsanierung, der sozialen Dienste und der freien Jugendhilfe (1993),
- Finanzierung von Kursen zum nachträglichen Erwerb des Hauptschulabschlusses (1993),
- Stabilisierung der Beschäftigungsverhältnisse älterer Arbeitnehmer (1993),
- in den neuen Bundesländern kann im Rahmen von ABM ein bis 90- beziehungsweise bis zu 100-prozentiger **Lohnkostenzuschuß** gewährt werden. Diese Sonderregelung ist bis Ende 1995 befristet,
- Gesetz über die Einführung der **Alters-Teilzeitarbeit** (1996),
- Gesetz zur Förderung der **Teilzeitarbeit** (2001),
- **Job-Aqtiv-Gesetz** (Aktivieren, qualifizieren, trainieren, investieren, vermitteln) (1. 1. 2002).

Die **Rentenreformen** (1992, 1999 u. 2001).

Das **Gesundheitsstrukturgesetz** (1993) als Korrekturversuch zum Gesundheitsreformgesetz von 1989 sowie die Gesundheitsreformen von 1997 u. 2000.

Das **Standortsicherungsgesetz** (1.1.1994), von der Absicht getragen, den wirtschaftlichen Standort Bundesrepublik (d.h. Investitionen in der Bundesrepublik) attraktiver werden zu lassen.

Außer den vorgenannten Neuerungen wären noch zu nennen:

- die Neufassung des Fünften **Vermögensbildungsgesetzes** (1991) sowie **Drittes Vermögensbeteiligungsgesetz** (1999),
- Leistungsverbesserungen im **BAföG** (laufend, zuletzt 1999), sog. Meister-BAföG (1996),
- Verbesserung des **Wohngeldes** durch Anhebung der Miethöchstbeträge (1990, 1992),
- Vereinheitlichung der **Kündigungsfristen** für Arbeiter und Angestellte (1993),
- **Beschäftigungsförderungsgesetz** (1994),

- **Wohnungsbauförderungsgesetz** (1994),
- die **Pflegeversicherung** (1995, zweite Stufe 1996),
- **Jahressteuergesetze** (1996 u. 1997): steuerliche Freistellung des Existenzminimums, Familienlastenausgleich, Wegfall der Vermögensteuer, Erhöhung der Erbschaft- u. Grunderwerbsteuer, Erhöhung der Steuerfreibeträge u. der Höchststeuersätze.
- **Dreistufiges Steuerentlastungsgesetz** für die Jahre 1999, 2000 u. 2002,
- **Steuerreform 2000**, 1. Stufe 2001, 2. Stufe 2003, 3. Stufe 2005.

### 4.1.3.1.3 Die handelspolitische Integration der Bundesrepublik Deutschland

Die Bundesrepublik Deutschland ist Mitglied der **Europäischen Wirtschaftsgemeinschaft** (EWG). Diese wurde 1958 gegründet. Ihr gehörten zunächst Frankreich, Italien, die Niederlande, Belgien, Luxemburg und die Bundesrepublik Deutschland an. 1973 folgte der Beitritt Großbritanniens, Irlands und Dänemarks, 1981 die „Süderweiterung" mit Griechenland, 1986 der Beitritt von Spanien und Portugal und schließlich 1995 der von Schweden, Finnland und Österreich. Die im EWG-Vertrag (Römische Verträge 1957) festgelegten Ziele erstrecken sich auf die Verwirklichung einer gleichgewichtigen ökonomischen Entwicklung der Gemeinschaft, eines kontinuierlichen Wachstums, einer Verbesserung der Lebens- und Arbeitsbedingungen sowie auf die Förderung der Beziehungen zwischen den Mitgliedstaaten. Zentrales Instrument zur Anstrebung dieser Ziele sind „die Errichtung eines Gemeinsamen Marktes und die schrittweise Annäherung der Wirtschaftspolitik der Mitgliedstaaten" (Art. 2 Grundvertrag).

Der **Gemeinsame Markt** als erste Stufe der wirtschaftlichen Integration soll über die Durchsetzung von **vier Grundfreiheiten** verwirklicht werden:

- freier Waren- und Dienstleistungsverkehr,
- Freizügigkeit der Arbeitnehmer (mit Ausnahme des öffentlichen Dienstes),
- Niederlassungsfreiheit,
- freier Kapitalverkehr.

Die im Zuge einer solchen Liberalisierung abzubauenden nationalen Restriktionen sollen Raum geben für **Gemeinschaftspolitiken**. Sie sind vertraglich vorgesehen für die Bereiche Landwirtschaft, Außenhandel und Verkehr.

Der höchste Vergemeinschaftungsgrad wird im landwirtschaftlichen Bereich, dem sogenannten **Gemeinsamen Agrarmarkt,** angestrebt. Er beruht auf einem System von **Agrarmarktordnungen.** Diese gemeinsamen Agrarmarktordnungen (z.B. für die wichtigsten Getreidearten, Zucker, Milcherzeugnisse, Fleisch, Wein, Obst und Gemüse) verfügen über ein einheitliches Konzept garantierter Erzeugerpreise in den Mitgliedsländern sowie ein Schleusensystem an deren Grenzen. So wirken im Außenhandel einerseits **Abschöpfungen** auf Importe als Ausgleich für relativ niedrige Weltmarktpreise und andererseits **Erstattungen** als Beihilfen zur Ausfuhr. Über eine derartige Preispolitik soll nicht nur eine quantitativ wie qualitativ ausreichende und kostengünstige Versorgung der Bevölkerung ermöglicht werden, es soll damit auch die Einkommensfinanzierung der in der Landwirtschaft Tätigen sichergestellt werden.

4 Gesellschaftsökonomie 209

Die Grundlagen für eine Zollunion konnten mit dem Abbau der Binnenzölle und dem Aufbau eines gemeinsamen Außenzolltarifs zum 1.1.1970 geschaffen werden. Zum 1.7.1977 wurde das einheitliche Zollgebiet Wirklichkeit. Die Vollendung des vollständigen **EG-Binnenmarktes** wurde in der **Einheitlichen Europäischen Akte** (EEA) auf den 1.1.1993 angesetzt. Bis zu diesem Zeitpunkt sollten in der Gemeinschaft die Verbrauchssteuern harmonisiert und damit die Grenzkontrollen aufgehoben werden. Es sollten bis dahin aber auch bislang noch bestehende Handelshemmnisse, insbesondere technische, durch Angleichung der unterschiedlichen nationalen Industrienormen und Standards beseitigt und damit gerechtere Wettbewerbsbedingungen zwischen den Gemeinschaftsmitgliedern hergestellt werden. Auch die Freizügigkeit für Arbeitnehmer und Selbständige, der freie Dienstleistungsverkehr für Versicherungen und Banken sowie die vollständige Liberalisierung des Kapitalverkehrs sollten einvernehmlich geregelt werden.

Grundlage für die Entwicklung einer **Gemeinsamen koordinierten Wirtschaftspolitik** ist eine Entscheidung des Europäischen Rates aus dem Jahre 1974. Ihr zufolge erläßt dieser regelmäßig konjunktur- und (allgemeine) wirtschaftspolitische Leitlinien und verabschiedet Programme für die mittelfristige Wirtschaftspolitik. Diese haben für die Mitgliedstaaten allerdings keine präskriptive Bedeutung; sie sollen in den nationalen Wirtschaftspolitiken lediglich beachtet werden.

Die Bemühungen um eine **Gemeinsame Währungspolitik** haben 1979 zur Schaffung eines **Europäischen Währungssystems** (EWS) geführt. Durch feste, nur innerhalb bestimmter Bandbreiten veränderliche Wechselkurse sollte der Waren-, Dienstleistungs- und Kapitalverkehr zwischen den EG-Ländern von Wechselkursrisiken bewahrt und so erleichtert und ausgeweitet werden. Im Mittelpunkt des Europäischen Währungssystems stand die Europäische Währungseinheit, der **ECU** (European Currency Unit), der als Bezugsgröße für die Wechselkurse, als Indikator für Wechselkursabweichungen, als Rechengröße für Forderungen und Verbindlichkeiten im EWS und schließlich als Zahlungsmittel und Reserveinstrument der EG-Zentralbanken diente. Er war als Währungskorb definiert, der sich aus festen Beträgen der am EWS beteiligten Währungen zusammensetzte.

Am 9./10. Dezember 1991 haben die EG-Staats- und Regierungschefs in **Maastricht** (Niederlande) im Rahmen einer **Europäischen Union** (mit einer gemeinsamen Außen- und Sicherheitspolitik und Zusammenarbeit in der Innen- und Rechtspolitik) eine **Europäische Wirtschafts- und Währungsunion** (EWWU) vereinbart, die ab 1993 schrittweise verwirklicht werden soll. Die Bezeichnung **Europäische Union (EU)** ersetzt die bisherige Bezeichnung **EG** ab 1.11.1993.

Nach Art. 2 EG-Vertrag (EGV) über die Europäische Union fällt der EWWU die Aufgabe zu, „... ein beständiges, nichtinflationäres und umweltverträgliches Wachstum, einen hohen Grad an Konvergenz der Wirtschaftsleistungen, ein hohes Beschäftigungsniveau, ein hohes Maß an sozialem Schutz, die Hebung des Lebensstandards und der Lebensqualität, den wirtschaftlichen und sozialen Zusammenhalt und die Solidarität zwischen den Mitgliedstaaten zu fördern". Diese Ziele sollen unter anderem durch eine gemeinsame Geldpolitik in Verbindung mit einer flankierenden Finanzpolitik angestrebt werden. Die Förderung des wirtschaftlichen und sozialen Zusammenhaltes (Kohäsion) und der Solidarität unter den Mitgliedsländern soll durch die Schaffung eines sogenannten **Kohäsionsfonds** begünstigt werden.

Für die Verwirklichung der EWWU sieht der Maastrichter Vertrag einen Drei-Stufen-Plan vor.

**Stufe I** (Beginn 1.7.1990): Auf ihr sollen die Voraussetzungen für die beiden nachfolgenden Stufen, insbesondere die Vollendung des Europäischen Binnenmarktes, geschaffen werden. Darüber hinaus sollen die Währungen der Mitgliedsländer mit der normalen Schwankungsbreite von ±2,25 Prozent in das EWS eingebunden werden. Noch bestehende Beschränkungen des Kapitalverkehrs müssen aufgehoben werden. Zur Erreichung dieser Ziele sollen die Wirtschaftspolitiken der Mitglieder koordiniert werden (Art. 103 Abs. 1 EGV). Hierfür kann der Ministerrat mit qualifizierter Mehrheit Empfehlungen aussprechen (Art. 103 Abs. 2 EGV) und im Rahmen eines ausgebauten Systems der multilateralen Überwachung deren Einhaltung kontrollieren. Die Verantwortung für die Geldpolitik liegt noch uneingeschränkt bei den nationalen Instanzen, deren Abstimmung untereinander jedoch durch entsprechende EG-Richtlinien verbessert werden soll.

**Stufe II** (Beginn 1.1.1994): Auf ihr soll vor allem die wirtschaftliche, monetäre und fiskalische Konvergenz (Annäherung) der Mitgliedstaaten herbeigeführt und damit die Voraussetzungen für die dritte Stufe geschaffen werden.

Zu Beginn wird das **Europäische Währungsinstitut** (EWI) eingerichtet. Es gilt als Vorläufer des auf der dritten Stufe einzurichtenden Europäischen Zentralbanksystems (EZBS), besitzt aber noch keine monetären Steuerungsfunktionen. Dem EWI obliegt die Aufgabe, die Geldpolitiken der Mitgliedsländer unter der Zielvorgabe der Preisniveaustabilität zu koordinieren und das Funktionieren des EWS wie auch die Verwendung des ECU zu überwachen (Art. 109f. EGV). Darüber hinaus soll das EWI Instrumente und Maßnahmen für eine einheitliche Geldpolitik auf der dritten Stufe entwickeln und die rechtlichen Voraussetzungen für die Teilnahme der nationalen Notenbanken am EZBS schaffen.

Die Zusammensetzung des Währungskorbes zur Errechnung des Wechselkurses (der Parität) des ECU wird unwiderruflich festgelegt (Art. 109l EGV).

Jeder Mitgliedstaat stellt in dieser Phase der Entwicklung der Europäischen Union sicher, daß spätestens zum Zeitpunkt der Errichtung des EZBS die Unabhängigkeit seiner Zentralbank verwirklicht ist (Art. 107 EGV).

Auf dem Gipfel von Madrid im Dezember 1995 wird der Name der zukünftigen einheitlichen Währung auf „Euro" festgelegt.

**Stufe III** (Beginn 1.1.1999): Mit ihrem Beginn nehmen das **Europäische Zentralbanksystem** (EZBS) und die **Europäische Zentralbank** (EZB) ihre Tätigkeit auf (Art. 109l EGV). Zuvor (31.12.1998) werden die Euro-Kurse der EWWU-Währungen und damit auch die Wechselkurse untereinander aufgrund eines einstimmigen Beschlusses der Mitgliedstaaten unwiderruflich fixiert (Art. 109l Abs. 4 EGV). Der Umrechnungskurs der DM zum Euro wird auf 1,95583 festgelegt. Der Euro ersetzt nunmehr die Währungen der Mitgliedstaaten; er gebiert sich (aus der ECU-Korbwährung) zu einer eigenständigen Währung (Art. 109l Abs. 4 EGV).

Die Bedingungen **(Konvergenzkriterien)** und Verfahrensweisen für den Übergang der Mitgliedsstaaten auf die Endstufe (dritte Stufe) der EWWU sind in Art. 109 EGV festgelegt. Danach berichten die EU-Kommission und das EWI rechtzeitig vor 1999 über den Stand der wirtschaftlichen Konvergenz (Annäherung) zwischen den Mitgliedstaaten nach folgenden Kriterien:

- **Preisniveaustabilität:** Der Anstieg der Verbraucherpreise soll vor dem Übergang zur Endstufe nicht mehr als 1,5 Prozent höher liegen als in den drei Mitgliedstaaten mit der geringsten Inflationsrate.

## 4 Gesellschaftsökonomie

- **Öffentliche Verschuldung:** Die jährliche Neuverschuldung in Prozent des Bruttoinlandsproduktes (BIP) darf 3% nicht überschreiten; die Gesamtverschuldung darf den Wert von 60% des BIP nicht übersteigen.

- **Wechselkursstabilität:** Die Währung des zu beurteilenden Landes muß mindestens in den letzten beiden Jahren vor der Prüfung die Bandbreiten des EWS-Wechselkursmechanismus ohne starke Spannungen – insbesondere im Hinblick auf Abwertung – eingehalten haben.

- **Zinsschwankungen:** Das langfristige Zinsniveau des jeweiligen Landes soll mindestens seit einem Jahr nicht um mehr als zwei Prozentpunkte höher liegen als in den drei preisniveaustabilsten Ländern.

Dieser Konvergenzbericht wurde am 25. März 1998 vorgelegt. Er kam zu dem Ergebnis, daß folgende elf Staaten den Konvergenzkriterien genügen: Belgien, Deutschland, Finnland, Frankreich, Irland, Italien, Luxemburg, Niederlande, Österreich, Portugal und Spanien.

Aufgrund dieses Konvergenzberichtes empfahl der **Rat der EU-Wirtschafts- und Finanzminister** (ECOFIN) dem **Europäischen Rat,** diesen Ländern den Aufstieg zur Endstufe (Stufe III) der EWWU freizugeben. Diese Freigabe erfolgte zum 1.1.1999. Mit dieser Freigabe übertrugen die vorgenannten souveränen Staaten ihre staatliche Hoheit auf dem Gebiet des Geldes auf eine neu geschaffene supranationale Institution und ließen ihre nationale Währung in einem gemeinsamen neuen Geld aufgehen. Mit diesem Datum ging die geldpolitische Kompetenz von den nationalen Notenbanken der elf Teilnehmerstaaten aus der Währungsunion auf die **Europäische Zentralbank** (EZB) über. Die EZB und die nationalen Notenbanken bilden das **Europäische System der Zentralbanken** (ESZB). Griechenland wurde die Teilnahme an der Währungsunion (vorläufig) versagt. Dänemark, Großbritannien und Schweden traten nicht bei. Für die dänische Krone und die griechische Drachme wurden Leitkurse zum Euro festgelegt und die Schwankungsbreiten deren Wechselkurse (Bandbreite der dänischen Krone von jeweils 2,25 Prozent, von der griechischen Drachme von jeweils 15 Prozent gegenüber dem Euro) um den Euro limitiert (EWS II). Das englische Pfund und die schwedische Krone nehmen zunächst nicht am EWS II teil.

Gemäß den Beschlüssen der Staats- und Regierungschefs der Europäischen Union auf dem Luxenburger Gipfel vom 12./13. Dezember 1997 hat die Union Ende März 1998 konkrete Beitrittsverhandlungen mit folgenden Staaten aufgenommen: Estland, Polen, Slowenien, Tschechien, Ungarn (das sind die Länder der sogenannten Osterweiterung) und Zypern. Beitrittsverfahren im Sinne von Art. 49 neue Fassung des EU-Vertrages wurden mit fünf weiteren Aspiranten eröffnet: Bulgarien, Lettland, Litauen, Rumänien und der Slowakei.

Nicht angenommen wurde das Beitrittsgesuch der Türkei.

Um den Anpassungsdruck der wirtschaftlich schwächeren Länder besser bewältigen zu können, wurde in Maastricht ein vor dem 31.12.1993 zu schaffender **Kohäsionsfonds** vereinbart. Dieser soll neben dem **EU-Strukturfonds** einen innergemeinschaftlichen Finanzausgleich gewährleisten.

Der in der Europäischen Gemeinschaft angestrebte Übergang zum Binnenmarkt (1.1.1993) brachte die Länder der **Europäischen Freihandelsassoziation** (European Free Trade Association, EFTA, das waren Schweden, Norwegen, Finnland, Österreich, Liechtenstein) erneut in Zugzwang. Nachdem bereits mit der „Erklärung von Luxemburg" (1984) eine erweiterte Zusammenarbeit zwischen EG und EFTA angebahnt wurde, verständigten sich die beiden Wirtschaftsblöcke 1992 auf ein Abkommen, das die Schaffung eines gemeinsamen **Europäischen Wirtschaftsraumes** (EWR) vorsah. Im wesentlichen ging es dabei um die Übernahme des Binnenmarkt-Rechtes der EU durch die EFTA-Staaten, ergänzt um Vereinbarungen zur Zusammenarbeit in der Forschung, der Statistik, der Bildungs- und Sozialpolitik, der Umweltpolitik und zum Verbraucherschutz. Der Agrarmarkt wurde durch die Vereinbarungen nicht berührt. (Die EFTA-Staaten sind nicht der EU-Zollunion beigetreten.) Der EWR wurde am 1.1.1994 realisiert. (Nach dem Beitritt von Österreich, Schweden und Finnland [1.1.1995] zur EU gehören derzeit [2002] nur noch Norwegen, Schweiz, Island und Liechtenstein der EFTA an.) Die Schweiz trat dem EWR nicht bei.

### 4.1.3.1.4 Rück- und Ausblick

Die Soziale Marktwirtschaft hat sich im Verlauf ihrer mehr als fünfzigjährigen Geschichte erheblich gewandelt. In der Aufbauphase galt das Hauptinteresse der wirtschaftspolitischen Bemühungen eindeutig der Wirtschafts**ordnung** und dem wirtschaftlichen **Wachstum**. Die gesellschaftlichen und sozialen Belange traten in diesem Zeitraum (bis etwa 1960) deutlich in den Hintergrund. Ihnen sollte nach dem Verständnis von A. Müller-Armack in einer „**zweiten Phase der Sozialen Marktwirtschaft**" Rechnung getragen werden. In ihr sollte unter anderem der Nachholbedarf im Bildungs-, Gesundheits-, Verkehrs-, Wohnungs-, Umwelt- und Raumordnungsbereich wie auch im Bereich von Beruf und Betrieb (Förderung der Gründung selbständiger Existenzen) gedeckt werden. Wenngleich diese Zielsetzungen, die sich am Leitbild einer „**sozial befriedigten**", „**formierten Gesellschaft**"[8] (Ludwig Erhard) orientierten, nicht in umfassender Weise erreicht werden konnten, lassen sich diesbezüglich in der zweiten Entwicklungsperiode beachtliche Erfolge feststellen. Die hier das hohe Wachstum begleitenden Investitionen in den Bereichen Verkehr, Bildung, Städte- und Wohnungsbau waren beträchtlich. Sie wiesen aber auch mit ihrem Finanzierungsbedarf die Grenzen steuerlicher Belastbarkeit und staatlicher Verschuldung aus. Auch die zunehmende Bevorzugung arbeitsrechtlicher anstelle versicherungsrechtlicher Regelungen, so insbesondere bei der Einführung von Sozialplänen und Lohnfortzahlung im Krankheitsfalle, drohte die leistungsorientierte Marktwirtschaft auszuhöhlen[9], so daß – verstärkt durch wachsendes Vertrauen in Globalsteuerung und Konzertierte Aktion – berechtigte Zweifel an der Überlebensfähigkeit der Sozialen Marktwirtschaft aufkamen und ihre Transformation in eine Staatswirtschaft befürchten ließen. Diese Befürchtung erwies sich letztlich als zu pessimistisch. Sehen wir von dem zentralen Problem der dritten und vierten Entwicklungsperiode, der hohen Arbeitslosigkeit, ab, dann präsentiert sich uns die Soziale Marktwirtschaft heute als eine leistungsfähige Wirtschaftsordnung mit beachtlichen Freiheitsspielräumen und einem sehr hohen Maß an sozialem Gehalt[10], so

---

[8] Der Begriff „formierte Gesellschaft" steht bei Ludwig Erhard für ein gesellschaftliches Ordnungskonzept, nach dem die Gesellschaft nicht mehr aus Klassen oder Gruppen besteht, die gegensätzliche Ziele verfolgen, sondern vielmehr auf dem Zusammenwirken gemeinsamer Interessen beruht.
[9] Vgl. hierzu insbesondere Lampert, H., Die Soziale Marktwirtschaft in der Bundesrepublik Deutschland, Konzeption, Entwicklung und Probleme, a.a.O., S. 12.
[10] Vgl. ebenda.

## 4 Gesellschaftsökonomie

insbesondere im Bereich der Betriebs- und Unternehmensverfassung, der Ordnung der Märkte und des Sozialleistungssystems. Es gilt aber auch zu sehen, daß „in bestimmten Bereichen die Ordnung verwässert und mehr als nötig auf marktwirtschaftliche Lösungen verzichtet wurde, z. B. in der Landwirtschaftspolitik, in der Rentenpolitik und in der Krankenversicherung".[11]

Das Kernproblem bei der Gestaltung und Fortentwicklung der Sozialen Marktwirtschaft ist häufig weniger die für sachgerechtes wirtschaftspolitisches Handeln erforderliche Einsicht in die wirtschaftlichen Zusammenhänge, das heißt das Wissen um das zweckmäßige Verhalten, als vielmehr die politische Durchsetzung der diesen sachlichen Erkenntnissen entsprechenden Handlungen. Das Durchsetzbare, das Mögliche, ist vielfach nur ein Kompromiß. Solche Kompromisse laufen aber darauf hinaus, daß wirtschaftliche Maßnahmen **wider besseres Wissen** getroffen werden. Es wird nicht die beste Lösung angestrebt, sondern die bestmögliche, das heißt eine konsensfähige weniger gute. Der Konsens wird gesucht mit einer oder mehreren Gruppen (so etwa Arbeitnehmer, Rentner, Selbständige des Mittelstandes, Bauern oder auch Arbeitnehmer mit bestimmter Branchenzugehörigkeit wie Kohlebergbau, Schiffbau u. ä.), die als Wählerpotential interessieren. Ihnen werden im erforderlichen Umfang Zugeständnisse gemacht wie auch Begünstigungen und Gefälligkeiten erwiesen. Bezeichnend – und mittlerweile schon klassisch – für dieses Dilemma ist ein Ausspruch des früheren CDU-Bundestagsabgeordneten und späteren Bundeswirtschaftsministers K. Schmücker (1954): „Wir lassen uns auch nicht durch größeren Sachverstand von unserer politischen Richtung abbringen." Die sachliche Notwendigkeit wird der politischen zumindest zum Teil geopfert. **Die machtpolitische Erwägung dominiert die sachliche.** Die Wählergunst insgesamt nimmt in der Regel dann zu, wenn eine Gruppe von Wahlberechtigten durch entsprechende Begünstigungen (z. B. Subventionen, Steuervergünstigungen, Stärkung oder Erweiterung ihrer Rechte/Ansprüche gegenüber Dritten) bessergestellt und keine andere Gruppe von Wahlberechtigten mit etwa gleichem Gewicht spürbar schlechter gestellt wird.[12] Da nun Umfang und Möglichkeiten der Begünstigung durch die zu ihrer Finanzierung notwendige Belastung aller (Steuerbelastung) begrenzt sind, werden in der Regel jene Gruppen respektive Bereiche bedacht, die durch das Marktgeschehen hinter ihren erreichten sozioökonomischen Besitzstand zurückzufallen drohen oder bereits zurückgefallen sind und darüber hinaus in ihrem Wählerpotential bedeutsam und gewichtig genug für die Regierungsparteien sind. Bevölkerungsgruppen wie beispielsweise die Arbeitnehmer, die von mehreren Parteien aus Regierung und Opposition als Wählerpotential umworben werden, sind unter diesen Bedingungen im allgemeinen besonders begünstigt. Gewährte Begünstigungen werden von den Begünstigten rasch zum hart errungenen Besitzstand gerechnet und können deshalb – wenn überhaupt – nur noch gegen großen Widerstand abgebaut oder zurückgenommen werden. Das Schlagwort „Sozialdemontage" wird jedem diesbezüglichen Versuch als Schutzschild entgegengehalten. Diese leicht feststellbare Tatsache zwingt zuweilen auch neue Regierungen, bestehende Regelungen wider bessere Einsicht beizubehalten. Der Status quo des sozioökonomischen Besitzstandes wird zum ungeschriebenen Grundrecht erhoben. Die Folge die-

---

[11] Ebenda.
[12] Vgl. hierzu und zum folgenden Gutowski, A., Gefangen im Gewirr der Gruppenwünsche, in: Frankfurter Allgemeine Zeitung, Nr. 74, v. 28. März 1987, S. 15.

ser paradoxen Entwicklung ist, daß wertvolle volkswirtschaftliche Ressourcen gebunden werden, die an anderer Stelle effizienter verwendet werden könnten. Eine Umstrukturierung in den öffentlichen und Sozialhaushalten täte deshalb not. Es wird eine **Zukunftsaufgabe** der Sozialen Marktwirtschaft sein, sich mit diesem Problem auseinanderzusetzen. Im einzelnen lassen sich dabei folgende **Teilaufgaben** als vordringlich einstufen:

- **Eindämmung der Arbeitslosigkeit** unter anderem durch Qualifizierungsprogramme, Flexibilisierung der Arbeitszeit, Förderung der regionalen und beruflichen Mobilität, größeren Gestaltungsspielraum bei der Lohnfindung insbesondere in regionaler Hinsicht, Entlastung der Löhne hinsichtlich der hohen Lohnzusatzkosten;

- **Ermäßigung der Steuersätze** für Einkommen und Erträge aus zusätzlicher Leistung (zusätzliche Leistung soll sich wieder rentieren!); steuerliche Entlastung der Unternehmen im Hinblick auf ihre internationale Wettbewerbsfähigkeit (die Unternehmenssteuerbelastung durch Körperschaftsteuer, Einkommensteuer, Gewerbesteuer und Grundsteuer liegt im internationalen Vergleich weit über dem Durchschnitt);

- **Reform der Sozialversicherungen** unter Berücksichtigung von mehr Freiwilligkeit (ermäßigte Beiträge für alle, die Teile der Risiken selbst zu tragen bereit sind und somit eine freiwillige Selbstbeteiligung wünschen), Stärkung der Individualverantwortung gemäß dem Prinzip Subsidiarität soweit wie möglich, Solidarität soweit wie nötig;

- **allmählicher Abbau von Subventionen,** insbesondere solcher, die sich in ihren Effekten gegenseitig aufheben, und solcher, die zur Erhaltung überholter Produktionsstrukturen dienen;

- Suspension von Gesetzen und Vorschriften, die den **Zugang zu den Märkten** versperren;

- **Abbau der Restriktionen,** mit denen der Staat seine wirtschaftlichen Aktivitäten schützt;

- **offener Wettbewerb** für kommunale Versorgungsbetriebe und staatliche Bildungseinrichtungen sowie Ersatz öffentlicher Aktivitäten durch private Unternehmen, wo immer sich diese als produktiver erweisen;

- weitere **Privatisierung von Staatsvermögen;**

- Ausbau und Weiterentwicklung der **wirtschaftlichen Integration von Mittel- und Ostdeutschland.**

Bei aller Detailkritik an der im Rahmen der Sozialen Marktwirtschaft praktizierten Wirtschafts- und Sozialpolitik bleibt festzustellen, daß diese im Verlauf von gut fünfzig Jahren den Bürgern der Bundesrepublik Deutschland einen großen, nie gekannten Wohlstand bescherte. Daran gemessen muß die Soziale Marktwirtschaft als eine äußerst erfolgreiche Wirtschaftsordnung angesehen werden. (Zur Verdeutlichung dieser Feststellung mag ein Kaufkraftvergleich der Lohnminute von 1948 und 1998 dienen. Siehe Übersicht 4.5.)

4 Gesellschaftsökonomie   215

| 50 Jahre Soziale Marktwirtschaft: Der Geldwert der Arbeitszeit | | | | |
|---|---|---|---|---|
| | 1948 | | 1998 | |
| Ware | Preis in DM | Arbeitszeit dafür | Preis in DM | Arbeitszeit dafür |
| 500 g Bohnenkaffee | 13,46 | 11 Std. 36 Min. | 9,30 | 26 Min. |
| 250 g Markenbutter | 1,28 | 1 Std. 6 Min. | 2,00 | 5 Min. |
| 1 Liter Vollmilch | 0,36 | 19 Min. | 1,31 | 4 Min. |
| 1 Ei | 0,43 | 22 Min. | 0,28 | 1 Min. |
| 1 kg Schweinekotelett | 4,47 | 3 Std. 51 Min. | 13,74 | 37 Min. |
| 2,5 kg Speisekartoffeln | 0,37 | 19 Min. | 3,85 | 10 Min. |
| 1 kg Mischbrot | 0,46 | 24 Min. | 4,14 | 11 Min. |
| 1 kg Weizenmehl | 0,53 | 27 Min. | 1,35 | 4 Min. |
| 1 kg Zucker | 1,18 | 1 Std. 1 Min. | 1,92 | 5 Min. |
| Herrenschuhe besohlen | 8,74 | 7 Std. 32 Min. | 33,10 | 1 Std. 30 Min. |
| 1 kWh Haushaltsstrom | 0,16 | 8 Min. | 0,32 | 1 Min. |
| 1 Liter Superbenzin | 0,40 | 21 Min. | 1,65 | 5 Min. |
| Tageszeitung/Monat | 2,49 | 2 Std. 9 Min. | 30,99 | 1 Std. 24 Min. |
| Rundfunkgebühr/Monat | 2,00 | 1 Std. 43 Min. | 9,45 | 26 Min. |
| 1 Ortsgespräch | 0,15 | 8 Min. | 0,30 | 1 Min. |
| Herrenanzug | 103,00 | 89 Std. | 486,00 | 21 Std. |
| Miele Waschmaschine | 450,00 | 388 Std. | 1999,00 | 90 Std. |
| Berechnungsbasis ist das Nettoeinkommen je geleisteter Arbeitsstunde: 1948 = 1,16 DM/1998 = 22,17 DM    Quelle: Stat. Bundesamt; Institut der deutschen Wirtschaft; GI-Recherche | | | | |

Übersicht 4.5: Entnommen aus: GELDidee 17/98, S. 11.

### 4.1.3.1.5 Wirtschaft im Verständnis der bundesdeutschen Parteien und Verbände (Exkurs)

**Sozialdemokratische Partei Deutschlands (SPD)**

„Wir wollen eine an qualitativen Kriterien ausgerichtete Entwicklung unserer Wirtschaft. Sie soll vor allem der Vollbeschäftigung, der Erhaltung ökologischer Kreisläufe und damit der Lebensqualität dienen. Die hierfür notwendige gesamtgesellschaftliche Steuerung muß politisch bestimmt und durchgesetzt werden ...

Für die demokratische Steuerung wie für die Planungskoordination sind verbesserte Informations- und Koordinationsinstrumente nötig:

– Die Strukturberichterstattung und Vorausschau müssen ausgebaut werden;

– Strukturbestimmende Großunternehmen haben den Staat und die Kommunen rechtzeitig und regelmäßig über wirtschaftspolitisch relevante Planungen und über Standortplanungen zu unterrichten;

– Wirtschafts- und Sozialausschüsse sollen Informations-, Beratungs- und Initiativrechte gegenüber Parlamenten, Regierungen und Verwaltungen in Kommunen, Ländern und Bund haben. Den Ausschüssen sollen neben Gewerkschaften und Vertretern der Arbeitgeber anderem auch Vertreter von Verbraucher- und Umweltverbänden angehören. Solche Ausschüsse können dazu beitragen, das Allgemeininteresse deutlich zu machen, politische Rahmensetzung und Koordinierung zwischen Planungen der Unternehmen, des Staates und der Regionen wirklichkeitsnah und flexibel zu gestalten ...

Da Wettbewerb Marktmacht kontrollieren kann, wollen wir die Wettbewerbsgesetze verschärfen. Der Herrschaftsmacht des Kapitals müssen starke Gewerkschaften Grenzen setzen.

Der Umsetzung wirtschaftlicher Macht in politische ist größtmögliche Öffentlichkeit entgegenzusetzen. Sie ist eine der Grundlagen gesellschaftlicher Kontrolle.

Um den Einfluß von Banken und Versicherungen auf Grundentscheidungen der Wirtschaft zurückzudrängen, wollen wir ihre Macht über Unternehmen durch Entflechtung von Kapitalbeteiligungen einschränken. Auch der Besetzung von Aufsichtsräten durch Banken und der Ausübung des Depotstimmrechts wollen wir Grenzen setzen ...

Wir streben eine Reform des öffentlichen Sektors und der Gemeinwirtschaft in ihren unterschiedlichen Formen an. Öffentliche und gemeinwirtschaftliche Unternehmen sind unentbehrlich dort, wo Prinzipien der Gegenmacht oder der Gemeinwirtschaftlichkeit dies gebieten, wo private Initiative fehlt oder übergroße Risiken bei anerkanntem Bedarf vorliegen. Nicht allein Gewinninteressen verpflichtet, können sie häufig gesellschaftlich anerkannten Bedarf am besten befriedigen. Sie dürfen jedoch nicht auf unrentable Unternehmen und Branchen beschränkt werden.

Besonders verpflichtet fühlen wir uns dem Genossenschaftsgedanken, der solidarische Selbsthilfe mit demokratischer Selbstverwaltung verbindet. Um die Neugründung von Genossenschaften zu erleichtern, wollen wir die ökonomischen und rechtlichen Rahmenbedingungen verbessern.

Wo mit anderen Mitteln eine sozial verantwortbare Ordnung der wirtschaftlichen Machtverhältnisse und die Durchsetzung der qualitativen Kriterien wirtschaftlicher Entwicklung nicht gewährleistet ist, ist Gemeineigentum zweckmäßig und notwendig. Gemeineigentum kann in unserer Wirtschafts- und Sozialordnung keinen Freiraum für sich beanspruchen und muß sich an deren Bedingungen messen lassen. Vergesellschaftung muß zugleich demokratisches Element als auch wirtschaftspolitisches Instrument sein."

Grundsatzprogramm der Sozialdemokratischen Partei Deutschlands, beschlossen vom Programm-Parteitag der Sozialdemokratischen Partei Deutschlands am 20. Dezember 1989 in Berlin.

**Christlich-Demokratische Union (CDU)**

„67. Die Ökologische und Soziale Marktwirtschaft ist ein wirtschafts- und gesellschaftspolitisches Programm für alle. Sie hat ihr geistiges Fundament in der zum christlichen Verständnis des Menschen gehörenden Idee der verantworteten Freiheit und steht im Gegensatz zu sozialistischer Planwirtschaft und unkontrollierten Wirtschaftsformen liberalistischer Prägung. Wir treten für die Ökologische und Soziale Marktwirtschaft ein, weil sie wie keine andere Wirtschafts- und Gesellschaftsordnung unsere Grundwerte Freiheit, Solidarität und Gerechtigkeit verwirklicht. Ihre Grundlagen sind Leistung und soziale Gerechtigkeit, Wettbewerb und Solidarität, Eigenverantwortung und soziale Sicherung. Sie verbindet den Leistungswillen des einzelnen mit dem sozialen Ausgleich in unserer Gesellschaft und schafft im Rahmen ihrer ökologischen Ordnung die Voraussetzungen für die Bewahrung der Schöpfung.

Wir vertrauen auf die schöpferischen Fähigkeiten des Menschen, sich in Freiheit und Verantwortung zu entfalten. Wir wissen, daß der Mensch seine Fähigkeiten mißbrauchen und ohne Rücksicht auf soziale und ökologische Belange wirtschaften kann. Deshalb muß unser Staat Rahmenbedingungen setzen, um die Kräfte der Selbstregulierung in der Wirtschaft zu stärken und alle am Wirtschaftsleben Beteiligten auf die Beachtung sozialer und ökologischer Erfordernisse zu verpflichten. Dabei sind die Prinzipien des Wettbewerbs und der sozialen sowie ökologischen Ordnung miteinander verbunden und bedingen sich wechselseitig. Wir wollen die Ökologische und Soziale Marktwirtschaft so fortentwickeln, daß die persönliche Initiative gestärkt, immer mehr Teilhabe am gesellschaftlichen und wirtschaftlichen Fortschritt verwirklicht und die Umwelt wirksam geschützt wird.

68. Markt und Wettbewerb sind zentrale Elemente unserer Wirtschaftsordnung und ermöglichen Freiheit durch Dezentralisation von Macht. Der freiheitlichen Demokratie entspricht der Markt als Organisationsform der Wirtschaft. Wettbewerb fördert den Leistungswillen des einzelnen und dient damit zugleich dem Wohl des Ganzen. Markt und Wettbewerb ermöglichen eine effiziente und preisgünstige Versorgung mit Gütern und Dienstleistungen, sorgen für eine

auf die Wünsche der Konsumenten ausgerichtete Produktion, fördern Innovationen und zwingen zur ständigen Rationalisierung. Mehr Staat und weniger Markt führen demgegenüber vielfach zur Verminderung der Leistungsbereitschaft der Leistungsfähigen und damit zu weniger Wohlfahrt und weniger Freiheit für alle. Allerdings kann der Markt nicht allein aus sich soziale Gerechtigkeit bewirken. Die Leistungsgerechtigkeit des Marktes ist nicht identisch mit der sozialen Gerechtigkeit. Die Ökologische und Soziale Marktwirtschaft fügt deshalb Marktordnung und Ordnung der sozialen Leistungen zu einem ordnungspolitischen Ganzen zusammen. Dabei muß der Grundsatz gelten: Soviel Markt wie möglich, um Eigeninitiative, Leistungsbereitschaft und Selbstverantwortung des einzelnen zu stärken, und soviel Staat wie nötig, um Wettbewerb und die soziale und ökologische Ordnung des Marktes zu gewährleisten.

Zu einer freiheitlichen und sozialen Wirtschaftsordnung gehört das sozial verpflichtete Privateigentum. Privateigentum an Produktionsmitteln ist Bedingung für die wirtschaftliche und sorgsame Nutzung knapper Güter sowie für die Leistungsfähigkeit und Produktivität der Wirtschaft. Die Vertrags-, Gewerbe- und Niederlassungsfreiheit sowie die Freiheit der Berufswahl sind ebenso grundlegende Voraussetzungen für freie wirtschaftliche Betätigung wie die Chance des Gewinns und das Risiko des Verlustes.

69. Wirtschafts- und Sozialordnung sind untrennbar miteinander verbunden. Sie begrenzen und ergänzen sich gegenseitig. Eine Wirtschaftspolitik ohne soziale Gerechtigkeit gefährdet den sozialen Frieden und führt zugleich zu volkswirtschaftlichen Verlusten und gesellschaftlicher Instabilität. Unsere soziale Ordnungspolitik verbindet die Prinzipien der Humanität und Wirtschaftlichkeit sowie der Leistungs- und Verteilungsgerechtigkeit. Sie zielt auf die Stärkung der Eigenverantwortung, auf persönliche Hilfe und aktive Solidarität.

Wir gestalten unsere soziale Ordnungspolitik nach den Prinzipien der Solidarität und Subsidiarität. Wir wollen gemeinschaftlich die Risiken absichern, die der einzelne nicht allein und aus eigener Kraft tragen kann. Grundlegende Elemente unserer sozialen Ordnung bleiben Versicherungspflicht und Leistungsgerechtigkeit sowie Dezentralisierung und Selbstverwaltung in den Sozialversicherungen."

Grundsatzprogramm der Christlich Demokratischen Union, beschlossen vom 5. Parteitag am 20.–23. Februar 1994 in Hamburg.

**Christlich-Soziale Union (CSU)**

„Eine freiheitliche Wirtschafts- und Gesellschaftsordnung ist der Garant der persönlichen Freiheit. Eine auf dem Grundsatz der Vertragsfreiheit aufbauende Privatrechtsordnung ist das Fundament der Marktwirtschaft. Die Freiheit, etwas zu beginnen und aufzubauen, über Privateigentum zu verfügen, gehört zu den unabdingbaren Voraussetzungen sinnvoller Selbstverwirklichung. Privates Eigentum muß rechtlich so abgesichert sein, daß es in seiner materiellen Substanz generationsübergreifend verfügbar bleibt.

Die Soziale Marktwirtschaft hat sich der Planwirtschaft in jeder Hinsicht als überlegen erwiesen. Sie bündelt die schöpferischen Kräfte der Menschen, ihre materielle Ergiebigkeit ist nicht nur die Quelle individuellen Wohlstands, sondern auch Voraussetzung für sozialen Frieden und Humanisierung der Arbeitswelt. Sozialer Friede und ein angemessenes Niveau sozialer Sicherheit sind notwendige Rahmenbedingungen für eine erfolgreiche Volkswirtschaft.

Die Durchsetzung der Sozialen Marktwirtschaft gegen den erbitterten Widerstand der Sozialisten war eine epochale politische Leistung Ludwig Erhards. Sie ist auch das Modell für den wirtschaftlichen Neuaufbau in Osteuropa. Zur Sozialen Marktwirtschaft gibt es in einer freiheitlichen Gesellschaft keine Alternative.

Die Soziale Marktwirtschaft ist die Wirtschaftsordnung sozial und ökologisch verantworteter Freiheit. Sie entspricht den Idealen einer freiheitlichen Gesellschaft und entspringt der europäischen kulturellen Tradition. Sie gewährt den Unternehmern den Freiraum für den optimalen Einsatz der Produktionsmittel in ihrer persönlichen Verantwortung und auf ihr eigenes Risiko, sie eröffnet den Arbeitnehmern die Chance auf gesellschaftlichen Aufstieg und mehr Einkommen durch Leistung; sie sorgt aber auch für Chancengleichheit und Verminderung sozialer Spannungen.

Die Soziale Marktwirtschaft ist eine anpassungsfähige lebendige Ordnung. Sie war und ist immer offen für notwendige soziale Korrekturen. Sie kann auch am besten sachgerechte Antworten auf die wachsenden ökologischen Herausforderungen geben. Es ist Aufgabe der Wirtschaftspolitik, die ökonomische und gesellschaftliche Dynamik mit den gesicherten ökologischen Notwendigkeiten in Einklang zu bringen.

Der Staatsanteil am Bruttosozialprodukt ist in Grenzen zu halten, um die Innovationsfähigkeit der Unternehmen, das Schaffen von Arbeitsplätzen und das Wachstum des privaten Unternehmenssektors zu begünstigen und die Erhaltung unserer wettbewerbsorientierten Wirtschaftsordnung sicherzustellen.

Nach Auffassung der CSU ist die Soziale Marktwirtschaft auch das Ordnungsprinzip für die Europäische Wirtschafts- und Währungsunion, das möglichst unverfälscht durchgesetzt werden muß.

...

Die CSU wird Kompetenzübertragungen auf supranationale Institutionen oder Organisationen nur nach dem Subsidiaritätsprinzip zustimmen, damit nationale und regionale Aufgaben nicht unnötig internationalisiert, sondern problemnah entschieden werden können.

...

Wirtschaftliche Ziele lassen sich nur erreichen und die Leistungskraft der deutschen Wirtschaft nur dann sichern, wenn ein funktionsfähiger Leistungswettbewerb besteht und aufrechterhalten wird. Grundlage einer dynamischen Wirtschaft ist eine ausgewogene Unternehmensstruktur mit einer Vielzahl von Unternehmen verschiedener Größe. Wir wollen sie auch mit Hilfe des Wettbewerbsrechtes erhalten. Sie stärkt den Wettbewerb und ist eine Stütze unserer freien Gesellschaft.

Notwendig ist auch ein wirksamer Verbraucherschutz gegen mißbräuchliche Gestaltung von Formularverträgen und eine sachgerechte Produktinformation. Der wirtschaftliche Wettbewerb ist sowohl national als auch auf europäischer Ebene zunehmend durch industriepolitische Interventionen gefährdet. Diesen Tendenzen gilt es zu wehren, weil sie die Leistungsfähigkeit unserer Wirtschaft nachhaltig mindern würden. Für die CSU gilt der Grundsatz: Eine gute Wettbewerbspolitik ist die beste Industriepolitik."

Grundsatzprogramm der Christlich-Sozialen Union in Bayern, beschlossen vom 57. Parteitag am 8./9. Oktober 1993 in München.

**Freie Demokratische Partei (FDP)**

„Die Soziale Marktwirtschaft verbindet die Interessen der Einzelnen mit den Interessen aller. Die Soziale Marktwirtschaft ist die Wirtschaftsordnung, in der sich Leistungsbereitschaft am besten entfalten kann und die Grundlagen sozialer Gerechtigkeit erwirtschaftet werden. Die soziale Leistungsfähigkeit eines Landes folgt der ökonomischen Leistungsfähigkeit eines Landes.

Der bürokratischen Staatswirtschaft setzen Liberale die Soziale Marktwirtschaft entgegen. Bürokratische Verkrustungen in Staat und Verbänden sowie die Globalisierung der Wirtschaft erfordern eine Erneuerung der Sozialen Marktwirtschaft. Nur mit mehr Wettbewerbsfähigkeit, mehr Innovation und mehr Flexibilität erreichen wir mehr Chancen für eine deutliche Steigerung der Wirtschaftsleistung und für mehr Arbeitsplätze.

Arbeit macht einen wesentlichen Teil des Lebens und unserer Identität aus. Wer Teilhabe der Arbeitnehmer ausschließlich als Mitbestimmung durch Funktionäre versteht, wird der Zukunft nicht gerecht. Mitarbeiter sollen zu Mitunternehmern werden. Dem Recht auf Privateigentum unserer marktwirtschaftlichen Grundordnung wird durch die geringe Eigentumsquote in der Realität in vielen Bereichen nicht entsprochen. Insbesondere bei der Beteiligung am Produktivvermögen liegen Zukunftschancen brach.

Die große Schere zwischen Brutto- und Nettolohn verhindert Eigentumserwerb und private Eigenvorsorge. Geringes Eigenkapital gefährdet Betriebe, und flächendeckende Tarifverträge nehmen den Spielraum für eine betriebsnahe Lohnfindung.

4 Gesellschaftsökonomie 219

Mitarbeiterbeteiligungen am Produktivvermögen können dagegen Bündnisse für Arbeit in den Betrieben sein. Sie überwinden die Trennung von Arbeit und Kapital und machen aus Arbeitnehmern Mitunternehmer, aus Lohnabhängigen Teilhaber. Mitarbeiter als Miteigentümer des Unternehmens haben mehr Einflußmöglichkeiten im Betrieb. Mitarbeiterbeteiligungen schaffen motivierte Beschäftigte und mehr Arbeitszeitsouveränität, die sich am Erfolg des Unternehmens ausrichtet. Sie unterstützen die private Altersvorsorge und lenken Kapital in die Betriebe, in denen Arbeitsplätze gesichert oder geschaffen werden können.

...

Der Staat muß den Spielraum von Arbeitnehmern und Unternehmern für Mitarbeiterbeteiligungen vergrößern. Zu hohe Steuern und Abgaben verzehren die Chancen der privaten Vermögensbildung. Gerade angesichts schwindender Leistungsfähigkeit der gesetzlichen Altersversicherung kommt der privaten Vermögensbildung wachsende Bedeutung zu. Deswegen ist eine Netto-Entlastung bei Steuern und Abgaben Voraussetzung für eine breitere Streuung des Produktivvermögens.

...

Statt Volkseigentum wollen Liberale ein Volk von Eigentümern. Die Chance auf Eigentum motiviert zur Leistung, schafft soziale Sicherheit, fördert Verantwortungsbereitschaft. Sie ist Voraussetzung für eine neue Wagniskultur und eine neue Kultur der Selbständigkeit.

...

Der liberale Sozialstaat konzentriert seine Hilfe wirksam auf die wirklich Bedürftigen. Der sozialdemokratische Wohlfahrtsstaat verteilt an alle ein wenig."

Grundsatzprogramm (Wiesbadener Grundsätze) der Freien Demokratischen Partei, beschlossen auf dem 48. Ordentlichen Bundesparteitag am 24. Mai 1997 in Wiesbaden.

**Bündnis 90/Die Grünen**

„BÜNDNIS 90/DIE GRÜNEN setzen auf ein Wirtschafts- und Technologiekonzept, das die Marktwirtschaft ökologisch und sozial und im Sinne der Gleichstellung von Frauen und Männern erneuert. Mit Rezepten von gestern sind die Probleme der Gegenwart und Zukunft nicht zu bewältigen. Die neoliberale Angebotspolitik der Kohl-Regierung ist gescheitert: Die steuerliche Entlastung der Besserverdienenden, die Umverteilung von unten nach oben und der Abbau von ArbeitnehmerInnenrechten haben trotz Wirtschaftswachstum nicht zu zusätzlichen Arbeitsplätzen geführt.

Nach jahrelangem Rückgang des Nettoeinkommens der ArbeitnehmerInnen ist eine Stärkung der Kaufkraft und damit der Inlandsnachfrage notwendig. Sie allein ist aber unter den Bedingungen der Globalisierung kein Ausweg, der zu einem ökologischen Strukturwandel und zu mehr Beschäftigung führt.

BÜNDNIS 90/DIE GRÜNEN setzen auf eine Kombination von Angebots-, Nachfrage- und gerechter Verteilungspolitik. Wir setzen auf einen ökologischen Strukturwandel, eine gerechte Verteilung von Arbeit, eine solidarische Finanzierung des Gemeinwesens und auf kooperative Rahmenbedingungen auch auf internationaler Ebene. Die alleinige Orientierung der Wirtschaftspolitik auf Wirtschaftswachstum wird aufgegeben. Dazu soll im Stabilitäts- und Wachstumsgesetz das Ziel Wirtschaftswachstum ersetzt werden durch das Ziel einer nachhaltigen Entwicklung.

BÜNDNIS 90/DIE GRÜNEN wollen:

– Einen ökologischen Strukturwandel, der Dienstleistungen, Produkte und Produktionsverfahren umfaßt. Dazu brauchen wir eine Ökologisch-soziale Steuerreform, die Arbeit entlastet und den Ressourcenverbrauch belastet sowie Ressourceneinsparung belohnt.
– Haus-, Familien- und Erwerbsarbeit gerecht verteilen und existenzsichernde Teilhabe am Erwerbsleben für alle Frauen und Männer ermöglichen.
– Eine leistungsfähige und transparente Einkommensteuerreform, die Steuerschlupflöcher schließt und das Leben mit Kindern erleichtert und finanziell unterstützt.

– Einen fairen Wettbewerb, der Innovation fördert, als Korrektiv der Konzentration wirtschaftlicher Macht wirkt und Marktzutrittschancen verbessert.

– Planungssicherheit für den Aufbau Ost und eine Wirtschaftspolitik, die die Stärken der Regionen fördert und die Nachteile ausgleicht.

– Mehr Demokratie in der Wirtschaft.

– Eine nachhaltige Haushaltspolitik, die soziale und ökologische Prioritäten setzt und die Einnahmen stabilisiert.

– Eine gerechte Verteilung der Gewinne und eine Förderung der Beteiligung der ArbeitnehmerInnen am Produktivvermögen.

– Einen fairen Wettbewerb in Europa, der den Dumpingtendenzen im europäischen Binnenmarkt begegnet und den Steuersenkungs- und Subventionswettlauf beendet.

Ein wichtiger Hebel, um die Industriegesellschaft zukunftsfähig zu machen, ist die Ökologisch-soziale Steuerreform. Umweltfreundliches Verhalten soll belohnt und Beschäftigung gefördert werden. Arbeit soll billiger, Energie teurer und Ressourcen eingespart werden. Damit wollen wir auch erreichen, daß der Rationalisierungszwang von der Arbeit auf die Energie übergeht. Nicht Menschen, sondern Kilowattstunden sollen arbeitslos werden."

Programm zur Bundestagswahl 1998, verabschiedet auf der 10. Ordentlichen Bundesdelegiertenkonferenz Bündnis 90/Die Grünen im März 1998 in Magdeburg.

**Die Republikaner**

„Voraussetzungen allgemeinen Wohlstands sind Arbeit, individuelle Leistung und die unternehmerische Bereitschaft, wirtschaftliche Risiken einzugehen. Leistung muß sich lohnen. Privilegien, die nicht auf Leistung gründen, lehnen wir ab. Wir sind gegen ein ausgeufertes Anspruchsdenken und gegen eine auf Gleichmacherei hinauslaufende Umverteilung. Wir sind aber auch gegen die Einengung des Leistungsprinzips auf einen rein materiellen Leistungsbegriff: Wir wollen ein gesellschaftliches Klima, in dem auch die Bereitschaft zu selbstlosen Gemeinschaftsleistungen – sei es wissenschaftlicher, kultureller oder sozialer Art – gedeiht. Leistungen, die dem Gemeinwohl dienen, gebührt unsere besondere Anerkennung.

Wir REPUBLIKANER erkennen die Institution des Privateigentums und das uneingeschränkte Recht, es zu vererben, ausdrücklich an:

Privateigentum erweitert den Freiheitsraum des Einzelnen und trägt zur Absicherung im Alter bei. Darüber hinaus ist Privateigentum eine entscheidende Voraussetzung für einen hohen allgemeinen Wohlstand. Eine dem Gedanken des Eigentums verpflichtete Politik darf sich aber nicht auf den Schutz bestehenden Eigentums beschränken, sondern muß dafür sorgen, daß jeder Einzelne durch Leistung auch tatsächlich zu Eigentum gelangen kann.

In nationaler Verantwortung gegenüber dem ganzen deutschen Volk bekennen wir REPUBLIKANER uns zu einer sozial verpflichteten Marktwirtschaft. Die tragenden Prinzipien dieser Marktwirtschaft sind Wettbewerb, freie Preisbildung und freier Marktzugang. Dies sind Voraussetzungen für hohe wirtschaftliche Leistungsfähigkeit, die einen Sozialstaat, der diesen Namen verdient, erst ermöglicht:

Eine erfolgreiche Marktwirtschaft setzt Rechtssicherheit, verläßliche gesetzliche Rahmenbedingungen und Konstanz der Wirtschaftspolitik voraus.

Die Wettbewerbsordnung muß durch eine soziale Ordnung mit ökologischer Komponente ergänzt werden.

Diese tragenden Prinzipien gilt es in allen Bereichen der Wirtschafts-, Finanz- und Sozialpolitik möglichst weitgehend zu verwirklichen.

Wir mißtrauen allen Versuchen, der Wirtschaft bestimmte strukturpolitische und industriepolitische Zielvorgaben staatlicherseits aufzuzwingen. Über die Richtung des wirtschaftlichen Fortschritts wird in aller Regel vom Wettbewerb und nicht von Politikern und Bürokraten entschieden.

## 4 Gesellschaftsökonomie

Deshalb setzen wir dem sozialdemokratischen Modell eines Interventionsstaates, der allgegenwärtig und bis ins Kleinste hinein in wirtschaftliche Abläufe eingreift und am Ende selbst in die Rolle eines Unternehmens schlüpft, entschiedenen Widerstand entgegen.

...

Mit gleicher Entschiedenheit widersprechen wir REPUBLIKANER der urliberalen Utopie einer völlig staatsfreien Wirtschaft. Die autonome Selbststeuerung der Marktkräfte allein kann weder in sozialer noch in ökologischer Hinsicht ein dauerhaftes Gleichgewicht von Wirtschaft und Gesellschaft garantieren.

Wir wissen, daß der ständige Leistungswettbewerb in einer pluralistischen Gesellschaft feste Regeln braucht, um sittenwidriges Verhalten, Machtmißbrauch und Beeinträchtigungen des Gemeinwohls zu verhindern. Wir REPUBLIKANER sind deshalb für einen verläßlichen starken Staat. Im wirtschaftlichen Bereich aber hat sich der Staat vornehmlich auf die Setzung von Rahmenbedingungen für die Wirtschaft zu beschränken und eine soziale Mindestsicherung zu gewährleisten.

Das freie Spiel der Kräfte stößt insbesondere dort an Grenzen, wo der freie Marktzugang durch Monopolisierung erschwert oder gar verhindert wird.
- Wir fordern deshalb eine strikte Anwendung der Kartellgesetze. An wettbewerbsrechtliche Ausnahmebereiche sind strenge Maßstäbe anzulegen.
- Fehlender Markttransparenz wollen wir durch einen wirksamen unabhängigen Verbraucherschutz begegnen.

Probleme entstehen auch, wenn ein Wirtschaftsgut besonders kanpp ist oder wenn von der Produktion eines Wirtschaftsgutes negative Effekte – z. B. Umweltbelastungen –, die sich nicht automatisch in einem höheren Preis niederschlagen, ausgehen, so daß der Marktmechanismus allein keine akzeptablen Ergebnisse hervorzubringen vermag.
- Keine Zahlungen mehr an andere Staaten oder überstaatliche Organisationen ohne entsprechende Gegenleistung. So sollen z.B. bei Investitionen in ausländischen Staaten, die mit deutschem Geld bezahlt werden, bei der Auftragsvergabe vor allem deutsche Firmen bedacht werden."

Ergänztes Bundesparteiprogramm der Republikaner, verabschiedet auf dem Bundesparteitag am 6. Oktober 1996 in Hannover.

**Partei des Demokratischen Sozialismus (PDS)**

„Wir betrachten das Recht auf Arbeit, die soziale, humane und ökologische Umgestaltung des gesellschaftlichen Arbeitssystems wie auch das Recht auf soziale Grundsicherung als Schlüsselfragen sozialistischer Politik.

Daher fordern wir:
- eine auf Vollbeschäftigung gerichtete Wirtschaftspolitik;
- gerechte Verteilung der bezahlten Arbeit; Verkürzung der Wochen- und Lebensarbeitszeit auch auf dem Wege von bezahlter Weiterbildung und Bildungsurlaub, damit die Massenarbeitslosigkeit überwunden und die Beschäftigungspolitik nicht selbst zur Triebkraft einer zerstörerischen Produktionsausweitung wird; Durchsetzung der 35-Stunden-Woche mit dem Ziel einer weiteren Senkung auf 30 Wochenstunden;
- gesellschaftliche Anerkennung und materielle Vergütung von Kindererziehung, Alten- und Krankenpflege und anderen sozialen Tätigkeiten, die außerhalb der Erwerbsarbeit geleistet werden;
- Schaffung von Arbeitsplätzen durch öffentliche Investitions- und Beschäftigungsprogramme und Ausweitung der Beschäftigungsmöglichkeiten im sozialen und kulturellen Bereich sowie für die Erhaltung und Wiederherstellung der natürlichen Umwelt;
- Möglichkeiten für die Beschäftigten, ihre Arbeitszeit souverän zu gestalten; vor allem sind für die bessere Vereinbarkeit von Beruf und Familie für Frauen und Männer, insbesondere

für Alleinerziehende, entsprechende Arbeitszeitregelungen erforderlich; Abbau von Sonn- und Feiertagsarbeit; Einschränkung des Mehrschichtbetriebes und der Nachtarbeit;
- wesentlich erweiterte Mitbestimmung der Beschäftigten am Arbeitsplatz, in den Betrieben und Unternehmen;
- Beschäftigten, Kommunen und anderen gesellschaftlichen Kräften sind bedeutend mehr Mitbestimmungsmöglichkeiten und -rechte über die Produktion, ihre soziale und ökologische Verträglichkeit sowie ihre gebrauchswertmäßigen Ergebnisse einzuräumen;
- Einspruchsrechte bei Produktionsverfahren und Stoffen, die ökologische Risiken für die Betroffenen und die Umwelt mit sich bringen;
- die Verbesserung des betrieblichen Gesundheitsschutzes und die Ausweitung der Liste anerkannter Berufskrankheiten;
- eine einkommens- und gewinnabhängige Arbeitsmarktabgabe zur Finanzierung aktiver Arbeitsmarktpolitik.

Um diese Forderungen durchzusetzen, sind der DGB und die Einzelgewerkschaften als einheitliche und autonome Gewerkschaften sowie starke Betriebs- und Personalräte unverzichtbar. Die PDS unterstützt die gewerkschaftlichen Kämpfe gegen die Deregulierung der Arbeitsverhältnisse, für die Umkehr der gegenwärtigen Verteilung des gesellschaftlichen Reichtums von unten nach oben und aus den armen Ländern in die Metropolen. Die Auseinandersetzungen zur Durchsetzung eines neuen Produktivkrafttyps werden wir dafür nutzen, soziale, demokratische und ökologische Zielvorstellungen einzubringen und zu verwirklichen. Letzten Endes muß dem Kampf zwischen Arbeit und Kapital neuer Inhalt gegeben und die kapitalistische Vergeudungswirtschaft selbst umgestaltet werden. ...

Eine soziale und ökologische Neuorientierung der Wirtschaftspolitik ist unerläßlich. Sie schließt die stärkere Regionalisierung der Wirtschaft ein."

Beschlossen von der 1. Tagung des 3. Parteitages der PDS, 29. bis 31. Januar 1993

**Deutscher Gewerkschaftsbund (DGB)**

„Die Wirtschaft ist kein Selbstzweck. Sie hat menschlichen Bedürfnissen und gesellschaftlichen Zielen zu dienen. Vollbeschäftigung, Verteilungsgerechtigkeit und mehr Lebensqualität sind für die Gewerkschaften die wichtigsten Ziele ökonomischen Handelns. Sie sind untrennbar verbunden mit einer weltweiten nachhaltigen Entwicklung, die qualitatives Wachstum und eine sozial gerechtere Weltwirtschaftsordnung umfaßt.

Die Gewerkschaften wollen diese Ziele mit Hilfe einer sozial-ökologischen Reformstrategie erreichen. Sie soll die Arbeitslosigkeit überwinden und Wirtschaftswachstum und Umweltschutz in Einklang bringen. Die sozial-ökologische Reform grenzt sich bewußt ab von der Vorstellung, der Anschluß an die Weltmärkte sei zu erhalten, wenn auf nationale Reformen, vor allem in der Sozial- und Umweltpolitik, verzichtet werde. Wir wollen Reformfähigkeit und Wettbewerbsfähigkeit sinnvoll miteinander verknüpfen.

Ein Wettlauf mit den Ländern, die niedrigere Löhne und schlechtere Arbeitsbedingungen und ökologische Standards vorzuweisen haben, kann weder Vollbeschäftigung wiederherstellen, noch die Wettbewerbsfähigkeit steigern. Die Gewerkschaften plädieren statt dessen für einen Wettbewerb, der sich auf die Qualifikation und Kreativität der Arbeitnehmerinnen und Arbeitnehmer und auf ökologisch verantwortbare und gesellschaftlich nützliche Güter stützt. Unser Motto lautet: Wettbewerb durch Innovation auf der Grundlage fairer Wettbewerbsbedingungen.

Der Sozialstaat muß Arbeit und Beschäftigung wieder in den Mittelpunkt stellen und seine Finanz- und Steuerpolitik darauf ausrichten. Neue Akzente sind in der Wirtschafts- und Strukturpolitik erforderlich. Dem industriellen Sektor, der Grundlage des Wirtschaftsstandortes Deutschland, muß eine dauerhafte Perspektive gegeben werden.

Bildung, Forschung und Technologie sind Schlüsselfaktoren im weltweiten Wettbewerb und damit im Kampf um Vollbeschäftigung. Die Gewerkschaften setzen sich für eine langfristig orientierte, staatlich geförderte Innovationsoffensive ein. Sie soll auf zusätzliche Arbeitsplätze

4 Gesellschaftsökonomie         223

ausgerichtet sein, neue Märkte und Wachstumsfelder erschließen und die nachhaltige Entwicklung fördern. Wir fordern die Sicherung der vorhandenen Infrastruktur, etwa im Wasser- und Abwasserbereich, und ihren weiteren Ausbau, insbesondere im Energie-, Verkehrs-, Telekommunikations- und sozialen Bereich. Im Verkehrsbereich müssen umwelt- und ressourcenschonende Verkehrssysteme weiter ausgebaut werden. Die Forschungs- und Technologiepolitik hat die Ziele einer sozial-ökologischen Reformstrategie vorrangig zu unterstützen. Die Fördermittel hierfür müssen kräftig aufgestockt werden. Dies ist sowohl notwendig, um eine sozial-ökologische Reformstrategie zu initiieren, als auch zur Sicherung des Wirtschaftsstandortes Deutschland. Kleine und mittlere Unternehmen brauchen gezielte Unterstützung.

Auch in Zukunft bleibt es notwendig, öffentliche Kredite gezielt für Zukunftsinvestitionen zu verwenden. Sie zahlen sich längerfristig durch neue Arbeitsplätze und zusätzliche Steuer- und Beitragseinnahmen aus.

Wachsende Bedeutung für die Vollbeschäftigung messen die Gewerkschaften der Politik auf europäischer Ebene bei. Wir unterstützen die europäische Wirtschafts- und Währungsunion und eine gemeinsame europäische Währung. Sie muß aber mit einer Wirtschafts- und Strukturpolitik verknüpft werden, die konsequent am Vollbeschäftigungsziel ausgerichtet ist, und durch eine aktive europäische Sozial- und Umweltpolitik mit dem Ziel einer europäischen Sozialunion begleitet sein.

...

Einkommen und Vermögen sind ungerecht verteilt. Damit werden sich die Gewerkschaften nicht abfinden. Tarifpolitik bleibt deshalb auch Verteilungspolitik. Unser Ziel ist, mit Hilfe von Steuern sowie tarif-, vermögens- und gesellschaftspolitischen Maßnahmen mehr Verteilungsgerechtigkeit durchzusetzen."

Grundsatzprogramm des Deutschen Gewerkschaftsbundes, beschlossen auf dem 5. Außerordentlichen Bundeskongreß am 13.–16. November 1996 in Dresden.

**Bundesvereinigung der Deutschen Arbeitgeberverbände (BDA)**

„Die Soziale Marktwirtschaft hat sich bewährt, und sie ist wie keine andere Ordnung in der Lage, auch die neuen Herausforderungen an der Schwelle zum neuen Jahrhundert zu bewältigen. Solidarität so viel wie nötig, Subsidiarität so viel wie möglich, so heißt das Grundprinzip der Sozialen Marktwirtschaft. Sie setzt auf die Freiheit und Kreativität der Menschen, auf Leistung und Wettbewerb und ermöglicht damit wirtschaftliches Wachstum, Wohlstand und Fortschritt. Sie sorgt dabei für soziale Sicherheit und für die Teilhabe aller am Wohlstand.

...

Wir brauchen eine Rückbesinnung auf die Werte und Ziele der Sozialen Marktwirtschaft, auf ihre Balance von Subsidiarität und Solidarität. Nur mit einer an den Grundsätzen der Sozialen Marktwirtschaft ausgerichteten Ordnungspolitik können in Deutschland die Rahmenbedingungen für Wettbewerbsfähigkeit und Wachstum, für soziale Sicherheit und Beschäftigung verbessert werden. Es geht heute darum, die wirtschaftlichen Fundamente der Sozialen Marktwirtschaft zu stärken. Sonst ist auch der Sozialstaat in seiner Finanzierungsbasis gefährdet.

...

Die deutschen Arbeitgeber wollen eine ordnungspolitische Neuorientierung auf allen Ebenen des wirtschaftlichen und sozialen Lebens anstoßen. Besonderes Augenmerk schenken wir dabei der Sozialpolitik, da sie wie kaum ein anderer Bereich für die ordnungspolitischen Fehlentwicklungen der Vergangenheit steht. Zudem stellt der grundlegende demographische Wandel die sozialen Sicherungssysteme vor völlig neue Herausforderungen.

Es kommt jetzt darauf an, durch die ordnungspolitische Neuorientierung die vorhandenen Potentiale für rentable Arbeitsplätze auszuschöpfen.

...

Das Bildungssystem ist für die Leistungsfähigkeit des Wirtschaftsstandorts Deutschland von herausragender Bedeutung. Qualifikation, Erfahrung und Lernbereitschaft entscheiden zu einem erheblichen Teil über die Berufs- und Verdienstchancen jedes einzelnen. Für die gesamte Volkswirtschaft ist das Wissen eine entscheidende Größe für die Einordnung in der global vernetzten Ökonomie.

...

Die gesellschaftlichen und ökonomischen Herausforderungen an der Schwelle zum nächsten Jahrhundert sind groß. Aber sie sind zu bewältigen, wenn wir uns auf die grundlegenden Ordnungsprinzipien der Sozialen Marktwirtschaft besinnen. Subsidiarität hat Vorrang, Solidarität kann nur so gesichert werden. Diesem Prinzip sind die deutschen Arbeitgeber verpflichtet.

Wir wollen und brauchen kein radikal neues Gesellschafts- und Wirtschaftskonzept in Deutschland. Wir wollen und müssen das erfolgreiche Konzept der Sozialen Marktwirtschaft neu zur Geltung bringen und zukunftsfähig machen. Wenn wir heute die notwendigen Reformen auf allen Ebenen des wirtschaftlichen und sozialen Lebens vorantreiben, dann können wir optimistisch in die Zukunft blicken.

Der Umbau des Sozialstaats wird zur Nagelprobe und zum Kernprojekt einer ordnungspolitischen Erneuerung. Umbau heißt nicht undifferenzierte Zerschlagung gewachsener Strukturen, Umbau heißt Umsetzung des Subsidiaritätsprinzips, Fortentwicklung und Anpassung der sozialen Sicherungssysteme an die gesellschaftlichen und ökonomischen Realitäten."

Ordnungspolitische Grundsätze der Bundesvereinigung der Deutschen Arbeitgeberverbände, Köln Mai 1998.

### 4.1.3.2 Die sozialistische Planwirtschaft der ehemaligen Deutschen Demokratischen Republik

#### 4.1.3.2.1 Ausgangslage und konzeptionelle Grundlagen

Der Ausgang des Zweiten Weltkrieges führte Mitteldeutschland und Ostberlin unter sowjetische Besatzungshoheit. Als sowjetische Besatzungszone unterstanden sie damit der politischen Prägekraft der Sowjetunion. Ihr Bestreben richtete sich darauf, die Wirtschaft dieses deutschen Teilgebietes nach dem Muster der sowjetischen Planwirtschaft umzugestalten. Die sowjetische Militärverwaltung entsprach dieser Absicht umgehend, indem sie die sozialistische Veränderung der **Eigentumsverhältnisse** einleitete. Bereits 1945 wurden Banken und Sparkassen verstaatlicht und etwa zehntausend gewerbliche Unternehmungen beschlagnahmt und wenig später in „Volkseigene Betriebe" (VEB) überführt. Im selben Jahr wurde eine Bodenreform durchgeführt, derzufolge landwirtschaftliche Betriebe mit mehr als 100 Hektar Betriebsfläche sowie der Besitz vormals aktiver Mitglieder der NSDAP (Nationalsozialistische Deutsche Arbeiterpartei) und aller „Kriegsverbrecher" (insgesamt 3,3 Millionen Hektar Boden mit insgesamt 35 Prozent der gesamten landwirtschaftlichen Nutzfläche) entschädigungslos enteignet und an 600 000 Kleinbauern, Landarbeiter und Umsiedler aus den Ostgebieten sowie an volkseigene landwirtschaftliche und andere gewerbliche Betriebe verteilt wurden. Neben der Überführung der Produktionsmittel in **„gesellschaftliches" Eigentum** war es das **Prinzip der zentralen Planung,** das die neu aufzubauende sozialistische Wirtschaftsordnung fundieren sollte. Diesem Planungsprinzip wurde 1948 durch die „Deutsche Wirtschaftskommission" – erste gesamtzonale Behörde und Vorläufer der späteren DDR-Regierung – Eingang verschafft. Sie legte für das zweite Halbjahr 1948 einen Übergangsplan für die Grundstoffindustrie vor, in dem genaue Planziele ausgewiesen wurden. Es folgte ein umfassender „Zweijahresplan" für den Zeitraum 1949/50, der die Entwicklung der Produktion sowie der Löhne und Sozialleistungen erfaßte. Die Verfassung der **Deutschen Demokratischen Republik** (DDR) vom 7. Oktober

4 Gesellschaftsökonomie 225

1949 folgte diesem Kurs, indem sie in Artikel 21 die Wirtschaftsplanung zum Verfassungsgrundsatz erhob.

Die **Sozialistische Einheitspartei Deutschlands** (SED), die das neue Staatswesen politisch und wirtschaftlich führte, war im ersten Nachkriegsjahrzehnt vorrangig von dem Bestreben geleitet, die hohen sowjetischen Reparationsforderungen zu erfüllen und gleichzeitig den Aufbau der eigenen Wirtschaft voranzutreiben. Die Ausgangslage für die Realisierung dieses Vorhabens war denkbar schlecht, da die sowjetische Besatzungsmacht die durch Kriegseinwirkungen schwer getroffene mitteldeutsche Wirtschaft nachhaltig zur Ader ließ; so vor allem durch Demontagen, Beschlagnahmung von Betrieben (bei Überführung derselben in sowjetische Aktiengesellschaften) und Waren-„einkauf" mit requirierten Banknoten und neu gedrucktem Besatzungsgeld. Hinzu kam das Fehlen jeglicher ausländischer Kapitalhilfe sowie ein starker Abstrom von den so dringend benötigten Arbeitskräften. Der Wiederaufbau der Wirtschaft mußte somit den Reparationsleistungen zwangsläufig vorangehen. Dieser Einsicht fügt sich der **erste zentrale Volkswirtschaftsplan** (Zweijahresplan für 1949/50), der dem Wiederaufbau der Wirtschaft Rechnung zu tragen versuchte. Auch der nachfolgende **erste Fünfjahresplan** (1951–1955) war deutlich auf Investition abgestellt. Beide Pläne ließen aber auch klar erkennen, daß die Staatsführung die zentrale, am sowjetischen Vorbild orientierte Planung des Wirtschaftsgeschehens für sich beanspruchte. Die Weichen für eine sozialistische Planwirtschaft waren damit klar gestellt, wenn auch das ausdrückliche Bekenntnis zur „sozialistischen Planwirtschaft" erstmals in Artikel 9 der DDR-Verfassung vom 7. 10. 1974 seinen Niederschlag findet.

Die geistigen Grundlagen der Wirtschaftsordnung der sowjetischen Besatzungszone, wie auch der später aus ihr erwachsenden DDR, sind somit im Sozialismus zu suchen, genauer im **Marxismus-Leninismus**, zu dem sich die SED bekannte. So heißt es auch in ihrem bis zuletzt gültigen Parteiprogramm: „Im Sozialismus ist die wissenschaftliche Weltanschauung der Arbeiterklasse, der Marxismus-Leninismus, die herrschende Ideologie"[13]. Alle anderen sozialistischen Richtungen werden damit abgelehnt. Als „**ökonomisches Grundgesetz des Sozialismus**" wird die weitere Erhöhung des materiellen und kulturellen Lebensniveaus des Volkes auf der Grundlage eines hohen Entwicklungstempos der sozialistischen Produktion, der Effektivität des wissenschaftlich-technischen Fortschritts und des Wachstums der Arbeitsproduktivität angenommen.[14] Bei der Durchsetzung dieses ökonomischen Grundgesetzes gilt nach dem Verständnis der SED in der „entwickelten sozialistischen Gesellschaft" das **Leistungsprinzip**. Es wird als das Grundprinzip der Verteilung im Sozialismus bezeichnet.[15]

4.1.3.2.2 Aufbau und Entwicklung seit 1952

Auf der II. Parteikonferenz der SED am 9. Juli 1952 erklärte Walter Ulbricht, seinerzeitiger stellvertretender Ministerpräsident und mächtigster Mann in der Parteiführung: „Die demokratische und wirtschaftliche Entwicklung sowie das Bewußtsein

---

[13] Programm und Statut der SED vom 22. Mai 1976, Köln 1976, S. 48.
[14] Vgl. ebenda S. 55.
[15] Vgl. hierzu Thalheim, K. C., Entstehung und Entwicklung des Wirtschaftssystems der DDR nach dem II. Weltkrieg, in: Materialien zum Bericht der Lage der Nation im geteilten Deutschland 1987, hrsgg. v. Bundesministerium für innerdeutsche Beziehungen, Bonn 1987, S. 20.

der Arbeiterklasse und der Mehrheit der Werktätigen sind ... jetzt soweit entwickelt, daß der Aufbau des Sozialismus zur grundlegenden Aufgabe geworden ist."[16] Der Sozialismus müsse nunmehr „planmäßig aufgebaut" werden. Dieser „**planmäßige Aufbau**" kennzeichnet die wirtschaftliche Entwicklung der DDR in dem der **Vorbereitungsphase** (1945–1952) folgenden Dezennium (1952–1962). Ihm folgt die durch das „**Neue Ökonomische System**" (NÖS) und das „**Ökonomische System des Sozialismus**" (ÖSS) geprägte Entwicklungsperiode (1963–1970), die schließlich 1971 durch die auf dem VIII. Parteitag der SED verkündete „**Einheit von Wirtschafts- und Sozialpolitik**" überwunden wird. Die letzte Entwicklungsperiode der DDR-Wirtschaft zeichnete sich auf dem X. Parteitag 1981 ab, als für die achtziger Jahre die „**intensiv erweiterte Reproduktion**" proklamiert wurde.[17]

Mit dem „**planmäßigen Aufbau des Sozialismus**" von 1952 bis 1962 wurde die Privatwirtschaft auch in denjenigen Bereichen zunehmend eliminiert, in denen sie bis dahin in recht beachtlichem Umfang betrieben wurde; so vor allem in der Landwirtschaft und dem Handwerk, aber auch – allerdings in weit geringerem Maße – in der Industrie und dem Einzelhandel. Die Träger der Kollektivierung waren im landwirtschaftlichen Bereich die **Landwirtschaftlichen Produktionsgenossenschaften** (LPG), im handwerklichen Bereich die **Produktionsgenossenschaften des Handwerks** (PGH). Die noch verbleibenden privaten Industriebetriebe wurden bis auf einige wenige (zunächst) in **Halbstaatliche Betriebe** (Betriebe mit staatlicher Beteiligung) in der Rechtsform von Kommanditgesellschaften umgewandelt. Ähnlich gestaltete sich die Kollektivierung für den Einzelhandel, der großteils in **Betriebe mit Kommissionsverträgen** überführt wurde. In solchen Betrieben fungierte der Inhaber im wesentlichen als Geschäftsführer, der seine Verkäufe auf fremde (staatliche) Rechnung abwickelte.

Die Expansion der kollektivierten Wirtschaft wurde in der Folgezeit gezielt dadurch begünstigt, daß ihre Investitionen im wesentlichen vom Staat finanziert wurden. Im Gegensatz dazu wurden die Einkommen der noch verbliebenen Privatbetriebe so hoch besteuert, daß diese die erforderlichen Investitionen kaum noch finanzieren konnten. Darüber hinaus wurden ihnen in der Regel auch die dafür benötigten Produktionsmittel nicht bewilligt. Diese Diskriminierung des selbständigen Unternehmers führte zu zahlreichen Betriebsaufgaben. So fiel als Folge der Kollektivierung und der „freiwilligen" Betriebsaufgaben der Anteil der Privatbetriebe am „gesellschaftlichen Gesamtprodukt" zwischen 1950 und 1959 von 40,6 auf 15,6 Prozent.

Die **ersten beiden Fünfjahrespläne** für die Jahre 1951–1955 und 1956–1960 (abgebrochen 1958!) waren an einer Investitionspolitik ausgerichtet, die ein maximales Produktionswachstum anstrebte. Der damit erzwungene Konsumverzicht war beträchtlich. Die Unzufriedenheit der Bevölkerung mit der wirtschaftlichen, sozialen und politischen Situation führte nicht nur am 17. Juni 1953 zur Volkserhebung, sie veranlaßte auch immer mehr DDR-Bürger, insbesondere junge Menschen unter 25 Jahren (rund 50 Prozent!), zur Flucht in den Westen. (Zwischen 1949 und 1961

---

[16] Protokoll der Verhandlungen der II. Parteikonferenz der Sozialistischen Einheitspartei Deutschlands vom 9. bis 12. Juli 1952 zu Berlin, Berlin (Ost) 1952, S. 58.
[17] Vgl. hierzu und zum folgenden Thalheim, K. C., Entstehung und Entwicklung des Wirtschaftssystems der DDR nach dem II. Weltkrieg, a.a.O., S. 17ff.

wurden mehr als 2,7 Millionen DDR-Flüchtlinge registriert; davon waren mehr als 60 Prozent Erwerbspersonen.) Diese Abwanderung von wertvollen Arbeitskräften störte die wirtschaftlichen Plandispositionen recht empfindlich und stellte die politische Führung vor ernsthafte Probleme. Die unmenschliche Konsequenz, die die DDR-Führung aus dieser Situation zog, war der Bau der Berliner Mauer (13. 8. 1961) und die Verhängung eines Schießbefehls gegenüber Republikflüchtigen.

Die mit dem **Siebenjahresplan** für 1959 bis 1965 verkündete „**ökonomische Hauptaufgabe**", die Bundesrepublik Deutschland in wirtschaftlicher Hinsicht einzuholen und insbesondere im Lebensstandard der Bevölkerung gleichzuziehen, erwies sich rasch als überzogener Anspruch. Nicht zuletzt diese Erkenntnis verlangte nach einer Korrektur der bestehenden Wirtschaftsordnung. Das 1963 verkündete „**Neue Ökonomische System der Planung und Leitung der Volkswirtschaft**" (NÖSPL) war die Antwort. Es war der bis dahin weitestgehende Reformversuch in der DDR. Sein Grundgedanke bestand darin, die zentrale staatliche Planung durch **betriebliche Eigenverantwortlichkeit** zu ergänzen und damit eine größere Effektivität der Produktion zu erreichen. In der wirtschaftlichen Praxis führte diese Neuorientierung zu einer Erweiterung der Entscheidungsbefugnisse auf der mittleren Ebene der Planungsinstanzen, so insbesondere der **Vereinigungen Volkseigener Betriebe** (VVB). Ein „**in sich geschlossenes System ökonomischer Hebel**", das heißt ein (neues) System monetärer Steuerungsinstrumente, sollte diesen Strategiewechsel erleichtern. Der (Betriebs-)Gewinn als positive Differenz zwischen Verkaufserlösen und Kosten – bislang als kapitalistische betriebswirtschaftliche Größe weitgehend verdrängt – sollte zu einem entscheidungsrelevanten Datum aufsteigen; er sollte ein Instrument zur planmäßigen Steuerung der Wirtschaft werden und als solches fortan für Investitionen im Sach- und Personalbereich (hier insbesondere bei Prämienvergaben) wie auch beim Absatz der hergestellten Güter als Orientierung dienen. Diese betriebliche Gewinnorientierung sollte im Rahmen der Planzielfixierung erfolgen.

Die wirksame Ergänzung der zentralen Planung durch eine dezentrale Gewinnorientierung wurde durch die starre administrative Preisbindung empfindlich gestört. Auch die mit der Einführung des NÖSPL in den Jahren 1964 bis 1967 bewältigte Preisreform konnte diesen Mangel nicht beheben. Als sich schließlich zeigte, daß die aus dem erweiterten Entscheidungsspielraum der mittleren Planungsinstanzen resultierenden Festlegungen – besonders in strukturpolitischer Hinsicht – nicht selten den von der Staats- und Parteiführung gesetzten Prioritäten widersprachen, wurde durch Staatsratsbeschluß (1968) die „**Planung volkswirtschaftlich strukturbestimmender Erzeugnisse, Verfahren und Technologien**" zum Kernstück der zentralen Planung erklärt. Dies bedeutete zumindest partiell eine Rücknahme der Reform. Auch nachdem 1968 eine Umbenennung der NÖSPL in „**Ökonomisches System des Sozialismus**" (ÖSS) erfolgte, konnte sich kein einheitliches Lenkungssystem durchsetzen. Diese Unsicherheit in der politischen Führung schuf Anfang der siebziger Jahre weitere wirtschaftliche Schwierigkeiten. Im Herbst 1970 wurde der Reformkurs zugunsten einer erneuten Zentralisierung abgebrochen; lediglich einige wenige Reformelemente, insbesondere der monetären Steuerung, wurden in modifizierter Form beibehalten. Der Sturz Walter Ulbrichts (3. Mai 1971) und die Ernennung von Erich Honecker zum Ersten Sekretär des Zentralkomitees (ZK) der SED müssen mit dieser Situation in kausalen Zusammenhang gebracht werden.

Auf dem VIII. Parteitag der SED (1971) wurde die „ökonomische Hauptaufgabe" neu formuliert: „Weitere Erhöhung des materiellen und kulturellen Lebensniveaus des Volkes auf der Grundlage eines hohen Entwicklungstempos der sozialistischen Produktion, der Erhöhung der Effektivität, des wissenschaftlich-technischen Fortschritts und des Wachstums der Arbeitsproduktivität."[18] Die damit als vorrangig erklärte Besserversorgung der Bevölkerung war jedoch – wie Honecker etwas später ergänzend feststellte – notwendigerweise an eine höhere Leistung geknüpft. Denn: „Es kann nur das verteilt werden, was vorher erarbeitet worden ist." Diese konditionale Verknüpfung von höherer Leistung und Besserversorgung verdeutlichte den Gehalt eines in der Folgezeit immer wieder betonten wirtschaftspolitischen Grundprinzips der SED, der **„Einheit von Wirtschafts- und Sozialpolitik".**

Die siebziger Jahre brachten der DDR-Wirtschaft ein relativ kräftiges und stabiles Wachstum. Ausschlaggebend hierfür waren die rege Investitionstätigkeit und ein stark erhöhter Materialverbrauch. Letzterer führte die rohstoffarme und deshalb hinsichtlich der benötigten Materialien stark importabhängige DDR zwangsläufig zu einer hohen Auslandsverschuldung. So erhöhte sich der Netto-Schuldenstand der DDR gegenüber dem westlichen Ausland in der zweiten Hälfte der siebziger Jahre mit jährlichen Raten von mehr als 20 Prozent und das Handesbilanzdefizit gegenüber der UdSSR belief sich in den Jahren 1975 bis 1980 auf insgesamt 2,5 Milliarden Transfer-Rubel.[19] Als Konsequenz dieser Entwicklung mußte der Rohstoffimport gedrosselt und der Export erhöht werden. Beides führte zu einer Verknappung der im Inland für Produktion und konsumtive Verwendung zur Verfügung stehenden Ressourcen. Das wirtschaftliche Wachstum durfte und konnte deshalb in den achtziger Jahren nicht mehr über wachsende Kapitalausstattung und steigenden Materialeinsatz gespeist werden.

Diese Situation zwang die DDR-Führung zu einem Umdenken in ihrer Wirtschaftspolitik. Die gleichbleibende „ökonomische Hauptaufgabe" (hohes und stabiles wirtschaftliches Wachstum zur weiteren Erhöhung des materiellen und kulturellen Wohlstandes) sollte deshalb künftig bei konstanten Inputs durch umfassende und konsequente **„Intensivierung"** erreicht werden. Die ökonomische Strategie für die achtziger Jahre lief fortan unter dem Schlagwort **„intensiv erweiterte Reproduktion".** Ihr stellte Erich Honecker auf dem X. Parteitag der SED (1981) zehn Grundsätze voran, die sich im wesentlichen mit den wirtschaftspolitischen Vorgaben des VIII. Parteitags deckten. Mit besonderem Nachdruck wurden gefordert:

- Beschleunigung des wissenschaftlichen Fortschritts,
- Senkung des spezifischen Produktionsverbrauchs,
- Modernisierung der Kapitalausstattung (anstelle von Neuinvestitionen),
- Erhöhung der Arbeitsproduktivität.

Der Übergang zur „Intensivierung" wurde mit einer Vielzahl von Änderungen des Systems der Leitung und Planung ausgestaltet.

Wie die vorausgegangenen Darlegungen deutlich machten, durchlief die sozialistische Planwirtschaft der DDR seit Kriegsende verschiedene Entwicklungsperioden. Sie beinhalteten jeweils Korrekturen und Neuerungen, Revisionen und Modi-

---
[18] Protokoll der Verhandlungen des VIII. Parteitags der SED, Berlin (Ost) 1971, Bd. 1, S. 61 f.
[19] Vgl. Cornelsen, D., Die Wirtschaft der DDR 1981–1985, Bilanz des Fünfjahresplanes, in: Aus Politik und Zeitgeschichte, B 4/86, S. 3.

fikationen. Was sich durchsetzte und von Bestand erwies, was diese Wirtschaftsordnung elementar charakterisierte und typisierte, läßt sich wie folgt zusammenfassen:

- Die Wirtschaftsordnung der DDR war in deren Staats- und Gesellschaftsordnung eingelagert;
- sie wurde als sozialistische Planwirtschaft im marxistisch-leninistischen Sinn verstanden;
- der Sozialistischen Einheitspartei (SED) wurde – wie in Staat und Gesellschaft – auch in der Wirtschaft die Führungsrolle zugestanden; staatliche Organe dienten als Instrumente zur Durchsetzung der Parteibeschlüsse; Parteiapparat, Staatsapparat und Wirtschaftsverwaltung standen in engem Personalverbund;
- die Produktionsmittel standen in sozialistischem Eigentum und wurden von der SED, der (vermeintlichen) Sachverwalterin der Arbeiterklasse, als materielle Grundlage ihrer Herrschaft gehalten;
- die Leitung und Planung der gesellschaftlichen Entwicklung und damit auch der Wirtschaft oblag der Partei; die zentrale Planung des Wirtschaftsprozesses erfolgte durch Wirtschaftsverwaltungsbehörden auf zentraler, regionaler und kommunaler Ebene; die einschlägige Personalpolitik (Kaderpolitik) garantierte die Vorherrschaft der Partei bis hinab zu den Fachdirektoren und Meistern der mittleren Betriebe (alle leitenden Positionen in der Wirtschaft wurden durch den Staat oder durch vom Staat berufene Funktionäre besetzt: so berief der zuständige Minister die Generaldirektoren der Kombinate, diese beriefen die Fachdirektoren der Kombinate und die Direktoren der Kombinatsbetriebe; die Direktoren der Volkseigenen Betriebe wurden vom Leiter des zuständigen übergeordneten Organs berufen und ernannten ihrerseits wieder die Fachdirektoren der Volkseigenen Betriebe);
- die zentrale Planung der Produktion erfolgte in Wertgrößen, zu einem großen Teil auch nach Mengen, Größen und Sortimenten;
- die Preise wurden zentral festgelegt;
- der Außenhandel wurde über ein staatliches Außenhandelsmonopol abgewickelt.

Die aufgezeigten Strukturmerkmale der sozialistischen Planwirtschaft der DDR ließen es gerechtfertigt erscheinen, diese als eine **Zentralverwaltungswirtschaft** einzustufen.

### 4.1.3.2.3 Die außenwirtschaftliche Integration der DDR

Außenwirtschaftlich war die DDR im **Rat für gegenseitige Wirtschaftshilfe** (RGW)[20] eingebunden. Er wurde 1949 in Moskau auf Initiative der Sowjetunion als Gegenstück zu dem amerikanischen Wiederaufbauprogramm für Europa (Marshall-Plan, 1948) gegründet. Die Sowjetunion wollte mit der Bildung dieser Wirtschaftsgemeinschaft der Möglichkeit entgegenwirken, daß die unter ihrem Einfluß stehenden mitteleuropäischen „Volksdemokratien" die von den USA angebotene Marshall-Plan-Hilfe annähmen. Die DDR wurde 1950 Mitglied. Ende der achtziger Jahre umfaßte der RGW zehn Staaten: Bulgarien, DDR, Kuba, Mongolei, Polen,

---

[20] In der englischen Ausdrucksweise COMECON (Council for Mutual Economic Assistance) genannt.

Rumänien, UdSSR, ČSSR, Ungarn, Vietnam. Die 1958 wirksam gewordene Gründung der Europäischen Wirtschaftsgemeinschaft begünstigte diese „**Sozialistische ökonomische Integration**". 1959 wurde im RGW-Statut die rechtliche Basis für die Ratsaktivitäten geschaffen, die mit einigen Modifikationen bis zur Auflösung des RGW im Frühjahr 1991 galt.

Die globale ökonomische Zielsetzung des RGW war die Verbesserung der Leistungsfähigkeit der nationalen Volkswirtschaften durch Intensivierung der zwischenstaatlichen Beziehungen. Im sogenannten **Komplexprogramm** von 1971 hatten sich die RGW-Mitgliedstaaten auf folgenden Zielkatalog verständigt: Beschleunigtes Wirtschaftswachstum, Herausbildung moderner Produktionsstrukturen, Erhöhung des Lebensstandards der Bevölkerung, schrittweise Annäherung und Angleichung des ökonomischen Entwicklungsniveaus der Mitgliedsländer sowie beschleunigtes und stabiles Wachstum des Handels zwischen diesen (**Intrablockhandel**). Eine unter den Mitgliedern allseits anerkannte Konzeption über die Weiterentwicklung und den angestrebten Endzustand der Gemeinschaft lag nicht vor; die Schaffung überstaatlicher Organe wurde erklärtermaßen (Komplexprogramm) nicht angestrebt. Die Wahrung der nationalstaatlichen Souveränität galt als eines der wesentlichen Prinzipien für die Zusammenarbeit. Dem fügten sich auch die Befugnisse der Ratsorgane wie auch die für diese geltenden Formen der Willensbildung. So verfügten von den Hauptorganen des RGW die **Ratstagung** (sie trat regelmäßig einmal jährlich auf Ministerpräsidentenebene zusammen und fällte Grundsatzentscheidungen) als **Exekutivkomitee** (Leitungs- und Vollzugsorgan) und die **Ständige Kommission** lediglich über die Vollmacht, in Sachen wirtschaftlicher Kooperation Empfehlungen auszusprechen. Diese Empfehlungen mußten, um in die Praxis umgesetzt werden zu können, von den souveränen Mitgliedsländern angenommen werden. Das **Sekretariat**, ebenfalls ein Hauptorgan, erfüllte im Rahmen der Willensbildung die Funktion des Initiators; es war nicht berechtigt, Empfehlungen auszusprechen. Die Tatsache, daß alle Empfehlungen der RGW-Organe einstimmig erfolgen mußten (jedes Land hatte eine Stimme!), hatte sich recht bald als wenig integrationsfördernd erwiesen, so daß seit 1967 dieses Einstimmigkeitsprinzip nur noch für die Staaten galt, die sich in bezug auf eine geplante Maßnahme zuvor als „interessiert" erklärten. Damit konnte ein Land seine Mitarbeit an einem (es) „nicht interessierenden" Projekt zwar einstellen, jedoch nicht mehr das Zustandekommen einer mit dem Einverständnis der interessierten Länder empfohlenen Maßnahme verhindern.

Die ökonomische Zusammenarbeit der Mitgliedsländer des RGW war hauptsächlich im Wege der **Plankoordinierung** organisiert. Sie erfolgte auf Regierungsebene. Obgleich der RGW über ein Komitee für die Zusammenarbeit auf dem Gebiet der Planungstätigkeit verfügte, erfolgte die Plankoordinierung in der Regel auf bilateraler Ebene. Sie erstreckte sich auf den Außenhandel wie auch auf die Produktion. Damit sollten insbesondere unwirtschaftliche Parallelinvestitionen verhindert werden. Konkret führten solche Plankoordinierungen zu **Spezialisierungs- und Kooperationsvereinbarungen.** So wurden in fünf ausgewählten Bereichen (Rohstoff- und Energiewirtschaft, Landwirtschaft, Maschinenbau, Konsumgüterindustrie und Transportwesen) aufgrund gemeinsamer Bedarfsprognosen sogenannte **langfristige Zielprogramme** verfolgt.

Der ökonomisch wünschenswerten Verwirklichung einer effizienten internationalen Arbeitsteilung begegneten jedoch währungstechnische Schwierigkeiten. Die

Währungen der RGW-Staaten waren reine **Binnenwährungen;** ökonomisch begründete Wechselkurse gegenüber Ratsländern, wie auch gegenüber Drittländern, bestanden nicht. Die Inlandspreise waren politische Preise, sie waren zentral festgelegt und demzufolge als Verrechnungsbasis für den Außenhandel ungeeignet. Dieser wurde deshalb auf der Grundlage von Weltmarktpreisen abgewickelt. Dieser Abrechnungsmodus machte eine exakte Rentabilitätsrechnung bei Außenhandelsgeschäften nahezu unmöglich. Dies wiederum führte in den RGW-Staaten zu einer deutlichen Zurückhaltung hinsichtlich einer weiteren Ausdehnung ihrer Außenhandelsbeziehungen, insbesondere in Form von Spezialisierungs- und Kooperationsvereinbarungen. Die notwendige Ausarbeitung ökonomisch begründeter Wechselkurse – wie sie das Komplexprogramm von 1971 schon lange vorsah – konnte nicht verwirklicht werden.

Als zusätzliches Hemmnis der im RGW angestrebten Integration zeigten sich die ausgeprägten Niveau- und Strukturunterschiede der einzelnen Volkswirtschaften. Die DDR zählte hierbei zu den höchst entwickelten im Rat. Ihr Interesse an Spezialisierungsvereinbarungen war bedeutend stärker ausgeprägt als bei wirtschaftlich zurückgebliebenen Mitgliedsländern, die ihre Industrie zunächst auf breiter Basis entwickeln wollten.

### 4.1.3.2.5 Rückblick

Die seit 1963 anhaltenden Bemühungen der DDR-Führung, die Effizienzschwächen ihrer Wirtschaft zu beheben, führten nicht zum gewünschten Erfolg. Die mit dem NÖS ins Auge gefaßte radikale Reform konnte letztlich nicht durchgesetzt werden. Sie war einer „Reform in kleinen Schritten" (D. Cornelsen) gewichen. Unbestritten hat die mitteldeutsche Wirtschaft auf diesem Weg Erfolg gezeigt. So konnte zu Beginn der achtziger Jahre durch straffe Lenkung des Wirtschaftsprozesses die bedrohliche Finanzierungssituation im Außenhandel überwunden und eine Schuldenkrise abgewendet werden; dies allerdings nur auf Kosten der Investitionen und zum Teil auch des Lebensstandards der Bevölkerung. Gleichzeitig gelang es, den überhöhten spezifischen Energie- und Materialverbrauch zu senken und dem Kosten- und Ertragsdenken stärkere Beachtung zu erwirken. Das gesamtwirtschaftliche Wachstum verzögerte sich trotz der schwierigen Anpassungsprozesse nur geringfügig. Auch den Vergleich mit den anderen RGW-Ländern brauchte die mitteldeutsche Wirtschaft nicht zu scheuen. Ihr Leistungsniveau und ihr Lebensstandard hielten die Spitze.

Trotz dieser Achtungserfolge waren die (traditionellen) Defizite der sozialistischen Planwirtschaft unübersehbar. Es waren dies vor allem[21]:
- ihre geringe Flexibilität, sich veränderten Voraussetzungen anzupassen,
- ihre Innovationsträgheit und
- ihre unzureichende Leistungsmotivation der Arbeitenden.

Die **geringe Flexibilität** sozialistischer Planwirtschaften im allgemeinen und der DDR-Wirtschaft im besonderen resultierte aus der Schwerfälligkeit der Planungs-

---

[21] Siehe hierzu Cornelsen, D., Perestrojka und Glasnost in der Wirtschaft der DDR, in: Schriftenreihe Hochschule/Wirtschaft, Heft 7, 1988, S. 64 f. und Klinger, F., Die Krise des Fortschritts in der DDR, Innovationsprobleme und Mikroelektronik, in: Aus Politik und Zeitgeschichte, B 3/87, S. 3–19, insbesondere S. 18 f.

bürokratie. Notwendige Änderungen von Plänen aufgrund veränderter Voraussetzungen wurden häufig als lästig empfunden und deshalb ausgelassen oder aber mit erheblicher zeitlicher Verzögerung vorgenommen. Die auftretenden Störungen griffen oft in andere Planbereiche über. Disproportionen stellten sich ein.[22] Der fehlende Wettbewerbsdruck enthob die Unternehmensleiter meist dem Zwang, rasch und umsichtig zu handeln.

Eine besondere Ausprägung geringer Flexibilität stellte die in der DDR allseits beklagte **Innovationsträgheit** dar. Besonders hinsichtlich der Entwicklung, der Produktion und des Einsatzes von Schlüsseltechnologien (Mikroelektronik, elektronische Rechentechnik, Informationstechnologien, Robotertechnik, CAD/CAM, Biotechnologie, Lasertechnik) wurde sie als Fortschrittshemmer erkannt. Hier minderte die unzureichende Anpassung an die Entwicklung die Konkurrenzfähigkeit der mitteldeutschen Industrie, insbesondere auf den Märkten der nichtsozialistischen Industrieländer, in bedrohlichem Umfang.

Die **unzureichende Leistungsmotivation** in der arbeitenden Bevölkerung ließ ein beachtliches Wertschöpfungspotential ungenutzt. Arbeiter und Angestellte mußten sich bis zuletzt mit einem recht bescheidenen Lohn und darüber hinaus mit einer unbefriedigenden Konsumgüterversorgung, insbesondere im Bereich des gehobenen Bedarfs, abfinden. Sie sahen sich deshalb kaum zu Leistungssteigerungen veranlaßt. Hier wurde offensichtlich das menschliche Selbstinteresse in seiner antriebsstiftenden Kraft bewußt übersehen. Die nach 1976 festzustellende Förderung des privaten Handwerks, der individuellen Hauswirtschaften in der Landwirtschaft, der Kleingärtner, Siedler und Kleintierzüchter ließ allerdings vermuten, daß dieses Movens (Selbstinteresse) mehr aus ideologischen Vorbehalten denn aus wahrer Verkennung ignoriert wurde. Es muß bezweifelt werden, daß eine Bereitschaft zur Mehrleistung – so wie sie durch das Selbstinteresse ausgelöst wird – auch beziehungsweise lediglich durch „moralische" Appelle ausgelöst werden kann, wie zum Beispiel durch regelmäßige Veröffentlichung der Wettbewerbsvorhaben großer Kombinate. Der Übergang zur „intensiv erweiterten Reproduktion", wie er von E. Honecker auf dem X. Parteitag (1981) angekündigt wurde, konnte ohne diese Einsicht wohl kaum realisiert werden. Die in der DDR-Wirtschaft sicherlich vorhandenen menschlichen Produktivitätsreserven hätten unseres Erachtens nur über entsprechende materielle Gratifikationen mobilisiert werden können.

Auch wenn die DDR-Führung ihre Wirtschaftspolitik immer wieder als erfolgreich und bewährt erklärte und Reformen nach sowjetischem Muster als nicht erforderlich abwies, waren sich Beobachter der mitteldeutschen Wirtschaft weitgehend einig, daß sich auch die DDR der Entwicklung in der UdSSR auf längere Sicht nicht würde verschließen können. In der Tat schienen die seit dem 1. Januar 1988 in weiten Bereichen der sowjetischen Wirtschaft geltenden neuen gesetzlichen Bestim-

---

[22] „Wenn im Produktionsablauf immer wieder Materialengpässe auftreten, so ist das meist ein Beweis dafür, daß in der Planung die richtigen Proportionen verfehlt wurden." Thalheim, K. C., Reformbedarf und Reformfähigkeit der sozialistischen Planwirtschaft in der DDR, in: Materialien zum Bericht zur Lage der Nation im geteilten Deutschland, a.a.O., S. 160.

mungen auch Elemente zu enthalten, die der DDR-Wirtschaft als Reformansätze hätten dienen können:[23]

- die Einführung wirtschaftlich begründeter Preise (die bislang behördlich gebildeten Preise gaben in der Regel die ökonomischen Knappheiten nicht richtig wieder und führten so zu Verzerrungen und Fehlsteuerungen);
- der Abbau staatlicher Subventionen;
- die Beseitigung von Monopolstrukturen im Unternehmensbereich und die Einführung eines begrenzten Wettbewerbs;
- verstärkte Nachfrageorientierung;
- die Abschaffung der Zuteilung von Rohstoffen, Halbfabrikaten u.a. durch Ministerien sowie die Überantwortung der Verteilung in die Eigenständigkeit des Großhandels.

Für eine Abschätzung des wirtschaftlichen Erfolgszwanges und damit des Reformdrucks, dem die DDR-Wirtschaft unterlag, war es notwendig zu wissen, „daß die SED-Führung die Erfolge ihrer Wirtschaftspolitik an der Bundesrepublik mißt und daher eine Erhöhung des Wirtschaftswachstums aus ökonomischen und politischen Gründen unerläßlich ist"[24]. Die Möglichkeiten der Partei- und Staatsführung, dieses Wirtschaftswachstum zu erwirken, konnten unseres Erachtens allerdings immer nur im Rahmen der politischen Spielräume gesucht werden. „Die Parteispitze wird keine Maßnahmen einleiten, von denen sie annimmt, daß sie ihre Machtgrundlagen direkt berühren."[25] Deshalb durfte wohl kaum das staatliche Eigentumsmonopol oder die Kontrolle der ökonomischen Entwicklung durch die Parteiführung eingeschränkt werden. Letztere Feststellung schließt allerdings nicht aus, daß über weitere Verbesserungen des Kennziffersystems Wachstumsimpulse hätten gegeben werden können, so insbesondere über eine stärkere Verknüpfung von Gewinn und technologischer Innovation.[26] Es brauchte auch nicht ausgeschlossen werden, daß sich der Staat in bestimmten Wirtschaftsbereichen mit weniger Macht bescheiden würde und im Gegenzug beispielsweise Kombinats- und Betriebsleitungen eigenverantwortliche Initiativen hätten entwickeln können. In den sozialistischen Planwirtschaften hieß Ende der achtziger Jahre das vielbeschworene Zauberwort „Markt".

*4.1.3.3 Vergleichende Darstellung wirtschaftlicher Entwicklungen und Strukturen in den beiden deutschen Staaten*[27]

Eine vergleichende Darstellung wirtschaftlicher Entwicklungen und Strukturen in den beiden deutschen Staaten stößt auf erhebliche Schwierigkeiten. Der umfangreichen und detaillierten Statistik der Bundesrepublik Deutschland steht eine häufig nur dürftige Datensammlung der DDR gegenüber. Dieser Umstand ist zum einen

---

[23] Vgl. Liciejewski, K., Ökonomische Reformen in der DDR: Geschichte – Probleme – Perspektiven, in: Aus Politik und Zeitgeschichte, B 4-5/88, S. 11 f. sowie Cornelsen, D., Perestrojka und Glasnost in der Wirtschaft der DDR, a.a.O., S. 65.
[24] Liciejewski, K., Ökonomische Reformen in der DDR, a.a.O., S. 13.
[25] Ebenda S. 14.
[26] Vgl. ebenda.
[27] Vgl. hierzu Bundesministerium für innerdeutsche Beziehungen (Hrsg.), Zahlenspiegel Bundesrepublik Deutschland/Deutsche Demokratische Republik, Ein Vergleich, Bonn 1988.

darin begründet, daß in der DDR die Erstellung von Statistiken und deren Veröffentlichung dem staatlichen Informationsmonopol unterlag; zum anderen unterblieb die Publikation von Zahlenwerken zu problematischen Gesellschaftsbereichen häufig aus politischen Erwägungen. So wurde beispielsweise von der DDR-Führung nie eine Zahlungsbilanz (Bilanz des grenzüberschreitenden Waren-, Dienstleistungs- und Kapitalverkehrs) präsentiert. Auch die Einnahmen- und Ausgabenstruktur des Staatshaushalts der DDR galt als Staatsgeheimnis, so daß die Verwendung erheblicher Teile des Staatsbudgets im dunkeln blieb.

Zusätzliche Erschwernisse begegnen dem zwischenstaatlichen Vergleich aus den methodischen Unterschieden in der statistischen Erfassung. So sind insbesondere Vergleiche hinsichtlich der gesamtwirtschaftlichen Leistung der beiden Staaten äußerst kompliziert und annäherungsweise nur über entsprechende (Kaufkraft-)Umrechnungen möglich. In der Bundesrepublik Deutschland war die Hauptkennziffer der **volkswirtschaftlichen Gesamtrechnung** das **Bruttosozialprodukt,** in der DDR das **Nationaleinkommen.** Im Gegensatz zur westlichen Meßgröße (Bruttosozialprodukt) gingen in das Nationaleinkommen lediglich „produktive Leistungen" ein, das heißt, der große Bereich der privaten und öffentlichen Dienstleistungen fand in ihm keine Berücksichtigung. Ausgangsbasis für die Berechnungen der Leistungen der DDR-Wirtschaft war allein die materielle Produktion.

Die Berechnung der Wirtschaftsleistungen gestaltete sich in den beiden deutschen Staaten nach folgender Methode (siehe Übersicht 4.6):

Wie der Vergleich der beiden Berechnungsmethoden erkennen läßt, könnte eine ungefähre Entsprechung zwischen dem **Bruttosozialprodukt abzüglich** der Abschreibung (= Nettosozialprodukt zu Marktpreisen) sowie (abzüglich) der Beiträge

| **Bundesrepublik Deutschland** | **Deutsche Demokratische Republik** |
|---|---|
| Verkäufe<br>+ selbsterstellte Anlagen<br>+ Änderung der Vorräte | Produktion von materiellen Gütern<br>und produktiven Leistungen<br>+ Änderung der Vorräte |
| = **Produktionswert**<br>− Produktionskosten (das sind Vorleistungen) | = **Gesellschaftliches Gesamtprodukt**<br>− Verbrauch an Material und<br>produktiven Leistungen (Vorleistungen) |
| = **Bruttoinlandprodukt**<br>+ Nettoeinkommen aus dem Ausland | = **Volkswirtschaftliches Endprodukt** |
| = **Bruttosozialprodukt** (zu Marktpreisen)<br>− Abschreibungen (d. h. Wertminderung des<br>Anlagevermögens durch Verschleiß<br>und Veralten) | − Abschreibungen (Wertminderung<br>des Anlagevermögens<br>durch Verschleiß und Veralten) |
| = **Nettosozialprodukt** (zu Marktpreisen)<br>− indirekte Steuern<br>(z. B. Mehrwertsteuer, Mineralölsteuer)<br>+ Subventionen (z. B. Betriebsbeihilfen<br>an die Bundesbahn) | = **Nettoprodukt**<br>− Verrechnungen für den Produktionsverbrauch<br>(Preissubventionen für den Materialverbrauch) |
| = **Volkseinkommen**<br>und zwar<br>Einkommen aus unselbständiger Arbeit,<br>Einkommen aus Unternehmertätigkeit<br>und Vermögen. | = **Produziertes Nationaleinkommen** |

Übersicht 4.6

4 Gesellschaftsökonomie

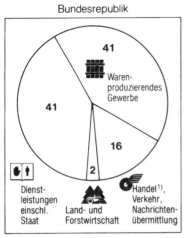
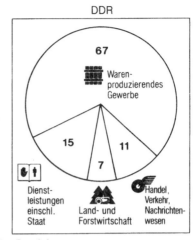

Bruttosozialprodukt aller Bereiche
Preise von 1980  1 580,8 Mrd. DM    288,0 Mrd. M    Preise von 1980 [2]

1) Nur Binnenhandel.
2) Die Differenz zwischen der Gesamtsumme und der Summe der Einzelbereiche ist bedingt durch den Korrekturposten „Verrechnungen für den Produktionsverbrauch", der nicht auf die Wirtschaftsbereiche aufgeschlüsselt werden kann.
Quelle: Berechnungen des DIW Berlin

Schaubild 4.7: Beiträge der Wirtschaftsbereiche zum Bruttosozialprodukt 1985 in Prozent
Entnommen aus: Bundesministerium für innerdeutsche Beziehungen (Hrsg.), Zahlenspiegel Bundesrepublik Deutschland/Deutsche Demokratische Republik, Ein Vergleich, a. a. O., S. 54 (nachfolgend zitiert: BMB, 1988).

der „nicht produzierenden" Wirtschaftsbereiche und dem produzierten **Nationaleinkommen** ausgemacht werden.

Vergleicht man das Bruttosozialprodukt der beiden deutschen Staaten hinsichtlich der Beiträge der einzelnen **Wirtschaftsbereiche,** so lassen sich deutliche Strukturunterschiede ausmachen. So war in der DDR der Anteil des warenproduzierenden Gewerbes bedeutend höher als in der Bundesrepublik, während hier wiederum der vergleichsweise höhere Anteil der privaten und öffentlichen Dienstleistungen auffällt (siehe Schaubild 4.7).

Die Entwicklung der **gesamtwirtschaftlichen Wachstumsraten** seit 1961 (in der Bundesrepublik die reale Zunahme des Bruttosozialprodukts zu Preisen von 1976, in der DDR die Zunahme des produzierten Nationaleinkommens zu Preisen von 1980) läßt erkennen, daß die jährlichen Schwankungen in der Bundesrepublik bedeutend kräftiger ausfielen als in der DDR, wenngleich auch hier (DDR) nicht von einem gleichmäßigen Wachstum gesprochen werden konnte (siehe Schaubild 4.8).

Sowohl in der Bundesrepublik Deutschland wie auch in der DDR waren über den Zeitraum von 1960–1985 in allen Wirtschaftsbereichen kontinuierliche Produktionszuwächse zu verzeichnen. Ausgenommen im Dienstleistungsbereich fielen diese in der DDR insgesamt höher aus, so daß hier auch die Produktionssteigerung der Gesamtwirtschaft deutlich höher lag als in Westdeutschland. Diese Feststellung darf allerdings nicht unberücksichtigt lassen, daß die DDR von wesentlich niedrige-

## 236  4 Gesellschaftsökonomie

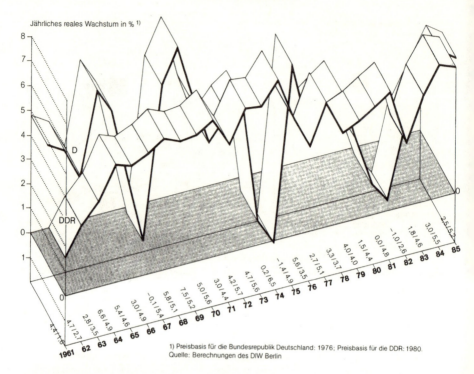

**Schaubild 4.8:** Wachstumsraten der Gesamtwirtschaft
Entnommen aus: BMB, 1988, S. 55.

|  |  | Bundesrepublik Deutschland |  | DDR |
|---|---|---|---|---|
| Land- und Forstwirtschaft |  | 100 | 1960 | 100 |
|  |  | 114 | 1970 | 114 |
|  |  | 121 | 1980 | 137 |
|  |  | 138 | 1985 | 151 |
| Warenproduzierendes Gewerbe |  | 100 | 1960 | 100 |
|  |  | 161 | 1970 | 173 |
|  |  | 195 | 1980 | 291 |
|  |  | 198 | 1985 | 371 |
| Handel, Verkehr, Nachrichtenwesen |  | 100 | 1960 | 100 |
|  |  | 160 | 1970 | 157 |
|  |  | 214 | 1980 | 244 |
|  |  | 234 | 1985 | 280 |
| Dienstleistungen |  | 100 | 1960 | 100 |
|  |  | 149 | 1970 | 138 |
|  |  | 215 | 1980 | 188 |
|  |  | 238 | 1985 | 213 |
| Gesamtwirtschaft |  | 100 | 1960 | 100 |
|  |  | 155 | 1970 | 154 |
|  |  | 203 | 1980 | 241 |
|  |  | 216 | 1985 | 293 |

Quelle: Berechnungen des DIW Berlin

**Schaubild 4.9:** Produktionssteigerung in den verschiedenen Wirtschaftsbereichen (gemessen an den Beiträgen zum realen Bruttosozialprodukt, Index 1960=100%)
Entnommen aus: BMB, 1988, S. 55.

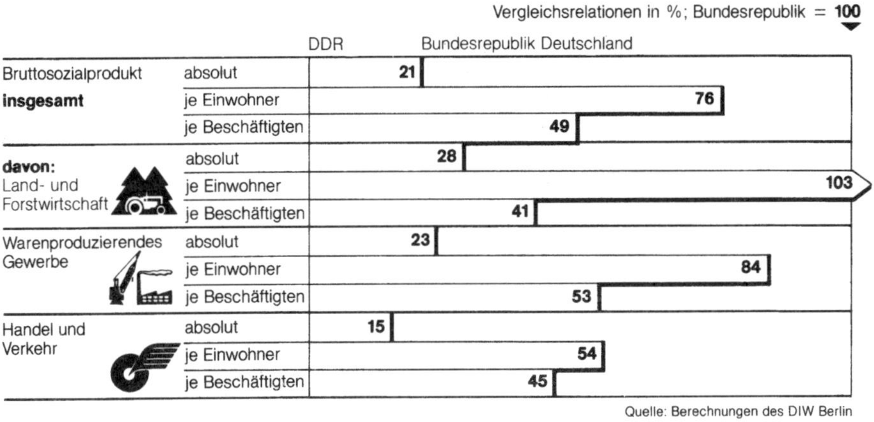

4 Gesellschaftsökonomie

| | | DDR | Vergleichsrelationen in %; Bundesrepublik = 100 Bundesrepublik Deutschland |
|---|---|---|---|
| Bruttosozialprodukt insgesamt | absolut | 21 | |
| | je Einwohner | | 76 |
| | je Beschäftigten | | 49 |
| davon: Land- und Forstwirtschaft | absolut | 28 | |
| | je Einwohner | | 103 |
| | je Beschäftigten | | 41 |
| Warenproduzierendes Gewerbe | absolut | 23 | |
| | je Einwohner | | 84 |
| | je Beschäftigten | | 53 |
| Handel und Verkehr | absolut | 15 | |
| | je Einwohner | | 54 |
| | je Beschäftigten | | 45 |

Quelle: Berechnungen des DIW Berlin

**Schaubild 4.10:** Sozialprodukt 1983
Entnommen aus: BMB, 1988, S. 56.

ren Grundwerten (1960) ausging, die ihrerseits leichter höhere Steigerungsraten zuließen (siehe Schaubild 4.9).

Aufschluß über die Leistungsfähigkeit der beiden gegensätzlichen Wirtschaftsordnungen liefert uns der **absolute** und **relative** (je Einwohner, je Beschäftigten) Vergleich des **Sozialprodukts** der Bundesrepublik und der DDR (in vergleichbarer Abgrenzung ohne Dienstleistungen). Die Werte für die DDR wurden auf der Basis von Modellannahmen in Preise der Bundesrepublik umgerechnet (siehe Schaubild 4.10).

Für die Beurteilung des wirtschaftlichen Wohlstandes eines Volkes interessieren unter anderem: die Höhe des Einkommens, die (Konsum-)Güterpreise, der Umfang der verfügbaren Freizeit. Ihnen soll in vergleichender Darstellung nachfolgend unsere Aufmerksamkeit geschenkt werden.

Die durchschnittlichen monatlichen **Arbeitnehmereinkommen** werden aus der gesamtwirtschaftlichen Lohn- und Gehaltssumme unter Einbezug von Prämien und Sonderzahlungen (z. B. Weihnachtsgeld) und der Gesamtzahl der Beschäftigten ermittelt. Von diesen Bruttoeinkommen werden in beiden deutschen Staaten die gesetzlichen Abgaben (Lohnsteuer und Sozialversicherungsbeiträge) erhoben. Die verbleibende Restgröße (= Nettoeinkommen) repräsentiert das verfügbare Konsumeinkommen (siehe Schaubild 4.11).

Die **Lohnsteuerbelastungen** in der Bundesrepublik und der DDR wichen erheblich voneinander ab. Die Lohnsteuerbelastung in der DDR war bei niedrigeren und mittleren Einkommen höher als bei uns. Dennoch war die tatsächliche Steuerlastquote in Mitteldeutschland wesentlich geringer als hierzulande, da dort verschiedene Einkommensteile, wie beispielsweise Prämien, nicht oder nur in geringem Umfang der Besteuerung unterlagen. So bezifferte sich der effektive Steuersatz (das ist der prozentuale Anteil der Lohnsteuer an den Löhnen und Gehältern) in der Bundesrepublik Deutschland 1985 auf durchschnittlich 16,3 Prozent gegenüber 8,3 Prozent in der DDR. Trotz dieser höheren effektiven Steuerbelastung lagen aber die

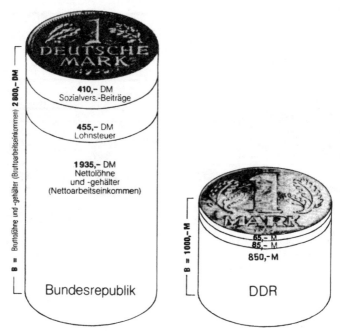

**Schaubild 4.11:** Monatliches Arbeiternehmereinkommen 1985[1]
Entnommen aus: BMB, 1988, S. 73.
[1]) Arbeiter, Beamte und Angestellte einschließlich Auszubildende, in der Bundesrepublik Deutschland auch Arbeitslose. Ohne Selbständige.
Quelle: Berechnungen und Schätzungen des DIW Berlin.

| Steuer-pflichtiges Monats-einkommen | Ledige[1] | | Verheiratete mit 2 Kindern[2] | |
|---|---|---|---|---|
| | Bundesrepublik | DDR | Bundesrepublik | DDR |
| 200 | – | 3,– | – | – |
| 400 | – | 38,– | – | 10,50 |
| 600 | –,90 | 92,– | – | 50,– |
| 800 | 36,50 | 149,50 | – | 109,– |
| 1 000 | 72,20 | 193,50 | – | 159,80 |
| 1 200 | 111,80 | 238,50 | – | 204,80 |
| 1 400 | 151,40 | 280,– | – | 249,80 |
| 1 600 | 192,– | 320,– | 1,80 | 290,– |
| 1 800 | 231,50 | 360,– | 37,50 | 330,– |
| 2 000 | 273,10 | 400,– | 73,10 | 370,– |
| 2 500 | 402,– | 500,– | 170,10 | 470,– |
| 3 000 | 564,50 | 600,– | 271,10 | 570,– |
| 3 500 | 750,80 | 700,– | 370,10 | 670,– |
| 4 000 | 956,70 | 800,– | 471,10 | 770,– |
| 4 500 | 1 178,– | 900,– | 578,80 | 870,– |
| 5 000 | 1 411,20 | 1 000,– | 708,50 | 970,– |
| 5 500 | 1 653,50 | 1 100,– | 856,– | 1 070,– |

[1]) Steuerklasse I.   [2]) Steuerklasse III.   Quelle: Verschiedene gesetzliche Regelungen

**Schaubild 4.12:** Lohnsteuertarif 1986   Entnommen aus: BMB, 1988, S. 73.

4 Gesellschaftsökonomie

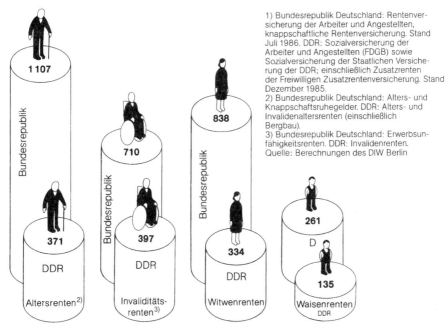

**Schaubild 4.13:** Monatliche Durchschnittsrenten der Sozialversicherung[1] 1985/86 in DM bzw. M.  Entnommen aus: BMB, 1988, S. 74.

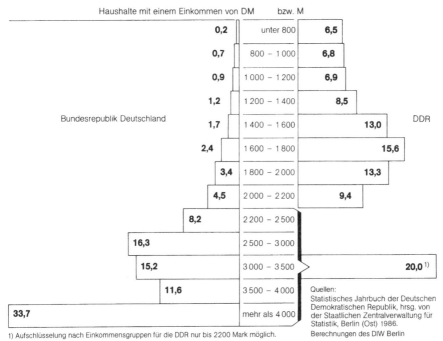

1) Aufschlüsselung nach Einkommensgruppen für die DDR nur bis 2200 Mark möglich.

**Schaubild 4.14:** Einkommensschichtung 1985  Entnommen aus: BMB, 1988, S. 75.

durchschnittlichen Einkommen der Bundesdeutschen nach Steuerabzug immer noch beträchtlich über denen in der DDR (siehe Schaubild 4.12).

Auch bei den **monatlichen Durchschnittsrenten** der Sozialversicherung ergaben sich zwischen der Bundesrepublik Deutschland und der DDR drastische Unterschiede (siehe Schaubild 4.13).

Die **Einkommensschichtung** war in der DDR bedeutend nivellierter als in der Bundesrepublik, wo insbesondere mittlere und höhere Einkommen prozentuales Gewicht erlangten (siehe Schaubild 4.14).

Bereinigen wir die Einkommen in den beiden deutschen Staaten um die dort herrschenden Kaufkraftunterschiede und berücksichtigen wir gleichzeitig die jeweils unterschiedlichen Verbrauchsstrukturen (Warenkörbe), dann lassen sich Aussagen über die entsprechenden **Realeinkommen** treffen: Das Nominaleinkommen in der DDR war aufgrund der Kaufkraftunterschiede um 7 Prozent höher anzusetzen als das Nominaleinkommen in der Bundesrepublik; es blieb gegenüber dieser aber dennoch ein **realer** Einkommensrückstand von etwa 50 Prozent. Unterschiede im Sortiment, in der Qualität wie auch in der Verfügbarkeit der Waren konnten bei diesem Vergleich allerdings nur unzureichend berücksichtigt werden (siehe Schaubild 4.15).

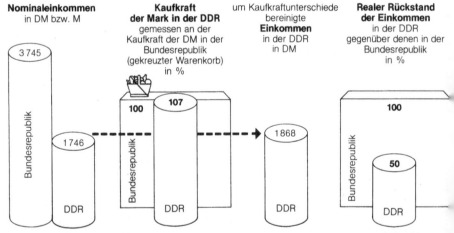

Quellen: Manfred Melzer, Heinz Vortmann: Das Kaufkraftverhältnis zwischen der D-Mark und der Mark der DDR 1985. Wochenbericht des DIW-Berlin, Nr. 21/1986
Berechnungen des DIW Berlin

**Schaubild 4.15:** Unterschiede der Realeinkommen bei Arbeitnehmereinkommen 1985
Entnommen aus: BMB, 1988, S. 76.

Eine weitere aufschlußreiche Darstellung der Kaufkraftunterschiede in beiden deutschen Staaten ergab sich aus der Umrechnung von Warenpreisen in die **zum Kauf erforderliche Arbeitszeit.** Hier begegneten wir enormen Unterschieden. So waren in der DDR höherwertige Industriegüter, wie beispielsweise Autos und Fernsehgeräte oder auch Genußmittel, infolge hoher indirekter Steuern vergleichsweise sehr teuer, während Waren und Dienstleistungen des Grundbedarfs, Mieten und

4  Gesellschaftsökonomie    241

| Waren bzw. Leistungsart | Mengeneinheit | Einzelhandelspreise, Gebühren und Tarife (Jahresmitte 1985) in DM bzw. M | Zum Kauf erforderliche Arbeitszeit [1] Bundesrepublik Stunden:Minuten | DDR |
|---|---|---|---|---|
| **Industriewaren** | | | | |
| Herrenoberhemd, Kunstfaser, einf. Qualität | Stück D / DDR | 20,– / 41,– | 1:22 | 7:19 |
| Herrenstraßenschuhe, Rindleder | Paar | 79,90 / 134,50 | 5:26 | 24:01 |
| Herrenanzug, einf. Qualität Mischgewebe | Stück | 159,– / 390,– | 10:49 | 69:38 |
| Damenfeinstrumpfhose [2] mittl. Qualität | Stück | 2,99 / 15,80 | 0:12 | 2:49 |
| Damenkleid Mischgewebe | Stück | 69,50 / 174,50 | 4:44 | 31:10 |
| Kinderhalbschuhe, Rindleder, Gummisohle | Paar | 37,95 / 41,20 | 2:35 | 7:21 |
| Bettwäsche, Baumwolle | Garnitur | 39,90 / 119,50 | 2:43 | 21:20 |
| Teppichauslegeware, synthetisch | m² | 20,90 / 69,– | 1:25 | 12:19 |
| Rundfunk-Kassetten-Recorder mit Netzteil | Stück | 199,95 / 1 160,– | 13:36 | 207:09 |
| Farbfernsehgerät, Pal/secam [3] | Stück | 1 199,– / 5 650,– | 81:34 | 1008:56 |
| Waschvollautomat [4] | Stück | 869,50 / 2 750,– | 59:09 | 491:04 |
| Kühlschrank [5] | Stück | 439,50 / 1 525,– | 29:54 | 272:19 |
| Boden-Staubsauger, mittl. Ausführung | Stück | 198,95 / 460,– | 13:32 | 82:09 |
| Personenkraftwagen [6] | Stück | 10 210,– / 24 500,– | 694:33 | 4375:00 |
| Benzin 92/96 bzw. 94 Oktan | 1 l | 1,39 / 1,65 | 0:06 | 0:18 |
| **Dienstleistungen** | | | | |
| Elektrischer Strom [7] | 75 kWh | 29,30 / 7,50 | 2:00 | 1:20 |
| Eisenbahnwochenkarte Klasse | 15 km | 26,– / 2,50 | 1:46 | 0:27 |
| Straßenbahn-, Busfahrt | 1 Fahrt | 1,93 / –,20 | 0:08 | 0:02 |
| Briefporto, Fernverkehr | 20 g-Brief | –,80 / –,20 | 0:03 | 0:02 |
| Rund- und Fernsehrundfunkgebühr | monatl. | 16,25 / 10,05 | 1:06 | 1:48 |
| Tageszeitung, Abo | monatl. | 18,83 / 3,60 | 1:17 | 0:39 |
| Herren-Formhaarschnitt | einmal | 11,25 / 1,90 | 0:46 | 0:20 |
| Besohlen von Herrenschuhen [8] | einmal | 28,– / 12,– | 1:54 | 2:09 |

Unter Zugrundelegung des durchschnittlichen Nettostundenlohnes eines Arbeitnehmers je geleisteter Arbeitsstunde von 14,70 DM in der Bundesrepublik Deutschland und 5,60 M in der DDR im Jahre 1985.
2) Kräuselkrepp bzw. Dederon-Silastik.
3) Bundesrepublik Deutschland: 56 cm Bildröhre, DDR: 61 cm.
4) Bis 4,5 kg Trockenwäsche, 800 Umdr./min. Schleuderleistung.
5) Bundesrepublik Deutschland: 160 l; DDR: 170 l, beide mit Abtauautomatik und *** Tiefkühlfach.
6) Lada Nova, 1500 ccm.
7) Einschl. monatlicher Grundgebühr für eine 3-Raum-Wohnung.
8) Gummisohlen und Absätze.

**Schaubild 4.16 a:** Verbraucherpreise u. Kaufkraft 1985
Entnommen aus: BMB, 1988, S. 77.

| Waren bzw. Leistungsart | Mengeneinheit | Einzelhandelspreise, Miete (Jahresmitte 1985) | Zum Kauf erforderliche Arbeitszeit [1] Bundesrepublik | DDR |
|---|---|---|---|---|
| **Nahrungs- und Genußmittel** | | in DM bzw. M | Stunden : Minuten | |
| Mischbrot, dunkel | 1 kg D / DDR | 2,99 / ,70 | 0:12 | 0:07 |
| Weizenmehl, Typ W 405 | 1 kg | ,79 / 1,— | 0:03 | 0:11 |
| Zucker, Raffinade | 1 kg | 1,72 / 1,59 | 0:07 | 0:17 |
| Butter | 1 kg | 8,76 / 9,20 | 0:36 | 1:39 |
| Delikateß-Margarine | 1 kg | 3,96 / 4,— | 0:16 | 0:43 |
| Eier, Klasse A 4 | 10 Stück | 2,39 / 3,40 | 0:10 | 0:36 |
| Trinkvollmilch, verpackt [9] | 1 l | 1,21 / 0,66 | 0:05 | 0:07 |
| Käse, 40–45 % Fett i. Tr., Gouda | 1 kg | 12,80 / 9,60 | 0:52 | 1:43 |
| Schweineschnitzel | 1 kg | 14,99 / 10,— | 1:01 | 1:47 |
| Mettwurst, Braunschweiger | 1 kg | 12,50 / 6,80 | 0:51 | 1:13 |
| Makrele geräuchert | 1 kg | 8,90 / 3,44 | 0:36 | 0:37 |
| Kartoffeln [10], abgepackt | 5 kg | 4,42 / 0,90 | 0:18 | 0:10 |
| Wirsingkohl [11] | 1 kg | 1,65 / 1,— | 0:07 | 0:11 |
| Äpfel, inländisch, mittlerer Güte [11] | 1 kg | 2,15 / 1,40 | 0:09 | 0:15 |
| Zitronen | 1 kg | 3,82 / 5,— | 0:16 | 0:54 |
| Vollmilch-Schokolade mit Nuss | 100 g | 0,89 / 3,85 | 0:04 | 0:41 |
| Bohnenkaffee, mittlere Sorte | 250 g | 5,25 / 25,— | 0:21 | 4:28 |
| Bier, einf. Qualität | 0,5 l | 0,66 / 0,98 | 0:03 | 0:10 |
| Deutscher Weinbrand, 38 % | 0,7 l | 13,99 / 30,— | 0:57 | 5:21 |
| Filterzigaretten, gängige Sorte | 20 Stück | 3,47 / 3,20 | 0:14 | 0:34 |
| **Mieten** | | | | |
| 2 Zimmer-Neubau mit K, D, B, Zentralheizung. (Kaltmiete) | monatl. | 390,— / 75,— | 26:32 | 13:24 |

9) Bundesrepublik Deutschland: 3,5 % Fettgehalt; DDR: 2,2 % Fettgehalt.
10) Bundesrepublik Deutschland: Jahresdurchschnittspreis, Handelsklasse 1; DDR: Stand Oktober, Preis für Ost-Berlin.
11) Saisonabhängiger Preis

Quellen: Statistisches Jahrbuch der Deutschen Demokratischen Republik, hrsg. von der Staatlichen Zentralverwaltung für Statistik, Berlin (Ost) 1986; Statistisches Bundesamt, Wiesbaden Fachserie 17, Reihe 7; Pressemeldungen. Berechnungen des DIW Berlin

**Schaubild 4.16 b:** Verbraucherpreise u. Kaufkraft 1985
Entnommen aus: BMB, 1988, S. 78.

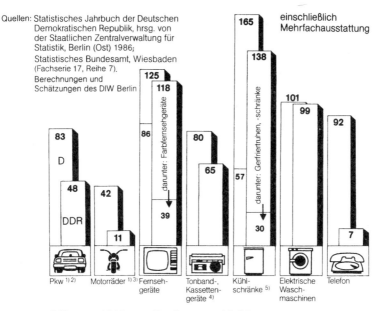

1) Ohne gewerblich bzw. von Verwaltungen genutzte Fahrzeuge.
2) Einschließlich Kombiwagen.
3) Einschließlich Motorroller, Mopeds und sonstiger Kleinkrafträder.
4) Einschließlich in Kombination mit anderen Geräten der Unterhaltungselektronik.
5) Einschließlich Gefriergeräte und Kühl-Gefrierkombinationen.

**Schaubild 4.17:** Bestand an langlebigen Konsumgütern 1985 (je 100 Haushalte)
Entnommen aus: BMB, 1988, S. 79.

| Bundesrepublik | DDR |
|---|---|
| Abgesehen von gesetzlich festgelegten Höchstarbeitszeiten werden Regelungen über die Dauer der Arbeitszeit in Tarifverträgen getroffen. | Regelungen über die Dauer der Arbeitszeit werden gesetzlich festgelegt. |
| Die tarifliche Wochenarbeitszeit beträgt für<br>59 vH aller Arbeitnehmer **40 Stunden**<br>1 vH aller Arbeitnehmer **39 – 39,5 Stunden**<br>40 vH aller Arbeitnehmer **38 – 38,5 Stunden** | Die gesetzliche Wochenarbeitszeit beträgt für<br>74 vH aller Arbeitnehmer **43 3/4 Stunden**<br>7 vH aller Arbeitnehmer (Beschäftigte im Zweischichtsystem und Jugendliche unter 16 Jahren) **42 Stunden**<br>19 vH aller Arbeitnehmer (Beschäftigte im Dreischichtsystem und Mütter mit zwei und mehr Kindern) **40 Stunden** |
| Durchschnittliche tarifliche Wochenarbeitszeit **39,4 Stunden** | Durchschnittliche gesetzliche Wochenarbeitszeit **42,9 Stunden** |
| Für Schichtarbeiter, Personen mit Tätigkeiten unter besonderen Arbeitserschwernissen und ältere Arbeitnehmer sind z.T. kürzere Wochenarbeitszeiten vereinbart. Sie sind in den oben genannten Zahlen **nicht berücksichtigt**. | Arbeitszeitverkürzungen für Jugendliche, Schichtarbeiter und Frauen mit mehreren Kindern sind in den oben genannten Zahlen **berücksichtigt**. |

1) Bundesrepublik Deutschland: Arbeitnehmer einschl. Auszubildende; DDR: Arbeitnehmer einschl. Lehrlinge und Genossenschaftsmitglieder.
2) Teilzeitbeschäftigung sowie Kurz- und Überstundenarbeit sind nicht berücksichtigt.

**Übersicht 4.18:** Arbeitszeit für Arbeitnehmer[1,2] (Stand 1986)
Entnommen aus: BMB, 1988, S. 81

Quellen: Statistisches Jahrbuch der Deutschen Demokratischen Republik, hrsg. von der Staatlichen Zentralverwaltung für Statistik, Berlin (Ost) 1986;
Lothar Clasen: Tarifverträge 1986. Wiederanstieg der Nettorealverdienste. In: Bundesarbeitsblatt, Heft 3/1987, hrsg. vom Bundesminister für Arbeit und Sozialordnung;
Neues Deutschland vom 29. Januar 1987, S. 3.
Berechnungen des DIW Berlin

| Bundesrepublik | DDR |
|---|---|
| **Urlaub für erwachsene Arbeitnehmer** | |
| Abgesehen von gesetzlich festgelegten Mindestleistungen und dem Zusatzurlaub für Schwerbehinderte werden Urlaubsregelungen in Tarifverträgen abgeschlossen. Gesetzlicher Mindesturlaub: **15 Arbeitstage**[1] Für die Hälfte aller Arbeitnehmer wird in deren Tarifverträgen ein Grundurlaub festgelegt. Dieser steigert sich in einer oder mehreren Stufen zum Endurlaub. Bedingungen für die Steigerung sind<br>• Lebensalter und/oder<br>• Betriebszugehörigkeit und/oder<br>• Tarifgruppe.<br>Durchschnittlicher Grundurlaub: **27 Arbeitstage**<br>Durchschnittlicher Endurlaub: **29 Arbeitstage**.<br>Für die andere Hälfte der Arbeitnehmer sehen deren Tarifverträge eine einheitliche Urlaubsdauer (unabhängig von Lebensalter, Betriebszugehörigkeit und der Tarifgruppe) von durchschnittlich **30 Arbeitstagen** vor. | Urlaubsregelungen werden gesetzlich festgelegt. Grundurlaub: **18 Arbeitstage** (Mindestleistung). Erhöhter Grundurlaub:<br>• Vollbeschäftigte Mütter mit zwei Kindern, wenn sie im Schichtdienst arbeiten: **20 Arbeitstage**.<br>• Vollbeschäftigte Mütter mit drei oder mehr Kindern: **21 Arbeitstage**.<br>• Vollbeschäftigte Mütter mit drei oder mehr Kindern, wenn sie im Schichtdienst arbeiten: **23 Arbeitstage**.<br>• Kämpfer gegen den Faschismus und Verfolgte des Faschismus: **27 Arbeitstage**. |
| **Urlaub für Jugendliche** | |
| Mindesturlaub<br>**21 Arbeitstage** im Alter von 17 bis 18 Jahren.<br>**23 Arbeitstage** im Alter von 16 bis 17 Jahren.<br>**25 Arbeitstage** im Alter bis zu 16 Jahren. | Erhöhter Grundurlaub:<br>**21 Arbeitstage** im Alter bis zu 18 Jahren.<br>**24 Arbeitstage** für Lehrlinge. |
| **Zusatzurlaub** | |
| Neben dem Grund-(Mindest-)Urlaub wird in bestimmten Fällen darüber hinaus ein Zusatzurlaub gewährt: | |
| • bis zu **3 Arbeitstagen** für schwere oder gesundheitsgefährdende Arbeit;<br>• in der Regel **1 zusätzlicher Tag** je Urlaubswoche, wenn die Arbeitnehmer ihren Urlaub im Winter nehmen müssen;<br>• **5 Arbeitstage** für Schwerbehinderte. | • bis zu **5 Arbeitstagen** für besondere Arbeitserschwernis, Arbeitsbelastung oder besonders verantwortliche Tätigkeit[2];<br>• **3 bis 10 Arbeitstage** für Schichtdienst;<br>• **3 bis 5 Arbeitstage** für Schwerbeschädigte, Tbc-Kranke, Blinde;<br>• für im Ausland unter klimatisch erschwerten Bedingungen Beschäftigte (Dauer unbekannt). |

1) Das Gesetz nennt als Mindesturlaub „18 Werktage", d.h. der Samstag wird mitgezählt. Allgemein wird heute jedoch von fünf Arbeitstagen pro Woche ausgegangen.
2) Besteht aus mehreren Gründen Anspruch auf arbeitsbedingten Zusatzurlaub, wird der höchste Zusatzurlaub gewährt. Kämpfer gegen den Faschismus und Verfolgte des Faschismus erhalten diesen Zusatzurlaub nicht.
Quellen: Lothar Clasen: Tarifverträge 1986.
Wiederanstieg der Nettorealverdienste.
In: Bundesarbeitsblatt, Heft 3/1987, hrsg. vom Bundesminister für Arbeit und Sozialordnung.

**Übersicht 4.19**: Urlaub für Arbeitnehmer (Stand 1986)
Entnommen aus: BMB, 1988, S. 81.

öffentlicher Personenverkehr aufgrund hoher staatlicher Subventionen vergleichsweise billig erschienen (siehe Schaubild 4.16 a u. 4.16 b).

Als Indikator für Wohlstand kann die **Ausstattung der privaten Haushalte** mit höherwertigen langlebigen Konsumgütern angesehen werden. Ein diesbezüglicher Vergleich zwischen der Bundesrepublik und der DDR kann allerdings nur zahlenmäßig erfolgen; Qualitätsunterschiede der Güter können nicht berücksichtigt werden (siehe Schaubild 4.17).

Interesse im zwischenstaatlichen Vergleich erheischen auch die unter arbeitsökonomischem Aspekt recht bedeutsamen **Arbeits-** und **Urlaubsregelungen** (siehe Übersicht 4.18 u. 4.19).

Von besonderem Gewicht in der vergleichenden Auseinandersetzung über die Wirtschaftsordnungen der beiden deutschen Staaten ist die **Arbeitslosigkeit.** In der Bundesrepublik ist dieses Problem seit Mitte der siebziger Jahre existent. Es manifestiert sich seit 1983 in einer bis 1988 weitgehend gleichbleibenden Arbeitslosenzahl von ca. 2,3 Millionen. (Im Mai 1989 sank die Zahl der Arbeitslosen erstmals unter 2 Millionen.)

Dieses Problem verbreiteter **offener** Arbeitslosigkeit bestand in der DDR seit Mitte der fünfziger Jahre nicht mehr. Wohl kam es auch hier im Zuge eines beschleunigten Strukturwandels und forciert betriebener Rationalisierung seit Beginn der achtziger Jahre zu Freisetzungseffekten, die allerdings nicht zu regionaler Unterbeschäftigung führten. Das angestrebte Wirtschaftswachstum zwang auch weiterhin die Staatsführung zu einem produktiven Einsatz der faktisch knappen Arbeitskräfte. Hinzu kam das **Recht** der DDR-Bürger **auf Arbeit** (allerdings nicht auf eine bestimmte!). In der DDR gehörte es zu den Grundrechten. Es garantierte dem Arbeitnehmer im Zusammenhang mit einem weitreichenden Kündigungsschutz und der Pflicht der Arbeitsverwaltung zum Nachweis eines anderen Arbeitsplatzes im selben oder einem anderen Betrieb bei produktionsbedingtem Wegfall des Arbeitsplatzes eine hohe Arbeitsplatzsicherheit.

Für die mitteldeutsche Wirtschaft stellte sich weniger das Problem der offenen als vielmehr das der **verdeckten** Arbeitslosigkeit. Bei der verdeckten Arbeitslosigkeit traten die betroffenen Personen nicht als Arbeitssuchende in Erscheinung; sie behielten ihren Arbeitsplatz, obwohl sie an diesem nicht mehr voll in Anspruch genommen wurden oder aber sogar ganz entbehrlich waren. Die solcherart nur teilweise oder gar nicht benötigten Arbeitskräfte wurden von den Betrieben nicht freigesetzt, sondern „gehortet", um gegenwärtige oder auch künftige Planvorgaben leichter erfüllen zu können. Außerdem fehlte der Anreiz zu entsprechender (Personal-)Kosteneinsparung. Als Indiz für das „Heer" der verdeckten Arbeitslosen darf die von der DDR-Führung nachdrücklich beklagte (vergleichsweise) niedrige Arbeitsproduktivität angesehen werden. Das Unvermögen der zentralen Planungsbürokratie, betriebliche und gesamtwirtschaftliche Interessen in Einklang zu bringen, trat hier einmal mehr deutlich zutage

Auch die in der DDR neben dem Recht auf Arbeit gesetzlich verankerte **Pflicht zur Arbeit** konnte hier kaum eine spürbare Änderung bewirken. In der Praxis wurde dieser Pflicht in aller Regel nur dann Geltung verschafft, wenn erwerbsfähige, aber nichterwerbstätige Personen sozial auffällig wurden oder Anspruch auf öffentliche Leistungen erhoben.

### 4.1.4 Die Konvergenzthese – ein Irrtum!

Vor dem Hintergrund der politischen Blockbildung in Ost und West wurde die Diskussion über die Wirtschaftsordnungen zu Beginn der sechziger Jahre durch die Behauptung des niederländischen Nationalökonomen **Jan Tinbergen** (1903–1994) bereichert, die kapitalistischen und sozialistischen Wirtschaftsordnungen näherten sich einander respektive glichen sich einander an, so daß es durch Mischung ihrer positiven Elemente zu einer neuen „optimalen" Ordnung käme. Diese fortan als **Konvergenzthese** ausgewiesene prognostische Behauptung, der sich mit gewissen Modifikationen und zusätzlichen Einbringungen auch der Kanadier **John Kenneth Galbraith** (geb. 1908) und andere namhafte Wirtschaftswissenschaftler anschlossen, basierte im wesentlichen auf folgenden Feststellungen:

– In den westlichen Marktwirtschaften sei der öffentliche Sektor in einer zunehmenden Ausweitung begriffen. Es habe der Staat seit Ende des Zweiten Weltkrieges eine Vielzahl von Steuerungs- und Regulierungsfuktionen übernommen. Sein

Einfluß reiche von der Wahrnehmung gesamtwirtschaftlicher Stabilisierungs- und Vollbeschäftigungspolitik über die detaillierte Regulierung einzelner Sektoren und Wirtschaftszweige (beispielsweise Landwirtschaft) bis hin zum Auf- und Ausbau sowie Unterhalt eines umfassenden sozialen Sicherungssystems. In Wahrnehmung dieser Aufgaben bediene sich der Staat moderner Planungs- und Programmierungsmethoden, wie sie auch in sozialistischen Planwirtschaften zur Anwendung gelangen. Diese Entwicklung führe über einen **wachsenden Anteil des Staates am Sozialprodukt** zu einer Machtausweitung desselben gegenüber der privaten Wirtschaft.

– Die sich in den marktwirtschaftlichen Ordnungen vollziehende Konzentration des Produktivvermögens und die damit einhergehende Ausdehnung der Entscheidungskomplexe **verdränge die Eigentümerunternehmer** mehr und mehr durch (angestellte) Manager. Die traditionell persönlich von dem/den Kapitaleigner(n) wahrgenommenen Eigentumsrechte, wie insbesondere Leitung und Kontrolle, würden so in wachsendem Umfang von Angestelltenunternehmern (Managern) verwaltet. Diese Entwicklung zeige eine gewisse Entsprechung zu den sozialistischen Planwirtschaften, wo den Betriebsdirektoren (Technokraten) größere Entscheidungsspielräume bei gleichzeitiger Abnahme des Einflusses der Partei- und Staatsbürokratie eingeräumt würden. In beiden Blöcken, den Marktwirtschaften des Westens und den Zentralverwaltungswirtschaften des Ostens, bilde sich eine neue – in gewisser Weise gleichartige – **Führungsschicht** heraus, die der Manager beziehungsweise der Technokraten.

– Die durch den technischen Fortschritt induzierte großindustrielle Produktionsweise zwänge die westlichen Wirtschaften verstärkt zu **umfassender betrieblicher Planung.** Ihre ursprünglich marktwirtschaftliche Koordination würde sukzessiv durch ein dezentrales (betriebliches) Planungssystem verdrängt. Parallel zu dieser Entwicklung vollzöge sich in den sozialistischen Planwirtschaften eine Verlagerung von der direkten zur indirekten Steuerung. An die Stelle von verbindlichen naturalen Vorgaben träten verstärkt monetäre Hebel und damit eine sich marktwirtschaftlicher Elemente bedienende Lenkung über Preise, Gewinne, Zinsen, Kredite, Fondszuführungen oder Steuern.

Als gemeinsame Ursache dieser Veränderungen wurde die technisch-ökonomische Entwicklung gesehen, deren Sachgesetzlichkeiten sich die Wirtschaften in Ost und West gleichermaßen nicht entziehen könnten, sondern vielmehr mit ähnlichen institutionellen und sozialen Strukturen sowie wirtschaftspolitischen Maßnahmen entsprechen müßten. Die Entideologisierung und Entpolitisierung der Wirtschaftspolitik und der ökonomischen Problemlösungsstrategien wurden als Zwangsläufigkeit unterstellt.

Die Bestimmtheit dieser Aussagen sollte nicht darüber hinwegtäuschen, daß sie größtenteils Wunschvorstellungen aufnahmen, indem sie unter der Vision „Annäherung" ökonomische Einzelerscheinungen und Teilaspekte zu einer scheinbar plausiblen Feststellung zusammenfaßten und bedenkenlos verallgemeinerten. Eine solche Vorgehensweise erscheint uns nicht akzeptabel. Eine methodisch hinlängliche Analyse vermuteter Konvergenz hätte sich nach unserem Verständnis auf die konstitutiven Elemente der betreffenden Wirtschaftsordnungen, das heißt auf deren Systemelemente, zu konzentrieren. Es wäre deshalb insbesondere zu fragen, ob

- das Eigeninteresse oder der Gemeinnutz das anerkannte Movens wirtschaftlichen Tätigwerdens ist,
- die Produktionsmittel grundsätzlich in privatem oder gesellschaftlichem Eigentum stehen,
- das Prinzip der dezentralen oder der zentralen Koordination gilt, oder pointierter formuliert, ob der betriebliche Erfolg an dem im Wettbewerb mit den Anbietern realisierten Marktgewinn oder dem Grad der Planerfüllung gemessen wird.

Diese Fragen lassen leicht erkennen, daß es sich bei einer Annäherung von Wirtschaftsordnungen niemals nur um rein ökonomische Vorgänge handeln kann, sondern immer auch um politische Entscheidungen handeln muß, denen das im jeweiligen Staatswesen geltende Menschen- und Gesellschaftsbild unterliegt. So verstanden, läßt sich rückblickend eine Konvergenz der Wirtschaftsordnungen in Ost und West nicht ausmachen. Im Gegenteil: Die Zentralverwaltungswirtschaften des Ostens sind mittlerweile ihrer eigenen Ineffizienz zum Opfer gefallen und wurden (mehr oder minder erfolgreich) durch Marktwirtschaften ersetzt. – In den westlichen Ländern haben Deregulierung und Privatisierung den Einfluß des Staates auf das Wirtschaftsgeschehen – wenn auch noch nicht im wünschenswerten Umfang – deutlich zurückgedrängt; die staatliche Globalsteuerung der Nachfrage wird hier in jüngerer Zeit offensichtlich zurückhaltender gehandhabt. Nicht weniger, sondern **mehr Markt** lautet die allgemeine Forderung.

## 4.1.5 Kontrollfragen zu 4.1

**Wirtschaft und Gesellschaft (4.1.1)**

1. Weshalb bedarf die Wirtschaft der Organisation?
2. Wem obliegt die Organisation der Wirtschaft?
3. Welche sind die beiden elementaren Gestaltungsprinzipien gesellschaftlicher und wirtschaftlicher Ordnung?
4. Welche beiden gegensätzlichen Sichtweisen von Mensch und Gesellschaft lassen sich unterscheiden?
5. Inwiefern dient im Verständnis der klassischen Liberalen der Wettbewerbsmechanismus zwangsläufig dem Gemeinwohl?
6. Welches Menschenbild verbirgt sich hinter der Feststellung: Gemeinnutz geht vor Eigennutz?

**Wirtschaftssysteme (4.1.2)**

1. Welche beiden wirtschaftspolitischen Ordnungsmodelle lassen sich unterscheiden?
2. Welche allgemeinen Strukturelemente liegen einem Wirtschaftssystem zugrunde?
3. Welche Aufgaben obliegen dem Staat im marktwirtschaftlichen System?
4. Inwiefern haben im marktwirtschaftlichen System die Wirtschaftsobjekte ihre eigenen Wirtschaftspläne?

5. Inwiefern fungiert im marktwirtschaftlichen System der Preis als Knappheitsindikator?
6. Weshalb setzt das einwandfreie Funktionieren des marktwirtschaftlichen Kommunikations- und Sanktionssystems das zweckrationale Handeln der Wirtschaftssubjekte voraus?
7. Inwiefern werden im marktwirtschaftlichen System die Produktionsfaktoren stets in jene Einsatzbereiche gelenkt, in denen sie den höchsten Nutzen stiften?
8. Inwiefern ist Privateigentum notwendige Voraussetzung für die Aktivierung des Selbstinteresses?
9. Weshalb müssen im Verständnis der sozialistischen Gesellschaftstheorie die Produktionsmittel in Gemeineigentum überführt werden?
10. Welche Überlegungen führen im zentralverwaltungswirtschaftlichen System zu einem zentralen Plan?
11. Auf welche Informationen ist eine zentrale Mengenplanung angewiesen?
12. Welche Sanktionen stehen im zentralverwaltungswirtschaftlichen System zur Disposition?
13. Weshalb kann im System der Zentralverwaltungswirtschaft Krisenfreiheit unterstellt werden?

**Wirtschaftsordnungen (4.1.3)**

1. Wie unterscheiden sich die Realtypen wirtschaftlicher Ordnung von den Idealtypen?
2. Welche geistigen Wurzeln hat die Soziale Marktwirtschaft?
3. Welche beiden zentralen Prinzipien kennzeichnen die Soziale Marktwirtschaft?
4. Welche wirtschaftlichen Freiheiten gewährleisten die Freiheit auf dem Markt?
5. Welche Aufgaben ergeben sich für den Staat aus dem Prinzip des sozialen Ausgleichs?
6. Inwiefern läßt sich die Soziale Marktwirtschaft als eine „offene" Leitidee bezeichnen?
7. Welche Perioden markieren die Entwicklung der Sozialen Marktwirtschaft?
8. Welche vier Grundfreiheiten sollen über den Gemeinsamen Markt verwirklicht werden?
9. Welche Entwicklungsstufen sehen die Verträge von Maastricht für die Europäische Wirtschafts- und Währungsunion vor?
10. Worin sind die vordringlichsten Zukunftsaufgaben der Sozialen Marktwirtschaft zu sehen?
11. Welche Zielsetzungen bestimmten das „ökonomische Grundgesetz des Sozialismus"?
12. Wie war das sozialistische Eigentum in der DDR gestaltet?

13. Wem oblag die Leitung und Planung der gesellschaftlichen Entwicklung in der DDR?
14. Welche Phasen kennzeichnen die Entwicklung der sozialistischen Planwirtschaft in der DDR?
15. Welche Absichten verfolgte die Strategie der „intensiv erweiterten Reproduktion"?
16. Welche Hemmnisse behinderten die außenwirtschaftliche Integration der DDR im RGW?
17. Welche gravierenden Defizite wurden der sozialistischen Planwirtschaft der DDR nachgesagt?
⁻18. Welche Erschwernisse begegneten einem zwischenstaatlichen Vergleich wirtschaftlicher Daten?
19. Welche besonderen Unterschiede kennzeichneten die Wirtschaftsstrukturen in beiden Teilen Deutschlands?
20. Welche Unterschiede zeigten die volkswirtschaftlichen Wachstumsraten in der Bundesrepublik und der DDR im Zeitverlauf?
21. Welche Unterschiede kennzeichneten die Arbeitnehmereinkommen in den beiden deutschen Staaten?
22. Welche Kaufkraftunterschiede ließen sich zwischen Bundesrepublik Deutschland und DDR ausmachen?
23. Inwiefern erfordert die Beurteilung von Arbeitslosigkeit im zwischenstaatlichen Vergleich eine differenzierende Betrachtung?

**Konvergenzthese (4.1.4)**

1. Was besagt die Konvergenzthese?
2. Auf welche Feststellungen stützen die Anhänger der Konvergenzthese ihre Prognose?
3. Welche Vorbehalte lassen sich gegenüber der Konvergenzthese anmelden?

### 4.1.6 Literaturhinweise zu 4.1

*Baßeler, U., Heinrich, J., Koch, W.*, Grundlagen und Probleme der Volkswirtschaft, 15. Aufl., Köln 1999.

*Bundesministerium für innerdeutsche Beziehungen* (Hrsg.), Zahlenspiegel, Bundesrepublik Deutschland/Deutsche Demokratische Republik, Ein Vergleich, 2. Aufl., Bonn 1988.

*dass.*, Materialien zum Bericht zur Lage der Nation im geteilten Deutschland 1987, Bonn 1987.

*Hamel, H.* (Hrsg.), Bundesrepublik Deutschland – DDR, Die Wirtschaftssysteme, Soziale Marktwirtschaft und Sozialistische Planwirtschaft im Systemvergleich, 3. Aufl., München 1977.

*Hardes, H. D., Krohl, G.-J., Rahmeyer, F., Schmid, A.*, Volkswirtschaftslehre – problemorientiert, 20. Aufl., Tübingen 1999.

*Hayek, F. A. v.*, Die Verfassung der Freiheit, 3. Aufl., Tübingen 1991.

*Krol, G. J.*, Grundzüge des Wirtschaftssystems der DDR, in: Informationsdienst zur wirtschaftlichen Bildung des Instituts für wirtschafts- und sozialwissenschaftliche Bildung e.V., Münster 1982, Heft 20, S. 17–24.

*Lampert, H.*, Die Soziale Marktwirtschaft in der Bundesrepublik Deutschland, Ursprung, Konzeption, Entwicklung und Probleme, in: Aus Politik und Zeitgeschichte, B 17/88, S. 7–14.

*Leipold, H.*, Wirtschafts- und Gesellschaftssysteme im Vergleich, 4. Aufl., Stuttgart 1985.

*Thalheim, K. C.*, Entstehung und Entwicklung des Wirtschaftssystems der DDR nach dem II. Weltkrieg, in: Bundesministerium für innerdeutsche Beziehungen (Hrsg.), Materialien zum Bericht zur Lage der Nation im geteilten Deutschland 1987, a.a.O., S. 17–25.

*ders.*, Reformbedarf und Reformfähigkeit der sozialistischen Planwirtschaft, in: Bundesministerium für innerdeutsche Beziehungen (Hrsg.), Materialien zum Bericht zur Lage der Nation im geteilten Deutschland 1987, a.a.O., S. 160–163.

## 4.2 Wirtschaftspolitik in der Sozialen Marktwirtschaft der Bundesrepublik Deutschland

#### 4.2.0 Leitziel

Kenntnis der wirtschaftspolitischen Ziele, Träger und Instrumente.

#### 4.2.1 Definitorische und begriffliche Grundlegungen

Unter **Wirtschaftspolitik** versteht man heute allgemein die **staatlichen** Aktivitäten im Bereich der Wirtschaft. Wirtschaftspolitik repräsentiert damit einen Teil der Staatspolitik. Diese **praktische** Wirtschaftspolitik ist deutlich zu unterscheiden von der **theoretischen** Wirtschaftspolitik. Sie hat die wissenschaftliche Befassung mit der praktischen Wirtschaftspolitik zum Inhalt.

Die praktische Wirtschaftspolitik basiert auf zwei Voraussetzungen[1]:

- der **Wünschbarkeit politischer Gestaltung** der Wirtschaft (das heißt, daß die politische Gestaltung der Wirtschaft gewünscht wird!) und

- der **Möglichkeit dieser Gestaltung** (das heißt, daß eine gestaltende Einflußnahme auf die Wirtschaft möglich ist!).

---

[1] Vgl. hierzu Tuchtfeld, E., Grundlage der Wirtschaftspolitik, in: Issing, O. (Hrsg.), Allgemeine Wirtschaftspolitik, München 1982, S. 1.

Die Wünschbarkeit wirtschaftspolitischer Einflußnahme des Staates scheint durch die Motive des politischen Gestaltungswillens (Ideologien, Interessen, Sachzwänge) gegeben. Die Möglichkeit dieser gestaltenden Einflußnahme ist dort gegeben, wo eine unabänderliche geschichtliche Bestimmtheit (Determination) unserer gesellschaftlichen Entwicklung verneint wird und somit eine unabänderliche Zwangsläufigkeit des wirtschaftlichen Geschehens bestritten wird.

Das Verhältnis zwischen praktischer Wirtschaftspolitik und theoretischer Wirtschaftspolitik ist häufig gespannt. Die Ursachen dafür sind in den unterschiedlichen Interessen und Denkkategorien von Politik und Wissenschaft zu suchen. Obgleich sich die theoretische Wirtschaftspolitik in ihrem wissenschaftlichen Anspruch auf Tatsachenaussagen beschränken will, sind ihre Feststellungen zum Teil recht uneinheitlich. Dies resultiert zum einen aus den mitunter sehr unterschiedlichen, ja gegensätzlichen Positionen der sich mit ihr befassenden Wissenschaftler, zum anderen aus den oft verschiedenen Einschätzungen von Maßnahmen und deren Wirkungen im Zeitverlauf. In Ermangelung empirisch gesicherter Befunde wird hier häufig mit Plausibilitäten argumentiert, die sich im nachhinein als unzutreffend erweisen, insbesondere weil sich die getroffenen Annahmen als unrealistisch herausstellen, so zum Beispiel Annahmen über das Konsum- oder Investitionsverhalten unter bestimmten Bedingungen. Es wäre deshalb zu wünschen, daß die wissenschaftliche Wirtschaftspolitik ihre Aussagen möglichst von empirisch fundierten Annahmen ableitet.

Bei der praktischen Wirtschaftspolitik liegt das Hauptproblem in der tatsächlichen oder vermeintlichen Unvereinbarkeit zwischen ökonomischen und politischen Sachzwängen.[2] So fällt es – auch in demokratischen Staaten – den regierenden Parteien und Koalitionen nicht selten schwer, ihre ökonomisch begründeten Einsichten praktisch umzusetzen, wenn dadurch in bedeutendem Umfang Interessen potentieller Wähler tangiert werden, deren Stimmen für die Machterhaltung wichtig sind. Kompromisse und damit ökonomisch nicht oder nur schwer zu rechtfertigende Zugeständnisse an die (potentiellen) Wähler sind deshalb nicht selten. Denn unpopuläre Entscheidungen kann sich keine Regierung auf Dauer erlauben.

Die Vielzahl der Aktivitäten, die die staatliche Wirtschaftspolitik ausmachen, lassen sich im wesentlichen in zwei **Politik- oder Aufgabenbereiche** gliedern: die **Ordnungspolitik** und die **Prozeßpolitik**. Die Ordnungspolitik trägt **konstituierenden** Charakter. In ihr wird die Grundentscheidung für eine zentrale oder dezentrale Lenkung, das heißt für eine planwirtschaftliche oder marktwirtschaftliche Ordnung getroffen. Damit wird gleichzeitig der wirtschaftspolitische Aktionsspielraum (Rahmen) festgelegt, mit anderen Worten, Umfang und Möglichkeiten der staatlichen Einflußnahme geregelt.

Die Prozeßpolitik (auch Ablaufpolitik genannt) trägt **regulierenden** Charakter. Sie richtet sich auf die Steuerung der gewählten Wirtschaftsordnung. Dabei gilt ihre besondere Aufmerksamkeit den kurzfristigen Bewegungsvorgängen, so den Markt- und Konjunkturschwankungen.

Die ökonomischen Probleme, die den Staat zu entsprechenden Maßnahmen veranlassen, sind sehr vielgestaltig. Dennoch weisen sie – losgelöst von ihrem konkre-

---

[2] Vgl. hierzu Woll, A., Wirtschaftspolitik, 2. Aufl., München 1992, S. 13.

ten Bezug – bei näherer Betrachtung die gleiche logische Struktur auf, die auf drei konstitutiven Elementen gründet[3]:

- der **Lage**,
- den **Zielen** und
- den **Instrumenten**.

Konkret offenbaren sich ökonomische Probleme als Diskrepanz zwischen Lage (das ist der Ist-Zustand) und Zielen (das ist der Soll-Zustand). Diese Abweichung zwischen Ist- und Soll-Zustand gilt es mit Hilfe der verfügbaren wirtschaftspolitischen Instrumente zu überwinden. Die Maßnahmen dürfen dann als erfolgreich gelten, wenn die Abweichung von Ist- und Soll-Zustand behoben oder doch zumindest günstiger gestaltet werden konnte. Die Instrumente (auch Mittel genannt), die dem Staat zur Verfügung stehen, sind recht vielfältig.

Die wirtschaftspolitischen Aktivitäten des Staates sollen dem **Prinzip der Rationalität** entsprechen. Folgen wir Herbert Giersch (geb. 1921), so ist eine (Wirtschafts-)Politik dann als rational zu bezeichnen, wenn sie „planmäßig auf die Verwirklichung eines umfassenden, wohl durchdachten und in sich ausgewogenen Zielsystems gerichtet ist und dabei den höchsten Erfolgsgrad erreicht, der unter den jeweiligen Umständen möglich ist".[4]

Die Frage, inwieweit wirtschaftspolitische Maßnahmen dem Rationalitätsprinzip genügen, tangiert auch die Frage, ob diese der Wirtschaftsordnung entsprechen, in die die betreffende Wirtschaft gestellt ist, oder nicht. Je nachdem sprechen wir von **ordnungskonformen** oder **ordnungsinkonformen Maßnahmen**. Als ordnungskonform gelten wirtschaftspolitische Maßnahmen dann, wenn sie den in der jeweiligen Wirtschaftsordnung angelegten Zielen und Prinzipien entsprechen und damit der Effizienz dieser Ordnung dienen. Umgekehrt wird dann von ordnungsinkonformen Maßnahmen gesprochen, wenn diese den ordnungsspezifischen Zielen oder Prinzipien einer Wirtschaft zuwiderlaufen und damit zu Effizienzverlusten der betreffenden (Wirtschafts-)Ordnung führen. Bezogen auf eine marktwirtschaftliche Ordnung lassen sich die getroffenen Feststellungen an einem Beispiel wie folgt konkretisieren: Alle Maßnahmen, die den Wettbewerb fördern, wie etwa ein Kartellverbot, sind ordnungskonform; dagegen widerspricht die Zulassung von Wettbewerbsbeschränkungen den Ordnungsprinzipien und gilt somit als ordnungsinkonform.

Wird das Prinzip der Ordnungskonformität speziell auf den Markt bezogen, so wird von **Marktkonformität** gesprochen. Als marktkonform gelten alle Maßnahmen, „die den Preismechanismus und die durch ihn bewirkte Selbststeuerung des Wirtschaftsprozesses nicht aufheben, sondern von ihm als neue ‚Daten' assimiliert werden"[5]. So wäre beispielsweise die Anhebung oder Senkung des Diskontsatzes eine marktkonforme Maßnahme, jedes Gebot oder Verbot (Einfuhr-, Produktions-, Berufsverbote u. a.) marktinkonform.

---

[3] Vgl. Tuchtfeld, E., Grundlagen der Wirtschaftspolitik, a. a. O., S. 3.
[4] Giersch, H., Allgemeine Wirtschaftspolitik, I. Bd., Grundlagen, Wiesbaden 1960 (Nachdruck 1991), S. 22.
[5] Ohm, H., Allgemeine Volkswirtschaftspolitik, Bd. I, Systematisch-theoretische Grundlegung, Berlin 1962, S. 99.

## 4.2.2 Ziele der Wirtschaftspolitik

Politik im allgemeinen und Wirtschaftspolitik im besonderen setzen Zielvorgaben voraus. Die verantwortlichen Politiker benötigen Ziele, um entsprechende Maßnahmen ergreifen zu können. Politik ist immer zielgerichtetes Handeln.

Als allgemein anerkanntes wirtschaftspolitisches Globalziel gilt die **Maximierung des gesellschaftlichen Wohlstandes**. Diese hoch abstrakte Zielvorgabe wird in der einschlägigen wissenschaftlichen wie auch praxisorientierten Literatur in recht unterschiedlicher Weise aufgeschlüsselt. Weit verbreitet ist die differenzierende Zielbündelung: **Vollbeschäftigung, Stabilität des Preisniveaus** und **außenwirtschaftliches Gleichgewicht** (Zahlungsbilanzausgleich), gängigerweise als sogenanntes „**magisches Dreieck**" bezeichnet (siehe Übersicht 4.24). Hierbei weist

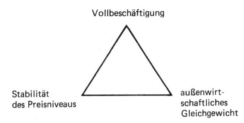

**Übersicht 4.24:** „Magisches Dreieck"

die Bezeichnung „magisch" auf die große Schwierigkeit hin, alle Ziele gleichzeitig zu erreichen. Wir sprechen in diesem Zusammenhang von **Zielkonflikten**. Nach tradierter Auffassung lassen sich nämlich immer nur zwei Ziele zu Lasten des dritten Zieles erreichen:

Vollbeschäftigung und Stabilität des Preisniveaus zu Lasten des außenwirtschaftlichen Gleichgewichts;

Vollbeschäftigung und außenwirtschaftliches Gleichgewicht zu Lasten der Stabilität des Preisniveaus;

Stabilität des Preisniveaus und außenwirtschaftliches Gleichgewicht zu Lasten der Vollbeschäftigung.

Der Zielbündelung des „magischen Dreiecks" werden andere, erweiterte Zielkombinationen – so durch Vorgaben wie **wirtschaftliches Wachstum, gleichmäßigere Einkommensverteilung, Bewirkung und Sicherung einer optimalen Umweltqualität** – zur Seite gestellt. Es wird dann häufig vom „magischen Viereck", „magischen Fünfeck" oder gar vom „magischen Polygon" gesprochen.

Das **Gesetz zur Förderung der Stabilität und des Wachstums in der Wirtschaft** (Stabilitätsgesetz) vom 8. Juni 1967 benennt die für die Bundesrepublik Deutschland geltenden gesamtwirtschaftlichen Ziele wie folgt:

Vollbeschäftigung,
Stabilität des Preisniveaus,
außenwirtschaftliches Gleichgewicht sowie
stetiges und angemessenes Wachstum.

Dieser Zielkatalog gilt als wirtschaftspolitische Handlungsanweisung für die Bundesregierung. Diese hat nach § 2 Stabilitätsgesetz jeweils in ihrem (jährlich vorzulegenden) Jahreswirtschaftsbericht eine Operationalisierung dieser Ziele vorzunehmen.

Konkret werden mit den im Stabilitätsgesetz genannten wirtschaftspolitischen Zielsetzungen folgende Vorstellungen verbunden:

**Vollbeschäftigung** meint einen hohen Beschäftigungsstand sowie eine weitgehend stabile Beschäftigungslage. Unterbeschäftigung beziehungsweise Arbeitslosigkeit soll somit möglichst vermieden oder gegebenenfalls behoben werden. Unter Berücksichtigung der verschiedenen Formen von Arbeitslosigkeit beinhaltet Vollbeschäftigung als wirtschaftspolitische Zielsetzung das Bestreben, **konjunkturelle** Arbeitslosigkeit zu verhindern oder gegebenenfalls möglichst rasch zu beseitigen sowie **struktureller, saisonaler** und auch **friktioneller** Arbeitslosigkeit langfristig vorzubeugen oder sie zu beheben.[6]

**Stabilität des Preisniveaus** bringt die Absicht zum Ausdruck, den binnenwirtschaftlichen Wert des Geldes (Wert des Geldes im eigenen Land; mit der Vollendung der Stufe III der Europäischen Wirtschafts- und Währungsunion bezieht sich diese Zielvorstellung ab 1.1.1999 auf die Stabilerhaltung des Euro im Euroland und fällt in den Zuständigkeitsbereich der EZB) stabil zu halten und damit auch die allgemeine Höhe der Preise (Preisniveau), speziell der Konsumgüterpreise.

**Außenwirtschaftliches Gleichgewicht** bezieht sich auf den Werteaustausch mit dem Ausland. Gehen wir davon aus, daß die **Zahlungsbilanz** die statistische Erfassung aller ökonomischen Transaktionen zwischen inländischen und ausländischen Wirtschaftseinheiten während eines bestimmten Zeitraumes (in der Regel 1 Jahr) darstellt[7], so gilt dieselbe dann als **ausgeglichen,** wenn ihre Teilbilanzen (siehe Übersicht 4.25a u. 4.25b) sich gegenseitig ausgleichen. – Im Gegensatz zu den Teilbilanzen ist die Zahlungsbilanz (durch den Saldo der Währungsreserven) formal immer ausgeglichen. Sind nun die Eigenleistungen (Exporte) an fremde Volkswirtschaften höher als die Fremdleistungen (Importe), werden andere Volkswirtschaften kreditiert. Damit ist die Zahlungsbilanz **aktiv,** denn es sind der Zentralbank – zum Ausgleich der dem Ausland gewährten Kredite – Devisen und Gold zugeflossen. Übersteigen dagegen die Fremdleistungen (Importe) die Eigenleistungen, dann kreditieren andere Volkswirtschaften die eigene Volkswirtschaft. Die Zahlungsbilanz ist damit **passiv,** denn von der Zentralbank sind – zum Ausgleich der vom Ausland

---

[6] Konjunkturelle Arbeitslosigkeit: durch konjunkturelle Abschwünge bedingte, meist mittelfristige Unterbeschäftigung;

strukturelle Arbeitslosigkeit: in der Regel langfristige Freisetzung von Arbeitskräften infolge tiefgreifender wirtschaftlicher Wandlungen, wie technischer Fortschritt, Bedarfsveränderungen, Rohstoffverknappung u. ä.;

saisonale Arbeitslosigkeit: jahreszeitlich bedingter, kurzfristiger Verlust von Arbeitsplätzen;

friktionelle Arbeitslosigkeit: auf Verzögerungen in der Besetzung offener Stellen nach Aufgabe des alten Arbeitsplatzes beruhende Arbeitslosigkeit.

[7] Mit der Erreichung der Stufe III der EWWU zum 1.1.1999 wird in der Zahlungsbilanzstatistik zwischen EMU (Euro-Monetary-Union)-Ländern und Drittstaaten (analog zum Intra- und Drittländerhandel) unterschieden. Während die Zahlungsbilanz für die EMU-Länder von der EZB aufgestellt wird, verbleibt die Zahlungsbilanzkompetenz für Werteströme zwischen EMU-Ländern und Drittländern bei den einzelnen europäischen Staaten.

4 Gesellschaftsökonomie

| Zahlungs-bilanz | Leistungs-bilanz | Außenhandel (Waren) |
| --- | --- | --- |
| | | Dienstleistungen |
| | | Erwerbs- und Vermögenseinkommen |
| | | Laufende Übertragungen |
| | Vermögensübertragungen | |
| | Kapitalbilanz | |
| | Veränderung der Währungsreserven zu Transaktionswerten | |
| | Saldo der statistisch nicht aufgliederbaren Transaktionen | |

**Übersicht 4.25a:** Struktur der Zahlungsbilanz

| Teilbilanzen und Gegenstände der Zahlungsbilanz ||
| --- | --- |
| **Teilbilanzen** | **Gegenstände** |
| **Außenhandel (Handelsbilanz)** | Warenexporte<br>– Warenimporte |
| Dienstleistungen (Dienstleistungsbilanz) | Verkäufe (Exporte) von Dienstleistungen<br>– Käufe (Importe) von Dienstleistungen<br>------------------------------------------<br>U. a. Lohnveredelung, Transithandel, Auslandsreiseverkehr (Ausgaben deutscher Touristen für Auslandsreisen werden als Importe von Dienstleistungen gezählt) |
| Erwerbs- und Vermögenseinkommen (Einkommensbilanz) | Fremde Leistungen<br>– Eigene Leistungen<br>------------------------------------------<br>Erwerbseinkommen und Kapitalerträge |
| Laufende Übertragungen (Übertragungsbilanz) | Fremde Leistungen<br>– Eigene Leistungen<br>------------------------------------------<br>U. a. Nettozahlungen an internationale Organisationen, Heimatüberweisungen der Gastarbeiter |
| Vermögensübertragungen (Vermögensbilanz) | Fremde Leistungen<br>– Eigene Leistungen<br>------------------------------------------<br>Einmalige Übertragungen (u. a. Schuldenerlasse, Erbschaften, Schenkungen) |
| Kapitalbilanz | Kapitalimport<br>– Kapitalexport   • Direktinvestitionen<br>  • Wertpapiere<br>  • Finanzderivate<br>  • Kredite<br>  • Sonstige Kapitalanlagen |
| Veränderung der Währungsreserven | Zu- und Abnahme der Währungsreserven der Deutschen Bundesbank zu Transaktionswerten<br>------------------------------------------<br>Gold, Devisen, Reservepositionen im IWF, Auslandsverbindlichkeiten |
| Statistisch nicht aufgliederbare Transaktionen | Ungeklärte Beträge, Restposten, Saldenausgleich |

**Übersicht 4.25b:** Teilbilanzen und Gegenstände der Zahlungsbilanz

in Anspruch genommenen Kredite – Devisen und Gold abgeflossen. – Solche **Zahlungsbilanzungleichgewichte** sind volkswirtschaftlich unerwünscht. Ungleiche reale Güter- und Dienstleistungsströme bewirken nämlich durch die mit ihnen verbundenen Devisenströme außer Störungen im Außenhandel entsprechende Liquiditätseffekte (inländischer Kaufkraftentzug bei passiver Zahlungsbilanz beziehungsweise inländische Kaufkrafterhöhung bei aktiver Zahlungsbilanz), die neben den Wirkungen der Nachfragezunahme/-abnahme als Ursache inflationistischer/deflationistischer Vorgänge im Inland oder Ausland zu werten sind.

**Wirtschaftswachstum** kann als die ständige Vergrößerung des Inlandsprodukts interpretiert werden. Die im Stabilitätsgesetz dem Wachstumsziel beigefügten Normierungen „stetig" und „angemessen" bieten keine quantitativen Anhaltspunkte für das wirtschaftliche Wachstum. Einziger, wenn auch nur vager, quantitativer Anhaltspunkt hierfür ist lediglich die Wachstumsrate (des realen Inlandsprodukts absolut oder je Kopf der Bevölkerung) im Vergleich mit den Wachstumsraten anderer (vergleichbarer) Volkswirtschaften.

Die Tatsache, daß die wirtschaftspolitischen Zielsetzungen untereinander teilweise konkurrieren (Zielkonkurrenz), zwingt den Wirtschaftspolitiker realiter, eine Rangordnung der anzustrebenden Ziele aufzustellen. Eine solche Präferenzordnung ist per se mit subjektiven respektive gruppenspezifischen Wertungen verknüpft. So lassen sich bei den verschiedenen politischen Gruppierungen im allgemeinen folgende Zielpräferenzen feststellen[8]:

– Sozialistische, sozialdemokratische sowie betont arbeitnehmer- und gewerkschaftsorientierte Parteien betonen die Ziele des Wachstums und der Vollbeschäftigung, verknüpft mit der Forderung nach gleichmäßigerer Einkommensverteilung. Stabilität und Zahlungsbilanzausgleich gelten als nachgeordnete Ziele.

– Konservative Parteien räumen dem Stabilitätsziel Priorität ein. Es folgen außerwirtschaftliches Gleichgewicht, Wachstum beziehungsweise Vollbeschäftigung und eine sozial-gerechte Einkommensverteilung.

– Orthodox liberale Parteien bevorzugen Stabilität des Geldwertes respektive des Preisniveaus, zu deren Sicherung oder Wiederherstellung sie gegebenenfalls auch Unterbeschäftigung in Kauf nehmen. Es folgt das Wachstumsziel. Die Einkommensverteilung wird dem Markt überlassen.

Bei den großen gesellschaftlichen Gruppen schlagen in der Regel folgende Präferenzvorstellungen durch:

– Für die Arbeitnehmer gilt Wachstum beziehungsweise Vollbeschäftigung (das heißt Sicherung der Arbeitsplätze) als vordringlichstes Ziel. Nachgeordnet folgen eine gleichmäßigere Einkommensverteilung und Stabilität des Preisniveaus. Lediglich die Bediensteten der öffentlichen Hand vertreten die Zielrangfolge Stabilität, gleichmäßigere Einkommensverteilung, wirtschaftliches Wachstum.

– Auch das Unternehmerlager bietet keine Geschlossenheit in seinen Zielpräferenzen. Während die Industrie das Wachstumsziel in den Vordergrund stellt und Stabilität sowie die Änderung der Einkommensverteilung als nachrangig ansieht, bevorzugt der gewerbliche Mittelstand im allgemeinen Stabilität, gefolgt von

---

[8] Vgl. Schachtschabel, H. G., Wirtschaftspolitik, a. a. O., S. 99 ff.

Wachstum (Vollbeschäftigung) und (eingeschränkt) einer gleichmäßigeren Einkommensverteilung.

Diese für unsere freiheitliche Gesellschaft typische Pluralität wirtschaftspolitischer (Ziel-)Präferenzvorstellungen, die nun keineswegs als starr anzusehen sind, haben ihre Abstimmung im Wege demokratischer Entscheidungsfindung zu suchen.

Wie die Jahreswirtschaftsberichte der Kohl-Regierung (1982–1998) seit Anfang der achtziger Jahre deutlich machten, hatte sich hier die Einsicht durchgesetzt, daß leichte Inflation allenfalls kurzfristig das Beschäftigungsniveau erhöhen kann und deshalb die Inflationsbekämpfung als vordringlich zu rechtfertigen ist. Da außerdem die Wachstums- und Beschäftigungsprobleme der siebziger Jahre primär als strukturbedingt gesehen wurden und sozialer Fortschritt wie auch ein langfristiger Abbau der Unterbeschäftigung nur bei anhaltendem realem Wirtschaftswachstum realisierbar erschien, hatte sich eine Betonung des Wachstumszieles durchgesetzt.

Die im Herbst 1998 angetretene rot-grüne Regierungskoalition unter Gerhard Schröder betonte von Anfang an nachdrücklich, daß für sie die Minderung der Arbeitslosigkeit Priorität genieße. In ihren Dienst seien Wachstum und Geldwertstabilität zu stellen.

### 4.2.3 Träger der Wirtschaftspolitik

Träger der bundesdeutschen Wirtschaftspolitik sind Bund, Länder und Gemeinden mit ihren Palamenten, Regierungen und Behörden. Dazu gilt es allerdings festzustellen, daß der maßgebliche wirtschaftspolitische Einfluß durch die für den **gesamten** Staat zuständigen Einrichtungen erfolgt. Der wirtschaftspolitische Einfluß einzelner Bundesländer kann ebenso vernachlässigt werden wie derjenige der Gemeinden. So hat der Bund die weitaus größte Zuständigkeit im Bereich der Gesetzgebung, während den Ländern und Gemeinden das Gros der Verwaltungsaufgaben obliegt. In Wahrnehmung dieser Aufgaben sind sie großteils nicht autonom, sondern handeln in Vollzug von Bundes- und Landesgesetzen. Wirtschaftspolitische Einflußmöglichkeiten der Länder auf Bundesebene bestehen lediglich über den **Bundesrat**. Ansonsten beschließt das **Parlament** (Legislative) die Gesetze und damit die langfristigen Rahmenbedingungen der wirtschaftlichen Entwicklung. Die **Regierung** und die ihr untergeordneten Verwaltungsbehörden (Exekutive; rund 20 Bundesministerien, von denen sich gut die Hälfte ausschließlich oder überwiegend mit wirtschaftspolitischen Angelegenheiten befaßt, so unter anderem die Ministerien für Wirtschaft, Verkehr, Arbeit) besorgen die laufende Politik. Die **Bundesbank** ist beauftragt, die Wirtschaftspolitik der Bundesregierung zu unterstützen; sie ist dabei jedoch nicht weisungsgebunden, somit relativ autonom.[9] Ihr obliegt im wesentlichen die Regelung des wirtschaftlichen Geldumlaufs und der Kreditversorgung der Wirtschaft unter dem übergeordneten Ziel der Währungssicherung (Geldpolitik) sowie die Abwicklung des Zahlungsverkehrs im Inland und mit dem Aus-

---

[9] Nach § 12 Gesetz über die Deutsche Bundesbank in der Fassung vom 22.10.1992 zuletzt geändert am 22.12.1997 ist die Bundesbank bei der Ausübung ihrer Befugnisse von den Weisungen der Bundesregierung unabhängig. „Soweit dies unter Wahrung ihrer Aufgabe als Bestandteil des Europäischen Währungssystems der Zentralbanken möglich ist, unterstützt sie die allgemeine Wirtschaftspolitik der Bundesregierung."

land. Mit der Verwirklichung der Stufe III der Europäischen Wirtschafts- und Währungsunion ging allerdings zum 1.1.1999 die Entscheidungskompetenz in der Geldpolitik (von der Bundesbank) auf den Europäischen Zentralbankrat über. Die **Rechtsprechung** (Judikative) kontrolliert die Ausführung der Gesetze. In Wahrnehmung dieser Aufgabe kommt dem Bundesverfassungsgericht und den letztinstanzlichen Gerichten (Bundesgerichtshof, Bundesarbeitsgericht, Bundessozialgericht, Bundesverwaltungsgericht, Bundesfinanzhof) besondere wirtschaftspolitische Bedeutung zu.

Als weisungsgebundene Träger der staatlichen Wirtschaftspolitik mit öffentlichrechtlichen Entscheidungsfunktionen fungieren das Bundeskartellamt, die Bundesanstalt für Arbeit, das Bundesamt für Umwelt, die Landeskartellämter sowie die Landesarbeitsämter.

Bestimmte wirtschaftspolitische Aufgaben im Ausbildungs-, Prüfungs-, Schieds- und Schlichtungswesen wurden zur Entlastung der staatlichen Verwaltung auf öffentlich-rechtlich konstituierte **Selbstverwaltungsorgane der Wirtschaft** (Industrie- und Handelskammern, Handwerkskammern, Landwirtschaftskammern) übertragen. Sie vertreten als autonome Entscheidungsträger die Interessen ihrer Mitglieder und versuchen die wirtschaftspolitische Willensbildung in diesem Sinne zu beeinflussen.

Neben den nationalen Trägern wirtschaftspolitischer Entscheidungen erlangen in der Bundesrepublik Deutschland zunehmend auch **übernationale** (supranationale) **Instanzen** wirtschaftspolitische Bedeutung. So schafft die Europäische Union, der von ihren Mitgliedsstaaten bestimmte nationale Souveränitätsrechte übertragen werden, durch die Beschlüsse ihrer Organe in ihren Mitgliedsländern zum Teil unmittelbar geltendes, zum Teil auszuführendes Recht.

Der Vertrag zur Gründung der Europäischen Gemeinschaft (EGV) in der Fassung vom 7. Februar 1992 bestimmt in Artikel 102a, daß die Mitgliedstaaten ihre Wirtschaftspolitik so ausrichten, daß sie zur Verwirklichung der in Artikel 2 genannten Ziele ((1) harmonische und ausgewogene Entwicklung des Wirtschaftslebens innerhalb der Gemeinschaft, (2) beständiges, nichtinflationäres und umweltverträgliches Wachstum, (3) hoher Grad an Konvergenz der Wirtschaftsleistungen, (4) hohes Beschäftigungsniveau, (5) hohes Maß an sozialem Schutz, (6) Hebung des Lebensstandards und der Lebensqualität sowie (7) Förderung des wirtschaftlichen und sozialen Zusammenhaltes und der Solidarität zwischen den Mitgliedstaaten) beitragen.

„Die Tätigkeit der Mitgliedstaaten und der Gemeinschaft im Sinne dieses Art. 2 umfaßt nach Maßgabe des Vertrages und der darin vorgesehenen Zeitfolge die Einführung einer Wirtschaftspolitik, die auf einer engen Koordinierung der Wirtschaftspolitik der Mitgliedstaaten, dem Binnenmarkt und der Festlegung gemeinsamer Ziele beruht und dem Grundsatz einer offenen Marktwirtschaft mit freiem Wettbewerb verpflichtet ist" (Art. 3a EGV).

Die Mitgliedstaaten betrachten nach Art. 103 EGV ihre Wirtschaftspolitik als eine Angelegenheit von gemeinsamem Interesse und koordinieren sie im Rat nach Maßgabe der oben (Art. 102a) genannten Ziele. Der Rat überwacht die wirtschaftliche Entwicklung in jedem Mitgliedstaat und in der Gemeinschaft und nimmt in regelmäßigen Abständen eine Gesamtbewertung vor (Art. 103 Abs. 3). Wird dabei festgestellt, daß die Wirtschaftspolitik eines Mitgliedstaates nicht mit den vorgegebenen Zielen vereinbar ist oder das ordnungsgemäße Funktionieren der Wirtschafts- und Währungsunion zu gefährden droht, so kann der Rat mit qualifizierter Mehrheit auf Empfehlung der Kommission die erforderlichen Vorschläge an den betreffenden Mitgliedstaat richten (Art. 103 Abs. 4).

Darüber hinaus sind die Träger staatlicher Wirtschaftspolitik in ihrer Entscheidungsfindung fortwährend weiterer Einflußnahme ausgesetzt. Im nationalen Raum sind es insbesondere Parteien und Verbände (unter diesen haben die Arbeitsmarktverbände, die Gewerkschaften und Arbeitgeberverbände, besonderes Gewicht), Kirchen, marktmächtige Unternehmen, Massenmedien sowie die Wissenschaft (über Beratergremien), die Interessen und Vorstellungen in den staatlichen Willensbildungsprozeß einzubringen versuchen. Von außen sind es internationale Organisationen, so insbesondere die Unterorganisationen der Vereinten Nationen wie die Weltbank (International Bank for Reconstruction and Development [IBRD], Internationale Bank für Wiederaufbau und Entwicklung), der Weltwährungsfonds (International Monetary Fund [IMF]), das Internationale Arbeitsamt (IAA), die wirtschaftspolitische Empfehlungen aussprechen und Wünsche vortragen.

**4.2.4 Instrumente der Wirtschaftspolitik**

Als wirtschaftspolitische Instrumente (Mittel) bezeichnen wir die der Verfolgung bestimmter wirtschaftspolitischer Zielsetzungen dienenden staatlichen Maßnahmen. Diese Maßnahmen waren in der bundesdeutschen Wirtschaftspolitik bislang recht uneinheitlich. Während bis in die Mitte der sechziger Jahre eindeutig die ordnungspolitischen Instrumente überwogen, gewannen danach die prozeßpolitischen (ablaufpolitischen) erheblich an Bedeutung. Allgemein ließ sich eine Zunahme der Staatsaktivitäten (ordnungs- und prozeßpolitisch) im Zeitablauf feststellen. – Dennoch, der Wettbewerb wurde in all diesen Jahren allgemein als das tragende Element unserer Wirtschaftsordnung anerkannt. Seine Wahrung und Weiterentwicklung genoß deshalb immer eine gewisse Sonderstellung gegenüber den anderen traditionellen wirtschaftspolitischen Instrumenten, so der Stabilitätspolitik, der Sozialpolitik wie auch der Außenwirtschaftspolitik.

## 4.2.5 Kontrollfragen zu 4.2.1–4.2.4

1. In welche Politik- oder Aufgabenbereiche läßt sich die staatliche Wirtschaftspolitik gliedern?
2. Womit befassen sich:
   a) Ordnungspolitik,
   b) Prozeßpolitik?
3. Welche konstitutiven Elemente prägen die logische Struktur ökonomischer Probleme?
4. Wann sprechen wir von
   a) ordnungskonformen,
   b) ordnungsinkonformen Maßnahmen?
5. Wie läßt sich das wirtschaftspolitische Globalziel formulieren?
6. Welche wirtschaftspolitischen Ziele nennt das Stabilitätsgesetz?

7. Inwiefern besteht zwischen Vollbeschäftigung und Preisniveaustabilität ein Zielkonflikt? Nennen Sie auch andere Zielkonflikte!
8. Wann sprechen wir von Zielkonkurrenz?
9. Welches sind die Träger der bundesdeutschen Wirtschaftspolitik?
10. Welcher Instrumente bedient sich die Wirtschaftspolitik?

### 4.2.6 Literaturhinweise zu 4.2.1–4.2.4

*Clement, R., Terlau, W.*, Grundlagen der Angewandten Makroökonomie, München 1998.
*Eucken, W.*, Grundsätze der Wirtschaftspolitik, 6. Aufl., Bern-Tübingen 1990.
*Giersch, H.*, Allgemeine Wirtschaftspolitik, Bd. I: Grundlagen, Wiesbaden 1960, Nachdruck 1991.
*Frankfurter Institut*, (Hrsg.), Die Aufgaben. Wirtschaftspolitische Orientierung für die kommenden Jahre, Bad Homburg 1998.
*Schlecht, O.*, Ordnungspolitik für eine zukunftsfähige Marktwirtschaft, Frankfurt a. M. 2001.
*Tuchtfeld, E.*, Grundlagen der Wirtschaftspolitik, in: Issing, O. (Hrsg.), Allgemeine Wirtschaftspolitik, 3. Aufl., München 1993.
*Woll, A.*, Wirtschaftspolitik, 2. Aufl., München 1992.

### 4.2.7 Traditionelle Instrumente der Wirtschaftspolitik

#### 4.2.7.1 Wettbewerbspolitik

4.2.7.1.0 Leitziel

Kenntnis der wettbewerbspolitischen Konzeptionen, Träger und Instrumente.

4.2.7.1.1 Allgemeine und konzeptionelle Grundlagen der Wettbewerbspolitik

In seinen 1952 veröffentlichten „Grundsätze der Wirtschaftspolitik" stellte **Walter Eucken** fest: „Ein tiefer Trieb zur Beseitigung von Konkurrenz und zur Erwerbung von Monopolstellungen ist überall und zu allen Zeiten lebendig."[10] Diese elementare Einsicht in die menschliche Natur vermittelt uns zweierlei. Zum einen die Erkenntnis, daß der Wettbewerb in marktwirtschaftlichen Ordnungen nicht sich selbst überlassen werden kann; zum anderen die Konsequenz, diesen Wettbewerb mittels einer entsprechenden Politik zu erhalten respektive – soweit er bereits durch Beschränkungen beeinträchtigt – von diesen zu befreien und wieder zu beleben. Die Wettbewerbspolitik wird damit zum fundierenden Element der Wirtschaftspolitik einer jeden Marktwirtschaft, so auch unserer Sozialen Marktwirtschaft. In der Bundesrepublik Deutschland besteht die Aufgabe der Wettbewerbspolitik darin, die Entstehung oder Ausübung von **Marktmacht** zu verhindern beziehungsweise dagegen vorzugehen.[11] Die Entstehung von Marktmacht wird vor allem in folgenden Vorgängen gesehen:

---

[10] Eucken, W., Grundsätze der Wirtschaftspolitik, Bern–Tübingen 1952, S. 31.
[11] Vgl. hierzu und zum folgenden Schüller, A., Grundlagen der Wettbewerbspolitik, in: Materialien zum Bericht zur Lage der Nation im geteilten Deutschland 1987, hrsgg. v. Bundesministerium für innerdeutsche Beziehungen, a. a. O., S. 56 ff.

– dem Aufbau monopolistischer Marktstellungen durch **internes** Unternehmenswachstum,
– der kartellförmigen Abstimmung des Marktverhaltens miteinander konkurrierender Unternehmen,
– dem Zusammenschluß (Fusion) bisher selbständiger Unternehmen (**externes** Unternehmenswachstum).

Während die über internes Unternehmenswachstum gewonnene Marktmacht meist als Ausdruck erfolgreichen Unternehmertums gewertet und als wettbewerbspolitisch unbedenklich angesehen wird, gelten die **Kartellierung** und **Fusion** als eine stategisch angestrebte Gewinnung von Marktmacht gemeinhin als dem Wettbewerb abträglich.

Mit dem Aufbau der deutschen Wirtschaft nach 1948 entfachte sich zugleich eine Diskussion über die künftige Gestaltung des Wettbewerbs. Sie verdichtete sich in einer heftig geführten Kontroverse um die Alternativen: ausnahmsloses Kartellverbot mit präventiver Fusionskontrolle sowie Entflechtung marktbeherrschender Unternehmen (vertreten von **Franz Böhm** und Anhängern) und weitgehende Kartell- und Konzentrationsfreiheit bei staatlicher Mißbrauchsaufsicht (vertreten von den Industrieverbänden). Das Ergebnis dieser Auseinandersetzung war das 1957 in Kraft tretende **Gesetz gegen Wettbewerbsbeschränkungen** (GWB), bei dem sich das Kartellverbot formal durchsetzte. Das GWB galt als (unbefriedigender) Kompromiß, der die Suche nach einem praktikablen Wettbewerbskonzept keineswegs abschloß. Die Diskussion ging weiter; sie kreist bis heute im wesentlichen um zwei konkurrierende Auffassungen:
– die Konzeption des funktionsfähigen Wettbewerbs und
– die Konzeption der Wettbewerbsfreiheit.

Die **Konzeption des funktionsfähigen Wettbewerbs** (workable competition) frägt nach den tatsächlichen Bedingungen des **realisierbaren** Wettbewerbs. Sie läßt sich dabei von empirisch nachweisbaren Kausalzusammenhängen zwischen **Marktstruktur** und **Marktverhalten** einerseits und bestimmten **Marktergebnissen** andererseits leiten. Über entsprechende Modellanalysen werden die Abweichungen ermittelt, die die existierenden Wettbewerbsformen hinsichtlich der gewünschten Marktergebnisse zeitigen. Diesen Abweichungen zufolge werden die gegebenen Wettbewerbsformen mit Blick auf die gewünschten Marktergebnisse korrigiert. Die Korrektur wird über entsprechende wettbewerbspolitische Mittel angestrebt: Sicherung oder Änderung der Marktstruktur (z. B. durch Fusionsverbot, Entflechtung) und/oder des Marktverhaltens (z. B. durch Verbot der Kartellbildung und/oder des Mißbrauchs wirtschaftlicher Macht), Marktergebnisauflagen (z. B. Verbot des Ausbeutungs- und Behinderungsmißbrauchs), Zulassung von Wettbewerbsbeschränkungen und von Bereichsausnahmen.

Die **Konzeption der Wettbewerbsfreiheit** sieht Wettbewerb als einen komplexen – auf Aktion und Reaktion beruhenden – dynamischen Prozeß, der in seinen Teilkräften jedoch nicht erfaßbar scheint. Der Grund für diese Nichterfaßbarkeit wird in dem unzureichenden Wissen über die das Handeln der Wettbewerber – insbesondere der dynamischen Unternehmer – bestimmenden Beweggründe gesehen. Dem Staat wird die Aufgabe zuerkannt, die Freiheit des Wettbewerbs durch die Vorgabe und Überwachung allgemeiner Spielregeln zu garantieren. Verträge und Verhaltensweisen, die wettbewerbsbeschränkende Absichten verfolgen – so insbesondere Kartell- und Monopolbildung – sollen verboten sein. Die Feststellung, ob Beschränkungen der Wettbewerbsfreiheit vorliegen, soll dabei durch Tatbestandsprüfungen ohne behördlichen Ermessensspielraum getroffen werden. Vorschriften, die sich gegen **marktbeherrschende Unternehmen** richten, werden als Verstoß gegen das Rechtsstaatsprinzip abgelehnt.

### 4.2.7.1.2 Gesetzliche Grundlagen der Wettbewerbspolitik

Die bundesdeutsche Wettbewerbspolitik ist durch die Auseinandersetzung mit den beiden aufgezeigten Konzeptionen gekennzeichnet. Dies bekunden vor allem die einschlägigen Regelungen des **Gesetzes gegen unlauteren Wettbewerb** (UWG), des **GWB** und des **EWG-Vertrages**.

Das **UWG** (vom 7. 6. 1909; Neufassung vom 22. 6. 1998) steht offensichtlich im Zeichen des **Leistungswettbewerbs**. Leistungswidrige Vorteilsnahme im Wettbewerb durch **Betrug, Irreführung, Zwang, Bedrohung** oder **Verstoß gegen die guten Sitten** soll verhindert werden. Dieser Absicht fügen sich gleichermaßen das **Warenzeichengesetz**, das **Patentgesetz** und das **Gesetz zur Regelung des Rechts der Allgemeinen Geschäftsbedingungen**.

Im **GWB** (vom 27. 7. 1957; Neufassung vom 26. 8. 1998), häufig als „Grundgesetz" oder „Magna Charta" unserer Sozialen Marktwirtschaft bezeichnet, tritt die Mischkonzeption zwischen Wettbewerbsfreiheit und funktionsfähigem Wettbewerb deutlich in Erscheinung. § 1 GWB enthält ein generelles Verbot der Wettbewerbsbeschränkung durch wirtschaftliche Zusammenschlüsse rechtlich selbständiger Unternehmen (**Kartellverbot**). Gleichzeitig sieht das Gesetz jedoch eine Reihe von **Ausnahmeregelungen** vor, die insbesondere durch die Novellierungen von 1966 und 1973 erweitert wurden. So sind bestimmte Kartelle vom Verbot ausgenommen und werden entweder mit ihrer Anmeldung beim Bundeskartellamt wirksam oder sind genehmigungspflichtig.

Neben dem grundsätzlichen Verbot von Kartellen, das 1973 auch auf **abgestimmtes Verhalten** ausgedehnt wurde, bestimmt das GWB die **Mißbrauchsaufsicht** über marktbeherrschende Unternehmen sowie die **Fusionskontrolle** (1973). Durch letztere können Unternehmenszusammenschlüsse, durch die eine marktbeherrschende Stellung begründet oder verstärkt wird, dann untersagt werden, wenn der Nachweis nicht gelingt, daß die wettbewerbsbegünstigenden Effekte des Zusammenschlusses größer sind als die wettbewerbsbeeinträchtigenden. Eine Generalklausel räumt dem Bundeswirtschaftsminister das Recht ein, gegen das Verbot des Bundeskartellamtes Fusionen zu genehmigen (**Ministererlaubnis**).

Das generelle Verbot der Wettbewerbsbeschränkungen des § 1 GWB wird außer durch die aufgezeigten Ausnahmeregelungen durch sogenannte **Bereichsausnahmen** (auch **Ausnahmebereiche** genannt) durchbrochen. So sind nach §§ 28–31 GWB folgende Wirtschaftsbereiche von der Anwendung des § 1 GWB ganz oder teilweise freigestellt:

- die Landwirtschaft (§ 28 GWB),
- die Deutsche Bundesbank, die Kreditanstalt für Wiederaufbau (§ 130 GWB) und das Branntweinmonopol,
- partiell auch Banken und Versicherungen (§ 29 GWB),
- Verwertungsgesellschaften (z. B. Gesellschaft für musikalische Aufführungs- und mechanische Vervielfältigungsrechte [GEMA]) und Sport (§§ 30 und 31 GWB).

Diese Bereiche sind lediglich einer **Mißbrauchsaufsicht** unterstellt. Für sie gelten meist gesonderte gesetzliche Vorschriften wie das Kreditwesengesetz und das Landwirtschaftsgesetz.

Das GWB ist darüber hinaus nicht anzuwenden auf

- die Arbeitsmärkte und die auf ihnen vorherrschenden Preisabsprachen (Arbeitsverträge, Tarifverträge) und
- den Gesundheitssektor (Sozialversicherungsträger, Krankenanstalten, kassen- und zahnärztliche Vereinigungen, § 130 GWB).

Schließlich betätigt sich bei uns der Staat noch immer in einer Reihe von Bereichen als Monopolist. Zu nennen wären u. a.:

- Lotterien und Spielbanken,
- Hochschulen und Universitäten.

Das GWB wurde 1966, 1973, 1976, 1980 und 1998 novelliert. Auch in diesen Neufassungen zeigte sich immer wieder deutlich das Ringen um die Praktikabilität und Vorzüge der beiden Wettbewerbskonzeptionen. So wurde 1966 mit dem **Verbot der Preisbindung der zweiten Hand** für Markenwaren und des **abgestimmten Verhaltens** klar erkennbar der Konzeption der Wettbewerbsfreiheit entsprochen, während gleichzeitig durch eine Verschärfung der Eingriffsmöglichkeiten gegenüber marktbeherrschenden und marktmächtigen Unternehmen sowie die Einführung der Fusionskontrolle der Konzeption des funktionsfähigen Wettbewerbs Geltung verschafft wurde. Diese Regelungen lassen – worauf Schüller nachdrücklich hinweist[12] – deutlich werden, daß das Hauptproblem der Wettbewerbspolitik nicht mehr in der Kartellierung, sondern vielmehr im fortschreitenden **externen** Unternehmenswachstum gesehen wird. Die mit der 3. und 4. Novelle erwirkte Ausweitung der Fusionskontrolle auf das Pressewesen sowie auf **vertikale** (d. h. nicht demselben Produktionszweig angehörende Unternehmen) und **konglomerate** (d. h. branchenübergreifende) Unternehmenszusammenschlüsse scheint diese Feststellung zu bestätigen. Auch der Schutz kleiner und mittlerer Unternehmen vor Behinderungen durch „marktmächtige" Konkurrenten sowie die Legalisierung vertraglicher Wettbewerbsbeschränkungen im mittelständischen Bereich dürfen als Maßnahmen zum Schutz gegen Marktmacht und zur Gewährleistung eines funktionsfähigen Wettbewerbs – in dem die Marktchancen kleiner und mittlerer Unternehmen gegenüber Großunternehmen verbessert werden sollen – gesehen werden.

Die **Wettbewerbsregeln des EWG-Vertrages** von 1957 und deren Fortschreibung insbesondere im EG-Vertrag von 1992 im Anschluß an Maastricht dienen der **Sicherstellung eines fairen Wettbewerbs auf offenen Märkten** für Waren, Dienstleistungen und Kapital. In Verfolgung dieser Absicht richtet sich die Wettbewerbspolitik der Union – insbesondere die Art. 81 und 82 des EWG-Vertrages (in der Fassung vom 2. 10. 1997 [Vertrag von Amsterdam]) – in erster Linie gegen Kartellabsprachen und andere Marktaufteilungen. Daneben wendet sie sich gegen den Mißbrauch wirtschaftlicher Macht durch Monopolisierung, insbesondere durch vertikale (d. h. nicht demselben Produktionszweig angehörende Unternehmen) und horizontale (d. h. demselben Produktionszweig angehörende Unternehmen) Unternehmenskon-

---

[12] Vgl. insbesondere ebenda S. 60.

zentrationen sowie gegen Wettbewerbsverzerrungen durch Subventionierung staatlicher Handelsmonopole und öffentlicher Unternehmen.

Mit der EWG-Verordnung 4064/89 von 1989 über die Kontrolle von Unternehmenszusammenschlüssen wurde eine europäische Fusionskontrolle für grenzüberschreitende Zusammenschlüsse von Großunternehmen eingeführt. Danach unterliegen „Mammuthochzeiten" ab zirka 5 Milliarden Euro beteiligtem Umsatz einer auf die EU bezogenen supranationalen Wettbewerbskontrolle. Diese europäische Wettbewerbspolitik wird von der EU-Kommission getragen.

Darüber hinaus versucht die gemeinschaftliche Wettbewerbspolitik aber auch die Aufhebung jener Handelsbeschränkungen herbeizuführen, die sich in den einzelnen Ländern aus unterschiedlichen Rechts- und Verwaltungsbestimmungen, Steuervorschriften, Patent- und Warenzeichenregelungen ergeben. Auch die unzähligen nationalen Anforderungen an die Produktgestaltung oder die Herstellungsverfahren, die sich als schwerwiegende Handelshemmnisse erweisen, werden von der Gemeinschaft wettbewerbspolitisch zu bewältigen versucht.

**Die Wettbewerbsregeln des EG-Vertrages gelten gegenüber nationalem Wettbewerbsrecht als vorrangig.** Verstöße gegen die Wettbewerbsregeln können von der EU-Kommission verfolgt werden.

Ähnlich dem GWB kennen auch die Wettbewerbsregeln der EU **Ausnahmebereiche.** Die beiden wichtigsten sind die Europäische Gemeinschaft für Kohle und Stahl (EGKS) und die EG-Agrarmarktordnung. Der EGKS-Vertrag sieht preis- und produktionsregulierende (Markt-)Eingriffe vor. Die EG-Agrarmarktordnung ist ein durch vielfältige Markteingriffe abgesichertes System von Mindestpreisen.

### 4.2.7.1.3 Träger der Wettbewerbspolitik

Die Schaffung der gesetzlichen Grundlagen der Wettbewerbspolitik unterliegt dem demokratischen Entscheidungsprozeß der **Legislative.** Zentrales Exekutivorgan ist das **Bundeskartellamt,** das als selbständige Bundesbehörde zum Geschäftsbereich des Bundesministers für Wirtschaft gehört. Es ist zuständig für Strukturkrisen-, Ausfuhr- und Einfuhrkartelle, für alle Wettbewerbsbeschränkungen, die über das Gebiet eines Bundeslandes hinausgehen. Auf Landesebene übernehmen die Landeskartellbehörden die Exekutive. Zuständig für Ausnahmen von den §§ 2-7 GWB „aus überwiegenden Gründen der Gesamtwirtschaft und des Gemeinwohls" sowie für die Erlaubnis von Fusionen gemäß § 42 GWB ist der Bundesminister für Wirtschaft (sogenannte Ministererlaubnis).

Zur **unabhängigen Beratung und Kontrolle** der legislativen und exekutiven Entscheidungsträger wurde auf der Grundlage der 2. Novelle zum GWB die **Monopolkommission** eingerichtet. Ihr obliegt es einerseits, Stand und Entwicklung der Unternehmenskonzentration wie auch die Entscheidungspraxis bezüglich marktbeherrschender Unternehmen und Fusionskontrolle zu beurteilen; andererseits ist sie damit betraut, Vorschläge für Gesetzesänderungen zu machen. Über diese Institutionalisierung unabhängiger wettbewerbspolitischer Beratungs- und Kontrolltätigkeit soll auch der Einfluß der Wirtschaft auf die staatliche Gestaltung des Wettbewerbs zurückgedrängt werden.

Die Arbeit der Monopolkommission findet ihren Niederschlag in entsprechenden Gutachten. Ihre bisherigen Gutachten zeigten deutlich, daß auch sie mit ihrer Arbeit im Spannungsfeld der beiden wettbewerbspolitischen Konzeptionen „Wettbewerbsfreiheit" und „funktionsfähiger Wettbewerb" steht.

Die **europäische Wettbewerbspolitik** wird von der EU-Kommission getragen. In diesem politischen Gremium sind industriepolitische Erwägungen gegenüber wettbewerbspolitischen häufig vorrangig.

### 4.2.7.1.4 Instumente der Wettbewerbspolitik

Die staatliche Wettbewerbspolitik verfügt in der Bundesrepublik Deutschland im wesentlichen über drei Instrumente:

– die Kartellpolitik,
– die Politik der Mißbrauchsaufsicht und
– die Politik der Fusionskontrolle.

Die **Kartellpolitik** fußt auf dem sogenannten **Kartellverbot** des § 1 GWB, der Vereinbarungen unter Marktkonkurrenten dann als unwirksam erklärt, wenn diese eine Beschränkung des Wettbewerbs beabsichtigen. Diesem Verbot liegt die berechtigte Befürchtung zugrunde, daß Kartelle Angebots- und Produktionsbedingungen in einer marktwirtschaftlichen Vorstellungen abträglichen Weise beeinflussen könnten. Es werden im wesentlichen folgende Möglichkeiten der Einflußnahme gesehen:

– Verlangen und Durchsetzen überhöhter Preise auf Grund von Preisabsprachen,
– Einschränkung des Güterangebots für den Verbraucher,
– Verzögerung des technischen Fortschritts,
– Aufrechterhaltung unwirtschaftlicher Betriebe,
– Behinderung des Markteintritts neuer Wettbewerber.

Als typische Beispiele wettbewerbswidriger Kartellabsprachen gelten Preis- und Gebietskartelle. Während sich im Preiskartell Marktkonkurrenten derselben Produktionsstufe über Zahlungs- und Lieferungsbedingungen sowie über Mindestpreise vereinbaren, ist im Gebietskartell die Aufteilung ihres Absatzgebietes Gegenstand des Übereinkommens.

Nach herrschender Rechtsprechung liegt eine Wettbewerbsbeschränkung im Sinne des § 1 GWB auch ohne vertragliche Festlegung vor, wenn sie den gemeinsamen wettbewerbsbeschränkenden Zweck der Kontrahenten erfüllt. Diese Auslegung bleibt allerdings problematisch, da das Gesetz keine klaren Anhaltspunkte dafür gibt, durch was der Tatbestand der Wettbewerbsbeschränkung erfüllt ist. Auch durch das in § 1 GWB aufgenommene **Verbot der Verhaltensabstimmung** konnte diese Rechtsunsicherheit nicht restlos behoben werden. Erfaßt werden durch diese Neuregelung nämlich nur solche Fälle, in denen sich Konkurrenten über ihr künftiges Wettbewerbsverhalten **bewußt** abstimmen.[13] In der Praxis bestehen erhebliche Schwierigkeiten, ein solcherart abgestimmtes Verhalten nachzuweisen, zumal es auch durch eine Verbandsempfehlung erwirkt werden kann. Dieser und anderen Umgehungsmöglichkeiten des Kartellverbots – so zum Beispiel den vertikalen Preisempfehlungen (d.s. Preisempfehlungen für nachgeordnete Vertriebsstufen), die auf faktische Preisbindungen hinauslaufen können – versuchte der Gesetzgeber mit dem **prinzipiellen Empfehlungsverbot** des § 22 GWB zu begegnen. Aller-

---
[13] Vgl. ebenda S. 62.

dings wird dieses Verbot durch die Zulassung der sogenannten Mittelstandspreisempfehlung (§ 22 Abs. 2, 1 GWB) und von Wettbewerbsregeln nach § 24 GWB durchlöchert. Ihnen zufolge können die Verbände bestimmte Spielregeln für zweckmäßiges wettbewerbliches Verhalten festlegen und damit innerhalb bestimmter Grenzen ein abgestimmtes Verhalten erreichen.

Vom Kartellverbot gibt es eine Reihe von Ausnahmen. So kennen die Bestimmungen der §§ 2 bis 8 GWB:

- **anmeldepflichtige Kartelle** (sie werden durch einfache Anmeldung beim Bundeskartellamt wirksam) wie: Normen- und Typenkartelle sowie Exportkartelle ohne Inlandswirkung (d. h. ohne Rückwirkung auf den Inlandsmarkt);

- **Widerspruchskartelle** (sie werden wirksam, wenn das Bundeskartellamt nicht innerhalb von drei Monaten nach der Anmeldung Widerspruch erhebt) wie: Konditionen-, Rabatt-, Spezialisierungskartelle;

- **erlaubnispflichtige Kartelle** (sie werden nur mit ausdrücklicher Genehmigung durch das Bundeskartellamt wirksam) wie: Rationalisierungs-, Import-, Strukturkrisenkartelle sowie Exportkartelle mit Inlandswirkung (d. h. mit Rückwirkung auf den Inlandsmarkt). Solche Kartelle werden nach Wirksamwerden in das Kartellregister eingetragen und unterstehen dann der Mißbrauchsaufsicht des Kartellamtes (§ 9 GWB).

Verstöße gegen das Kartellverbot gelten als Ordnungswidrigkeiten und können als solche vom Bundeskartellamt in Berlin mit **Bußgeldern** belegt werden.

Die **Politik der Mißbrauchsaufsicht** ist darauf gerichtet, den **Mißbrauch von Unternehmens- oder Marktmacht** zu verhindern. Mißbrauch von Unternehmens- oder Marktmacht liegt dann vor, wenn diese zum Nachteil anderer Marktteilnehmer eingesetzt wird. Mit der Verhinderung des Mißbrauchs von Unternehmens- oder Marktmacht „sollen entsprechende Unternehmen zu wettbewerbsanalogen Handlungen angehalten werden, damit die Wettbewerbsfreiheit auch auf Märkten mit marktbeherrschenden Unternehmen gesichert werden kann".[14] Konkret geht es darum, die Märkte offenzuhalten und die Mitkonkurrenten vor leistungsfremden **Behinderungen** und **Ausbeutung** zu schützen.

Die zentralen Probleme der Mißbrauchskontrolle leiten sich aus § 19 GWB her. Sie betreffen die Sachverhalte „Marktbeherrschung" und „Mißbrauch". Die amtliche Feststellung von **Marktbeherrschung,** die sich im wesentlichen vom Marktanteil der jeweiligen Unternehmen leiten läßt, erfordert die möglichst präzise Abgrenzung des Bereichs der wettbewerblichen Auseinandersetzung, des sogenannten **relevanten Marktes.** Mit anderen Worten: es muß zunächst festgestellt werden, welches der Markt ist, auf dem hinsichtlich einer eventuellen Beherrschung recherchiert werden soll. Die hierzu in § 19 Abs. 2 GWB neben dem Marktanteil aufgeführten Beurteilungskriterien erweisen sich in der Praxis als äußerst unbefriedigend. Wie Schüller betont[15], gibt es keine Maßstäbe, um zum Beispiel die Finanzkraft eines Unternehmens, den Grad der Marktzugangsbeschränkungen im Absatz- und Beschaffungsbereich, die Intensität der Verflechtung mit anderen Unternehmen objektiv zu erfassen. Dies führt nicht selten dazu, daß besonders leistungsstarke, wettbewerbsaktive Un-

---

[14] Ebenda S. 63.
[15] Vgl. ebenda S. 67.

ternehmen mit der Erreichung einer **überragenden Marktstellung** sich der Gefahr aussetzen, des Mißbrauchs ihrer Marktmacht verdächtigt zu werden.

Mißbrauch von Marktmacht kann einerseits durch Diskriminierung oder Behinderung (Behinderungsmißbrauch), andererseits durch Ausbeutung (Ausbeutungsmißbrauch) betrieben werden. Der **Behinderungsmißbrauch** betrifft Praktiken wie diskriminierende Preisdifferenzierungen, Sonderkonditionen, Ausschließlichkeitsbindungen, Koppelungsgeschäfte, Vertriebsbeschränkungen, Verwendungsbeschränkungen und andere sogenannte Bindungen, die nach § 16 GWB wohl nicht verboten sind, aber – sobald sie von marktbeherrschenden Unternehmen angewandt werden – der Mißbrauchsaufsicht unterliegen. Diese Praktiken richten sich sowohl gegen Konkurrenten der gleichen Marktseite als auch gegen Marktteilnehmer vor- und nachgelagerter Wirtschaftsstufen sowie von Drittmärkten.

Der **Ausbeutungsmißbrauch** wird im Verhältnis zu Vorlieferanten und Abnehmern wirksam; er vollzieht sich insbesondere über das Fordern überhöhter Sonderkonditionen respektive überhöhter Preise oder die Stellung sonstiger Geschäftsbedingungen, die von denen abweichen, die sich bei wirksamem Wettbewerb mit hoher Wahrscheinlichkeit ergeben würden (§ 19 Abs. 4 und § 20 GWB).

In Ausübung ihrer Mißbrauchsaufsicht können die Kartellbehörden mißbräuchliches Marktverhalten untersagen und geschlossene Verträge erforderlichenfalls für unwirksam erklären.

Die **Politik der Fusionskontrolle** ist durch § 35 GWB normiert. Danach kann das Bundeskartellamt Unternehmenszusammenschlüsse verbieten, wenn sie zur Entstehung oder Verstärkung einer marktbeherrschenden Stellung führen. Als (Unternehmens-)Zusammenschlüsse im Sinne des GWB gelten insbesondere:

- die Verschmelzung von Unternehmen (Fusion im engeren Sinne);
- der Anteilserwerb an einem anderen Unternehmen, wenn damit 25% und mehr des stimmberechtigten Kapitals erworben werden;
- die Bildung und Erweiterung eines Konzerns;
- die Herbeiführung der Personengleichheit von mindestens der Hälfte der Mitglieder des Aufsichtsrates, des Vorstandes oder eines sonstigen zur Geschäftsführung berufenen Organs von Unternehmen.

Die Fusionskontrolle nach § 35 GWB gilt nur für die Fälle, in denen die EU nicht zuständig ist (§ 35 Abs. 3 GWB), und auch dann nur für Zusammenschlüsse ab einer bestimmten Größe. Diese liegt dann vor, wenn:

- die beteiligten Unternehmen insgesamt weltweit Umsatzerlöse von mehr als 500 Millionen Euro und
- mindestens ein beteiligtes Unternehmen im Inland Umsatzerlöse von mehr als 25 Millionen Euro erzielt haben.

Die Vorschriften für die Zusammenschlußkontrolle finden keine Auswertung,

- soweit ein Unternehmen, das nicht abhängig (im Sinne des § 36 Abs. 2 GWB) ist und im letzten Geschäftsjahr weltweit Umsatzerlöse von weniger als 10 Millionen Euro erzielt hat, sich mit einem anderen Unternehmen zusammenschließt oder

– soweit ein Markt betroffen ist, auf dem seit mindestens fünf Jahren Waren oder gewerbliche Leistungen angeboten werden und auf dem im letzten Kalenderjahr weniger als 15 Millionen Euro umgesetzt wurden.

Der Zusammenschluß wird durch das Bundeskartellamt dann untersagt, wenn zu erwarten ist, daß durch ihn eine marktbeherrschende Stellung entsteht oder verstärkt wird, es sei denn, die beteiligten Unternehmen weisen nach, daß durch den Zusammenschluß Verbesserungen der Wettbewerbsbedingungen eintreten, die die Nachteile der Marktbeherrschung überwiegen.

Auch wenn das Bundeskartellamt die Fusion untersagt, kann der Bundesminister für Wirtschaft auf Antrag die Erlaubnis zum Zusammenschluß geben, wenn die durch diesen zu erwartenden gesamtwirtschaftlichen Vorteile die zu erwartenden Nachteile der Wettbewerbsbeschränkung übersteigen und damit der Zusammenschluß durch ein überragendes Interesse der Allgemeinheit gerechtfertigt ist. Diese sogenannte **Ministererlaubnis** aus Gründen des Gemeinwohls erweist sich als besonders problematisch. Mangels hinreichender ökonomischer Begründung wird diese nicht selten aus politischen Erwägungen erteilt. Die Wahrscheinlichkeit der Fusionsbewilligung ist dabei im allgemeinen bei Großunternehmen höher, da von ihnen am ehesten Auswirkungen auf die Gesamtwirtschaft und das Gemeinwohl, so insbesondere auf Beschäftigung und internationale Wettbewerbsfähigkeit, zu erwarten sind[16].

Vor dem Vollzug eines Zusammenschlusses können die fusionswilligen Unternehmen beim Bundeskartellamt klären lassen, unter welchen Voraussetzungen der Zusammenschluß nicht zu einer marktbeherrschenden Stellung führen würde, um so eine Untersagungsverfügung zu umgehen.

### 4.2.7.1.5 Ungelöste Probleme der Wettbewerbspolitik

Der mit dem GWB verfolgten Absicht, den marktwirtschaftlichen Wettbewerb in der Bundesrepublik Deutschland zu sichern, konnte in der Vergangenheit nicht in vollem Umfang entsprochen werden. Wenn es auch in beachtlichem Maße gelang, die private Vermachtung der Wirtschaft durch Kartellbildung zu verhindern, ist nicht zu übersehen, daß sich ein starker Konzentrationsprozeß – gemeint sind insbesondere Unternehmenszusammenschlüsse, Umsatzkonzentration und industrielle Verflechtungen – durchsetzen konnte. – Als besonders problematisch erweisen sich die zahlreichen Bereichsausnahmen. Sie bedeuten staatlich sanktionierte Wettbewerbsbeschränkungen und Monopolisierungen, die in ihrer volkswirtschaftlichen Fragwürdigkeit, insbesondere aber hinsichtlich ihrer benachteiligenden Rückwirkungen auf die Konsumenten sowie ihrer fortschrittshemmenden Effekte, oft unterschätzt werden. Es wäre deshalb für die Zukunft zu fordern, daß staatliche Regulierung weiter abgebaut und Wettbewerb verstärkt gefördert wird, so insbesondere im Luft- und Güterverkehr, im Baurecht, in der Energieversorgung, im Gesundheitswesen und im Bereich der Ladenöffnungszeiten. Die Devise muß lauten: Weniger Staat mehr Markt! Wichtige Schritte in diese Richtung bedeuten die Marktöffnung durch den Europäischen Binnenmarkt sowie die Deregulierung des Telekommunikationsmarktes durch die EU. – Weitgehend ungelöst ist das Problem der gobalen multinationalen Konzentration.

---

[16] Vgl. ebenda S. 70.

## 4.2.7.1.6 Kontrollfragen zu 4.2.7.1

1. Warum brauchen marktwirtschaftliche Ordnungen eine Wettbewerbspolitik?
2. Worin sieht die bundesdeutsche Wirtschaftspolitik ihre Aufgabe?
3. Wie kommt es zu Marktmacht?
4. Von welchen beiden wettbewerbspolitischen Auffassungen ist unsere Wettbewerbspolitik geprägt?
5. Welche Gesetze/vertraglichen Bestimmungen fundieren unsere Wettbewerbspolitik?
6. Was bestimmt § 1 GWB?
7. Was sind Bereichsausnahmen; welche wettbewerbspolitische Bedeutung kommt ihnen zu?
8. Unter welcher wettbewerbspolitischen Zielsetzung stehen die Wettbewerbsregeln des EWG-Vertrages?
9. Welches sind die Träger unserer Wettbewerbspolitik; welches sind ihre Funktionen?
10. Welches sind die wesentlichen Instrumente der Wettbewerbspolitik?
11. Worin sehen Sie die Gefahren von Kartellabsprachen?
12. Worin sehen Sie die Chancen/Gefahren von Unternehmenszusammenschlüssen?

## 4.2.7.1.7 Literaturhinweise zu 4.2.7.1

*Beeker, D.*, Herausforderungen der Wettbewerbspolitik, Köln 2001.
*Berg, H.*, Wettbewerbspolitik, in: Vahlens Kompendium der Wirtschaftstheorie und Wirtschaftspolitik, 7. Aufl., Bd. 2, München 1999.
*Hayek, F. A. v.*, Der Wettbewerb als Entdeckungsverfahren, in: Freiburger Studien, Gesammelte Aufsätze von F. A. v. Hayek, Tübingen 1969.
*Herdzina, K.*, Wettbewerbspolitik, 5. Aufl., Stuttgart-New York 1999.
*Kruber, K. P.*, Stichwort: Wettbewerbspolitik, in: May, H. (Hrsg.), Lexikon der ökonomischen Bildung, 4. Aufl., München–Wien 2001.
*Kruber, K. P.*, Funktionen des Wettbewerbs und Leitbilder der Wettbewerbspolitik in der freiheitlichen Wirtschaftsgesellschaft, in: May, H. (Hrsg.), Handbuch zur ökonomischen Bildung, 6. Aufl., München–Wien 2001, S. 301–318.
*Schüller, A.*, Grundlagen der Wettbewerbspolitik, in: Materialien zum Bericht zur Lage der Nation im geteilten Deutschland 1987, hrsgg. v. Bundesministerium für innerdeutsche Beziehungen, Bonn 1987.
*Schmidt, A.*, Ordnungspolitische Perspektiven der europäischen Integration im Spannungsverhältnis von Wettbewerbs- und Industriepolitik, Frankfurt a. M. 1998.
*Willeke, F.-U.*, Wettbewerbspolitik, in: Issing, O. (Hrsg.), Allgemeine Wirtschaftspolitik, 3. Aufl., München 1993.

### 4.2.7.2 Stabilitätspolitik

#### 4.2.7.2.0 Leitziel

Kenntnis der konzeptionellen Grundlagen der Stabilitätspolitik, ihrer Ziele, Mittel und Träger.

#### 4.2.7.2.1 Stabilitätspolitik als wirtschaftspolitische Aufgabe der Sozialen Marktwirtschaft

In marktwirtschaftlichen Ordnungen versuchen die autonomen Wirtschaftssubjekte – Konsumenten, Produzenten, Arbeitnehmer, öffentliche Haushalte usw. – ihre Interessen über den Markt zum Ausgleich zu bringen. Dieses Unterfangen kann **insgesamt** – mangels einer zentralen Abstimmung – nur in Ausnahmefällen gelingen; die Regel sind Inkongruenzen zwischen der von den Privaten, dem Staat und dem Ausland insgesamt entwickelten Nachfrage und dem Angebot der Produzenten. Dieses Ungleichgewicht von Angebot und Nachfrage bedeutet Über- beziehungsweise Unterauslastungen des Produktionspotentials. Dies aber führt im Zeitverlauf zu steigenden beziehungsweise fallenden Wachstumsraten des realen Bruttoinlandsprodukts verbunden mit Über- respektive Unterbeschäftigung. Es bilden sich sogenannte **Konjunkturschwankungen** (man spricht auch von Konjunkturen oder Konjunkturzyklen).[17] Wenn auch jeder Konjunkturzyklus eigene Besonderheiten aufweist, so läßt sich doch ein Grundmuster des Konjunkturverlaufs ausmachen, das durch folgende vier Phasen gekennzeichnet ist: Aufschwung (Expansion), Hochkonjunktur (Boom), Abschwung (Rezession), Krise (Depression).

Der **Aufschwung** drückt sich in einer Zunahme der Produktion und mit ihr der Verkäufe und Gewinne aus. Die Beschäftigung nimmt zu. Eine zuversichtliche Grundstimmung breitet sich aus. Die wirtschaftlichen Zukunftssorgen nehmen ab. Die Konsumenten werden kauffreudiger; die Unternehmen sind aufgrund steigender Nachfrage bereit, (verstärkt) zu investieren.

In der **Hochkonjunktur** gelangt die Wirtschaft an die Grenzen ihrer Produktionsmöglichkeiten. Die Unternehmen versuchen deshalb, die weiter zunehmende Nachfrage über zusätzliche Investitionen zu befriedigen. Preis- und Lohnsteigerungen nehmen zu.

Mit dem **Abschwung** wird der beginnende und sich alsdann verstärkende Rückgang der Produktion bezeichnet. Nachfrage und Produktion, Investition und Gewinne sind rückläufig; die Warenlager wachsen an, Unterbeschäftigung breitet sich aus.

In der **Krise** herrscht starke Unterbeschäftigung. Die Produktionskapazitäten sind nur wenig ausgelastet. Die wirtschaftliche Zuversicht ist bei Konsumenten und Produzenten gering. Die Sorge um die Zukunft läßt beide zurückhaltend sein; Sparneigung und geringe Investitionsneigung breiten sich aus.

Schematisch läßt sich ein Konjunkturzyklus wie folgt darstellen (siehe Schaubild 4.26):

---

[17] Solche Konjunkturschwankungen sind von Schwankungen im Ablauf eines Jahres (saisonale Schwankungen), in Teilbereichen der Volkswirtschaft (Branchenzyklen) und des Produktionspotentials (Wachstumszyklen) zu unterscheiden.

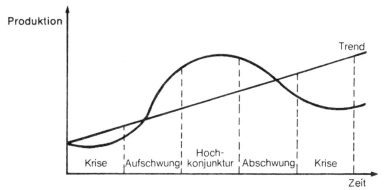

**Schaubild 4.26:** Schematische Darstellung des Konjunkturzyklus

Solche gesamtwirtschaftlichen Aktivitätsschwankungen treten in Marktwirtschaften in unregelmäßigen Zeitabständen und in unterschiedlichen Intensitäten auf (siehe hierzu die Schaubilder 4.27 u. 4.28). Sie bringen zum Teil erhebliche Unsicherheiten für die in die Zukunft gerichteten Dispositionen der Wirtschaftssubjekte und verhindern damit vielfach klare Entscheidungen. Darüber hinaus führen sie – insbesondere bei langanhaltend hoher Arbeitslosigkeit – zu hohen sozialen Kosten und nicht selten zu wachsendem Vertrauensschwund in den Staat und seine Wirtschafts- und Gesellschaftsordnung. – Diesen aus der wirtschaftlichen Instabilität erwachsenden Gefahren ist der Staat bestrebt entgegenzuwirken, indem er die Voraussetzungen für ein stetiges inflationsfreies Wirtschaftswachstum zu schaffen und bereits eingetretene Fehlentwicklungen zu korrigieren versucht. Wiederherstellung und Wahrung des gesamtwirtschaftlichen Gleichgewichts wird somit zur selbstgestellten wirtschaftspolitischen Aufgabe des Staates. Sie findet ihren Niederschlag in der staatlichen **Stabilitätspolitik**.

Wie diese staatliche Stabilitätspolitik zu gestalten sei, darüber gehen die Meinungen auseinander, je nachdem, welche Annahmen über die marktwirtschaftlichen Prozeßabläufe getroffen respektive vertreten werden. Heute sind es im wesentlichen zwei Ansätze, die die Auseinandersetzung um die geeignete stabilitätspolitische Vorgehensweise bestimmen: das Konzept der nachfrageorientierten und das der angebotsorientierten Stabilitätspolitik.

#### 4.2.7.2.2 Konzepte der Stabilitätspolitik

4.2.7.2.2.1 Die Konzeption der nachfrageorientierten Stabilitätspolitik

Die Konzeption der nachfrageorientierten Stabilitätspolitik gründet auf der Erklärung der gesamtwirtschaftlichen Aktivitätsschwankungen von **John Maynard Keynes** (1883–1946). Der englische Nationalökonom geht davon aus, daß es auf den Märkten für Güter und Produktionsfaktoren kein gesamtwirtschaftliches Gleichgewicht bei Vollbeschäftigung gäbe. Damit setzt er sich in Gegensatz zu den klassisch-liberalen Wirtschaftswissenschaftlern und deren neoklassischen Epigonen, die von der Vorstellung ausgehen, daß marktwirtschaftliche Ordnungen quasi selbsttätig über den **Preis**(-mechanismus) im Gleichgewicht gehalten würden und

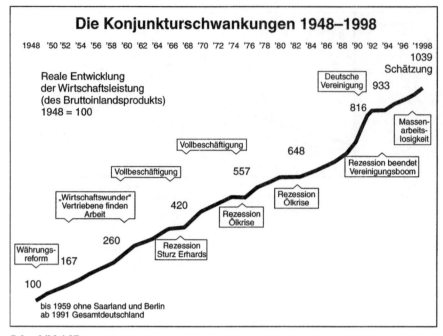

Schaubild 4.27

Unterbeschäftigung durch zu hohe Löhne bedingt sei. Keynes begründet seine Meinung damit, daß die Nachfrage der privaten Konsumenten und Investoren jeweils an bestimmte (Zukunfts-)Erwartungen geknüpft sei (günstige, weniger günstige, ungünstige Einkommens-/Ertragserwartungen) und damit in aller Regel zu groß oder zu gering sei, um das Angebot der Produzenten aufzunehmen oder mit anderen. Worten: das Produktionspotential gleichmäßig und inflationsfrei auszulasten.

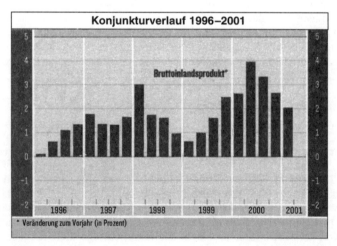

Schaubild 4.28                                                           Quelle: Wirtschaftswoche

In diese – nach Keynes' Auffassung – für Marktwirtschaften typische Ungleichgewichtssituation im privaten Sektor (Instabilitätshypothese) habe nun der Staat in der Weise **ausgleichend** und damit stabilisierend einzugreifen, daß er das schwankende (zyklische) Nachfrage- beziehungsweise Ausgabeverhalten der Privaten durch gegengerichtete (antizyklische) Nachfrageimpulse **ergänze** und damit eine gleichmäßige Auslastung des volkswirtschaftlichen Produktionspotentials zugunsten von Vollbeschäftigung gewährleiste. Dem Staat obläge es somit, zur Sicherung der Vollbeschäftigung prozeßpolitische Maßnahmen zu ergreifen.[18] Als Instrumente einer solchen **antizyklischen Nachfragesteuerung** (auch als antizyklische Konjunkturpolitik oder **Globalsteuerung** bezeichnet) werden vor allem Staatsausgabenerhöhungen zur Nachfragebelebung beziehungsweise Steuersenkungen zur Ankurbelung der privaten Konsum- und Investitionsnachfrage empfohlen. Zur Finanzierung dieser Maßnahmen wird eine zusätzliche Staatsverschuldung (Deficit spending) vorgeschlagen, die dann in der nächsten Hochkonjunktur (u. a. aus den dort zu erwartenden erhöhten Steuereinnahmen) abzutragen sei. Das Hauptgewicht der nachfrageorientierten Stabilitätspolitik liegt somit offensichtlich auf der variierenden Einnahmen- und Ausgabengestaltung des Staatshaushaltes (**Fiskalpolitik**).

Der **Geldpolitik** (das ist die Summe aller Maßnahmen, mittels der die Zentralbank[19] nach einer Lageanalyse über die Regelung der Geld- und Kreditversorgung der Wirtschaft wirtschaftspolitische Ziele verfolgt) kommt in diesem Konzept eher eine untergeordnete bis flankierende Bedeutung zu. Sie soll insbesondere im Aufschwung das Zinsniveau niedrig halten und so über eine „**Politik des billigen Geldes**" die Investoren in ihrer Investitionsneigung günstig beeinflussen.

Insgesamt läßt sich die vom Staat im Rahmen der nachfrageorientierten Stabilitätspolitik wahrgenommene Aufgabe als ein **fallweises** „fiskal- und einkommenspolitisches **Gegensteuern**" sehen, das darauf gerichtet ist, die gesamtwirtschaftliche Aktivität zu stabilisieren und das Wirtschaftswachstum zu fördern.[20]

### 4.2.7.2.2.2 Die Konzeption der angebotsorientierten Stabilitätspolitik

Die Konzeption der angebotsorientierten Stabilitätspolitik basiert auf einer Fortentwicklung des klassisch-liberalen Gedankengutes, insbesondere den monetaristischen Vorstellungen des amerikanischen Nationalökonomen **Milton Friedman** (geb. 1912). Sie erwuchs aus der Kritik der keynesianischen Stabilitätspolitik und gipfelt in der Feststellung: die gesamtwirtschaftlichen Aktivitätsschwankungen sind die Folge staatlicher Eingriffe. Es seien insbesondere konjunkturpolitische Maßnahmen, punktuelle Eingriffe in den Marktprozeß, die Ausweitung des staatlichen Sektors, die Erhöhung der staatlichen Ausgabenlast sowie die leistungshemmende Ausweitung sozialer Sicherungen, die diese Instabilitäten hervorrufen. Der private Sektor sei nämlich – solange freier Wettbewerb herrsche – grundsätzlich stabil. Diese Tatsache schließe kurz- und mittelfristige Marktungleichgewichte – wie sie

---

[18] Vgl. Cassel, D., Beschäftigungs- und Stabilitätspolitik, in: Materialien zum Bericht zur Lage der Nation im geteilten Deutschland 1987, hrsgg. v. Bundesministerium für innerdeutsche Beziehungen, a. a. O., S. 73.
[19] In den Ländern der Europäischen Wirtschafts- und Währungsunion ging zum 1. 1. 1999 die Entscheidungskompetenz in der Geldpolitik von den (nationalen) Zentralbanken auf den Europäischen Zentralbankrat über.
[20] Vgl. ebenda S. 74.

insbesondere durch exogene wirtschaftliche shoks uns shifts verursacht werden[21] – keinesfalls aus. Solche Gleichgewichtsstörungen würden in aller Regel sehr rasch vom Markt absorbiert und bedürften nicht der staatlichen Intervention. Derartige Anpassungsprozesse seien vielmehr „Ausdruck der Dynamik des privatwirtschaftlichen Sektors und der besonderen Stabilitätseigenschaften marktwirtschaftlicher Systeme"[22]. Die Aufgabe des Staates im Rahmen der Stabilitätspolitik bestehe darin, das Geldmengenwachstum am Wirtschaftswachstum auszurichten (Monetarismus) und damit dem Ziel der Preisniveaustabilität Rechnung zu tragen, das seinerseits als eine der zentralen Voraussetzungen für ein langfristig stabiles Wirtschaftswachstum und damit für die Bekämpfung von Arbeitslosigkeit gilt. Der **Geld(mengen)politik** wird im Konzept der angebotsorientierten Stabilitätspolitik Priorität zugestanden. Ihr gegenüber tritt die Fiskalpolitik zurück. Sie ist in diesem Konzept vorrangig mit struktur- und allokationspolitischen[23] Aufgaben betraut. Das heißt, sie hat die Anpassungsfähigkeit des privaten Sektors an die sich wandelnden Bedingungen des wirtschaftlichen Handelns (Nachfrageänderungen, technischer Fortschritt) durch eine Verstetigung der öffentlichen Haushaltspolitik unter Einschluß einer Steuerpolitik, die die Ausgabenlast mindert und damit die Leistungsbereitschaft anhebt, zu verbessern. Der wagemutige Unternehmer (der sogenannte Pionierunternehmer) gilt in diesem Konzept als eine unverzichtbare Größe. Ihm fällt die Aufgabe zu, neue Märkte zu erschließen (Produktinnovation) und neue Verfahren einzuführen (Prozeßinnovation), kurz: den ökonomischen Fortschritt zu induzieren. Eine solche unternehmerische Initiative setzt jedoch im Verständnis der angebotsorientierten Stabilitätspolitik bestimmte ökonomische Rahmenbedingungen voraus. So sollte sich insbesondere unternehmerischer Wagemut lohnen können und dürfte keinesfalls durch zu hohe Gewinnsteuern im Keime erstickt werden. Die Angebotstheoretiker fordern deshalb entsprechende Steuersenkungen, insbesondere eine Verringerung der Steuerprogression. Die argumentative Grundlage dieser Forderung bildet das sogenannte **Laffer-Theorem.** Ihm zufolge wirken zu hohe Steuersätze **leistungshemmend,** damit wachstumsmindernd und führen dementsprechend zu einem niedrigeren Steueraufkommen als dies bei geringeren Steuersätzen erwartet werden kann. Die sogenannte Laffer-Kurve bringt dieses Phänomen anschaulich zum Ausdruck (siehe Schaubild 4.29).

Steuerentlastungen gelten nach dieser Erkenntnis als Instrument zur Revitalisierung der privatwirtschaftlichen Aktivitäten und dienen damit der Hebung des Wirtschaftswachstums (und über dieses sogar einem höheren Steueraufkommen).

In der aufgezeigten Ausrichtung ist angebotsorientierte Stabilitätspolitik auf **langfristige Wirkung** angelegt. Auch sie möchte zusätzliche Nachfrage schaffen. Im Gegensatz zum nachfrageorientierten keynesianischen Strategiekonzept soll diese Nachfragebelebung jedoch nicht direkt über eine Erhöhung der Staatsausgaben wie auch über Steuersenkungen initiiert werden, sondern **indirekt** über die Ausweitung **dauerhaft rentabler Produktionen** und die aus diesen erwachsenden

---

[21] Vgl. hierzu Woll, A., Wirtschaftspolitik, 2. Aufl., München 1992, S. 157.
[22] Vgl. Cassel, D., Beschäftigungs- und Stabilitätspolitik, a.a.O., S. 74.
[23] Mit **Allokation** wird die (bestmögliche) Zuordnung der Produktionsfaktoren auf ihre alternativen Verwendungszwecke umschrieben. Jede Wirtschaftsordnung steht vor der Frage, wie diese Zuordnung (Allokation) optimal zu gestalten sei. Allokationspolitische Aufgaben leiten sich aus dieser Fragestellung ab.

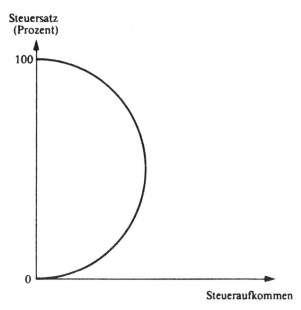

**Schaubild 4.29:** Laffer-Kurve

Einkommen. Mit anderen Worten: Der die Nachfrage speisende Einkommenzuwachs soll aus verstärkter (unternehmerischer) Produktionstätigkeit erwachsen; das aus der zusätzlichen Produktion von Sachgütern und Dienstleistungen resultierende Einkommen soll (dann) die erhöhte Produktion – soweit sie bedarfsgerecht ist – nachfragen. Dieser stabilitätspolitischen Sicht liegt das sogenannte **Saysche Theorem** (Jean Baptiste Say, 1767–1832) zugrunde, nach dem sich jedes Angebot die erforderliche Nachfrage selbst schaffe.

#### 4.2.7.2.3 Die Stabilitätspolitik in der Bundesrepublik Deutschland

Die Stabilitätspolitik in der Bundesrepublik Deutschland verlief bislang recht uneinheitlich. Während zwischen 1948 und 1966 deutlich die liberal-ökonomische Auffassung dominierte, daß sich der Staat mit einer konsequenten Ordnungspolitik (Rahmenpolitik) bescheiden solle und konjunkturpolitische Maßnahmen möglichst zu vermeiden seien **(Ludwig Erhard)**, setzte sich mit dem Eintritt der Rezession von 1966/67 und dem Sturz der Regierung Erhard in zunehmendem Umfang keynesianisches Gedankengut durch. Das am 8. Juni 1967 verabschiedete **Gesetz zur Förderung der Stabilität und des Wachstums der Wirtschaft** (Stabilitätsgesetz) ist eindeutig nachfrageorientiert konzipiert. Es sichert dem Staat zahlreiche Möglichkeiten der prozeßpolitischen Einflußnahme, insbesondere in beschäftigungspolitischer Hinsicht. Die **Globalsteuerung** wurde zum Gegenstand der Stabilitätspolitik. Unter Wirtschaftsminister **Karl Schiller** (1911–1994) wurde die staatliche Haushaltspolitik als Fiskalpolitik zum wichtigsten Instrument der Globalsteuerung. Der Ausgleich der Schwankungen der privaten Investitions- und Konsumnachfrage wurde zur vorrangigen Aufgabe einer **antizyklischen Haushaltspolitik.** Die Ordnungspolitik verlor zunehmend an Bedeutung.[24] Die rasche Überwindung der Krise und die damit einhergehende Behebung der Unterbeschäftigung förderten allgemein die optimistische Einschätzung der staatlichen Steuerungsmöglichkeiten. Der wirtschaftliche Erfolg wurde politisch geschickt der Schillerschen Globalsteuerung zugeschrieben, ohne den starken Anstieg der Auslandsnachfrage gebührend zu würdigen. Der Glaube an die **„Machbarkeit"** der Wirtschaft, an die **„Feinsteuerung"** der Konjunktur wurde in leichtfertiger Weise genährt. Wirtschaftsminister **Schiller** erweckte wortreich den (gefährlichen) Eindruck, daß die staatliche Stabilitätspolitik das Phänomen Arbeitslosigkeit nunmehr für alle Zeit im Griff habe. Der Staat übernahm faktisch eine Vollbeschäftigungsgarantie. Diese Zusicherung enthob die Gewerkschaften hinsichtlich ihrer Lohnforderungen der bis dahin geübten Mäßigung. Eine offensive Lohnpolitik mit Tariflohnsteigerungen von durchschnittlich knapp 13% im Jahre 1970 (in Einzelfällen sogar über 20%) führten zu entsprechenden Preiserhöhungen und diese wiederum provozierten neuerliche Lohnsteigerungen. Löhne und Preise schraubten sich gegenseitig in bedrohlicher Weise nach oben **(Lohn-Preis-Spirale).** Der von Bundeskanzler **Willy Brandt** (1913–1992) gleichzeitig eingeleitete Ausbau der sozialen Sicherungssysteme (Lohnfortzahlung im Krankheitsfall [1969], Kündigungsschutzgesetz [1969], Betriebsverfassungsgesetz [1969]) und die damit einhergehenden hohen Folgekosten führten zu einer bedrohlich wachsenden Staatsverschuldung. Die Inflationsrate stieg 1974 auf rund 7%; eine konsequente Inflationsbekämpfung wurde jedoch nicht für notwendig erachtet. Dem Zusammenwirken dieser Konstellation mit den Folgen der Ölkrise von 1973 (starke Verteuerung ausländischer Rohstoffe insbesondere von Öl, entsprechender Kostenanstieg der einschlägigen inländischen Produktion) zeigte sich die bundesdeutsche Wirtschaft nicht mehr gewachsen. Die Vollbeschäftigungsgarantie der Regierung erwies sich rasch als Illusion; Arbeitslosigkeit bei gleichzeitig hohen Inflationsraten machte sich breit. (Dieser Zustand der Stagnation bei gleichzeitiger Inflationierung der Preise wurde mit dem Ausdruck **Stagflation** belegt.) Die keynesianische Wirtschaftspolitik war gescheitert. Dem (neuartigen) Phänomen der Stagflation war mit dem Konzept der nachfrageorientierten Stabilitätspolitik nicht beizukommen, wäre doch nach deren Verständnis der Inflation durch eine Drosselung des Wirtschaftswachstums, das heißt durch kontraktive Maßnahmen, zu begegnen und gleichzeitig zur Wiedererlangung der Vollbeschäftigung eine Ankurbelung der Konjunktur, somit expansive Maßnahmen, zu initiieren gewesen. – Ein Umdenken in der Wirtschaftspolitik tat not. Es wurde 1974/75 mit der sogenannten **„Neuen Geldpolitik"** der Deutschen Bundesbank eingeleitet, die die strikte Ausrichtung des Geldmengenwachstums am langfristigen realen Wirtschaftswachstum vertrat. Diese **monetaristische Geldpolitik** führte sehr bald zu sinkenden Inflationsraten, allerdings um den Preis zunehmender Arbeitslosigkeit. Diese Arbeitslosigkeit wurde von der Bundesbank als notwendiges Übel auf dem Weg zur Rückgewinnung von Preisniveaustabilität akzeptiert. In den folgenden Jahren bis 1982 dominierte diese (monetaristische) Geldpolitik die wirtschaftspolitischen Aktivitäten des Staates. Die Fiskalpolitik hatte ihre herausragende Stellung verloren; dauerhafte (strukturelle) Budgetdefizite und deutlich erkennbare Ineffizienzen zwangen sie zur Umorientierung.

---

[24] Vgl. hierzu und zum folgenden Pätzold, J., Angebotsorientierte Wirtschaftspolitik, hrsgg. v. d. Informationsstelle Wirtschaft Baden-Württemberg (ISW), Stuttgart 1986, S. 7 ff.

## 4 Gesellschaftsökonomie 277

Die neuerliche Rezession von 1980–1982 und der damit in Zusammenhang zu sehende Sturz der Regierung **Schmidt** (Herbst 1982) sowie die Wahl von **Helmut Kohl** (geb. 1930) zum Bundeskanzler verhalfen dem vom **Sachverständigenrat zur Begutachtung der gesamtwirtschaftlichen Entwicklung** bereits seit 1976 und vom **Wissenschaftlichen Beirat beim Bundesministerium für Wirtschaft** seit 1979 der Bundesregierung immer wieder empfohlenen Konzept der angebotsorientierten Stabilitätspolitik zum Durchbruch. Die Bundesregierung selbst verpflichtete sich in ihrem **Jahreswirtschaftsbericht**[25] 1984 (Ziff. 2) auf ein längerfristig angelegtes angebotsorientiertes Handeln und stellte dieses unter folgende Grundsätze[26]:

- „ordnungspolitische Neubesinnung auf die Grundsätze der Sozialen Marktwirtschaft, insbesondere verläßliche und widerspruchsfreie wirtschaftspolitische Rahmenbedingungen, Stärkung der Leistungs- und Risikobereitschaft, Sicherung des Wettbewerbs und Verringerung bürokratischer Hemmnisse;
- Wiederherstellung der finanzpolitischen Handlungsfähigkeit des Staates, Konsolidierung der öffentlichen Finanzen, Rückführung des Staatsanteils, qualitative Verbesserung der Ausgabenstruktur und eine leistungsfreundlichere Besteuerung;
- eine Sozialpolitik, die sich von den Grundsätzen sozialer Gerechtigkeit, Solidarität und Subsidiarität leiten läßt und die Finanzierbarkeit der sozialen Sicherungssysteme dauerhaft gewährleistet sowie
- intensives Bemühen um europäische und weltwirtschaftliche Konzertierung und Kooperation zur Verbesserung der Rahmenbedingungen für eine Ausweitung des Welthandels und die Bekämpfung der Arbeitslosigkeit."

Die stabilitätspolitischen Handlungsschwerpunkte der Bundesregierung lagen ab 1983 zunächst eindeutig im Bereich der **Haushaltspolitik.** Hier gelang es ihr, die Ausgabenexpansion zu stoppen und unter die Rate des Wirtschaftswachstums zu drücken, so daß die Staatsquote[27] sank[28]; ihre deutlich geübte Zurückhaltung in der Neuverschuldung führte darüber hinaus zu einer merklichen Entlastung der Kreditmärkte. Diese restriktive Haushaltspolitik mußte allerdings mit der Wiedervereinigung Deutschlands aufgegeben werden. Die Neuverschuldung erreichte neue Höchstwerte und die Staatsquote kletterte 1992 wieder auf 50 Prozent und pendelte um diese Marke bis zur Ablösung der Kohl-Regierung im Herbst 1998.

In der **Steuerpolitik** versuchte die Regierung Kohl, die private Investitions- und Innovationstätigkeit zu fördern. Sie senkte in dieser Absicht 1983/84 die Gewerbe- und Vermögensteuer, erlaubte Sonderabschreibungen für mittelständische Betriebe sowie für Forschungs- und Entwicklungsinvestitionen, erleichterte unternehmerische Existenzgründungen und begünstigte die Kapitalbeteiligung von Arbeitnehmern am Produktivkapital der Wirtschaft, insbesondere am arbeitgebenden Unternehmen. Schließlich wurden im Zuge der Steuerreform (1986, 1988, 1990) lei-

---

[25] Nach dem Stabilitätsgesetz von der Bundesregierung jährlich im Januar vorzulegender Bericht.
[26] Deutsche Bundesregierung (Hrsg.), Jahreswirtschaftsbericht 1984, Bonn 1984.
[27] Die Staatsquote ist das Verhältnis der Ausgaben der Gebietskörperschaften (des Staates) zum Bruttoinlandsprodukt.
[28] Vgl. hierzu Cassel, D., Beschäftigungs- und Stabilitätspolitik, a.a.O., S. 83.

stungs- und familienbegünstigende Entlastungen bei der Einkommen- und Körperschaftsteuer durchgesetzt. Mit dem Standortsicherungsgesetz (1994) und der Steuerreform 2000 wurde eine weitere steuerliche Entlastung der Unternehmen in die Wege geleitet.

In der **Beschäftigungspolitik** setzte die christlich-liberale Koalitionsregierung außer auf die Dynamik des Wirtschaftswachstums auf die Verantwortung der Tarifvertragsparteien und damit auf deren Kompromißfähigkeit.[29] Daneben versuchte sie, über Regelungen zum Vorruhestand (frühere Verrentung), zur Teilzeitarbeit und zur Rückführung ausländischer Arbeitnehmer, den Arbeitsmarkt zu entlasten. Einem von Opposition und Gewerkschaften immer wieder geforderten „speziellen Beschäftigungsprogramm" stand die Bundesregierung distanziert gegenüber. Hier wie in ihrem allgemeinen wirtschaftspolitischen Handeln wußte sie sich der angebotsorientierten Leitthese verpflichtet: **„Mehr Markt weniger Staat"** und setzte auf **Anreize** zur Überwindung von Wachstumsschwächen und Arbeitslosigkeit auf **mittlere und lange Sicht.** Als Voraussetzung einer **verstetigten** Wirtschaftsentwicklung erkennt die Bundesregierung eine (relative) Preisstabilität.

Nach Übernahme der Regierungsverantwortung durch die rot-grüne Koalition unter **Gerhard Schöder** (geb. 1944) im Herbst 1998 bekannte sich dieser in einem gemeinsamen Papier mit dem englischen Premierminister Tony Blair („Der Weg nach vorne für Europas Sozialdemokraten") für einen „Dritten Weg" zwischen den traditionellen staatsinterventionistischen sozialdemokratischen Vorstellungen und dem als „Neoliberalismus" apostrophierten Kapitalismus. In deutlicher Distanz zum Strukturkonservatismus der Gewerkschaften, Kirchen und nicht weniger sozialdemokratischer Parteifreunde votiert der Kanzler darin in offenem Konflikt zu seinem kurzfristigen Finanzminister **Oskar Lafontaine** (geb. 1943) gegen eine einseitige nachfrageorientierte Stabilitätspolitik und reklamiert – insbesondere zur Begegnung der weiterhin hohen Arbeitslosigkeit (rund 4 Millionen Arbeitslose!) – eine stärkere Angebotsorientierung. Er setzt dabei im wesentlichen auf vier Therapieelemente:[30]

– Flexibilisierung der Arbeitsmärkte;

– Reform der Unternehmensbesteuerung zur Förderung der Investitionstätigkeit und damit der Schaffung von Arbeitsplätzen;

– Sanierung der Staatshaushalte bei gleichzeitiger Steuerentlastung der Bürger (Senkung der Staatsquote);

– Anhebung der Rentabilität von Arbeitsplätzen durch Reduktion der Lohn- und Lohnnebenkosten.

Trotz dieser insgesamt recht begrüßenswerten Absichtserklärungen ist die politische Praxis der rot-grünen Koalition bis zum Ende der ersten Wahlperiode (2002) über unzureichende Gestaltungsansätze nicht hinausgekommen. Der Konflikt zwische ökonomischer Rationalität und politischer Opportunität tritt deutlich in Erscheinung.

---

[29] Vgl. Welfens, P. J. J., Theorie und Praxis angebotsorientierter Stabilitätspolitik, Baden-Baden 1985, S. 195.

[30] Vgl. hierzu Starbatty, J., Programmatik und politische Praxis. Zur Wirtschaftspolitik von Gerhard Schröder, in: Volkswirtschaftliche Koerrespondenz der Adolf-Weber-Stiftung, 39. Jhrg., München Nr. 6/2000.

Neben der nationalen Beschäftigungspolitik strebt die **Europäische Union** eine supranationale Beschäftigungspolitik an. Auf dem Luxemburger Beschäftigungsgipfel im Jahre 1997 hatte sie die EU-Mitgliedsstaaten dazu verpflichtet, eine koordinierte Beschäftigungsstrategie zu entwickeln. Was im einzelnen angestrebt werden soll, geben die Europäische Kommission und der Europäische Rat mit ihrem jährliche Beschäftigungsbericht vor, auf dessen Grundlage die sogenannten beschäftigungspolitischen Leitlinien für die nationalen Beschäftigungspolitiken formuliert werden. In Anbetracht ihrer bislang höchst ineffizienten beschäftigungspolitischen Anstrengungen versucht dier EU-Kommission im neuen Jahrtausend auch die nationalen Tarifpartner für eine europäische Ausrichtung ihrer Arbeitsmarktpolitik zu gewinnen. Als vordringliche Aktionsfelder für eine gemeinsame europäische Beschäftigungspolitik werden gesehen:

– Bekämpfung der Jugendarbeitslosigkeit,

– Senkung der nationalen Sozialabgabenquoten (Sozialabgaben in Prozent des Bruttoinlandsproduktes) und damit der nationalen Arbeitskosten,

– Ausbau des lebenslangen Lernens,

– Förderung der Frauenerwerbstätigkeit.

Nach Vorstellung der EU-Kommission soll bis zum Jahr 2010 der Anteil der Erwerbstätigen an der Bevölkerung europaweit auf 70 Prozent steigen.

Die Verantwortung für die **Geldpolitik** wurde durch das Bundesbankgesetz von 1957 der **unabhängigen** Deutschen Bundesbank übertragen. Ihr kam die Aufgabe zu, die Währung zu sichern. Dieser Auftrag wurde als Stabilisierung des Binnenwertes der Währung, das heißt des Preisniveaus, interpretiert. Soweit das Ziel der Preisniveaustabilität nicht tangiert wurde, war die Bundesbank durch § 12 Bundesbankgesetz darüber hinaus aber auch verpflichtet, die allgemeine Wirtschaftspolitik der Bundesregierung zu unterstützen. Aus dieser Feststellung darf abgeleitet werden, daß die Bundesbank auch die in § 1 des Gesetzes zur Förderung der Stabilität und des Wachstums der Wirtschaft (Stabilitätsgesetz) festgelegten Ziele der allgemeinen Wirtschaftspolitik der Bundesregierung zu beachten hatte. Dies waren neben der Preisniveaustabilität die Aufrechterhaltung eines hohen Beschäftigungsstandes, die Erreichung eines stetigen und angemessenen Wirtschaftswachstums sowie außenwirtschaftliches Gleichgewicht.

In ihrer monetaristischen Zielverfolgung, Sicherung der Preisniveaustabilität, sah sich die Bundesbank – besonders dann, wenn sie damit in Konflikt zum Beschäftigungsziel geriet – immer wieder der Kritik keynesianisch orientierter Wirtschaftspolitiker (insbesondere gewerkschaftsnaher) ausgesetzt, die die Geldpolitik gerne verstärkt im Dienste der Beschäftigungs- und Wachstumspolitik gesehen hätten. Daß die Bundesbank trotz dieser Anfeindungen die Preisniveaustabilität bis zum Ende ihrer geldpolitischen Verantwortung (31.12.1998) in weltweit respektierter Weise zu wahren verstand, belegen die einschlägigen Statistiken in eindrucksvoller Weise.

Mit Beginn der III. Stufe der Europäischen Wirtschafts- und Währungsunion (EWWU) am 1.1.1999 ging die geldpolitische Kompetenz der Bundesbank auf das Europäische Zentralbanksystem (EZBS), das aus der Europäischen Zentralbank (EZB) in Frankfurt und den nationalen Zentralbanken der EWWU-Mitgliedsländer besteht, über. Nach dem Maastrichter Vertrag obliegt nunmehr diesem als vorrangiges Handlungsziel, die Preisniveaustabilität – **unabhängig** von anderen Instanzen – zu wahren.

Zur Erreichung dieser komplexen Zielvorgabe stehen dem EZBS eine Reihe geldpolitischer Instrumente zur Verfügung. Es bertreibt Offenmarktgeschäfte, bietet ständige Fazilitäten an und verlangt, daß die Kreditinstitute Mindestreserven bei ihm unterhalten.[31]

Die **Offenmarktgeschäfte** umfassen traditionell den Kauf und Verkauf von Wertpapieren durch die Zentralbank auf eigene Rechnung am offenen, anonymen Markt. Der Handel erstreckt sich sowohl auf kurz- wie auch auf langlaufende Wertpapiere. Der Kauf beziehungsweise Verkauf dieser Wertpaiere kann bei/an Banken wie auch Nichtbanken erfolgen. Die Zentralbank kann die Wertpapiere „endgültig" (outright) oder aber nur für eine begrenzte Zeit ankaufen beziehungsweise verkaufen. Kauft die Zentralbank die Wertpaiere nur für eine begrenzte Zeit, das heißt befristet, so ist die verkaufende Bank verpflichtet, diese (Wertpapiere) nach einer bestimmten Zeit (z. B. nach 14 Tagen) wieder zurückzukaufen. Solche Offenmarktgeschäfte mit Rückkaufverpflichtung nennt man auch (Wertpapier-)Pensionsgeschäfte (oder auch Repos bzw. Repogeschäfte). Die Wertpapiere werden quasi für eine bestimmte Zeitspanne „in Pension" gegeben. – Im Gegensatz zu einem „endgültigen" Ankauf von längerfristigen Wertpapieren werden bei solchen Pensionsgeschäften den die Wertpapiere verkaufenden Kreditinstituten nur für einen begrenzten Zeitraum Zentralbankguthaben zur Verfügung gestellt. – Da heute die Zentralbank bei befristeten Transaktionen die Wertpapiere nur noch zum Pfand hereinnimmt, spricht man diesbezüglich nicht mehr von Wertpapierpensionsgeschäften, sondern neutraler von **befristeten** Refinanzierungsgeschäften. Wirtschaftlich betrachtet ist diese Unterscheidung ohne Bedeutung!

Mit der Zurverfügungstellung von befristetem Zentralbankgeld (sogenannten befristeten Transaktionen) steuert das EZBS (gleichermaßen wie früher die Bundesbank) die Zinsen und die Liquidität am Geldmarkt. Den wöchentlich im Ausschreibungsverfahren durchgeführten 14-tägigen **Hauptrefinanzierungsgeschäften** kommt hierbei zentrale Bedeutung zu. Daneben wird – ebenfalls im Ausschreibungsverfahren – einmal im Monat ein Refinanzierungsgeschäft mit einer Laufzeit von 3 Monaten, der sogenannte **Basistender**, angeboten. Dieser Basistender ermöglicht insbesondere kleineren Banken eine etwas längerfristige Zentralbankgeldversorgung.

Hinsichtlich der Ausschreibung der Hauptrefinanzierungsgeschäfte und der Basistender kann das EZBS zwischen zwei Verfahren wählen, dem Mengentender und dem Zinstender. Beim **Mengentender** legt das EZBS den Zinssatz fest und die Kreditinstitute nennen in ihren Geboten lediglich die Beträge, in deren Höhe sie Wertpapiere an das EZBS zu verkaufen wünschen. Die EZB bedient diese Wünsche entweder in vollem Umfang oder aber sie repartiert diese gemäß ihrer liquiditätspolitischen Vorstellungen.

Beim **Zinstender** nennen die Kreditinstitute in ihren Geboten nicht nur die ge-

---

[31] Eine didaktisch geschickt aufgebaute Darstellung dieser Problematik, der auch wir folgen, bietet die von Kitsche, A., u. Markmann, H., im Auftrag der Arbeitsgemeinschaft zur Förderung der wirtschaftlichen und sozialen Bildung e. V., Bonn, hrsgg. Publikation „Geld und Geldpolitik", Bonn 2001. (Es können dort kostenlose Klassensätze angefordert werden!)

wünschten Beträge, sondern auch den Zinssatz, zu dem sie die Refinzierungsgeschäfte abzuschließen bereit sind. Ist das Zinsgebot zu niedrig, wird es nicht bedient; je höher es ist, desto größer die Chance der vollen Bedienung. Gebote zu dem gerade noch zum Zuge kommenden Zinssatz werden auch hier erforderlichenfalls repartiert. Beim längerfristigen Refinanzierungsgeschäft wählt das EZBS in der Regel das Zinstenderverfahren. Es überläßt damit die Zinsfindung dem Markt und vermeidet die Setzung geldpolitischer Signale.

Neben dem Hauptrefinanzierungsgeschäft und dem Basistender verfügt das EZBS über sogenannte Feinsteuerungsoperationen und strukturelle Operationen. **Feinsteuerungsoperationen** erfolgen in der Regel von Fall zu Fall über befristete Transaktionen, um die Auswirkungen unerwarteter Liquiditätsschwankungen auf die Zinssätze zu mildern. So übernimmt beispielsweise beim sogenannten Devisenswapgeschäft das EZBS von Banken kurzfristig Devisen gegen Zentralbankguthaben oder das EZBS verkauft für einen befristeten Zeitraum Devisen an Banken.

**Strukturelle Transaktionen** sollen die Liquiditätsposition der Banken gegenüber dem EZBS langfristig beeinflussen. Ist beispielsweise das Liquiditätsdefizit der Banken aus der Sicht des EZBS zu gering, so daß diese nicht auf Refinanzierungsgeschäfte mit dem EZBS angewiesen sind und damit dessen geldpolitische Instrumente nicht greifen können, kann es dieses (Liquiditätsdefizit) zum Beispiel durch die Ausgabe von Schuldverschreibungen erhöhen und damit die Banken wieder in die Refinanzierung zwingen.

Neben der Offenmarktpolitik gehören zum geldpolitischen Instrumentarium des EZBS zwei sogenannte ständige **Fazilitäten,** die Spitzenrefinanzierungsfazilität und die Einlagefazilität.

Die **Spitzenrefinanzierungsfazilität** stellt „Übernachtliquidität" zu einem bestimmten Zinssatz bereit und begrenzt dadurch ein Ausbrechen des Tagesgeldsatzes nach oben. Mit entsprechenden Sicherheiten (auf Pfandbasis) können die Banken darauf praktisch unbegrenzt zurückgreifen. Sie müssen den Kredit allerdings am folgenden Tag wieder zurückzahlen.

Die **Einlagefazilität** ermöglicht es den Banken, überschüssige Zentralbankguthaben bei der Zentralbank bis zum banknächsten Geschäftstag zu einem festen Zinssatz anzulegen. Durch Inanspruchnahme dieser Möglichkeit soll ein zu starkes Abfallen des Tagesgeldsatzes vermieden werden. Der Zinssatz auf diese Einlagen ist verständlicherweise niedriger als der für die Spitzenrefinanzierungsfazilität beziehungsweise für das Hauptrefinanzierungsinstrument. Er bildet in der Regel die Untergrenze des Tagesgeldsatzes.

Vor dem Hintergrund der vorausgegangenen Darlegungen läßt sich feststellen, daß sich die Zinssätze am Geldmarkt innerhalb eines Korridors bewegen, der durch die Zinssätze für die Spitzenrefinanzierungs- und Einlagefazilität begrenzt ist. Innerhalb dieses Korridors werden sie sich erfahrungsgemäß am Zinssatz für das Hauptrefinanzierungsgeschäft orientieren.

Die **Mindestreserve** komplettiert das geldpolitische Instrumentarium des EZBS. Mit der Pflicht der Kreditinstitute, ein bestimmtes Guthaben (Mindestreserve) bei der (nationalen) Zentralbank zu unterhalten, soll eine Stabilisierung der Geldmarktzinsen begünstigt und eine strukturelle Liquiditätslücke des Bankensystems gewährleistet werden. Die Reservepflicht der Kreditinstitute richtet sich einerseits nach der Höhe ihrer Nichtbankeneinlagen[32], andererseits nach dem vom EZBS (einheitlich auf 2 Prozent) festgelegten Mindestreservesatz. Die Mindestreserve ist nur im Durchschnitt der Reserveerfüllungsperiode (diese beginnt am 24. eines jeden Monats und endet am 23. des Folgemonats), nicht aber täglich zu erfüllen. Die Kreditinstitute könen so Liquiditätsausschläge über ihre Mindestreserveguthaben ausgleichen.

Die Mindestreserven werden zum Hauptrefinanzierungssatz des EZBS verzinst.

Während die geldpolitischen Entscheidungen ausschließlich im EZB-Rat getroffen werden, liegt die Umsetzung dieser Entscheidungen, das heißt die Durchführung der Geldpolitik, weitestgehend in der Verantwortung der nationalen Zentralbanken. Bei ihnen unterhalten die Kreditinstitute der jeweiligen Länder ihre Zentralbankkonten und auf diesen auch ihre Mindestreserven. Über diese Zentralbankkonten werden die Hauptfinanzierungs- und langfristigen Refinanzierungsgeschäfte wie auch die strukturellen Operationen und größtenteils auch die Feinsteuerungsmaßnahmen abgewickelt. Die ständigen Fazilitäten werden gleichfalls von den nationalen Zentralbanken besorgt.

Mit den vorgenannten geldpolitischen Operationen kann das EZBS nur bedingt Einfluß auf die Geldwertstabilität nehmen, da zwischen diesen und der Reaktion des Preisniveaus langwierige und zum Teil nur schwer voraussehbare Wirkungszusammenhänge bestehen. Hinzu kommt, daß statistisch feststellbare Inflationsraten lediglich Vergangenheitswerte repräsentieren, die nur bedingt Hinweise auf künftige Entwicklungen und diesen gemäße Maßnahmen geben. In diesem Bezug ist die **Geldmenge**[33] ein wichtiger Indikator; denn langfristig wird die Preisentwicklung durch die Entwicklung der Geldmenge bestimmt. Die Kontrolle der Geldmenge ist deshalb für eine der Preisstabilität verpflichtete Geldpolitik eine – notwendige, wenn auch nicht hinreichende – Bedingung. Die Geldpolitik des EZBS folgt in der Tradition der Deutschen Bundesbank dieser Erkenntnis, wenn auch mit gewissen Einschränkungen. Sie formuliert für die Geldmengenentwicklung lediglich einen

---

[32] Mindestreservepflichtig sind: täglich fällige Einlagen, Einlagen mit einer vereinbarten Laufzeit beziehungsweise Kündigungsfrist von bis zu 2 Jahren, Schuldverschreibungen mit vereinbarter Laufzeit von bis zu 2 Jahren und Geldmarktpapiere. Einlagen mit einer vereinbarten Laufzeit beziehungsweise Kündigungsfrist von mehr als 2 Jahren, Schuldverschreibungen mit vereinbarter Laufzeit von über 2 Jahren sowie Verbindlichkeiten aus Repo-Geschäften werden auch in die Mindestreservebasis einbezogen; sie werden jedoch derzeit mit einem Reservesatz von 0 Prozent belegt.

[33] Bestand an Bargeld und Einlagen (d. s. von Kunden den Banken gegen einen Zins überlassene Gelder mit unterschiedlicher Fristigkeit) bei inländischen Nichtbanken (d. s. private u. öffentliche Haushalte sowie Unternehmen), der zur Nachfrage nach Gütern zur Verfügung steht. (Die Kassenbestände der Banken an Bargeld und Noten werden nicht zur Geldmenge gerechnet, da mit ihnen keine Nachfrage ausgeübt, sondern lediglich Giralgeld in Bargeld umgetauscht wird!)

Die Geldmenge läßt sich in drei Teilmengen gliedern:

$M_1$: Bargeld und Sichteinlagen (d. s. täglich fällige oder mit einer Laufzeit unter einem Monat auf Giro- und Kontokorrentkonten geführte Einlagen) inländischer Nichtbanken;

$M_2$: $M_1$ plus Einlagen mit vereinbarter Laufzeit bis zu 2 Jahren und Einlagen mit vereinbarter Kündigungsfrist bis 3 Monate von im Währungsgebiet ansässigen Nichtbanken;

$M_3$: $M_2$ plus Geldmarktfondsanteile, Repoverbindlichkeiten, Geldmarktpapiere und Bankschuldverschreibungen mit einer Laufzeit bis zu 2 Jahren von im Währungsgebiet ansässigen Nichtbanken.

**Referenzwert.**³⁴ Weicht die Geldmenge von diesem Referenzwert ab, so deutet dies in der Regel auf eine Gefährdung der Preisstabilität und veranlaßt das EZBS die Öffentlichkeit hiervon in Kenntnis zu setzen und nach den diesbezüglichen Gründen zu forschen wie auch die möglichen Konsequenzen aufzuzeigen. Liegt das Geldmengenwachstum über dem Referenzwert, wird das EZBS typischerweise mit einer Zinssatzerhöhung antworten; liegt es darunter, so ist eine Zinssatzsenkung angezeigt.

In der vorgenannten Ausstattung bietet die Geldpolitik ein beachtliches stabilitätspolitisches Potential.

### 4.2.7.2.4 Chancen und Risiken der bundesdeutschen Stabilitätspolitik

Mit ihrer angebotsorientierten Stabilitätspolitik war es der **Kohl**-Regierung zunächst gelungen, unsere Wirtschaft auf einen langanhaltenden Wachstumskurs zu führen. Damit konnte im Zeitraum 1983–1990 die Zahl der Beschäftigten um rund 1 Million erhöht werden.³⁵ Die mit der Wiedervereinigung (1990) der beiden deutschen Teilstaaten aufkommenden wirtschaftlichen und sozialen Probleme, verbunden mit einer sich anbahnenden, 1993 sich durchsetzenden Rezession, verführten die christlich-liberale Regierungskoalition unter dem Druck der Opposition zum verstärkten Rückgriff auf nachfrageorientierte wirtschaftspolitische Maßnahmen und ließen die Staatsverschuldung bedrohlich ansteigen. Die Fiskalpolitik konnte ihre Orientierung am Wachstum des Produktionspotentials nicht mehr beibehalten. Es zeigte sich wieder einmal mehr in welch gefährlichem Umfang (Wirtschafts-)Politiker – insbesondere vor Wahlen – unter dem Wählerdruck kurzfristig sichtbare Erfolge vorweisen wollen. Diesem Verlangen kann (bekanntlich) eher mit einer interventionistischen, nachfrageorientierten Politik entsprochen werden als mit einer langfristig angelegten angebotsorientierten. Es besteht deshalb auch weiterhin unter der **Schröder**-Regierung die Gefahr, daß Politiker wider besseres Wissen der Versuchung erliegen, zum Zwecke kurzfristig vorweisbarer „Erfolge" die wirtschaftspolitische Strategie zu wechseln. Solches Taktieren könnte leicht dazu führen, daß die angebotsorientierte Stabilitätspolitik in ihren angestrebten Langzeitwirkungen empfindlich beeinträchtigt, weil konterkariert wird.

Eine angebotsorientierte Stabilitätspolitik schließt nun aber keineswegs aus, daß auch die Nachfrageseite in ihren konjunkturrelevanten Einflüssen Berücksichtigung finden kann. So spricht sich der **Sachverständigenrat zur Begutachtung der gesamtwirtschaftlichen Entwicklung** verschiedentlich (zuletzt in seinem Jahresgutachten 2001) für eine „kreislaufmäßige Abstimmung" der Angebotspolitik durch nachfrageorientierte Maßnahmen im Sinne eines antizyklischen Ausgabenverhal-

---

³⁴ Der Referenzwert gibt an, um wieviel Prozent die Geldmenge $M_3$ wachsen soll; er formuliert damit eine Zielvorstellung. Die Ableitung dieser Rate basiert auf Annahmen über den Preisanstieg, das reale BIP-Wachstum und den trendmäßigen Rückgang der Umlaufgeschwindigkeit des Geldes.

³⁵ Da sich dieser Beschäftigungsanstieg im Zeitverlauf etwa im Gleichschritt mit einem steigenden Erwerbspersonenpotential bewegte, sank der Bestand an Arbeitslosen nicht wesentlich. Es nahmen immer mehr Frauen am Erwerbsleben teil und die Netto-Zuwanderungen von ausländischen Arbeitnehmern und anerkannten Asylsuchenden sowie von deutschen Aus- und Übersiedlern erhöhte die Zahl der Arbeitsplatzsuchenden. Vgl. hierzu Kühl, J., 15 Jahre Massenarbeitslosigkeit – Aspekte einer Halbzeitbilanz, in: Aus Politik und Zeitgeschichte, B 38/88, 11. Sept. 1988, S. 6 f.

tens des Staates aus. Der Einsatz derlei konjunkturpolitischer Maßnahmen kann jedoch heute allenfalls noch dazu dienen, extremen Konjunkturausschlägen vorzubeugen oder aber solche zu kappen. Eine Therapierung von Produktions- und Beschäftigungsproblemen darf über sie nicht erwartet werden.

### 4.2.7.2.5 Kontrollfragen zu 4.2.7.2

1. Warum verlangen marktwirtschaftliche Ordnungen nach einer Stabilitätspolitik?
2. Welche Phasen kennzeichnen den Konjunkturverlauf?
3. Was besagt:
   a) nachfrageorientiert,
   b) angebotsorientiert?
4. Was verhindert nach Auffassung von Keynes das gesamtwirtschaftliche Gleichgewicht?
5. Wie begründet Keynes die Notwendigkeit der staatlichen Konjunktursteuerung?
6. Welche Instrumente weist Keynes der staatlichen Stabilitätspolitik zu?
7. Wodurch sind nach Auffassung von M. Friedman gesamtwirtschaftliche Instabilitäten bedingt?
8. Wie läßt sich aus angebotsorientierter Sicht die Forderung begründen, daß das Geldmengenwachstum am Wirtschaftswachstum auszurichten sei?
9. Welche Bedeutung erlangt der sogenannte Pionierunternehmer im Konzept der angebotsorientierten Stabilitätspolitik und wie sollte ihm der Staat Rechnung tragen?
10. Was besagt das Laffer-Theorem?
11. Inwiefern ist die angebotsorientierte Stabilitätspolitik langfristig angelegt?
12. Inwiefern ist die angebotsorientierte Stabilitätspolitik auch auf Nachfragemehrung gerichtet?
13. Über welche geldpolitischen Instrumente verfügt das EZBS und was soll mit ihnen bewirkt werden?

### 4.2.7.2.6 Literaturhinweise zu 4.2.7.2

*Cassel, D.,* Beschäftigungs- und Stabilitätspolitik, in: Materialien zum Bericht zur Lage der Nation im geteilten Deutschland 1987, hrsgg. v. Bundesministerium für innerdeutsche Beziehungen, Bonn 1987.
*Cassel, D., Thieme, H. J.,* Stabilitätspolitik, in: Vahlens Kompendium der Wirtschaftstheorie und Wirtschaftspolitik, 7. Aufl., Bd. 2, München 1999.
*Görgen, E., Ruckriegel, F., Seitz, F.,* Europäische Geldpolitik, Düsseldorf 1999.

*Pätzold, J.*, Stabilisierungspolitik, Grundlagen der nachfrage- und angebotsorientierten Wirtschaftspolitik, 5. Aufl., Bern und Stuttgart 1993.
*Wagner, H.*, Stabilitätspolitik, 6. Aufl., München–Wien 2001.
*Welfens, P. J.*, Theorie und Praxis angebotsorientierter Stabilitätspolitik, Baden-Baden 1985.

### 4.2.7.3 Sozialpolitik

#### 4.2.7.3.0 Leitziel

Kenntnis der Aufgaben, Ziele, Bereiche, Maßnahmen und Träger staatlicher Sozialpolitik sowie Einblicke in die ökonomischen Probleme des Systems der sozialen Sicherheit.

#### 4.2.7.3.1 Sozialpolitik als Systemelement der Sozialen Marktwirtschaft

Der Verbindung des Prinzips der Freiheit wirtschaftlichen Handelns am Markt mit dem des sozialen Ausgleichs wird in der Sozialen Marktwirtschaft über die Sozialpolitik entsprochen. In ihr wird dem individuellen Erwerbsstreben die Idee der gesellschaftlichen Solidarität an die Seite gestellt.[36] Die Sozialpolitik sieht sich damit denen verpflichtet, die in der wettbewerblichen Auseinandersetzung nicht (mehr) mithalten können und deshalb zu verarmen drohen. Es sind dies hauptsächlich Ältere, Kranke, Behinderte wie auch unzureichend Qualifizierte und von wirtschaftlichem Mißgeschick Betroffene. In Wahrnehmung dieser Pflicht konzentriert sich die Sozialpolitik im wesentlichen auf zwei **Aufgabenbereiche:**

– vorübergehende Unterstützung von Erwerbslosen in der Absicht ihrer Wiedereingliederung in den Wirtschaftsprozeß und damit ihrer Teilhabe am Wohlstandswachstum;

– Sicherung eines aus Steuern oder sonstigen Abgaben finanzierten menschenwürdigen Unterhalts all derjenigen, die infolge Alter, Krankheit oder Behinderung nicht mehr am Erwerbsleben teilnehmen können.

In dieser doppelten Aufgabenstellung werden nicht nur die in der wettbewerblichen Auseinandersetzung am Markt nicht zum Zuge Kommenden (weil nicht den Marktanforderungen entsprechend!) durch ein „**soziales Netz**" aufgefangen; es wird darüber hinaus allen, die sich den Risiken der marktwirtschaftlichen Ordnung aussetzen, eine sozialpolitische Absicherung garantiert. Damit wird die Marktwirtschaft in ihren für den einzelnen Marktteilnehmer möglicherweise drohenden Konsequenzen entschärft. Die Bereitschaft zum marktwirtschaftlichen Engagement wird damit erleichtert, für manchen vielleicht sogar erst ermöglicht. – Folgen wir diesem Verständnis von Sozialpolitik, so erweist sich diese als ein zur Wettbewerbsordnung **komplementäres Element** der Sozialen Marktwirtschaft. Als solches hätte sie dem Grundsatz der Marktkonformität zu entsprechen. Dies hieße, daß durch sozialpolitische Maßnahmen immer nur das **Marktergebnis,** nicht aber der Marktprozeß selbst beeinflußt werden darf. Dieser Forderung wird aber offensichtlich überall dort nicht entsprochen, wo Eingriffe in den Marktmechanismus beziehungsweise in die Vertragsfreiheit erfolgen (wie beispielsweise durch Höchst- und

---

[36] Vgl. hierzu und zum folgenden Neumann, M., Marktwirtschaftliche Steuerung und Wirtschaftspolitik in der Bundesrepublik Deutschland, in: Materialien zum Bericht zur Lage der Nation im geteilten Deutschland 1987, hrsgg. v. Bundesministerium für internationale Beziehungen, a. a. O., S. 53 ff.

Niedrigstpreise, Mieterschutzgesetze, Subventionierung von Verkehrstarifen, Altenheimen und Kindergärten, Kündigungsschutz für ältere Arbeitnehmer und werdende Mütter).

### 4.2.7.3.2 Ziele, Bereiche und Maßnahmen staatlicher Sozialpolitik

Die staatliche Sozialpolitik ist in der Bundesrepublik Deutschland im wesentlichen durch zwei **Zielvorstellungen** bestimmt:
- soziale Sicherheit und
- soziale Gerechtigkeit.

**Soziale Sicherheit** bedeutet hierbei: Sicherung der wirtschaftlichen und sozialen Existenz bestimmter sozialer Gruppen gegen allgemeine Lebensrisiken, wie Unfall, Krankheit, Invalidität, Alter, Arbeitslosigkeit und Tod des Ernährers. Die in solcher Weise zu sichernden Gruppen werden im politischen Entscheidungsprozeß definiert.[37]

**Soziale Gerechtigkeit** wird verstanden als[38]:

- Startgerechtigkeit, das heißt Gewährung möglichst gleicher materialer Ausgangschancen für alle,
- Gleichbehandlung gleicher Tatbestände wie auch Gleichbehandlung von Mann und Frau,
- Lohngerechtigkeit, Preisgerechtigkeit sowie als Ausgleich starker Einkommens- und Vermögensunterschiede, insbesondere im Sinne des Ausgleichs unterschiedlicher Familienlasten,
- Hilfe für sozial Schwache (Behinderte, Leistungsschwache, Obdachlose).

Unter den hier aufgezeigten Zielvorgaben lassen sich für die praktische Sozialpolitik im wesentlichen folgende **Aktionsbereiche** ausmachen[39]:

### Arbeitnehmerschutzpolitik

Sie umfaßt alle Maßnahmen zum Schutz der Arbeitnehmer vor materiellen und immateriellen Schädigungen und Gefahren, die aus der betrieblichen Tätigkeit und dem Abhängigkeitsverhältnis der Lohnarbeit erwachsen können. Als schutzbedürftig gelten hierbei:

- die Gesundheit und Arbeitskraft der Arbeitnehmer (Arbeitszeitregelungen, Unfall- und Gesundheitsschutzgebote);
- das Recht der Arbeitnehmer auf freie Entfaltung der Persönlichkeit (Sicherung entsprechender Frei- und Erholungszeiten);
- das Recht der Arbeitnehmer auf regelmäßige und ordnungsgemäße Lohnzahlung (entsprechende gesetzliche Gebote und Verbote) und
- der Bestand des Arbeitsverhältnisses (Kündigungsschutzgesetze).

---

[37] Vgl. Lampert, H., Die Wirtschafts- und Sozialordnung der Bundesrepublik Deutschland, a. a. O., S. 263.
[38] Vgl. Lampert, H., Sozialpolitik, in: Issing, O. (Hrsg.), Allgemeine Wirtschaftspolitik, München 1982, S. 62.
[39] Vgl. ebenda S. 55 ff. und außerdem die Ausführungen unter 3.3–3.6 dieses Buches.

## Politik der sozialen Sicherung i. e. S.

Über sie soll die materielle Grundlage einer menschenwürdigen Lebensführung gewährleistet werden, insbesondere im Falle vorzeitiger Berufs- und Erwerbsunfähigkeit, Unfall, Krankheit, Alter, Tod des Ernährers und Arbeitslosigkeit. Das System der sozialen Sicherung beruht auf einer Kombination von **Individualprinzip** (eigenverantwortliche Vorsorge für Notfälle) und **Sozialprinzip** (staatliche Fürsorge). Außer auf die Einkommenssicherung stellt diese Politik auch auf die Vermeidung des Risikoeintritts durch vorbeugende Maßnahmen (Unfallverhütung, Gesundheitsvorsorge, Vollbeschäftigungspolitik, Umschulungs- und Fortbildungsmaßnahmen) und die Wiedergewinnung der Gesundheit und der Arbeitsfähigkeit (Rehabilitation) ab.

## Arbeitsmarktpolitik

Ihr ist die Gesamtheit der Maßnahmen zu subsumieren, die:

– auf eine dauerhafte, den individuellen Neigungen und Fähigkeiten entsprechende Beschäftigung aller Arbeitsfähigen und Arbeitswilligen zu bestmöglichen Bedingungen – insbesondere hinsichtlich Arbeitszeit und Arbeitsentgelt – gerichtet sind[40];

– das Entstehen struktureller Arbeitsmarktungleichgewichte verhindern beziehungsweise bereits eingetretene beseitigen helfen (Arbeits- und Berufsberatung, Arbeitsvermittlung, Mobilitätsförderung, Förderung der beruflichen Umschulung und Fortbildung, Finanzierung von Zeiten der Sucharbeitslosigkeit) sowie

– gesamtwirtschaftliche Ungleichgewichte durch Vollbeschäftigungspolitik und durch Arbeitsmarktordnungspolitik zu verhindern versuchen.

## Betriebsverfassungs- und Mitbestimmungspolitik

Diesem Sozialpolitikbereich unterliegt die Absicht:

– eine Ausnutzung der persönlichen und wirtschaftlichen Abhängigkeit der Arbeitnehmer vom Arbeitgeber zu verhindern,

– elementaren Arbeitnehmerinteressen zur Wahrung zu verhelfen (Erhaltung der Gesundheit und Arbeitskraft, menschenwürdiger Arbeitsplatz, leistungsgerechte Entlohnung, sozialorientierte Unternehmenspolitik) und

– die Idee der rechtlichen und wirtschaftlichen Gleichberechtigung von Kapital und Arbeit durchzusetzen.

## Wohnungspolitik

Hier geht es einerseits darum, einen den politischen Vorstellungen nach Umfang, Struktur, Qualität und Preis entsprechenden Wohnungsbau zu sichern (Wohnungsbaupolitik) und andererseits die Nutzung, Verteilung, Erhaltung und Bewirtschaftung des Wohnungsbestandes zu gewährleisten (Wohnungsbestandspolitik).

---

[40] Siehe hierzu insbesondere Lampert, H., Die Wirtschafts- und Sozialordnung der Bundesrepublik Deutschland, a. a. O., S. 244.

## Familienpolitik

Die Familienpolitik ist von der Absicht getragen, einen Ausgleich der durch Größe und Struktur der Familien verursachten unterschiedlichen sozialen und finanziellen Lasten zu schaffen. Sie möchte damit zweierlei sicherstellen. Zum einen soll die Familie ihrer unentbehrlichen Funktion der gesellschaftlichen Reproduktion sowie der Sozialisation und Erziehung der Kinder/Jugendlichen entsprechen und zum anderen gewährleisten können, daß alle Gesellschaftsmitglieder – unabhängig von ihren familiären Bedingtheiten – in etwa gleiche Chancen hinsichtlich ihrer persönlichen Entfaltung und Bildung haben.

## „Rand"-gruppenorientierte Sozialpolitik und Sozialhilfepolitik

Dieser noch recht junge Aktionsbereich staatlicher Sozialpolitik wendet sich bestimmten Gruppen von Bedürftigen zu (Jugendlichen, alten Menschen und solchen, die wegen verminderter oder fehlender Erwerbsfähigkeit keine Ansprüche gegen das Sozialleistungssystem erwerben konnten), um über Sozialhilfe die Lücken zu schließen, die das – Erwerbstätigkeit voraussetzende – System der sozialen Sicherung i.e.S. offenläßt. Diese Sozialhilfe ist Einkommens-, Betreuungs- und Beratungshilfe.

## Vermögenspolitik

Die Vermögenspolitik strebt die Vermögensbildung der Arbeitnehmer an. Damit soll diesen eine zusätzliche Einkommensquelle eröffnet und gleichzeitig ihr wirtschaftlicher Rückhalt und damit ihre Stellung in der lohnpolitischen Auseinandersetzung verbessert werden. Darüber hinaus soll das zu bildende Vermögen seinem Inhaber eine zusätzliche Sicherheit in Notfällen vermitteln sowie eine unabhängigere und durch mehr Selbstverantwortung charakterisierte Lebensgestaltung ermöglichen. Das Nur-Lohnarbeitsverhältnis soll durch Teilhabe am neu zuwachsenden Produktivvermögen überwunden und die Gegensätze zwischen Kapital und Arbeit abgebaut werden.[41]

### 4.2.7.3.3 Sozialpolitik als Umverteilungspolitik

Gegenüber dem eingangs dieses Kapitels skizzierten Verständnis, daß in der Sozialen Marktwirtschaft Sozialpolitik ein komplementäres Systemelement zur Wettbewerbsordnung sei, gewann in den siebziger Jahren zunehmend die Auffassung an Boden, daß Sozialpolitik eine Umverteilungspolitik sei und als solche das Ziel der **Egalisierung der individuellen Einkommen** (und Vermögen) verfolge.[42] Tatsächlich nahm in der Zwischenzeit der Umfang der Einkommensumverteilung durch **Steuern** (progressive Gestaltung der Lohn- und Einkommensteuer, Steuerbefreiungen, Steuerermäßigungen), **Sozialabgaben** (die im Rahmen der Sozialversicherung zu entrichtenden Zwangsbeiträge steigen mit dem Einkommen der Versicherungspflichtigen) und **Transfers** (staatliche Einkommenszuweisungen an „Bedürftige" als Versorgungs- und Fürsorgeleistungen, Kinder- und Mutterschaftsgeld, Sparprämien, Leistungen in der Ausbildungsförderung, Wohngeld, Heizkostenzuschüsse u.ä., die aus Einkommen „Wohlhabenderer" durch Steuern und steuergleiche Zwangsabgaben erhoben

---

[41] Zu den Maßnahmen der Vermögenspolitik siehe die Ausführungen unter 3.6.
[42] Vgl. hierzu Neumann, M., Marktwirtschaftliche Steuerung und Wirtschaftspolitik, a.a.O., S. 54.

werden) sowie durch **Subventionen** erheblich zu. Diese Entwicklung führte vor allem im Kernbereich der Sozialpolitik, der Sozialversicherung, zu beträchtlichen Kostensteigerungen. Auch die Rentenreformgesetze von 1972, 1992 und 1999 mit ihren umfassenden Verbesserungen (u. a. Einführung der flexiblen Altersgrenze, Rente nach Mindesteinkommen, Öffnung der Rentenversicherung für Selbständige und andere Personenkreise, vorzeitige Erfüllung der Wartezeit, neue Rentenformel) sowie die Ausweitung der Leistungen in der gesetzlichen Krankenversicherung fügten sich dieser Entwicklung. Sie fand ihre Entsprechung in einem rapiden Anstieg der Sozialversicherungsbeiträge, von denen die Arbeitgeberanteile als Lohnnebenkosten von den Unternehmen zum Teil nur schwer zu verkraften waren und – insbesondere auf Märkten mit ausländischer Konkurrenz ohne vergleichbar hohe Sozialkostenbelastungen – zu Wettbewerbsverzerrungen mit beachtlichen Umsatzeinbußen führten. Produktionsdrosselungen mit Arbeitskräftefreisetzungen wie auch Produktionsauslagerungen in Länder mit niedrigeren Löhnen und (bedeutend) niedrigeren Lohnnebenkosten waren die Folge. Die „Segnungen" der Umverteilungspolitik verkehrten sich zumindest partiell ins Gegenteil. Die Reform des Gesundheitswesens (1989 u. 1993), die über Leistungsbeschränkungen und Selbstbeteiligung der Versicherten die gesetzliche Krankenversicherung zu entlasten versucht, wie auch die Rentenreform (1989), die unter anderem den vorzeitigen Ruhestand teilweise wieder zurücknimmt, scheinen dieser Erkenntnis in gewisser Weise Rechnung zu tragen. – Dennoch darf wohl kaum erwartet werden, daß sich die Einsicht durchsetzt, die der langjährige Präsident des Zentralverbandes des deutschen Handwerks **Paul Schnitker** (geb. 1927) in die Worte kleidete: „Sozial ist nicht, wer das Geld anderer Leute verteilt, sondern wer dafür sorgt, daß es überhaupt etwas zu verteilen gibt."

#### 4.2.7.3.4 Träger der Sozialpolitik

Die Träger der Sozialpolitik sind in erster Linie staatliche Einrichtungen auf zentralstaatlicher Ebene (Bundesregierung, Bundestag und Bundesrat), auf Landesebene (Landesregierungen und Landesparlamente) und auf regionaler beziehungsweise lokaler Ebene (Bezirksregierungen/Landkreise, Städte und Gemeinden). Daneben wird sie jedoch auch von nichtstaatlichen Institutionen, so insbesondere von den Verbänden der Wohlfahrtspflege (Arbeiterwohlfahrt, Caritas, Diakonisches Werk der Evangelischen Kirche, Deutsches Rotes Kreuz, Deutscher Paritätischer Wohlfahrtsverband, Zentralwohlfahrtsstelle der Juden in Deutschland) getragen, auf die der Staat vor allem im Bereich der Sozialhilfe bedeutende Aufgaben delegiert hat. Zu nennen sind auch die Sozialpartner, denen vom Staat die autonome Festlegung von Mindestarbeitsbedingungen überantwortet wurde.

#### 4.2.7.3.5 Grenzen staatlicher Sozialpolitik

Wie bereits herausgestellt, kann in der Sozialen Marktwirtschaft Sozialpolitik als ein komplementäres Element zur Wettbewerbsordnung gesehen werden, das Leistungsstreben erleichtert oder aber sogar erst ermöglicht. In dieser Komplementarität hat(te) die staatliche Sozialpolitik großen Anteil am Auf- und Ausbau unseres freiheitlichen, demokratischen und sozialen Rechtsstaates. Die stimulierende Bezogenheit von sozialer Sicherung und Leistungsstreben kann sich jedoch – wie die bundesdeutsche Erfahrung zeigt – rasch ins Gegenteil verkehren. Wenn nämlich die sozialen Leistungen in ihrer Höhe und Ausgestaltung das notwendige (Ab-)Sicherungsmaß übersteigen, können sie leicht zum Abbau von Leistungsmotivation und damit zur Lähmung von selbstverantwortlichem Leistungswillen führen. Berücksichtigen wir bei dieser Feststellung die Tatsache, daß staatliche Systeme immer nur das leisten können, was durch den Leistungswillen und die Leistungsfähigkeit ihrer Bürger ermöglicht wird, dann offenbart sich uns in ihr ein grundlegendes Dilemma jüngeren bundesdeutscher Sozialpolitik. Der Ausbau des Sozialstaates seit Anfang der siebziger Jahre ließ die Sozialleistungen in schwindelerregende Höhen steigen. Sie beliefen sich 1988 auf 660,2 Mrd. DM (das sind rund 31% des Bruttosozialproduktes), 1992 (für Gesamtdeutschland) auf 1001 Mrd. DM (das sind rund 36% des Bruttosozialproduktes), 1997 auf 1256 Mrd. DM (das sind 34,4% des Bruttoinlandsproduktes) und 2000 auf 1261,3 Mrd. DM (das sind 31,8% des Bruttoinlandsproduktes). Gegenüber dem Sozialleistungsaufwand von 1960 bedeutet dies 1988 fast eine zehnfache respektive 2000 rund achtzehnfache Steigerung. Im gleichen Zeitraum (1960–2000) ist die Durchschnittsbelastung der Arbeitnehmerbruttoverdienste mit Steuern und Sozialabgaben von 16,2% (1960) um knapp das Doppelte auf 31,8% (2000) gestiegen. Obgleich der Lebensstandard in der Bundesrepublik Deutschland noch nie so hoch war wie heute (die Übergangsverhältnisse in den neuen Bundesländern verdienen sicherlich eine besondere Würdigung!), scheinen deren Bürger die hilfsbedürftigsten seit vielen Generationen zu sein.[43] Der Staat schützt sie in einer kaum zu rechtfertigenden Pauschalität, obwohl die weitaus meisten von ihnen ihre Lebensrisiken eigenverantwortlich abzudecken in der Lage wären. Damit engt er nicht nur in rigoroser Weise beträchtliche finanzielle Entscheidungsspielräume der solcherart Zwangsversicherten ein, er provoziert damit auch deren Aufbegehren gegen derlei Bevormundung und finanzielle Belastung. Ein exzessives Anspruchsdenken auf seiten der Zwangsversicherten (nach dem Motto: Nimm, was du kriegen kannst!) stellt sich als fatale (Ausgleichs-)Reaktion ein. Der Grundsatz der Solidarität, der ursprünglich das System der sozialen Sicherheit fundierte, wird von dem der individuellen Nutzenmaximierung abgelöst. Die Kosten des Sicherungssystems steigen damit in exorbitante Höhen. Das weitgespannte Netz der sozialen Sicherung droht zu reißen. Von einer Reform des Gesundheitswesens und der Renten **allein** kann hier wohl keine Lösung des Problems erwartet werden. Während nämlich die finanziellen Lasten der Altenpflege und der Sozialhilfe in bedrohlichem Umfang steigen, nimmt die Zahl der Erwerbstätigen ab und die der kaum Steuer zahlenden Rentner zu. Eine Lösung der Finanzierungsprobleme ließe sich allenfalls über ein verstärktes Wirtschaftswachstum und die daraus resultierenden zusätzlichen Einkommen erwarten. Aber gerade das Wirtschaftswachstum wird, wie das Frankfurter Institut für Wirtschaftsforschung eindrucksvoll darlegt[44], durch die Entwicklung der sozialen Sicherungssysteme entscheidend gehemmt. Voraussetzung für ein kräftiges Wirtschaftswachstum wären nämlich hohe (Spar-)Kapitalbildung und hohe Investitionen. Beide, die gesamtwirtschaftliche Ersparnisbildung wie auch die (Netto-)Investitionen, sind jedoch seit 1960 einschneidend zurückgegangen. So ist von 1960 bis 1988 die gesamtwirtschaftliche Ersparnis im Verhältnis zum Sozialprodukt von 21% auf 11,6% abgesunken und erreicht schließlich 2000 einen neuen Tiefstand von 7,8%; im selben Zeitraum fielen die (Netto-)Investitionen des produzierenden Gewerbes im Verhältnis zum Sozialpro-

---

[43] Vgl. hierzu und zum folgenden die äußerst aufschlußreichen Darlegungen des Frankfurter Instituts für wirtschaftspolitische Forschung e.V. (Hrsg.), Das soziale Netz reißt, Bad Homburg v.d.H. 1988, S. 3–58.
[44] Siehe hierzu ebenda S. 56f.

dukt/Inlandsprodukt von 19% im Jahre 1960 auf 7,4% 1988 beziehungsweise 9,2% 2000. Diese Entwicklungen können direkt im Zusammenhang mit denen im Sozialsystem, insbesondere der gesetzlichen Rentenversicherung, gesehen werden. Der weitgehende Zwang zur Alterssicherung enthebt den weitaus größten Teil unserer Bevölkerung der Zukunftsvorsorge durch entsprechende Ersparnisbildung. Hier könnte in naher Zunkunft die Rentenreform 2001 zu einer nicht unbedeutenden Verhaltensänderung führen. Sie möchte durch das am 1. 1. 2002 in Kraft tretende Altersvermögensgesetz den Weg zum Aufbau einer privaten Altersvorsorge bereiten. Was nun aber die entsprechende Belastung der Erwerbstätigen mit den für die Finanzierung des Sozialsystems erforderlichen Steuern und Sozialabgaben angeht, so führt diese einerseits zu einer weitverbreiteten Flucht in die Schattenwirtschaft (das heißt in die Schwarzarbeit) und andererseits zur Abwanderung von (hauptsächlich) jungen, qualifizierten Arbeitskräften in Länder mit geringerer Abgabenlast. – Der Versuch, das Sozialsystem durch zusätzliche steuerliche und abgabenmäßige Belastung der Unternehmen zu retten, veranlaßt diese in beachtlichem Umfang, Produktionsteile und damit produktive Neuinvestitionen ins Ausland zu verlagern und damit das Wachstum unserer Wirtschaft als Grundlage zusätzlichen Einkommens empfindlich zu beeinträchtigen. Das Wirtschaftswachstum als Voraussetzung für höhere Einkommen, die ihrerseits zur Finanzierung der zunehmend steigenden Kosten des Sozialsystems erforderlich erscheinen, wird somit durch die Sozialpolitik selbst abgewürgt. Die Selbstzerstörung des sozialen Sicherungssystems ist in sich selbst angelegt! So werden die ausufernden Leistungen eines Tages nicht mehr finanzierbar sein, da die notwendigen Beiträge nicht mehr aufgebracht werden. Der totale Zusammenbruch des Systems kann nur durch umfassende Reformen verhindert werden. Diese Reformen können allerdings nur dann gelingen, wenn sie neben dem Gemeinwohl auch dem Eigeninteresse gebührend Rechnung tragen und die kollektive Sicherung durch verstärkte Selbstvorsorge ausreichend ergänzt wird.

### 4.2.7.3.6 Kontrollfragen zu 4.2.7.3

1. Inwiefern kann Sozialpolitik als Systemelement der Sozialen Marktwirtschaft bezeichnet werden?
2. Worin besteht die Komplementarität zwischen Wettbewerbsordnung und Sozialpolitik?
3. An welchen Zielvorstellungen richtet sich die bundesdeutsche Sozialpolitik aus?
4. Welche sozialpolitischen Aktionsbereiche lassen sich ausmachen?
5. Welche Absicht verfolgt eine als Umverteilungspolitik angelegte Sozialpolitik?
6. Welcher Instrumente bedient sich die Umverteilungspolitik?
7. Welches sind die Träger der staatlichen, welches die der nichtstaatlichen Sozialpolitik?
8. Inwiefern können hohe Sozialabgaben das Wirtschaftswachstum hemmen?
9. Welcher Zusammenhang läßt sich zwischen Zwangsversicherung, mangelnder Sparkapitalbildung und unzureichenden (Netto-)Investitionen herstellen?

### 4.2.7.3.7 Literaturhinweise zu 4.2.7.3

*Frerich, J.,* Sozialpolitik, 3. Aufl., München–Wien 1996.

*Lampert, H.,* Die Wirtschafts- und Sozialordnung der Bundesrepublik Deutschland, 14. Aufl., München 2001.

*Lampert, H.,* Sozialpolitik, in: Issing, O. (Hrsg.), Allgemeine Wirtschaftspolitik, 3. Aufl., München 1993.

*Lampert, H.,* Lehrbuch der Sozialpolitik, 6. Aufl., Berlin 2001.

## 4.2.7.4 Außenwirtschaftspolitik

### 4.2.7.4.0 Leitziel

Einblick in die politische Einflußnahme auf die sich über die Landesgrenzen hinaus erstreckenden Wirtschaftsbeziehungen, insbesondere auf den Gebieten des Handels, der Währung und der Entwicklung.

### 4.2.7.4.1 Begriff, Ziele, Bereiche

Unter Außenwirtschaftspolitik versteht man all jene staatlichen Maßnahmen, die der gezielten Beeinflussung solcher Transaktionen des Waren-, Dienstleistungs- und Kapitalverkehrs dienen, die über die Landesgrenzen hinweg zwischen Wirtschaftssubjekten des In- und Auslandes erfolgen. In dieser begrifflichen Fassung ist Außenwirtschaftspolitik in die Wirtschaftspolitik des Inlandes[45] eingebunden. Sie repräsentiert gleichsam deren Außenbezug und übernimmt im wesentlichen deren Ziele. Zielvorstellungen, die sich auf die außenwirtschaftlichen Transaktionen beziehen, wie beispielsweise Weltmarktanteilsgewinne, Wechselkursstabilität, Zahlungsbilanzausgleich, kommt keine Eigenwertigkeit zu; sie sind vielmehr als Unterziele allgemeiner übergreifender wirtschaftspolitischer Ziele, wie Wachstum, Preisstabilität, Vollbeschäftigung, zu sehen. Die Tatsache, daß § 1 Stabilitätsgesetz, das **„außenwirtschaftliche Gleichgewicht"** in den offiziellen wirtschaftspolitischen Zielkatalog aufnimmt, steht keinesfalls in Widerspruch zu dieser Feststellung. Auch in dieser (Ziel-)Bündelung kommt dem außenwirtschaftlichen Gleichgewicht lediglich **instrumentelle** Bedeutung zu.

Da die Außenwirtschaftspolitik keine eigenständigen Zielvorgaben kennt, lassen sich deren Aktivitäten auch nicht aus solchen ableiten. Eine Eingrenzung außenwirtschaftspolitischer Maßnahmen soll deshalb nach pragmatischen Gesichtspunkten erfolgen. Ihnen zufolge lassen sich im wesentlichen drei Bereiche außenwirtschaftlichen Handelns ausmachen:

– Handelspolitik,
– Währungspolitik und
– Entwicklungspolitik.

---

[45] Die Mitgliedsstaaten der EWWU bilden einen Binnenmarkt mit Inlandscharakter (siehe hierzu unter 4.1.3.1.3).

### 4.2.7.4.2 Handelspolitik

Die Außenhandelspolitik der Bundesrepublik Deutschland gründet auf das **Freihandelsprinzip**.[46] Als Ausdruck unserer freiheitlichen Wirtschaftsordnung findet es seine rechtliche Verankerung im **Außenwirtschaftsgesetz** (AWG) vom 28.4. 1961, das in § 1 bestimmt, daß der Waren-, Dienstleistungs-, Kapital-, Zahlungs- und sonstige Wirtschaftsverkehr mit fremden Wirtschaftsgebieten sowie der Verkehr mit Auslandswerten und Gold zwischen Gebietsansässigen grundsätzlich frei ist. Allgemeine Beschränkungen dieser **Außenwirtschaftsfreiheit** sieht das AWG in §§ 5 bis 7 für folgende Fälle vor:

– zur Erfüllung zwischenstaatlicher Vereinbarungen,

– zwecks Vorbeugung oder Abwehr gesamtwirtschaftlich oder sektoral schädlicher Einwirkungen durch Maßnahmen in fremden Wirtschaftsgebieten,

– zur Abwehr gesamtwirtschaftlich gefährdender Geld- und Kapitalzuflüsse aus fremden Wirtschaftsgebieten und

– zum Schutz der Sicherheit beziehungsweise der auswärtigen Interessen der Bundesrepublik.

Daneben gelten spezielle, den Außenwirtschaftsverkehr berührende Vorschriften anderer Gesetze, so insbesondere zum Schutz der Gesundheit sowie der öffentlichen Sicherheit und Ordnung. Die derzeit möglichen rechtlichen Beschränkungen des Außenwirtschaftsverkehrs sind im einzelnen in der **Außenwirtschaftsverordnung** (AWV) vom 22. 8. 1961 erfaßt.

Seit dem 1. 1. 1970 ist das Außenwirtschaftsrecht der Bundesrepublik bis auf den Kapitalverkehr im engeren Sinn (das ist der Kapitalverkehr, der nicht im Zusammenhang mit dem Waren- und Dienstleistungsverkehr steht) **autonomes europäisches Gemeinschaftsrecht**[47] geworden, das innerstaatlich unmittelbar verbindlich ist und gegenüber jedem nationalen Recht eines Mitgliedslandes vorgeht.

Der dem Außenwirtschaftsgesetz zugrunde liegende Grundsatz der Außenhandelsfreiheit (mit Beschränkungsvorbehalt) wie auch die bereits am 1. 10. 1951 mit dem Beitritt zum GATT – das als Welthandelsordnung gedacht ist – übernommenen Vertragsverpflichtungen[48] legen einen weitgehenden Verzicht aller Eingriffe in den außenwirtschaftlichen Güter- und Leistungsverkehr nahe. Zu solchen als **Handelshemmnisse** bezeichneten Eingriffen sind all jene Maßnahmen zu zählen, die das Ausmaß, die Struktur und/oder die Richtung der Werteströme verzerren. Dazu gehören insbesondere Zölle **(tarifäre Handelshemmnisse)** wie auch preisbezogene, mengenbeschränkende oder administrative **(nicht-tarifäre)** Handelshemmnisse. Auch die **handelspolitische Integration**[49] verschiedener Länder, wie sie die Reali-

---

[46] Vgl. hierzu und zum folgenden Derix, H.-H., Haendcke-Hoppe, M., Die Außenwirtschaftssysteme, in: Materialien zum Bericht zur Lage der Nation im geteilten Deutschland 1987, hrsgg. v. Bundesministerium für innerdeutsche Beziehungen, a.a.O., S. 205 ff.
[47] Vgl. hierzu auch die Ausführungen unter Punkt 4.1.3.1.3.
[48] Nach Art. XI der GATT-Regeln sind mengenmäßige Beschränkungen der Ein- und Ausfuhr wie auch Ein- und Ausfuhrbewilligungen grundsätzlich verboten.
[49] Der handelspolitische Zusammenschluß (Integration) von Ländern geschieht in der Absicht, unter weltweiten Gesichtspunkten gemeinsam eine Art regional abgestimmte Außenwirtschaftspolitik zu betreiben. Die Basis solcher Vereinbarungen bilden meistens die Zölle. – Ge-

tät des Außenhandels kennzeichnet, bedeutet für die nicht integrierten Länder (Drittländer) derlei Handelshemmnisse. So sind im einheitlichen Zollgebiet der EG/EU die Binnenzölle zwischen den Mitgliedsländern aufgehoben und ein gemeinsamer Außentarif gegenüber Drittländern eingeführt.

Wenn auch Ausfuhrbeschränkungen der EU gegenüber Drittländern nur vereinzelt vorkommen und entsprechend des GATT/der WTO eine offene Exportförderung vermieden wird, sind doch sogenannte versteckte oder indirekte Exportsubventionen als Exportförderungsmaßnahmen nicht selten; sie werden insbesondere in Form staatlicher Kreditbeihilfen und -garantien, staatlicher Kreditversicherungen und durch die Übernahme von Wechselkurs- und Preisrisiken durch öffentliche Institutionen gewährt.

Die **nicht-tarifären** Handelshemmnisse basieren vor allem auf technischen und administrativen Vorschriften. Begründet werden sie hauptsächlich mit Anforderungen von Verbrauchersicherheit, Gesundheitsrisiken und Umweltschutz. Da diese Vorschriften hinsichtlich Produktgestaltung oder Herstellungsverfahren insbesondere technischer Sicherheitsvorschriften und Industrienormen unter den internationalen Handelspartnern höchst unterschiedlich ausfallen, haben sie starke protektionistische Wirkungen.

Zur Gestaltung ihrer Außenhandelsbeziehungen bedient sich die Bundesrepublik Deutschland unterschiedlicher Rechtsformen:

- des Handesvertrages,
- des Handelsabkommens und
- des Kooperationsabkommens.

**Handelsverträge** beinhalten meist langfristig angelegte Vereinbarungen über den ordnungspolitischen Rahmen des zwischenstaatlichen Leistungsverkehrs.

**Handelsabkommen** fixieren in der Regel detaillierte Vereinbarungen über Umfang, Zusammensetzung und Abwicklung des gegenseitigen Warenaustausches. Seit 1970 liegt die handelspolitische Kompetenz für den Abschluß bilateraler wie multilateraler Handelsabkommen bei der Europäischen Gemeinschaft. Die einzelnen EG/EU-Mitgliedstaaten sind somit bei der Gestaltung und Ausführung von

---

ordnet in der Reihenfolge zunehmender Intensität der Abstimmungen lassen sich folgende Formen handelspolitischer Integration herausstellen: Präferenzräume, Freihandelszonen, Zollunionen, Gemeinsame Märkte und Wirtschaftsunionen. **Präferenzräume** tun sich dort auf, wo einem oder mehreren Ländern auf die Einfuhr bestimmter Waren Zollbegünstigungen gewährt werden. Beruhen diese Zugeständnisse auf Gegenseitigkeit, so spricht man von Präferenzzonen. Werden solche Zollbegünstigungen auf alle Waren ausgedehnt und die Zölle völlig aufgehoben, gehen Präferenzzonen in **Freihandelszonen** über. Als Beispiel kann hier die Europäische Freihandelsassoziation (European Free Trade Association, EFTA) gelten, der derzeit (2002) Norwegen, Schweiz, Island und Liechtenstein angehören. Umgeben sich die integrierten Länder darüber hinaus mit einer gemeinsamen Außenzollmauer, ist die **Zollunion** gegeben. Sieht die handelspolitische Integration auch den unbeschränkten Austausch von (Produktions-) Faktorleistungen vor, so ist die (Intensitäts-)Stufe des **Gemeinsamen Marktes** erreicht. Wird die güterwirtschaftliche Integration eines Gemeinsamen Marktes durch eine Währungsunion der Mitgliedstaaten ergänzt, ist eine **Wirtschaftsunion** entstanden. Die Bundesrepublik Deutschland gehört als Mitglied der EU (die aus einer Zollunion hervorging) einer Wirtschaftsunion an.

Handelsabkommen auf die Mitwirkung ihrer Vertreter in den Gemeinschaftsorganen beschränkt.

**Kooperationsabkommen** nehmen langfristig angelegte Vereinbarungen wirtschaftlicher, technischer und wissenschaftlicher Zusammenarbeit auf. Im Gegensatz zu den Handelsabkommen besteht für sie keine volle Gemeinschaftskompetenz, sondern lediglich eine Konsultationspflicht. Diese Eigenart des Kooperationsabkommens erlaubt es, mit ihm die Zuständigkeit der Europäischen Gemeinschaft zu unterlaufen. Die Regierungen der beteiligten Staaten wirken beim Zustandekommen und der Durchführung der Kooperation mit.

Entsprechend dem Grundsatz der Außenhandelsfreiheit erfolgt die Koordination der auf den grenzüberschreitenden Handelsverkehr gerichteten Einzelwirtschaftspläne durch Marktpreise. In diesem Koordinationsprozeß sollen die Preise nicht nur Angebot und Nachfrage abstimmen, sie sollen auch

- die Marktteilnehmer über die relative Knappheit der Güter und deren Veränderungen informieren sowie
- die Lenkung der knappen Ressourcen in optimale Verwendungen bewirken.

Dieser marktwirtschaftliche Anspruch kann bei den Preisen für landwirtschaftliche Produkte nicht aufrechterhalten werden. Hier gelten die im **Gemeinsamen Agrarmarkt der EU** vom Ministerrat festgelegten **Richtpreise**. Dies sind die Preise, die für Agrarprodukte der Union erzielt werden sollen. Von ihnen abgeleitet werden die sogenannten **Schwellenpreise,** zu denen die ausländischen Konkurrenzprodukte in die Union eingeführt werden dürfen. Sie sind für die Berechnung der variablen **Abschöpfungen**[50] und **Erstattungen**[51] beim Im- und Export von Agrarprodukten maßgebend.

Bei aller Zustimmung, die die EU als Freihandelsraum verdient, gilt es auch zu sehen, daß mit ihrer Errichtung über die Beseitigung der Binnenzölle lediglich eine Erleichterung der Handelsbeziehungen **(Handelsschaffung)** zwischen den Unionsländern bewirkt wurde, während gegenüber Drittländern bei gleichgebliebenem oder sogar gemeinsam erhöhtem (Außen-)Zoll **(Außenzollmauer)** die Handelsaktivitäten zumindest partiell eingeschränkt wurden **(Handelsablenkung** oder **Handelsvernichtung).** Dem mit einem erheblichen bürokratischen Aufwand erkauften Vorteil der Marktvergrößerung einschließlich der Wettbewerbsförderung in der europäischen Zollunion (EU) steht der Nachteil des Verzichts auf weltweite Zollsenkungen gegenüber. Allgemeine weltweite Zollsenkungen, wie sie beispielsweise das GATT/die WTO anstrebt(e), wären – zumindest aus marktwirtschaftlicher Sicht – weitaus erstrebenswerter als ein völliger Zollabbau innerhalb von Zollunionen, hier speziell der EU.

---

[50] **Bei der Einfuhr** von Marktordnungswaren in der Gemeinschaft zum Ausgleich des Unterschiedes zwischen den Preisen der Erzeugnisse auf dem Weltmarkt und in der Gemeinschaft **erhobene Abgaben,** um die höheren innergemeinschaftlichen (Agrarmarkt-)Preise zu halten und zu schützen. Mit anderen Worten: die niedrigeren Preise aus Drittländern werden auf das Niveau der Schwellenpreise hochgeschleust.

[51] **Bei der Ausfuhr** von innergemeinschaftlich teureren Marktordnungswaren zu einem niedrigeren Weltmarktpreis den Produzenten **gewährter** (Preis-)**Ausgleich**. Mit anderen Worten: die Preise der Gemeinschaftsgüter werden auf das Preisniveau der Weltmarktgüter heruntersubventioniert.

Zum 1.1.1995 wurde in der internationalen Handelspolitik die **Welthandelsorganisation (WTO)** neben der Weltbank und dem Internationalen Währungsfonds (IWF) zu einer dritten Säule. Als Kern einer neuen Welthandelsordnung wurde die WTO Verhandlungsforum, Instanz zur Schlichtung von Streitigkeiten und Verbindungsstelle zu IWF und Weltbank. Der WTO (Sitz in Genf) gehören heute (2002) 145 Mitgliedsstaaten an; ihre oberste Instanz ist die Ministerkonferenz. Das GATT geht in der WTO auf.

### 4.2.7.4.3 Währungspolitik

Unter Währungspolitik verstehen wir die Gesamtheit der Maßnahmen zur Regelung des Zahlungsverkehrs mit dem Ausland.[52] Sie steht im Dienste des Außenhandels und ist hier vor die Aufgabe gestellt, „die internationale Arbeitsteilung in der Güterproduktion zu ermöglichen und zu verbessern"[53]; sie trägt damit **instrumentellen** Charakter.

Eine dem freien Außenhandel verpflichtete Währungspolitik ist darauf angelegt, die internationalen Währungsbeziehungen möglichst umfassend zu ordnen. Eine solche internationale Währungsordnung ist an folgende Voraussetzungen gebunden[54]:

– Konvertibilität der Währungen,
– unbeschränkter Kapitalverkehr,
– systemkonforme Mechanismen des Zahlungsbilanzausgleiches.

**Konvertibilität der Währungen** bedeutet die Möglichkeit, fremde Zahlungsmittel in heimisches Geld und umgekehrt heimisches Geld in fremde Zahlungsmittel umzutauschen. Diese Möglichkeit ist Voraussetzung dafür, daß ein Güteraustausch (Waren und Dienstleistungen) zwischen In- und Ausland praktiziert werden kann. Ein Importeur kann nämlich nur dann in beliebigem Umfang Güter aus dem Ausland einführen, wenn er die dafür in Auslandswährung (z. B. US-Dollar, japanischen Yen) zu entrichtenden Kaufpreise über den (unbeschränkten) Umtausch seiner Inlandswährung in die gewünschte Auslandswährung bezahlen kann. Freie Konvertibilität ist nur dann gegeben, wenn diese Möglichkeit nicht durch Beschränkung oder zeitweiligen Ausschluß des Umtausches beschnitten wird.

**Unbeschränkter Kapitalverkehr** ist die Voraussetzung dafür, daß knappes Kapital an die Orte des dringendsten Bedarfs fließen kann. Nur wenn diese Möglichkeit gegeben ist, somit das Geldkapital (Investitionen) von den höchsten Ertragsraten angezogen wird, kann sich die internationale Arbeitsteilung durchsetzen. Freie Konvertibilität und unbeschränkter Kapitalverkehr bedingen sich gegenseitig.

Ein **mechanischer Zahlungsbilanzausgleich** soll verhindern, daß anhaltende Zahlungsbilanzüberschüsse oder -defizite und daraus resultierende Rückwirkungen

---

[52] Da mit der Verwirklichung der Europäischen Wirtschafts- und Währungsunion zum 1.1.1999 die Wechselkursgrenzen zwischen den Mitgliedsländern entfallen, stellt sich das Problem der äußeren Stabilität der gemeinsamen Währung, des Euro, lediglich gegenüber den Währungen der EU-Staaten, die nicht der EWWU angehören, und den Währungen der sogenannten Drittstaaten (so z. B. gegenüber dem US-Dollar und dem japanischen Yen.)
[53] Woll, A., Wirtschaftspolitik, a. a. O., S. 242.
[54] Vgl. ebenda S. 243 ff.

4 Gesellschaftsökonomie                                                              297

auf das inländische Preisniveau Beschränkungen des freien Güter- und Devisenverkehrs erforderlich machen. Die im Zuge dieser Zielverfolgung zu ergreifenden zahlungsbilanzpolitischen Maßnahmen bilden heute das Kernstück der Währungspolitik.

Mit der Entscheidung für das Prinzip der Außenhandelsfreiheit ist in der EWWU der unbeschränkte Kapital- und Zahlungsverkehr bei freier Konvertibilität garantiert (Art. 56 EG-Vertrag in der Fassung v. 2. Oktober 1997 [Vertrag von Amsterdam]). Nach Art. 59 EG-Vertrag in der vorgenannten Fassung kann der Rat – falls Kapitalbewegungen nach oder aus dritten Ländern unter außergewöhnlichen Umständen das Funktionieren der Wirtschafts- und Währungsunion schwerwiegend stören oder zu stören drohen – mit (qualifizierter Mehrheit) auf Vorschlag der Kommission und nach Anhörung der EZB gegenüber solchen (dritten Ländern) Schutzmaßnahmen mit einer Geltungsdauer von höchstens sechs Monaten treffen. Dies allerdings nur, wenn ein solches Vorgehen unbedingt erforderlich ist.

Die Ordnung der internationalen Zahlungsbeziehungen ist – insbesondere hinsichtlich ihrer währungspolitischen Implikationen – für die Bundesrepublik Deutschland durch die Mitgliedschaften

– im Internationalen Währungsfonds (IWF, International Monetary Fund, IMF),
– im Zehnerklub (Gremium der zehn Hauptindustrieländer des Westens; nach Beitritt zahlreicher weiterer Länder ist das Gremium erweitert worden [Zwanziger-Klub bzw. später Gruppe 24]),
– bei der Weltbank (Internationale Bank für Wiederaufbau und Entwicklung, International Bank for Reconstruction and Development, IBRD),
– in der Europäischen Wirtschafts- und Währungsunion und
– im Europäischen Währungssystem II (EWS II)

bestimmt.

Im **IWF** haben sich bis heute (2002) 183 Staaten zusammengeschlossen. Die Bundesrepublik gehört dem IWF seit 1952 an. Als unabhängige Sonderorganisation der Vereinten Nationen besitzt er bedeutende Entscheidungsbefugnisse auf ordnungs- und währungspolitischem Gebiet. Seine Zielsetzungen lassen sich wie folgt umreißen:

– Förderung der internationalen währungspolitischen Zusammenarbeit,
– Ausbau des Welthandels,
– Abbau von Devisenbeschränkungen,
– Förderung der Währungsstabilität,
– Errichtung eines multilateralen Zahlungssystems zur Abwicklung der Finanzierungsgeschäfte unter den Mitgliedern und damit zum Ausgleich der Zahlungsbilanz,
– zentrale Bereitstellung von Fondsmitteln (Ziehungen bzw. Sonderziehungsrechte) zur Überbrückung von Zahlungsbilanzstörungen und zur Vermeidung möglicherweise daraus resultierender Beschäftigungs- und Wohlstandseinbußen.

Der **Zehnerklub (Zwanziger-Klub, Gruppe 24)** bietet über einen Sonderkreditfonds Unterstützung bei Zahlungsbilanzschwierigkeiten und ist darüber hinaus bestrebt, die internationale Währungsordnung stabiler zu halten.

In Zusammenarbeit mit über 140 Mitgliedern gilt das Interesse der **Weltbank** unter anderem der Förderung privater ausländischer Investitionen durch Garantieübernahme oder Beteiligung an Darlehen sowie der Ausdehnung des internationalen Handels und der Aufrechterhaltung respektive der Wiederherstellung des Gleichgewichts der Zahlungsbilanzen durch Entwicklung der Produktion, der Produktivität und damit des Lebensstandards in den Mitgliedsländern.

Das **Europäische Währungssystem** (EWS), das 1979 in Kraft getreten ist und in der EG/EU eine Zone der Währungsstabilität schaffen sollte, wurde zum 1.1.1999 von der Europäischen Wirtschafts- und Währungsunion abgelöst. Nach diesem Datum gibt es zwischen den EWWU-Teilnehmern und den vorläufigen EWWU-Nichtteilnehmern (d.i. derzeit [2002] lediglich Dänemark) das sogenannte EWS II. In diesem praktizieren die EWWU-Teilnehmer und -Nichtteilnehmer ein System fester Wechselkurse mit Bandbreiten. Großbritannien und Schweden sind mit ihren Währungen vorerst nicht im EWS II.

Zur schrittweisen Verwirklichung der **Europäischen Wirtschafts- und Währungsunion** (EWWU) nach den Vereinbarungen von **Maastricht** (Dezember 1991) siehe unter Punkt 4.1.3.1.3.

#### 4.2.7.4.4 Entwicklungspolitik

Die Entwicklungspolitik ist der jüngste Zweig der bundesdeutschen Außenwirtschaftspolitik. Sie umfaßt die Gesamtheit aller staatlichen Maßnahmen zur Verbesserung der wirtschaftlichen und sozialen Lage der Menschen in den Entwicklungsländern. Wenngleich eine verbindliche Definition des Begriffes „**Entwicklungsländer**"[55] fehlt, werden darunter im allgemeinen solche Staaten subsumiert, die folgende Merkmale aufweisen: ungenügende Versorgung mit Nahrungsmitteln, mangelnde Gesundheitsversorgung, unzureichende Bildungsmöglichkeiten, hohe Arbeitslosigkeit, niedriger Lebensstandard bei häufig extrem ungleicher Verteilung der vorhandenen Güter und Dienstleistungen, unausgewogene Wirtschaftsstruktur (Landwirtschaft/Industrie), Kapitalmangel sowie vielfach hohe Verschuldung. Der Entwicklungshilfe-Ausschuß der OECD (Organization for Economic Cooperation and Development/Organisation für wirtschaftliche Zusammenarbeit und Entwicklung), das DAC (Development Assistance Committee), stuft in seinem Bericht 2000 die in Übersicht 4.30 aufgelisteten Staaten als Entwicklungsländer/-gebiete respektive Übergangsländer/-gebiete ein.

Die Bundesregierung teilt die aufgezeigte generelle Sicht des DAC. Es bleibt jedoch festzuhalten, daß der Begriff „Entwicklungsland" keine einheitliche Definition einschließen kann, da die Entwicklungsländer im einzelnen sehr heterogen sind.

Der Frage nach den **Ursachen** mangelhafter Entwicklung von Ländern wurde in einer Vielzahl von ökonomischen wie auch nichtökonomischen Erklärungsversuchen nachgegangen. Aus ihr sei zunächst ein Argumentationsmuster herausgegriffen, das in verschiedenen Ausprägungen immer wieder benutzt wird. Es ist die

---

[55] Im politischen Sprachgebrauch werden die Entwicklungsländer häufig dem Begriff „Dritte Welt" subsumiert (im Gegensatz zur Ersten Welt der westlichen Industriestaaten und zur Zweiten Welt des früheren kommunistischen Ostblocks). Als Vierte Welt werden die am wenigsten entwickelten Länder bezeichnet.

## DAC-LISTE DER ODA/OA-EMPFÄNGER – Stand 1. Januar 2000

| | Teil I: Öffentliche EZ-Mittel an Entwicklungsländer und -gebiete | | | | | Teil II: Öffentliche Hilfe an Übergangsländer und Gebiete | |
|---|---|---|---|---|---|---|---|
| LLDC | Sonstige LIC (Pro-Kopf BSP 1998 < 760 $) | LMIC (Pro-Kopf-BSP 1998: 761–3 030 $) | | UMIC (Pro-Kopf-BSP 1998: 3 031–9 360$) | HIC (Pro-Kopf BSP 1998: > 9 360 $)[1] | MOEL/NUS | Fortgeschrittene Entwicklungsländer und -gebiete |
| Afghanistan | *Armenien | Ägypten | Namibia | Botsuana | Malta[1] | *Belarus | •Aruba |
| Angola | *Aserbaidschan | *Albanien | Niue | Brasilien | Slowenien[1] | *Bulgarien | Bahamas |
| Äquatorialguinea | China | Algerien | Palästinensische | Chile | | *Estland | •Bermuda |
| Äthiopien | Côte d'Ivoire | Belize | Autonomie- | Cookinseln | | *Lettland | Brunei |
| Bangladesch | Ghana | Bolivien | gebiete | Gabun | | *Litauen | •Kaiman- |
| Benin | Honduras | Bosnien und | Papua- | Grenada | | *Polen | inseln |
| Bhutan | Indien | Herzegowina | Neuguinea | Kroatien | | *Rumänien | Chinesich |
| Burkina Faso | Indonesien | Costa Rica | Paraguay | Libanon | | *Russland | Taipeh |
| Burundi | Kamerun | Dominica | Peru | Malaysia | | *Slowakische | •Falkland- |
| Dschibuti | Kenia | Dominikanische | Philippinen | Mauritius | | Republik | inseln |
| Eritrea | *Kirgisistan | Republik | St. Vincent | •Mayotte | | *Tschechische | •Französisch |
| Gambia | Kongo | Ecuador | und die | Mexiko | | Republik | Polynesien |
| Guinea | Republik | El Salvador | Grenadinen | Nauru | | *Ukraine | •Gibraltar |
| Guinea-Bissau | Korea | Fidschi | Sri Lanka | Palau | | *Ungarn | •Hongkong |
| Haiti | Demokrat. | *Georgien | Südafrika | Panama | | | (China) |
| Jemen | Volksrepublik | Guatemala | Suriname | St. Helena | | | Israel |
| Kambodscha | *Moldau | Guyana | Swasiland | St. Lucia | | | •Jungfern- |
| Kap Verde | Mongolei | Irak | Syrien | Trinidad | | | inseln (UK) |
| Kiribati | Nicaragua | Iran | Thailand | und Tobago | | | Korea |
| Komoren | Nigeria | Jamaika | •Tokelau | Türkei | | | Kuwait |
| Kongo | •Osttimor | Jordanien | Tonga | Uruguay | | | Katar |
| Demokr. Rep. | Pakistan | Jugoslawien | Tunesien | Venezuela | | | Libyen |
| Laos | Senegal | Bundesrep. | *Usbekistan | | | | •Macau |
| Lesotho | Simbabwe | *Kasachstan | •Wallis und | Schwellenwert für Anspruch auf Weltbank-Darlehen (1995: 5 295 $) | | | •Neu- |
| Liberia | *Tadschikistan | Kolumbien | Futuna | | | | kaledonien |
| Madagaskar | *Turkmenistan | Kuba | | | | | •Niederländ. |
| Malawi | Vietnam | Marokko | | | | | Antillen |
| Malediven | | Marshallinseln | | | | | Nördliche |
| Mali | | Mazedonien | | | | | Marianen |
| Mauretanien | | (ehem. jugo- | | •Anguilla | | | Singapur |
| Mosambik | | slaw. Rep.) | | Antigua und | | | Vereinigte |
| Myanmar | | Mikronesien | | Barbuda | | | Arabische |
| Nepal | | | | Argentinien | | | Emirate |
| Niger | | | | Bahrain | | | Zypern |
| Ruanda | | | | Barbados | | | |
| Samoa | | | | •Montserrat | | | |
| Sambia | | | | Oman | | | |
| São Tomé und | | | | Saudi-Arabien | | | |
| Príncipe | | | | Seychellen | | | |
| Sierra Leone | | | | St. Kitts und | | | |
| Salomonen | | | | Nevis | | | |
| Somalia | | | | •Turks- und | | | |
| Sudan | | | | Caicosinseln | | | |
| Tansania | | | | | | | |
| Togo | | | | | | | |
| Tschad | | | | | | | |
| Tuvalu | | | | | | | |
| Uganda | | | | | | | |
| Vanuatu | | | | | | | |
| Zentralafrikan. | | | | | | | |
| Republik | | | | | | | |

\* Mittel- und osteuropäische Länder sowie Neue Unabhängige Staaten der ehemaligen Sowjetunion (MOEL/NUS).
• Gebiet.
[1] Die Länder und Gebiete dieser Gruppe werden ab 1. Januar 2003 in Teil II eingestuft, soweit nicht eine Ausnahme vereinbart wird.

| BSP | Bruttosozialprodukt |
|---|---|
| EZ | Entwicklungszusammenarbeit |
| HIC | High-Income Countries (Länder u. Gebiete der oberen Einkommensgruppe) |
| LIC | Low-Income Countries (Länder u. Gebiete der unteren Einkommensgruppe) |
| LLDC | Least Developed Countries (am wenigsten entwickelte Länder u. Gebiete) |
| LMIC | Low Middle-Income Countries (Länder u. Gebiete der mittleren Einkommensgruppe - unterer Bereich) |
| MOEL | Mittel- u. osteuropäische Länder |
| NUS | Neue unabhängige Staaten der ehemaligen Sowjetunion |
| OA | Official Aid (Öffentliche Leistungen) |
| ODA | Official Development Assistance (Öffentliche Entwicklungszusammenarbeit) |
| UMIC | Upper Middle-Income Countries (Länder u. Gebiete der mittleren Einkommensgruppe – oberer Bereich) |

**Übersicht 4.30**

**These vom Teufelskreis der Armut.** Sie besagt in ihrer einfachsten Darstellung folgendes: Armut bedeute Unterernährung, diese führe zu Krankheit und diese wiederum verwehre über eine aus ihr resultierende geringe Arbeitsproduktivität den Ausbruch aus der Armut beziehungsweise verstärke diese; mit anderen Worten: Die Armut der Entwicklung perpetuiere sich zwangsläufig (siehe Schaubild 4.31).

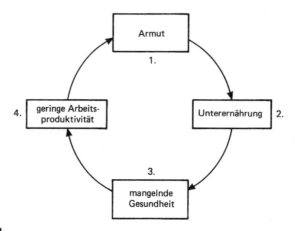

**Schaubild 4.31**

Mehr ökonomisch akzentuiert lautet der Begründungszusammenhang: Das niedrige Produktionsniveau ließe nur geringe Einkommen zu; geringe Einkommen ermöglichten nur geringe Ersparnisse, und diese wiederum erlaubten nicht die als Voraussetzung einer Erhöhung des Produktionsniveaus erforderliche Kapitalbildung (siehe Schaubild 4.32). Unterentwicklung erweise sich als eine (ökonomische) Falle, aus der eine Befreiung aus eigener Kraft nicht möglich sei.

So einleuchtend diese Teufelskreise in ihrer inneren Logik erscheinen mögen, so wenig können sie als **allgemeine** Begründung von Unterentwicklung und der Verharrung in dieser genügen. Die Ursachen von Unterentwicklung sind sicherlich recht unterschiedlich und bedürfen ebenso wie die Möglichkeiten ihrer Überwindung differenzierter Würdigung. Gerade in jüngerer Zeit zeigten Länder wie Südkorea, Taiwan, Hongkong, Singapur auf äußerst eindrucksvolle Weise, daß Ausbrüche aus der Unterentwicklung auch ohne große fremde Hilfe durchaus möglich sind. Mit Wachstumsraten zwischen 50 und 80% in den achtziger und frühen neunziger Jahren ließen sie in ihrem Entwicklungstempo selbst arrivierte Industrieländer deutlich hinter sich. Zweifelsohne können und sollen diese Beispiele nicht die fatale Situation beschönigen, in der sich viele Entwicklungsländer befinden; sie liefern aber den Beweis dafür, daß Unterentwicklung sehr wohl im Wege eigener Anstrengungen zu begegnen ist. Keinesfalls aber kann aus der Tatsache der Unterentwicklung ein Anspruch auf staatliche Hilfe seitens der hochentwickelten Industrieländer abgeleitet werden. So ist die Rechtfertigung staatlicher Entwicklungshilfe in praxi wohl auch weniger aus der Interessenlage der potentiellen Empfängerländer, als vielmehr aus der Interessenlage der potentiellen Geberländer abzuleiten. Wirtschaftliche Überlegungen rangieren dabei häufig im Hintergrund. Im Vordergrund

4 Gesellschaftsökonomie    301

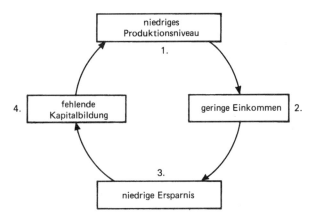

**Schaubild 4.32**

stehen meist **außenpolitische Ziele**. Die Bundesrepublik hatte ihre Entwicklungshilfe lange Zeit (bis Mitte der sechziger Jahre) unter die **Hallstein-Doktrin** gestellt, das heißt ihre Gewährung von der Nichtanerkennung der DDR abhängig gemacht. Auch die **längerfristige Friedenssicherung** durch eine Entschärfung des Nord-Süd-Konflikts[56], der von vielen aufmerksamen Beobachtern als eine die friedliche Zukunft der Menschheit bedrohende Zeitbombe gesehen wird, wird von vielen Staaten als Grund für Entwicklungshilfe gesehen. Auch aus früherer **kolonialer Verbundenheit** wird entwicklungspolitisches Engagement abgeleitet. Nicht zuletzt wird **internationale Solidarität** als Motiv für Entwicklungshilfe genannt. In dieser sozialethischen Begründung wird Entwicklungshilfe ansatzweise als internationale Umverteilungspolitik gesehen. Wirtschaftliche Beweggründe, wie Arbeitsplatzsicherung durch verstärkte Exporte in die Entwicklungsländer, Sicherung von Rohstofflieferungen, Produktivitätsgewinne durch verstärkte weltwirtschaftliche Arbeitsteilung, sind im entwicklungspolitischen Kalkül sicherlich nicht unbedeutend, werden jedoch häufig in ihrer Bedeutung überschätzt.

Die bundesdeutsche Entwicklungspolitik ist erklärtermaßen am **Interessenausgleich** orientiert. So heißt es in den vom Bundesministerium für wirtschaftliche Zusammenarbeit herausgegebenen „Grundlinien der Entwicklungspolitik": „Die Entwicklungspolitik der Bundesregierung unterliegt ebenso wie die anderen Politikbereiche dem grundgesetzlichen Auftrag, dem deutschen Volk zu nützen und Schaden von ihm zu wenden. Entwicklungspolitik ist deshalb auf Interessenausgleich ausgerichtet. In der staatlichen Entwicklungszusammenarbeit respektiert die Bundesregierung die Interessen ihrer Partner und ihre Eigenständigkeit bei der Bestimmung ihres Entwicklungsweges, erwartet aber ebenso die Respektierung ihrer eigenen entwicklungspolitischen, wirtschaftlichen und außenpolitischen Ziele und Interes-

---

[56] Der Begriff „Nord-Süd-Konflikt" hebt auf die Wohlstandsdiskrepanz der meist auf dem nördlichen Teil des Globus liegenden (reichen) Industrieländer und der meist auf der Südhälfte liegenden (armen) Entwicklungsländer ab.

sen."[57] Diese entwicklungspolitische Grundaussage der Kohl-Regierung dürfte wohl auch heute (2002) noch unter Kanzler Schröder[58] die wesentliche Problemsicht markieren.

Das wohl bedeutendste **Instrument** der Entwicklungspolitik ist die **Entwicklungshilfe**. Sie ist staatlich finanziert und wird den Entwicklungsländern bilateral (direkt) und multilateral (indirekt über internationale Organisationen) zugeleitet.

Im Rahmen der **bilateralen** Zusammenarbeit leistet die Bundesregierung ihre Hilfe unmittelbar an ein Partnerland und schließt mit diesem darüber entsprechende Verträge ab. Mit der Durchführung der jeweiligen Projekte beauftragt das **Bundesministerium für wirtschaftliche Zusammenarbeit und Entwicklung** (BMZ) in der Regel Organisationen und Institutionen, die in bestimmten Bereichen auf die Zusammenarbeit mit Entwicklungsländern spezialisiert sind. Die bilaterale Zusammenarbeit erstreckt sich im wesentlichen auf folgende Formen:

– **Finanzielle Zusammenarbeit** im Wege günstiger Kredite und nicht rückzahlbarer Zuwendungen (Zuschüsse);

– **technische Zusammenarbeit** als Transfer von Wissen und Können (Entsendung oder Finanzierung von Beratern, Ausbildern, Sachverständigen und Fachkräften, Lieferung oder Finanzierung von Ausrüstung und Material u. a.);

– **personelle Maßnahmen** (als Teil der technischen Zusammenarbeit) wie Aus- und Fortbildung von Fach- und Führungskräften aus Entwicklungsländern, Unterstützung von Reintegration und Entsendung von Fachkräften;

– **weitere Maßnahmen** wie Nahrungsmittelhilfe und Ernährungssicherungsprogramme, Förderung der Zusammenarbeit der deutschen Wirtschaft mit Entwicklungsländern sowie des Exports aus Entwicklungsländern, der Informations- und Bildungsarbeit und anderer Vorhaben.

Der überwiegende Teil der Entwicklungshilfemittel fließt in Form von wirtschaftlichen Aufträgen an die Wirtschaft der Bundesrepublik zurück. So lag der deutsche Lieferanteil an den (nach Ländern aufteilbaren) Auszahlungen der finanziellen und technischen Zusammenarbeit bis Ende der neunziger Jahre bei 80%.

Die **multilaterale** Zusammenarbeit umfaßt die Beiträge der Bundesrepublik Deutschland an internationale Organisationen, die ihrerseits Entwicklungsmaßnahmen durchführen und fördern. Im wesentlichen unterstützt die Bundesregierung die Vereinten Nationen (UNO) mit deren Sonder- und Unterorganisationen, internationale Finanzierungsinstitute (Weltbank-Gruppe, Regionalbanken, International Fund for Agricultural Development) sowie die EU. Finanziert werden die Projekte und Programme dieser Organisationen durch entsprechende Beiträge. Die Satzungen dieser Organisationen sehen entweder Pflichtbeiträge nach einem feststehenden Schlüssel oder freiwillige Beiträge vor. Diese Beiträge werden entweder in Form von Kapitalzeichnungen, Barzuweisungen oder durch die Hinterlegung von Schuldscheinen (die im Bedarfsfall eingelöst werden) geleistet. Darüber hinaus beauftragt

---

[57] Bundesministerium für wirtschaftliche Zusammenarbeit (Hrsg.), Grundlinien der Entwicklungspolitik der Bundesregierung, Bonn 1986, S. 21.
[58] Siehe Bundesministerium für wirtschaftliche Zusammenarbeit und Entwicklung (Hrsg.), Elfter Bericht zur Entwicklungspolitik der Bundesregierung, Bonn 2001.

die Bundesregierung diese Institutionen auch mit der Durchführung bestimmter Maßnahmen, für die sie besondere Mittel zur Verfügung stellt (Treuhandvorhaben).

Auch aus der multilateralen Entwicklungshilfe erwachsen der deutschen Wirtschaft Lieferaufträge. Sie sind häufig so groß, daß sie die deutschen Beiträge an die vermittelnden Institutionen erheblich übersteigen.

Neben den **öffentlichen** (staatlichen) Leistungen umfaßt die Entwicklungshilfe auch Zuschüsse **nicht-staatlicher** Organisationen (z. B. Kirchen, Verbände, Stiftungen) aus Eigenmitteln und Spenden.

Der zentrale Grundsatz der bundesdeutschen Entwicklungspolitik lautet: **Hilfe zur Selbsthilfe.** Über seine Befolgung soll den Entwicklungsländern insbesondere hinsichtlich der Armutsbekämpfung eine – wirtschaftlich, sozial und politisch – tragfähige Grundlage für die Ingangsetzung des erforderlichen Entwicklungsprozesses vermittelt werden. Diese Absicht verspricht dort Erfolg, wo es gelingt, die Regierungspolitik der Entwicklungsländer dazu zu veranlassen, die **Eigenanstrengungen** armer Bevölkerungsgruppen zu **unterstützen** und die **Rahmenbedingungen** für deren schöpferische Entfaltung **zu verbessern.** Wie die einschlägige Erfahrung zeigt, sind diese Rahmenbedingungen am ehesten durch eine stabile rechtliche und institutionelle Ordnung mit marktwirtschaftlicher (Leistungs-)Orientierung gewährleistet. Hilfeleistung beim Aufbau dieser freiheitlichen, marktwirtschaftlichen Ordnung darf deshalb als vordringliches entwicklungspolitisches Anliegen gesehen werden. Die Argumentation, die Mentalität der Entwicklungsvölker lasse aus den verschiedensten ethischen, religiösen und sozialen Gründen die auf Unternehmerinitiative gründende Umsetzung marktwirtschaftlicher Ordnungen nicht zu, hält den diesbezüglichen empirischen Befunden nicht stand. Sie lassen vielmehr deutlich werden, daß in weiten Bereichen der Dritten Welt unternehmerische Aktivitäten vom Staat unterdrückt werden und deshalb häufig vorschnell als nicht existent oder als in nicht ausreichendem Ausmaß entwickelt vermutet werden. Das überzeugendste Beispiel hierfür bildet die Volksrepublik China. Nachdem dort zunächst die Landwirtschaft und später auch die übrige Wirtschaft von der private (Unternehmer-)Initiativen unterbindenden Fessel der starren Zentralverwaltung befreit wurden, brach sich unternehmerisches Denken und Handeln umgehend auf breiter Front Bahn.

Ob Hilfe zur Selbsthilfe auch Entschuldungsprogramme einschließen muß, wie sie auf dem Kölner Weltwirtschaftstreffen der G8-Staaten (der 8 großen Industrieländer: Deutschland, Frankreich, Großbritannien, Italien, Japan, Kanada, Russland, USA) im Juni 1999 festgeschrieben wurden (Schuldenerlaß des Bundes von insgesamt 4,35 Mrd. DM) wird aus ökonomischer Sicht recht kontrovers beurteilt.

Der Export marktwirtschaftlicher Ordnungskonzepte als entwicklungspolitische Maßnahme kann nun aber nicht schon als hinreichend für wirtschaftlichen Entwicklungserfolg gesehen werden. Die extrem hohe Bevölkerungsvermehrung in den unterentwickelten Ländern läßt dort auch bei Übernahme marktwirtschaftlicher Ordnungen keine rasche Anhebung des allgemeinen Lebensstandards erwarten. Es gilt deshalb, die Entwicklungshilfe mit Angeboten zur individuellen Geburtenkontrolle zu flankieren. Selbstverständlich kann es sich dabei immer nur um solche aufklärend-beratenden Charakters handeln, denn schließlich gilt es auch im Bereich der Familienplanung die Freiheit der persönlichen Entscheidung zu respektieren. Entwicklungshilfe in ihren verschiedensten Ausprägungen darf den Bedürftigen niemals verordnet werden (genauso wenig kann sie von diesen gefordert werden!).

Entwicklungshilfe kann immer nur **angeboten** werden. Die Entscheidung darüber, ob ein solches Angebot in der jeweiligen Situation angenommen wird, hat im Ermessen des einzelnen Entwicklungslandes zu liegen.

### 4.2.7.4.5 Kontrollfragen zu 4.2.7.4

**Begriff, Ziele, Bereiche** (4.2.7.4.1)

1. Womit befaßt sich die Außenwirtschaftspolitik?
2. Welche Bedeutung hat das vom Stabilitätsgesetz geforderte „außenwirtschaftliche Gleichgewicht" für die Außenwirtschaftspolitik?

**Handelspolitik** (4.2.7.4.2)

1. Was besagt das Freihandelsprinzip?
2. Für welche Fälle (allgemein!) sieht das Gesetz Beschränkungen der Außenwirtschaftsfreiheit vor?
3. Was sind Handelshemmnisse, und in welchen Formen treten sie in Erscheinung?
4. In welche Rechtsformen lassen sich Außenhandelsbeziehungen kleiden?
5. Welche Absichten werden im Gemeinsamen Agrarmarkt der EU mit den sogenannten Schwellenpreisen verfolgt?
6. Welchen Konflikt sehen Sie zwischen den handelspolitischen Ansprüchen der EU und des GATT/der WTO?

**Währungspolitik** (4.2.7.4.3)

1. Welche Aufgabe obliegt der Währungspolitik?
2. Welche Voraussetzungen sind an eine internationale Währungsordnung geknüpft?
3. Was soll ein mechanischer Zahlungsbilanzausgleich verhindern?
4. Welche währungspolitischen Ziele vertritt der IWF, welche die EWWU?
5. Inwiefern ist die EWWU protektionistisch?

**Entwicklungspolitik** (4.2.7.4.4)

1. Welches sind die herausragenden Merkmale von Entwicklungsländern?
2. Worin werden die hauptsächlichen Ursachen von Unterentwicklung gesehen?
3. Vom Ausgleich welcher Interessen läßt sich die gegenwärtige bundesdeutsche Entwicklungspolitik leiten?
4. Welches sind die gebräuchlichsten Formen der bilateralen Entwicklungshilfe?
5. Was besagt der für die bundesdeutsche Entwicklungspolitik zentrale Grundsatz: Hilfe zur Selbsthilfe?
6. Welche entwicklungspolitischen Effekte sollen über den Export marktwirtschaftlicher Ordnungskonzepte erreicht werden?

## 4.2.7.4.6 Literaturhinweise zu 4.2.7.4

**Außenwirtschaftspolitik (allgemein)**

*Berg, H.*, Außenwirtschaftspolitik, in: Bender, D., u. a. (Hrsg.), Vahlens Kompendium der Wirtschaftstheorie und Wirtschaftspolitik, Bd. 2, 7. Aufl., München 1999.
*Borchert, M.*, Außenwirtschaftspolitik, in: Issing, O. (Hrsg.), Allgemeine Wirtschaftspolitik, 3. Aufl., München 1993.
*Glastetter, W.*, Außenwirtschaftspolitik, 3. Aufl., München–Wien 1998.

**Handelspoltik (4.2.7.4.2)**

*Molitor, B.*, Wirtschaftspolitik, 6. Aufl., München 2001 (Kapitel: Außenhandel).
*Woll, A.*, Wirtschaftspolitik, 2. Aufl., München 1992 (Kapitel: Handelspolitik).

**Währungspolitik (4.2.7.4.3)**

*Berg, H.*, Internationale Währungspolitik in: Issing, O. (Hrsg.), Allgemeine Wirtschaftspolitik, 3. Aufl., München 1993.
*Clement, R., Terlau, W.*, Grundlgen der Angewandten Makroökonomie, München 1998 (Kapitel 2.1: Stabilität der Währung in der Europäischen Wirtschafts- und Währungsunion).
*Woll, A.*, Wirtschaftspolitik, 2. Aufl., München 1992 (Kapitel: Währungspolitik).

**Entwicklungspolitik (4.2.7.4.4)**

*Clapham, R.*, Marktwirtschaft in Entwicklungsländern, Freiburg i. Brsg. 1973.
*Dürr, E.*, Entwicklungspolitik, in: Issing, O. (Hrsg.), Allgemeine Wirtschaftspolitik, 3. Aufl., München 1993.
*Lachmann, W.*, Entwicklungspolitik, Band 1: Grundlagen, 2. Aufl., München–Wien 2001 u. Band 4: Entwicklungshilfe, München–Wien 1999.
*Molitor, B.*, Wirtschaftspolitik, 6. Aufl., München 2001 (Kapitel: Entwicklungspolitik).
*Woll, A.*, Wirtschaftspolitik, 2. Aufl., München 1992 (Kapitel: Entwicklungspolitik).

### 4.2.8 Neuere Instrumente der Wirtschaftspolitik

*4.2.8.1 Sektorale Strukturpolitik*

#### 4.2.8.1.0 Leitziel

Wissen um die strukturellen Veränderungen im Produktionsgefüge der bundesdeutschen Wirtschaft und die Möglichkeiten und Gefahren ihrer wirtschaftspolitischen Begegnung.

#### 4.2.8.1.1 Strukturwandel und Strukturprobleme in der Bundesrepublik Deutschland

Wie alle wachsenden Volkswirtschaften, so ist auch die Wirtschaft der Bundesrepublik Deutschland in der gesamtwirtschaftlichen Zusammensetzung ihrer Produktion (=sektorale Wirtschaftsstruktur) durch tiefgreifende Wandlungen gekennzeichnet. Dieser **sektorale Strukturwandel** spiegelt sich in auffälliger Weise in der im Zeitverlauf erfaßten Zusammensetzung der Erwerbstätigen nach Wirtschaftsbereichen wider. Waren 1950 noch knapp 25 v. H. der Erwerbstätigen in der Land-, Forstwirtschaft und Fischerei (**primärer Sektor**) beschäftigt, so waren es 2000 weniger als 3 v. H. Im gleichen Zeitraum stieg der Anteil der Beschäftigten im Dienstleistungsbereich (**tertiärer Sektor**) von 33 v. H. (1950) auf über 65 v. H. (2000). Damit hat

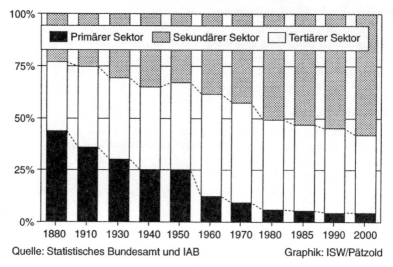

**Tabelle 4.33**

sich eine umwälzende Verlagerung von der Waren- zur Dienstleistungsproduktion vollzogen (vergleiche hierzu Tabelle 4.33).

Als markante Entwicklungslinien dieses Strukturwandels lassen sich ausmachen:

- der Abbau industrieller Arbeitsplätze an den traditionellen Industriestandorten (**Deindustrialisierung**),
- die fortschreitende Auflösung überkommener Branchenstrukturen (**Diversifizierung**),
- die Verlagerung von Produktionen ins Ausland (**Internationalisierung**),
- die Öffnung bislang (durch staatliche Regelungen) geschützter Märkte, insbesondere im Dienstleistungsbereich (**Deregulierung**).

Zu den herausragenden Gewinnern dieses Strukturwandels zählen die Kreditinstitute, die Versicherungen sowie die Sonstigen Dienstleistungen; zu den deutlichen Verlierern gehören die Landwirtschaft, der Steinkohlenbergbau, das Baugewerbe und eine Reihe von Industriebranchen, so insbesondere der Schiffbau und die Eisen- und Stahlindustrie.

Die **Ursachen** dieses Strukturwandels in der bundesdeutschen Wirtschaft sind vor allem in der technischen Entwicklung, in den geänderten Konsumentenwünschen sowie in der veränderten internationalen Arbeitsteilung zu suchen.[59] Hinzu

---

[59] Siehe hierzu Gahlen, B., Struktur-, Umwelt-, Forschungs- und Technologiepolitik, in: Bundesministerium für innerdeutsche Beziehungen (Hrsg.), Materialien zum Bericht zur Lage der Nation im geteilten Deutschland 1987, a.a.O., S. 86.

kommt die wachsende Bedeutung von Information als Produktionsfaktor; sie begünstigt die Produktion und Vermarktung von Wissen.

Die aufgezeigte Umstrukturierung des Produktionspotentials kann nun aber keinesfalls als eine unheilvolle, der unternehmerischen Umsicht entratene Entwicklung gedeutet werden. Strukturwandel ist eine immanente Notwendigkeit wirtschaftlicher Entwicklung[60]; Wachstum schließt typischerweise Neuerungen und Veränderungen ein. Diese Feststellung beinhaltet jedoch gleichzeitig die Einsicht, daß Wachstum immer auch Unsicherheit seiner induzierten Entwicklungen impliziert. Die Bereitschaft, sich dieser Unsicherheit und dem aus ihr geborenen Risiko zu stellen, kennzeichnet den Unternehmer in marktwirtschaftlichen Ordnungen. Der Markt ist für ihn dabei „ein unpersönliches Entdeckungsverfahren und ein unpersönlicher Mechanismus, der zur Strukturanpassung zwingt"[61]. – Dieses marktwirtschaftliche Gebot, die wachstumsbedingten Änderungen der Produktionsstruktur durch **Wettbewerb** und damit durch produktive (angebotsseitige) und konsumtive (nachfrageseitige) Anpassung zu bewältigen, wird bei uns seit Ende der sechziger Jahre recht kontrovers diskutiert. Während die Vertreter einer freiheitlich-marktwirtschaftlichen Sicht den sektoralen Strukturwandel am effizientesten in einem **funktionsfähigen Wettbewerb** realisiert sehen (eine gute Wettbewerbspolitik ist für sie die beste sektorale Strukturpolitik!) und demzufolge sektorale Strukturpolitik primär als (auf Wettbewerbssicherung gerichtete) Ordnungspolitik verstehen, plädieren Wissenschaftler und Politiker, die den selbstregulierenden Kräften des Marktes eher skeptisch gegenüberstehen – über ordnungspolitische Maßnahmen hinaus –, für strukturpolitische Interventionen des Staates und damit für ablaufpolitische Eingriffe. Solche auf Anpassung und Gestaltung der Wirtschaftsstruktur gerichtete Eingriffe scheinen diesen Skeptikern in der Regel dann angezeigt, wenn dauerhafte Veränderungen der Marktverhältnisse zu sektoralen Überkapazitäten oder Engpässen wie auch zu sozialen Härten führen. Letzteres ist meist dann gegeben, wenn der Strukturwandel traditionelle, regional konzentrierte Hochlohnbranchen erfaßt, wie dies beispielsweise im Schiffbau, der eisenschaffenden Industrie und im Steinkohlebergbau geschah.

4.2.8.1.2 Ziele, Instrumente und Träger der sektoralen Strukturpolitik

Vor dem Hintergrund einer anhaltend geführten strukturpolitischen Diskussion hat sich die Bundesregierung 1968 zu bestimmten **„Grundsätzen sektoraler Strukturpolitk"** durchgerungen, die heute noch als verbindlich gelten. Sie beschreiben die strukturpolitische Aufgabe des Staates wie folgt: „Von der staatlichen Politik muß erwartet werden, daß sie den Strukturwandel erleichtert und fördert. Unvermeidliche Anpassungen aufzuhalten, bedeutet, auf Wachstumsmöglichkeiten zu verzichten."[62] Mit dieser Feststellung werden **Anpassung** (an Strukturveränderungen) und **Gestaltung** (Förderung zukunftsträchtiger Produktionen und Technologien) als die dominanten **Ziele** der sektoralen Strukturpolitik ausgewiesen. Das **Erhaltungs**ziel wird deutlich relativiert, wenn es in den „Grundsätzen" weiter heißt, „jene finanziellen Hilfen (seien, d. Verf.) abzubauen, die ... lediglich die Aufgabe haben, den bestehenden Zustand zu erhalten". So einleuchtend diese erklärte Ein-

---

[60] Vgl. ebenda.
[61] Ebenda.
[62] Bundestags-Drucksache V/2469 Ziff. 9, 1968.

schränkung der Erhaltung überholter Produktionsstrukturen auch ist, sie wurde bislang wenig praktiziert. Wie die nunmehr mehr als dreißigjährige Erfahrung zeigt, überwogen unter den Subventionen eindeutig die auf Erhaltung gerichteten, so insbesondere in den Bereichen Landwirtschaft, Bergbau, Schiffbau und Stahlindustrie. Die Rechtfertigung für dieses Verhalten wurde unter Berufung auf die unverzichtbare **Sicherung der Eigenversorgung** (Landwirtschaft, Kohlebergbau) wie auch mit **regionalpolitischen Erwägungen** (Erhaltung der betroffenen wie auch der diesen vor- und nachgelagerten Arbeitsplätze in der jeweiligen Region) geführt. Ökonomische Gesichtspunkte traten bei dieser Argumentation weitgehend in den Hintergrund. Der Einhaltung des in den „Grundsätzen" verkündeten Prinzips der „**Hilfe zur Selbsthilfe**" wurde ebensowenig entsprochen wie den ebendort ausgewiesenen Richtlinien, wonach Subventionen zeitlich befristet sein sollten und Hilfe nur dort zu leisten sei, wo die Wiederherstellung der Wettbewerbsfähigkeit der betreffenden Branche langfristig erwartet werden kann. Obgleich die Gremien der wirtschaftspolitischen Beratung (so inbesondere die wirtschaftswissenschaftlichen Institute und der Beirat beim Bundesministerium für Wirtschaft) diese offensichtliche Mißachtung der strukturpolitischen Grundsätze immer wieder anmahnten, zeigte sich der Staat dem politischen Druck, bei Strukturkrisen zu intervenieren, nicht gewachsen. Wie das Institut für Weltwirtschaft (Kiel) in seinem Dritten Strukturbericht (1987) darlegte, ist die staatliche Protektion um so intensiver, je mehr Wählerstimmen mobilisiert werden können, je stärker einzelne Branchen in einer Region vertreten sind und je höher die Unternehmenskonzentration ist (S. 96). Der Staat ersetzte so mit seinem nachgebenden Verhalten in weiten Bereichen den marktwirtschaftlichen Selektionsprozeß durch ökonomisch kaum zu rechtfertigende Regulierungen. Die notwendige Anpassung wurde den privaten Unternehmen im Wege der staatlichen Subventionierung erspart. Ihre Verluste wurden quasi sozialisiert.[63]

Ganz allgemein wird mit dem strukturpolitischen Ziel „**Anpassung**" die Absicht verbunden, den durch Strukturwandlungen betroffenen Wirtschaftszweigen die Umstellung durch entsprechende staatliche Hilfen zu erleichtern, so zum Beispiel durch Erhöhung der Mobilität der Produktionsfaktoren, fiskalische Interventionen, Beseitigung von Überkapazitäten und Produktionsengpässen.[64] Die Notwendigkeit der Anpassung muß nach den „Grundsätzen der sektoralen Strukturpolitik" die gesamte Branche betreffen und nicht nur einzelne Unternehmen. Außerdem müsse deutlich sein, daß die Anpassung langfristig erforderlich ist und daß sich die Struktur der Branchen grundlegend ändern wird. Dies sei durch objektive Daten zu belegen.

Zur **Gestaltung** (Förderung) zukunftsträchtiger Produktionen und Technologien sieht sich der Staat im Rahmen seiner strukturpolitischen Verantwortung in der Regel dort veranlaßt, wo hohe Kosten und hohe Risiken den privaten Unternehmern Zurückhaltung auferlegen und damit deren internationale Wettbewerbsfähigkeit zu gefährden drohen. Obwohl es marktwirtschaftlichem Verständnis entspräche, industrielle Forschung und Entwicklung primär als Aufgabe der Unternehmer zu sehen, weiß sich die staatliche Strukturpolitik somit der Grundlagenforschung und zu-

---

[63] Vgl. Gahlen, B., Struktur-, Umwelt-, Forschungs- und Technologiepolitik, a. a. O., S. 90.
[64] Vgl. hierzu auch Rahmeyer, F., Wirtschaftswachstum, sektoraler Strukturwandel und Innovationstätigkeit, in: Verbrauchererziehung und wirtschaftliche Bildung, hrsgg. v. Krol, G.-J., Münster 1988/Heft 4, S. 19.

kunftsweisenden Großprojekten verpflichtet. Darüber hinaus hat der Staat die Möglichkeit, die Rahmenbedingungen zu verbessern, unter denen der unternehmerische Innovationsprozeß abläuft; er kann Anreize geben, um Defizite auszugleichen, Entwicklungen zu beschleunigen und Strukturschwächen zu überwinden. Die sich aus diesem strukturpolitischen Verständnis eröffnende Gefahr besteht allerdings darin, daß vor allem Großunternehmen Begünstigungen erlangen. Dieser Entwicklung könnte dadurch begegnet werden, daß die Förderungen mit der Auflage verbunden würden, die Forschungsergebnisse der (unternehmerischen) Allgemeinheit zugänglich zu machen[65] (und so von den begünstigten Großunternehmen nicht ausschließlich zum eigenen Vorteil genutzt werden könnten!).

Die **innerstaatlichen Träger** sektoraler Strukturpolitik sind neben dem Bund die Länder und Gemeinden. Auch den Kammern[66] können durch Gesetze der Bundesländer bestimmte Entscheidungsbefugnisse zugewiesen werden. Darüber hinaus wurden in der Vergangenheit durch internationale Verträge bedeutsame Entscheidungsbefugnisse auf **supranationale Behörden** übertragen. So ist zum Beispiel die Entscheidungsbefugnis in der Agrarpolitik fast vollständig auf die Organe der EG/EU (Ministerrat und Kommission) übergegangen. Ähnlich verhält es sich im Bereich von Kohle und Stahl.

### 4.2.8.1.3 Bisherige Erkenntnisse und Schlußfolgerungen

Die Notwendigkeit staatlicher Strukturpolitik scheint im Prinzip immer dann gegeben, wenn es gilt, soziale Folgen abrupter Umstellungsprozesse abzufedern, eine Sicherung der Versorgung mit bestimmten Gütern durch inländische Produktion zu gewährleisten, unvertretbar hohe unternehmerische Forschungs- und Entwicklungsrisiken zu mindern und einzelne, politisch besonders attraktiv, aber wenig profitabel erscheinende Forschungsprojekte zu fördern.[67] Auch in den Bereichen, in denen die allgemeinen wettbewerbspolitischen Vorschriften nicht zu den gewünschten Ergebnissen führen, scheinen strukturpolitische Maßnahmen des Staates grundsätzlich angezeigt. Diese Feststellungen dürften jedoch nicht die Einsicht verstellen, daß die sektorale Strukturpolitik immer nur **subsidiären** Charakter tragen kann. Es ist nämlich in erster Linie Aufgabe der Unternehmen, Strukturwandlungen rechtzeitig zu erkennen und sich darauf einzustellen. Dieser Zwang zur flexiblen Anpassung der Produktion an sich verändernde Marktverhältnisse kann jedoch durch staatliche Sicherung eines wirksamen Wettbewerbs positiv verstärkt werden. Durch ihn sollen „die Unternehmen veranlaßt (werden, d. Verf.), Engpässe rasch zu beseitigen, Überkapazitäten abzubauen und Möglichkeiten des vorstoßenden Wettbewerbs zu nützen".[68] Die Sensibilität des Marktes hinsichtlich sich verändernder Verhältnisse zeigt sich in aller Regel gegenüber staatlichen Einschätzungen und Prognosen überlegen. Die Reagibilität der Unternehmen erwies sich bislang meist höher als die des Staates (mittels entsprechender Steuerungsmaßnahmen). In vielen Bereichen offen-

---

[65] Vgl. Seidenfus, H. St., Sektorale Wirtschaftspolitik, in: Issing, O. (Hrsg.), Spezielle Wirtschaftspolitik, München 1982, S. 90.
[66] Kammern sind berufsständische Vertretungen auf gesetzlicher Grundlage, so z.B. Industrie- und Handelskammern, Handwerkskammern, Landwirtschaftskammern.
[67] Vgl. Hamm, W., Strukturpolitik, sektorale, in: Handwörterbuch der Wirtschaftswissenschaft (HdWW), 7. Bd., Stuttgart u. a. 1977, S. 489.
[68] Ebenda S. 490.

barte sich die staatliche Strukturpolitik als höchst unsicher, was sich vor allem in den „wuchernden Folgeinterventionen" (W. Hamm) dokumentiert. Weniger Staat und mehr Markt wäre hier in der Bewältigung von Strukturveränderungen sicherlich oft zweckdienlicher gewesen. Diese Feststellung subsumiert auch die Vielzahl staatlicher sozialpolitischer Regelungen, die sich nicht selten als bedeutsames Hindernis für die (so notwendige) räumliche und berufliche Mobilität der von Strukturwandlungen betroffenen Beschäftigten erwies. So kann es nach den bisherigen Erfahrungen durchaus nicht verwundern, wenn das Institut für Weltwirtschaft (Kiel) in seinem im Auftrag des Bundesministers für Wirtschaft erstellten Dritten Strukturbericht (1987) zu folgendem – auch noch heute (2002) uneingeschränkt zutreffenden – Ergebnis gelangt: „Die deutsche Wirtschaft tut sich nach wie vor schwer, im internationalen Innovationswettlauf mitzuhalten. Das Tempo, mit dem technologische Entwicklungen nachvollzogen werden, ist vielerorts zu langsam. Es wird nach wie vor nicht nur zu wenig, sondern auch an falschen Stellen investiert – die Umsetzung von Arbeitskräften aus den problembefrachteten Bereichen in solche, die eine Zukunft vor sich haben, geht nur schleppend voran. Ein großer Teil der Produktion wird weiterhin vom Staat gestützt. Die Folge sind wachsende sektorale und regionale Ungleichgewichte – die Kluft zwischen Vorreitern und Nachzüglern im Strukturwandel wird nicht schmaler, sondern breiter."[69] Als besonderes Problem im Rahmen dieses **Anpassungsstaus** offenbart sich die hohe Arbeitslosenquote. Sie resultiert in beachtlichem Umfang daraus, daß sich Arbeitskräfteangebot und Arbeitskräftenachfrage in qualifikatorischer Hinsicht immer weniger entsprechen. Diesem Qualifikationsdefizit, das sich aus der im Strukturwandel vollziehenden Dequalifizierung von Arbeitskräften (auch und gerade von Facharbeitern) ergibt, wurde bislang nicht konsequent genug durch persönliche Anstrengungen wie auch durch staatliche Maßnahmen zur Um- und Weiterbildung entsprochen.

### 4.2.8.1.4 Kontrollfragen zu 4.2.8.1

1. Durch welche Veränderungen in der gesamtwirtschaftlichen Zusammensetzung der Produktion ist der Strukturwandel in der Bundesrepublik Deutschland gekennzeichnet?
2. Welche markanten Entwicklungslinien dieses Strukturwandels lassen sich ausmachen?
3. Welche Ursachen liegen diesem Strukturwandel zugrunde?
4. Welche Aufgaben stellen sich den von sektoralen Strukturwandlungen betroffenen Unternehmern?
5. Welche Bedeutung kommt dem Wettbewerb im marktwirtschaftlichen Anpassungsprozeß an Strukturveränderungen zu?
6. Welche politischen Zielvorgaben rechtfertigen die Erhaltung vom Strukturwandel betroffener Unternehmen?

---

[69] Institut für Weltwirtschaft an der Universität Kiel, Mehr Strukturwandel für Wachstum und Beschäftigung, a.a.O., S. 89.

7. Unter welchen Bedingungen sieht sich der Staat zur Förderung zukunftsträchtiger Produktionen und Technologien veranlaßt?
8. Warum sollte sektorale Strukturpolitik lediglich subsidiär erfolgen?

### 4.2.8.1.5 Literaturhinweise zu 4.2.8.1

*Cassel, D., Kruber, K. P.*, Sektoraler Strukturwandel in der Wirtschaft, in: Wirtschaftswissenschaftliches Studium (WiSt), Heft 7/1974.
*Cox, H.*, Strukturpolitik, in: *May, H.* (Hrsg.), Lexikon der ökonomischen Bildung, 4. Aufl., München–Wien 2001.
*Gahlen, B.*, Struktur-, Umwelt-, Forschungs- und Technologiepolitik, in: Bundesministerium für innerdeutsche Beziehungen (Hrsg.), Materialien zum Bericht zur Lage der Nation im geteilten Deutschland 1987, Bonn 1987.
*Hamm, W.*, Strukturpolitik, sektorale, in: Handwörterbuch der Wirtschaftswissenschaft (HdWW), 7. Bd., Stuttgart u. a. 1977.
*Meißner, W., Fassing, W.*, Wirtschaftsstruktur und Strukturpolitik, München 1989.
*Peters, H.-R.*, Sektorale Strukturpolitik, München 1988.
*Seidenfus, H. St.*, Sektorale Wirtschaftspolitik, in: Issing, D. (Hrsg.), Spezielle Wirtschaftspolitik, München 1982.

*4.2.8.2 Umweltpolitik*

4.2.8.2.0 Leitziel

Erfassung der Umweltproblematik in ihrer wirtschaftlichen Verwobenheit wie auch der Notwendigkeit und der Möglichkeiten ihrer Begegnung.

4.2.8.2.1 Umweltschutz als wirtschaftspolitische Aufgabe

Der Schutz der Umwelt (seit 1994 im Artikel 20a als Staatsziel in der Verfassung festgeschrieben) ist in den letzten Jahren zu einer neuen, zunehmend an Bedeutung gewinnenden Aufgabe der Wirtschaftspolitik geworden. Umwelt wird in diesem neuen Aufgabenbereich **generell** als „der Komplex der Beziehungen einer Lebenseinheit zu ihrer spezifischen Umgebung"[70] gesehen. Umwelt ist in dieser Sicht „stets auf Lebewesen bezogen und kann nicht unabhängig von diesen existieren oder verwendet werden"[71]; sie vereint diese quasi in spezifischen Teilsystemen (Ökosystemen). **Speziell** läßt sich Umwelt als Lebensraum des Menschen sehen. Als solchem kommen ihr vier zentrale Funktionen (**Umweltfunktionen**) zu[72]:

– Die Versorgung der Gesellschaft mit Produkten und Gütern zur Befriedigung von Elementarbedürfnissen beziehungsweise zur Ermöglichung von Produktion (**Produktionsfunktion**);
– die Aufnahme der Aktivitäten, Erzeugnisse und Abfälle menschlichen Handelns (**Trägerfunktion**);
– der Austausch von Informationen (**Informationsfunktion**) und

---
[70] Der Rat von Sachverständigen für Umweltfragen, Kurzfassung des Umweltgutachtens 1987, hrsgg. v. Bundesminister für Umwelt, Naturschutz und Reaktorsicherheit, Bonn 1987, S. 7.
[71] Ebenda.
[72] Vgl. ebenda.

– der Ausgleich des durch den Menschen beanspruchten und belasteten Naturalhaushalts **(Regelungsfunktion).**

#### 4.2.8.2.2 Ziele und Instrumente der Umweltpolitik

Die Ausübung der Umweltfunktionen durch die Umwelt ist für den Menschen von **existenzieller** Bedeutung. Sie gilt es zu schützen. Der Umweltschutz macht sich dies zur Aufgabe. Die **Hauptziele,** von denen er sich dabei leiten läßt, sind[73]:

– Die Beseitigung bereits eingetretener Umweltschäden,

– die Ausschaltung oder Minderung gegenwärtig bestehender Umweltgefährdungen und

– die Vorbeugung gegenüber Umweltgefährdungen und -schäden.

Die Ursachen der über den Umweltschutz anzugehenden Umweltschäden und -gefährdungen werden in den menschlichen Umwelteingriffen gesehen. „Diese Eingriffe beruhen auf der Schaffung einer kultürlichen Umwelt, die teils in die natürliche eingefügt, teils dieser aufgepflanzt oder übergestülpt wurde."[74]

In Wahrnehmung ihrer Schutzaufgabe konzentriert sich die Umweltpolitik im wesentlichen auf folgende **Aufgabenbereiche:**

– Naturschutz- und Landschaftspflege;

– Belastung und Schutz der Böden (insbesondere hinsichtlich land- und forstwirtschaftlicher Nutzung, Nutzung durch Überbauung, Abgrabung und Überlagerung sowie Nutzung als naturnahe Fläche);

– Luftbelastung und Luftreinhaltung;

– Gewässerzustand und Gewässerschutz;

– Verunreinigungen in Lebensmitteln und

– Lärm.

Zur Verfolgung seiner umweltpolitischen Ziele und zur Wahrnehmung der ihm daraus erwachsenden Aufgaben kann sich der Staat verschiedener **Instrumente** bedienen. Zunächst kann er mit wirtschaftlichen **Anreizen** (Steuervergünstigungen, Subventionen) das Eigeninteresse von Unternehmern, Konsumenten und Kommunen an umweltschonendem Verhalten fördern. Soweit die auf diesem Wege erreichten Effekte nicht ausreichen, kann sich der Staat das gewünschte (umweltschonende) Verhalten durch die Setzung von **Rahmenbedingungen** erzwingen. Hierfür gibt es prinzipiell zwei Möglichkeiten[75]:

– Durch Vorgabe eines rechtlichen Rahmens werden die Bedingungen für die Inanspruchnahme von Umwelt in Form von Auflagen, Geboten, Umweltverträglichkeitsprüfungen und Umweltbewirtschaftungsplänen festgelegt.

---

[73] Vgl. ebenda.
[74] Ebenda.
[75] Vgl. hierzu Gahlen, B., Struktur-, Umwelt-, Forschungs- und Technologiepolitik, in: Bundesministerium für innerdeutsche Beziehungen (Hrsg.), Materialien zum Bericht zur Lage der Nation im geteilten Deutschland 1987, Bonn 1987, S. 91.

- Durch Kompensations- und Zertifikationslösungen wird der Marktmechanismus in Gang gesetzt. Danach können umweltbelastende Unternehmen in einer abgegrenzten Region untereinander sogenannte „Umweltbenutzungslizenzen" (übertragbare Emissionsrechte) handeln, die den maximalen Schadstoffausstoß festlegen.

Wie der Rat von Sachverständigen für Umweltfragen wiederholt betonte, wird in der bundesdeutschen Umweltpolitik den ökonomisch ausgerichteten Instrumenten bislang vergleichsweise wenig Gewicht beigemessen. Er empfiehlt deshalb der Bundesregierung künftig den verstärkten Einsatz **ökonomischer** und **flexibler** Instrumente (so insbesondere kooperative Selbstverpflichtungen der Verursacher, gezielter Einsatz von staatlichen Fördermitteln für umweltverträgliche Umstrukturierung von Produktionsprozessen, weitere finanzielle und steuerliche Anreize für umweltschonendes Verhalten, Benutzervorteile wie beispielsweise die Benutzung lärmarmer Fahrzeuge in Zonen, die aus Gründen des Lärmschutzes für den Verkehr gesperrt sind, Kompensationsregelungen, Abgabenlösungen, wie sie das Abwassergesetz enthält u. a.). Der Rat sieht die auf dem **Verursacherprinzip**[76] basierende Gefährdungshaftung als eine der Marktwirtschaft adäquate Lösung an. Er plädiert deshalb für eine Verschärfung der rechtlichen Sanktionen zur Abschreckung potentieller Umweltschädiger. Die strenge Überwachung der Eingriffsquellen mit ihren Emissionen und der von den Immissionen betroffenen Umweltsektoren gilt ihm als geboten.

Eine wirksame Umweltpolitik läßt sich nicht im nationalen Alleingang bewältigen; sie ist international zu betreiben. Die Bundesrepublik Deutschland bemühte sich deshalb in früherer Zeit sowohl innerdeutsch im Verhältnis zur DDR (Umweltvereinbarung vom 8. September 1987) wie auch auf europäischer Ebene (unter Einschluß von Ostblockstaaten wie ČSSR, Ungarn, Rumänien) zu umweltpolitischen Abstimmungen zu gelangen. Diese Bemühungen wurden in jüngerer Zeit unter veränderten politischen Rahmenbedingungen verstärkt fortgesetzt. Besondere Bedeutung für den EG-Bereich erlangt die **Einheitliche Europäische Akte** (EEA vom 1. Juli 1987), die die Umweltpolitik der Gemeinschaft als eigene, originäre Aufgabe zuweist und wichtige Grundsätze und Handlungskriterien für den gemeinsamen Umweltschutz im EWG-Vertrag festlegt. Eine umweltpolitische Zusammenarbeit zwischen der Europäischen Gemeinschaft und der Europäischen Freihandelszone (EFTA) wurde am 25./26. Oktober 1987 in Noordwijk (Niederlande) beschlossen. Diese „Erklärung von Noordwijk" sieht vor, gemeinsame umweltpolitische Ziele und Strategien zu entwickeln. – Auch im Europarat, der Organisation für wirtschaftliche Zusammenarbeit und Entwicklung (OECD), der Wirtschaftskommission der Vereinten Nationen für Europa (ECE) und in anderen internationalen Organisationen ist die Bundesrepublik bestrebt, ihre umweltpolitischen Vorstellungen zu verdeutlichen und länderübergreifend abzustimmen.

Umweltpolitik auf globaler Ebene erlebte ihre Geburtsstunde **1992** auf dem sogenannten Erdgipfel in **Rio de Janeiro.** Hier wurde erstmals von einer weltumfassenden Staatengemeinschaft, den United Nations (UN), eine Klimakonvention (UN-Klimakonvention [offiziell: Klimarahmenkonvention der Vereinten Nationen]) verabschiedet, deren Ziel es ist, die Konzentration der Treibhausgase zu stabilisieren. Die Industrieländer verpflichten sich – mehr moralisch als verbindlich – ihren Koh-

---

[76] Volkswirtschaftlicher Grundsatz, nach dem die Kosten der Umweltbelastung von den Wirtschaftssubjekten zu tragen sind, die sie verursacht haben.

lendioxyd-Ausstoß bis zum Ende des Jahrzehnts auf das Niveau von 1990 zu reduzieren. – Auf dem ersten Folgetreffen **1995** in **Berlin** verabschiedeten die Konventionsparteien das sogenannte Berliner Mandat, demzufolge bis zu ihrer übernächsten Zusammenkunft neue Verpflichtungen für die Industrieländer auszuhandeln sind. **1997** in **Kyoto** wurden im sogenannten Kyoto-Protokoll für die Industrieländer verbindliche Minderungspflichten und sogenannte flexible Mechanismen festgelegt, die es ihnen erleichtern sollen, die Vorgaben zu erreichen. – Auf den Folgetreffen **1998** in **Buenos Aires, 1999** in **Bonn** sowie **2000 in den Haag** blieb es weitgehend bei unverbindlichen Absichtserklärungen. **2001** in **Bonn** scheint schließlich nach langem Ringen der Durchbruch gelungen. Das 1997 in Kyoto vereinbarte Klimaschutz-Protokoll wird von der Staatengemeinschaft – trotz Ablehnung durch die USA[77] – zur Ratifizierung freigegeben. Die Regeln für die Reduzierung der $CO_2$-Treibhausgas-Emissionen seitens der Industrieländer werden festgelegt. Sie hätten ihre Emissionen in der Zeit von 2008 bis 2012 um durchschnittlich 5,2 Prozent gegenüber 1990 zu senken. Für die Nichteinhaltung der Vorgaben werden Sanktionen normiert und ein Kontrollgremium eingerichtet. – Die Ratifizierung des Kyoto-Protokolls selbst wurde im Herbst **2001** in **Marrakesch** beschlossen. Die Delegierten aus rund 180 Ländern – ausgenommen die USA – einigten sich auf ein umfassendes Regelwerk zur Durchsetzung desselben. Bei zügiger Ratifizierung des Protokolls durch die Mitgliedstaaten könnte dieses (frühestens) auf dem Weltumweltgipfel im September **2002** in **Johannesburg** in Kraft treten. Der weltweite Handel mit Treibhausgasrechten könnte dann beginnen.

4.2.8.2.3 Umwelterziehung

Die Einsicht, daß der Schutz der Umwelt von einem entsprechenden Problembewußtsein und einem daraus resultierenden Engagement breitester Bevölkerungskreise getragen werden müsse, ließ schon in den frühen siebziger Jahren den Ruf nach Umwelterziehung (Umweltbildung) laut werden. Mit ihr wurde die Vorstellung verbunden, Kinder, Jugendliche und Erwachsene über schulische und außerschulische Bildungsarbeit an die Umweltprobleme heranzuführen, einschlägiges Wissen zu vermitteln und darüber entsprechende Handlungsbereitschaft zu fördern. Bereits 1972 empfahl die **Conference of the Human Environment** der Vereinten Nationen in Stockholm die Entwicklung eines Programms für interdisziplinäre Umwelterziehung. Experten der UNESCO (Organisation der Vereinten Nationen für Erziehung Wissenschaft und Kultur) griffen diese Empfehlung 1977 auf und nannten als vordringliche Aufgaben der Umwelterziehung[78]:

– Bewußtmachung der Umweltprobleme,

– Vermittlung von Wissen über umweltspezifische Problemzusammenhänge,

– Vermittlung von Fähigkeiten und Fertigkeiten zu problemadäquatem Verhalten,

– Erwirkung einer positiven Einstellung zur Umwelt,

---

[77] Zur Begündung der amerikanischen Ablehnung siehe die äußerst aufschlußreiche Publikation von Singer, S. Fred, Gibt es eine wissenschaftliche Grundlage für die UN-Klimakonvention?, hrsgg. v. Centre for New Europe, Brüssel 2000.

[78] Vgl. hierzu Schneider, P., Das UNESCO-Programm „Umwelterziehung" – Eine Aufforderung zum Umdenken zwischen Anspruch und Wirklichkeit, in: Calließ, J., Lob, R. E. (Hrsg.), Handbuch Praxis der Umwelt- und Friedenserziehung, Bd. 1, Düsseldorf 1987, S. 278–284.

– Weckung der Bereitschaft, aktiv bei der Lösung von Umweltproblemen mitzuwirken.

Diese Lernzielvorgaben werden 1978 von der deutschen UNESCO-Kommission aufgenommen und weiterentwickelt. 1980 verabschiedete die **Kultusministerkonferenz** (KMK) eine erste Empfehlung zur Umwelterziehung in der Schule. Danach sollen noch zu präzisierende Umweltthemen nicht in einem eigenständigen Unterrichtsfach, sondern **fächerübergreifend** behandelt werden. Die Lehrpläne der einzelnen Bundesländer folgten dieser Empfehlung und wiesen entsprechende Umweltthemen insbesondere den Fächern Geographie, Biologie und Chemie zu. Auch den Fächern Wirtschaftslehre (Arbeitslehre), Gemeinschaftskunde (Politik), Physik, vereinzelt auch dem Fach Religion (Ethik) wurden einschlägige Themen vorgegeben. 1986 beschließt die Bund-Länder-Kommission für Bildungsplanung und Forschungsförderung die „Einbeziehung von Umweltfragen in das Bildungswesen" als neuen Förderungsbereich. 1987 legte der Bundesminister für Bildung und Wissenschaft, Jürgen W. Möllemann, das „Arbeitsprogramm Umweltbildung" vor, in dem Notwendigkeit und Möglichkeiten von Umweltbildung in Kindergärten, allgemeinbildenden und beruflichen Schulen sowie in den Bereichen Hochschule und Weiterbildung beschrieben werden.

Auch in der EG/EU ist die Umwelterziehung ein viel beachtetes Thema. Hier haben die Erziehungs- und Bildungsminister der Mitgliedsstaaten 1988 beschlossen, Leitvorstellungen über Ziele und Wege der Umweltbildung zu formulieren.[79]

### 4.2.8.2.4 Ökonomie und Ökologie

Die Tatsache, daß Umweltschutz erhebliche Kosten verursacht, hält die Diskussion um mögliche Konflikte zwischen Ökonomie und Ökologie seit den Anfängen der Umweltpolitik im Gange.[80] Der Kern der diesbezüglichen Auseinandersetzung ist die Feststellung, daß Umweltschutz den betroffenen Unternehmen – insbesondere im Zuge einer Intensivierung der staatlichen Umweltpolitik – Kosten verursacht und damit finanzielle Mittel bindet, die der profitablen ökonomischen Verwendung entzogen werden. Hinzu käme, daß bei gegebenen Lohnkosten die zusätzlichen Belastungen für Umweltschutz – soweit sie nicht aus entsprechenden Gewinnen getragen werden könnten – Arbeitsplätze gefährden. Eine Belastung der Unternehmen mit zusätzlichen Kosten für Umweltschutz müßte deshalb – falls keine, beziehungsweise nicht noch mehr Arbeitslosigkeit entstehen sollte – durch langsamer steigende Löhne ausgeglichen werden. Dieser Argumentation kann aus einzelwirtschaftlicher Sicht kaum widersprochen werden; sie muß aber aus gesamtwirtschaftlicher Schau relativiert werden. Die zum Schutz der Umwelt dem einzelnen Unternehmen angelasteten Kosten finden nämlich ihre ökonomische Rechtfertigung in der Vermeidung/Verminderung **externer Kosten**[81], die ihrerseits – falls eine Vermeidung/Verminderung nicht erwirkt würde – vom Staat (und damit indirekt vom Steuerzahler) getragen werden müßten.

---

[79] Vgl. Umweltbildung in allen Schulen Europas, in: Presse-INFO BMBW v. 22. 6. 1988.
[80] Vgl. hierzu Frankfurter Institut für wirtschaftspolitische Forschung, Mehr Mut zum Markt – konkrete Problemlösungen, Schriftenreihe Bd. 12, Bad Homburg v. d. H. 1986, S. 27.
[81] **Externe Kosten** sind negative Nebenwirkungen, die von der Produktion eines Gutes ausgehen und die ein oder mehrere andere Güter beeinträchtigen, ohne vom Verursacher getragen zu werden (z. B. Luft-, Wasserverschmutzung).

Auch dem aus dem Umweltschutz resultierenden Nutzen einer verbesserten Umweltqualität sollte bei der Diskussion der Umweltschutzkosten die gebührende Beachtung geschenkt werden. Sicherlich stehen dem bislang noch gewisse Schwierigkeiten in der quantitativen Erfassung dieses Nutzens im Wege. Hierfür wäre die Kenntnis und ökonomische Bewertung von Umweltschäden unerläßlich. Unbestritten hat sich die umweltökonomische Forschung in den letzten Jahren intensiv der quantitativen Schätzung von Umweltschäden gewidmet, so insbesondere im Bereich der Luft- und Gewässerverschmutzung. Nichtsdestotrotz bestehen bis heute immer noch erhebliche Forschungslücken, so vor allem in der Bodenbelastung wie auch hinsichtlich flächendeckender Schätzungen.[82]

Der Einwand, die umweltschutzbedingte Kostenbelastung der Unternehmer würde deren Wettbewerbsfähigkeit auf internationalen Märkten gefährden, ist sicherlich solange nicht zu widerlegen, als die ausländische Konkurrenz solche Kosten in ihrer Produktkalkulation nicht berücksichtigen muß (da in ihrem Land vom Staat nicht erhoben!) und deshalb zu niedrigeren Preisen (als die bundesdeutschen Mitbewerber) anbieten kann. Wie die jüngere Erfahrung zeigt, sind den deutschen Unternehmern jedoch bislang aus Umweltkostenbelastung keine gravierenden Wettbewerbsnachteile erwachsen. Es darf vermutet werden, daß sie diese Kosten nur zum Teil weitergaben (also teilweise aus ihren Gewinnen trugen) und/oder die umweltschutzbedingten Preiserhöhungen gegenüber der Konkurrenz durch bestimmte Produkt- und/oder Liefervorteile (Qualität, pünktliche Einhaltung der Liefertermine, prompter Kundendienst, rasche Ersatzteillieferung u.a.) wettmachen konnten.

Auch wenn wir unterstellen, daß einzelne Unternehmen durch umweltschutzbedingte Kostenbelastungen zu (Arbeiskräfte-)Freisetzungen oder sogar zu Betriebsstillegungen gezwungen werden, kann aus gesamtwirtschaftlicher Sicht unterstellt werden, daß der Zuwachs an Arbeitsplätzen in der im Zuge eines verstärkten Umweltschutzes expandierenden Umweltschutzindustrie diese Arbeitsplatzeinbuße ausgleicht oder möglicherweise sogar übersteigt.

Eines jedoch bleibt zusammenfassend festzustellen: Die Bewältigung der umweltpolitischen Aufgaben ist teuer. Der für einen nachhaltigen Umweltschutz notwendige Übergang zu umweltschonenden, ressourcensparenden Produktionsverfahren und Produkten erfordert in der Regel einen verstärkten Einsatz von Kapital und technischem Fortschritt. Sollen diese zusätzlichen Aufwendungen nicht zu Lasten der übrigen Produktion gehen, ist ein **insgesamt wachsendes Sozialprodukt** notwendig. Umweltschutz muß in wirtschaftliches Wachstum eingebettet werden.

### 4.2.8.2.5 Bilanz und Schlußfolgerungen

Der Umweltschutz in der Bundesrepublik Deutschland hat heute im internationalen Vergleich einen hohen Standard erreicht. Das Umweltbewußtsein unserer Bevölkerung ist stark ausgeprägt. Nicht zuletzt unter seinem Druck wurde und wird weiterhin den verschiedenen Umweltkrisen mit einem beträchtlichen finanziellen Aufwand begegnet. Dennoch, die bisher erfolgreiche Umweltpolitik stößt an konzeptionelle Grenzen.

---

[82] Vgl. Der Rat von Sachverständigen für Umweltfragen, Umweltgutachten 2000, hrsgg. v. Bundesminister für Umwelt, Naturschutz und Reaktorsicherheit, Bonn 2000.

Die umweltpolitischen Erfolge in der Bundesrepublik sind durch ein engmaschiges Netz ordnungsrechtlicher Regelungen fundiert. Sie bestimmen mehr oder weniger exakt, wie und in welchem Umfang die Umweltgüter Luft, Wasser und Boden durch wirtschaftliche Aktivitäten belastet werden dürfen. Dieser ökologische Ordnungsrahmen wurde in den achtziger und frühen neunziger Jahren immer enger gefaßt und trug damit fraglos zu einer relativ raschen Deckung des umweltpolitischen Nachholbedarfs bei. Ein in die Zukunft gerichteter Umweltschutz kann sich jedoch nicht in – über Auflagen, das heißt Gebote und Verbote – **erzwungenen** Unternehmensaktivitäten erschöpfen, er benötigt die Nutzung technischer Innovationen, die durch starre Auflagenregelungen eher gehemmt als gefördert werden. Staatliche Gebote und Verbote führen nämlich zwangsläufig dazu, daß administrative Instanzen und die Umweltschutzindustrie die einzuhaltenden Standards prägen. Der Umweltschutz wird hoheitlich verordnet. Innovative Initiativen zum Schutze der Umwelt durch die Verursacher selbst werden damit (weitgehend) überflüssig gemacht. Damit bleiben aber wertvolle Kenntnisse und Erfahrungen der spezifischen Praxis ungenutzt. Dieses starre, ökonomisch wenig sinnvolle, politische Verhalten müßte zugunsten einer neuen umweltpolitischen Konzeption aufgegeben werden, die den Verursacher von Umweltbelastungen bei der Entwicklung und Nutzung des umwelttechnischen Fortschritts angemessen einbezieht. Solchen, die unternehmerische Dynamik einbeziehenden, **flexiblen,** marktwirtschaftlichen Lösungen stellen sich derzeit jedoch zwei Entwicklungen entgegen:

– Die Umweltpolitik wird zunehmend von globalen Risiken (Klimaverschlechterungen durch Ausstoß von Kohlendioxyd, Ozonloch, wachsende Verschmutzung der Weltmeere) beherrscht, die sie international abgestimmten Vorgehensweisen (Vermeidungsstrategien) unterwerfen und damit wenig Raum für marktwirtschaftliche Steuerungselemente offenlassen.

– Das wachsende Umweltbewußtsein der Bürger und ihr nachdrücklicher Appell an die starke Hand des Staates zwingt diesen immer stärker zu vorsorgender Risikominderung durch ordnungsrechtliche Regelungen.

Trotz dieser ordnungsrechtliche Regelungen begünstigenden Entwicklungen sollte aus ökonomischen Effizienzerwägungen versucht werden, dort, wo die Suche nach integrierten Vermeidungstechniken vorangebracht werden soll, die marktwirtschaftlichen Anreize zu verstärken. Überall dort aber, wo Schutzansprüche der Bürger und ökologische Erfordernisse einen bestimmten Umweltschutzstandard verlangen, sollten auch weiterhin ordnungsrechtliche Regelungen Vorrang haben. Keinesfalls sollten bereits bestehende ordnungsrechtliche Normen aufgegeben werden; sie könnten allerdings durch marktwirtschaftliche Regelungen ergänzt werden. Diese marktwirtschaftlichen Regelungen sollten darauf abstellen, ordnungsrechtlich zulässige, genehmigte Emissionen beziehungsweise Einleitungen von vornherein zu vermeiden. Solche **marktwirtschaftlichen Ergänzungsregelungen** wären in der Umweltabgabe, der Umweltsteuer und in der Umweltlizenz zu sehen.

Die **Umweltabgabe** hätte bei den Restemissionen anzusetzen. Sie wäre so zu gestalten, daß sie, ohne die Einhaltung des Ordnungsrechts zu gefährden, Anstrengungen zur weitergehenden Vermeidung von Emissionen (d. h. zur zusätzlichen Inanspruchnahme von Umweltschutz bzw. zur Fortentwicklung von Umweltschutztechnik) auslöst.

Die **Umweltsteuer** (Öko-Steuer) hätte den Verbrauch an Umwelt zu belasten. Es wären unter anderem in Erwägung zu ziehen: höhere Energiesteuern, Steuern auf Verpackungs- und Produktionsmittel, die bei der Entsorgung in besonderem Maße die Umwelt mit Schadstoffen belasten. Auch die privaten Haushalte könnten durch solch spezifische Verbrauchssteuern zum sparsamen Umgang mit entsprechenden Gütern (z. B. Energie) veranlaßt werden.

**Umweltlizenzen** wären Berechtigungen zum Verbrauch von Umwelt. Sie sollten bewirken, daß Einleitungen von Schadstoffen in die Umwelt auf die vom Staat vertretbare Menge beschränkt werden. Es wäre beispielsweise für den Bereich der Landwirtschaft an Düngelizenzen zu denken.

Umweltlizenzen, Umweltsteuern und Umweltabgaben hätten eines gemein: sie böten einen Anreiz zum sparsamen Umgang mit dem Produktionsfaktor und Konsumgut „Natur". Wer viel davon verbraucht, hätte entsprechend viel zu zahlen; wer wenig davon verbraucht, hätte entsprechend wenig zu zahlen.

Wenn Lizenzen, Steuern und Abgaben den erwünschten Effekt, nämlich eine deutliche Abnahme des Verbrauchs an Natur, erzielen sollen, dann müßte dieser Verbrauch empfindlich teurer werden. Sollte die damit einhergehende zusätzliche Bindung von Kaufkraft nicht zu entsprechenden Nachfrageausfällen in anderen (Nachfrage-)Bereichen führen und dort unerwünschte Beschäftigungseinbrüche zeitigen, müßte die bislang auf Arbeit (Arbeitseinkommen) und Kapital erhobene Steuer entsprechend gesenkt werden. Mit anderen Worten: die drastische Belastung des Umweltverbrauchs wäre durch eine steuerliche Entlastung von Arbeit und Kapital zu kompensieren. Arbeit und Kapital würden verbilligt, Umwelt entsprechend verteuert. Dieser Tatbestand wäre geeignet, den Einsatz von Arbeit und Kapital (soweit dies möglich ist) verstärkt an die Stelle des Verbrauchs von Natur treten zu lassen.

Über die hier skizzierten marktwirtschaftlichen Ergänzungsregelungen in der Umweltpolitik wird gegenwärtig im Umweltministerium eingehend diskutiert. Ob diese Diskussion, wie marktwirtschaftliche Denkansätze überhaupt, hier das erforderliche Verständnis erheischen, bleibt abzuwarten. Die Crux der bundesdeutschen Umweltpolitik ist wohl darin zu sehen, daß diese weder institutionell noch thematisch als Wirtschaftspolitik behandelt wird. Nachdem die Umweltpolitik bis 1986 **uneinheitlich** – je nach spezieller Umweltschutzaufgabe – von den Bundesministerien des Innern, für Ernährung, Landwirtschaft und Forsten sowie für Jugend, Familie und Gesundheit betrieben wurde, ist sie seither der Zuständigkeit eines wohl selbständigen, aber wenig ökonomisch orientierten Ministeriums (Bundesministerium für Umwelt, Naturschutz und Reaktorsicherheit) überantwortet. Umweltpolitik wird hier offensichtlich mehr als Umweltverwaltung denn als Teil der Wirtschaftspolitik verstanden. Eine solche Politik ist in ihrer Anlage bevormundend und wirkt deshalb lähmend auf private Initiativen. Eine in die Zukunft gerichtete Umweltschutzpolitik sollte jedoch viel eher bei Produzenten wie bei Konsumenten Anreize schaffen, **aus eigenem Interesse** Umweltschäden zu vermeiden und nach umweltverträglichen Verfahren und Produkten zu suchen. „Solche Anreize schafft eine marktwirtschaftliche Umweltpolitik, die das Verursacherprinzip[83] durchsetzt und die Nutzung natürlicher Ressourcen in Rechnung stellt."

---

[83] Durch das Gesetz über die Umwelthaftung (Umwelthaftungsgesetz) v. 10. 12. 1990 ist eine **Gefährdungshaftung** für schädliche Umwelteinwirkungen eingeführt worden. Wird danach

### 4.2.8.2.6 Kontrollfragen zu 4.2.8.2

1. Welche zentralen Funktionen kommen der Umwelt zu?
2. Welche umweltpolitischen Aufgabenbereiche lassen sich ausmachen?
3. Wie kann der Staat umweltschonendes Verhalten zu erwirken versuchen?
4. Welche Aufgaben stellt sich die Umwelterziehung?
5. Warum muß Umweltschutz in wirtschaftliches Wachstum eingebettet sein?
6. Wie lassen sich innovative Umweltschutz-Initiativen begünstigen?
7. Durch welche marktwirtschaftlichen (Ergänzungs-)Regelungen ließe sich umweltschonendes Verhalten verstärken?
8. Warum muß der Preis für Umwelt teurer werden?

### 4.2.8.2.7 Literaturhinweise zu 4.2.8.2

*Bundesinstitut für Bildung und Wissenschaft* (Hrsg.), Zukunftsaufgabe Umweltbildung, Dokumentation des BMBW-Symposiums vom 24. bis 26. September 1986 in Bonn, Schriftenreihe Grundlagen und Perspektiven für Bildung und Wissenschaft, Bd. 16, Bonn 1987.
*Der Rat von Sachverständigen für Umweltfragen,* Umweltgutachten 2000, hrsgg. v. Bundesminister für Umwelt, Naturschutz und Reaktorsicherheit, Bonn 2000.
*Feess, E.,* Umweltökonomie und Umweltpolitik, 2. Aufl., München 1998.
*Krol, G.-J.,* Umweltprobleme aus ökonomischer Sicht – Zur Relevanz der Umweltökonomie für die Umweltbildung, in May, H. (Hrsg.), Handbuch zur ökonomischen Bildung, 6. Aufl., München–Wien 2001.
*Steinmann, B., Weber, B.,* Umwelterziehung, in: May, H. (Hrsg.), Lexikon der ökonomischen Bildung, 4. Aufl., München–Wien 2001.
*Wicke, L.,* Umweltökonomie, 4. Aufl., München 1993.
*Woll, A.,* Wirtschaftspolitik, 2. Aufl., München 1992.

---

durch eine Umwelteinwirkung, die von einer bestimmten Anlage ausgeht, jemand getötet, an Körper oder Gesundheit verletzt oder wird eine Sache beschädigt, so ist der Inhaber der Anlage zum Schadensersatz verpflichtet (§ 1 Umwelthaftungsgesetz). Die betreffenden Anlagen sind im Anhang 1 (zu § 1 Umwelthaftungsgesetz) im einzelnen aufgeführt, so z. B. Kraftwerke, Feuerungsanlagen, Zementwerke, chemische Fabriken u.a. Ein Schaden entsteht durch eine Umwelteinwirkung, wenn er durch Stoffe, Erschütterungen, Geräusche, Druck, Strahlen, Gase, Dämpfe, Wärme oder sonstige Erscheinungen verursacht wird, die sich in Boden, Luft oder Wasser ausgebreitet haben (§ 3 Abs. 1 Umwelthaftungsgesetz). Wenn eine Anlage geeignet ist, den entstandenen Schaden verursacht zu haben, so wird vermutet, daß der Schaden durch die Anlage verursacht worden ist (§ 6 Abs. 1 Umwelthaftungsgesetz). Diese Ursächlichkeitsvermutung wird dann nicht angestellt, wenn der Anlageninhaber nachweist, daß die Anlage bestimmungsgemäß betrieben wurde (§ 6 Abs. 2 Umwelthaftungsgesetz). Ein bestimmungsgemäßer Betrieb liegt vor, wenn die besonderen Betriebspflichten eingehalten wurden und auch keine Störung des Betriebes vorliegt (§ 6 Abs. 2 Umwelthaftungsgesetz).

### 4.2.8.3 Bildungspolitik

#### 4.2.8.3.0 Leitziel

Einblick in die ökonomischen Zusammenhänge zwischen Beschäftigungs- und Bildungssystem und die sich daraus ergebenden bildungspolitischen Konsequenzen.

#### 4.2.8.3.1 Bildungspolitik und Bildungsökonomie

Auch die Bildungspolitik kann heute – zumindest innerhalb bestimmter Grenzen – als ein Bereich der Wirtschaftspolitik gesehen werden. Sie widmet sich hier der **Abstimmung zwischen Bildungs- und Beschäftigungssystem** und stützt sich dabei auf die Erkenntnisse der **Bildungsökonomie**. Ausgehend von der Feststellung, daß Ausgaben (Investitionen) für Bildung (Human Capital) – wie auch für die diese fundierende Wissenschaft und Forschung – den technischen Fortschritt und das Wachstum von Produktion und damit auch das Ausmaß der Beschäftigung maßgeblich bestimmen, versucht sie die Zusammenhänge zwischen Ausbildung, Forschung und Wirtschaftswachstum theoretisch zu klären und daraus wirtschaftspolitische Empfehlungen abzuleiten, so insbesondere „welche Expansion des Bildungs- und Ausbildungssystems erforderlich ist, um bestimmte kultur-, sozial- und wirtschaftspolitische Zielsetzungen zu erreichen".[84] Die Bildungsökonomie versucht somit, die künftig notwendigen Ausgaben für das Schul- und Hochschulwesen zu prognostizieren und zur Grundlage einer konkreten **Bildungsplanung** zu machen.

Als **Grundmodelle der Bildungsplanung** in der Bundesrepublik Deutschland lassen sich im wesentlichen drei Ansätze ausmachen:

– der Bedarfsansatz (Manpower Approach),

– der Nachfrageansatz (Social Demand Approach) und

– der Flexibilitätsansatz.

Der **Bedarfsansatz** geht von dem prognostisch geschätzten Bedarf des Arbeitsmarktes an qualifizierten Arbeitskräften aus und versucht diesem durch ein entsprechendes Angebot gerecht zu werden. Dabei wird der Bildungsplanung die Aufgabe zugewiesen, das Bildungssystem entsprechend zu programmieren, das heißt die Ausbildung der erforderlichen Arbeitskräfte zu bewirken. Die Bildungsinvestitionen werden demzufolge (ausschließlich) am (erwarteten) wirtschaftlichen Bedarf ausgerichtet (oder wie es die Kritiker dieses Ansatzes ausdrücken: der Wachstums- und Beschäftigungspolitik untergeordnet). Gegenüber dieser streng zweckgerichteten Orientierung der Bildungsausgaben tun sich jedoch in der Realität beachtliche Schwierigkeiten auf. So läßt sich das wirtschaftliche Wachstum nicht einfach aus Vergangenheitswerten (langfristig) in die Zukunft extrapolieren; auch stimmen die vom Beschäftigungssystem geforderten Qualifikationen oft nicht mehr mit den Kategorien des Bildungssystems überein, was wiederum eingehende Analysen der sich über den technischen Fortschritt laufend und mit wachsender Geschwindigkeit vollziehenden Veränderungen der Qualifikationsstruktur von Arbeitskräften notwendig macht.

---

[84] Widmayer, H. P., Frey, B., Wachstumstheorie und Bildungsökonomik, in: Konjunkturpolitik, 13. Jg. (1967), S. 130.

Der **Nachfrageansatz** läßt sich in seinen Zielsetzungen von der individuellen respektive gesellschaftlichen Nachfrage nach Bildung beziehungsweise „vom Recht des Bürgers auf Bildung" (R. Dahrendorf) leiten. Ihm unterliegen damit primär gesellschaftspolitische Vorstellungen, wie Chancengleichheit[85], Mündigkeit, Emanzipation, wie sie besonders von Ende der sechziger Jahre bis Ende der siebziger Jahre vertreten wurden. Die Bildungsziele werden unabhängig vom wirtschaftlichen Bedarf formuliert; sie orientieren sich an der erwarteten Anzahl potentieller Nachfrager nach Bildung, der potentiellen Gesamtheit an Lehrlingen, Schülern, Studenten und Weiterbildungswilligen. Aufgabe der Bildungspolitik dieses Verständnisses ist es, **jedem** die gewünschte Bildung zu ermöglichen. Es wird unterstellt, daß das Beschäftigungssystem in der Lage ist, elastisch auf die Output-Änderungen des Bildungswesens zu reagieren, das heißt, die dort Qualifizierten aufzunehmen. Der mangelnde Realitätsgehalt dieser Annahme und der auf dieser basierenden Bildungspolitik zeigte sich bereits in den siebziger Jahren, insbesondere in einem sehr rasch ansteigenden Akademikerüberhang (Lehrer-, Juristen-, Ärzteschwemme!) und einem vor allem in der zweiten Hälfte der achtziger Jahre sowie in den neunziger Jahren bedrohliche Formen annehmenden Facharbeitermangel. Der Nachfrageansatz erwies sich als untauglich, eine Abstimmung zwischen Bildungs- und Beschäftigungssystem zu vermitteln. Ähnlich wie beim Bedarfsansatz erwies sich auch hier das unzureichende statistische Datenmaterial und die daraus resultierende Unzuverlässigkeit der darauf basierenden Prognosen und Trendextrapolationen als nicht zu bewältigendes Defizit. Auch hier zeigte sich die mangelnde Kongruenz der Bezeichnungen von Arbeitsplatzqualifikationen und Qualifikationen des Bildungswesens. Die geltenden Berufsbezeichnungen waren (und sind noch) häufig nicht mehr mit den ausgeübten Tätigkeiten identisch. Verständigungsschwierigkeiten zwischen Angebot von und Nachfrage nach Arbeit taten sich auf.

Als Konsequenz dieser Erkenntnis präsentiert sich der **Flexibilitätsansatz.** Er ist von der Auffassung bestimmt, daß der Abstimmungsprozeß zwischen Bildungs- und Beschäftigungssystem von beiden Seiten getragen werden muß. Das Beschäftigungssystem hätte ihm zufolge veränderten Anforderungen am Arbeitsplatz mit dadurch zu begegnen, daß es sich über starre Arbeitsplatzbesetzungskriterien (formale Berufsqualifikation, Laufbahn- und Besoldungs-/Entlohnungsvorschriften) hinwegsetze und verstärkt Stellenbesetzungen zuließe, die nicht durch den formal geforderten Bildungsabschluß gedeckt wären. Nicht demjenigen, der nach Absolvierung eines bestimmten (vielleicht mittlerweile schon überholten) Bildungsabschlusses die zu leistende Arbeit bewältigen können **sollte,** aber sie **nicht** bewältigen **kann,** sollte das Anwartschaftsrecht auf einen bestimmten Arbeitsplatz zugestanden werden, sondern vielmehr demjenigen, der die zu erbringende Arbeit leisten **kann,** auch **ohne** die dafür erforderlichen formalen Bildungsvoraussetzungen **zu erfüllen.** Es sollten somit Arbeitskräfte und Arbeitsplätze verstärkt auch dann zur Deckung ge-

---

[85] Hinter diesem Schlagwort verbergen sich Bestrebungen, die über Änderungen im Bildungswesen gesellschaftliche Veränderungen zu induzieren versuchen. Es verbindet Vorstellungen von mehr Gerechtigkeit für die unteren sozialen Schichten durch stärkere Bildungsbeteiligung und darüber durch Einkommensangleichung und „Privilegienabbau" wie auch Ideen der antiautoritären Erziehung und Emanzipation, nach denen die Rolle von Autoritäten wie auch Disziplin- und Leistungsanforderungen als etwas Reaktionäres und Repressives gesehen werden. Vgl. Kornadt, H.-J., Aktuelle Probleme des Bildungswesens in den achtziger Jahren, in: Aus Politik und Zeitgeschichte, B 47/82, S. 3.

bracht werden, wenn sie zunächst nicht in den gleichen Berufskategorien ausgedrückt sind.[86] Dem **Bildungssystem** fiele nach diesem Ansatz die Aufgabe zu, die Berufsausbildung verstärkt den veränderten Anforderungen am Arbeitsplatz anzupassen und die Weiterbildung zu fördern. Darüber hinaus hätten die Ausbildungsberufe eine – im Vergleich zu früher – breitere Qualifikationsbasis (d. h. Grundkenntnisse für mehrere verwandte Berufe) zu vermitteln, so daß die so Qualifizierten bei Verlust ihres Arbeitsplatzes leichter in eine neue (gefragte) Tätigkeit (Beruf) überwechseln könnten. Gleichzeitig hätte der Beratungs- und Vermittlungsdienst den Übergang vom Bildungs- ins Beschäftigungssystem zu erleichtern.

4.2.8.3.2 Berufliche Bildung als Schwerpunkt der Bildungspolitik

Mit den „Empfehlungen" der Bildungskommission des Deutschen Bildungsrates im Jahre 1974[87] wurde dem beruflichen Bildungswesen eine bis dahin nicht gesehene zukunftsweisende Bedeutung zuerkannt und folgerichtig ein Schwerpunkt in der Bildungspolitik zugewiesen.[88] Die bis dahin vorwiegend bedarfsorientierte Bildungspolitik entdeckte die „tatsächlichen oder angenommenen Bedürfnisse einer auf Veränderung ausgerichteten Gesellschaft"[89] und wies der beruflichen Qualifizierung eine mediale Funktion im Streben nach Selbstverwirklichung zu. „Jeder Bildungsgang muß die über das spezielle Ausbildungsinteresse hinausreichende menschliche Entwicklung des Jugendlichen sichern."[90] Nach dieser Absichtserklärung ist die berufliche Bildung organisatorisch so in das allgemeine, öffentlich verantwortete Bildungssystem einzufügen und curricular zu gestalten, „daß mit verbesserter Fachkompetenz zugleich auch Kompetenzen erworben werden, die für das Leben des Menschen in Familie, Beruf, Freizeit, Gesellschaft und Staat von Bedeutung sind".[91] Größtmögliche Durchlässigkeit des Bildungssystems, das heißt Abbau selektierender Hindernisse, galt als wichtige Voraussetzung für eine den (unterstellten) Bildungswünschen der Bürger Rechnung tragende „Ausschöpfung der Bildungsreserve". Die damit heraufbeschworene Überflutung höherer Bildungsgänge, insbesondere des allgemeinbildenden Bereichs und die Inflationierung von Bildungsabschlüssen, war eine wohl nicht bedachte Folge.

Vermindertes Wirtschaftswachstum, steigende Ausbildungskosten und nicht zuletzt eine Verschärfung der Ausbildungsvorschriften ließen ab Mitte der siebziger Jahre des Angebot an Ausbildungsplätzen deutlich zurückgehen. Begleitet von einer wachsenden Anzahl von Schulabgängern des allgemeinbildenden Bereichs im Zeitraum 1970–1980 (von 720000 auf 980000) führte diese Entwicklung zu einem deutlich spürbaren – den bildungspolitischen Absichten zuwiderlaufenden – Fehl-

---

[86] Vgl. Hegelheimer, A., Alt, Chr., Forster-Dangers, H., Qualifikationsforschung, Schriften zur Berufsbildungsforschung, Bd. 33, Hannover 1975, S. 172.
[87] Deutscher Bildungsrat, Empfehlungen der Bildungskommission, zur Neuordnung der Sekundarstufe II, Konzept für eine Verbindung von allgemeinem und beruflichem Lernen, Bonn 1974.
[88] Die übrigen Bereiche der Bildungspolitik betreffen die allgemeinbildenden Schulen und die Hochschulen.
[89] Wilms, D., Zukunftsorientierte Qualifizierung. Beiträge zur Gesellschafts- und Bildungspolitik, Bd. 32, hrsgg. v. Institut der deutschen Wirtschaft, Köln 1978, S. 32.
[90] Deutscher Bildungsrat, Empfehlungen der Bildungskommission, Zur Neuordnung der Sekundarstufe II, a. a. O., S. 32.
[91] Ebenda S. 30.

bestand an Ausbildungsstellen. Maßnahmen und Programme der Bundesregierung zum Abbau dieses Defizits (so u. a. Ausbildungszuschüsse an Betriebe; Appelle an die Wirtschaft, Ausbildungsplätze zur Verfügung zu stellen) konnten die angespannte Ausbildungssituation in der zweiten Hälfte der siebziger Jahre zwar etwas mildern, eine deutliche Entspannung trat allerdings erst um die Mitte der achtziger Jahre ein.

Das zumindest teilweise Verfehlen der von der Bundesregierung für die berufliche Bildung vorgegebenen Ziele, ließ zu Beginn der achtziger Jahre die Forderung nach einer Reform des beruflichen Bildungswesens zusehends lauter werden. Die bislang den Unternehmen überlassene praktische Berufsausbildung sollte der staatlichen Verantwortung unterstellt und damit zur **öffentlichen Aufgabe** erhoben werden. Mit dieser Verstaatlichung der Ausbildung sollte gleichzeitig eine Gleichverteilung der Ausbildungskosten erfolgen, indem diese in Ergänzung zu einer öffentlichen Teilfinanzierung neben den ausbildenden Betrieben auch den nichtausbildenden über eine sogenannte Ausbildungsabgabe angelastet würden. Durch eine solche Regelung sollte eine gleichmäßige Qualität der Ausbildung, ihre konjunkturelle Unabhängigkeit und eine Erhöhung des Lehrstellenangebots bewirkt werden. Ergänzend zu diesen Reformvorschlägen forderten die Gewerkschaften eine **Integration** von allgemeiner und beruflicher Bildung in öffentlichen Vollzeitschulen.

Diese offensichtlich auf stärkere staatliche Lenkung abstellenden Reformvorstellungen wurden nach dem Regierungswechsel im Jahre 1981 von der christlich-liberalen Regierungskoalition nicht weiter verfolgt. Sie verstand Berufsbildungspolitik erklärtermaßen als einen integralen Bestandteil einer zukunftsorientierten Wirtschafts-, Arbeitsmarkt- und Gesellschaftspolitik.[92] Dabei ging es ihr für die neunziger Jahre vorrangig darum, ordnungspolitische und infrastrukturelle Bedingungen zu schaffen, die geeignet sind[93]:

– ein System differenzierter Ausbildungsangebote zu erhalten und weiter auszubauen, das sowohl den unterschiedlichen individuellen Begabungen, Fähigkeiten und Neigungen Rechnung trägt, als auch dem Qualifikationsbedarf der Wirtschaft und Verwaltung entspricht;

– die Weiterbildung qualitativ und quantitativ zur „vierten Säule"[94] des Bildungswesens zu entwickeln;

– Weiterbildungsbereitschaft und Weiterbildungsfähigkeit bereits während der Ausbildungszeit und über das gesamte Berufsleben hinweg zu fördern;

– in Aus- und Weiterbildung breit verwertbare fachliche und fächerübergreifende Fähigkeiten zu vermitteln und

---

[92] Vgl. Berufsbildungsbericht 1989, Schriftenreihe Grundlagen und Perspektiven für Bildung und Wissenschaft, Bd. 24, hrsgg. v. Bundesministerium für Bildung und Wissenschaft, Bonn 1989, S. 4. Siehe auch Berufsbildungsbericht 1993, Grundlagen und Perspektiven für Bildung und Wissenschaft, Bd. 34, hrsgg. v. Bundesministerium für Bildung und Wissenschaft, Bonn 1993, sowie Berufsbildungsbericht 2001, hrsgg. v. Bundesministerium für Bildung und Forschung, Bonn 2001.
[93] Vgl. ebenda S. 1.
[94] Die drei klassischen Säulen des Bildungssystems sind: das allgemeinbildende Schulwesen, die Berufsausbildung und die Hochschulen.

– eine flexible Anpassung der Aus- und Weiterbildung an die sich rasch ändernden qualifikatorischen Anforderungen zu ermöglichen.

Die Verteilung der Verantwortlichkeiten auf Bund, Länder und Sozialparteien, der Vorrang individueller Bildungs- und Berufswahlentscheidungen, die Eigenverantwortung der (Ausbildungs-)Betriebe und anderer Träger der Berufsbildung, der Verzicht auf staatlich-bürokratische Bedarfslenkung sowie die Ausrichtung an den Prinzipien der **Subsidiarität,** der **Pluralität** und des **Wettbewerbs** gelten als die maßgeblichen Orientierungspunkte dieser Berufsbildungspolitik.[95]

Die Beibehaltung des dualen Berufsausbildungssystems gilt als unverzichtbare Voraussetzung einer qualitativ konkurrenzfähigen Berufsqualifizierung. Sie wird einerseits (in ihrem betrieblichen Teil) durch die mit den Sozialparteien erarbeiteten und vom Bund erlassenen Ausbildungsordnungen (sie beinhalten: Bildungsziele, Bildungsinhalte, Anforderungsniveau, Bildungszeiten u. a.) und andererseits (in ihrem schulischen Teil) durch die Rahmenlehrpläne der Länder bestimmt, die auf die Inhalte der Ausbildungsordnungen abgestimmt sind. Die Fortführung der bereits Anfang der siebziger Jahre begonnenen Neuordnung der Ausbildungsberufe sowie die Aktualisierung der Ausbildungsordnungen gilt als vordringlich.

Die Weiterbildung läßt sich im Verständnis des Bundesministeriums für Bildung und Wissenschaft (1989 u. 1993) bzw. für Bildung und Forschung (2001) nicht durch Bürokratisierung, staatliche Bevormundung und Reglementierung erreichen. Sie soll vielmehr auf den Wettbewerb und die Pluralität der Träger, auf die Freiwilligkeit und Verantwortung des einzelnen, der Betriebe und Tarifpartner und die Subsidiarität staatlicher Regelungen und Förderung setzen.[96] Hinsichtlich der notwendigen Abstimmung zwischen den Beteiligten kommt der **Konzertierten Aktion Weiterbildung** (KAW) besondere Bedeutung zu. Sie hat im Dezember 1987 unter Beteiligung von Bund, Ländern, Sozialparteien und Weiterbildungsträgern ihre Arbeit aufgenommen, und ist bis heute (2002) tätig.

Für den europäischen Binnenmarkt (ab 1.1.1993) läßt sich die Bundesregierung von folgenden Vorstellungen leiten[97]:

– Abstimmung der berufsbildungspolitischen Ziele,

– Herstellung, Sicherung oder Verbesserung von Freizügigkeit beim Zugang zu Bildung und Arbeit,

– Verbesserung des Informations- und Erfahrungsaustausches wie auch des Transfers von Wissen und Qualifikationen in der Berufsbildungspraxis und -forschung.

Es gilt allerdings zu betonen, daß die derzeitige europäische Berufsbildungspolitik keinesfalls eine Harmonisierung oder Vereinheitlichung der nationalen Berufsbildungsgänge und -systeme anstrebt, sondern allein eine **Abstimmung** berufsbildungspolitischer Ziele, die ihrerseits auf unterschiedlichen Wegen erreicht werden können. Der Wettbewerb und die Vielfalt der Berufsbildung in Europa gilt als wünschenswert und deshalb auch als förderungswürdig. – Auch darf die angestrebte **Freizügigkeit** auf dem europäischen Arbeitsmarkt (abgesehen von den wenigen reglementierten meist akademischen Berufen) nicht als eine wechselseitige formelle Anerkennung

---

[95] Vgl. ebenda.
[96] Vgl. ebenda S. 10.
[97] Vgl. ebenda S. 10.

von Bildungsgängen und Befähigungsnachweisen mißverstanden werden. Sie soll vielmehr durch Information über Bildungsgänge und die in ihnen vermittelten Qualifikationen auf der Grundlage gegenseitigen Vertrauens in die Qualität der nationalen Berufsbildungssysteme erreicht werden. Freizügigkeit der Arbeitnehmer in der Union wird somit durch den Abbau bestehender nationaler bürokratischer und gesetzlicher Hemmnisse beim Zugang zu Berufstätigkeiten angestrebt.

#### 4.2.8.3.3 Die marktwirtschaftliche Herausforderung in der Weiterbildung

Seit der um die Mitte der achtziger Jahre von der Bundesregierung eingeleiteten Qualifizierungsoffensive hat sich die berufliche Weiterbildung hinsichtlich Qualität, Differenziertheit und Vielfalt betrieblicher und außerbetrieblicher Angebote erheblich weiterentwickelt. Das gemeinsame Interesse von Arbeitgebern und Beschäftigten an der beruflichen Weiterbildung zeigt sich auch deutlich in der steigenden Anzahl einschlägiger tariflicher Vereinbarungen. Die nach dem Arbeitsförderungs-Reformgesetz v. 1997 (siehe Sozialgesetzbuch III v. 1998 §§ 77 ff.) mit Mitteln der Bundesanstalt für Arbeit geförderte Fortbildung, Umschulung und Einarbeitung von Arbeitskräften haben sich in ihren Teilnehmerzahlen unter Einschluß der neuen Bundesländer fortlaufend erhöht. Es kann somit von einem gewissen Erfolg der staatlichen Berufsbildungspolitik gesprochen werden. Dennoch dürften diese staatlichen Möglichkeiten in der Zukunft wohl kaum ausreichen, die mit dem technischen Fortschritt auf uns zukommenden arbeitsweltlichen Strukturveränderungen zu meistern. In der künftigen beruflichen Weiterbildungspolitik kann es weder um den Ausbau flächendeckender staatlicher Weiterbildungsinstitutionen gehen noch um eine Vorrangstellung öffentlicher Träger und öffentlicher Finanzierung. Entscheidend für das staatliche Angebot beruflicher Weiterbildung durch Berufsschulen, Fachhochschulen und Hochschulen sollte jedoch sein, daß dieses marktmäßig und kostendeckend erfolgt. Nur so können Wettbewerbsverzerrungen vermieden und eine Orientierung am tatsächlichen Bedarf ermöglicht werden. Die Weiterbildung darf keinesfalls analog der Ausbildung total verrechtlicht oder gar verstaatlicht werden. Dieser Bereich persönlichen Engagements darf nicht durch unnötige Reglementierungen eingeschränkt werden, sondern hat sich vielmehr offen und reagibel der Vielgestaltigkeit individueller Bildungswünsche zu fügen. Hier muß der schwerfällige Staat dem flexiblen Markt und damit der ökonomisch sensiblen Privatinitiative stärker Einlaß gewähren. „In der Weiterbildung muß sich das gemeinsame Interesse und die Eigenverantwortung der Betriebe und der Beschäftigten sowie die subsidiäre Funktion des Staates auch in der Verteilung der Kosten widerspiegeln"[98]. Private Initiativen und staatliche Bildungsaktivitäten sollen hier in fruchtbarer Konkurrenz stehen und mit der Qualität ihres Angebots um die Nachfrager werben müssen. Auch hier soll sich der Markt als effizientes Entdeckungsverfahren für neue Lösungswege bewähren können. Keinesfalls jedoch sollte der Bestand und die Weiterentwicklung einzelner Weiterbildungsangebote vom Staat garantiert werden. Dies wäre dem notwendigen Bewährungsdruck dieser Institutionen abträglich.

---

[98] Ebenda S. 10.

### 4.2.8.3.4 Kontrollfragen zu 4.2.8.3

1. Welches ist das zentrale Anliegen staatlicher Bildungspolitik?
2. Welche Zielsetzungen liegen den verschiedenen Ansätzen der Bildungsplanung zugrunde?
3. Welche Bedeutung hat die Weiterbildung in der modernen Arbeitswelt?
4. Was besagen die Prinzipien Subsidiarität, Pluralität und Wettbewerb für den Bereich der staatlichen Berufsbildungspolitik?
5. Welche Funktion hat die Konzertierte Aktion Weiterbildung?
6. Was bedeutet Freizügigkeit auf dem europäischen Binnenmarkt?
7. Weshalb sollten die staatlichen Angebote zur beruflichen Weiterbildung kostendeckend erfolgen?

### 4.2.8.3.5 Literaturhinweise zu 4.2.8.3

*Gmelch, A.,* Bildungsökonomie, in: May, H. (Hrsg.), Lexikon der ökonomischen Bildung, 4. Aufl., München–Wien 2001.

*Groth, G.,* Bildungspolitik, in: May, H. (Hrsg), Lexikon der ökonomischen Bildung, 4. Aufl., München–Wien 2001.

*May, H.,* Investitionen in Humankapital, Zur Bedeutung von Aus- und Weiterbildung, in: Orientierungen zur Wirtschafts- und Gesellschaftspolitik, hrsgg. v. der Ludwig-Erhard-Stiftung e. V., Heft 37, Bonn 1988.

*Schlösser, H. J.,* Die Zukunft der Arbeit, in: May, H. (Hrsg.), Handbuch zur ökonomischen Bildung, 6. Aufl., München–Wien 2001, S. 265–272.

*Schultz, T. W.,* Investment in Human Capital, The Role of Education and of Research, New York – London 1971.

*Weizsäcker, R. K. v.* (Hrsg.), Bildung und Wirtschaftswachstum, Berlin 1998.

*Woll, A.,* Wirtschaftspolitik, 2. Aufl., München 1992.

# Stichwortverzeichnis

Abschöpfungen 208, 295
Agrarmarktordnungen 208
Allgemeine Geschäftsbedingungen 56 f.
Allgemeinverbindlichkeitserklärung 94
Allokation, optimale 192, 274
Altersrente 116
Anfechtung von Rechtsgeschäften 56
Angebot der Unternehmen 33 ff.
Angebotsfunktion 34
Angebotskurve 34
Angebotsmonopol 35, 36 f., 47
Angebotsmonopol, beschränktes 35, 37
Angebotsoligopol 35, 38 f., 47
Angebotsverhalten 33 f.
Annahmeverzug 58, 61
Arbeit 8, 13, 91, 138 ff.
Arbeitgeberverbände 94 f., 134
Arbeitnehmerschutz 109 ff.
Arbeitnehmerschutzpolitik 286
Arbeitsangebot 92 f.
Arbeitsangebotsfunktion 93
Arbeitsbedingungen 130
Arbeitsberatung 99
Arbeitsdirektor 106 f.
Arbeitsförderung (SGB III) 99, 130 ff.
Arbeitsgruppen, (teil-)autonome 130, 132 f.
Arbeitskampf 95
Arbeitslohn 91 ff., 233 ff.
Arbeitslosenversicherung 113, 117 f.
Arbeitslosigkeit 244 f., 276
Arbeitsmarkt 91 ff., 97
Arbeitsmarktausgleich 99 f.
Arbeitsmarktausgleichspolitik 99
Arbeitsmarktordnung 94
Arbeitsmarktpolitik 287
Arbeitsmotivation 136
Arbeitsnachfragefunktion 92 f.
Arbeitsnachfragekurve, volkswirtschaftliche 93
Arbeitsorganisation 11 f., 136
Arbeitsplatzbeschaffung 99 f.
Arbeitsplatzerhaltung 99 f.
Arbeitsplatzgestaltung 130
Arbeitsproduktivität 136
Arbeitsschutzrecht 109 ff.
Arbeitsstrukturierung 129 f.
Arbeitsteilung 11 f., 82
Arbeitsvermittlung 99 f.
Arbeitszeit 138 ff., 243 f.
Arbeitszeitregelung 130, 243
Arbeitszeitschutz 109 ff.
Arbeitszufriedenheit 136
Arbeit und Freizeit 138 ff.
Ausbildungsförderung 99 f.

Ausbringungsmenge 10
Ausland und Wirtschaftskreislauf 17 ff.
Ausnahmebereiche 262 f., 268
Aussperrung 95
Auszubildendenvertretung 102
Außentarif 294
Außenwirtschaftsfreiheit 293
Außenwirtschaftsgesetz 293
Außenwirtschaftsverordnung 293
Außenwirtschaftspolitik 292 ff.
Außenzollmauer 295

Bankensystem im Wirtschaftskreislauf 17 ff.
Bedarf 4
Bedarfsansatz (Manpower Approach) 320
Bedürfnisbefriedigung 5, 7, 12 ff., 26 f.
Bedürfnisse 3 ff., 12 f., 26 f., 46, 53, 189
Bedürfnisstruktur 28, 30
Bedürfnisträger 6
Beitragsbemessungsgrenze 115
Beruf 142
Bereichsausnahmen 262 f., 268
Berufsaufklärung 144
Berufsausbildung 103
Berufsberatung 99 f., 144
Berufsbildungspolitik 322
Berufs- und Arbeitsplatzwahl, freie 94
Berufswahl 143 f.
Berufswahlkompetenz 143
Berufswahlreife 145
Berufswahlunterricht 144
Berufswahlvorbereitung 142 ff.
Beschäftigungspolitik 278
Betriebserkundung 146
Betriebspraktikum 146
Betriebsräte 102
Betriebsverfassungsgesetz 102 ff., 276
Betriebsverfassungspolitik 287
Bilanzgerade 29 ff.
Bildung 9
Bildung, berufliche 322 ff.
Bildungskategorien 19 f.
Bildungsökonomie 320 ff.
Bildungsplanung 320 f.
Bildungspolitik 320 ff.
Boden 8, 14
Budgetgerade 29 ff.
Bürgschaft 72 f.
Bundesbank 257, 276
Bundeskartellamt 264, 267
Bundesministerium für wirtschaftliche Zusammenarbeit 302

Collective-bargaining-Modell 95 f.

**D**arlehen 70 f.
Dispositiver Faktor 9

**E**ffekte, externe 48
Effektivlöhne 95
EG-Binnenmarkt 209
Eigeninteresse 187 f.
Eigennutz 188
Eigentumsverfassung 189
Einheitliche Europäische Akte (EEA) 209, 313
Einheit von Wirtschafts- und Sozialpolitik 226
Einigungsstelle 105
Einkommen 29 f., 231 ff.
Entgelt 91 ff.
Entlohnungsformen 97 ff.
Entscheidung 79 f.
Entscheidungseinheiten 7, 25
Entscheidungssystem 189
Entscheidungsträger 7, 80
Entwicklungshilfe 302 f.
Entwicklungsländer 292 f.
Entwicklungspolitik 292, 298 ff.
Erfahrungsobjekt 20 f.
Erfüllungsgeschäft 58
Erkenntnisobjekt 21
Erstattungen 208, 295
Ertrag 83 ff.
Ertragsgesetz 84 f.
Europäisches Währungssystem (EWS) 209
Europäische Union (EU) 209
Europäische Wirtschaftsgemeinschaft 208 f.
Europäische Wirtschafts- u. Währungsunion (EWWU) 209 ff., 297
Europäische Zentralbank (EZB) 211
Europäischer Betriebsrat 107 f.
Europäischer Wirtschaftsraum (EWR) 212
Europäisches System der Zentralbanken (ESZB) 211
EWS 209
EWS II 211, 297
Exporte 17 ff.

**F**amilienpolitik 288
Fernabsatzverträge 62 ff.
Festpreise 44 ff.
Fiskalpolitik 273
Flexibilitätsansatz 321 f.
Forschungspolitik, staatliche 135
Freihandelsprinzip 293
Freihandelszonen 294
Freizeitpädagogik 140 f.

Freizügigkeit 94, 324
Fusion(en) 40 f., 261
Fusionskontrolle 43, 262 f., 265, 267 f.

**G**ATT 293 ff.
Gefahrenschutz 109 f.
Geldkreislauf 15 ff.
Geldmenge 282
Geldpolitik 273, 279 ff.
Geldpolitik, monetaristische 276
Gemeineigentum 189, 192
Gemeinnutz 188
Gemeinsamer Markt 202 f., 294
Gemeinwohl 187 f.
Gesamtrechnung, volkswirtschaftliche 234 ff.
Geschäftsfähigkeit, beschränkte 55
Geschäftsfähigkeit, volle 55
Geschäftsunfähigkeit 55
Gesellschaft, formierte 212
Gesetz der Massenproduktion 10 f.
Gesetz gegen unlauteren Wettbewerb (UWG) 262
Gesetz gegen Wettbewerbsbeschränkungen (GWB) 40, 199, 262 ff.
Gesetz über die Festlegung von Mindestarbeitsbedingungen 94
Gestaltung der Arbeitsumgebung 130
Gewährleistungsansprüche 59
Gewerkschaften 94 ff., 102, 106, 133 f., 276
Gewinn 91
Gewinnbeteiligung 121, 123 f.
Gewinngrenze 37 f.
Gewinnmaximum 37 f.
Gewinnschwelle 37 f.
Gleichgewicht, außenwirtschaftliches 253 ff., 292
Gleichgewichtspreis 36
Globalsteuerung 273, 275
Gossensches Gesetz, Erstes 25 f.
Gossensches Gesetz, Zweites 27
Grenznutzen 26
Grundkategorien, ökonomische 18 ff.
Grundpfandrechte 73 f.
Grundrente 91
Grundschuld 74
Güter 5
Güterkreislauf 15 ff.
Gütermarkt 97
Güter, öffentliche 5, 48
Güter, private 5
Güterproduktion 15 ff.

**H**andelsabkommen 294
Handelsablenkung 295
Handelshemmnisse, tarifäre 293

## Stichwortverzeichnis

Handelshemmnisse, nicht-tarifäre 293 f.
Handelspolitik 292 ff.
Handelsschaffung 295
Handelsvernichtung 295
Handelsverträge 294
Harmonie, natürliche 188
Haushaltspolitik 277
Haushaltspolitik, antizyklische 275
Haustürgeschäfte 62
Hilfe zur Selbsthilfe 303, 308
Höchstpreise 44 ff.
Human Capital 9
Humanisierung der Arbeit 128 ff.
Hypothek 74

Idealtypen von Wirtschaftsordnungen 195
Importe 17 f.
Improvisation 81
Indifferenzkurve 28, 30 f.
Individualismus 187
Individualprinzip 114, 195, 287
Inflation 257
Inflationsrate 276 f.
Information 79 f.
Intrablockhandel 230
Investition 15 ff.
Investivlohn 122 f.
IWF 297

Job Enlargement 131
Job Enrichment 132
Job Rotation 131
Jugendarbeitsschutzgesetz 110
Jugendvertretung 102

Kapazitätsgrenze 90
Kapital 8, 14
Kapitalverkehr, unbeschränkter 296
Kartelle 40 f., 261, 265 f.
Kartellfreiheit 261
Kartellierung 261
Kartellpolitik 265 ff.
Kartellverbot 262, 265 ff.
Kaufkraft 4
Kaufvertrag 57 ff.
Knappheit 5 f., 11, 20
Koalitionsfreiheit 94
Kollektivismus 187
Kombination der Produktionsfaktoren 9 f., 79, 83 ff.
Komplementarität 27 f.
Konjunkturen 270 f.
Konjunkturschwankungen 270 f.
Konjunkturzyklen 270 f.
Konkurrenz, vollständige 35 ff., 39, 93, 190
Konsum 15 ff.

Konsumentensouveränität 46 ff., 53
Konsumgüter 5, 243
Konsumverhalten 30
Konsumverzicht 9
Konvergenzthese 245 ff.
Konvertibilität, freie 296
Konzentration, wirtschaftliche 41 ff.
Konzentrationsfreiheit 254
Konzerne 40 f.
Koordinationsmechanismus 12
Koordinationssystem 188
Kooperationsabkommen 295
Kosten 10, 85 ff.
Kosten, externe 315
Kosten, fixe 10, 86 ff.
Kostenfunktionen 85 ff.
Kosten, gesamte (Gesamtkosten) 87 ff.
Kosten, variable 10, 86 f.
Krankenversicherung 114 f.
Kündigungsschutzgesetz 111 ff., 276

Laffer-Theorem 274 f.
Lean Production 82, 132
Lebensstandard 290
Liberalismus 187
Lieferungsverzug 58 ff.
Lohn, Arbeitslohn 91 ff.
Lohndrift 95
Lohnfortzahlung 276
Lohn-Preis-Spirale 276
Lohnsatz 91 ff.
Lohnsteuer 237 f.
Lohntarife 94

Magisches Dreieck 253
Marktaufteilungen 263
Markteingriffe 264
Markteinkommen 91
Marktformen 35 f., 47
Marktmacht 260
Marktmodelle 36 ff.
Marktöffnung 268
Marktparteien 36
Markttransparenz 48, 50
Marktwirtschaft 188, 189 ff.
Marktwirtschaft, Soziale 196 ff.
Marshall-Plan 199, 229
Marxismus-Leninismus 225
Mengenplanung, staatliche 193
Mietvertrag 68 f.
Mindestpreise 44 ff.
Minimalkostenkombination 83
Ministererlaubnis 43, 262, 268
Mißbrauchsaufsicht 43, 262 f., 266 f.
Mitbestimmung 101 ff.
Mitbestimmungsgesetz 102, 106 ff.

Mitbestimmungspolitik 287
Mitbestimmungsrechte 103 ff.
Mitspracherechte, betriebliche 102 ff.
Mitwirkung, betriebliche 103
Mitwirkungsrechte 103
Mobilitätsförderung 99
Monopol, bilaterales 35, 94
Monopolkommission 264
Montanmitbestimmungsgesetz 102, 105 f.

Nachfrageansatz 320 f.
Nachfrage der privaten Haushalte 4, 25 ff.
Nachfragefunktion 31 f.
Nachfragekurve 31 f.
Nachfragemonopol 35
Nachfragemonopol, beschränktes 35
Nachfrageoligopol 35
Nachfragesteuerung, antizyklische 273
Nachfrageverhalten 25 ff., 32
Nationaleinkommen, produziertes 234
Neoliberalismus 196
Neues Ökonomisches System (NÖS) 226 f.
Nichtigkeit von Rechtsgeschäften 56
Normung 82
Nutzen 25 ff.
Nutzenmaximum 27, 30
Nutzenniveau 28
Nutzenschätzung 25 ff.

ökonomisches Prinzip 6 f.
Ökonomisches System des Sozialismus (ÖSS) 226 f.
Oligopol, zweiseitiges 35
Ordnung der Wirtschaft 187 ff.
ordnungskonform 252
ordnungsinkonform 252
Ordnungspolitik 251, 275, 307
Ordoliberalismus 196
Organisation 9, 81

Pflegeversicherung 118
Planung 9, 80 f.
Planungseinheiten 25
Plan, zentraler 192 ff.
Pluralitätsprinzip 324
Präferenzräume 294
Preisbildung 36 ff.
Preisempfindlichkeit der Nachfrage 32
Preisführer 39
Preis(niveau)stabilität 276 f., 292
Preispolitik, staatliche 44 ff.
Privateigentum 189, 192
Produktion 8 ff., 12, 79 ff.
Produktionsfaktoren 8 ff., 79, 91 f.
Produktionsfaktoren, limitationale 83
Produktionsfaktoren, substitutive 83

Produktionsfunktionen 83 ff.
Produktionsfunktion vom Typ A 83 ff.
Produktionsfunktion vom Typ B 83, 85 ff.
Produktionskosten 85 ff.
produzierte Produktionsmittel 8
Prozeßpolitik 251

Qualifikation 125 ff.
Qualifikationsdefizit 310

Rat für gegenseitige Wirtschaftshilfe (RGW) 229
Ratenlieferungsverträge 64
Rationalisierung 81 f.
Realtypen von Wirtschaftsordnungen 195
Rechtsgeschäfte 55 ff.
Regelkreis, betrieblicher 81
Rentenversicherung 113 f., 116 f.
Reproduktion, intensiv erweiterte 228
Richtpreise 44 f., 295
Robinson-Beispiel 8

Sachdarlehen 70
Sachverständigenrat 283
Sanktionssystem 191 f.
Saysches Theorem 275
Schattenwirtschaft 291
Schlichtung 94
Schlüsselqualifikationen 126 f.
Schutz des Arbeitsverhältnisses 109, 111 ff.
Schwellenpreise 295
Selbstvorsorge, erzwungene 114
Selbstvorsorge, freiwillige 114, 119
Sicherungshypothek 74
Sicherungsübereignung 73
Solidaritätsprinzip 114
Sozialabgaben 288
soziale Gerechtigkeit 286
sozialer Ausgleich 196 f.
soziales Netz 285
soziale Sicherheit 286 f., 290
soziale Sicherung 113 ff.
Sozialhilfe 288 f.
Sozialismus 188
Sozialistische ökonomische Integration 229
Sozialistische Planwirtschaft der DDR 224 ff.
Sozialleistungen 289
Sozialpolitik 285 ff.
Sozialpolitik, Träger der 289
Sozialprinzip 195, 287
Sozialstaat 289
Sozialversicherungen 113 ff.
Sparen 8, 15 ff.
Sparförderung, staatliche 121 f.
Spezialisierung 82

Stichwortverzeichnis 331

Staatsausgaben 15 ff.
Staat im Wirtschaftskreislauf 16 ff.
Staatsquote 205, 277
Staatsverschuldung 276
Stabilität des Preisniveaus 254
Stabilitätsgesetz 275, 292
Stabilitätspolitik 270 ff.
Stabilitätspolitik, angebotsorientierte 273 ff.
Stabilitätspolitik, nachfrageorientierte 271 f.
Stabilitätspolitik, Konzepte der 271 ff.
Stagflation 276
Stecknadel-Beispiel 11
Steuern 15 ff., 288
Steuerpolitik 277 f.
Störungen des Kaufvertrages 58 ff.
Stoffkategorien 19 f.
Streik 95
Struktureinsichten 19
Strukturelemente eines Wirtschaftssystems 188 f.
Strukturpolitik, sektorale 307 ff.
Strukturwandel 307 ff.
Stückkosten 10
Subsidiaritätsprinzip 324
Substitution 27 f.
Substitution von Produktionsfaktoren 9
Subventionen 289, 303
System sozialer Sicherung 114 ff., 286 f.

Tarifabschluß 94
Tariflöhne 95
Tarifpartner 94 ff.
Tarifpolitik 133 ff.
Tarifverträge 94 ff.
Tarifvertragsgesetz 94
Tarifvertragsparteien 94
Tauschwert 6
technischer Fortschritt 9
technischer Wandel 125
Teilzahlungsgeschäfte 64
Teufelskreis der Armut 300 f.
Transfers 288
Transformation 7, 9, 12 f.
Typung 82

Umverteilungspolitik 288 f.
Umweltabgabe 317
Umweltbewußtsein 314
Umwelterziehung 314 f.
Umweltlizenzen 318
Umweltpolitik 311 ff.
Umweltqualität 316
Umweltschäden 315 f., 318
Umweltschutz 311, 317
Umweltschutzkosten 315
Umweltsteuer 317 f.

Unabhängigkeit des Preises 36
Unfallversicherung 114, 115 f.
Ungleichheit 7
Unternehmensgewinn 33
Unternehmenszusammenschlüsse 261, 268
Unternehmerlohn 91

Verbraucheraufklärung 48, 50, 51 ff.
Verbrauchererziehung 48, 50, 52
Verbraucherfremdorganisationen 51
Verbraucherinformation 48, 51 f.
Verbraucherinteresse 49 f.
Verbraucherpolitik 46 ff.
Verbraucherrecht 55 ff.
Verbraucherdarlehen 70 ff.
Verbraucherselbstorganisationen 51
Verbraucherverträge 57
Vergesellschaftung 11 f.
Verkaufserlös 33
Vermögensbildung 120 ff.
Vermögensbildungsgesetz 122 f.
Vermögenspolitik 288
Verpflichtungsgeschäft 58
Versorgungslage 28
Versorgungsniveau 28 f.
Versorgungsprinzip 114
Verteilungssystem 189
Vertragsfreiheit 56 f.
Verursacherprinzip 313, 318 f.
Volkseinkommen 234
volkswirtschaftliche Gesamtrecchnung 234
Vollbeschäftigung 254, 271 f., 292

Währungspolitik 292, 296 ff.
Wahlakte 7
Werbung 47 f.
Werkvertrag 65 ff.
Weiterbildung 324 f.
Weiterbildungspolitik 325
Weltbank 289
Wert 5 f.
Wettbewerb 307
Wettbewerb, funktionsfähiger 41 f., 197, 261, 307
Wettbewerbsbeschränkungen 40 f., 264
Wettbewerbsfreiheit 261 f.
Wettbewerbspolitik 42 f., 260 ff.
Wettbewerbspolitik, Instrumente der 265 ff.
Wettbewerbspolitik, Träger der 264 f.
Wettbewerbsverzerrungen 264, 324 f.
Wiedereingliederung von Problemgruppen 100
Wirtschaften 6 f., 20
wirtschaftliche Interdependenzen 11
Wirtschaftsausschuß 105
Wirtschaftseinheiten 9

Wirtschaftskreislauf 12 ff.
Wirtschaftslehre 20 f.
Wirtschaftsordnungen 194 ff., 212
Wirtschaftsplan, individueller 190
Wirtschaftspolitik 250 ff.
Wirtschaftspolitik, Instrumente der 259
Wirtschaftspolitik, Träger der 257 ff.
Wirtschaftspolitik, Ziele der 253 ff.
Wirtschaftssubjekt 7, 46, 270 f.
Wirtschaftssysteme 188 ff.
Wirtschaftssystem, marktwirtschaftliches 189 ff.
Wirtschaftssystem, zentralverwaltungswirtschaftliches 192 ff.
Wirtschaftsunion 294

Wirtschaftsverfassung 197
Wirtschaftswachstum 256 f., 276, 290 f., 320, 322
Wohnungspolitik 287 f.
WTO 295

Zahlungsbilanz 254 f..
Zahlungsbilanzausgleich, mechanischer 296 f.
Zahlungsverzug 58, 61 f.
Zehnerklub 297
Zentralverwaltungswirtschaft 188 f., 195, 229
Zollunion 294
Zwangsversicherungen 114 ff.